LA LANGUE DU ROI EST LE FRANÇAIS

Logiques Juridiques

Collection dirigée par Gérard Marcou

Le droit n'est pas seulement un savoir, il est d'abord un ensemble de rapports et pratiques que l'on rencontre dans presque toutes les formes de sociétés. C'est pourquoi il a toujours donné lieu à la fois à une littérature de juristes professionnels, produisant le savoir juridique, et à une littérature sur le droit, produite par des philosophes, des sociologues ou des économistes notamment.

Parce que le domaine du droit s'étend sans cesse et rend de plus en plus souvent nécessaire le recours au savoir juridique spécialisé, même dans des matières où il n'avait jadis qu'une importance secondaire, les ouvrages juridiques à caractère professionnel ou pédagogique dominent l'édition, et ils tendent à réduire la recherche en droit à sa seule dimension positive. A l'inverse de cette tendance, la collection *Logiques juridiques* des Éditions L'Harmattan est ouverte à toutes les approches du droit. Tout en publiant aussi des ouvrages à vocation professionnelle ou pédagogique, elle se fixe avant tout pour but de contribuer à la publication et à la diffusion des recherches en droit, ainsi qu'au dialogue scientifique sur le droit. Comme son nom l'indique, elle se veut plurielle.

Dernières parutions

Rhita BOUSTA, *Essai sur la notion de bonne administration en droit public*, 2010,
Laurent ECK, *L'abus de droit en droit constitutionnel*, 2010.
Michel LASCOMBE, *Le droit constitutionnel de la Ve République, onzième édition*, 2010.
Olivier REVAH, *Quelles chances de survie pour l'État post-conflit ?*, 2010.
S. BIAGINI-GIRARD, *L'inexistence en droit administratif*, 2010.
Bahieh AGAHI-ALAOUI, *L'autorité maritale en droit iranien et marocain*, 2010.
Ehab FARAHAT, *Le contentieux de l'élection des députés en France et en Egypte*, 2010.
Marie-Axelle GAUTIER, *La protection de l'environnement sur les plates-formes industrielles. Un défi pour le droit de l'environnement*, 2010.
Soufiane JEMMAR, *L'évaluation des biens et services en droit fiscal*, 2010.
Jiangyuan JIANG, *Théorie du droit public*, 2010.
Ümit KILINC, *La liberté d'expression en Turquie à l'épreuve de la convention européenne des droits de l'homme,* 2010.

Agnès BLANC

LA LANGUE DU ROI EST LE FRANÇAIS

Essai sur la construction juridique d'un principe d'unicité de langue de l'État royal (842-1789)

Préface d'Albert Lourde

L'Harmattan

5-7, rue de l'École-Polytechnique ; 75005 Paris
http://www.librairieharmattan.com
diffusion.harmattan@wanadoo.fr
harmattan1@wanadoo.fr
ISBN : 978-2-296-12682-4
EAN: 9782296126824

PRÉFACE

« La Langue de la République est le français ». C'est une évidence. Pourtant, depuis 1992, l'article 2 de la Constitution de la Ve République n'hésite pas à l'énoncer. Or une évidence, selon E. Littré, est une « notion si parfaite d'une vérité qu'elle n'a pas besoin d'autre preuve », elle s'impose d elle-même. Les précédentes Constitutions n'ont du reste jamais disposé que la langue de la République française était le français : cela allait de soi. Alors pourquoi, en 1992, le Congrès a-t-il considéré comme indispensable d'intégrer cette évidence dans l'article 2 de la Constitution de 1958 ? Parce que, sous la double poussée de l'Europe et des régions, cette « vérité » a pu paraître fragilisée, certaines évolutions linguistiques s'imposant d'elles-mêmes comme de nouvelles réalités : désormais une langue véhiculaire tend *erga omnes* à exister – l'anglais – et les langues régionales, protégées par le droit européen, aspirent à une résurrection juridique contre la langue de l'État unitaire, le français. Les parlementaires ont donc décidé de rappeler, en énonçant et en posant la norme entre les caractères et les emblèmes de la Nation, que la langue de la République est le français. D'aucuns diront que ce n'était pas nécessaire, car cela va sans dire : la langue française est tout à la fois un caractère et un emblème de la République. Sans doute ! Mais on peut aussi considérer qu'au temps de la mondialisation, l'identité d'un État mérite d'être réaffirmée.

La France est une vieille nation que l'on a toujours identifiée par sa langue et si la langue de la République est encore aujourd'hui le français, c'est tout simplement parce que la langue du roi était le français. Encore fallait-il le démontrer. C'est chose faite avec le très beau livre d'Agnès Blanc, que l'on peut regarder, selon l'acception du doyen Hauriou, comme une thèse de pur droit public empruntant l'indispensable analyse historique pour asseoir sa démonstration ; « Un droit, même existant, disait Maurice Hauriou, doit être étudié dans la perspective historique de son développement ». Et il ajoutait : « j'avoue n'avoir jamais bien compris la notion d'un droit immobile quel qu'il fût, et n'avoir jamais bien saisi la différence entre l'histoire du droit et l'exégèse du droit existant ; pour moi, l'exégèse d'un droit doit être constamment traitée d'un point de vue historique, car tout ce qui nous paraît subsister est, dans la réalité des choses, en évolution plus ou moins rapide » (*Précis de droit administratif et de droit public*, Paris, Sirey, 1914, 8e édit., préface p. V-VI)

C'est très exactement dans ce type de problématique que se situe la thèse d'Agnès Blanc. Elle y décrit la genèse, les premiers linéaments la naissance de la langue française parallèlement à la construction de l'État, à la construction du royaume, à l'édification de la France.

Un des premiers apports de cette thèse est une réflexion sur les rapports entre la langue et le droit, entre la langue et le pouvoir politique, entre la langue et l'État. Et l'on suit, page après page la progression de la réflexion, à travers des développements nourris d'une très grande érudition historique. À travers cette liaison entre la langue, la souveraineté et l'État, c'est la singularité historique française qui est soulignée, c'est l'identité de la France qui est analysée dans sa genèse et sa lente construction, ce qui a conduit l'auteur à rectifier certaines opinions convenues, et souvent à adopter un point de vue nouveau.

À travers l'histoire de la construction de l'État, Agnès Blanc montre comment la langue française – et c'est certainement une singularité – a été instrumentalisée à des fins politiques ; et cette relation entre le pouvoir politique et la langue française est décrite depuis les origines lointaines de la France que l'auteur fait remonter à 842, aux Serments de Strasbourg, jusqu'à la veille de la Révolution. En 842, Louis le Germanique et Charles le Chauve haranguent leurs troupes dans la langue qu'elles comprennent, le tudesque pour Louis, le roman pour Charles. L'acte de naissance de la France est donc un acte linguistique. On peut même affirmer que la langue française écrite est née le même jour que la France et par une décision politique liant l'une à l'autre. L'auteur montre ensuite de manière très convaincante la liaison entre la marche de l'État vers l'unité et ce qu'elle appelle la marche de la langue vers l'exclusivité. Et c'est là encore, très certainement, si on compare l'histoire de France à l'histoire des autres pays européens, une singularité française. L'apport de cette thèse est de ce point de vue considérable, car les auteurs ont jusqu'à présent affirmé que les enjeux politiques de la question linguistique n'existaient pas sous l'Ancien Régime, cet Ancien Régime précisément caractérisé par le pluralisme, l'unité étant assurée par le roi, clef de voûte de tout l'édifice politique. Ces problèmes auraient été créés par la Révolution française, qui, en substituant la nation au monarque en ce qui concerne la souveraineté, a voulu construire cette nation sur un principe d'unité pour ne pas dire d'uniformité : un même droit, une même histoire, l'histoire nationale, et une même langue pour tout le monde. Or la thèse d'Agnès Blanc démontre que cette vision n'est pas juste, que la monarchie française a déjà pensé et a déjà appliqué une politique d'unification de la langue. Et en fait, si les langues de France ont fait l'objet d'analyses historiques, d'analyses linguistiques, d'analyses géographiques, rares sont les historiens qui ont traité directement ce problème, qui ont abordé directement les rapports entre l'État et la langue française. Cette thèse permet par conséquent de mieux apprécier l'héritage de l'Ancien Régime par rapport à celui de la Révolution, et Agnès Blanc montre – c'est une vraie démonstration – que c'est, sans aucun doute, sous l'Ancien Régime que l'idée d'unification linguistique est apparue, si étonnant que cela puisse paraître, et a trouvé ses premières applications.

Agnès Blanc propose également une nouvelle interprétation de l'ordonnance de Villers-Cotterêts. On a longtemps considéré, à la suite de Ferdinand Brunot, que l'ordonnance avait pour objectif de tuer les langues régionales. Henry Peyre s'est, depuis, élevé contre cette thèse en soutenant que Villers-Cotterêts était dirigé non pas contre les langues régionales mais contre le seul latin, cet auteur appuyant sa démonstration sur les écrits de Pierre Rebuffi, présenté comme étant le premier président du parlement de Paris, le premier magistrat de France donc, ce qui conférait à son opinion une autorité inégalée. Or dans sa thèse, Agnès Blanc démontre que Rebuffi n'a jamais été premier président du parlement de Paris, ni même conseiller en cette cour, ni même officier royal, ce qui, bien évidemment, retire à son opinion l'autorité que Peyre et ses émules lui ont attribuée. Tout ce travail montre de manière très convaincante que l'objectif poursuivi par le roi était de rendre la langue judiciaire intelligible, accessible aux justiciables et cet objectif passait par le combat contre le latin devenu incompréhensible pour le plus grand nombre. L'auteur constate cependant qu'après Villers-Cotterêts les langues provinciales disparaissent complètement de la vie judiciaire et, selon l'heureuse expression utilisée, « meurent administrativement ». Donc Villers-Cotterêts a eu tout de même cette conséquence ; mais avec la mise en cause de l'impact de Rebuffi, qui est un des apports de cette thèse, il convient d'être prudent sur la portée exacte que le roi entendait donner à Villers-Cotterêts.

L'histoire des conquêtes, à l'époque moderne, analysée dans le second volet de cet ouvrage, est également d'un très grand intérêt. Agnès Blanc montre comment les nouveaux territoires ont été unis au royaume par la langue en mettant en œuvre deux normes complémentaires. Le roi affirme – première norme – que les territoires où l'on parle français doivent, pour cette raison, lui appartenir et décide – deuxième norme – que dans les territoires conquis par le roi on doit parler français. Ces territoires doivent parler la langue du roi. La langue française sera donc imposée aux régions nouvellement rattachées au royaume, et particulièrement au Roussillon, pour lequel Agnès BLANC, appuyant sa démonstration sur une masse impressionnante de sources manuscrites, montre la lente progression du français, sa lutte victorieuse contre le latin et le catalan dans les actes du Conseil souverain.

Cette thèse est également importante en ce qu'elle nous montre – démontre – la construction de l'État, de la nation française à partir de l'unité linguistique, la construction de ce qui a été sans doute le premier État-nation et qui va constituer en quelque sorte un modèle idéal, un archétype qui va s'imposer dans le monde entier, par mimétisme ou colonisation juridiques. C'est ce modèle d'État-nation à la française, un modèle d'État unificateur, uniformisateur – une même langue, un même droit – qui sera le modèle des États africains ; il est également intéressant – c'est une digression liée à la thèse – de relever le rôle qu'a pu jouer la langue française dans la constitution de plusieurs nations africaines, le français étant l'élément commun, unificateur entre ces ethnies qui ne parlent pas la même langue et dont aucune ne peut devenir la langue nationale car elle serait rejetée par les autres.

Cet ouvrage, bourré de références érudites, suscite à chaque page la réflexion. C'est un travail utile qui apporte un éclairage neuf sur ce vieux sujet d'étude qu'est la construction du royaume de France, de l'État français, et par conséquent un travail sur l'identité française. Si la langue de la République est le français, c'est – il ne faut plus en douter – parce que la langue du roi était le français.

Albert LOURDE

Recteur de l'université Senghor d'Alexandrie
Doyen honoraire de la faculté internationale de droit comparé des États francophones de l'université de Perpignan Via Domitia

INTRODUCTION GENERALE

« L'histoire du français est celle de la construction, multiséculaire, d'une langue conçue comme homogène en son essence, unitaire dans son ambition politique : un monolinguisme institutionnel. Il est certes fictif (la France fut toujours, et est encore, plurilingue), mais cette fiction a valeur de mythe : elle dit le sens du monde en rassemblant une communauté. Il s'agit bien d'une institution : la langue française est un bel exemple d'artefact (elle y trouve sa noblesse) ; elle fut instituée »[1].

« L'idée selon laquelle le roi était la grâce incarnée de la langue française, le maître du langage, est transposée au bénéfice des nouveaux maîtres, acteurs institutionnels ou chefs d'État. Nation-Église, la France s'est construite autour d'un Roi-Verbe »[2].

« En d'autres termes, la formation de la souveraineté de l'État se fait par la monopolisation du droit par l'État. Le droit est utilisé pour asseoir l'identité et l'unité française. À cet égard, l'utilisation du droit pour la généralisation de l'usage du Français doit être soulignée. En 1539, l'Ordonnance de Villers-Cotterêts fait du français la langue de l'état civil et des actes officiels. Sur ce point, il est remarquable que, plus de quatre siècles et demi plus tard, la langue française soit inscrite dans la Constitution française, norme suprême de l'ordre juridique, au moment même de la constitutionnalisation d'un traité qui porte atteinte à la souveraineté »[3].

1 Ces propos rapportés restituent une image précise du rôle de la langue française dans la construction de l'unité de l'État en France : instituée dans un passé lointain, autour d'un Roi-Verbe, elle est aujourd'hui consacrée constitutionnellement comme un élément de préservation de cette unité. Il est vrai qu'en proclamant en tête de

---

1 B. CERQUIGLINI, « Le français, religion d'État ? », *Le Monde*, 26 novembre 2003. L'article est un résumé de la communication de l'auteur au Ve forum du Centre international d'études pédagogiques des 24 et 25 novembre 2003 sur le thème « Le culte de la langue, une passion française ».

2 H. GUILLOREL et G. KOUBI, « Introduction », *Langues et Droits, Langues du droit, Droit des langues*, (Dir : H. GUILLOREL et G. KOUBI), 1999, Bruxelles, Bruylant, p. 13.

3 F. CHALTIEL, *La souveraineté de l'État et l'Union européenne, l'exemple français, - Recherches sur la souveraineté de l'État membre -*, Paris, L.G.D.J., 2000, p. 43.

l'article 2 de la Constitution de 1958 « que la langue de la République est le français [4] », le lien entre la langue et l'État en France était sacralisé, et l'unité linguistique élevée au rang de dogme intouchable. Et l'auteur de cet article, singulièrement intitulé « Le Français, religion d'État ? » d'affirmer à juste titre que le «monolinguisme institutionnel semble bien avoir pris rang et fonction de religion d'État, par déplacement du sacré, dans le temps que l'État se laïcisait [5] ».

2. Au demeurant la question posée est particulièrement bien choisie si l'on songe au seul autre État souverain dont les locuteurs sont en majorité de langue maternelle française, la principauté de Monaco, qui proclame solennellement dans sa charte fondamentale que « Le français est la langue officielle de l'État » et que « La religion catholique, apostolique et romaine est religion d'État [6] ». De fait, la question du « confessionnalisme linguistique » peut en effet légitimement se poser en France, tant les problématiques relatives à la langue y sont assimilées à des enjeux de pouvoir : « La langue est en France une affaire politique autant qu'une affaire culturelle [7] ». Elle est, selon même le langage juridique, « un élément constitutif de l'identité, de

---

4 Loi constitutionnelle n° 92-554 du 25 juin 1992, ajoutant un alinéa 2 aux 5 autres alinéas de l'article 2 de la Constitution, ainsi qu'un nouveau Titre XV intitulé « Des Communautés européennes et de l'Union européenne », *J.O.R.F*, 26 juin 1992, p. 8406. L'affirmation d'une langue de la République est alors placée entre l'énonciation des « caractères » de la République (« La France est une République indivisible, laïque, démocratique et sociale. Elle assure l'égalité devant la loi de tous les citoyens sans distinction d'origine, de race ou de religion. Elle respecte toutes les croyances ») et l'énonciation de ses symboles et du principe démocratique (« L'emblème national est le drapeau tricolore, bleu, blanc, rouge. L'hymne national est la Marseillaise. La devise de la République est Liberté, Égalité, Fraternité. Son principe est gouvernement du peuple, par le peuple et pour le peuple »). La révision constitutionnelle du 4 août 1995 (loi constitutionnelle n°95-880, *J.O.R F* du 5 août 1995) qui créait une session parlementaire unique, aménageait les immunités parlementaires et élargissait les possibilités de recours au référendum, a modifié l'ordre des principes évoqués. En « rehaussant » l'énonciation du caractère indivisible, laïque, démocratique et social et le principe d'égalité devant la loi sous l'article 1er, l'alinéa linguistique se trouve désormais en tête de l'article 2 de la Constitution, sous le titre consacré à la souveraineté (Titre 1 : « De la Souveraineté »). Il est suivi de l'énonciation du drapeau, de l'hymne, de la devise et du principe démocratique.

5 B. CERQUIGLINI, « Le français, religion d'État ? », art. cité.

6 Respectivement articles 8 et 9 de la Constitution monégasque de 1962. *Cf.* P. ENCREVÉ, « La langue de la République », *Pouvoirs*, n°100, 2000, p. 113. L'auteur amorce lui aussi sa réflexion par la question suivante : le français, religion d'État ?.

7 C. HAGÈGE, *Le français, histoire d'un combat*, éd. M. HAGÈGE, 1996 p. 69-71.

l'histoire et de la culture nationale (...) un élément important de la souveraineté nationale et un facteur de cohésion nationale[8] ».

3. La réflexion sur l'appréhension juridique du phénomène linguistique ne saurait donc aujourd'hui surprendre. L'intervention de la règle de droit sur la langue ou les situations linguistiques est un fait indéniable et éprouvé qui n'a pas échappé aux analyses scientifiques. Sur tous les continents, les situations linguistiques ont fait l'objet de politiques juridiques visant à promouvoir l'usage d'une ou plusieurs langues, ou encore à imposer une certaine forme d'usage de la langue. De nombreux États se sont dotés de ce qu'il est désormais convenu d'appeler des « législations linguistiques ». Ces législations, qui se donnent pour objectif de réglementer l'utilisation ou le contenu d'une ou de plusieurs langues, alimentent aujourd'hui la réflexion scientifique, en particulier celles des linguistes, des historiens de la langue, des sociologues, ou encore des sociolinguistes. Des approches générales sont ainsi enrichies d'études de cas, et ont donné naissance à l'élaboration de concepts et de terminologies spécifiques à ces disciplines, qui tendent à construire des systèmes de réflexion explicatifs des phénomènes linguistiques et de leurs évolutions. Parmi ces concepts, ceux de « politique linguistique[9] » et de « planification », ou encore celui de « loi linguistique[10] », sont les

8 Circulaire du 12 avril 1994 du Premier ministre aux membres du gouvernement, relative à l'emploi de la langue française par les agents publics, *J.O.R.F.*, 20 avril 1994, p. 5774.

9 *Cf.* L-J. CALVET, *Les politiques linguistiques*, Paris, 1996, P.U.F, coll. Q.S. ?, p. 4 et s. L'auteur définit la « politique linguistique » comme la détermination des grands choix en matière de rapports entre les langues et la société. Elle est inséparable de sa mise en pratique, « la planification linguistique ». On rencontre du côté des spécialistes de sociologie linguistique des notions équivalentes de celle de politique linguistique, avec parfois des différences minimes de signification, derrière des expressions telles que celles d'« action langagière », d'« aménagement de la langue », ou encore de « glottopolitique ».

10 La « loi linguistique » est « l'outil contraignant de la planification linguistique ». Certains auteurs sont même conduits à établir des classifications de ces lois linguistiques. Par exemple, le professeur Calvet distingue « les lois qui portent sur la forme de la langue » (fixant la graphie, le vocabulaire), des « lois qui portent sur l'usage que les hommes font des langues, indiquant quelles langues il faut parler dans telle ou telle situation » (langue nationale d'un pays), ou encore des lois « qui portent sur la défense des langues, qu'il s'agisse de vouloir leur assurer une promotion plus grande, par exemple internationale, ou de les protéger comme on protège un bien écologique ». *Cf.* L.-J.CALVET, ouvr. cité, p. 55. L'auteur se réfère à J. TURI, qui dresse une typologie des législations linguistiques en distinguant entre les « législations linguistiques structurelles », qui interviennent sur le statut des langues, et les « législations linguistiques fonctionnelles », qui portent sur l'utilisation des langues. Au sein des législations linguistiques fonctionnelles, il distingue entre les « législations linguistiques officielles » qui réglementent l'usage officiel des langues

plus topiques. Centrées sur la langue, son évolution, ses relations avec la société, ou encore la recherche des possibilités d'intervenir sur les situations linguistiques, les analyses des linguistes et des sociologues de la langue sont parfois relayées par celles des politistes qui tendent davantage à rendre compte du rôle de l'État en matière linguistique[11].

4. En ce qui concerne les juristes, force est de constater qu'ils n'avaient, jusqu'à une époque très récente, manifesté qu'un intérêt relatif pour un sujet en apparence aussi irréductible au droit. C'est sans nul doute l'interventionnisme juridique contemporain des pouvoirs publics en cette matière qui justifie l'apparition d'études juridiques sur ce thème. Des recherches substantielles ont en effet vu le jour, s'intéressant spécialement au statut juridique des langues minoritaires[12], ou à celui de la seule langue française[13], ou encore de manière générale à celui des

---

et les « législations linguistiques institutionnelles » qui concernent l'usage non officiel des langues, les « législations linguistiques standardisations », les « législations linguistiques majoritaires » (qui protègent les langues d'une majorité), les « législations linguistiques minoritaires » (qui protègent les langues des minorités). *Cf.*, J. TURI, « Le pourquoi et le comment du droit linguistique », *Langage et société*, n° 47, Ottawa, 1994, p. 52-63.

11 Pour un exemple relativement récent, il faut citer la thèse de M.-J. JASTRAB de SAINT ROBERT, *La politique de la France à l'égard de la langue Française* -1960-1994-, I. E. P., Paris, 1994. L'auteur constate notamment que « l'action de l'État n'a qu'un lointain rapport avec cette image idyllique « (celle d'un «service central aux relais multiples en mesure de mettre en œuvre une stratégie savamment élaborée ») et cherche à étudier « sous le double éclairage du linguiste et de l'analyste des politiques publiques, les formes traditionnelles et les formes nouvelles de ce soutien... », en « explorant un large éventail d'actions engagées par le gouvernement et les administrations au titre de la langue française ou ayant une incidence sur la langue française ». L'auteur analyse les différentes étapes de l'élaboration, de la mise en place et de l'évaluation des actions de l'État dans le domaine de la langue de 1960 à 1994, en montrant comment sont gérées les forces contradictoires en présence.

12 Il faut citer à cet égard la thèse de R. GRAU, *Les langues et les cultures minoritaires en France, Une approche juridique contemporaine*, 1985, publication du Conseil de la langue française, Éditeur officiel du Québec.

13 R. GRAU, auteur de la thèse précitée, avait commencé ses recherches par une étude sur *Le statut juridique de la langue française en France, Une approche juridique contemporaine*, Publication du Conseil de la langue française, éditeur officiel du Québec, 1981, 120 p. Plus récente, la thèse de J.-C. AMBOISE doit aussi être signalée : *L'utilisation de la langue française en France face aux langues étrangères. Les garanties juridiques, Les normes* (vol. 1) ; *L'application des normes* (vol. 2), Thèse, Paris V, 1996. Divisée en trois partie, la première partie traite des normes réglementant l'utilisation du français en France, la seconde partie s'intéresse à certaines normes communautaires dont les conséquences sont qualifiées de « largement défavorables » (notamment la directive de 1988 sur la protection des marques) et au droit international (la convention de Berne sur la protection des œuvres de l'esprit). La troisième partie présente un tableau de l'application des

langues pratiquées en France[14]. Un net regain d'intérêt de la part de la doctrine s'est encore fait ressentir depuis que les pouvoirs publics ont introduit une disposition constitutionnelle proclamant que « La langue de la République est le français », qu'une loi est venue renforcer le dispositif législatif existant[15], et plus encore depuis que le Conseil constitutionnel a rendu une décision d'inconstitutionnalité de la Charte européenne des langues régionales ou minoritaires[16]. En dépit de ce renouveau, les études concernant cette matière sont peu nombreuses, et les problématiques qu'elles affichent ne peuvent, en ce qui concerne une matière naissante, être épuisées. Nouvelle matière, nouvelle discipline juridique, tels sont en effet les termes utilisés pour qualifier l'émergence d'un « droit des langues », invitant ainsi à la construction d'un nouvel objet de droit *ratione materiæ*. De fait, les questionnements qui émergent de la relation entre le droit et la langue sont riches et variés. Il importe de les évoquer (§ I), avant de définir les enjeux et l'intérêt d'une approche historique (§ II) et de préciser la problématique retenue (§ III).

§ I- DIVERSITÉ DES QUESTIONNEMENTS

5. La diversité des questionnements qui peuvent naître des rapports entre le droit et la langue (A), peut aussi conduire les juristes, notamment historiens et publicistes, sur le terrain fécond des relations qui se nouent entre l'État et la langue (B).

---

normes, en particulier dans le domaine scientifique et économique. Signalons que la thèse se s'attarde pas, en dépit de la date de sa soutenance, ni sur la réforme constitutionnelle de 1992 qui a introduit la langue française dans le texte constitutionnel, ni sur la loi « Toubon » de 1994.

14 La thèse de R. ROUQUETTE constitue la première thèse portant à la fois sur la langue française et les autres langues pratiquées en France, *Cf.* R. ROUQUETTE, *Le Régime juridique des langues en France*, 1987, Paris X. L'auteur développe trois parties, *« Les Institutions »*, *« Les normes »*, et *« L'enseignement »* et son objectif est de « clarifier le régime juridique des langues » (p. 11) par une présentation de l'ensemble normatif et institutionnel s'y appliquant.

15 Loi n° 94-665 du 4 août 1994 relative à l'emploi de la langue française, dite « Loi Toubon », *J.O.R.F.* Cette loi est venue remplacer et compléter la loi dite « Bas-Lauriol » qu'elle abroge : n°75-1349 du 31 décembre 1975 relative à l'emploi de la langue française, *J.O.R.F*, 4 janvier 1976, p.189.

16 Décision n° 99-412 DC du 15 juin 1999 relative à la ratification de la Charte européenne des langues régionales ou minoritaires.

A- LANGUE ET DROIT

6. De fait, la langue n'est définie que par des disciplines extérieures au droit. F. de Saussure écrivait que la langue « est la partie sociale du langage, extérieure à l'individu, qui a lui seul ne peut la créer ni la modifier ; elle n'existe qu'en vertu d'une sorte de contrat passé entre les membres de la communauté[17] ». Il mettait ainsi délibérément l'accent sur la dimension sociale de la langue. De son côté, le droit est aussi un phénomène essentiellement social : *Ubi societas, ibi jus*. L'analogie entre le droit et la langue apparaît alors avec évidence, le droit comme la langue étant « tous deux des phénomènes sociaux, de formation largement coutumière et empreints d'un certain caractère contraignant, normatif[18] ». Mais l'analogie semble s'arrêter là : la langue ne peut faire l'objet d'une définition juridique. Elle est un système d'expression propre à un groupe social qui l'adopte et le fait évoluer, et non la résultante de normes extérieures. Phénomène « vivant », elle est et demeure donc relativement irréductible au droit. Pourtant, la langue est aujourd'hui incontestablement « saisie » par le droit : elle est devenue un objet que le droit réglemente par des normes qui prétendent régir ses relations avec les autres langues et qui l'atteignent jusque dans son contenu et sa création. Partant de ce constat, d'aucuns font même état d'une définition juridique de la langue, parallèle à sa « conception linguistique » : « c'est une langue ou un dialecte codifié et officialisé », écrit Jean Falch[19].

7. Il devient dès lors facile d'imaginer combien la complexité des relations entre ces deux phénomènes sociaux est de nature à éveiller et susciter les questionnements les plus divers. Le droit peut-il agir sur la langue, et la langue peut-elle à son tour influencer le droit ? Dans

17 F. de SAUSSURE, *Cours de linguistique générale*, Paris, 1916 ; rééd., Payot, 1964, p. 31. Les définitions de la langue établissent toute cette dimension sociale. Pour A. LALANDES (*Vocabulaire technique et critique de la philosophie*, éd. Hachette, Paris, 1984, p. 584), il s'agit d'« un système d'expression verbale de la pensée, comportant un vocabulaire et une grammaire définis, relativement fixes, constituant une institution sociale durable, qui s'impose aux habitants d'un pays et demeure presque totalement indépendante de leur volonté individuelle » ; Pour le *Grand Larousse de la langue française en sept volume*, Librairie Larousse, Paris, 1975, t. IV, v° « Langue », il s'agit d'un « système de signes vocaux et graphiques utilisé par une communauté d'individus pour communiquer entre eux et exprimer leur pensée ».

18 J. CARBONNIER, *Droit civil - Introduction*, Paris, P.U.F., 1991, p. 2[illegible].

19 J. FALCH, *Contribution à l'étude du statut des langues en Europe*, Presse de l'université de Laval, 1971, p. 2.

l'immensité des paysages de la science, la relation entre la langue et le droit est à l'évidence susceptible de multiplier les problématiques.

8. En premier lieu, les relations entre langue et droit génèrent des questionnements qui ne sont pas propres à la science juridique. En tant que phénomènes sociaux, la langue et le droit ont certains « traits communs » qui intéressent par exemple la linguistique ou la philosophie. Ainsi, l'étude des rapports entre langue et droit peut avoir pour objet l'analyse du langage du droit. Comme le droit est véhiculé par une langue, soit, en d'autres termes, comme la langue est le véhicule privilégié du droit[20], on peut en effet s'interroger sur le langage du droit. C'est l'objet de la « linguistique juridique[21] », qu'on pourrait nommer aussi, par opposition au « droit linguistique », « linguistique du droit ». Cette « discipline »[22] chercherait à rendre compte du langage du droit, en ayant pour projet d'étudier les moyens linguistiques qu'utilise le droit, en les considérant sous leurs rapports linguistiques. En d'autres termes la linguistique juridique « examine les signes linguistiques que le droit emploie et les énoncés qu'il produit [23] ». La recherche est alors purement linguistique[24].

9. L'étude du langage du droit peut aussi conduire à se demander si le droit n'est pas en soi un langage particulier, en posant la question de la nature intrinsèque du droit. Cette question ontologique peut également se poser sous l'angle précis de savoir si le droit n'est pas déterminé par la langue[25]. Par exemple, il a souvent été dit que la langue française est « la langue du droit » par excellence. Elle exprimerait mieux qu'aucune

20 La langue n'est cependant pas le seul langage du droit, même si elle est son véhicule privilégié. Le signe non linguistique peut ainsi être un langage du droit. Sur ce sujet, *Cf.* la thèse de J.-P. GRIDEL, *Le signe et le droit*, Paris, L.G.D.J., 1979.

21 L'expression est de F. GENY, « Observation générale tendant à préparer l'élaboration de la linguistique juridique », *Élaboration technique du droit positif*, p. 448 et s., cité par G. CORNU, *Linguistique juridique*, Montchrétien, Paris, 1990, p. 16.

22 « Mais la linguistique juridique ne figure pas à la nomenclature des branches du savoir », G. CORNU, *Linguistique juridique*, ouvr. cité, p. 13.

23 G. CORNU, *Linguistique juridique*, ouvr. cité, p. 13.

24 Pour G. CORNU, la « linguistique juridique » doit avoir pour objet, « dans son plein déploiement » non seulement l'étude du « langage du droit », mais aussi celle du droit du langage.

25 Thème exploité dans la littérature germanique. *Cf.* E.-P. HABA, « Études en allemand sur les rapports entre droit et langue », dans *Arch. Phil.*, t. XIX, p. 257 et s., cité par G. CORNU, ouvr. cité, p. 15.

autre les nuances et les valeurs du droit français. Dans ces hypothèses, la recherche est aussi philosophique.

10. En second lieu, la relation entre le droit et la langue génère évidemment des problématiques spécifiquement juridiques. Avant tout, c'est l'objet même de la science du droit, en tant que science spécifique, d'analyser et de critiquer le langage juridique : « la science du droit est une analyse critique d'un certain langage[26] ». Dans cette perspective, la science juridique peut évidemment se donner pour projet d'étudier le droit de la langue, c'est-à-dire les prescriptions juridiques qui concernent la matière linguistique. Comme la langue est devenue un objet que le droit réglemente ou, autrement dit, que les textes juridiques s'intéressent, – pour utiliser des concepts empruntés à la sociologie du langage – tant à son *statut* qu'à son *corpus*[27], le juriste peut étudier ces règles. Il peut alors décider de les décrire d'une manière exhaustive et raisonnée, en interrogeant leur ordonnancement, leur valeur normative, l'efficacité de leur application... L'étude des rapports entre langue et droit se donnera alors pour projet l'analyse du seul « droit de la langue ». Mais les problématiques qui peuvent naître d'un fait social juridicisé sont encore plus riches. Le caractère social de la langue, moral pour certains, politique pour d'autres, peut nourrir des recherches très différentes qui ne manquent pas d'acuité pour la science juridique. En particulier, l'analyse juridique des règles s'appliquant à la langue n'est pas exclusive de celle des rapports qui existent entre le Droit – en tant que science qui étudie les règles de droit – et la langue – en tant que phénomène social juridicisé –. Dans cette autre perspective, le juriste, en particulier publiciste ou historien, sera naturellement conduit

26 E. MILLARD, *Théorie générale du droit*, Paris, Dalloz, coll. Connaissance du droit, 2006, p. 51.

27 L'intervention sur le *statut* de la langue est celle qui appréhende la langue comme étant la langue d'une communauté linguistique donnée et qui cherche à agir sur son usage et sa place par rapport aux autres langues. L'intervention sur le *corpus* est celle qui cherche à agir sur la forme d'une langue, son bon usage, sur ce qu'elle est en tant que système de signes vocaux et graphiques utilisés par une communauté linguistique donnée. L'intervention sur le *statut* de la langue renvoie aussi à l'expression « de mesures d'ordre externe » visant à imposer l'emploi d'une langue au détriment d'une autre, et l'expression de « défense interne » de la langue renvoie à l'intervention sur le *corpus*. Ces distinctions classiques pour les linguistes et les sociologues du langage sont généralement reprises par les chercheurs d'autres disciplines. Cependant, *Cf,* M.-J. de SAINT ROBERT, *La politique de la langue française*, Paris, PUF, 2003, p. 1C, pour rendre compte de la politique de la langue française en France sous la Ve République, préfère, à ces distinctions classiques, avoir recours à deux autres catégories, propres aux sciences économiques, « le renforcement de l'offre en langue française » et « le soutien de la demande en langue française ».

à étudier les relations entre l'État et la langue à travers l'analyse des règles de droit.

11. C'est l'objet même du présent travail : interroger les rapports entre langue et État en France, dans leur dimension historique, par le recours à l'analyse historique du droit, des institutions et des faits sociaux. Mais, il faut, avant d'en dire davantage, essayer de justifier cette approche, en évoquant brièvement les questionnements que peuvent induire les relations entre la langue et le pouvoir politique, entre la langue et l'État.

B- LANGUE ET ÉTAT

12. La langue n'est pas seulement un instrument de communication, elle est aussi un instrument de pouvoir. La philosophie du langage a établi que l'acte de langage est un acte de pouvoir : le discours juridique est un acte de pouvoir, un discours performatif[28]. Le droit est même le terrain de prédilection du performatif, car il a pour but d'agir sur le réel, et de rallier ceux à qui il s'adresse à la réalité ainsi définie[29] : « le droit le plus rigoureusement rationalisé n'est jamais qu'un acte de magie sociale qui réussit[30] ».

13. Cette seule considération suffirait à expliquer que l'État s'intéresse à la langue, qu'il puisse l'utiliser à des fins politiques, l'instrumentaliser par le truchement du droit, pour agir sur le « donné linguistique » et le transformer. Mais, à la supposer fondée et vérifiée, elle ne permet cependant d'apercevoir que partiellement les raisons de

---

28 *Cf.* J.-L AUSTIN, *Quand dire c'est faire*, Paris, Seuil, 1970 ; D. LOSCHAK, « Le droit, discours de pouvoir », *Mélanges Léo HAMON*, Paris, Economica, 1982 ; E. MILLARD, *Théorie générale du droit*, ouvr. cité, p. 63-65 ; P. BOURDIEU, *Ce que parler veut dire, L'économie des échanges linguistiques,* Paris, Fayard, 1982, p. 21 : « Le discours juridique est une parole créatrice qui fait exister ce qu'elle énonce. Elle est la limite vers laquelle prétendent tous les énoncés performatifs, bénédictions, malédictions, ordres, souhaits ou insultes ».

29 Trois dimensions font du discours juridique « le terrain de prédilection » de l'énoncé performatif. Il est une parole *autorisée* – émise par une « instance légitime », attestée par sa valeur « normative » –, une *« parole vraie »* – apte à susciter l'adhésion à ce qu'elle énonce par une reproduction fidèle de la réalité extra-linguistique –, enfin une parole *efficace* – car elle induit l'adhésion à la réalité qu'elle met en scène –. *Cf.* S. PIERRÉ-CAPS, *Nations et peuples dans les constitutions modernes*, thèse, Nancy II, 1986, p. 354-358.

30 P. BOURDIEU, *Ce que parler veut dire, L'économie des échanges linguistiques,* ouvr. cité, p. 20.

l'intérêt du pouvoir politique pour la langue, et n'éclaire pas fondamentalement le pourquoi de l'intervention juridique en matière linguistique.

14. Que le pouvoir politique s'intéresse à la question linguistique découle de la logique même du pouvoir, de la logique même de l'État, forme juridique d'expression du pouvoir politique. La quête d'unité est en effet au cœur même des sociétés humaines qui s'assemblent pour former parfois un État. Un État n'est-il pas en effet avant tout une communauté d'hommes[31] ? Le principe même de l'organisation implique la quête de l'unité, et le droit est à cet égard le moyen d'ordonner les intérêts divers qui s'opposent dans les rapports sociaux pour parvenir à une certaine forme de stabilité et de sécurité : laissés à eux-mêmes les intérêts divergents ne seraient en effet qu'une cause de désordre[32]. La langue est dès lors le vecteur de la transmission des règles destinées à réguler les conduites sociales et les comportements individuels : « elle a pour but premier d'assurer la cohésion sociale et la convivialité collective [33] ». À ce titre, elle devient la langue de l'État lorsque ce dernier devient le régulateur de l'espace public, et qu'il s'approprie ainsi le monopole de l'édiction du droit, qu'il prend possession « de la sphère publique communicationnelle par cette langue aux dépens des autres [34] ».

15. La langue du droit étant le canal d'expression privilégié des actes de pouvoir, l'articulation entre la constitution de l'unité de l'État et de l'unification linguistique par l'intermédiaire de l'uniformisation juridique s'impose donc au plan des idées. Dès lors il est possible d'affirmer que le processus d'édification étatique passe nécessairement par un processus d'uniformisation linguistique.

16. L'idée même de l'articulation entre unité étatique et unité linguistique est antérieure à l'avènement de l'État moderne. Que la langue puisse être instrumentalisée par le pouvoir politique, que l'unité linguistique soit au service de l'unité politique est en effet pensé dès l'antiquité. Dans le mythe de la tour de Babel, les hommes qui ne

31 R. CARRÉ de MALBERG, *Contribution à la théorie générale de l'État. Spécialement d'après les données du droit constitutionnel français*, 1ère éd., 1922, 2 vol., rééd. Paris, Dalloz, 2004, en un seul vol., présentation par E. MAULIN, p. 2.

32 A. DUMAS, *Histoire du droit français*, Aix-en-Provence, La pensée universitaire, s.d. (1948), p. 1.

33 H. GUILLOREL et G. KOUBI, « Introduction », *Langues et Droits, Langues du droit, Droit des langues*, ouvr. cité, p. 19.

34 *Ibid.*, p. 25.

parlent qu'une seule langue (« La terre entière se servait de la même langue et des mêmes mots »), cherchent à bâtir une ville et une tour qui atteigne le ciel pour « se faire un nom et ne pas être dispersés[35] ». L'édifice – la tour – que veulent construire les hommes est le symbole de la volonté de puissance politique qui prétend s'élever jusqu'à la toute puissance divine – jusqu'au ciel –. Dieu punit l'orgueil des hommes par la confusion de leur langage, parce que, selon la tradition judéo-chrétienne, Yahvé est le seul Seigneur de tout l'univers. Dans le récit, l'orgueil humain se manifeste ainsi par une « volonté de puissance qui aspire à la domination universelle, et qui glorifie l'Unité »[36]. Si Dieu « descend » pour sanctionner les hommes, c'est parce que « ce qu'il voit est la démesure d'un pouvoir dont la domination cherche à s'étendre à toute l'humanité et à toute la surface de la terre : l'unité politique (et linguistique) de l'empire universel dont l'empereur tout puissant serait divinisé »[37]. L'idée que l'unité linguistique conduit à l'unité politique et que la pluralité linguistique – « la babélisation » – conduit à l'éclatement politique – « la balkanisation » – est ainsi clairement posée[38].

17. Il est d'ailleurs significatif que le fondateur de la philosophie politique moderne, Thomas Hobbes, emprunte le monstrueux symbole du pouvoir de l'État dans le récit du *Livre de Job*. S'adressant à son serviteur qu'il vient de mettre durement à l'épreuve, Yahvé évoque longuement sa souveraineté créatrice, et finit par décrire *Léviathan*, « qui est roi sur tous les fils de l'orgueil[39] ». Ainsi, « comme la tour de Babel de la Genèse, le monstre artificiel imaginé par Hobbes symbolise

35 GENÈSE, Chapitre 11, vers. 1 à 10, « La Tour de Babel », *L'Ancien Testament*, traduction œcuménique de la Bible (T.O.B), édit. Intégrale, Paris, Société biblique française et les éditions du Cerf, 1977, p. 60-61.

36 *Cf.* J.-W. LAPIERRE, *Le pouvoir politique et les langues*, Paris, PUF., 1988, p. 8

37 *Ibid.*, p. 7-8. L'auteur nous apprend que la langue unique à laquelle se réfère le récit de la tour de Babel est probablement l'accadien, langue de l'Empire de Babylone, qui fut fondé plus tard par Hammourabi (1728-1690). En effet, à la fin du IIIe millénaire avant J.-C. des vagues de nomades sémites venant du sud-ouest déferlèrent sur les cités sumériennes de Mésopotamie, et en 2300 le chef Sargon d'Accad unifia politiquement pour un siècle et demi le pays de Sennar, imposant à son empire la langue de son peuple : l'accadien.

38 *Cf. infra*, Partie préliminaire.

39 Job, Chap. 41, vers. 26, *Les discours de Yahvé*, Chap. 38 à 42, Job, *Les livres poétiques et sapientiaux, L'Ancien Testament, La Bible de Jérusalem, La Sainte Bible, traduite en français sous le direction de l'école biblique de Jérusalem*, Paris, édition Desclée de Brouwer, 1975, p. 780.

la prétention humaine à une toute puissance qui impose l'unité du corps politique[40] ».

18. L'existence d'une relation entre langue et droit, langue et pouvoir étatique, est donc posée par la logique même de l'un comme de l'autre phénomène social : la langue commune est celle qui crée l'unité, l'État est le principe même de la réalisation de cette unité. La langue devient dès lors pour l'État qui s'en empare un enjeu du pouvoir politique, et son instrumentalisation par le droit un moyen de réalisation de l'unité.

19. Entre le mythe de Babel, fondateur du lien entre l'unité linguistique et l'unité politique, et les problématiques actuelles qui témoignent de l'enracinement de l'idée dans la vie politique et juridique, s'ouvre tout l'espace de cette relation dans l'histoire de France. Cet espace peut encore faire l'objet d'une étude, comme en témoignent les enjeux et l'intérêt d'une approche historique.

§ II - ENJEUX ET INTÉRÊT D'UNE APPROCHE HISTORIQUE

20. De prime abord, ces enjeux apparaissent limités (A). L'intérêt d'une nouvelle approche ne se justifie pleinement qu'au regard d'un renouvellement de l'approche historique (B).

A - DES ENJEUX EN APPARENCE LIMITÉS

21. *A priori* les enjeux d'une approche historique seraient limités, car ils ne concerneraient pas l'Ancien Régime (I). Les travaux historiques existants auraient par ailleurs déjà démontré l'absence de politique d'unification par la langue (II) ; enfin, la polémique sur l'interprétation de Villers-Cotterêts, suffisamment débattue, ne pourrait être renouvelée (III).

I - Des enjeux exclusivement contemporains ?

22. Dans la perspective de retrouver dans l'histoire de la construction de l'État une instrumentalisation de la langue française à des fins politiques, l'intérêt d'une approche historique peut apparaître de prime abord compromis. Une telle étude se heurte en effet à l'historicité de l'émergence de cette question : les enjeux politiques de la question

40 J.-W. LAPIERRE, *Le pouvoir politique et les langues*, ouvr. cité, p. 10.

linguistique n'existeraient pas sous l'Ancien Régime. En France, ils seraient contemporains de l'émergence de la question nationale et de la Révolution, et ils ne trouveraient leur plein déploiement qu'avec la pensée politique du XIXe siècle et les fortunes du principe des nationalités. Les auteurs qui ont travaillé sur cette question s'accordent tous sur ce point. Ainsi pour Auguste Brun, auteur d'une remarquable étude sur *L'introduction du français dans les provinces du midi* :

> « Depuis le XIXe siècle, langue officielle et langue nationale sont deux expressions synonymes pour la plupart des peuples civilisés, mais la pensée par laquelle nous lions ces deux termes – langue et nation – n'était pas encore élaborée sous l'Ancien Régime, parce que le sens national restait confus »[41].

23. De même, Henry Peyre, autour d'une thèse sur *La Royauté et les langues provinciales*[42], affirme :

> « Le fait linguistique ne prendra le caractère de fait politique qu'avec le développement de la politique des nationalités au XIXe siècle.
> La langue, au début du XVIe siècle n'est pas un atout de plus dans le jeu de la politique ».
> « Au XVIe siècle, nation et langue sont complètement indépendantes l'une de l'autre »
> « En 1560, c'est-à-dire plus de vingt années après l'ordonnance de Villers-Cotterêts... il n'y a pas de problème linguistique : la question n'est pas encore née [43] ».

24. Une telle démarche pourrait donc nous exposer à la critique de l'anachronisme : il serait vain et de surcroît inutile de rechercher dans le passé des réponses à des problématiques qui n'existaient pas. Et « si l'anachronisme est un grave danger, celui de figer l'histoire ne l'est pas moins [44] ». Et nous verrons que même si les termes du débat actuel ne peuvent être transposés de manière identique, la question ne sera pas dépourvue de légitimité ni d'intérêt.

25 De fait, ce n'est qu'avec la Révolution que la diversité linguistique apparaîtrait comme un ferment de division politique. Il est vrai que même si la conception française de la nation, dite volontariste, ne fait

---

41 A. BRUN, *Recherches historiques sur l'introduction du français dans les provinces du midi : Languedoc, Guyenne, Limousin, Provence*, Paris, Champion, 1923, réed. Genève, Slatkine, 1973, p. 432.

42 H. PEYRE, *La royauté et les langues provinciales*, Paris, Presses Modernes, 1933.

43 *Ibid.*, p. 14 et 24.

44 M. DAVID, *La souveraineté du peuple*, P.U.F.,1996, Paris, p. 15.

pas reposer cette dernière sur la langue, la Révolution française intègre clairement comme objectif l'unification linguistique des populations. Cette unité de langue apparaît aux révolutionnaires alors comme un gage de réalisation de l'unité nationale qu'ils ne cessent de proclamer. Et si le Royaume puis la République sont proclamés « un et indivisible », la réalité linguistique de la France leur paraît être un obstacle à la réalisation de l'unité :

> « Le fédéralisme et la superstition parlent bas-breton ; l'émigration et la haine de la République parlent allemand ; la contre-révolution parle italien et le fanatisme parle basque. Brisons ces instruments de fanatisme et d'erreur... Nous devons aux citoyens l'instrument de la pensée publique, l'agent le plus sûr de la Révolution, le même langage[45] ».

26. Dès lors que l'on substitue au roi, principe fédérateur, la figure de la nation, dès lors en effet que « le symbole de l'unité n'est plus le roi mais la nation rassemblée[46] », l'absence d'uniformisation linguistique surgit dans la pensée révolutionnaire comme un facteur de désunion, et l'unité de langue devient la condition de réalisation de l'unité nationale :

> « L'unité de la République commande l'unité d'idiomes, et tous les Français doivent s'honorer de connaître une langue qui désormais sera par excellence celle du courage, des vertus et de la liberté[47] ».

27. Ainsi, sous l'Ancien Régime, la nation et la langue ne sont pas encore reliées dans la pensée et encore moins dans les faits. À cela, une raison fondamentale : « la » nation comme siège de l'autorité politique n'existe pas encore. Et c'est avec son avènement que l'unification linguistique deviendra en France un problème de politique d'unité qui se traduira dans la volonté de faire correspondre à l'unité proclamée une réalité matérielle qui lui fait défaut.

28. L'instrumentalisation politique de la langue ne peut donc a priori se poser dans les mêmes termes aujourd'hui qu'à l'époque objet de l'étude. Si les enjeux contemporains de la question linguistique lient la langue à la nation, sous la monarchie, la question « nationale » – si tant est que l'on puisse la poser – est extérieure à la question linguistique :

---

45 BARRÈRE, cité par F. MONNEYRON, *La nation aujourd'hui. Formes et mythes, Paris*, L'Harmattan, 2000, p. 72.

46 R. DEBBASCH, *Le principe révolutionnaire d'unité et d'indivisibilité de la République*, Paris et Aix-en-Provence, Économica, P.U.A.M., 1988, p. 38.

47 Abbé GRÉGOIRE, cité par F. MONNEYRON, *La nation aujourd'hui. Formes et mythes,* ouvr. cité, p. 72.

le fondement de l'unité ne repose pas sur l'adhésion volontaire à une nation une et indivisible mais sur le principe fédérateur qu'est le roi. L'unité se réalise dans la personne du monarque et il faudra une « révolution du principe d'unité », une « mutation de la souveraineté[48] » dans l'État, qui passe de la tête du monarque à celle de la nation indivisible, pour que la quête de l'unité se traduise dans les faits juridiques.

29. Certes, les termes du débat ne peuvent être les mêmes entre l'Ancien Régime et la Révolution ou l'époque actuelle, mais cela ne signifie pas pour autant que la question est dénuée d'intérêt. D'ailleurs, il suffit sans doute de constater que ces mêmes auteurs, tout en relevant le « décalage » de la question linguistique sous l'État royal, consacrent une partie de leurs recherches à son étude. Mais ce n'est pas davantage en se référant à leurs opinions que l'on peut pour autant dégager l'intérêt d'une nouvelle approche historique. Car tout semble avoir été dit, du moins en ce qui concerne précisément la question d'une instrumentalisation politique de la langue.

II - Une affirmation univoque : l'absence de politique d'unification par la langue sous l'Ancien Régime

30. En effet, les rares études substantielles ayant vu le jour sur ce sujet considèrent que la langue n'a pas été un problème politique, notamment pour la raison historique ci-dessus évoquée, mais encore parce que la langue ne semble pas avoir été un objet de politique pour la monarchie. Ils admettent une relative centralisation linguistique de la part de l'État royal, mais leurs conclusions sont généralement sans appel sur la question de l'unité linguistique comme enjeu de la politique de centralisation. Ainsi, pour l'auteur de la thèse sur *La Royauté et les langues provinciales* :

> « Non seulement... le pouvoir royal ne songe même pas à se servir de l'action politique dans le domaine des langues pour le maintien de l'unité du royaume ; mais encore... permet d'en conclure que la question linguistique ne se posait pas. On peut qualifier de neutre l'attitude du pouvoir à l'égard des langues à cette époque[49] ».

---

48 R. DEBBASCH, *Le principe révolutionnaire d'unité et d'indivisibilité de la République*, ouvr. cité, p. 29.

49 H. PEYRE, *La royauté et les langues provinciales*, ouvr. cité, p. 12.

31. L'affirmation que l'État royal n'a pas conduit de politique linguistique d'unification est corroborée par une seconde idée : le pluralisme linguistique de la société d'Ancien Régime. En partant du constat de la grande diversité du royaume à la fin de l'Ancien Régime, on considère que l'État n'a pas envisagé l'uniformisation linguistique des provinces. À l'évidence, la question linguistique n'aurait pas été pensée comme un instrument politique de l'unité pour l'État royal. Selon le sens que l'on donne d'ailleurs à l'interprétation du texte de Villers-Cotterêts[50], l'argument peut acquérir une force supplémentaire, en venant confirmer le respect du roi pour la diversité linguistique, que manifestement il n'aurait pas réussi – si tant est qu'il l'ait souhaité – à affaiblir. Les auteurs affirment, à la suite de H. Peyre, que l'unité linguistique n'a pas été recherchée par l'État royal, dont l'unité reposait sur l'allégeance à l'unique souverain. Dès lors, la langue ne fut pas un instrument d'unification, et le pluralisme juridique et linguistique de l'ancienne France en témoigne sans discussion possible. Le royaume est en effet, à la fin de l'Ancien Régime, d'essence « plurielle »[51]. Le droit et les institutions, la vie sociale elle-même donnaient l'image de la diversité : le droit privé échappait au contrôle de l'État ; dans le domaine judiciaire et administratif plusieurs provinces jouissaient d'une certaine autonomie ; les villes bénéficiaient de franchises municipales, les pays de leurs coutumes, et chacune des régions de sa langue. L'unité française allait de pair avec un incontestable pluralisme institutionnel[52]. Ainsi, ceux qui perçoivent dans l'histoire de l'État le fondement de la politique ultérieure d'unification ne seraient que « victimes, en considérant l'Ancien Régime à partir de la Révolution, d'une illusion d'optique[53] » :

> « Parce que les Jacobins et Bonaparte ont en effet construit un État centralisé, niveleur et uniformisé, ils en déduisent que l'État royal antérieur présentait une sorte de prédisposition irrésistible à devenir tel et, à l'appui de cette assertion, ils retiennent de préférence, dans l'histoire politique et administrative de l'Ancien Régime, les signes qui paraissent annoncer

50 *Cf. infra* n° 35 et 36.

51 *Cf.* sur cette question N. ROULAND, *L'État français et le pluralisme. Histoire politique des institutions publiques de 476 à 1792*, Paris, Odile Jacob, 1995.

52 J.-M. CARBASSE, « Unité et diversité de l'ancienne France », dans *L'unité des principaux États européens à la veille de la Révolution*, (Dir. : J.-M. CARBASSE et P. VILLARD), Paris, Institut d'histoire du droit, 1992, p. 2.

53 *Ibid.*, p. 1.

l'avènement inéluctable d'un État non seulement unitaire mais aussi uniformisateur »[54].

32. Les langues ne seraient donc pas un obstacle à la réalisation de l'unité dont le fondement est ailleurs ; en aucun cas l'unification linguistique du royaume n'est recherchée. Une de fois plus, les problématiques actuelles, qui se fondent sur un rapport étroit entre l'unité linguistique et l'unité politique, ne peuvent être transposées à l'époque de l'Ancien Régime. Donnons encore la parole à Henry Peyre :

> « Comment le pouvoir royal aurait-il eu, vis-à-vis des provinces, les craintes que les gouvernements modernes ont aujourd'hui pour ces stupides agitations de minorités neurasthéniques ? Pourquoi leur aurait-il donné des motifs d'opposition dans la question linguistique, qui était, fort heureusement, complètement dépourvue d'aspect politique. Pour le roi de France, il n'y a aucune raison qui justifie un ostracisme linguistique ; pour lui et particulièrement jusqu'au XVIe siècle, la langue d'Oc peut apparaître comme aussi « maternelle française » que celle d'Oïl. Et c'est parce que trop souvent on ne le comprend pas qu'on déforme la réalité des actes historiques de l'histoire des langues. »[55]

33. Cette assertion a conduit généralement les auteurs qui, à la suite de H. Peyre, formulent une opinion sur la « politique » linguistique de l'État royal, à confirmer que l'enjeu linguistique n'était pas un enjeu politique. C'est le cas de Jean-Jacques Chevallier :

> « L'Ancien Régime n'avait jamais cru que l'unité linguistique fut nécessaire à l'unité politique, assurée suffisamment par l'unité de Souverain. L'idée de pourchasser, en Bretagne, en Alsace et ailleurs les langages dissidents au nom du patriotisme, au nom du français "langue républicaine", "langue de la liberté", est toute neuve et dans la stricte logique d'un système national qui est en même temps un système d'idées abstraites[56] ».

34. Dès lors, l'idée que la monarchie n'a pas même pensé, *a fortiori* appliqué, une politique d'unification par la langue, par l'instrumentalisation d'une langue unique et/ou par l'affaiblissement des langues provinciales, est fixée. Enfin, une dernière considération doit être évoquée pour rendre compte des opinions admises sur la politique des langues de l'Ancien Régime : le sens qu'il convient de donner à l'ordonnance de Villers-Cotterêts.

---

54 *Ibid.*, p. 1.

55 H. PEYRE, *La royauté et les langues provinciales*, ouvr. cité, p. 24.

56 J.-J. CHEVALLIER, « La naissance du nationalisme entre 1789 et 1848 », *L'évolution du droit public, Études offertes à A. MESTRE*, Paris, 1956, p. 97.

III - La controverse sur Villers-Cotterêts

35. Outre que les débats les plus récents sur la reconnaissance des langues régionales[57] ne sont pas sans rappeler ceux qui opposent encore aujourd'hui les auteurs sur le jugement à porter sur l'interprétation de l'ordonnance de Villers-Cotterêts[58], la signification de ce texte demeure controversée. Pour les uns, qui se fondent sur un courant d'opinion inauguré par Henry Peyre dans sa thèse précitée, l'ordonnance de Villers-Cotterêts était dirigée contre le latin et non contre les langues provinciales. L'expression de « langage maternel françois », dans l'article 111 du célèbre texte, ne signifierait pas « la » langue française, mais « les langues françaises ». Le vocable « langage maternel françois » engloberait donc l'ensemble des idiomes parlés par les sujets du roi, et non la seule langue du roi. Cette « école », initiée par Peyre, se fonde sur l'opinion d'un juriste du nom de Rebuffi, qui fut, selon l'auteur, premier président du parlement de Paris, et dont l'opinion, à ce titre, est revêtue d'une importante autorité. Pour les autres, l'ordonnance entendait bien exclure du domaine judiciaire et parajudiciaire l'ensemble des autres langues du royaume au profit exclusif de la langue du roi ; elle ne visait pas à exclure le seul latin mais tous les autres idiomes de France. Ainsi, et « sauf à prêter à son rédacteur un goût pour l'imprécision qui n'était guère de mise dans les

57 Les enjeux actuels de la reconnaissance des langues régionales et minoritaires trouvent un lointain fondement dans l'interprétation de cette ordonnance : la monarchie a-t-elle poursuivi, en plus de l'exclusion du latin, un objectif d'affaiblissement des langues provinciales ou au contraire – comme le pensent encore certains – a-t-elle consacré le plurilinguisme ?

58 Il n'est pas inutile de dire que ce texte – au même titre d'ailleurs que d'autres lois du roi – a trouvé des applications récentes en droit positif. Ainsi par un arrêt du 22 novembre 1985 (C.E, *Recueil Lebon*, 1985, p. 333), le Conseil d'État a jugé irrecevable une requête rédigée en breton, en visant expressément l'ordonnance de 1539. Le commissaire du gouvernement remarquait néanmoins que « même sans la mention d'un texte le prévoyant expressément, la règle selon laquelle les requêtes doivent être rédigées en français, sauf dispositions explicites contraires, peut être affirmée ». *Cf.* T. CÉLÉRIER, « Survivance de l'Ancien Régime dans le contentieux administratif », *L.P.A*, n°91, 1993, p. 53. La Cour de Cassation a également été amenée à faire application de l'ordonnance dans 4 arrêts (Cass. crim. 4 mars 1986, *Bull. crim.* 1986, n°85, p. 214 ; Cass. crim. 21 octobre 1987, *Bull. crim* 1987, n°[illegible], p. 987 ; Cass. crim. 12 avril 1988, arrêt non publié ; Cass. civ. 11 janvier 1989, *Bull. civ.* 1989 II, n°11, p. 5). *Cf.* P. LOUISE, « L'actualité de l'ordonnance rendue en août 1539 à Villers-Cotterêts », *Rapport de la cour de Cassation*, 1989, p. 201 et s.

milieux des juristes royaux [59] », le sens réel de l'ordonnance leur paraît clair, et toute autre interprétation doit être écartée :

> « ... quant aux avis des juristes de l'école Rebuffe, ils n'engagent que leurs auteurs et nullement l'institution dans son ensemble, même si Rebuffe lui-même, président du Parlement de Paris, faisait partie de l'institution » [60].

36. Cette question de l'interprétation du sens de l'ordonnance, « qui a fait couler beaucoup d'encre »[61], est fondamentale au regard des enjeux théoriques d'une approche historique. Ces enjeux sont considérables, puisqu'une réponse claire sur le sens de l'édit de Villers-Cotterêts permettrait de qualifier précisément la politique monarchique, non seulement à l'égard de la langue française mais aussi vis-à-vis des langues provinciales. Si la royauté n'a cherché qu'à évincer le latin des textes judiciaires et des actes publics, la thèse pluraliste du respect des diversités linguistiques trouve une importante confirmation juridique. Partant l'attitude royale vis-à-vis des langues provinciales permettrait d'écarter l'idée d'une politique d'uniformisation linguistique contraignante à leur encontre.

B - POUR UN RENOUVELLEMENT DES ENJEUX HISTORIQUES

37. Quels peuvent donc être les enjeux et l'intérêt d'une nouvelle approche historique, s'il est admis que l'État royal n'a pas même conçu une politique d'unification par la langue ? Ils se font jour à l'évocation de trois considérations : la relation entre la centralisation linguistique et la constitution de l'État est peu connue (I) ; l'interprétation de l'ordonnance de Villers-Cotterêts peut être renouvelée (II), le jugement sur l'instrumentalisation de la langue en vue de l'unification politique peut être nuancé (III).

---

59 P. MARTEL, « Occitan, français et construction de l'État en France », dans *La politique de Babel, Du monolinguisme d'État au plurilinguisme des peuples* (Dir : D. LACORNE et T. JUDT), Karthala, coll. Recherches internationales, Paris, 2002, p. 103-104.

60 *Ibid.*, p. 103.

61 *Ibid.*, p. 103.

I - Une contribution à l'histoire des relations entre langue française et État

38. S'il est souvent dit et écrit que les rapports entre langue et État sont connus en France, l'histoire spécifique de la relation entre la constitution de l'unité politique et l'instrumentalisation de la langue française est lacunaire. Les études consacrées à l'histoire de la langue ou à l'histoire de la construction de l'État ne traitent généralement pas des interférences entre le pouvoir politique et la langue : la question particulière de l'instrumentalisation de la langue en vue de l'édification ou de l'affermissement de l'unité de l'État n'est que peu visitée. À cela plusieurs raisons : avant le XVIe siècle, la question linguistique n'apparaît pas clairement dans les actes royaux comme faisant l'objet de mesures juridiques spécifiques ; jusqu'à une époque récente, les travaux archivistiques sur la pénétration du français dans les chancelleries étaient limités. Des contributions majeures ont ainsi récemment vu le jour qui constituent pour le juriste un matériau fondamental et nouveau, et autorisent ainsi le renouvellement de la question.

39. S'il est admis par les historiens, juristes ou linguistes que la centralisation linguistique a accompagné les progrès du français, cette progression n'est pas analysée. Les auteurs admettent que la langue a servi la formation de l'État, ils l'affirment généralement sans ambages : l'histoire de France ne commence-t-elle pas, selon Michelet, avec la langue française[62] ? Ainsi par exemple A. Brun :

> « La question du français a été dans notre pays, moins une question de civilisation qu'une question de politique... Entre la diffusion du français et le développement du pouvoir royal, le parallélisme est saisissant »[63].

40. Ainsi, il n'est pas contesté que tout au long de sa formation, l'État en France a imposé au fil des siècles la langue française dans le tissu de l'organisation politique, en la diffusant, aux travers du droit et des institutions, dans l'organisation administrative et judiciaire du royaume. La langue française est selon l'heureuse expression de B. Cerquiglini cité en tête de cette étude, une « institution » : du latin *instituere*, c'est-à-dire fonder, faire « se tenir debout ». Or, quels sont les fondements et le processus de cette institution, quels sont les actes, les faits juridiques

---

62 J. MICHELET, *Histoire de France*, 1833-1867, rééd. Robert Laffont, 1981, p. 185.

63 A. BRUN, *Recherches historiques sur l'introduction du français dans les provinces du midi*, ouvr. cité, p. 483.

qui permettent de l'affirmer, et comment les analyser au regard de l'histoire de l'édification et de l'affermissement de l'unité politique ? De l'avis même de H. Peyre, qui se penche délibérément sur la seule question des langues provinciales :

> « L'influence des causes politiques sur le développement du français, qu'il ne faut admettre que dans une juste mesure, reconnue généralement, n'en a pas moins été peu mise en lumière »[64].

41. Ainsi, l'étude tentera de combler une lacune, depuis les origines de cette relation première, entre le choix d'une langue et l'unité politique, jusqu'à la veille de la Révolution ; lacune encore récemment affirmée par une personnalité des plus autorisées :

> « Les rapports de l'État et de la langue en France sont bien connus... Ils furent cependant souvent mal interprétés, expliqués seulement par un intérêt constant du pouvoir pour la langue ; c'est depuis toujours le pouvoir qui est constitué par elle.
> Cette question justifierait une étude, qui ne manquerait pas de rappeler les effets premiers de la renaissance carolingienne (véritable politique linguistique de Charlemagne) sur la constitution des langues romanes, et tout particulièrement le français, premier idiome roman à accéder à l'écrit (pour former un texte politique, les Serments de Strasbourg, où s'entend le lien d'un idiome et d'un sol, et s'aperçoit l'aspiration à une langue commune transdialectale). C'est dès lors l'État qui requiert la langue pour se constituer, avant de s'exprimer.
> On cite un article fameux de l'édit de Villers-Cotterêts (1539), qui prescrit de rédiger les arrêts en « langaige maternel françois et non autrement » ; on oublie de noter que cet article est l'un des deux cents d'un édit qui institue une justice royale, établit son administration, énonce la philosophie, nouvelle et royale, de cette justice (« *nulla sententia sine intellectu* ») : l'abandon du latin, incompris du commun justiciable du Roi, en découle, au profit des langues du royaume (dont, dans un premier temps, l'occitan).
> Le *King's French* (sic), on le voit, fonde et accompagne le pouvoir royal[65] ».

42. Concernant la France, les rares études existantes, néanmoins de grande qualité, ne s'attachent en réalité qu'essentiellement à l'analyse historique, linguistique et géographique des langues de France[66] et ne

---

64 H. PEYRE, ouvr. cité, p. 22.

65 B. CERQUIGLINI, *Histoire de la langue française. 1945-2000* (Dir. : G. ANTOINE et B. CERQUIGLINI, Institut national de la langue française, C.N.R.S-INaLF, C.N.R.S éditions, 2000, p. 689.

66 A. BRUN, *Recherches historiques sur l'introduction du français dans les provinces du Midi,* ouvr. cité. Ces recherches ont été complétées par son étude sur « La

traitent pas directement de la question des rapports entre l'État et la langue française. Sous l'angle de la problématique retenue, on tentera donc d'interroger l'histoire de l'instrumentalisation juridique de la langue française par l'État royal.

II - Une contribution à l'interprétation de l'ordonnance de Villers-Cotterêts

43. La thèse de l'auteur de *La Royauté et les langues provinciales* ne pourra pas être complètement infirmée, mais ses fondements mêmes, qui repose sur l'autorité de l'opinion du juriste Rebuffi, seront au moins bousculés, grâce à l'apport d'éléments nouveaux. L'étude permettra donc au moins d'affiner le jugement porté sur le sens de l'ordonnance émise par François Ier.

III - Une contribution à la qualification juridique de la politique linguistique de l'Ancien Régime

44. D'autre part, l'étude tentera de peser de manière plus précise la portée réelle de cette instrumentalisation de la langue française par le pouvoir politique en France, en essayant de mesurer l'impact des actes politiques et des mesures juridiques relatifs à la langue, à une époque où se constitue la relation entre l'État et la langue. Or, l'intérêt de l'explicitation de l'histoire de cette relation est susceptible d'infléchir le jugement porté sur la question de la politique linguistique de l'État royal et, partant, de nuancer le jugement porté par les auteurs sur l'instrumentalisation politique de la langue.

45. Ainsi, la restitution d'une image plus fidèle des relations juridiques entre la constitution de l'unité linguistique et de l'unité étatique, permettra, *in fine*, de mieux peser l'héritage historique de l'Ancien Régime à l'aune de la Révolution. En ce sens, la question spécifiquement contemporaine de la préservation de l'unité de l'État par la préservation de son identité linguistique unitaire retrouvera dans cette analyse une certaine « actualité historique » : elle autorisera à voir – ou non – dans l'actualité les fondements historiques du principe d'unité linguistique, et, inversement de retrouver dans l'histoire – en faisant fi de l'anachronisme – une certaine actualité du principe.

---

pénétration du Français dans les provinces du Midi du XVe au XIXe siècle », dans *Le Français moderne*, 3, 1935, p. 149-161.

46. Il sera aussi démontré que si l'allégeance politique de l'ancienne France ne repose certes pas sur l'unité de langue du royaume, où les parlers sont multiples, ce n'est pas pour autant que l'idée d'une unification linguistique ne s'y enracine pas, ni même qu'elle n'y trouve pas ses premières applications. Au titre de cette contribution, si modeste soit-elle, on peut faire nôtre l'affirmation selon laquelle « l'histoire du droit permet de redécouvrir l'historicité des phénomènes, ce qui les fait déchoir de leur statut d'évidence, leur redonne mobilité et permet de les mettre en question »[67]. Et s'il est important de tirer profit des travaux de nos prédécesseurs, il ne faut pas hésiter à les remettre en cause, « car on sait bien que les travaux n'ont qu'une valeur éphémère et que l'historien ne travaille jamais que dans le provisoire »[68]. Il convient maintenant de formuler la problématique et de préciser la méthode d'exposition.

§ III - PROBLÉMATIQUE ET PLAN

47. L'exposé de la problématique retenue (A) sera suivi de quelques précisions méthodologiques (B) et de l'annonce du plan (C).

A - PROBLÉMATIQUE

48. Notre travail part donc du constat de l'existence dans le droit positif d'une relation entre la préservation de l'unité politique de l'État et l'instrumentalisation à cette fin d'une langue unique, la langue française. Il se donne pour objectif de retrouver dans l'analyse historique l'histoire juridique de cette relation, en ne retenant des enseignements acquis par les chercheurs précédents que les questions posées, et de les soumettre à la critique pour les confirmer ou s'en écarter.

49. Le projet général de la recherche est donc d'interroger la construction de la relation juridique entre le pouvoir politique et la

67 M. FOUCAULT, cité par G. SOULIER, « Union européenne et dépérissement de l'Etat », dans *L'Union européenne, droit, politique, démocratie*, (Dir. : G. DUPRAT), P.U.F., Paris, 1996, p. 289.

68 F. MONNIER, « Comment suspendre son jugement ? », introduction à *Histoire institutionnelle, économique et financière : questions de méthode (XVIIe-XVIIIe siècles)* (Dir : F. MONNIER), *Journée d'études tenue à Ségur le 7 février 2002*, Comité pour l'histoire économique et financière de la France, Paris, 2004, p. 5.

langue française en France, depuis les origines de cette relation, que nous situons en 842, jusqu'à la veille de la Révolution. Ainsi définie, la problématique retenue nous invite à confronter l'évolution des deux institutions sociales dans leurs mouvements vers l'unité, en se demandant comment la logique de construction de l'un – l'État dans sa marche vers l'unité – s'articule avec la logique de l'autre – la langue dans sa marche vers l'exclusivité –.

50. Dans cette optique, il conviendra d'abord de se demander, en admettant l'hypothèse acquise d'une relative centralisation linguistique de la part de l'État royal, dans quelle mesure la langue française a fait l'objet d'une instrumentalisation juridique à des fins d'unification politique par le droit royal. Il faudra décrire ce processus d'instrumentalisation, en mesurer les contours et l'étendue au regard de la construction étatique.

51. Au regard de cette instrumentalisation de la langue française il faudra logiquement se demander si cette centralisation linguistique s'est parallèlement accompagnée d'une volonté d'assimilation par la langue dirigée contre les langues provinciales, dont la vitalité à la veille de la Révolution laisse a priori penser le contraire. Bref, si la diversité linguistique a constitué un problème politique et, dans l'affirmative ou la négative, en mesurer les contours.

52. Pour ce faire, il faudra interroger « les » histoires, celle de la langue française comme celle de l'État dans sa longue marche vers l'unité, essayer de retrouver dans le droit royal l'attitude de l'État vis-à-vis de la langue, tout en ne perdant pas de vue que l'objectif est bien l'analyse de la rencontre entre la langue et le pouvoir politique, de l'articulation entre la construction de l'État et l'utilisation à cette fin de la langue française comme langue unique. Cette double évolution de la langue française et de l'État sera donc le fil conducteur du raisonnement.

53. Ainsi, le titre de la thèse – *La langue du roi est le français* – fournit une première indication sur la spécificité de la recherche. Il indique que c'est à partir de la langue du roi que se construit une relation juridique entre une langue unique et un souverain unique. Le mouvement qui fera à terme du français la langue de l'État royal, c'est-à-dire celle de la souveraineté institutionnalisée dans la couronne, passe d'abord par la constitution d'une langue royale, attachée à la seule personne du roi. Il sera possible de dire, au terme de l'évolution historique étudiée, que « la langue du roi est le français ». L'expression permet de signifier à la fois que cette évolution passe par le roi, qui va

devenir locuteur de cette langue puis bientôt ne s'exprimer que par elle, avant de devenir la langue de l'État.

54. Le sous-titre – *Essai sur la construction d'un principe d'unicité de langue de l'État royal* – précise alors la singularité de l'approche. L'objectif particulier qui se profile derrière la question générale est en effet de démontrer l'existence, au terme de l'évolution, d'un principe juridique d'unicité de langue de l'État dès la fin de l'Ancien Régime. Ce principe d'unicité de langue de l'État ne se traduit plus seulement par une langue unique attachée au souverain, mais s'étend à l'institution royale elle-même. Dès lors le principe d'unicité de langue de l'État suivra le chemin de la souveraineté : il accompagnera toutes les manifestations de sa puissance. L'idée de l'instrumentalisation d'une langue unique à des fins politiques d'unification sera née et recevra ses premières applications. Ainsi, il pourra être démontré que l'évolution depuis la constitution d'une langue du souverain vers la constitution d'une langue de la souveraineté, traduit spécifiquement la construction d'un principe d'unité de langue de l'État.

B- PRÉCISIONS MÉTHODOLOGIQUES

55. Compte tenu de la dimension temporelle de l'étude qui embrasse dix siècles, nous aurons recours à certaines conventions de langage et parfois même nous emprunterons des concepts à d'autres disciplines. Les termes d'« État » et « souveraineté » seront ainsi parfois utilisés « à mauvais escient ». Compte tenu de l'étendue de la période étudiée, nous avons préféré recourir à des termes qui offrent en généralité ce qu'ils font perdre en précision. Alors que ni la notion de souveraineté ni celle d'État n'existent au sens classique du terme avant le XVIe siècle, les notions seront pourtant parfois utilisées. Ainsi, le sous-titre même de la thèse emploie l'expression d'« État royal », alors que l'étude traverse des siècles caractérisés par l'alternance entre dissémination et concentration du pouvoir. Faut-il considérer pour autant que l'usage du terme « souveraineté », qui existe dans la littérature juridique dès le Moyen Âge, doit être réservé à l'époque où naît réellement l'État, auquel elle s'attache pour en former le véritable critère juridique ? S'il nous semble que les arguments sont plutôt favorables à une acception précise de ces termes, la dimension temporelle de l'étude nous autorise cependant à utiliser ces expressions dans un sens purement instrumental. Léon Duguit lui-même ne considérait-il pas qu'« en prenant le mot dans son sens le plus général, on peut dire qu'il y a un État toutes les fois qu'il existe dans une société donnée une

différenciation politique, quelque rudimentaire ou quelque compliquée et développée qu'elle soit »[69] ?

56. En ce qui concerne les sources utilisées, l'ensemble des instruments utiles à l'analyse en histoire du droit sera exploité : les ouvrages d'histoire générale, les traités et manuels d'histoire du droit français, les collections de textes, et les documents d'archives. Ces documents seront utilement complétés par les travaux des linguistes, particulièrement riches et utiles à l'étude, même historique et juridique, de la langue française.

57. Enfin, nous aurons parfois recours au concept de diglossie, aujourd'hui très répandu, élaboré par les historiens de la langue, et qui qualifie particulièrement bien la situation de bilinguisme qui caractérise longtemps notre période. La diglossie[70] spécifie les situations sociolinguistiques où deux variétés de langues sont répandues dans toute la communauté, une variété appelée « haute » et une variété réputée « basse ». La langue « haute » est employée dans les contextes officiels, elle accapare la religion, l'enseignement, l'administration, donc le droit et la littérature « sérieuse ». Au niveau du prestige, le parler « haut » est ressenti comme plus beau, plus logique, mieux à même d'exprimer des idées importantes que le parler « bas ». La langue « basse » est réservée aux « situations plus détendues » ; son domaine est celui des conversations, des instructions données aux domestiques et de la littérature populaire. Le parler « haut » a un héritage littéraire, alors que le parler « bas » en est dépourvu ; le parler haut est enseigné de façon explicite ; il est donc une langue écrite, codifiée et uniforme, alors que le parler « bas » est transmis par la famille et se caractérise par l'oralité, la fragmentation et la variation dialectales. Les situations de diglossie, comme les autres formes de bilinguisme sociétal, peuvent être de durée extrêmement variable. Pour Ferguson, la diglossie se caractérise par la stabilité, sa durée se mesure en siècles, mais aucune situation sociolinguistique n'est à l'abri du changement. Au cours du temps, il peut y avoir glissement entre les langues « haute » et « basse » pour remplir telle ou telle fonction ; l'équilibre entre deux langues largement employées dans une société peut se modifier au bénéfice de l'une et au détriment de l'autre. La fonction de la langue, dans un contexte de diglossie, fait nécessairement intervenir des questions comme celle de la puissance politique et économique de ses locuteurs ou encore le prestige des écrivains qui s'en sont servis à des fins

69 *Cf.* L. DUGUIT, *Traité de droit constitutionnel*, Paris, De Boccard, 1927, p. 536.

70 C.-A. FERGUSON, « Diglossia », *Word*, 15, 1959, p. 325-340.

littéraires, et surtout peut-être le degré de standardisation et d'uniformité qu'elle a atteint[71]. Ces précisions étant faites, il faut annoncer le plan

C - PLAN

58. Dans la perspective de l'analyse historique de la relation juridique entre la langue française et l'État en France, il faut avant tout situer l'apparition d'une relation première entre la recherche de l'unité étatique et l'instrumentalisation d'une langue unique (Partie Préliminaire - L'institution originelle de la relation entre l'unité de langue et l'unité de l'État). Il importe ensuite de retracer l'évolution de la construction de cette relation juridique qui conduit à l'instrumentalisation de la langue française comme mode exclusif d'expression de la souveraineté étatique (Partie I - L'utilisation de l'unité linguistique comme mode exclusif d'expression de la souveraineté étatique). Enfin, la construction d'un principe d'unité de langue de l'État aboutit au terme de l'évolution à l'instrumentalisation de la langue française à des fins d'unification étatique (Partie II - L'utilisation de l'unité linguistique comme instrument d'unification de l'État).

---

71 E.A. LODGE, *Le Français. Histoire d'un dialecte devenu langue*, Paris, Fayard, 1997, p. 33.

PARTIE PRÉLIMINAIRE
-
L'INSTITUTION ORIGINELLE DE LA RELATION ENTRE L'UNITÉ DE LANGUE ET L'UNITÉ DE L'ÉTAT

59 Situer l'apparition historique d'une relation première entre la recherche de l'unité étatique et l'instrumentalisation d'une langue unique en France dans l'événement des Serments de Strasbourg implique d'abord de rendre compte des conditions historiques, aussi bien d'un point de vue matériel qu'au plan des idées, de l'émergence des conditions favorables à cet avènement. Dans un premier chapitre, il faudra donc rendre compte du contexte historique et idéologique qui a préparé l'apparition de cette première instrumentalisation de l'unicité linguistique par le pouvoir politique en France (Chapitre I - Les prolégomènes de la relation entre unité de langue et unité de l'État en France). À la lumière de cette présentation, l'analyse du texte et du contexte des Serments de Strasbourg comme événement juridique fondateur de l'instrumentalisation de la langue à des fins politiques d'unification, nous permettra de compléter la recherche des origines de la relation entre unité de l'État royal et unité de langue en France (Chapitre II- L'institution de l'unité de langue comme critère d'unité de l'État en France : le roman, langue dela *Francia Occidentalis)*.

CHAPITRE I

-

LES PROLÉGOMÈNES DE LA RELATION ENTRE UNITÉ DE LANGUE ET UNITÉ DE L'ÉTAT

60. L'institution d'une langue comme critère d'unité de l'État en France s'inscrit dans l'histoire de l'évolution de sa langue et dans celle de son unité politique. Cette histoire est finalement celle de l'unité du pays. Cette histoire de l'unité française, que nous choisissons de retracer à travers celle des évolutions et des relations entre la langue et le pouvoir politique, s'enracine dans « les siècles obscurs du plus lointain passé »[72]. Michelet n'écrivait-il pas que « l'histoire de France commence avec celle de la langue française »[73] ? Pour situer l'événement fondateur des Serments de Strasbourg, et partant mieux saisir ses enjeux et ses conséquences, l'objet étant de démontrer qu'il constitue l'élément cristallisateur de l'instrumentalisation de l'unicité linguistique par le pouvoir politique, il faut préalablement restituer le contexte qui a préparé cet avènement

61. Aussi avons-nous pris le parti de tenter de retrouver dans ces « siècles obscurs » l'origine et l'explication de ce rôle de la langue dans l'unité de notre pays. Démontrer que le principe d'unicité linguistique est un élément fondateur de l'unité de l'État implique de retracer les contours de l'évolution historique de la construction des deux principes d'unicité linguistique et d'unité politique en France. Précisément, l'objet de cette partie préliminaire se limite à présenter l'origine historique de la relation entre ces deux principes, et, dans cet objectif, de rendre compte de l'émergence des conditions favorables à l'instrumentalisation d'une langue unique par le pouvoir politique. Ce choix nous conduit d'abord à rechercher l'émergence et l'influence de l'idée même de l'instrumentalisation d'une langue unique comme instrument de l'unité politique, tant au plan des idées que sur celui des expériences politiques (Section I - Les racines idéologiques et historiques de la relation entre unité de langue et unité de l'État). Enfin, les conditions favorables à l'utilisation d'un critère d'unité politique

72 F. BRAUDEL, *L'identité de la France*, Paris, Arthaud, 1986, t. I, p.15.

73 J. MICHELET, *Histoire de France*, ouvr. et édit. cités, p. 27.

fondé sur la langue s'inscrivent aussi dans le contexte qui a précédé son institution. Nous en rendrons compte, en choisissant de nous interroger sur les fondements de l'unité du *regnum Francorum* (Section II - Les fondements politiques et linguistiques de l'unité du *regnum Francorum*).

SECTION I - LES RACINES IDÉOLOGIQUES ET HISTORIQUES DE LA RELATION ENTRE UNITÉ DE LANGUE ET UNITÉ DE L'ÉTAT

62. L'histoire de la France est aussi celle de ses racines historiques les plus lointaines. Dans l'objectif d'interroger les racines historiques du lien que nous postulons entre unité étatique et unité linguistique, nous plongerons dans les racines gauloise de l'histoire de la France (§ II- Les racines historiques : de l'unité celtique à l'unité latine). Mais le fondement idéel de la relation entre unité linguistique et unité étatique peut aussi être recherché dans les racines idéologiques de la France, et il faudra, sans surestimer son influence, tenter d'en rendre compte, au moins par l'analyse des sources spirituelles du Christianisme (§ I- Les racines idéologiques : le Christianisme).

§ I - LES RACINES IDÉOLOGIQUES : LE CHRISTIANISME

63. Les origines idéologiques de la relation entre l'unité de langue et l'unité politique s'inscrivent dans ses racines spirituelles et puisent dans le Christianisme, son berceau idéologique. Le fondement de l'idée même d'une relation entre l'unité et le partage d'une langue commune y apparaît de manière ostentatoire.

64. Dans les Écritures, l'unité de langue apparaît comme une des conditions du maintien de l'Union entre les hommes et avec Dieu. Et ce qu'il est remarquable de constater, c'est que, de l'épisode de Babel à celui de la Pentecôte, cette relation transparaît aussi bien dans l'Ancienne que dans la Nouvelle Alliance. Ainsi, l'Ancien Testament nous livre le célèbre épisode de Babel, où la division du langage des hommes vient sanctionner leur révolte contre Dieu (A- La multiplication des langues, source de dispersion de la communauté dans l'Ancienne Alliance). Si le don des langues, illustré par l'épisode de la Pentecôte dans le Nouveau Testament, est au contraire le signe de la réconciliation des hommes et de Dieu, c'est toujours la même idée de l'unité linguistique, qui va de pair avec l'unité de la communauté, qui est véhiculée (B- Le don des langues comme source de re-création de l'unité perdue).

A - LA DIVISION DES LANGUES COMME SOURCE DE DISPERSION DE LA COMMUNAUTÉ DANS L'ANCIENNE ALLIANCE

65. L'Ancien Testament exprime clairement l'idée que l'unicité de langue participe de l'unité de la société des hommes, et de l'union de ces hommes à leur créateur. Postulant qu'à l'origine les hommes parlaient entre eux une langue unique, les textes sacrés présentent ainsi une communauté unie par le même langage. Le célèbre épisode de la Tour de Babel[74], extrait de la *Genèse*, présente ainsi une société des hommes relativement homogène et unie, qui ne parle qu'un seul langage. Prenant la décision de construire une tour « dont le sommet touche le ciel », l'orgueil qui les animent est alors sanctionné par Dieu qui produit leur dispersion en « brouillant » leur langage (en le « confondant » selon d'autres traductions) :

> « La terre entière se servait de la même langue et des mêmes mots. Or en se déplaçant vers l'orient, les hommes découvrirent une plaine dans le pays de Shinéar et y habitèrent. Ils se dirent l'un à l'autre : "Allons ! Faisons des briques et cuisons-les au four !". Les briques leur servirent de pierre et le bitume leur servit de mortier. "Allons ! dirent-ils, bâtissons-nous une ville et une tour dont le sommet touche le ciel ! Faisons-nous un nom afin de ne pas être dispersés sur toute la surface de la terre !".
> Le Seigneur descendit pour voir la ville et la tour que bâtissaient les fils d'Adam. "Eh, dit le Seigneur, ils ne sont tous qu'un peuple et qu'une langue et c'est là leur première œuvre ! Maintenant, rien de ce qu'ils projetteront de faire ne leur sera inaccessible ! Allons, descendons et brouillons ici leur langue, qu'ils ne s'entendent plus les uns les autres !" De là le Seigneur les dispersa sur toute la surface de la terre et ils cessèrent de bâtir la ville. Aussi lui donna-t-on le nom de Babel, car c'est là que le Seigneur brouilla la langue de toute la terre, et c'est de là que le Seigneur dispersa les hommes sur toute la surface de la terre ».

66. S'appuyant sur la lettre de ce texte, les commentateurs voient dans la confusion des langues l'origine du plurilinguisme, vécu comme une sanction de Dieu contre l'orgueil des hommes qui les poussent à vouloir « toucher le ciel » et conserver la pleine maîtrise de leur destin. A rebours de cette interprétation classique du texte de la Genèse, il est possible de voir dans la division des langues l'opposé d'une punition divine. Ainsi en est-il par exemple du professeur Hagège, qui, reliant ce

---

74 GENÈSE, chapitre 11, versets 1 à 10, « La tour de Babel », *L'Ancien Testament*, Traduction œcuménique de la Bible (T.O.B), édition intégrale, Paris, Société biblique française et Les Éditions du Cerf, 1977, p. 60-61.

passage à un précédent de la Genèse, « Soyez fertile et multipliez-vous, remplissez la terre et dominez-la », écrit que « l'unicité de langue, loin d'être une bénédiction dont les hommes sont soudain privés, est le handicap majeur à leur vocation, l'obstacle à l'accomplissement de leur destin ». Il voit dans la division de la communauté et des langues l'outil de la réalisation de sa vocation : « C'est pourquoi doit survenir la dispersion sociale, inséparable ici de la dispersion linguistique »[75].

67 Pourtant, quelle que soit l'interprétation retenue, et que la « confusion » du langage se pose en sanction ou à l'inverse en bénédiction, la division des langues accompagne la dispersion sociale. Et le plurilinguisme engendre la dispersion. Ainsi, dans le texte biblique, l'unité de langue entre les hommes est présentée comme allant de pair avec son unité et la pluralité de langue avec sa dispersion[76].

68. Aujourd'hui, les néologismes de « babélisation » et de « balkanisation » traduisent bien la pérennité de cette idée et la postérité du mythe de Babel dans les esprits[77] : la pluralité de langage

---

75 C. HAGEGE, « Babel, du temps mythique au temps du langage », in *Revue Philosophique*, 1978, 4, p. 469-470. Cette interprétation, qui voit dans la dispersion du langage et des hommes telle que racontée dans la Genèse, un moyen de réalisation du destin de l'humanité ne tient pas si l'on situe ce texte dans une lecture globale de la Révélation chrétienne. En effet, dans le tout que constitue la Bible, le Nouveau testament vient « accomplir » les promesses de l'Ancien, et la nouvelle alliance qui passe par l'avènement et la mort du Christ, n'existe justement que pour permettre la réconciliation de Dieu et des hommes. Ce constat suppose donc d'une part qu'il y ait eu une rupture de l'Union entre Dieu et ses créatures (matérialisée dans le texte de la tour de Babel par l'orgueil de l'homme qui veut construire une tour qui « touche le ciel »). D'autre part, l'épisode de la Pentecôte, où le don des langues permet aux hommes de surmonter la division linguistique, confirme également cette analyse si l'on veut bien admettre que la communication entre les hommes est ainsi rétablie dans le seul but de l'évangélisation, c'est-à-dire de la transmission de la connaissance de la rédemption par le Christ, et donc de la Ré-union (de la réconciliation) des hommes avec Dieu par le moyen de la conversion. *Cf. infra*.

76 La tradition judéo-chrétienne pérennise cette relation fondée sur le mythe de Babel, où le plurilinguisme reste synonyme de la séparation.Cf. *infra*, note 77.

77 *Cf.* L.-J.CALVET, *La guerre des langues et les politiques linguistiques*, Paris, Hachette Littératures, 1999, p. 35. L'auteur considère que la tradition judéo-chrétienne pérennise cette idée fondée sur la puissance du mythe de Babel : «...pour une partie importante du monde, le plurilinguisme est vécu, en référence au mythe de Babel, comme une punition, voire même comme une malédiction. Ainsi le néologisme de babélisation, multiplication des langues sur un territoire donné, est-il l'équivalent linguistique du terme balkanisation pour les États : dans les deux cas, la multiplicité est chose mauvaise, on lui préfère de façon toute jacobine un bon gros État monolingue bien cerné dans ses frontières politiques et linguistiques. L'ennui est que ce cas de figure est bien rare, pour ne pas dire inexistant, et nous revoilà à Babel ».

est perçue comme une punition divine qui conduit à la désunion, à la séparation (– au séparatisme – dirait-on aujourd'hui). Cette idée demeure dans le Nouveau Testament où le don des langues vient à l'inverse de l'épisode de Babel, permettre à nouveau aux hommes de surmonter leurs divisions et de s'unir pour le partage de leur foi nouvelle.

B- LE DON DES LANGUES COMME SOURCE DE RECRÉATION DE L'UNITÉ DE LA COMMUNAUTÉ DANS LA NOUVELLE ALLIANCE

69. La relation entre l'unicité linguistique et l'unité de la communauté des hommes est confirmée dans la nouvelle alliance, où le non moins célèbre épisode de la Pentecôte, annonce un merveilleux « don des langues » fait par l'Esprit Saint aux apôtres[78] :

> « Quand le jour de la Pentecôte arriva, ils se trouvaient réunis tous ensemble. Tout à coup survint du ciel un bruit comme celui d'un violent coup de vent : la maison où ils se tenaient en fut toute remplie ; alors leur apparurent comme des langues de feu qui se partageaient et il s'en posa sur chacun d'eux. Ils furent tous remplis d'Esprit Saint et se mirent à parler d'autres langues, comme l'Esprit leur donnait de s'exprimer.
> Or, à Jérusalem, résidaient des juifs pieux, venus de toutes les nations qui sont sous le ciel. À la rumeur qui se fit, la foule se rassembla et fut en plein désarroi, car chacun les entendait parler sa propre langue. Déconcertés, émerveillés, ils disaient : "Tous ces gens qui parlent, ne sont-ils pas des Galiléens ? Comment se fait-il que chacun de nous les entende dans sa langue maternelle ? Parthes, Mèdes et Élamites, habitants de Mésopotamie, de la Judée et de la Cappadoce, du Pont et de l'Asie, de la Phrygie et de la Pamphylie, de l'Égypte et de la Libye cyrénaïque, ceux de Rome en résidence ici, tous, tant Juifs que prosélytes, Crétois et Arabes, nous les entendons annoncer dans nos langues les merveilles de Dieu !". Ils étaient tous déconcertés, et dans leur perplexité, ils se disaient les uns aux autres : "Qu'est-ce que cela veut dire ?". D'autres s'esclaffaient : " Ils sont pleins de vin doux !" »[79].

78 *Actes des Apôtres,* 2, v. 1-11, « La venue du Saint Esprit », T.O.B., citée, p. 365-366.

79 Les Évangiles nous enseignent qu'après sa résurrection, le Christ donne une mission d'évangélisation universelle à ses apôtres, les enjoignant à faire des disciples de toutes les nations, au moyen de l'Esprit Saint qu'ils doivent recevoir, et qui leur permettra de parler des langues nouvelles : « Et moi, je vais envoyer sur vous ce que mon Père a promis. Pour vous, demeurez dans la ville jusqu'à ce que vous soyez, d'en haut, revêtus de puissance ». (T.O.B., citée : *Mathieu*, 28, 19-20 ; *Marc*, 16, 15-19 ; *Luc*, 24, 49-50 ; *Actes des apôtres*, 1, 4-8.

70. Le don des langues vient, après la confusion des langues à Babel, permettre aux hommes de réaliser leur mission d'évangélisation, de témoigner dans la langue de l'autre, pour susciter la conversion. Cette connaissance des langues ignorées est un don miraculeux de l'Esprit Saint, troisième Personne du Dieu unique dans le dogme Chrétien. En effet, le texte nous informe d'une part sur la source de ce don, l'Esprit Saint (« Ils furent tous remplis d'Esprit Saint et se mirent à parler d'autres langues... »), et sur sa fonction, la communication des choses divines (« ... nous les entendons annoncer dans nos langues les merveilles de Dieu »). Ainsi selon ce texte, et selon la tradition et le dogme dans lequel il s'insère, cette connaissance miraculeuse des langues inconnues de l'apôtre provient de l'Esprit, et n'est donnée que pour le témoignage. L'Esprit est à la fois la source du don des langues et du témoignage, il opère en communiquant à la fois le savoir des langues et le savoir de Dieu[80].

71. Cette dernière idée nous conduit à assigner à la connaissance des langues, au-delà du simple rétablissement de la communication entre les hommes divisés par leurs origines et leurs langues, un office de réunification de la communauté des hommes et des croyants. En effet, le savoir des langues se fait l'outil de la transcendance des divisions linguistiques et territoriales et autorise ainsi la réunion (re-union) de la communauté dispersée (« Comment se fait-il que chacun de nous les entendons dans sa langue maternelle ? Parthes, Mèdes et Elamites, habitants de Mésopotamie, de la Judée... nous les entendons annoncer dans nos langues les merveilles de Dieu »!). Finalement, le don des langues rend possible à la fois le témoignage de l'apôtre dans une langue qu'il ignore habituellement, mais ne rétablit la communication que pour la réalisation de leur mission[81]. Or, quel est l'objectif final de

80 C'est l'Esprit Saint qui rend témoignage à Dieu et donne le savoir des langues aux apôtres, et non les apôtres qui parlent et rendent témoignage par eux-mêmes. Cette interprétation du texte de la Pentecôte est confirmée à divers titres dans les Évangiles. Par exemple « Lorsque viendra le Paraclet, que je vous enverrai d'auprès du Père, l'Esprit de Vérité qui procède du Père, il rendra lui-même témoignage de moi ; et à votre tour, vous me rendrez témoignage, parce que vous êtes avec moi depuis le commencement ». T.O.B. citée : *Jean*, 15, 26-27. Dans le même sens : « Lorsque viendra l'Esprit de Vérité, il vous fera accéder à la vérité tout entière, car il ne parlera pas de son propre chef, mais il dira ce qu'il entendra et il vous communiquera tout ce qui doit venir. Il me glorifiera car il recevra de ce qui est à moi et il vous le communiquera », *Jean*, 16, 13-15.

81 Après sa résurrection, le Christ donne une mission d'évangélisation universelle à ses apôtres, les enjoignant à faire des disciples de toutes les nations, au moyen de l'Esprit Saint qu'ils doivent recevoir, et qui leur permettra de parler des langues nouvelles : « Et moi, je vais envoyer sur vous ce que mon Père a promis. Pour vous,

cette mission, ou plus exactement, quelle est la finalité de la conversion recherchée des hommes et rendue possible par ce savoir donné des langues ? C'est de toute évidence, un dessein de réconciliation de l'homme et de Dieu, de rétablissement de l'union intime[82] entre le créateur et sa créature. Une quête de recouvrement d'unité entre Dieu et l'homme, et entre les hommes entre eux (rupture signifiée par le mythe de Babel, où le multilinguisme et la dispersion de la communauté, sont les conséquences de sa rupture avec Dieu).

72. En ce sens, la « Prière de Jésus », qu'il formule avant de vivre sa Passion, exprime dans sa plénitude le sens qu'il donne à son sacrifice : un idéal de réconciliation, de rétablissement de l'union intime originelle entre Dieu et l'homme, à l'image de l'union intime des trois personnes qui composent Dieu. Cette quête d'unité apparaît en effet clairement dans le texte de cette prière[83].

73. Replacé dans le contexte spirituel qui l'entoure, le « don des langues » est l'outil qui offre à la multitude « rachetée » la possibilité de dépasser ses différences linguistiques pour retrouver l'unité qu'elle avait perdue depuis sa rupture avec Dieu, unité qui se définit alors comme l'union – et même la communion[84] – avec le Christ. L'objectif

---

demeurez dans la ville jusqu'à ce que vous soyez, d'en haut, revêtus de puissance ». (T.O.B., citée : *Mathieu*, 28, 19-20 ; *Marc*, 16, 15-19 ; *Luc*, 24, 49-50 ; *Actes des apôtres*, I, 4-8.

82 La rupture de cette union entre le créateur et sa créature est symbolisée par le péché originel, rapporté dans l'épisode de la Genèse, où Eve, séduite par le serpent, mange du fruit défendu de l'arbre de vie et en donne à Adam. Dieu condamne alors la femme à enfanter dans la douleur et l'homme à travailler le sol pour vivre, puis à mourir : « À la sueur de ton visage tu mangeras du pain jusqu'à ce que tu retournes au sol car c'est de lui que tu as été pris. Oui, tu es poussière et à la poussière tu retourneras ». *La Genèse*, III, 1-24, *L'Ancien Testament*, T.O.B. citée.

83 « Comme tu m'as envoyé dans le monde moi aussi, je les ai envoyés dans le monde. Pour eux je me sanctifie moi-même, afin qu'ils soient, eux aussi, sanctifiés dans la vérité. Je ne prie pas pour eux seulement, mais aussi pour ceux qui, grâce à leur parole, croiront en moi, afin que tous soient un. Comme toi, Père, tu es en moi et moi en toi, qu'eux aussi soient un en nous, afin que le monde croie que tu m'as envoyé. Je leur ai donné la gloire que tu m'as donnée, pour qu'ils soient un comme nous sommes un : moi en eux et toi en moi, afin qu'ils soient parfaits dans l'unité, et que le monde reconnaisse que tu m'as envoyé et que tu les as aimés comme tu m'as aimé » ; T.O.B. citée : *Jean*, 17, 18-24.

84 L'institution du symbole de la communion (« Eucharistie » chez les Catholiques) est la figure la plus représentative de cette Union avec Dieu : « prenant du pain, il rendit grâces, le rompit et le leur donna, en disant : "Ceci est mon corps, donné pour vous; faites cela en mémoire de moi". Il fit de même pour la coupe après le repas disant : "Cette coupe est la nouvelle Alliance en mon sang, versé pour vous" » *Cf.* par exemple, T.O.B. citée : *Luc*, 22, 19-20.

est l'union intime à Dieu, et celle des hommes dans le partage d'une foi nouvelle, en formant une communauté de croyants, l'Église, définie dans la doctrine chrétienne comme le corps mystique de Dieu[85]. Le don des langues est donc en quelque sorte « une langue » particulière, qui permet le dépassement de l'obstacle du plurilinguisme pour rétablir l'unité de communication offerte originellement par l'unicité de langue. Mais ce don n'est offert que pour la réalisation d'une mission universelle de re-création et de rétablissement de l'unité perdue entre l'homme et Dieu.

74. La doctrine chrétienne, issue des textes sacrés, fait donc de l'unité linguistique un outil de rétablissement de l'Union entre Dieu et les hommes. Les origines spirituelles de la tradition judéo-chrétienne confirment donc au plan spirituel cette relation entre unicité de langue et unité de la communauté. Loin de s'en émanciper, les expériences temporelles confirmeront en France la transposition de cette idée dans

---

85 Ce corps du Christ est composé par la multitude des croyants invités à dépasser leurs différences pour s'unir dans la foi par la grâce de l'Esprit Saint. Saint Paul le souligne particulièrement. S'adressant aux communautés de Corinthe ou d'Ephèse, l'apôtre écrit : « C'est lui encore qui "a donné" aux uns d'être apôtres, à d'autres d'être prophètes, ou encore évangélistes, ou bien pasteurs et docteurs, organisant ainsi les saints pour l'œuvre du ministère, en vue de la construction du Corps du Christ, au terme de laquelle nous devons parvenir, tous ensemble, à ne faire plus qu'un dans la foi et la connaissance du Fils de Dieu, et à constituer cet Homme parfait, dans la force de l'âge, qui réalise la plénitude du Christ.", *Cf.* T.O.B. citée : *Ep*, 4, 11-13. Dans T.O.B. citée : 1 *Co*, 12, 12-27, « De même, en effet, que le corps est un, tout en ayant plusieurs membres, et que tous les membres du corps, en dépit de leur pluralité, ne forment qu'un seul corps, ainsi en est-il du Christ. Aussi bien est-ce en un seul Esprit que nous tous avons été baptisés en un seul corps, Juifs ou Grecs, esclaves ou hommes libres, et tous nous avons été abreuvés d'un seul Esprit. Aussi bien le corps n'est-il pas un seul membre, mais plusieurs. Si le pied disait: "Parce que je ne suis pas la main, je ne suis pas du corps", il n'en serait pas moins du corps pour cela. Et si l'oreille disait : "Parce que je ne suis pas l'oeil, je ne suis pas du corps", elle n'en serait pas moins du corps pour cela. Si tout le corps était oeil, où serait l'ouïe ? Si tout était oreille, où serait l'odorat ? Mais, de fait, Dieu a placé les membres, et chacun d'eux dans le corps, selon ce qu'il a voulu. Si le tout était un seul membre, où serait le corps ? Mais, de fait, il y a plusieurs membres, et cependant un seul corps. L'oeil ne peut donc dire à la main: "Je n'ai pas besoin de toi", ni la tête à son tour dire aux pieds: "Je n'ai pas besoin de vous". Bien plus, les membres du corps qui sont tenus pour plus faibles sont nécessaires ; et ceux que nous tenons pour les moins honorables du corps sont ceux-là mêmes que nous entourons de plus d'honneur, et ce que nous avons d'indécent, on le traite avec le plus de décence ; ce que nous avons de décent n'en a pas besoin. Mais Dieu a disposé le corps de manière à donner davantage d'honneur à ce qui en manque, pour qu'il n'y ait point de division dans le corps, mais qu'au contraire les membres se témoignent une mutuelle sollicitude. Un membre souffre-t-il ? tous les membres souffrent avec lui. Un membre est-il à l'honneur ? tous les membres se réjouissent avec lui. Or vous êtes, vous, le corps du Christ, et membres chacun pour sa part ».

l'ordre politique. Avant que cette idée ne soit effectivement transposée au plan politique, et que la langue ne soit utilisée comme un critère matériel d'unité, c'est l'histoire de la Gaule indépendante et de la domination romaine qui constitueront le terreau favorable à cet avènement au plan historique. Les origines de la relation entre l'unité de langue et l'unité de la future France puisent leurs racines dans ces siècles lointains où l'héritage romain est venu se mélanger à la celticité, pour fondre et préparer, dans l'unité latine, à la fois les prémisses de l'unité linguistique et celles de l'unité politique de la future France.

§ II - LES RACINES HISTORIQUES : DE L'UNITÉ CELTIQUE À L'UNITÉ LATINE

75. Le rôle du facteur linguistique dans ce qui sera l'unité de la future France s'éclaire singulièrement par la connaissance de son histoire politique. De la Gaule indépendante à la Gaule franque, la construction de l'unité de la future France, territoriale, politique, morale et spirituelle, est le fruit d'une synergie de facteurs divers, au sein desquels l'élément linguistique fut caractérisant. La prise en compte de cet élément comme instrument politique d'unification puise dans l'histoire des expériences politiques qui ont précédé la France carolingienne, où nous situons la première instrumentalisation consciente de la langue. Pour rendre compte de cette évolution, il faut s'interroger successivement sur le rôle du facteur linguistique dans l'unité de la Gaule indépendante (A - L'unité celtique de la Gaule indépendante) puis dans celle la Gaule romaine (B - L'unité latine de la Gaule romaine).

A - L'UNITÉ CELTIQUE DE LA GAULE INDÉPENDANTE

76. L'histoire de la Gaule[86] indépendante nous apprend que les Gaulois avaient la conscience de partager une certaine unité. C'est Camille Jullian, dans sa très belle *Histoire de la Gaule* , qui a, mieux que personne, formulé la description de cette unité. Les Gaulois auraient eu « à la fois la notion de leur unité présente et la mémoire d'une histoire

86 Cette histoire commence généralement depuis l'an 600 avant Jésus-Christ, date de la fondation de Marseille, jusqu'à l'an 400 après Jésus-Christ, date de l'établissement des Germains, et de la domination des Francs. *Cf.* D. et Y ROMAN, *Histoire de la Gaule. VIe siècle av. J.C.-Ier siècle ap. J.C. Une confrontation culturelle*, Paris, A. Fayard, 1997, p. 5 et s.

commune ». La description de ces peuples du monde antique, souvent rivaux, insiste sur les éléments culturels de leur unité, perçus comme les sources d'une véritable « fraternité nationale » :

> « Ces formules, ces traditions, ces institutions collectives, vestiges et rêves de concorde, étaient encore fortifiées par la communauté de caractère, de langue, de coutume et de religion, par l'identité des noms de dieux et des noms d'hommes. Tous ces éléments d'une fraternité nationale, enfin, qu'on les replace sur la terre que les Gaulois habitent, dans le cadre de ces frontières bien délimitées, dans ce réseau harmonieux de routes convergentes : et on admirera ce merveilleux accord entre une race qui rêvait d'union et un sol qui conseillait l'unité »[87].

77. La Gaule, dont le nom désigna chez les Anciens, la contrée comprise entre la Méditerranée, les Alpes, le Rhin, l'Océan et les Pyrénées[88] était occupée par des populations que l'on appelait les « Ligures », et qui donnaient cette impression d'unité à tous ceux qui les visitèrent[89].

78. Il semble admis par les historiens que la langue formait probablement le principal élément de cette unité[90], ce dont témoigne de nombreux noms des accidents du sol français, de montagnes, lacs, fleuves et sources. De fait, c'est la toponymie qui renseigne le mieux sur l'unité linguistique de ces populations :

> « La grande majorité de ces noms vient des hommes qui ont habité la Gaule avant les Gaulois. Or, ils ont entre eux de frappantes analogies. Les ruisseaux de Provence, de Languedoc ou de Gascogne s'appellent souvent de la même manière que ceux de Normandie, de Bretagne ou de Belgique : la région du Var a ses Garonnes comme Toulouse et Bordeaux ont la leur (Garonnes et Garonnette sont presque le nom générique des ruisseaux dans cette région de la Provence dès le XIe siècle), que de Dives (dans l'Oise, la Vienne, la Sarthe, etc...), de Divettes (Oise, Calvados, Manche), de Divonnes (à Cahors, à Bordeaux), que de Bièvres, de Beuvrons ou de

87 C. JULLIAN, *Histoire de la Gaule*, t. II, *La Gaule indépendante*, 3e éd., Paris, Hachette, 1914, p. 448.

88 *Ibid.*, t. I, *Les invasions Gauloises et la colonisation grecque*, 3e éd., Paris, Hachette, 1914, p. 3.

89 *Ibid.*, t. I. p. 112.

90 *Ibid.*, t. I p. 112 : «... car le langage a été, dans l'Antiquité comme de nos jours, le lien qui attache le plus fortement les hommes, et qui permet le plus à des tribus réunies de se créer un patrimoine commun de mœurs, de souvenirs et de Dieux ; et des traits distinctifs d'une population, il est celui que remarquent tout d'abord les étrangers ». *Cf.* également F. LOT, *Les fondements ethniques, sociaux et politiques de la nation française*, Paris, Fayard, 1967, p. 78-81.

Beuvronnes par toute la France (dans la Seine, le Morvan, l'Isère, le Loir-et-Cher, l'Aisne) ! ».[91]

79. C'est donc le partage d'un même idiome par les Ligures, « depuis le Rhin jusqu'aux Pyrénées, depuis les Alpes jusqu'à l'Océan », qui aurait constitué « un premier ferment d'unité »[92], et finalement le berceau des prolégomènes de la future unité nationale de la France.

80. La Gaule fut envahie par les Celtes, qui, venus du centre de l'Europe, formèrent le fond principal de la population[93]. Ils s'établirent à l'intérieur de la Gaule entre le VIIe et le Ve siècle avant J-C ; ils soumirent les populations ligures, imposèrent aux indigènes leur nom et leur domination en trois générations environ, ce dont témoigne la disparition du vocable de Ligures dans la Gaule centrale[94]. Il semble que ces peuples de la Gaule centrale se mélangèrent assez facilement, au point d'être appelés les Celtoligures. Il en fut de même lorsque, vers l'an 400 avant J-C, les Celtes descendirent du nord pour entrer en Provence, où ils formèrent avec les indigènes le peuple des Salyens[95]. Ils débordèrent ensuite les Pyrénées et s'établirent en même temps en Armorique. La dernière étape de la conquête par les Gaulois du territoire qui correspond approximativement à celui de la France contemporaine est celle de la fixation des Belges entre Seine et Rhin au IVe siècle et au début du IIIe avant J-C[96]. C'est vers 290 que s'achève la mise en place de la Gaule indépendante. La population gauloise était divisée en 300 tribus, installées sur autant de territoires que les Romains appelèrent *pagi* (pays)[97]. Ces tribus se regroupaient « spontanément ou par la force », « par deux ou trois minimum, par dix

91 C. JULLIAN, *Histoire de la Gaule*, ouvr. cité, t. I, *Les invasions Gauloises et la colonisation grecque*, p. 112-113.

92 « Il faut donc qu'un seul et même idiome ait été longtemps parlé par tous les Ligures, depuis le Rhin jusqu'aux Pyrénées, depuis les Alpes jusqu'à l'Océan. Ils ont imposé leur langue à cette vaste contrée, ils en ont à jamais fixé les mots sur ses fleuves et sur ses sources : ils ont été, pour notre pays, un premier ferment d'unité ». Cf., C. JULLIAN, *Histoire de la Gaule*, t. I, ouvr. cité, p. 113.

93 H. HUBERT, *Les Celtes et l'expansion celtique*, Paris, Albin Michel, 1998 ; K.-F. WERNER, *Des origines à la Gaule romaine*, Paris, Fayard, 1984, p. 131-164

94 C. JULLIAN, *Histoire de la Gaule*, ouvr. cité, t. I, *Les invasions Gauloises et la colonisation grecque*, p. 249.

95 K.-F. WERNER, *Des origines à la Gaule romaine*, ouvr. cité, p. 139

96 J. VERRIÈRE, *Genèse de la nation française*, Paris, Flammarion, 2000, p. 18.

97 *Ibid.*, p.19.

ou vingt exceptionnellement, en une soixantaine de “nations” que les Romains appelleront *civitates* (cités) »[98].

81. En dépit de ses divisions, ce monde gaulois présentait une telle unité culturelle que plusieurs historiens affirment « qu’on parlait la même langue de Bordeaux à Trèves, et de Nantes à Genève et à Marseille »[99]. Bien que cette affirmation ne suscite pas toujours une adhésion sans réserve[100], l’unité linguistique participait de l’unité de ces peuples, au même titre que la religion[101].

82. Il apparaît cependant clairement que de la confrontation entre la langue des Ligures et celles des envahisseurs Celtes, ce fut cette dernière qui l’emportât[102]. À l’arrivée des Romains, le dualisme entre le ligure et le celte n’existait plus[103]. Nous ne connaissons que peu de choses sur la langue des Celtes, ne disposant que d’un vocabulaire limité et incomplet, composé presque exclusivement de noms propres ou communs, insuffisants pour juger du mécanisme de cette langue. Mais il semble cependant aujourd’hui admis, que cette langue gauloise « était uniforme et homogène » et qu’elle exerçait « une absolue

98 J. VERRIÈRE, *Genèse de la nation française*, ouvr. cité, p. 19. L’auteur précise que les cités les plus puissantes (les Eduens ou les Arvernes) se comptaient en demi-million d’habitants, alors que les plus modestes (les Gabales, Calètes ou Mandubiens) ne regroupaient pas 50 000 personnes.

99 E. THÉVENOT, *Histoire des Gaulois*, Paris, PUF, 1972, p. 87-88.

100 Par exemple, Jacques VERRIERE (*Genèse de la nation française*, ouvr. cité., p. 19) citant cette affirmation, estime qu’il « paraît plus raisonnable de considérer que les dialectes gaulois appartenaient tous à une famille commune, quitte à admettre que beaucoup étaient assez proches pour permettre une intercommunication aisée ».

101 Pour certains auteurs, c’est la religion qui constituait « le plus grand et le seul facteur d’unité », *Cf.* R. PERNOUD, *Les Gaulois*, Paris, Seuil, 1979, p. 60.

102 Divers éléments permettent en effet de conclure à la victoire de la langue des conquérants sur celle des indigènes. Camille JULLIAN (*Histoire de la Gaule*, ouvr. cité t. I, *Les invasions gauloises et la colonisation grecque*, p. 367, 479-481) rapporte ainsi que STRABON distinguait très nettement les Ligures des Celtes des régions provençales et alpestres. Il en conclut que la distinction n’aurait pas lieu d’être si leurs langues avaient été semblables. Il cite TITE-LIVE qui rapporte que lorsque Hannibal remonta l’Isère, qui traversait des terres gauloises, il rencontra au confluent de l’Arc des populations d’une autre langue : or, il quittait à cet endroit le monde celtique, TITE-LIVE (XXI, 32, 10) : *Gallos, haud sane multum lingua moribusque abhorrente.*

103 Ainsi César rapporte que s’il eut besoin d’interprètes, ce ne fut jamais que pour la langue des Gaulois : *Cf. La guerre des Gaules*, traduction G. WALTER, dans *Historiens romains*, Paris, Gallimard, Bibliothèque de la Pléiade, 1968, 2 vol., t. II, *Historiens de la République (César),* I, 17, 3 ; I, 47, 4 ; VII, 44, 2, p. 45, 66, 219-220, de l’édition citée.

souveraineté »[104]. La toponymie semble confirmer cette idée. Les noms qui nous sont parvenus démontrent en effet qu'un seul idiome s'imposa partout et que ce n'était qu'aux extrémités du pays, où les Gaulois n'avaient pas encore pénétré, qu'on entendait des langues différentes. Ainsi parlait-on le ligure, au-delà de l'Arc provençal et dans les plus reculés des vallons alpestres, l'ibérique et le ligure au sud de la Garonne et dans le Roussillon ou encore le germanique le long de la Meuse et de la Moselle[105]. Le gaulois s'étendait aux vastes colonies déposées dans le monde par les Belges et les Celtes[106]. Encore au IVe siècle, les Galates d'Asie mineure, « perdus comme un îlot au beau milieu des dialectes grecs », conservaient la pratique de leur langue nationale[107].

83. Il est alors légitime de se demander si l'unité culturelle des Gaulois, dès lors qu'elle n'est pas « le propre des Gaulois », puisque étendue à toute l'aire des populations celtiques environnantes, a réellement constitué un prolégomènes à la nation française[108]. L'unité culturelle qui caractérisait les Gaulois était en effet un phénomène plus celtique que proprement gaulois, caractéristique de l'ensemble des territoires colonisés par des populations celtiques[109]. Néanmoins, pour constituer une nation, il faut bien une conscience commune à toutes les tribus associées, « le désir de vivre en une fraternité politique, l'amour et l'orgueil de leur nom d'alliance »[110]. Or, cette idée de patrie aurait existé en Gaule, chez les Celtes qui, vivant sur ce territoire, en

---

104 C. JULLIAN, *Histoire de la Gaule*, ouvr. cité, t. II, p. 368.

105 *Ibid.*, p. 369.

106 « Il y avait des villes au nom de –dunum, si franchement gaulois, depuis l'embouchure de la Tyne jusqu'au delta du Danube : les Galates d'Ancyre pouvaient comprendre les Trévirent de la Moselle. Bien avant le latin, cette langue gauloise put paraître comme la langue conquérante du monde », *Cf.* C. JULLIAN, *Histoire de la Gaule*, ouvr. cité, t. 2, p. 369.

107 *Cf.* C. JULLIAN, *Histoire de la Gaule*, ouvr. cité, t. II, p. 370.

108 « Mais, dès lors qu'ils ne sont le propre des Gaulois, ces traits culturels ne peuvent être retenus comme des caractères ethniques nationaux. Il faudrait, pour pouvoir considérer la Gaule comme une nation, que sa cohérence politique en fît un ensemble indiscutable, clairement individualisé au sein de la "celtitude" », cf. J. VERRIÈRE, *Genèse de la nation française*, ouvr. cité, p. 23.

109 Pour Jacques VERRIÈRE (*Genèse de la nation française*, ouvr. cité, p. 19), il faut « accueillir avec prudence non seulement la suggestion d'une langue gauloise, mais aussi l'idée que cette langue ait pu être spécifique, "nationale" en quelque sorte : la Gaule s'inscrivant simplement dans la "celticité" – l'aire culturelle celtique. ».

110 E. THÉVENOT, *Histoire des Gaulois*, ouvr. cité, p. 87-88.

associaient l'idée à ce territoire : Arvernes, Éduens, Allobroges ou Volques portaient le même nom de Gaulois et avaient la conviction de former une seule race. Les Gaulois savaient se distinguer de leurs voisins dont le nom et la langue différaient[111]. Entre eux, il existait une « communauté de langue, de traditions, d'institutions, d'enseignement et d'espérances : ainsi les traditions sur l'ancien État de la Gaule la représentaient comme un seul empire, et ses habitants comme les sujets d'un seul roi »[112]. Il en était de même des récits sur les migrations gauloises qui faisaient partir toutes les bandes victorieuses de la Gaule elle-même, mère des envahisseurs et foyer où les vainqueurs renvoyaient la meilleure part du butin[113]. Ainsi les druides des cités se réunissaient chaque année dans le pays de Carnute, dont les Gaulois disait qu'il était le « milieu de toute la Gaule [114] », une « terre d'unité » qui réunissait tous leurs peuples, et qui formait à la fois un lieu concret de rassemblement patriotique et un lieu hautement symbolique et solennel de rassemblement spirituel où les druides exerçaient le rôle de gardiens de « l'unité celtique ».

84. Et la langue des Gaulois présentait manifestement le caractère même de l'unicité, au sens où elle seule était utilisée comme langue de communication « nationale » et internationale par les Celtes dans leur expansion. Bien sûr, elle n'était peut-être pas intrinsèquement uniforme, ni fixée, ni normée, et son caractère même de langue unique n'avait qu'un statut de fait[115]. Mais les témoignages à son sujet sont unanimes : elle présentait une unité suffisante pour qu'on puisse souvent affirmer d'elle qu'elle était uniforme et homogène. Les Gaulois avaient à la fois la notion de leur unité et la mémoire d'une histoire

---

111 Camille JULLIAN (*Histoire de la Gaule*, ouvr. cité, t. II, *La Gaule indépendante*, p. 439) tire de STRABON (IV, 1, 1 et 2, 1) que les Gaulois indiquaient que les Aquitains, au sud de Bordeaux, d'Agen et de Toulouse, n'étaient point leurs congénères, ou encore de TITE-LIVE (XXI, 32, 10) que sur les grandes routes des Alpes, on notait exactement l'endroit où finissait le parler et les coutumes gauloises. On peut ajouter que CÉSAR *(La guerre des Gaules*, II, 3, 4 ; II, 4, 10, p. 72, 73, 76, 77 de l'édition citée) notait que dans le Nord, les Belges traitaient les Germains en hommes « d'autres sortes ».

112 C. JULLIAN, *Histoire de la Gaule*, ouvr. cité, t. II, *La Gaule indépendante*, p. 443.

113 TITE-LIVE, V, 34, cité par C. JULLIAN, *Histoire de la Gaule*, ouvr. cité, t. II, p. 444.

114 C. JULLIAN, *Histoire de la Gaule*, ouvr. cité, t. II, *La Gaule indépendante*, p. 445.

115 M. COHEN, *Histoire d'une langue, le français (des lointaines origines à nos jours)*, Paris, 1973, édit. sociales, 4ème édit., p. 59.

commune, la conscience d'un vouloir vivre ensemble. Et « toute la Gaule » était bien pour eux « une patrie » dont ils parlaient « comme d'une personne vivante et presque immortelle, qu'il fallait aimer, servir et protéger »[116]. Les racines de leur unité fraternelle et patriotique puisaient dans un grand nombre de traditions, d'institutions, de coutumes partagées, dans une religion, dans des « rapports réciproques d'hospitalité, de commerce et de mariage » [117], et, bien évidemment dans cette langue partagée qui venait à l'évidence affermir et conforter leur désir d'union.

85. Ce désir d'unité se heurtait cependant à de trop grandes divisions pour inscrire dans les faits une union qui parviendrait à construire une véritable nation gauloise. Jacques Verrière l'énonce parfaitement :

> « Pour les Gaulois, absorbés par leurs querelles tribales, l'unité nationale n'a jamais dépassé le stade de l'aspiration lointaine et vague. Au mieux, la Gaule indépendante n'a jamais esquissé que l'ébauche malhabile d'une nation, une nation balbutiante et comme velléitaire » [118].

86. Le partage d'une langue unique et commune, s'il a permis en effet de mieux rassembler ce monde gaulois dont l'unité culturelle fut sans cesse réaffirmée, a joué un rôle fédérateur au sein d'un mouvement plus vaste, celui de la celticité. De fait, cette unité linguistique et culturelle de la Gaule s'inscrit dans ce mouvement lié à la colonisation par des populations celtiques, et n'a pas joué en la faveur d'un nationalisme purement gaulois qui aurait servi la construction solide d'une éventuelle entité nationale. Entre le partage d'une langue unique et le désir d'union des peuples gaulois, la correspondance est évidente et le lien presque naturel. Cependant, malgré leur désir et leur capacité d'union, ancrés fortement dans le partage d'une langue et d'une religion unique, les peuples de Gaule n'ont su faire primer ces ferments d'unités sur leurs divisions intestines et construire un État gaulois organisé et stable. Le rôle de leur langue commune, unique et unificatrice, s'est donc limité à celui d'un rassemblement spirituel et moral, sans s'inscrire dans le domaine politique. La domination de Rome offrira davantage à la construction d'un rassemblement politique autour du fait linguistique commun en Gaule : elle apportera l'organisation étatique d'un Empire

---

116 *Cf.* CÉSAR, *La guerre des Gaules*, VII, 77, 7 et 12 ; et VII, 76, 2, p. 240-242 de l'édition citée.

117 C. JULLIAN, *Histoire de la Gaule*, ouvr. cité, t. II, p. 444.

118 *Cf.* J. VERRIÈRE, *Genèse de la nation française*, ouvr. cité, p. 28.

stable à cette nation en marche, en les plongeant dans une véritable transfusion linguistique latine.

B - L'UNITÉ LATINE DE LA GAULE ROMAINE

87. Après la conquête, la Gaule fut répartie en différentes provinces impériales[119], et les Gaulois, en adoptant progressivement le droit privé romain et en se mêlant aux immigrés romains, devinrent des Gallo-romains. Pendant les trois premiers siècles de la conquête, les institutions romaines introduites en Gaule étaient, à quelques nuances près, communes à tout l'Empire : elles ne se transformèrent qu'à partir de la fin du IIIe siècle de notre ère, c'est-à-dire à partir du Bas-Empire[120].

88. Ces facteurs d'assimilation s'inscrivent tous dans la latinité. Le rôle de la langue latine dans la constitution d'une unité stabilisante au sein de la Gaule romaine a donc été particulièrement édifiant[121]. Depuis l'édit de Caracalla en l'an 212, les Gaulois, comme la plupart des habitants de l'Empire, sont en effet devenus des citoyens romains à part entière : ils sont assimilés et sont ralliés à la religion, à la langue, au droit, à l'ensemble de la civilisation romaine[122]. La Gaule romaine est en effet marquée par cette transfusion culturelle radicale où les Gaulois se convertissent à la civilisation urbaine, au droit écrit et au latin[123]. Pour

---

119 Auguste divise la Gaule en trois provinces : les trois Gaules qui reprennent, pour l'essentiel, les divisions ethniques déjà bien marquées avant la conquête et qui viennent s'ajouter à la Narbonnaise conquise soixante ans avant César, vers 120 avant J.C. Les trois Gaules correspondent aux trois parties de la Gaule conquises par César : au nord, la Belgique (peuples du nord de la Seine) ; au sud-ouest, l'Aquitaine (peuples du sud-ouest de la Garonne) qui s'étend artificiellement à presque toutes les régions du sud de la Loire ; entre les deux, la Celtique ou Lyonnaise qui englobe l'ensemble des pays conquis entre Seine et Loire. *Cf.* A. RIGAUDIÈRE, *Introduction historique à l'étude du droit et des institutions*, Paris, Economica, 2001, p. 27.

120 Fr. OLIVIER-MARTIN, *Histoire du droit français, des origines à la Révolution*, ouvr. cité, p. 1 ; A. RIGAUDIÈRE, *Introduction historique à l'étude du droit et des institutions*, ouvr. cité, p. 24 et s.

121 P.-M. DUVAL, « De la préhistoire à la Gaule romaine », dans *La France et les Français* (dir. M. FRANÇOIS), Encyclopédie de la Pléiade, Paris, Gallimard, 1972, p. 42-46.

122 Fr. OLIVIER-MARTIN, *Histoire du droit français, des origines à la Révolution*, ouvr. cité, p. 2 ; A. RIGAUDIÈRE, *Introduction historique à l'étude du droit et des institutions*, ouvr. cité, p. 24.

123 *Cf.* J. VERRIÈRE, *Genèse de la nation française*, ouvr. cité, p. 37.

Émile Thévenot, « c'est en perdant leur langue, leurs mœurs, leur âme, que les Gaulois sont vraiment devenus des Gallo-romains »[124]. Les historiens[125] adhèrent souvent à la thèse de Camille Jullian, pour qui c'est la contrainte du joug impérial et l'acculturation romaine qui permet à la Gaule de devenir un ensemble cohérent et uni, qui ne s'affirme que « transformée en une nation romaine » [126].

89. Il semble que le latin n'eut aucun mal à pénétrer dans les Gaules. La question des langues n'avait pas le caractère national et politique que nous lui donnons aujourd'hui et les Gaulois s'étaient accoutumés, notamment dans leurs relations commerciales, à la présence du latin. Plus encore, Celtes et Belges voyaient dans le latin la langue souveraine du monde civilisé et s'en servaient même pour ne plus être traités de Barbares[127].

90. Les développements de la vie urbaine et commerciale sont ainsi à l'origine de cette adoption spontanée du latin par le peuple[128]. Les écoles créées par l'État impérial dans bon nombre de grandes villes, où l'on étudiait « la grammaire, la rhétorique et la poésie latines »[129], permirent à l'aristocratie de perfectionner son latin[130]. La conquête ne fit

---

124 E. THÉVENOT, *Histoire des Gaulois*, ouvr. cité, p. 62.

125 *Cf.* J. VERRIÈRE, *Genèse de la nation française*, ouvr. cité, p. 37-38 ; D. et Y. ROMAN, *Histoire de la Gaule*, ouvr. cité, p. 503 et s. ; F. LOT, *La Gaule. Les fondements ethniques, sociaux et politiques de la nation française*, ouvr. cité, p. 81 et s. ; Fr. OLIVIER-MARTIN, *Histoire du droit français, des origines à la Révolution*, ouvr. cité, p. 2.

126 *Cf.* C. JULLIAN, *Histoire de la Gaule*, ouvr. cité, t. II, *La Gaule indépendante*, p. 97-98.

127 Camille JULLIAN (*Histoire de la Gaule*, ouvr. cité, t. VI, *La civilisation Gallo-Romaine, État moral*, p. 105) rapporte même que lorsque Vercingétorix souleva la Gaule contre César, il laissa graver en lettres latines les légendes de ses monnaies. Il écrit que « Les hommes de ce temps et de ce pays acceptaient de bonne grâce la suprématie du latin et du grec, et cela ne les empêchaient pas de se dire gaulois et patriotes ».

128 Y compris dans les campagnes, où le peuple était en contact avec l'aristocratie des domaines ruraux, également pétrie de latinité.

129 *Cf.* J. VERRIÈRE, *Genèse de la nation française*, ouvr. cité, p. 44.

130 Il est en effet permis de penser avec Jacques VERRIÈRE (*Genèse de la nation française*, ouvr. cité, p. 44) que, puisque l'aristocratie entretenait des liens étroits avec le monde romain dès le dernier siècle de l'indépendance, il ne s'est agi pour elle que de perfectionner un latin qu'elle maîtrisait déjà. En effet, « dès César, le droit de cité fut accordé à de nombreux nobles gaulois, qui adoptèrent alors des noms romains... La citoyenneté romaine ouvrait à l'aristocratie de Gaule la voie du Sénat romain. C'est ainsi que se forma rapidement cette "classe sénatoriale" gallo-romaine, pétrie de latinité et, politiquement de sensibilité romaine ».

qu'accélérer ce processus, et la langue latine pénétra partout en Gaule, s'étendant à toutes les classes sociales. Le service militaire expédiait paysans et prolétaires chaque année aux camps des frontières, où ils restaient jusqu'à plus de vingt ans[131], ce qui donnait le temps plus que suffisant à l'acculturation linguistique de se faire.

91. Les institutions romaines n'utilisaient que le latin : les tribunaux ne jugeaient qu'en latin, les documents émanant de l'État, délibérations sénatoriales, rescrits impériaux, édits et sentences des gouverneurs, règlements et décrets des conseils provinciaux, légendes des monnaies et inscriptions des bornes militaires n'étaient rédigés que dans cette langue. Camille Jullian décrit de façon significative cette acculturation latine des conquis :

> « Toutes les forces qui agissaient sur les hommes, crainte ou plaisir, intérêt ou religion, les poussaient à parler la langue des vainqueurs, et la seule force contraire qui ait pu les retenir sur leur idiome national n'était que celle de l'habitude »[132].

92. La vie municipale et la vie en corporation, imprégnées de pratiques italiennes, furent particulièrement développées en Gaule, ce qui favorisa considérablement la transfusion latine. L'aristocratie gauloise, quant à elle, était tout naturellement disposée à transmettre la langue du souverain[133]. Il en était donc de même pour les documents municipaux[134]. Il est vraisemblable qu'au temps de Claude toutes les tolérances cessèrent, car on estima alors indigne de la citoyenneté romaine quiconque ignorait la langue de Rome[135].

93. À partir du IIIe siècle, la propagande chrétienne a joué un rôle capital. La nouvelle religion s'adressait à l'ensemble de la population, aux femmes comme aux hommes. La langue du prosélytisme était, en effet, le latin. Pour Marcel Cohen, il faut, sans doute se représenter, comme dans toute propagande, des entretiens particuliers, de grandes assemblées, des centres d'études et, dans ce cas particulier de la

---

131 *Cf.*, C. JULLIAN, *Histoire de la Gaule*, ouvr. cité, t. VI, *La civilisation Gallo-Romaine, État moral*, p. 106.

132 *Ibid.*, p. 106.

133 *Ibid.*, p. 107.

134 *Ibid.*, p 107.

135 DION CASSIUS, LX, 17, 4, cité par C. JULLIAN, *Histoire de la Gaule*, ouvr. cité, t. VI, *La civilisation Gallo-Romaine, État moral*, p. 107.

religion, des cérémonies en commun, avec des participants plus ou moins nombreux[136].

94. La latinisation de la Gaule fut donc à la fois imposée et spontanée, et elle fut longue, s'étalant sur cinq siècles. La langue de l'État étant le latin, il s'imposa dans tous les actes publics de l'État, des provinces et des cités, et cette langue devint donc, par la force des choses, celles des citoyens gallo-romains[137]. Même si l'autorité fut plus conciliante en matière de droit privé et religieux, en admettant pendant longtemps que la langue celtique soit utilisée pour la rédaction des testaments ou des règlements de temples[138], il semblerait pourtant que les affaires civiles furent très tôt, dès les deux premiers siècles, conquises par la langue latine[139]. Avec Septime Sévère[140], la politique de Rome parut se modifier : une résurgence des anciens usages des nations celtiques se fit jour. Alors que jusque-là on utilisait sur les bornes itinéraires des routes des Gaules la mesure romaine du mille, l'empereur la fit remplacer par l'ancienne lieue sur les bornes des chemins des trois Gaules, pour éviter probablement les fâcheuses erreurs qui se produisaient en raison de la persistance de l'usage des lieues dans la vie orale[141]. De même aussi quelques villes perdirent leur nom latin pour prendre l'antique appellation de leur peuple[142]. Aucun successeur de Sévère n'alla cependant plus loin dans le libéralisme.

95. C'est donc en perdant leur culture et leur langue que les Gaulois, absorbés dans la latinité[143], nous ont transmis « la langue et la culture de

136 M. COHEN, *Histoire d'une langue, le français (des lointaines origines à nos jours),* ouvr. cité, p. 64-65.

137 J. MONFRIN, « Les parlers en France », dans, *La France et les Français* (dir. : M. FRANÇOIS), Encyclopédie de La Pléiade, Paris, Gallimard, 1972, p. 745 et s.

138 C. JULLIAN, *Histoire de la Gaule*, ouvr. cité, t. IV, *Le gouvernement de Rome*, p. 281.

139 *Ibid.*, t. VI, *La civilisation Gallo-Romaine, État moral*, p. 107-108.

140 Empereur de 193 à 211.

141 *Cf.* C. JULLIAN, *Histoire de la Gaule*, ouvr. cité, t. IV, *Le gouvernement de Rome*, p. 521.

142 Quarante cités furent concernées. Par exemple, Paris, dont le nom de ville était Lutèce, *Lutetia*, et qui servait de métropole à la cité ou à la peuplade des Parisiens, *Parisii*. Au troisième siècle, le nom de Lutèce disparut du langage officiel, en échange de quoi la ville prit le nom du peuple auquel elle avait toujours commandé, et elle s'appela *Parisii*, d'où est venu notre mot de Paris. *Cf.* C. JULLIAN, *Histoire de la Gaule,* ouvr. cité, t. IV, p. 526.

143 M. COHEN, *Histoire d'une langue, le français (des lointaines origines à nos jours),* ouvr. cité, p. 62-63.

leurs vainqueurs »[144]. Mais de quelle langue s'agit-il ? Peut-on vraiment parler de substitution radicale d'une langue à l'autre ? La présence de nombreux mots d'origine celtique dans le vocabulaire français suggère davantage un panachage des langues plutôt qu'une telle substitution[145] d'une langue à l'autre. Existait-il un latin provincial de Gaule, un patois gallo-romain ? Si la présence de nombreux mots gaulois entrés dans la langue latine suggère une telle existence, celle d'un latin spécifiquement gaulois, elle n'en fournit pas pour autant la preuve[146]. Certains considèrent que l'existence de la langue française en elle-même témoigne de celle d'un latin gallo-romain, car elle ne serait finalement que du latin transformé. La spécificité de la langue française proviendrait donc de l'influence ancienne mais directe et certaine de la langue celtique[147].

96. L'adoption de la langue latine, au prix d'une profonde acculturation, la cohésion politique interne et la stabilité dans l'organisation territoriale et administrative apportée par la domination de Rome, ont finalement permis à la Gaule, cet ensemble jusque-là incohérent et instable, de devenir une esquisse de la future nation française. Cette assimilation de la Gaule par Rome, lui apportant « un champ territorial défini », des « repères régionaux », lui transmettant sa langue et sa culture, a finalement dessiné l'esquisse de son unité. La diffusion du latin a constitué un fort ciment d'unité au sein d'un si vaste empire, un puissant facteur d'assimilation. La domination de Rome a transmis l'héritage d'où émergeront les éléments d'unité de la France : le latin a façonné un corps social qui s'est facilement acculturé, et l'organisation administrative imposée par Rome a offert le

144 *Cf.* J. VERRIÈRE, *Genèse de la nation française*, ouvr. cité, p. 43.

145 *Ibid.*, p. 43.

146 Ces mots restent peu nombreux et n'ont survécu que parce qu'ils sont passés par la langue latine en en prenant les formes et les tournures. *Cf.* C. JULLIAN, *Histoire de la Gaule*, ouvr. cité, t. VI, *La civilisation Gallo-Romaine, État moral*, p. 118-119.

147 « N'est-il pas surprenant que le domaine du français corresponde, à vingt siècles de distance, au domaine de l'ancien celtique ? Que là où il s'arrête aujourd'hui, sur l'Aa de Flandre ou la Sarre de Moselle, ce sont là où s'arrêtaient, au temps des Morins et des Trévires, les hommes de pure espèce gauloise ? Et que les centres du parler de France, Orléans, Bourges, Paris et Lyon, aient été également les centres de la vie celtique ? Comment ne point supposer, devant de tels faits, que les hommes de cette contrée n'ont jamais perdu les habitudes, les pratiques, les tournures du langage gaulois, qu'elles se sont maintenues dans les cadres verbaux et grammaticaux fournis par les Romains, et transmises ensuite au français né dans ces mêmes cadres, et qu'en définitive notre langue doit son originalité, et pour ainsi dire son esprit et son âme, aux influx gaulois descendus à travers les mots et les phrases jusqu'à l'âge de maintenant ». *Cf.* C. JULLIAN, *Histoire de la Gaule*, ouvr. cité, t. VIs, p. 121.

cadre nécessaire à l'émergence d'une volonté nationale structurée. Le rôle de la langue latine est moins vaste que celui de la latinité au sens large, qui rend mieux compte de l'étendue de l'héritage dans la construction de l'unité de la France[148]. Mais l'Empire disparu, les peuples de Gaule romanisés retrouveront dans la langue qui les unit, dans ce « latin gaulois », une certaine homogénéité linguistique qui les caractérisera par rapport à leurs nouveaux maîtres germains. Il nous faut alors franchir les siècles pour trouver une trace écrite de ce gallo-romain, et découvrir le signe de la première affectation officielle de cette langue à l'État de la France.

148 M. COHEN, *Histoire d'une langue, le français (des lointaines origines à nos jours)*, ouvr. cité, p. 63.

SECTION II - LES FONDEMENTS POLITIQUES ET LINGUISTIQUES DE L'UNITÉ DU *REGNUM FRANCORUM*

97 L'apparition en France d'un critère d'unité de l'État fondé sur le choix d'une langue unique s'inscrit dans la période franque, source particulièrement féconde de création pour l'histoire du droit français. Cette époque voit apparaître la France et la langue française, sous leurs formes ancestrales, dans un cadre où luttes et conquêtes du pouvoir se mêlent à une recherche concomitante de stabilité.

98 À l'évidence, la création de la *Francia Occidentalis* et le choix du roman comme langue d'identification du nouveau territoire, ont partie liée avec le contexte dans lequel ils s'insèrent. Les enjeux de cette institution dépendent en effet des circonstances politiques et linguistiques concrètes qui vont l'accompagner et permettre de l'expliquer. Ces circonstances nous replacent au cœur de la société carolingienne, celle du pouvoir et des peuples qui y sont soumis, celle de son environnement linguistique. Il importe donc, pour parfaire ultérieurement l'explication du surgissement de cette langue romane attribuée à la *Francia*, et prendre toute la mesure des conséquences de cette institution, de s'interroger en liminaire sur les éléments principaux du contexte qui l'entoure.

99. La remise en cause des fondements de l'unité de l'Empire carolingien implique en préalable de les identifier et permettra de comprendre l'émergence d'un nouveau critère d'unité étatique fondé sur la langue romane. Au travers de certains traits caractéristiques de la complexité politique, sociale et linguistique de cette époque, nous examinerons d'abord la question du rôle de l'Église dans le maintien de l'unité politique carolingienne (§ I - Le rôle de l'Église dans l'établissement et le maintien de l'unité du pouvoir des Francs). Sous le même angle de réflexion, celui de son éventuelle fonction unificatrice dans l'Empire, le contexte linguistique retiendra ensuite notre attention (§ II - Le rôle de la langue latine dans l'unité du pouvoir carolingien).

§ I - LE RÔLE DE L'ÉGLISE DANS L'ÉTABLISSEMENT ET LE MAINTIEN DE L'UNITÉ DU POUVOIR DES FRANCS

100. L'étude du contexte historique et politique de l'émergence des conditions favorables à l'événement fondateur des Serments de Strasbourg, nous replonge dans la description des traits significatifs de cette période. Ceux qui, antérieurs à cet acte d'institution, permettent de comprendre les rouages essentiels des fondements de l'unité de l'Empire constitué par Charlemagne, et qui, du même coup, expliquent sa désagrégation et l'émergence du critère qui nous intéresse. Cette unité, qui sera remise en cause dans ses fondements, autorisant ainsi l'émergence d'une nouvelle langue pour représenter un nouvel État, s'appuyait sur de multiples caractères. Seuls nous intéressent ceux qui, parmi ces caractères, ont été les plus représentatifs de l'unité de cet immense Empire. Or, c'est l'Église qui est l'institution qui a certainement le mieux assuré la représentation et le maintien de l'unité à cette époque. Nous tenterons donc de mettre en valeur le lien qui unissait l'institution au pouvoir politique, en cherchant à exalter son rôle dans le maintien d'une unité spirituelle et finalement politique au sein de l'Empire carolingien.

101. Amorcé dès la conquête franque, le rapprochement de l'Église et des rois francs fut consacré par l'institution du sacre, qui unissait symboliquement les intérêts temporels aux spirituels, et fondait un régime royal-clérical. Le processus de rapprochement, qui s'inscrit dans la durée, apparaît dès la conquête franque.

102. La conquête du pouvoir de l'Église sur le pouvoir politique franc a commencé pratiquement dès la transition de la Gaule romaine à la Gaule franque. La position de l'Église en Gaule au moment des invasions était forte en raison des avantages qu'elle avait acquis avant la chute de l'Empire romain[149]. Quand l'Empire romain d'Occident

149 Dans la Rome impériale et païenne, où la religion et l'État étaient confondus, l'État et son représentant étaient considérés comme des divinités. L'Empereur était le *pontifex maximus* et même un Dieu. L'église chrétienne, qui niait ces principes fondamentaux de l'organisation romaine, était persécutée. Par l'Édit de Milan en 313, les empereurs Constantin et Licinius mirent fin aux persécutions. On reconnut que la religion chrétienne pouvait librement s'exercer à côté de la païenne. Constantin finit par se convertir sur son lit de mort et tous les empereurs qui suivirent furent chrétiens, à l'exception de Julien l'Apostat au IVe siècle. En 382, l'Empereur Gratien renonça au titre de *pontifex maximus* et le christianisme devint la religion de l'État. Un certain nombre de privilèges furent reconnus à l'Eglise et aux clercs, mais les Empereurs s'arrogèrent en contrepartie le droit de s'immiscer dans les affaires ecclésiastiques (césaropapisme). Au moment de la chute de l'empire romain d'Occident, ce régime disparut. *Cf.* A. RIGAUDIÈRE, *Introduction historique* à

tomba, l'Église avait conservé l'indépendance de sa hiérarchie, sa législation propre et sa juridiction. Elle ne fut pas entraînée dans la chute de l'Empire, et, bien qu'attachée à la romanité, elle n'eut d'autre choix que celui d'accepter la nouvelle situation créée par les invasions. L'Église a conservé, après cinq siècles de contact avec le monde romain, les bénéfices de sa civilisation : son goût de l'ordre, de la hiérarchie, sa forte discipline, son culte des belles lettres, de l'art et des choses de l'esprit[150], et peut offrir aux nouveaux maîtres l'exemple d'une société organisée à la romaine.

103. Vis-à-vis de la population de la Gaule, au moment des invasions, l'Église avait conquis les villes et les plus hautes classes de la société[151]. En situation de représentation de la population face aux envahisseurs, les évêques[152] cherchèrent à adoucir les conséquences des invasions, avant de s'efforcer plus tard de convertir les nouveaux maîtres à la civilisation romaine[153]. Négociant avec les barbares, l'Église catholique[154] devint ainsi la médiatrice entre le monde ancien, dont les cadres politiques s'écroulaient, et le monde nouveau qui se cherchait, dans le désarroi général[155].

104. Les invasions barbares se succédèrent jusqu'à la chute de l'Empire romain d'Occident en 476 et les Francs restèrent longtemps des alliés

---

l'étude du droit et des institutions, ouvr. cité, p. 35 ; A. DUMAS, *Histoire du droit français*, Aix-en-Provence, Rue de Nazareth, s. d. (1946), p. 16-17.

150 *Cf.* Fr OLIVIER-MARTIN, *Histoire du droit français, des origines à la Révolution*, ouvr. cité, p. 24.

151 *Ibid.*, p. 24. Le christianisme avait pénétré en Gaule assez lentement comme dans toute la partie occidentale de l'Empire. L'auteur note qu'au IIe siècle il y a une église à Lyon, au IIIe à Nantes et à Narbonne. Il faut néanmoins attendre la fin du IVe siècle pour constater le triomphe du christianisme en Gaule. Les campagnes furent lentes à se convertir et ce n'est qu'au Ve siècle que les hautes classes et les villes sont entièrement converties.

152 « L'évêque est devenu, dans la cité, le personnage le plus en vue ; c'est lui qui va au devant des Barbares pour essayer de protéger son peuple », *Cf.* A. DUFOURCQ, *Le christianisme et les Barbares*, Paris, Dufresne, 1931, p. 19-20.

153 A. DUMAS, *Histoire du droit français*, ouvr. cité, p. 17.

154 Car elle n'entendait pas « lier son sort à celui d'un État vieilli et défaillant », *Cf.* Fr OLIVIER-MARTIN, *Histoire du droit français, des origines à la Révolution*, ouvr. cité, p. 3.

155 *Cf.* Fr. OLIVIER-MARTIN, *Histoire du droit français, des origines à la Révolution*, ouvr. cité, p. 9.

des Romains, à côté des Wisigoths et des Burgondes[156]. Devenu roi des Francs en 481, Clovis, commença la conquête de toute la Gaule et s'en prit en 486 au dernier représentant de la domination romaine, le « général » Syagrius, qui avait réussi à se maintenir dans la région de la Seine jusqu'au nord de la Loire, au milieu des royaumes barbares[157]. Il règne alors sur tous les Francs, et ménage les évêques dont l'autorité morale a survécu à la chute de l'empire.

105. C'est surtout la conversion de Clovis au christianisme et son baptême en 499, qui constitue une date décisive dans ce processus de rapprochement de l'Église et des rois francs. Sous l'influence de sa femme, Clotilde et de l'évêque de Reims, le futur saint Rémi, il renonce au paganisme de ses ancêtres et se rallie à la religion chrétienne. Grâce à sa conversion, il trouve un appui favorable à ses projets d'expansion auprès des évêques de Gaule, persécutés par les Burgondes et les Wisigoths qui avaient embrassé l'hérésie arienne. Il les attaque alors successivement : en 500 il bat Gondebaud, roi des Burgondes, et le contraint à lui payer tribut. En 507, il tue Alaric II, roi des Wisigoths, qu'il refoule en Espagne. La domination franque s'étend alors jusqu'aux Pyrénées[158]. Après la conquête de la totalité du royaume burgonde par les fils de Clovis en 534, la Gaule est presque toute entière soumise à la domination franque. C'est à cette date seulement qu'on commence à lui donner le nom de *Francia*[159]. Après la conversion

156 A. DUMAS, *Histoire du droit français*, ouvr. cité, p.20. Les royaumes barbares n'étaient pas des organisations indépendantes et devaient obéissance au général que l'Empereur romain, dont ils reconnaissaient la suprématie, désignait pour la Gaule, le *magister militum per Gallias*. En 468, le roi des Wisigoths, Euric, déclara que désormais il serait indépendant. Le roi des Burgondes continua, en revanche, à reconnaître la suprématie impériale. Mais, en 476, Odoacre déposa l'empereur de Rome, Romulus Augustule, et renvoya les insignes impériaux à l'empereur de Constantinople, Zénon. L'autorité de ce dernier en Occident ne fut bientôt plus que nominale. Les Wisigoths et les Burgondes installés pacifiquement devinrent maîtres des régions où ils s'étaient implantés et leur roi régnait sur les Gallo-romains comme sur les nationaux. Les Francs, qui étaient au début des invasions des fédérés romains, restèrent longtemps des alliés des Romains, comme les Wisigoths et les Burgondes.

157 A. DUMAS, *Histoire du droit français,* ouvr. cité, p. 21. Les Francs s'installèrent alors définitivement en vainqueurs dans le nord, l'est, le centre, et l'ouest, jusqu'à la Loire et l'Armorique. En 496, Clovis écrase à Tolbiac les Alamans, autre peuplade germanique, et à partir de cette date, les invasions germaniques cessèrent.

158 J.-M. CARBASSE, *Introduction historique au droit*, Paris, P.U.F., 1998, p. 99. F. LOT, *La fin du monde antique et le début du Moyen Âge*, Paris, La Renaissance du Livre, 1927 et Albin Michel, 1968, p. 335 et s.

159 Ce n'est que le petit-fils de Clovis, Théodebert, qui mit juridiquement un terme à la suprématie impériale sur l'ensemble de la Gaule et proclama l'indépendance du

de Clovis, des relations de collaboration s'établissent entre l'Église et l'État franc, mais c'est surtout à l'époque carolingienne que la collaboration devient systématique.

106. Pourtant, dès la fin du VIe siècle des querelles familiales affaiblissent la monarchie mérovingienne et favorisent l'aristocratie. Après Dagobert Ier, l'aristocratie des « leudes » et les maires du Palais qui la représentent se saisissent de la réalité du pouvoir. Parmi ces familles émergent les Pépinides, future dynastie carolingienne. En 732, Charles Martel bat à Poitiers les Sarrasins d'Abd-al Rahman, et encourage l'évangélisation de la Germanie par le futur saint Boniface, moine anglo-saxon. En arrêtant ainsi la progression des Sarrasins, Charles Martel sauve la civilisation chrétienne et perpétue la politique de Clovis : il agit dans le sens des intérêts catholiques et s'entend avec le pape, dont l'influence sur l'église franque ne cesse de s'accroître[160].

107. Les circonstances même de l'arrivée au pouvoir des Carolingiens révèlent et expliquent l'influence de l'Église sur la royauté. En effet, en 751, le maire du palais Pépin le Bref, fils de Charles Martel, qui exerçait effectivement le pouvoir royal sous le couvert d'un roi qui n'en avait que le nom, déposa le dernier mérovingien Childéric III et usurpa le titre de roi[161]. Consultant le pape Zacharie, ce dernier lui fit une réflexion propre à justifier son action : « Mieux vaut que celui qui exerce le pouvoir suprême ait aussi le nom de roi ». Le nouveau roi fut ainsi conduit à placer son pouvoir sous le couvert de la religion chrétienne : la royauté prit désormais un caractère de droit divin qui en légitimait le fondement, et l'influence des idées romano-chrétiennes introduisit le principe religieux à la source de l'autorité des rois. Après s'être fait élire par une assemblée de grands, Pépin le Bref se fit sacrer, en novembre 751, par saint Boniface, archevêque de Mayence. Le premier, parmi les *reges Francorum*, il a été sacré, et, après lui, tous ses successeurs rois devaient recevoir le sacre de l'église. Cette première onction dut lui paraître insuffisante pour effacer l'usurpation ; il ne se contenta pas, en effet, de ce premier sacre. En 754, il se fit consacrer à nouveau par le pape Etienne II qui était venu en Gaule. Le pape non seulement sacra le roi, mais encore ses enfants. En même temps il

---

royaume des Francs. Dès lors les rois des Francs frappèrent des monnaies à leur effigie. *Cf.* A. DUMAS, *Histoire du droit français,* ouvr. cité, p. 21.

160 *Cf.* Fr. OLIVIER-MARTIN, *Histoire du droit français, des origines à la Révolution*, ouvr. cité, p. 9.

161 P. RICHÉ, *Les Carolingiens. Une famille qui fit l'Europe*, 2ème édit., Paris, Hachette, 1997, p. 81-86.

interdit aux Francs de prendre à l'avenir un roi dans une autre famille. Le premier carolingien pouvait, dès lors, croire sa lignée légitimée, d'une façon définitive, au lieu et place de la famille mérovingienne[162].

108. Par le sacre, le roi recevait l'onction de l'huile sainte, comme un évêque. La royauté devenait un sacerdoce et le roi un personnage religieux. Le couronnement qui accompagnait cette cérémonie était e symbole de cette évolution : le roi tenait sa couronne de Dieu qui l'avait investi de la royauté.

109. Charlemagne (768-814) ajouta encore un titre à ce caractère de droit divin. Il fut le premier parmi les rois des Francs à se qualifier de « roi par la grâce de Dieu », ce qui signifiait que le roi n'était investi de son pouvoir que par la miséricorde de Dieu[163]. L'union entre lui et l'Église atteint son apogée la nuit de Noël de l'an 800, lorsque le pape Léon III le sacre à Rome, comme empereur d'Occident. Ce sacre reconstitue, sur la tête du roi des Francs, l'Empire de Constantin, dont le peuple, aussi bien que l'élite, a gardé le souvenir nostalgique[164]. Dans l'Europe occidentale, l'universalité du pouvoir se reforme et l'empereur protège de nouveau de son glaive le pape de Rome, chef de l'Église catholique. L'empereur ne se contente pas seulement de gouverner harmonieusement ses évêques qui ne sont que ses *proceres*[165] de l'ordre ecclésiastique, mais s'accorde avec le pape sur tous les grands problèmes. Charlemagne et tous ses successeurs combattront le paganisme et l'hérésie, convoqueront les conciles, comme le fait le pape lui-même, promulgueront leurs canons et veilleront à leur application. L'union des intérêts catholiques et politiques, spirituels et temporels est désormais consacrée. Pourtant, même si l'institution ecclésiale bénéficie de cette politique d'entente, elle perd de son indépendance

162 J. FAVIER, *Charlemagne*, Paris, Fayard, 1999, p. 33 et s.

163 *Cf.* A. DUMAS, *Histoire du droit français*, ouvr. cité, p. 37. L'expression, au IXe siècle, n'avait pas en effet la portée qu'elle acquit à l'apogée de la monarchie française, où elle signifiait que le roi, tenant son pouvoir directement de Dieu, n'était responsable envers personne sur terre. Au contraire, sous les Carolingiens, elle revêtait une signification d'humilité, à tel point que Louis le Débonnaire, qui fut déposé deux fois au cours de son règne, s'intitulait dans les derniers temps « Louis, la Providence divine étant redevenue propice, empereur auguste » (*Ludovicus, divina repropitiante Providentia imperator augustus*).

164 *Cf.* Fr. OLIVIER-MARTIN, *Histoire du droit français, des origines à la Révolution*, ouvr. cité, p. 10. L'auteur rappelle qu'une bulle, conservée à la bibliothèque nationale, représentant Charlemagne couronné, porte ces mots : *Renovatio Romani impérii*. Il écrit « Le couronnement de Charles semble renouer la chaîne des temps par-dessus les jours sombres des invasions ».

165 Les « grands ».

pour l'élaboration de sa discipline et le recrutement de sa hiérarchie[166]. En effet, Charlemagne s'immiscera dans toutes les affaires de l'Église : c'est un maître particulièrement impérieux qui entend s'occuper de tout et le pape lui-même doit composer avec lui.

110. Si Charlemagne suscite une politique religieuse qui tend à maintenir l'unité de et dans l'Église en la protégeant, c'est parce que cette dernière est devenue une véritable assise pour l'unité de l'empire. L'Église prend ainsi le relais de l'Empire romain dans le maintien d'une unité romaine spirituelle, à défaut de politique. Mais cette unité est aussi linguistique, car l'Église, qui avait été le vecteur de l'acculturation des Francs, a une langue, qu'elle utilise exclusivement, tant pour ses activités pastorales que politiques. Une langue que Charlemagne entend aussi protéger : cette langue traduisait, dans le temps, la continuité impériale, et dans l'espace, elle unifiait son vaste empire. C'est évidemment la langue latine, la langue du savoir et de l'écriture. Et c'est aussi la langue qui, à l'époque de l'avènement de l'ancêtre du français comme langue écrite, sera encore exclusivement employée dans tout le royaume, et pour le moindre acte légal.

§ II - LE RÔLE DE LA LANGUE LATINE DANS L'UNITÉ DE L'EMPIRE CAROLINGIEN

111. Il semble que ce fut sans trop de difficultés que les Francs furent d'abord absorbés dans la latinité. Et cette acculturation totale fut un vecteur de l'affirmation de leur pouvoir (A). Bientôt ils utilisèrent tous les ressorts de cette langue de l'unité en suscitant une politique culturelle (B).

A - L'ACCULTURATION DES FRANCS, VECTEUR D'AFFERMISSEMENT DE LEUR POUVOIR

112. De la conquête franque, les habitants de la Gaule n'eurent pas à souffrir : ils ne subirent aucune expropriation[167], et les Romains

166 *Cf.* Fr. OLIVIER-MARTIN, *Histoire du droit français, des origines à la Révolution*, ouvr. cité, p. 25.

167 *Cf.* A. RIGAUDIÈRE, *Introduction historique à l'étude du droit et des institutions*, ouvr. cité, p. 39 et s. ; A. DUMAS, *Histoire du droit français*, ouvr. cité, p. 21. Lorsque Clovis installa ses guerriers dans l'ancienne domination de Syagrius, il les allotit avec les domaines de l'Empire romain, les propriétés fiscales étant largement suffisantes. Ensuite, lorsque les Francs, après avoir refoulé les Wisigoths

conservèrent leur droit grâce à l'application du système de la personnalité des lois, dans lequel chaque peuple est régi par les lois de sa race. On ne considérait pas que le droit privé puisse être imposé aux gens par l'autorité publique, parce qu'il dépendait essentiellement des mœurs de chacun. On ne songea pas davantage à imposer une loi uniforme qu'à obliger les gens à parler une même langue[168]. Les populations gallo-romaines étaient d'ailleurs déjà accoutumées à la présence des Barbares, car les invasions avaient été précédées de nombreuses incursions violentes ou pacifiques qui avaient laissé, dans les campagnes, quelques éléments de population barbare[169]. Les Francs n'imposèrent donc pas leur culture.

113. Au contraire, du côté des vainqueurs, l'acculturation s'était déjà accomplie sans difficulté. Conséquence d'une longue cohabitation, la romanisation des Francs était pour le moins logique[170]. Notamment, ils avaient participé de manière active aux armées impériales. Ainsi, présent avec leur contingent, dirigé par Mérovée, sous l'autorité du *magister militium per Galliam*, Aetius, ils prirent une part décisive à la bataille des Champs catalauniques, près de Troyes, en 451[171]. Depuis longtemps déjà, l'Empire recrutait des auxiliaires barbares pour pallier le manque de soldats citoyens et avait installé de véritables colonies de barbares dont l'assimilation n'était pas possible. Au Ve siècle, les barbares sont donc au service de Rome : Francs et Goths accèdent ainsi aux plus hauts grades de l'armée en raison de l'implantation de ces

---

en Espagne, étendirent leur puissance jusqu'aux Pyrénées, ils s'approprièrent les *sortes gothicae* : les Francs se substituèrent aux guerriers wisigothiques sans que les propriétaires romains fussent inquiétés.

168 *Cf.* A. RIGAUDIÈRE, *Introduction historique à l'étude du droit et des institutions*, ouvr. cité, p. 54 et s. ; A. DUMAS, *Histoire du droit français*, ouvr. cité, p. 26.

169 *Cf.* Fr. OLIVIER-MARTIN, *Histoire du droit français, des origines à la Révolution*, ouvr. cité, p. 6.

170 *Cf.* L. MUSSET (« La conquête franque sous Clovis et ses fils », *Dossiers Histoire et Archéologie*, n°56, 1981, p. 27.) qui évoque de manière très suggestive cette « masse du peuple franc » qui, pendant plus d'un siècle, « avançait lentement, du Rhin inférieur vers le sud, occupant le sol et le cultivant, tout en laissant derrière elle des îlots gallo-romains plus ou moins denses ».

171 *Cf.* A. DUMAS, *Histoire du droit français*, ouvr. cité, p. 21 et note 5.

colonies militaires[172]. Des îlots irréductibles de barbarie s'étaient ainsi créés au milieu des populations gallo-romaines[173].

114 La germanisation de l'armée avait donc contribué à l'acculturation des Francs. Lorsque Clovis combattit le dernier représentant de la domination romaine, Syagrius[174], en 486, à la bataille de Soissons, les armées qui s'affrontèrent étaient deux armées semblables, au point que, une fois victorieux, Clovis incorpora dans son armée les survivants de celle de son adversaire[175]. Les Francs avaient donc adopté le latin des Gallo-romains, ce bas latin parlé. Et la langue latine s'était imposée comme langue de la diplomatie et du droit. Alors que la domination de l'autorité franque a conduit a certains changements sociaux, les Francs durent partager la civilisation chrétienne, cette civilisation « qui les dominait du haut degré de sa culture et de sa supériorité morale »[176].

115. Dans la compréhension de cette absorption dans la latinité, le rôle du rapprochement déjà évoqué de l'Église et des rois francs fut fondamental, car c'est essentiellement cette Église qui fut le vecteur de l'acculturation des Francs. Le latin est certes la langue du droit et de la diplomatie, mais il est aussi la langue de l'Église, celle de l'État et de l'administration depuis la conquête romaine. Le christianisme était en effet devenu un trait d'identité de la romanité[177]. Et, depuis la disparition des fonctionnaires de l'Empire romain, les clercs avaient le monopole du latin, un monopole reconnu et reconduit par les rois

172 *Cf.* Fr. OLIVIER-MARTIN, *Histoire du droit français, des origines à la Révolution*, ouvr. cité, p. 9.

173 Cette germanisation était telle à la fin du IV° siècle que le mot *barbarus* était devenu synonyme de *miles*. *Cf.* J. VERRIÈRE, *Genèse de la nation française*, ouvr. cité, p. 62.

174 Fils d'Egidius, un des lieutenants d'Aetius. Il était parvenu à se constituer un petit royaume indépendant entre Loire et Somme.

175 Jacques VERRIÈRE (*Genèse de la nation française*, ouvr. cité, p. 62) rapporte encore que certains chefs francs étaient même parvenus à entrer dans la famille impériale. Ainsi Bauto, général de cavalerie, qui fut, par sa fille, grand-père de l'empereur Théodose II. Le tombeau de Chidéric (457-481), père de Clovis, découvert à Tournai en 1653, était révélateur de sa double culture romaine et germanique. Ce « roi » (désigné comme tel par son anneau retrouvé dans sa sépulture) avait été enterré avec le manteau court des généraux romains, la cuirasse et la fibule d'or qui était l'insigne des hauts fonctionnaires impériaux.

176 *Cf.* C. BRUNEL, « La formation de l'unité linguistique de la France », *Revue internationale de l'enseignement*, 1927, 10, p. 34-45 (cit. p. 35).

177 J. VERRIÈRE, *Genèse de la nation française*, ouvr. cité, p. 63.

Mérovingiens et Carolingiens[178]. La christianisation des Francs avait accéléré le processus d'intégration dans la latinité. Finalement, les Francs mirent donc à profit le rôle fédérateur que leur offrait la langue latine.

116. Il nous faut ici évoquer l'influence de cette christianisation dans la transmission de la langue latine pour mieux saisir le rôle de cette langue dans l'affermissement de l'unité du pouvoir carolingien. Bien que la majorité des Francs soit encore attachée au paganisme, une minorité chrétienne existait déjà dans la classe dirigeante, et bien avant la conversion de Clovis, il y eut des évêques francs[179]. En se convertissant Clovis, qui s'était « incliné, avec ses guerriers, devant la sagesse des évêques et le savoir faire des Gallo-romains[180] », se rallie à la civilisation romaine et chrétienne. Ainsi, héritier par sa famille d'une longue tradition de loyauté à Rome, respectueux de l'Église sans être encore baptisé[181], il se présente comme le continuateur de la romanité face à la menace d'une tutelle du roi wisigoth arien[182]. Comme les Wisigoths et les Burgondes, il adopte une civilisation dont il reconnaît la supériorité. Mais, alors que les rois burgondes et wisigoths ont versé dans l'arianisme, Clovis est un chrétien orthodoxe et les évêques catholiques le soutiendront dans ses conquêtes. La légitimité de Clovis est donc essentiellement une légitimité romaine, la continuité impériale étant incarnée par l'Empereur de Constantinople depuis la chute de l'Empire romain d'Occident. Et c'est en latin qu'il fera rédiger la loi salique elle-même, qui ne visait pourtant que les Francs, puisque le système de la personnalité des lois s'appliquait encore à cette époque[183].

---

178 *Cf.* R. BALIBAR, *Essai sur le Colinguisme des Carolingiens à la République*, Paris, P.U.F., 1985, p. 27.

179 Geneviève, dont le père était franc, était plus que représentative de cette minorité convertie : « Religieuse, diaconesse, mais aussi héritière de la charge de magistrat municipal parisien tenue par son père (et à ce titre animatrice de la résistance de Paris à la menace des Huns en 451), elle réalise la synthèse entre les trois traditions franque, gallo-romaine et chrétienne. *Cf.* J. VERRIÈRE, *Genèse de la nation française*, ouvr. cité, p. 63.

180 *Cf.* Fr. OLIVIER-MARTIN, *Histoire du droit français, des origines à la Révolution*, ouvr. cité, p. 9.

181 Il a épousé la princesse burgonde catholique Clotilde.

182 Cette même Geneviève, qui jouissait d'un « prestige immense auprès des Parisiens et des Gallo-Romains de l'enclave romaine de Syagrius » a présenté Clovis comme le seul légitime représentant de la romanité face à la menace wisigothique. *Cf.* J. VERRIÈRE, *Genèse de la nation française*, ouvr. cité, p. 63.

183 *Pactus Legis Salicae*, promulguée entre 508 et 511. *Cf.* J. VERRIÈRE, *Genèse de la nation française*, ouvr. cité, p. 66. Pour Jean-Pierre POLY (« La corde au cou, le

117. Comme ses prédécesseurs, Charlemagne est un adepte de la civilisation romano-chrétienne. On a vu qu'il ne séparait pas ses intérêts de ceux de la chrétienté. C'est pour la protéger qu'il conquiert sur les Sarrasins la marche d'Espagne, qu'il détruit le royaume lombard, qu'il refoule les Avars et les Slaves païens[184]. Les Francs ont ainsi accepté et fait rayonner par les armes de Charlemagne la civilisation chrétienne dans l'Europe occidentale[185]. Cette civilisation chrétienne emporte avec elle une langue de communication, la langue latine, et a en elle la nostalgie du monde antique. En se faisant sacrer Empereur, Charlemagne faisait un pas de plus que Clovis, et se plaçait ainsi en successeur des Empereurs romains. Il incarnait la continuité de la romanité, et la restauration de l'Empire faisait de lui l'Empereur des Romains.

118. Par ce couronnement, Charlemagne trouvait ainsi le symbole idéal de la continuité rêvée avec le monde antique. Et si le latin était bien la langue de l'unité impériale, il devenait sous les Carolingiens la langue reconduite de l'unité rêvée de l'Empire restauré. Et, alors que sa langue maternelle était le tudesque, une langue germanique dont il était très fier (dont il voulut même faire dresser la grammaire)[186], il s'essayait à l'apprentissage du latin. Son biographe, Eginhard, rapporte que l'Empereur était soucieux de s'instruire du latin parlé, et qu'il s'essayait également à l'écriture, avec plus ou moins de succès[187].

Francs, la France et la loi salique », dans *Genèse de l' État moderne en Méditerranée*, Collection de l' École française de Rome, 1993, n° 168, p. 287-320), la rédaction en latin de la loi salique et son contenu – qui traduit dans certains domaines une science juridique très supérieure au droit primitif des Francs – permet de penser qu'elle n'est en réalité qu'une *lex data*, imposée aux communautés létiques des frontières pour mettre fin au système vindicatoire inhérent aux sociétés germaniques libres.

184 *Cf.* Fr. OLIVIER-MARTIN, *Histoire du droit français, des origines à la Révolution*, ouvr. cité, p. 10.

185 *Ibid.*, p. 10.

186 *Cf.* R. BALIBAR, *Essai sur le colinguisme des Carolingiens à la République*, ouvr. cité, p. 28. Projet qui n'a pas eu de suite.

187 « Il s'essaya aussi à écrire, et il avait l'habitude de placer sous les coussins de son lit des tablettes et des feuilles de parchemin, afin de profiter de ses instants de loisirs pour s'exercer à tracer des lettres ; mais il s'y prit tard et le résultat fut médiocre ». *Cf.* R. BALIBAR, *Essai sur le colinguisme des Carolingiens à la République*, ouvr. cité, p. 28.

B - L'UTILISATION PAR LES FRANCS DE L'UNITÉ LATINE COMME FERMENT DE L'AFFERMISSEMENT DE L'UNITÉ POLITIQUE

119. Grâce à cette acculturation, les Francs comprirent et mesurèrent l'influence de la langue latine sur l'affermissement de leur pouvoir et par là même, de l'unité de leur vaste territoire. Ils utilisèrent donc les ressorts de cette langue, en suscitant notamment une politique culturelle où la protection de l'unité du latin constituait un objectif exemplaire pour notre propos. Si le latin est la langue de l'unité impériale, celle qui unit l'empire au monde antique et à la culture des Anciens, celle qui unifie aussi les populations au sein de ce vaste territoire, il faut que cette langue se perpétue et se préserve.

120. Charlemagne s'alarma du constat qu'un fossé s'était créé entre la langue latine classique et celle que pratiquaient les moines de Saint Martin de Tours, qui n'arrivaient plus à comprendre la Vulgate[188]. Il prit l'initiative de relancer l'étude et l'enseignement de la langue latine. Ce qu'on nomme la « renaissance carolingienne » prenait dès lors son essor, et son principal artisan fut Alcuin, moine anglo-saxon formé aux études latines, que Charlemagne avait rencontré à Rome[189]. Cette volonté finit par aboutir à la mise en œuvre d'une politique culturelle, scolaire et linguistique, censée préserver l'unité du latin ancien, et guidée par le souci d'une norme fixe et précise, ainsi que par la sauvegarde de la référence au passé[190].

121. Par un capitulaire de 789, Charlemagne réorganisa l'enseignement. Il chargea le clergé de fonder des écoles pour les enfants où l'on apprendrait le latin, langue de culture. Cet apprentissage « devait transporter l'enfant hors de l'expérience quotidienne »[191]. On impose un retour à la grammaire traditionnelle, à la prononciation correcte et à l'amélioration des textes que l'on rédige en grand nombre[192]. Charlemagne fit donc élaborer des grammaires, corriger et copier des textes[193]. De la même façon qu'il avait pressenti que pour conforter

188 Traduction latine de la Bible faite par saint Jérôme au début du Ve siècle.

189 *Cf.* J. VERRIÈRE, *Genèse de la nation française*, ouvr. cité, p. 131.

190 *Cf.* J. CHAURAND, « Préhistoire, protohistoire et formation de l'ancien français », dans *Nouvelle histoire de la langue française* (direction J. CHAURAND) Paris, Seuil, 1999, p. 28.

191 *Ibid.*, p. 29.

192 B. CERQUIGLINI, *La naissance du français*, Paris, PUF, 1993, p. 38.

193 *Ibid.*, p. 44.

l'unité impériale il fallait faire de l'Église une assise pour l'État, et qu il lui fallait pour cela préserver l'unité même de cette Église, une ambition identique le poussait à « veiller à la qualité morale de ses prélats, et à contrôler la correction de leur latin [194] ».

122. Pourtant, la renaissance carolingienne fut sans lendemain dans le monde laïque. L'aristocratie délégua finalement « le soin de la mémoire écrite, du savoir et du droit à l'Église et à ses clercs »[195]. Et seule l'élite de cette aristocratie – les responsables politiques autour de Charlemagne – avait pour ambition de conforter l'unité impériale. Bien que Charlemagne ait réussi à s'exprimer convenablement en latin, et avec lui son lignage (son fils Louis Ier fut même un remarquable latiniste), c'est à l'Église que ce savoir fut dévolu. Représentant par excellence la continuité et l'uniformité du romanisme, elle figure l'unité impériale, tout en recueillant sa mémoire, et en fournit l'ossature administrative[196]. Elle s'est en effet profondément réorganisée pour contrôler les rapports sociaux, et, bien que partenaire de Charlemagne dans la création d'institutions unificatrices et centralisatrices, elle demeure un partenaire autonome, qui bénéficie de sa propre organisation. En définitive, la culture se localise dans l'Église[197] et la question de la langue de l'écriture aussi. C'est au clerc que revient la question de l'écriture dans ses deux acceptions : au sens matériel, car on invente alors la minuscule caroline, comme au sens abstrait qui invite à la préparation et la conservation des textes[198]. Comme l'écrit Bernard Cerquiglini, « il ne faut pas s'étonner, dans cette histoire de la naissance du français, de rencontrer des hommes d'Église »[199].

123. À l'époque des Serments de Strasbourg, en pleine dynastie carolingienne, qui nous transmettent la première trace écrite de notre langue dans son état ancien, le latin est donc la langue universelle, celle de l'Église, de l'État et du droit. Renée Balibar spécifie ainsi sa position[200] :

---

194 B. CERQUIGLINI, *La naissance du français*, ouvr cité, p. 44.

195 *Ibid.*, p. 40.

196 *Ibid.*, p. 44.

197 *Ibid.*, p. 45.

198 *Ibid.*, p. 45.

199 *Ibid.*, p. 45.

200 R. BALIBAR, Essai sur le Colinguisme des Carolingiens à la République, ouvr. cité, p. 27.

« Le latin, unique en son genre, apparaissait comme la langue universelle, celle du *Textus* sacré, de l'Écriture Sainte, parole du Vrai Dieu, du Dieu Unique. Le latin tenait de l'écriture sainte, auprès des rois convertis à la religion chrétienne, une autorité absolue. Il était aussi, dans la tradition culturelle occidentale, la langue des plus hautes activités de l'intelligence : théologie et en même temps philosophie, exégèse et en même temps grammaire, rhétorique, poétique, selon un double enseignement des lettres sacrées et profanes. Il était enfin, langue de l'État et du droit romain, codifié par les juristes impériaux ».

124. La langue latine est donc à cette époque la langue de l'État et de son administration. Acte de vente ou de donation, d'asservissement ou de liberté, arrêts de justice, privilèges royaux, procès-verbaux d'hommage[201], le latin est exclusivement employé pour l'établissement des actes juridiques. Seule langue commune à tous les hommes de haute classe à l'époque carolingienne, il est la langue unique de la « légitimité », « langue de culture et d'État, ancienne et présente, universellement écrite et parlée »[202].

125. Deux ans après la mort de Louis le Pieux, les deux protagonistes des Serments sont germaniques et parlent tudesque entre eux, alors même qu'ils sont plongés dans la latinité. Il faudra d'ailleurs attendre un changement de dynastie pour trouver un roi qui ne s'exprime plus qu'en roman[203]. Le latin détient cette position que nous venons de décrire, il occupe tout l'espace, et s'oppose alors, en cette fin de IX siècle, à tous les autres langages.

126. Comme nous l'avons vu, le rôle de l'Église est fondamental dans la perpétuation de cette unité latine depuis la chute de l'Empire romain et son positionnement dans les sphères du pouvoir sous la dynastie carolingienne l'accentue. Pourtant, son influence est paradoxale : alors qu'elle tend à maintenir l'unité idéologique de la *Romania*, et constitue de ce fait un puissant facteur d'unité latine, elle demeure ouverte aux particularités. C'est, en effet, de cette même Église qu'émergera l'institutionnalisation de la langue française. Préoccupée par la compréhension de ses enseignements à ses fidèles, elle va choisir de rendre ses homélies plus accessibles, et dans cet objectif inviter ses

201 M. BLOCH, *La société féodale*, Paris, Albin Michel, réédition 1968, p. 122.

202 R. BALIBAR, *Essai sur le Colinguisme des Carolingiens à la République*, ouvr cité, p. 28.

203 F. BRUNOT, *Histoire de la langue française*, 3ème édit., Paris, Armand Colin 1939, t. I, *De l'époque latine à la Renaissance*, p. 58. Cf. également R. BALIBAR, *Essai sur le Colinguisme des Carolingiens à la République*, ouvr. cité, p. 27.

évêques à « traduire » leurs homélies latines en langues vulgaires. Sa participation à l'émergence des conditions favorables à la naissance d'une nouvelle langue sera ici encore fondamentale.

CHAPITRE II

-

L'INSTITUTION DE L'UNITÉ DE LANGUE COMME CRITÈRE DE L'UNITÉ DE L'ÉTAT

– LE ROMAN EST LA LANGUE DE LA *FRANCIA OCCIDENTALIS* –

127. L'émergence d'une nouvelle langue comme critère d'unité d'un nouvel État résulte, d'un point de vue événementiel, de la remise en cause des fondements de l'unité du *regnum Francorum* que nous venons de décrire. L'acte des Serments de Strasbourg s'analyse comme un acte fondateur parce qu'il institue un nouvel État en fonction d'un critère d'unité linguistique. Alors que la naissance du roman comme langue écrite (le texte des Serments constituant la plus ancienne trace écrite connue de cette langue) est issue des Serments de Strasbourg en 842, la naissance de la France est le fruit du partage de Verdun en 843. Ce partage est le prolongement des Serments, en dépit de la modification des protagonistes, les deux actes diplomatiques apparaissant comme indissociables à divers égards.

128. La présentation des Serments de Strasbourg, comme constituant l'acte fondateur du lien qui unit l'État et la langue en France (Section II - Les Serments de Strasbourg, institution fondatrice de la relation entre unité de langue et unité de l'État en France), sera précédée de celle de la remise en cause des fondements existants de l'unité de l'Empire (Section I - La remise en cause des fondements de l'unité de l'Empire)[204].

---

204 Ce chapitre est la version remaniée de notre mémoire de master en histoire du droit. *Cf.* A. BLANC, *« La langue de la* Francia Occidentalis *est le roman ». Recherche sur les origines historiques de la relation entre l'unité de langue et l'unité de l'État en France* (dir. : André CABANIS), Perpignan, 2002, 92 p.

SECTION I- LA REMISE EN CAUSE DES FONDEMENTS DE L'UNITÉ DE L'EMPIRE

129. L'évolution historique qui a conduit à l'émergence de la recherche politique d'un critère nouveau d'unité – et finalement d'identité – passe d'abord par la naissance d'un fait linguistique – le fait qui précédera le droit – celui de l'émergence d'une nouvelle langue. C'est aussi à la recherche d'une unité territoriale nouvelle et désormais stable, que l'on doit l'institution du roman comme nouvelle assise linguistique de l'unité étatique.

130. C'est donc une double évolution, conduisant à ébranler tant les fondements de l'unité linguistique latine par l'émergence d'une nouvelle langue (§ I - Les atteintes à l'unicité linguistique latine par l'émergence de la langue romane) que ceux de l'unité territoriale par la recherche d'un nouveau critère d'unité (§ II - Les atteintes à l'unité territoriale et l'émergence de la quête d'un nouveau critère d'unité politique) qui conduira à l'institution du roman comme critère d'identité et d'unité d'un nouvel État qui deviendra la France.

§ I - LES ATTEINTES À L'UNICITÉ LINGUISTIQUE LATINE PAR L'ÉMERGENCE DE LA LANGUE ROMANE

131. Si le latin est bien la langue de l'unité de l'Empire, celle de l'État et de son administration, et celle de l'Église, l'accès du roman au rang de langue identitaire d'un royaume n'est pas le fruit d'une simple décision politique ; ici encore, le fait a précédé le droit.

132. Une évolution linguistique spontanée a d'abord conduit à l'émergence première du parler roman au sein des populations franques (A). Le rôle de l'Église dans la reconnaissance de cette nouvelle langue est ici encore exemplaire. Il vient parachever cette évolution, en consacrant la reconnaissance implicite du parler roman au stade de langue vulgaire (B).

A- L'ÉMERGENCE LENTE ET SPONTANÉE DE LA LANGUE ROMANE

133. Dans les siècles qui suivent les invasions germaniques, et dès cette époque, une frontière linguistique s'est fixée au travers du royaume

franc[205]. Elle court à l'intérieur de la Flandre, de la Lorraine et de l'Helvétie. À l'est, la densité du peuplement germanique a entraîné la suprématie des parlers tudesques, alors qu'à l'ouest les Germains se sont amalgamés à une population gallo-romaine majoritaire et ce sont les parlers romans qui se sont imposés.

134. Alors que les parlers germaniques dérivent directement des langues utilisées par les envahisseurs du Ve siècle, les idiomes romans dérivent d'un phénomène complexe de néo-création linguistique à partir du latin[206]. « La langue de départ n'était nullement celle de Cicéron », écrit J. Verrière, « mais un latin déjà fort dégradé et différencié selon les régions », un « bas-latin vulgaire, rustique et populaire, que les Gallo-romains eux-mêmes avaient fini par adopter »[207]

135. La transition du latin populaire aux parlers romans avait été fort lente. Les langues du nord de la Gaule (langues d'oïl) se sont plus différenciées du latin que celles du sud (langues d'oc) en raison notamment de l'influence germanique qui radicalisa l'évolution dans le nord de la Gaule dans le triple domaine du vocabulaire, de la syntaxe et de la phonétique[208]. Pendant que la renaissance carolingienne, évoquée plus haut, passait par l'initiative de Charlemagne de relancer l'étude et l'enseignement du latin classique, la singularité du parler d'oïl se trouva accrue. De plus en plus, le roman apparut comme une langue autonome et singulière[209]. Les premiers glossaires destinés aux moines furent rédigés : pour chacun des mots latins de la Bible qui était devenu obscur, le mot roman correspondant était proposé en regard.

136. Cette évolution s'est en effet inscrite dans le temps. Le latin parlé qui a donné naissance aux langues romanes était « intrinsèquement divers ». Après le IIe siècle, l'Empire romain n'est plus cet ensemble solidement centralisé et administré, qui aurait pu maintenir l'unité de la langue latine classique[210]. Cette langue de l'unité fut l'objet d'un processus de diversification[211]. Alors qu'un provincialisme se fait jour

---

205 *Cf.* J. VERRIÈRE, *Genèse de la nation française*, ouvr. cité, p.130.

206 *Ibid.*, p. 130

207 *Ibid.*, p. 130.

208 L'accent germanique a valorisé la voyelle tonique, parfois jusqu'à la diphtongue, et provoqué la disparition de la voyelle finale.

209 *Cf.* J. VERRIÈRE, *Genèse de la nation française*, ouvr. cité, p. 131.

210 *Cf.* B. CERQUIGLINI, *La naissance du français*, ouvr. cité, p. 32-33.

211 Pour Marcel COHEN (*Histoire d'une langue, le français. Des lointaines origines à nos jours*, ouvr. cité, p. 65), à la veille des invasions barbares, ce processus de

en Gaule, issu à la fois de la formation de classes dirigeantes locales, de la décentralisation du commerce et de la citoyenneté accordée à tous, la disparition des écoles publiques entraîne à la fin du Ve siècle une perte de prestige de Rome et de sa langue.

137. Ce n'est d'ailleurs pas le même latin qui pénétra les provinces de Gaule, entre la romanisation du Sud vers 120 avant J. C. et la romanisation du Nord en 50 avant notre ère. Ainsi le latin qui pénétra la Gaule du nord tendit à se particulariser en raison du contact avec d'autres langues : ce qui distingue le français des autres langues romanes, et qui a distingué très tôt le latin dont il est issu, est le contact avec le celte et la langue germanique[212]. Et l'influence de la langue gauloise, bien que discutée, fut néanmoins suffisamment forte pour que le latin parlé en Gaule fût qualifié de gallo-roman[213]. Ce gallo-roman subit, en revanche, une influence décisive, à la fois lexicale, phonétique et syntaxique de la langue germanique au nord de la Gaule. C'est ainsi que l'on peut distinguer deux langues au sein de ce gallo-roman, la « proto-langue d'oïl » au nord, et la « proto-langue d'oc » au sud[214]. Bien que la durée du contact entre les deux langues, germanique et latine, fût longue, les facteurs sociaux eurent une grande influence. De fait, alors qu'ils avaient adopté la langue de ceux qu'ils ont conquis, au

---

diversification linguistique est essentiellement fondé sur le caractère autarcique de *civitates* composant la gaule romanisée : « Dès le moment où nous fait parvenir l'achèvement de la romanisation, environ la fin du 4e siècle, il faut admettre que le latin parlé en Gaule, le gallo-roman, n'était pas un, mais avait de multiples aspects. Les différents centres importants communiquaient sans doute les uns avec les autres au moyen de voies fluviales et des routes, les fameuses voies romaines, dont le réseau était considérable. Mais les communications se faisaient seulement par certains éléments mobiles. La masse des citadins ne voyageait pas, l'ensemble des paysans surtout restait confiné dans de toutes petites localités, ou fréquentait seulement des centres provinciaux, chacun le sien. En gros, l'horizon se bornait aux limites des anciennes "cités" qui sont devenues dans l'ensemble celles des évêchés chrétiens (tandis que de vastes "paroisses" coïncidaient sensiblement avec d'anciens "pays"). Dans ces conditions, le langage devenait un peu différent dans chaque région. Mais nous n'avons aucun témoignage sur les parlers de cette époque, et nous ne pouvons en juger que par vraisemblance, et en considération de la suite de l'évolution. Il est probable que le latin n'était à ce moment pas encore sensiblement transformé. En tout cas, rien n'indique que les gens aient eu le sentiment de parler autre chose que le latin. Au total, c'est une Gaule romanisée qui allait avoir à subir les grandes invasions germaniques ; c'est le gallo-roman qui a résisté victorieusement aux parlers germaniques ».

212 B. CERQUIGLINI, *La naissance du français*, ouvr. cité., p. 32-33.

213 Pour spécifier le vernaculaire royal au regard du latin, les textes parlent, nous le verrons, de *gallicus*.

214 *Ibid.*, p. 32-33.

contraire de ce qu'avaient fait les Romains, les Francs la déforment en la parlant[215], et ces déformations sont valorisées car elles émanent de la classe dirigeante. C'est de ce bilinguisme « socialement orienté » que procède par suite un gallo-roman transformé, qui aboutira au français. Pour Bernard Cerquiglini, « tout concourt pour que le latin parlé en Gaule du nord ait pris, bien avant le IXe siècle, une coloration particulière, romane, voire protofrançaise[216] ». Saint Jérôme ne notait-il pas déjà au Ve siècle que « la *latinitas* changeait tous les jours, « *et regionibus et tempore* »[217].

138. En pleine époque carolingienne, les pratiques linguistiques de la société nous informent sur la position des différents langages par rapport au latin. Dans cette société carolingienne du IXe siècle, ce qui nous paraît devoir être souligné, compte tenu de la position du latin et de l'Église, c'est que les informations relatives aux pratiques linguistiques de cette époque ne nous sont parvenues qu'au travers de la médiation du latin écrit des clercs[218]. Mais il est admis que, dans la *Francia* des Carolingiens, à côté de la position prééminente du latin, il

215 Au plan phonétique, l'accent germanique rend plus sonore la voyelle tonique qui finit par se diphtonguer, et plus faible la voyelle finale, qui ne s'entend plus. B. CERQUIGLINI, *La naissance du français*, ouvr. cité, p. 32-33.

216 *Cf.* B. CERQUIGLINI, *La naissance du français*, ouvr. cité, p. 33.

217 Cité par Bernard CERQUIGLINI, *La naissance du français*, ouvr. cité, p. 33 ; Marcel COHEN (*Histoire d'une langue, le français*, ouvr. cité, p. 50-51) schématise ainsi cette évolution qu'il appréhende au niveau de l'ancien empire d'Occident : « Le latin vulgaire devait prendre dans les diverses provinces et chez des gens qui – sans doute même en Italie – parlaient souvent encore d'autres langues, des aspects locaux différents. Ceci même alors que le latin littéraire faisait office de frein par l'enseignement dans les écoles, à vrai dire réservées à des milieux restreints. L'évolution a été précipitée par les circonstances politiques et sociales. Affaiblissement de l'empire, impuissant à contenir sur ses confins les invasions des Barbares, dislocation interne, division entre Rome et Constantinople, à partir de 395, puis, peu à peu, morcellement définitif. En même temps, changements sociaux profonds. D abord, expansion du christianisme, religion populaire contribuant à la ruine de l'ancienne élite et favorisant la montée des nouvelles couches ; déclin progressif du système de l'esclavage, ancienne base économique de la société grecque et romaine, et extension du colonat. Puis apparition, avec les invasions, de nouvelles aristocraties terriennes, installant petit à petit le système féodal, et son morcellement très poussé. L'évolution du langage suivant toujours les circonstances sociales, à la période d'unification par le latin, qui avait été celle de la constitution et de la stabilisation de l'empire romain, devait succéder une période de différenciation avec le morcellement de cet empire ».

218 *Cf.* R. BALIBAR, *Essai sur le Colinguisme des Carolingiens à la République*, ouvr. cité, p. 25.

existe une différence de statut entre les langues germaniques et les parlers romans.

139. Les langues germaniques étaient dans tout l'occident européen les langues des conquérants, des seigneurs, pratiquées par les dynasties des rois depuis des siècles[219]. Les parlers romans n'existaient pas culturellement. Et si les clercs, plongés, de par leur vocation, dans la science des langues, s'essayaient parfois à apprendre la langue germanique, ils n'étudiaient jamais le « roman ». Les parlers romans « sentaient le rustre ou la campagne éloignée du roi ». Les Gallo-romains instruits ou puissants s'efforçaient de parler latin. R. Balibar trouve par exemple un indice de l'inexistence culturelle des parlers romans dans la vie des grands personnages. Elle donne l'exemple significatif de *Lupus Servatus*, qui, nommé par le roi abbé de Ferrières (centre d'études latines), envoie son neveu avec deux autres jeunes gens vers l'abbé Marquart de Prün près de Trèves, pour qu'ils apprennent le tudesque[220]. L'abbé envoie les futurs clercs dans un centre où ils deviendront « d'excellents germanistes formés autrement que par des conversations familières [221] ». Les grands seigneurs, proches des rois parlaient tudesque entre eux, mais sur leurs terres de France occidentale, l'administration des domaines requérait les langages romans d'oïl et d'oc. Les petits seigneurs et les hommes d'armes, nés sur les territoires qu'ils possédaient, menant une vie rurale loin de la cour, ont certainement parlé divers langages, mais il apparaît pourtant qu'ils se comprenaient[222].

140. Le contexte linguistique contemporain des Serments témoigne donc de l'existence de la langue romane au cœur de la société carolingienne, mais l'évolution vers sa consécration future ne sera rendue possible que grâce à son accès à la dimension de langue écrite.

---

219 *Cf.* R. BALIBAR, *Essai sur le Colinguisme des Carolingiens à la République*, ouvr. cité, p. 25.

220 *Ibid.*, p. 25-26.

221 L'auteur cite et traduit l'abbé Loup : « Ces jeunes gens de sang noble et destinés si Dieu le veut à le servir dans notre monastère, je désire les envoyer auprès de Votre Sainteté pour qu'ils s'initient à la science de la langue germanique ».

222 Citant le chroniqueur Richer, Ferdinand BRUNOT (*Histoire de la langue française*, t. I, *De l'époque latine à la Renaissance,* ouvr. cité, p. 58) rapporte que, sous Charles le Simple, des querelles verbales éclataient entre les armées ennemies. Un autre chroniqueur relate encore qu'à la bataille de Birthen, des hommes d'Othon Ier, sachant un peu la langue des adversaires, s'en sont servis par ruse pour leur crier de fausses paroles et les mettre en fuite.

B- LA RECONNAISSANCE IMPLICITE DU ROMAN PAR L'INSTITUTION ECCLÉSIALE

141. Sans en mesurer les conséquences qui, à travers les siècles, finiront par emporter la tradition de l'écriture latine qu'elle entendait pourtant maintenir, c'est de l'Église que viendra la reconnaissance implicite du roman au rang de véritable langue. Accédant en effet au stade de l'expression écrite par le biais d'une injonction épiscopale, le roman, l'idiome du peuple, va s'élever à la dignité d'une langue littéraire.

142. La consécration d'un phénomène de diglossie va permettre l'accès à l écrit des « langues vulgaires », ce qui constituera une évolution définitive dans le changement de statut de la langue française. L'attitude de l'Église, qui demeure paradoxale, car elle tend, à la fois, à maintenir un latin correct dans la liturgie tout en cherchant à faire entendre son message aux fidèles qui ne saisissent plus la langue latine, va créer une brèche dans l'unicité latine prégnante.

143. Dès les premiers siècles, l'Église est en effet attentive à faire entendre son message nouveau et prône à l'écrit un style simple : « le *sermo humilis* de Cicéron devenant la rhétorique ordinaire d'une littérature chrétienne dont le public est populaire »[223]. Les mesures prises vont ainsi faire apparaître plus clairement combien la langue parlée s'était éloignée du latin, combien celui-ci, lorsqu'il était employé correctement, était incompréhensible à la population non instruite. Cela était nuisible pour l'instruction religieuse du public. Cette difficulté avait déjà été ressentie avant l'époque carolingienne, puisque les chroniques nous apprennent que saint Éloi, évêque de Noyon de 641 à 660, prêchait en langue vulgaire[224].

144. Mais ce n'est qu'en l'année 813 qu'il faut situer l'évolution décisive : l'Église va en effet décider que les évêques adapteront leurs homélies latines sous forme de sermons en parlers locaux. Cinq synodes régionaux sont réunis en 813 dans l'Empire franc pour traiter des questions de la pastorale : les synodes d'Arles et de Chalon-sur-Saône réunissant les évêques de régions de langue romane d'oc, ceux de Tours et de Reims rassemblant les évêques de langue romane d'oïl, alors qu'à Mayence étaient représentés les diocèses germanophones. Si au synode

223 *Cf.* B. CERQUIGLINI, *La naissance du français*, ouvr. cité, p. 31 : « *Melius est reprehendant nos grammatii quam non intelligant populi* » (« les reproches des grammairiens sont préférables à l'incompréhension du peuple »), écrit Saint Augustin.

224 M. COHEN, *Histoire d'une langue, le français*, ouvr. cité, p. 70-71.

de Mayence, on décide que les prêtres doivent prêcher « de façon que le peuple comprenne » (on peut en déduire « en tudesque »[225]). à Reims on précise que les prêtres doivent prêcher « selon la langue particulière » de leurs fidèles.

145. C'est le concile de Tours qui est le plus explicite. Un célèbre article XIII décidait, en effet, que « chaque évêque, dans ses sermons donnerait des exhortations nécessaires à l'édification du peuple, et qu'il s'appliquerait à traduire ces sermons en langue rustique ou en tudesque afin que les fidèles puissent plus aisément comprendre ce qui est dit »[226]. Les prédicateurs devront *transferre* leurs homélies latines dans le vulgaire du lieu, précisément le tudesque ou le roman rustique. Ce n'est pas la dénomination *« lingua romana rustica »* qui atteste nécessairement d'un changement de langue, car *romanus* aurait pu désigner jusque-là ce que nous appelons le « latin » aujourd'hui et *rusticus* aurait pu ne viser qu'un style[227]. Ce qui permet de parler d'une reconnaissance de la langue romane, à tout le moins d'une reconnaissance tacite ou implicite de l'existence d'une autre langue chez le peuple, c'est le verbe *transferre*. Pour Jacques Chaurand, ce verbe « s'applique à une opération comparable à une traduction [228] » Et cette opération traduit « une prise de conscience d'un changement de langue »[229]. Pour Renée Balibar, la dénomination *transferre* n'implique pas de traduire « le latin » en « roman » au sens actuel du terme. Dans la langue latine classique, *transferre* signifie « transposer, changer » et s'oppose à *traducere* qui signifie « faire passer intégralement [230] ». Il ne s'agit donc pas de traduire du latin en roman, au sens que nous donnons aujourd'hui au mot « traduction » (« faire que ce qui était énoncé dans une langue le soit dans une autre en tendant à l'équivalence sémantique

---

225 *Cf.* R.-A. LODGE, *Le français, histoire d'un dialecte devenu langue*, ouvr. cité, p. 130 ; J. VERRIÈRE, *Genèse de la nation française*, ouvr. cité, p. 133.

226 *Cf.* J. VERRIÈRE, *Genèse de la nation française*, ouvr. cité, p. 133.

227 L'auteur précise qu'à *« urbanus »*, qui renvoie au niveau « de langue élevée », s'est toujours opposé *« rusticus »*, qui signifie « le plus humble », « celui qui correspond à la pratique de la majorité de la population, dont ne sont exceptés que les lettrés, les *litterati* formés à l'écriture ». *Cf.* J. CHAURAND, « Préhistoire, protohistoire et formation de l'ancien français », dans *Nouvelle histoire de la langue française*, ouvr. cité, p. 29.

228 *Cf.* J. CHAURAND, « Préhistoire, protohistoire et formation de l'ancien français », dans *Nouvelle histoire de la langue française*, ouvr. cité, p. 29.

229 *Ibid.*, p. 28.

230 *Cf.* R. BALIBAR, *Essai sur le Colinguisme des Carolingiens à la République*, ouvr. cité, p. 38.

et expressive des deux énoncés »), mais simplement « d'utiliser les parlers locaux pour le gouvernement des fidèles », tout en préservant le latin écrit « de tout contact avec les bas langages [231] ».

146. Par ailleurs, il est évident qu'un tel changement de politique linguistique dans le gouvernement des fidèles ne pouvait relever d'une pure création juridique ne reposant sur aucun fait : pour rendre la nouvelle politique applicable, il devait exister tout un vocabulaire permettant cette traduction ou au moins cette « transposition ». Il est vraisemblable que « l'usage a précédé l'injonction, justifié qu'il était par la nécessité »[232], car la simple transposition du latin en « roman rustique » supposait l'existence d'un vocabulaire déjà existant. Un « vocabulaire tout prêt pour suggérer les notions indispensables, une sélection des moyens d'expression, des expériences visant à rendre familiers des emprunts à la langue-source, ainsi que des adaptations de la langue-cible à de nouvelles significations [233] ». Il s'agit donc en 813 de permettre que les langues vulgaires puissent acquérir le droit de remplir officiellement leur fonction de communication dans le monde de la prédication.

147. Les conciles rassemblant les évêques de langue romane d'oc nous renseignent également sur la situation linguistique des communautés de langue d'oc. Ces synodes n'évoquent pas en effet le problème linguistique : est-ce à dire que la divergence entre latin et langue d'oc « n'était pas encore telle que les sermons et lectures en latin aient cessé d'être intelligibles pour les fidèles du sud de la Gaule »[234] ? Pour Jacques Verrière, ce décalage d'évolution entre parlers d'oc et d'oïl est significatif, et d'ailleurs confirmé par la chronologie des premières productions littéraires connues[235]. Il semble bien que les textes des conciles suggèrent que, dès l'époque de Charlemagne, les fidèles de langue d'oïl ne comprennent plus le latin des homélies. Faut-il en

---

231 *Cf.* R. BALIBAR, *Essai sur le Colinguisme des Carolingiens à la République*, ouvr. cité, p. 37.

232 *Cf.* J. CHAURAND, « Préhistoire, protohistoire et formation de l'ancien français », dans *Nouvelle histoire de la langue française*, ouvr. cité, p.29.

233 *Ibid.*, p. 28.

234 *Cf.* J. VERRIÈRE, *Genèse de la nation française*, ouvr. cité, p. 133.

235 Il s'agit des *Serments de Strasbourg* (842) et de la *Séquence de Sainte Eulalie* (880-890) pour la langue d'oïl, qui datent donc du IXe siècle, alors que les productions littéraires de langue d'oc remontent au XIe siècle : la *Chanson de Sainte Foy d'Agen* vers 1050-1060 et la *Chanson de Boèce* vers 1070. *Cf.* J. VERRIÈRE, *Genèse de la nation française*, ouvr. cité, p. 133.

déduire qu'il s'agit d'une véritable reconnaissance de la langue romane d'oïl, « qui accède à la dignité de l'expression écrite » ? D'aucuns n'hésitent pas à l'affirmer, parlant de « consécration », et même de « l'acte de naissance du français[236] ».

148. En définitive, il apparaît que même si cette disposition n'emporte pas comme conséquence de conférer un statut aux « parlers vulgaires », fut-ce aux côtés du latin, ce qui serait plutôt irréaliste à pareille époque, il est certain que l'injonction du concile porte au moins la valeur d'une reconnaissance indirecte du roman en tant que langue, si vulgaire soit-elle. Et ce sera un préalable indispensable à la véritable reconnaissance de l'ancêtre du français, qui viendra répondre à une nouvelle exigence, celle de la quête d'un critère de partage cohérent de l'Empire entre les héritiers de Louis le Pieux[237].

§ II - LES ATTEINTES À L'UNITÉ TERRITORIALE ET L'ÉMERGENCE DE LA QUÊTE D'UN NOUVEAU CRITÈRE D'UNITÉ POLITIQUE

149. Pour que la langue romane soit pensée comme un nouveau critère d'unité possible, il ne suffisait pas qu'elle fût reconnue comme langue du peuple, fut-ce par l'Eglise dans ses homélies. Dans un Empire qui demeurait pétri de latinité, il fallait aussi que l'unité territoriale de l'Empire soit menacée, et que la quête d'un critère stable d'unité se fasse pressante. Au moment précis de l'acte des Serments, lorsque les petits-fils de Charlemagne se disputaient les dépouilles de l'Empire, cette condition fut remplie avec d'autant plus de facilité que l'absence de critère d'unité territoriale était déjà inhérente à la conception franque du pouvoir.

150. Malgré l'évolution de la conception de la souveraineté royale, de Clovis Ier à l'époque carolingienne, la persistance des partages

236 *Cf.* J. VERRIÈRE, *Genèse de la nation française*, ouvr. cité, p. 132. Marcel COHEN (*Histoire d'une langue, le français*, ouvr. cité, p. 71) affirme qu'une cinquantaine d'années après le concile de Tours (soit donc vers 863), Charles le Chauve aurait prescrit aux évêques de faire connaître ses ordonnances au peuple dans sa langue. Nous n'avons pas trouvé trace du capitulaire qui aurait proposé cette norme.

237 É. CARPENTIER et M. Le MENÉ, *La France du XIe au XVe siècle Population société, économie*, Paris, P.U.F. 1996, p. 151 n'hésitent pas à mettre en relation la prescription du Concile de Tours, de 813, et l'utilisation, « trente ans plus tard » du roman et du tudesque dans les Serments de Strasbourg.

successoraux empêchera la réalisation et le maintien d'une véritable unité territoriale, allant jusqu'à provoquer la désagrégation de l'Empire et rendant nécessaire la recherche d'un critère d'unité stable et cohérent. À l'époque carolingienne, celle d'où sortira ce critère d'unité fondé sur une nouvelle langue, l'absence d'unité territoriale est également caractéristique. La conception de la souveraineté et son évolution depuis la conquête franque n'ont pas permis de maintenir une unité territoriale qui aurait pu empêcher la naissance de ce nouveau critère d'unité qui nous intéresse.

151 Sous l'Empire romain, la souveraineté était d'essence territoriale. Pour les Mérovingiens, le fondement de l'autorité des rois reposait sur une souveraineté à base personnelle : « Le *regnum francorum* est la propriété, la chose du roi », c'est « le butin qu'il a conquis avec l'épée des Francs[238] ». Il en découle que le lien de subordination est un lien personnel [239] et que le roi n'aurait pu même songer à s'intituler *rex Franciæ*, si la *Francia* avait existé. Il est, en effet, roi des Francs, *rex Francorum*, et ce titre subsistera longtemps avec une connotation, il est vrai, différente chez les Capétiens. Il jouit du royaume comme d'un patrimoine privé.

152 Le roi, qui avait fondé son royaume par la conquête, en était donc le maître absolu. Au contraire de l'Empire romain caractérisé par l'idée d'État, où au-dessus de la personne de l'empereur le concept de *res publica*[240] impliquait la continuité de la fonction impériale, et où son pouvoir était considéré comme une magistrature d'intérêt public, l'idée d'État avait, avec la domination franque, disparu[241]. Le roi était le

238 *Cf.* Fr. OLIVIER-MARTIN, *Histoire du droit français, des origines à la Révolution*, ouvr. cité, p. 40.

239 Ce lien de subordination se concrétise dans un serment prêté par chaque sujet à son roi, *Cf.* Fr. OLIVIER-MARTIN, *Histoire du droit français, des origines à la Révolution* ouvr. cité, p. 40. *Cf.* Également A. DUMAS (*Histoire du droit français*, ouvr. cité, p 32) qui rapporte qu'en 786, un complot éclata contre Charlemagne. Après enquête, les conspirateurs arrêtés répondirent qu'ils n'étaient tenus en rien envers le roi à qui ils n'avaient pas prêté serment. Charlemagne ordonna par capitulaire à tous les hommes libres, majeurs de 12 ans, de lui jurer fidélité. Les *missi dominici* finirent par remplir cette tâche de recueillir les serments et Charlemagne lui-même faisait des tournées dans le royaume à cette fin.

240 La *Res publica*, la *res romana* impliquait en effet que le *Dominus*, le maître ne l'était pas dans son intérêt particulier mais dans l'intérêt de tous. Son pouvoir était une fonction et non un droit attaché à sa personne. Les sujets de l'Empire devaient obéissance à un César abstrait qui se perpétuait en dépit des changements des empereurs. *Cf.* A. DUMAS, *Histoire du droit français*, ouvr. cité, p. 31.

241 *a contrario*, en faveur de la survivance de l'idée d'État sous les Carolingiens, *Cf.* L. HALPHEN, « L'idée d'État sous les Carolingiens », *R.H.*, 1939, t. 185, p. 59.

dominus au sens fort du terme : il était le maître de ses sujets et de son royaume. Sa *dominatio* avait pour fondement son intérêt particulier. Ce n'était pas une fonction publique qui se serait exercée au nom de l'État mais un pouvoir personnel semblable à celui d'un homme riche et puissant[242], car « le *regnum* appartient en propre au roi »[243]. Si le terme de *res publica* subsiste cependant, c'est dans une acception bien différente : les auteurs ecclésiastiques qui l'emploient, sous les Mérovingiens, veulent, par cette expression, parler de l'empire romain, alors que sous les Carolingiens, l'expression sert à désigner la chose temporelle, par opposition à la *res ecclesiastica*, la chose spirituelle[244]. La monarchie franque était ainsi spécifiée par un double caractère : elle était tout à la fois « patronale » et « patrimoniale »[245]. Le roi était un maître ou un patron qui, en échange de l'obéissance, assurait la protection de ses sujets. Les hommes étaient au service d'un homme puissant et non d'une institution. Le territoire du royaume et les prérogatives de la royauté étaient ainsi à l'entière disposition du roi : il pouvait aliéner aussi bien ses domaines que les impôts ou d'autres prérogatives de la puissance publique.

153. Néanmoins, à partir de Charlemagne, sous le couvert de la grâce de Dieu, la conception du pouvoir suprême évolue et la notion romaine de souveraineté attachée à un État territorial renaît. L'idée indissociable de la rénovation de l'empire est celle d'unité et d'universalité du pouvoir suprême. La cérémonie même du couronnement implique désormais que l'empire est une fonction, un ministère, confié par Dieu à l'empereur pour qu'il défende le peuple chrétien. Ainsi renaît l'idée romaine que le prince représente la chose publique et agit dans l'intérêt de tous. Cette nouvelle conception aurait dû exclure la pratique du partage du royaume, contraire à l'unité. Pourtant, la persistance de la coutume du partage du royaume entre les fils du roi, conséquence directe du caractère patrimonial de la monarchie, les fils se partageant le territoire comme un « bien de famille », se perpétua. Cette tradition était en effet bien établie[246], on partageait le territoire du père entre les

---

242 J. BOUSSARD, « La France féodale », dans *La France et les Français* (dir. M. FRANÇOIS), Encyclopédie de La Pléiade, Paris, Gallimard, 1972, p. 970-971.

243 A. RIGAUDIÈRE, *Introduction historique à l'étude du droit et des institutions*, ouvr. cité, p. 44-45.

244 A. DUMAS, *Histoire du droit français*, ouvr. cité, p. 31.

245 A. RIGAUDIÈRE, *Introduction historique à l'étude du droit et des institutions*, ouvr. cité, p. 44-45 ; A. DUMAS, *Histoire du droit français*, ouvr. cité, p. 32.

246 Dès 511, à la mort de Clovis, le royaume est partagé entre ses quatre fils. Réuni sur la tête de Clotaire 1er en 549, il est à nouveau divisé en plusieurs États en 562. Pa-

fils, en application de la loi salique, qui excluait que les filles puissent succéder à la terre. Comme la loi salique ne connaissait pas le droit d'aînesse, les partages s'effectuaient entre les fils d'une manière égale. Ces partages fréquents atteignirent l'unité de l'empire et furent une cause évidente de désordre et de divisions, les rois se faisant la guerre pour accroître chacun leur lot au détriment des autres. Chacun des rois se qualifiait *rex francorum*, et non roi de la contrée qui lui était échue et lorsque l'un d'eux mourrait sans héritiers, son lot abondait celui des autres[247]. L'unité du royaume ne se reformait que lorsqu'un seul roi subsistait. À l'époque carolingienne, l'élection se combina avec le principe de l'hérédité. Les princes carolingiens réunissaient l'assemblée des grands pour faire désigner par avance leurs fils comme successeurs : associés à leur père, les fils lui succédaient de plein droit à sa mort. Le roi procédait devant les grands aux partages. C'est ainsi qu'en 768, Pépin le Bref partagea son royaume entre Charles (le futur Charlemagne) et Carloman. Ce dernier étant mort en 771, trois ans après son père, Charlemagne se retrouve à la tête du *regnum* réunifié[248].

154 Charlemagne à son tour, et de son vivant, effectue le partage de son empire, cherchant à apaiser les conflits familiaux entre ses fils. Malgré l'évolution de la conception de la fonction royale sous son règne, caractérisée par l'idée d'indivisibilité de la fonction impériale, l'empire reste pour lui un « gain personnel »[249], un bien de famille qu'il entend transmettre à ses enfants, plus qu'une *res publica*. En dépit de la dignité impériale, Charlemagne n'avait manifestement pas l'intention de transmettre un empire à son premier fils : en 806 il procède à un partage en trois lots[250], censé s'appliquer en cas de décès. Trois lots territoriaux, comparables en valeur, étaient institués pour Charles,

---

la suite, le royaume ne sera réuni qu'exceptionnellement, comme sous Clotaire II en 613.

247 A. DUMAS, *Histoire du droit français*, ouvr. cité, p. 31.

248 J. BOUSSARD, « La France féodale », dans *La France et les Français* (dir. Michel FRANCOIS), Encyclopédie de La Pléiade, Paris, Gallimard, 1972, p. 976-977.

249 E. CERQUIGLINI, *La naissance du français*, ouvr. cité, p. 70.

250 Y. GOBRY, *Louis Ier, fils de Charlemagne*, Paris, Pygmalion, 2002, p. 61-62 : «… ainsi, nous voulons que vous soyez instruits que nous souhaitons, par la grâce de Dieu laisser ces mêmes fils, de notre vivant et après notre décès, héritiers de notre royaume et de notre empire ; ne voulant pas toutefois leur transmettre ce royaume dans l'indivision et sans règle, comme un sujet de controverse, mais en partager tout le corps en trois portions, assignant à chacun d'eux celle qu'il doit régir et protéger. De cette manière, chacun, content de son lot, s'efforcera avec l'aide de Dieu, et selon ce que nous aurons disposé, de défendre les frontières de son royaume qui touchent aux étrangers, et de garder la charité et la paix avec son frère ».

Pépin et Louis, dans un acte qui manifeste le souhait que les frères héritiers maintiennent entre eux des rapports « de paix et de charité » fondés sur une politique commune de défense de l'Église. Charlemagne espérait concilier la division de l'empire avec son unité : il « s'illusionne gravement, en voulant associer l'unité, la partition et la concorde [251] ». L'empire était donc limité à la vie même de Charlemagne : l'acte ne fait aucune allusion à sa dignité impériale[252]. Si ce titre impérial pouvait pourtant apparaître comme une source d'unité, Charlemagne ne songe même pas à le préserver, en l'attribuant à l'un de ses fils. En raison de la mort prématurée de Pépin et de Charles, cet acte n'eut pas de suite : lorsque Charlemagne meurt, en 814, Louis Ier, son fils survivant, hérite seul de l'empire.

155. Les Carolingiens ne peuvent donc pas s'abstraire d'une conception patrimoniale du pouvoir, qui est la conception barbare[253], et la coutume du partage entre les fils du roi empêche ainsi la constitution d'une réelle unité. C'est dans ce cadre de divisions entre les fils de Louis Ier, qui se disputent alors son héritage, que pour la première fois le critère linguistique apparaîtra comme un critère d'unité. Il est le fruit des extraordinaires Serments de Strasbourg de 842, promesse diplomatique d'aide mutuelle entre frères, et du partage de Verdun qui prolongera ce pacte un an après, en 843, et qui dessinera les territoires de l'Europe[254].

---

251 Y. GOBRY, *Louis Ier, fils de Charlemagne*, ouvr. cité, p. 62.

252 B. CERQUIGLINI, *La naissance du français*, ouvr. cité, p. 70.

253 J.-F. LEMARIGNIER, *La France médiévale, Institutions et société* Paris, Armand Colin, 12e tirage, 1995, p. 88.

254 Il faut revenir un instant sur le partage virtuel de 806 qui se fit avec l'aval des grands. Charlemagne, en effet, réunit le *placitum* dans sa villa de Thionville. Le testament qu'il lui soumet est soigneusement élaboré ; les lots territoriaux assignés aux trois fils ne sont pas sans préfigurer le partage de Verdun dans la mesure où la territorialité linguistique semble avoir été partiellement prise en compte par le grand empereur pour stabiliser les trois royaumes qu'il entendait tailler dans son héritage. Le premier servi est le cadet Louis qui se voit assigner tout ce qui s'étend entre la Loire, les Alpes et les Pyrénées, soit la moitié de la France actuelle. C'est un royaume unitaire par sa culture : les divers dialectes de cette moitié méridionale de la Gaule sont ceux d'une même langue. Le royaume du futur Louis le Pieux est presque le même que celui qui écherra après Verdun à son fils Charles. Le second lot territorial est dévolu à Pépin qui se voit nanti de la Lombardie, de la Bavière, de « la partie de l'Alamanie qui est sur la rive méridionale du Danube ; le pays qui s'étend du Danube en suivant directement jusqu'au Rhin ; et de là le long du cours supérieur du Rhin jusqu'aux Alpes, tout ce qui se trouve entre ces limites, et qui regarde le Midi et l'Orient » ; c'est une ébauche de Lotharingie, le futur royaume de Lothaire, ensemble de provinces composites, sans unité linguistique. Quant à Charles, le troisième fils, l'empereur lui attribue les ancien domaines des Pépinnides, y compris Aix-La-Chapelle, soit la moitié nord de la France, l'Allemagne moins la Bavière, et l'actuel

SECTION II - L'INSITUTION FONDATRICE DE LA RELATION ENTRE L'UNITÉ DE LANGUE ET L'UNITÉ DE L'ÉTAT

156. C'est dans ce double contexte, linguistique et politique, d'émergence d'une langue nouvelle et de la volonté de trouver un critère d'unité politique stable, qu'un événement va précipiter l'histoire de la fondation d'une langue comme critère d'identité politique. L'acte fondateur est un acte diplomatique, un Traité, qui prend la forme de Serments croisés entre Louis le Germanique et Charles le Chauve, deux petits-fils de Charlemagne. Ce prodigieux traité, établissant une alliance entre les membres d'une fratrie princière, nous transmet à la fois la plus ancienne trace de la langue française, et l'origine de la relation consubstantielle de la langue à l'unité de l'État en France. Ce texte, en effet, fonde et relie ensemble la naissance du français et celle de la France.

157. C'est un tableau de luttes guerrières pour l'héritage paternel que nous offre d'abord la scène des Serments des Strasbourg. L'objet premier et apparent du Traité est la résolution du problème du partage par la constitution d'une alliance militaire entre deux frères qui s'unissent contre un troisième. Traité d'alliance militaire, la signification de l'utilisation des langues romane et tudesque dans sa mise en scène, confère à cette utilisation une valeur avant tout simplement testimoniale de laquelle on peut déduire l'origine de la création d'une langue juridique française (§ I - La signification première des Serments de Strasbourg : les prémisses de la création d'une langue juridique française).

158. Pour autant, dans un second temps et de manière complémentaire, l'analyse juridique et linguistique du texte ouvre une autre perspective de signification à l'utilisation dans le texte des langues vulgaires. Elle offre la perspective d'une autre dimension, cette fois-ci politique, celle de la consécration par le droit de la fondation d'un critère d'unité étatique sur la langue. De ce fait, elle raconte plus encore l'origine de la naissance de la relation juridique entre l'unité politique et l'unité linguistique en France (§ II - La signification fondamentale des Serments de Strasbourg : l'institution politique et juridique de la relation entre unité de langue et unité de l'État).

Benelux, un ensemble qui parle les dialectes tudesques et qui n'est pas sans ressemblance avec le territoire qui sera attribué après Verdun à Louis le Germanique. *Cf* Y. GOERY, *Louis Ier, fils de Charlemagne*, ouvr. cité, p. 61 et s.

§ I - LA SIGNIFICATION PREMIÈRE DES SERMENTS DE STRASBOURG : LES PRÉMISSES DE LA CRÉATION D'UNE LANGUE JURIDIQUE FRANÇAISE

159. C'est dans un cadre factuel de divisions et de luttes pour le partage du vaste empire de Louis le Pieux, que vont naître les éléments qui fondent la relation aujourd'hui multiséculaire en France de la langue et de l'État. Un texte juridique, un acte diplomatique, les Serments de Strasbourg, vont conduire au choix fondateur du roman comme critère d'identité de la France. Il faut brièvement en retranscrire le texte et le contexte (A), avant d'aborder l'analyse de sa signification immédiate (B).

A - HISTOIRE ET PRÉSENTATION DES SERMENTS DE STRASBOURG

160. C'est dans un contexte de division entre les frères princes qui se disputent l'héritage paternel (I) que les Serments sont prononcés pour sceller la victoire des frères alliés contre leur frère ennemi (II).

I - Le partage de l'empire, enjeu des Serments

161. En l'an 842, deux des fils de Louis le Pieux, princes carolingiens, Charles le Chauve, et Louis le Germanique, décident de se jurer une aide mutuelle contre leur frère Lothaire. Ils se prêtent serment devant leurs armées respectives, chacun dans une langue différente, et choisie en fonction du partage territorial implicite auquel ils procèdent. Les querelles ayant conduit à la passation d'un serment d'alliance entre les deux princes protagonistes de la scène des Serments ont pour origine les revirements successifs de Louis le Pieux dans le partage de sa succession entre ses trois fils et la multiplication des divisions familiales.

162. Louis Ier, dit le Pieux ou le Débonnaire, fils de Charlemagne commence par régler de son vivant sa succession en attribuant, dès 817 à chacun de ses fils, Louis qui sera dit le Germanique, Pépin et Lothaire une part de son empire, tout en les soumettant à l'autorité d'un seul Lothaire, qui est l'aîné. En instituant Lothaire comme futur dignitaire impérial, Louis Ier va à l'encontre de la tradition franque du partage

auquel l'acte s'oppose d'ailleurs explicitement[255]. L'*ordinatio imperii* de 817, chef d'œuvre de son entourage épiscopal, assurait l'unité de l'empire au profit de Lothaire[256].

163 Mais sa seconde épouse, la princesse bavaroise Judith de Bavière, qui lui donne un quatrième fils en 823, Charles (le futur Charles le Chauve), n'entend pas que ce fils soit exclu de la succession de son père. Influencé par cette épouse, Louis le Pieux confie à ce dernier de vastes territoires qu'il récupère sur le partage de 817, ce qui déclenche un conflit familial, Lothaire estimant être le seul héritier.

164 La remise en cause de ce règlement successoral fut dès lors le point de départ de luttes violentes entre Lothaire et ses frères, entre les fils et le père. Lothaire tente un coup d'État qui échoue en 831. Après cette première tentative, Louis Ier prend un acte qui annule celui de 817 et qui partage l'Empire entre les trois fils fidèles (Pépin, Louis et Charles), Lothaire étant envoyé en Italie, territoire qui lui est attribué[257]. Ce nouveau partage rappelle le testament de Charlemagne de 806, dont l'esprit et la lettre sont reproduits, et institue trois royaumes indépendants, invitant leurs rois à se rassembler dans la défense commune de l'Église.

165 En 833, un nouveau coup d'État finit par aboutir : Lothaire, aidé de ses deux frères Pépin et Louis, parvient à détrôner son père, qui réussit cependant à se rétablir en 835. Après la mort de Pépin (838), Lothaire tente une nouvelle fois de déposer son père. En 839, affaibli et généreux, Louis accorde un large pardon à Lothaire, et tente un ultime partage de territoires entre ses enfants vivants dans l'espoir de les satisfaire enfin. Mais il meurt en 840 et les conflits familiaux s'enveniment, Lothaire revendiquant l'entière succession[258].

166 Après de multiples discussions et d'âpres conflits, un rapprochement entre Louis et son demi-frère Charles aboutit à une rupture totale des négociations avec Lothaire, et leurs armées s'unissent pour affronter celle de Lothaire à Fontenoy-en-Puisaye le 25 juin 841. De cet affrontement sanglant, les demi-frères alliés sortent victorieux,

---

255 B. CERQUIGLINI, *La naissance du français*, ouvr. cité, p. 73 ; M. COHEN, *Histoire d'une langue, le français*, ouvr. cité, p. 71.

256 J.F. LEMARIGNIER, *La France médiévale, Institutions et société*, ouvr. cité, p. 88.

257 B. CERQUIGLINI, *La naissance du français*, ouvr. cité, p. 72.

258 R. LE JAN, *Histoire de France : Origine et premier essor*, Paris, Hachette, 1996, p. 93-94.

et Lothaire, battu, prend la fuite[259]. Cette terrible bataille a été interprétée par l'Église comme un signe de la volonté de Dieu de partager les territoires et de mettre fin à l'unité de l'empire. La victoire acquise, et le prétendant à la dignité impériale ayant été clairement vaincu, les intellectuels et les grands clercs de l'entourage des frères victorieux en tirèrent la conclusion que « Dieu ne voulait plus d'Empire »[260]. Dès lors il s'agissait de transformer cette alliance et cette victoire militaire « en un véritable accord, fondant une union politique, voire de véritables institutions » [261]. Les princes victorieux se rencontrent alors à Strasbourg pour se prêter un serment d'aide fraternelle mutuelle et sceller leur victoire contre Lothaire.

II - L'acte fondateur : le texte des Serments de Strasbourg

167. Les Serments de Strasbourg, qui sont prononcés un an avant le Traité de Verdun qui dessinera les territoires de l'Europe, et notamment celui de la France, nous sont parvenus par le biais d'un petit-fils de Charlemagne par sa fille Berthe, Nithard. Ce dernier, proche conseiller du premier roi de la *Francia Occidentalis*, Charles le Chauve, dont il est le cousin germain, rédigea à sa demande une *Histoire des divisions des fils de Louis le Débonnaire*[262].

168. Ce manuscrit n'est pas autographe, mais fut copié vers l'an mille[263]. Cette copie est néanmoins certainement restée fidèle à l'original, car le copiste a procédé à de nombreuses corrections, qui

---

259 P. RICHÉ, *Les Carolingiens. Une famille qui fit l'Europe*, ouvr. cité, p. 183-184.

260 B. CERQUIGLINI, *La naissance du français*, ouvr. cité, p. 74.

261 *Ibid.*, p. 74.

262 NITHARD, *De Dissensionibus filiorum Ludovici Pii. Histoire des fils de Louis le Pieux*, publiée et traduite par Ph. LAUER, Paris, H. Champion, 1926. L'ouvrage n'excède pas l'année 844. Selon Gabriel MONOD (*G.E.*, t. 24, p. 1131), c'est « l'œuvre historique la plus remarquable du IX°siècle ».

263 Probablement par un moine de l'Abbaye de Saint Magloire de Paris. Cette copie fut achetée vers 1650 par la Reine Christine de Suède, puis par le Pape Alexandre VIII pour la bibliothèque du Vatican. En 1798, le manuscrit est saisi en même temps que d'autres par les troupes françaises lors de leur entrée en Italie. Napoléon, qui restituera ensuite la plupart des manuscrits saisis, ne renverra pas celui-là, qui figure aujourd'hui dans le fonds latin de la Bibliothèque Nationale (ms. 9768 f° 13). F. BRUNOT, *Histoire de la langue française des origines à 1900*, t. I, *De l'époque latine à la Renaissance*, ouvr. cité, p. 144 ; J.-P. CAPUT, *La langue française. Histoire d'une institution,* t. I, *842-1715*, Paris, Larousse, 1972, p. 22-25 ; C. HAGÈGE, *Le français, histoire d'un combat*, ouvr. cité, p. 19.

attestent de sa volonté d'être fidèle au manuscrit qu'il reproduisait[264]. Dans cet ouvrage qu'il composa quelques mois après la rencontre de Strasbourg, Nithard relate ces événements en latin, mais transcrit[265] en langue vulgaire la formule des Serments.

169. Nithard rapporte en effet l'histoire et le contenu de ces Serments en latin, à l'exception de la formule employée par les deux rois dans la langue qu'ils utilisent lorsqu'ils se jurent fidélité. À cet instant, l'auteur utilise les langues réellement employées et il les retranscrit. En effet, au moment où ils se prêtent serment, Louis et Charles s'expriment respectivement dans la « langue de l'autre » ou plus précisément dans la langue choisie pour l'autre et pour son peuple, c'est-à-dire en roman pour Louis et en tudesque pour Charles[266]. Nithard livre ainsi à l'Histoire la première trace écrite du roman, ancêtre de la langue française, en même temps que du tudesque, ancêtre de la langue allemande. Son texte mérite d'être restitué dans son intégralité, dans une présentation synoptique, où l'émergence au milieu du latin de Nithard d'une retranscription des paroles prononcées par les princes en langues vulgaires, augure de la portée de l'innovation[267].

170. Nithard rapporte d'abord les harangues prononcées par les rois devant leurs armées en préalable des Serments. Il le fait en latin[268].

---

264 Ainsi J. CHAURAND (*Histoire de la langue française*, PUF, 1991, p. 4-5), considère qu'« il n'y a pas lieu de suspecter outre mesure la valeur des Serments de Strasbourg dans l'état où ils sont parvenus jusqu'à nous, (car) c'est un échantillon du langage juridique en usage à l'époque carolingienne, mais ce caractère, s'il constitue une certaine garantie d'authenticité, restreint la portée du document ».

265 Le terme est employé par Bernard CERQUIGLINI dans son ouvrage *La naissance du français* (ouvr. cité, p. 74), et repris par nous car il exprime le mieux l'opération d'écriture à laquelle se livre Nithard, qui reproduit les langues vulgaires sans pour autant les traduire, comme il l'a fait pour d'autres fragments des Serments où il va relater des récits, prononcés dans ces mêmes langues vernaculaires, en latin.

266 J. MONFRIN, « Les parlers en France », dans *La France et les Français* (dir. : M. FRANÇOIS) Encyclopédie de La Pléiade, ouvr. cité, p. 751.

267 La forme de la présentation est d'ailleurs empruntée pour partie à B. CERQUIGLINI (*La naissance du français*, ouvr. cité, p. 91) qui écrit avant de présenter les Serments : «Transparent à l'anaphore grammaticale, le latin n'est pas ici une langue, mais une écriture. On voit la force des habitudes scripturaires, jusque chez Nithard lui-même, et on mesure la nouveauté radicale du geste qui, au détour de la phrase, fait surgir la langue vulgaire de l'ombre où depuis toujours, et à l'instant encore, elle était tenue ».

268 La narration et le texte des Serments de Strasbourg sont également empruntés à B. CERQUIGLINI, *La naissance du français*, p. 88, 89, 90, dans la traduction de l'édition critique de Philippe LAUER, utilisée par l'auteur. *Cf.* également une

« Mais avant de prêter serment, ils haranguèrent comme suit les guerriers assemblés, l'un en tudesque, l'autre en langue romane. Louis, en sa qualité d'aîné, prit le premier la parole en ces termes : "Nous ne le faisons pas sous l'empire d'une inique cupidité, mais seulement pour que, si Dieu nous donne le repos grâce à votre aide, nous soyons assurés d'un profit commun. Si toutefois, ce qu'à Dieu ne plaise, je venais à violer le serment juré à mon frère, je délie chacun de vous de toute soumission envers moi, ainsi que du serment que vous m'aurez prêté" ».

Suit la narration des Serments :

« Cumque Karolus haec eadem verba romana lingua perorasset, Ludhovicus, quoniam major natuerat, prior haec deinde se servaturum testatus est :	« Et lorsque Charles eut répété les mêmes déclarations en langue romane, Louis parce qu'il était l'aîné, jura le premier de les observer :
"Pro Deo amur et pro Christian poblo et nostro commun salvament, d'ist di in avant, in quant Deus savir et podir me dunat, si salvarai eo cist meon fradre Karlo et in aiudha et in cadhuna cosa, si cum om per dreit son fradra salvar dift, in o quid il mi altresi fazet et ab Ludher nul plaid nunquam prindrai qui, meon vol, cist meon fradre Karle in damno sit".	"Pour l'amour de Dieu et pour le salut commun du peuple chrétien et le nôtre, à partir de ce jour, pour autant que Dieu m'en donne le savoir et pouvoir, je soutiendrai mon frère Charles ici présent de mon aide matérielle et en toute chose, comme on doit justement soutenir son frère, à condition qu'il m'en fasse autant et je ne prendrai jamais aucun arrangement avec Lothaire qui, à mon escient, soit au détriment de mon frère Charles".
Quod cum Ludhovicus explesset, Karolus teudisca lingua sic haec eadem verba testatus est :	Lorsque Louis eut terminé, Charles répéta le même serment en langue allemande :
"In Godes minna ind in thes christianes folches ind unser bedhero gehaltnissi…".	"Pour l'amour de Dieu et pour le salut du peuple chrétien et notre salut à tous deux…"
Sacramentum autem quod utrorumque populus, quique propria lingua, testatus est, romana lingua sic se habet :	Et le serment que prononça le peuple de chacun des deux, dans la langue reçue en propre est ainsi conçu en langue romane :
"Si Lodhuvigs sagrament que son fradre Karlo jurat conservat, et Karlus meos sendra, de suo part non lo stanit, si io returnar non l'int pois, ne io ne neuls cui eo returnar int pois, in nulla aiudha contra Lodhuvig nun li iv er".	"Si Louis tient le serment qu'il a juré à son frère Charles, et que Charles, mon seigneur, de son côté n'observe pas le sien, au cas où je ne l'en pourrais détourner, je ne lui prêterai en cela aucun appui, ni moi ni nul que j'en pourrais détourner".
Teudisca autem lingua : "Oba Karl then eid then er sinemo bruodher Ludhuvuige gesur geleistit…" ».	Et en langue allemande : "Si Charles observe le serment qu'il a juré à son frère Louis…" ».

présentation du texte dans J.-P. CAPUT, *La langue française. Histoire d'une institution*, t. I, ouvr. cité, p. 22 et s.

B- LES SERMENTS, ACTE FONDATEUR DES ORIGINES DE LA LANGUE FRANÇAISE COMME LANGUE DU DROIT

171. Louis et Charles se retrouvent donc le 14 février 842, accompagnés de leurs proches, de leurs conseillers, et surtout de leurs armées respectives pour consolider leur victoire militaire contre leur frère Lothaire en se prêtant serment. Ils se jurent mutuellement aide et protection devant leurs « peuples respectifs » et s'interdisent de traiter avec Lothaire. Chaque « peuple » témoin se porte garant en jurant de ne plus obéir à son seigneur s'il venait à trahir ses engagements. Avant de prononcer leur serment, les deux frères exposent à leurs partisans les motifs de leur conduite en *« lingua teudisca »* pour Louis, et en *« lingua romana »* pour Charles.

172. Chaque Prince va utiliser la langue du territoire qui lui est attribué, et la harangue qu'ils prononcent respectivement nous est rapportée par Nithard en latin. Il est alors particulièrement intéressant de constater qu'il n'est pas ici nécessaire pour l'auteur de conserver trace des langues employées par les Princes dans cette harangue, comme il va pourtant le faire pour la formule des Serments. En effet, Nithard n'accorde pas dans sa narration, de « valeur politique » à ce discours préliminaire qui est donc rapporté en latin. Il n'a même certainement pas conscience qu'il « traduit » les formules employées en utilisant le latin pour les rapporter : il le fait naturellement, il « ramène cette harangue préparatoire à l'unicité de l'inscription latine »[269]. Cette attitude de Nithard traduit à la fois « la force des habitudes scripturaires » qui fait que Nithard « traduit » en latin ces préliminaires et « la nouveauté radicale du geste qui fait surgir la langue vulgaire de l'ombre où depuis toujours, et à l'instant encore, elle était tenue [270] ».

173. Mais, au-delà de ce constat, et si, en effet, il est possible de voir dans la non transcription en langue romane de ces harangues par Nithard une volonté de n'accorder qu'une importance narrative à ces discours préparatoires, et d'insister en parallèle sur la nouveauté qui suivra par la transcription en langue vulgaire de la formule des serments, on peut aussi en tirer un enseignement non négligeable quant à l'objet de notre étude. Car ces harangues en disent long sur la cérémonie même des Serments puisque ce sont elles qui l'ouvrent. Non retranscrites par Nithard autrement qu'en latin, elles constituent le départ de l'engagement et ce sont les premières phrases en langues

---

269 B. CERQUIGLINI, *La naissance du français*, ouvr. cité, p. 90.

270 *Ibid.*, p. 90.

romanes et tudesques qui sont prononcées. Ajoutées au fait qu'elles présentent l'objet même du contrat, ces harangues ont une importance fondamentale car ce sont elles qui, d'emblée, révèlent les premières la portée immédiate des Serments de 842 : la création de deux langues « juridiques », avant d'être « nationales ».

174. La lecture de ces harangues, comme d'ailleurs de l'échange des Serments qui suivront, est riche d'enseignements sur les rapports de la langue et du droit. La plus ancienne trace de l'émergence de la langue française est aussi la plus ancienne trace de son utilisation comme langue du droit et de l'État.

175. Si l'on se penche en effet sur la signification première de l'utilisation des langues vulgaires, on peut estimer qu'elle est essentiellement testimoniale. Les témoins, les peuples respectifs des deux princes, utilisent et se reconnaissent dans ces deux langues romanes et tudesque. La portée de l'utilisation par les frères alliés des langues des sujets ressort d'une volonté particulière d'en faire les témoins de leurs Serments de fidélité. Et l'utilisation par Charles du roman et par Louis du tudesque pour prononcer leurs harangues préalables en constitue une première preuve. Devant chacune de leurs armées, les deux protagonistes principaux exposent leurs motifs et les règles du contrat qui va les lier avant de prononcer les formules des engagements (avant de conclure le contrat, pourrait-on dire). De ce fait l'utilisation, par chaque prince, de la langue du peuple qui lui est soumis, pour leurs déclarations préalables, rend plus consciente et valide la participation de ces peuples au contrat.

176. Chaque peuple se trouve être à la fois témoin de l'engagement participant et garant de son respect, notamment par la délivrance de toute sujétion en cas de violation de l'engagement principal (« Je délie chacun de vous de toute soumission envers moi, ainsi que du serment que vous m'aurez prêté »). Cette intégration prend par la suite un caractère d'autant plus ostentatoire qu'elle s'inscrit dans la forme et la cérémonie de la prononciation des Serments, par la participation directe à l'engagement contractuel des deux futurs rois (« Si Louis tient le serment qu'il a juré à son frère Charles, et que Charles, mon Seigneur, de son côté n'observe pas le sien... je ne lui prêterai en cela aucun appui... »). Ainsi, chaque peuple devient également acteur du contrat qui lie les deux frères, en s'engageant pour chacun à garantir son respect. Cet engagement prend une forme directe en cas de volonté de

violation par l'un des deux princes de son serment[271] (en essayant alors de « détourner » son maître de ses intentions, et le cas échéant, en ne prêtant pas main forte), ou indirecte en étant délivré de toute soumission à l'égard de son seigneur.

177. Mais, à chaque fois, c'est l'utilisation de la langue vulgaire qui fournit le cadre de la validité de cette participation : le serment prononcé par chaque peuple l'est dans sa propre langue et les harangues préparatoires des princes à leurs peuples se font aussi dans leurs langues respectives. La langue vulgaire est donc délibérément utilisée dans le but d'attester, de rendre témoin de la validité de l'engagement : elle produit le consentement éclairé du peuple participant et atteste de la validité de sa position de témoin qui entend.

178. Un autre argument vient à l'appui de cette analyse : les serments des princes – leurs engagements mutuels – sont prononcés de manière croisée : Louis s'adresse en roman aux sujets de son frère et, inversement, Charles s'adresse en allemand à l'armée alliée. La fonction d'attestation attribuée ainsi aux langues qui accèdent à la dignité de langues du droit, est accentuée par cette mise en scène qui dit bien que la fonction première est ici de se faire entendre – d'attester de la validité de l'engagement par sa pleine compréhension et intégration – des armées du frère allié.

179. Bref, les langues vulgaires sont ici le support de la compréhension par les armées de leurs engagements et leur utilisation a pour fonction première d'attester de l'authenticité et de la validité du contrat d'alliance solennellement conclu à Strasbourg. Comme l'écrit François-Xavier Testu :

> « Ainsi apparaît une première vérité : l'exigence qu'on met, en droit, à l'utilisation de la langue communément parlée par le groupe, est le moyen de transmettre aux membres du groupe une connaissance suffisamment exacte des règles, et d'assurer leur application [272] ».

---

271 « Si Louis tient le serment qu'il a juré à son frère Charles, et que Charles, mon seigneur, de son côté n'observe pas le sien, au cas où je ne pourrais l'en détourner, je ne lui prêterai en cela aucun appui, ni moi ni nul que j'en pourrai détourner. »

272 *Cf.* F.-X. TESTU, « Le statut juridique de la langue française », dans *Droit civil, procédure, linguistique juridique, Écrits en hommage à Gérard Cornu*, Paris, P.U.F, 1994, p. 441-442. L'auteur qui présente en liminaire de son article les Serments de Strasbourg, estime que « tout le statut de la langue française s'explique à partir des deux idées que les Serments de Strasbourg déjà exprimèrent : la langue est le véhicule du droit, et le droit le témoin de la langue ».

180. Si la fonction première de l'utilisation des langues française et allemande est une fonction testimoniale et d'attestation, la portée immédiate de cet acte est la création d'une langue juridique. Cette création découle d'abord du constat du choix de l'utilisation d'une autre langue que le latin pour la passation d'un acte diplomatique fondamental. Autrement dit, dans un monde où la langue romane, celle du peuple, parlée par des seigneurs qui veulent se faire entendre sur leurs terres, utilisée pour la transmission des homélies, mais qui n'est encore rien à côté du latin, la portée des Serments est fondamentale. Elle augure en effet de l'accès de cette langue dans la sphère du droit, à une époque où seul le latin dispose de cette dignité, par le seul choix qui est fait de l'utiliser pour la formulation d'un acte juridique de la plus haute importance.

181. Cette utilisation de l'ancêtre de la langue française pour l'expression d'un acte de droit préfigure son instrumentalisation future par le droit. En effet, la valeur d'attestation qui lui est ainsi accordée lui confère une fonction testimoniale, une fonction juridique et finalement constitue le préalable nécessaire à sa future instrumentalisation. En même temps que la naissance du français, les Serments engendrent une langue juridique. À une époque où le latin supplante toutes les langues, en particulier dans le domaine du droit et des actes officiels, l'instrumentalisation des langues vulgaires pour l'expression et l'attestation d'un acte de droit aussi fondamental, témoigne avec éclat des origines de l'institution du français comme langue juridique. Cette institution est d'autant plus remarquable qu'elle sera consignée par écrit par Nithard, tout comme le texte des serments, dans un récit en latin, seule langue de l'autorité et du droit. Finalement l'utilisation du latin devait servir l'authentification des serments et de la fondation de deux langues, mais certainement pas celle de la création d'une langue juridique.

182. Au-delà de cette première signification, une portée plus considérable encore est généralement attribuée à l'événement des Serments de Strasbourg de 842, celle de créer deux États sur deux langues. Au regard de l'objectif de cette étude, l'acte est surtout fondateur de la relation entre unité linguistique et unité politique en France.

§ II - LA SIGNIFICATION FONDAMENTALE DES SERMENTS : L'INSTITUTION POLITIQUE ET JURIDIQUE DE LA RELATION ENTRE UNITÉ DE LANGUE ET UNITÉ DE L'ÉTAT.

183. Les Serments nous révèlent d'abord la création de deux États fondés sur des critères linguistiques. La signification et la portée des Serments est d'abord politique, puisqu'ils procèdent à l'affectation de critères d'unité politique fondés sur des langues (A). Cette signification politique s'étend au domaine juridique, car cette première utilisation d'un critère d'unité fondé sur la langue est consacrée dans le droit (B).

A- LA PORTÉE POLITIQUE DES SERMENTS : L'INSTITUTION DE LA LANGUE COMME CRITÈRE DE L'UNITÉ DE L'ÉTAT

184. Par l'utilisation volontaire des deux langues, romane et tudesque, langues vulgaires, au milieu d'un récit en latin, récit qui dit la nouvelle politique anti-impériale, les Serments témoignent de la volonté politique de créer deux nouveaux États sur des langues qui les représentent (I). Le partage de Verdun, un an après, attestera également de la création d'un critère d'unité fondé sur la langue (II).

I - L'attestation par la langue de la narration du texte des Serments

185. L'utilisation de la langue vulgaire au milieu d'un récit en latin constitue une preuve solide de la volonté politique de créer deux langues nationales, destinées à servir de critère d'identification des peuples représentés sur la scène des Serments. La transcription en langue vulgaire au milieu d'un récit en latin ne va évidemment pas de soi à l'époque des Serments. Seul le latin jouit de l'autorité de l'écrit, *a fortiori* pour la consignation d'un acte si lourd de conséquences pour l'avenir de l'Europe que la fondation de deux États et de deux langues nationales. Et seul le latin est utilisé dans les chancelleries pour la consignation des actes publics.

186. Cette double utilisation du latin et du vulgaire dans le même récit révèle tout l'intérêt de ce texte fondateur. De fait, il traduit la volonté de Nithard de rapporter la création de deux langues nationales qui vont servir à désigner deux nouveaux États. Plus encore, cette utilisation du latin renforce cette création en lui conférant la valeur juridique

nécessaire à cette reconnaissance, que seule la langue latine, langue de l'État et du droit, peut lui donner.

187. Les textes des Serments des princes sont donc prononcés respectivement en tudesque par Louis et en roman par Charles et leurs peuples s'expriment dans les mêmes langues. Nous l'avons vu au moment où ils se jurent mutuellement aide et protection devant leurs armées respectives, chacun emploie la langue de l'autre, et s'adresse ainsi au « peuple » de l'autre. Chacun des peuples des deux princes s'exprime, selon Nithard, « *propria lingua* », c'est-à-dire, « au sens très fort qu'à cet adjectif latin, dans la langue qui lui appartient en propre »[273] .

188. Dès lors, les polémiques sur le sens à donner à cet adjectif n'ont pas manqué de surgir : signifie-t-il que chacun s'exprime « dans sa langue maternelle », le peuple de Charles étant romanophone et celui de Louis germanophone[274] ? L'expression « *propria lingua* » laisse d'abord supposer que Charles, ou du moins son peuple, est de langue romane, alors que son frère Louis (et/ou son peuple) est de langue germanique, et que l'engagement des princes qui se fait devant le peuple de l'autre, se fait volontairement dans la langue de l'autre, afin d'être compris par le peuple devant lequel il s'engage. C'est ainsi que les Serments entrecroisés sont généralement analysés : comme un engagement formulé dans la langue de l'autre pour que son armée le comprenne. Mais selon certains auteurs, il faut rejeter cette interprétation. Pour Ferdinand Lot[275], les deux princes sont de langue maternelle francique (tudesque) et leurs armées de composition linguistique variée. C'est pourquoi il faut traduire « *propria lingua* » par « la langue reçue en propre », autrement dit, la langue qui leur aurait été affectée par décision politique[276]. Les langues utilisées ne le seraient donc pas dans un souci de meilleure compréhension de l'engagement, mais bien dans celui de reconnaître à l'autre sa souveraineté sur le royaume qui lui est attribué et qui est symbolisé par sa langue.

189. Quel que soit le sens à donner à cet adjectif, il nous semble clair que les deux idées sous-jacentes à ces différentes traductions sont

273 J. VERRIÈRE, *Genèse de la nation française*, ouvr. cité, p. 143.

274 *Ibid.* , p. 143.

275 F. LOT, « Le dialecte roman des Serments de Strasbourg », *Romania*, 1939, 65, p. 145-163.

276 R. BALIBAR, *Essai sur le colinguisme des Carolingiens à la République*, ouvr. cité, p. 43.

présentes et ne sont pas incompatibles dans la mise en scène des Serments. D'une part, les discours préalables des princes à leurs armées perdent leur signification s'ils ne sont qu'une mise en scène formelle, alors qu'ils apportent une dimension supplémentaire à la compréhension du récit si l'on veut bien admettre qu'ils sont prononcés pour éclairer chaque peuple dans sa langue. D'autre part, il est clair que l'utilisation de ces langues vulgaires pour la première fois dans un acte diplomatique, et un acte dont l'ultime finalité sera le partage de l'empire paternel, atteste de la volonté de reconnaître la souveraineté de l'autre sur des critères d'unité linguistique. À ce dernier titre, le critère linguistique est affecté par décision politique à la désignation de deux États.

190. Lorsqu'ils se jurent aide et protection exclusives, les deux frères s'expriment donc chacun dans la langue choisie pour désigner le peuple de l'autre, et qui est par ailleurs certainement la langue qu'il parle. L'importance politique désormais acquise par ces idiomes vernaculaires reste, quoi qu'il en soit, fondamentale.

191. Un an avant Verdun, Louis et Charles passent d'une alliance militaire à un accord politique, un traité d'alliance formulé solennellement qui expose le serment d'une aide mutuelle, mais qui tire surtout les conséquences de la victoire de Fontenoy-en-Puisaye : la création de deux royaumes égaux. Il s'agit donc d'exprimer publiquement et devant les troupes, qui représentent les peuples de chacun, que chaque roi reconnaît à son frère la possession pleine et entière, la souveraineté sur le royaume qui lui est attribué, et qui est représenté dans le texte par une langue. C'est en effet davantage par « les modalités de l'énonciation » des Serments que par « l'énoncé lui-même »[277] que cette fondation de deux États nouveaux représentés par des langues (qui accèdent pour les besoins de la cause et pour la première fois à la dignité de l'écrit) s'établit : « le serment prononcé dit l'aide et la protection ; mais il doit dire également la fondation de deux États. Il le fait par la fondation de deux langues [278] ».

192. Dès les Serments de Strasbourg, il est donc acquis que Charles règnera sur les pays romanophones et Louis sur les pays germanophones : il y a une « constitution délibérée et solennelle de deux langues nationales »[279], lesquelles « ont été érigées en symbole

---

277 B. CERQUIGLINI, *La naissance du français*, ouvr. cité, p. 79.

278 *Ibid*., p. 79.

279 R. BALIBAR, *Essai sur le colinguisme des Carolingiens à la République*, ouvr. cité, p. 43.

politique des deux nouveaux royaumes » dont elles sont « consubstantielles »[280]. Ainsi, par l'utilisation des deux langues appelées à représenter les royaumes qui vont être fondés, il est attribué en même temps une fonction identitaire à ces vernaculaires. Les langues ainsi créées, en accédant au niveau de l'écrit, normalement réservé au seul latin, ne deviennent pas seulement les symboles des États qui vont être fondés, mais accèdent au rang de langues étatiques, car elles signifient dans le texte l'unité politique qu'elles sont appelées à représenter. La politique nouvelle, anti-impériale, est donc clairement de fonder des États et des langues pour les représenter, des États sur ces langues. Ce critère linguistique est déterminant : Charles disposera des territoires où les populations répondent en roman et Louis de ceux où l'on obéit en allemand. Et cette nouvelle politique est reflétée dans la mise en scène de ces Serments.

193. Sur le plan politique encore, la transcription par Nithard, au milieu d'un récit en latin, de langue vulgaires comme le roman ou le tudesque révèle une volonté manifeste de sa part de faire de ces nouvelles langues les symboles de ces nouveaux États. Il y a chez lui une évidente recherche de justification de la nouvelle politique anti-impériale qu'il a contribué à fonder. On le présente souvent comme un historien impartial, habité du souci de rapporter les événements avec le plus d'exactitude possible[281] ; cette appréciation est contestée par certains auteurs. B. Cerquiglini, notamment, considère que « si Nithard avait été historien, au sens qu'on attribue à ce métier au IXe siècle, il aurait été chroniqueur ou annaliste, et, pour transmettre ce texte à la postérité « en digne héritier de la renaissance carolingienne, il l'eut fait en latin »[282].

194. En réalité, Nithard est pleinement engagé dans la politique anti-impériale que Louis et Charles mèneront après la bataille de Fontenoy-

---

280 J. VERRIÈRE, *Genèse de la nation française,* ouvr. cité, p. 144.

281 En général, les historiens et les philologues présentent Nithard comme un historien, ce qui permet de justifier son choix de retranscrire les formules telles qu'elles auraient été employées, en langues vulgaires, par souci d'authenticité, pour la postérité. Ainsi Bernard CERQUIGLINI (*La naissance du français,* ouvr. cité, p. 85) s'interroge sur les fondements de cette attitude surprenante à l'époque des Serments où seul le latin à autorité pour la conservation des écrits ; il cite à titre d'exemple Ph. LAUER, éditeur de *l'Histoire des divisions des fils de Louis le Débonnaire*, qui, pour éviter la justification de l'anachronisme, « salue un de ses éminents prédécesseurs », en affirmant que Nithard a fait œuvre d'historien : « Il (Nithard) montre ainsi qu'il sait mesurer la valeur des mots comme des actes et qu'il connaît toute la portée d'un instrument diplomatique ».

282 B. CERQUIGLINI, *La naissance du français*, ouvr. cité, p. 86.

en Puisaye, et il est à l'évidence un des auteurs de la préparation des Serments de Strasbourg, tout comme du Traité de Verdun qui suivra. Fin politique, son utilisation des langues vulgaires qu'il transcrit au milieu d'un récit en latin révèle ses réelles motivations : il cherche à justifier pour la postérité une politique qu'il a contribué à fonder, et qui est celle qui émergera de l'acte des Serments pour aboutir au partage de Verdun[283]. Petit-fils de Charlemagne, né de la passion que Berthe eut pour le poète Angilbert, il est le cousin germain des deux principaux protagonistes des Serments de Strasbourg, et il a combattu aux côtés des armées alliées de Louis et Charles le Chauve à Fontenoy-en-Puisaye. Son manuscrit justifie la narration des Serments par la volonté d'empêcher tout travestissement de la vérité des faits, tout en se reconnaissant témoin de ces événements auxquels il a pris part[284].

195. En définitive, cette utilisation par Nithard des langues vulgaires au milieu d'un récit en latin, révèle l'intention politique des rois qui est de se partager l'empire en s'appuyant sur de nouveaux critères, des critères linguistiques. Le latin était la langue de l'unité de l'empire, les langues vernaculaires deviendront celles de son partage. Et comment mieux le signifier encore que par l'utilisation du latin pour relater ce texte fondateur ? Seul le latin a l'autorité de l'écrit, et on mesure plus encore la nouveauté de l'émergence d'un texte transcrit en langue vulgaire : un acte totalement impensable à l'époque. C'est pourquoi, pour mieux signifier l'importance de cette nouvelle politique, il faut lui conférer une valeur juridique. Et seule la langue latine offre à pareille époque le sceau de l'authenticité recherchée.

---

283 Nithard fut, sans aucun doute, le maître d'œuvre du Traité de Verdun qui entre Juin 842 et août 843 réunira, pour sa préparation, cent vingt experts, prenant en compte bien évidemment l'« idéologie » de Strasbourg, combinée avec l'irruption, pour le partage, du troisième frère, absent à Strasbourg. *Cf.* B. GUENÉE, « Les Limites. Le souvenir de Verdun. IXe-XIIe siècle », dans, *La France et les Français* (dir. M. FRANÇOIS), Encyclopédie de La Pléiade, Paris Gallimard, 1972. p. 50.

284 NITHARD, *Histoire des fils de Louis le Pieux*, publiée et traduite par Ph. LAUER, ouvr. cité, p. 79-81 : « Ne pouvant souffrir d'entendre dire du mal de notre famille, il m'est encore bien plus pénible d'en dire moi-même. Aussi, tout en ne voulant pas manquer de respect pour les ordres reçus, dès que je fus arrivé, selon mes vœux, à la fin du livre second, avais-je résolu en moi-même de clore définitivement cet ouvrage (qui se termine par l'évocation de la bataille sanglante de Fontenoy). Mais, dans la crainte qu'induit en erreur d'une manière ou d'une autre, il ne se trouvât quelqu'un pour entreprendre de raconter les évènements de notre temps autrement qu'ils se sont passés, j'ai consenti à ajouter ce troisième livre sur les évènements auxquels j'ai pris part ».

II - L'attestation par le partage de Verdun

196. La volonté politique se traduit d'ailleurs dans le partage qui sera effectué par la suite. La question de ce partage était d'ailleurs à l'origine même de leur alliance par serment. Dès que les frères alliés Charles et Louis eurent vaincu Lothaire, ils cherchèrent en effet à débattre de la question du partage des territoires entre eux. Après la victoire de Fontenoy-en-Puisaye, il est évident que la question impériale est ruinée. Les clercs qui les conseillent les invitent à consacrer leur victoire en scellant leur accord à Strasbourg avant de se partager l'Empire. Dès lors, ils cherchent un critère de partage qui soit le plus cohérent et le plus juste possible : il s'agit de fonder deux royaumes de cet empire. Mais comment se partager cet empire ? L'estimation territoriale et économique des territoires de l'empire est difficile : sur quels fondements appuyer un partage durable ? C'est finalement le critère linguistique qui fondera ce partage, car les possessions personnelles de Charles et Louis permettent de fournir un socle de répartition. Charles s'est vu depuis longtemps attribuer l'Aquitaine, qui est de langue romane. Louis possède une terre germanophone, la Bavière. Depuis la romanisation des Francs occidentaux, en effet, la frontière linguistique entre les zones germanophones et romanophones s'était fixée assez solidement.

197. Cette répartition paraissait équitable et était acceptée par les chancelleries de Charles et de Louis. Le Traité de Verdun, signé en 843 et préparé dès les Serments, établit donc principalement deux royaumes[285], attribués aux princes alliés et dont l'unité historique et linguistique est claire. Le troisième royaume n'a pas cette unité.

---

285 L'acte de Verdun restera longtemps la charte territoriale de l'Europe. Sa véritable signification échappe pourtant à l'analyse traditionnelle. On peut mentionner le géographe Roger DION (*Les frontières de la France,* Paris, 1947. Rééd., Paris, Gérard Montfort, 2002, p. 40) selon lequel le désir de donner à chacun des trois fils de Louis le Pieux un royaume aux ressources sensiblement égales conduisit à découper dans ce empire fondamentalement rural des bandes allongées de la mer du nord aux pays méditerranéens, « des grands pâturages des Marschen aux salines et aux olivettes de Catalogne, de Provence et d'Istrie ». C'est aussi le sentiment de nombreux historiens. On peut citer Henri PIRENNE (*Histoire de l'Europe*, Bruxelles, 1917. Rééd. Bruxelles, ULB, 1958, p. 31), Ferdinand LOT (*Naissance de la France*, Paris, Arthême Fayard, 1948, p. 55), Georges DUBY (*Histoire de la France*, Paris, Larousse, 1970, p. 119), et plus récemment Pierre RICHÉ (*Les Carolingiens. Une famille qui fit l'Europe*, 2ème édit., Paris, Hachette, 1997, p. 188-192), Régine LE JAN (*Histoire de France : Origine et premier essor*, ouvr. cité, p. 95-96), ou encore Jacques LE GOFF (« Naissance d'une nation. Ve-XVe siècles », dans *Histoire de France*, t. I *La formation de la France*, Paris, Encyclopædia universalis, 2000, p. 140). Certains historiens du droit n'estiment pas opportun de mentionner les Serments

de Strasbourg ni même le Traité de Verdun. C'est le cas d'ouvrages anciens (comme le monumental *Précis de l'histoire du droit français* d'Alfred GAUTIER, Paris, Larose et Forgel, 1887 ; le *Manuel élémentaire d'histoire du droit français* de René FOIGNET, Paris, Arthur Rousseau, 1921 ; l'*Histoire des Institutions Politiques et administratives de la France*, 3 vol., Paris, Larose, 1890 de Paul VIOLET ; le *Cours élémentaire d'Histoire du droit français* d'Adhemar ESMEIN, 15ème édit. par R. GÉNESTAL, Paris, Sirey, 1930 ; L'*Histoire générale du droit français, des origines à 1789*, Paris, Sirey, 1925, de Joseph DECLAREUIL ; ou encore le précis d'*Histoire des institutions et des faits sociaux* de Pierre-Clément TIMBAL, Paris Dalloz, 4e édit., 1970) ; ou récents (comme le précis d' *Histoire des institutions publiques et des faits sociaux* de Pierre-Clément TIMBAL et André CASTALDO, 10e édit, Paris, Dalloz, 2000 et l'*Introduction historique au droit*, Paris, Ellipses, 2005, de Jean-François BRÉGI) ; d'autres, plus nombreux ne spécifient pas le rôle initial de la langue dans la construction de la France à Verdun en 742 ; on peut citer Pierre TISSET et Paul OURLIAC (*Manuel d'histoire du droit français*, Paris, L.G.D.J., 1949, p. 61, n° 95), Henri REGNAULT (*Manuel d'histoire du droit français*, 2ème édit., Paris, Sirey, 1939, p. 29), Gabriel LEPOINTE (*Histoire des institutions et des faits sociaux*, Paris, Montchrestien, 1963, p. 162), André VIALA (*Société politique et institutions. Ancien Régime*, La Pensée Universitaire, Aix-en-provence, 1978, p. 31), Jean-François LEMARIGNIER (*La France médiévale, Institutions et société*, ouvr. cité p. 89), Jacqueline THIBAUT-PAYEN (« Une aventure d'un demi millénaire : Les Francs » dans J.-L. HAROUEL, J. BARBEY, E. BOURNAZEL, J. THIBAUT-PAYEN, *Histoire des institutions de l'époque franque à la Révolution*, 7ème éd., Paris, P.U.F., 1996, p. 61) , Olivier GUILLOT (« Les origines de la France. De la fin du Ve siècle à la fin du Xe siècle », dans O. GUILLOT, A. RIGAUDIÈRE et Yves SASSIER, *Pouvoirs et institutions dans la France médiévale. Des origines à l'époque féodale*, 2ème édit., Paris, A. Colin, 1995, 2 vol., t. I, p. 142-143) ; Olivier DEVAUX (*Histoire des institutions de la France -1er-XIVe siècle-*, Lyon, L'Hermès, 1993, p. 93) ; Christian BEAUDET (*Histoire des institutions jusqu'à la révolution de 1789*, Paris, C.P.U., 1996, p. 62) ; Antoine LÉCA (*Institutions publiques françaises, avant 1789*, Aix-en-Provence, Librairie de l'Université et P.U.A.M., 1996, p. 67 ; également *La République européenne. Introduction à l'histoire des institutions publiques et des droits communs d'Europe*, t. I, *L'unité perdue. 476-1806*, Aix-en-Prov ence, Librairie de l'Université et P.U.A.M., 2000, p. 101-102), Jean-Marie CARBASSE (*Introduction historique au droit*, Paris, P.U.F., 1998, p. 109) ; Norbert ROULAND (*Introduction historique au droit*, Paris, P.U.F., 1998, p. 151-152, n° 63) ; André CASTALDO (*Introduction historique au droit*, Paris, Dalloz, 1999, p. 50 n° 161) ou encore Éric GASPARINI et Éric GOJOSO, (*Introduction historique au Droit et aux Institutions*, Paris, Gualino édit., 2005, p. 60). D'autres vont jusquà le dénier ; c'est notamment le cas d'Auguste DUMAS, *Histoire du droit français*, ouvr. cité., p. 33-34. L'auteur écrit, au sujet du partage de Verdun : « Ce partage, qui n'avait été fait que pour les convenances de trois frères, n'avait, non plus que les précédents, eu aucun égard à la race ou à la langue des populations.». L'instrumentalisation de la langue dans le partage est, en revanche, spécifiée par François OLIVIER-MARTIN (d'abord dans son *Précis d' Histoire du droit français*, 3ème édit., Paris, Dalloz, 1938, p. 12-13, ensuite dans son traité d'*Histoire du droit français des origines à la Révolution*, ouvr. cité, p. 11: « Ce partage, dit-il, correspond, en gros, à un certain éveil des nationalités qui se manifeste en 842 par la différence des langues, dans les fameux Serments de Strasbourg. Les sujets de Charles parlent le roman, dérivé du latin ; ceux de Louis parlent le tudesque, dérivé des idiomes germaniques ») ; et évoqué par Marie-Bernadette BRUGUIÈRE, Henri GILLES, Germain SICARD (*Introduction à l'histoire*

198. Ainsi ce partage donnera naissance à une *Francia occidentalis*, embryon de ce que sera la France, qui sera le royaume de Charles le Chauve, puis deviendra le royaume de France. Il s'étend de l'Ebre jusqu'à l'embouchure du Rhin et est limité à l'est par ce que l'on devait appeler les quatre fleuves : Escaut, Meuse, Saône et Rhône et ces limites resteront celles du royaume de France jusqu'aux XIVe et XVe siècles[286]. La *Francia Orientalis*, sera le royaume de Louis, futur royaume de Germanie, à l'est du Rhin, berceau de l'Allemagne. Enfin, le partage de Verdun établira néanmoins une zone « tampon », car depuis quelques mois Lothaire s'est manifesté et a changé de comportement : il a fait savoir qu'il n'exigeait plus rien en contrepartie du titre impérial. La part de Lothaire, la Lotharingie, est choisie précisément parce qu'elle était médiane et englobait la capitale Aix-la Chapelle, où repose Charlemagne. Elle comprend le pays entre la Meuse et le Rhin, berceau de la famille carolingienne, les possessions italiennes qui offrent aussi le contrôle sur Rome. Lothaire fera d'ailleurs sacrer son fils Louis II à Rome. Cette part se scindera en trois royaumes dès la mort de Lothaire en 855. Le titre impérial était vidé de toute substance : l'unité de l'empire ne pouvait subsister en fait puisque les trois royaumes étaient indépendants. Ce titre était vain et l'unité qu'il semblait donner à l'empire peut être qualifiée de « chimérique »[287]. Ce royaume de Lothaire est polyglotte, il mêle les idiomes d'origine romane et germanique, et s'il « existe au plan politique » même réduit « à quelques symboles », « au plan de la langue, il n'existe pas »[288]. Et c'est bien « l'appartenance homogène aux parlers roman et germanique qui discrimine les territoires des vainqueurs, et qui réalise leur projet, le partage de l'Empire, instituant durablement hégémonies territoriales et zones d'influence »[289].

---

des institutions françaises des origines à 1792, Toulouse, Privat, 1983, p. 39) et Albert RIGAUDIÈRE (d'abord dans son *Introduction historique au droit*, Paris, Les cours de droit, 1998, p. 80-82, ensuite dans son *Introduction historique à l'étude du droit et des institutions*, ouvr. cité, p. 86 : « Les motivations profondes auxquelles ont obéi les auteurs du traité de Verdun sont difficiles à déceler. Néanmoins, il ne fait aucun doute que le partage en trois de l'empire obéit à quelques grands principes. La volonté est évidente, dans ces trois parts étirées du Nord au Sud, d'équilibrer la part de chacun tant en fonction des zones climatiques que des richesses et des peuples de l'empire avec leurs langues et leurs coutumes »).

286 J.F. LEMARIGNIER, *La France médiévale, Institutions et société*, ouvr. cité, p. 89.

287 *Ibid.*, p. 89.

288 B. CERQUIGLINI, *La naissance du français*, ouvr. cité, p. 78.

289 *Ibid.*, p. 78.

B- LA PORTÉE JURIDIQUE DES SERMENTS : L'INSTITUTION DE LA RELATION ENTRE L'UNITÉ DE LANGUE ET L'UNITÉ DE L'ÉTAT

199. Cette relation est la conséquence immédiate de la création de la France sur le critère linguistique de la langue française. Si lointaine dans le temps, cette relation n'en trouve pas moins ses origines dans ce texte fondateur des Serments de Strasbourg et du partage territorial qui suivra. En fondant durablement un critère d'unité sur le partage d'une langue commune dès l'époque carolingienne, la désignation de la langue française comme langue de l'État et langue de l'unité de son peuple dans les Serments prend la forme d'une vraie institution. Une institution fondatrice de cette nouvelle relation entre l'unité linguistique et le politique, qui prendra par la suite souvent la forme d'une instrumentalisation linguistique en vue de l'unification politique.

200. Cette création d'un critère d'unité fondé sur la langue dès les Serments de Strasbourg est d'ailleurs consacrée par le droit. L'institution n'est pas seulement politique, elle est aussi juridique. Par l'utilisation du latin pour la narration des Serments, cette création nouvelle de deux États sur deux langues se double de l'assurance de la valeur juridique qu'on entend lui attribuer :

> « Il était fondamental que les Serments échangés dans les langues nouvelles des rois soient reconnus en latin, non seulement par leur inscription dans l'alphabet et la grammaire, mais par la traduction de leur contenu dans la langue juridique, dans la langue universelle de l'Écriture qui avait été aussi celle de *l'impérium romanum*. C'était leur assurer force de loi »[290].

201. La proclamation de ces Serments dans les deux langues qui représentent les deux États ne pouvait acquérir la force juridique nécessaire à la validité de cette alliance, que par l'enregistrement de cet accord dans la langue latine. L'utilisation de la langue du droit pour la consignation des discours autour de la formule des Serments poursuivait donc un but de validation juridique d'autant plus nécessaire qu'il s'agissait d'imposer la fin de l'Empire, opérée par la partition implicite à laquelle l'alliance procède, à celui qui revendiquait sa continuité, Lothaire, seul titulaire de la dignité impériale. Ce troisième frère, adversaire alors absent, doit reconnaître ce partage opéré par des langues, et il faut pour cela non seulement les lui signifier, mais aussi les lui imposer juridiquement.

---

290 *Cf.* R. BALIBAR, *Essai sur le colinguisme des Carolingiens à la République*, ouvr. cité, p. 44.

202. Au-delà de la fondation de deux États et de deux langues, ces Serments de Strasbourg représentent, pour notre recherche, l'origine la plus lointaine de cette relation entre la langue et l'unité de l'État : dès les Serments de Strasbourg la langue française devient, en effet, la langue de l'État français d'un point de vue théorique et juridique. Et, bien qu'il faille franchir les siècles pour que ce roman, ancêtre du français, devienne effectivement la langue de l'État français, il n'empêche que dès l'époque carolingienne surgit un lien que l'histoire confirmera entre la langue de l'État et son unité, entre la constitution d'une langue étatique et la constitution de l'unité de l'État.

203. Cette dernière idée, également issue des Serments, et qui fait de la langue un critère d'unité politique, nous présente la question de l'assignation à la langue étatique et nationale d'une fonction d'unification politique. L'idée émerge aussi de ce texte fondateur, et, ce qui est remarquable, c'est que presque douze siècles après, cette idée s'est inscrite dans le droit des États et notamment de la France.

204. La fonction unificatrice de la langue est à l'ordre du jour pour les fils de Louis le Pieux, en quête d'un critère d'identité et d'unité enfin stable pour la fondation et la perpétuation des États sur lesquels ils s'apprêtent à régner. Le choix de la langue romane pour représenter la *Francia occidentalis*, s'il procède déjà d'une relative unité linguistique existante, compte aussi sur sa propre dynamique pour assurer sa fonction. L'affirmation juridique de l'affectation de la langue romane à la *Francia Occidentalis* traduit déjà la présence de l'idée d'assigner par le moyen du droit une fonction de production d'unité à la langue dans le cadre de l'État.

205. C'est parce que les hommes de la *Francia occidentalis* obéissaient en roman, que *de facto* ce critère linguistique permettait de s'appuyer sur une cohérence interne, une unité culturelle et territoriale, que la langue romane est choisie pour désigner la France. Et *de jure*, « chaque roi reconnaît l'unité du royaume de son frère en s'engageant dans la langue instituée pour l'autre, et il s'assujettit ses propres vassaux en les faisant jurer dans sa propre langue »[291].

206. Dès 842, Louis prêtant serment à Charles en roman devant les troupes romanophones de son frère, et Charles s'adressant, lui-même, à son peuple en roman, les rois assimilent les peuples à des langues. Partant, ils ne font pas que créer deux États et deux langues pour les désigner dans leur unité, ils créent deux langues nationales, en

---

[291] R. BALIBAR, *Essai sur le colinguisme des Carolingiens à la République*, ouvr. cité, p. 95.

assimilant les peuples de ces États à ces langues. Ils inventent la fonction identitaire de la langue de l'État. Ce rôle est manifestement orchestré par les chancelleries dès 842. En instituant une langue pour fonder un État, en assimilant ces langues aux populations de ces États, c'est consciemment qu'ils fondent la relation de l'unité de l'État et de sa langue unique, et instituent le rôle unificateur de la langue dans l'édification et le maintien de l'unité politique.

CONCLUSION DE LA PARTIE PRÉLIMINAIRE

207. Nous pensons avoir démontré, dans cette partie préliminaire, que l'apparition historique d'une relation première entre la recherche de l'unité étatique et l'instrumentalisation d'une langue unique en France se situait dans l'événement des Serments de Strasbourg. Cet événement, fruit d'une lente maturation, ne pouvait être compris sans restituer le contexte qui l'avait préparé. Il a donc fallu aborder les racines idéologiques et historiques de la relation entre unité de langue et unité de l'État. L'étude des racines idéologiques et chrétiennes était un indispensable préalable ; le don des langues en tant que source de recréation de l'unité de la communauté dans la Nouvelle Alliance est, à cet égard, un symbole majeur dans la mesure où il fait suite à la confusion des langues, présentée comme irréductible à l'émergence d'un État unitaire. De surcroît, le rôle du facteur linguistique dans ce qui sera l'unité de la future France s'éclaire singulièrement par la connaissance de son histoire politique. De la Gaule indépendante à la Gaule franque, la construction de l'unité de la future France est le fruit d'une synergie de facteurs divers, au sein desquels l'élément linguistique fut caractérisant. La prise en compte de cet élément comme instrument politique d'unification puise, en effet, dans l'histoire des deux expériences unitaires politiques de la Gaule – celtique puis latine – qui ont précédé la France carolingienne, où nous situons la première instrumentalisation consciente de la langue. Cette époque voit apparaître la France et la langue française, sous leurs formes ancestrales, dans un cadre où lutte et conquêtes du pouvoir se mêlent à une recherche concomitante de stabilité.

208. L'émergence d'une nouvelle langue comme critère d'unité d'un nouvel État résulte d'un point de vue événementiel de la remise en cause des fondements de l'unité du *regnum Francorum*. L'épisode carolingien des Serments de Strasbourg s'analyse ainsi comme un acte fondateur parce qu'il constitue un nouvel État en fonction d'un critère d'unité linguistique. Son importance est à la fois historique et symbolique, car son analyse témoigne d'une manière presque visionnaire de ce que sera l'avenir, en France, de la relation ainsi posée entre l'unité de langue et l'unité politique. Cette institution d'un « critère d'unité » fondé sur la langue, tiré de la recherche d'un critère d'identité, et qui a fait ainsi de la langue, et encore plus de l'unicité de langue, un « marqueur d'État », parcoura encore un long chemin avant

de s'inscrire dans la réalité et devenir un instrument de cette unité. Concrètement, il faudra en effet franchir les siècles pour que le pouvoir utilise la langue française à des fins politiques d'unification.

209. Mais ces extraordinaires Serments de Strasbourg nous livrent l'origine historique de la relation entre unité de langue et unité de l'État en France. L'histoire de ce traité d'alliance nous informe sur l'origine de l'institution d'une relation juridique durable entre la langue et le pouvoir politique, entre l'instrumentalisation d'une langue unique et la quête de l'unité politique. Le choix fait du roman comme langue de la *Francia Occidentalis* annonçait la constitution et l'indépendance d'une entité nationale désignée par sa langue. Près de douze siècle après la consécration par la France dans le texte de sa Constitution d'un article proclamant que « La langue de la République est le français » résonne comme un écho à cette institution première.

210. Pour le juriste et même le philologue, le lien entre cette plus ancienne trace écrite de notre langue, et la constitution délibérée du royaume de France est significative, car la relation entre la langue et l'entité étatique qu'elle sert à fonder sur le mode de l'unité est une relation juridique.

PREMIÈRE PARTIE

-

L'UTILISATION DE L'UNICITÉ LINGUISTIQUE COMME MODE EXCLUSIF D'EXPRESSION DE LA SOUVERAINETÉ ÉTATIQUE

211. La relation dialectique qui existe entre l'unité de langue et l'unité politique suivra le chemin de la construction étatique : au fur et à mesure que l'État se construit, se centralise, que la souveraineté étend son emprise matérielle, et se resserre autour d'un pouvoir unique, l'unité de langue se précise dans le choix de la langue française. La langue française devient alors à terme la langue unique d'expression de la souveraineté royale (Chapitre 2 - L'institutionnalisation de la langue française comme langue identitaire de la souveraineté). Pourtant, depuis la période carolingienne où pour la première fois la langue est utilisée comme un critère d'identité de l'État dans les Serments de Strasbourg, cette évolution fondamentale pour notre étude ne s'est pas faite du jour au lendemain. Elle est le fruit de la maturation des siècles, et d'une évolution caractérisée par l'affermissement concomitant de la langue française et de la souveraineté royale (Chapitre 1 - L'affirmation de l'unité du pouvoir et de son unité linguistique d'expression).

CHAPITRE I

-

L'AFFIRMATION DE L'UNITÉ DU POUVOIR ET DE SON UNITÉ LINGUISTIQUE D'EXPRESSION : UNE ÉVOLUTION SPONTANÉE

212. L'édification de l'unité de langue de l'État a suivi un processus de maturation d'abord spontané puis appuyé par la monarchie. Cette évolution s'est faite parallèlement à celle qui a concerné la souveraineté royale : la dissémination du pouvoir jusqu'au XVIe siècle s'est accompagnée d'une certaine pluralité linguistique d'expression de ses manifestations. À partir de la reconquête du pouvoir par la monarchie et de la naissance de l'absolutisme, la langue française est devenue la langue identitaire du roi.

213. Il faut, en effet, attendre le XVIe siècle pour trouver les premières manifestations juridiques d'une volonté d'unification de l'État par la promotion de l'unité de langue. Cette évolution ne fut pas simplement décrétée, mais s'enracine dans l'histoire de la conquête progressive de la langue française comme langue identitaire de l'État ; il y a là un long processus qui affecte en même temps la souveraineté incarnée dans l'État et la langue française.

214. Les Serments de Strasbourg avaient, nous l'avons vu, fondé la souveraineté territoriale de la *Francia occidentalis* sur l'usage des parlers romans : le nouveau royaume était identifié par la langue de ses habitants, retenue manifestement comme critère majeur d'unité. Mais ce royaume, avec le triomphe de la féodalité, va bientôt se déliter, l'autorité du *rex francorum* s'estomper et ses parlers romans se multiplier. Le royaume des derniers Carolingiens, des Robertiens et des premiers Capétiens est, en effet, caractérisé par une évolution singulière qui se traduit par l'absence d'unité linguistique associée à la dissémination du pouvoir. La période féodale est, cependant, le trait d'union entre la création du royaume de France (la *Francia occidentalis*) et la reconstitution de l'autorité monarchique. Cette période marquée par la division du pouvoir et des langues, introduit le long processus de maturation vers l'unité du royaume dont l'unique souverain imposera, au terme de l'évolution, son propre vernaculaire comme langue identitaire de son État. L'État identifié par la langue de

ses habitants à Strasbourg sera désormais identifié par la langue de son roi.

215. La période, qui s'étend du XIIIe au début du XVIe siècle, suit l'évolution de deux mouvements parallèles qui voient la reconstruction de l'autorité monarchique (Section I - L'affirmation de la souveraineté royale) et l'affirmation de la langue française comme langue de la souveraineté (Section II - L'ascension de la langue française). Mais ce long processus de maturation n'aurait pas été possible sans la période féodale, significative de la division du pouvoir et des langues. Il importe donc, en préalable, et sous ce regard, de rappeler ce que fut du Xe au XIIe siècle, la féodalité et l'absence d'unité linguistique qui la caractérise (Section préliminaire - La féodalité et la division du pouvoir et des langues).

SECTION PRÉLIMINAIRE - LA FÉODALITÉ ET LA DIVISION DU POUVOIR ET DES LANGUES DU Xe AU XIIe SIÈCLE

216. La féodalité, c'est, au plan de l'histoire constitutionnelle, le morcellement de la souveraineté, et ce fait s'est traduit dans la division du royaume en seigneuries (§ I - Le morcellement de la souveraineté) dont l'orientation autarcique va favoriser la division des vernaculaires suscitant ainsi l'émergence des multiples parlers romans (§ II - L'absence d'unité linguistique).

§ I - LE MORCELLEMENT DE LA SOUVERAINETÉ

217. À l'époque carolingienne, succède l'ère de la féodalité[292], caractérisée par un certain effacement de l'idée de souveraineté royale. De multiples facteurs ont conduit et préparé l'avènement de la période féodale[293], parmi lesquels l'affaiblissement de l'autorité de l'État. Le régime féodo-seigneurial se constitue progressivement dès la période franque puis s'accélère à partir du IXe siècle pour connaître son plein essor du Xe au XIIIe siècle. La fin de la dynastie carolingienne constituait un terrain propice au développement de la féodalité. Avec l'organisation féodale, les règles de droit privé envahissent « le domaine du droit public »[294] : c'est la puissance économique et sociale, caractérisée à cette époque par la possession de la terre, qui donne le droit de commander, et les relations de dépendance personnelle, que cette possession génére, forment le lien politique. Ainsi la persistance des conceptions patrimoniales du royaume[295], associée à l'abandon de

292 Les historiens, qui font généralement s'étendre le Moyen Âge de 888 à 1453, par opposition au Haut Moyen Âge qui correspond à la période des monarchies franques, s'accordent pour dire que la période est qualifiée de féodale ou seigneuriale en raison du fief et de la seigneurie, qui en sont les institutions caractéristiques.

293 *Cf.* sur ce point, « La désagrégation de l'Empire », dans N. ROULAND, *L'État français et le pluralisme. Histoire politique des institutions publiques de 476 à 1792*, Paris, Odile Jacob, 1995, p. 69 et s. L'auteur évoque des forces de désagrégation internes et externes.

294 L'expression est de P.-C. TIMBAL, *Histoire des institutions et des faits sociaux*, Dalloz, coll. Précis, 3e édit., Paris, 1966, p. 108.

295 Nous avons vu que la tentative de Louis le Pieux en 817 de maintenir l'unité de l'Empire par son *ordinatio impérii*, qui confiait la charge impériale à un seul de ses fils, Lothaire, couronné et associé au titre impérial du vivant de son père, et qui donc

l'hérédité de la couronne[296], autorise l'essor de la féodalité qui voit l'aristocratie s'émanciper du pouvoir royal, ce qui s'est notamment traduit par la multiplicité des systèmes juridiques[297]. La notion romaine de l'État exerçant un pouvoir universel, qui impliquait un lien abstrait de sujétion des individus au pouvoir, tombée en désuétude dès le Bas-Empire, disparue avec les invasions, mais que les Carolingiens avaient essayé de faire revivre, est définitivement ruinée après en disparition[298]. L'insécurité générale qui règne a poussé les particuliers à rechercher la protection des grands propriétaires, qui voient autour d'eux se constituer des groupes qu'ils protègent et qui se soumettent à leur autorité[299]. Les grands deviennent les seigneurs de petits groupes ruraux qui vivent en autarcie. En définitive, au plan politique, économique ou social, « tout concourt au morcellement du royaume

---

excluait l'idée d'un partage égalitaire entre les fils, n'eut aucune suite, les guerres fratricides aboutissant au partage de Verdun en 843.

296 *Cf.* R. LE JAN, *Histoire de France : Origine et premier essor*, ouvr. cité, p. 150 et s. ; P. RICHÉ, *Les Carolingiens. Une famille qui fit l'Europe*, ouvr. cité, p. 241 et s. ; O GUILLOT, « Les origines de la France (de la fin du Ve siècle à la fin du Xe siècle) », dans O. GUILLOT, A. RIGAUDIÈRE et Y. SASSIER, *Pouvoirs et institutions dans la France médiévale. Des origines à l'époque féodale*, 2ème édit., Paris, A. Colin, 1995, 2 vol., t. I, p. 161-162 ; N. ROULAND, *L'État français et le pluralisme*, ouvr. cité, p. 77 et s. Le système de transmission de la couronne avait abouti et assuré sous les Carolingiens l'hérédité dans les faits, par le biais d'une élection anticipée du fils choisi. Progressivement les grands du royaume, obtenant de plus en plus d'influence sur le roi, cherchèrent dès 840 à imposer leurs candidats. En 888 un « tournant décisif fut pris ». Face aux invasions, le roi étant mineur, les Grands élisent le comte de Paris, Eudes, non issu de la lignée de Charlemagne, à la tête de l'État. Dès lors, le principe de l'élection « consacrait en réalité la décadence de la souveraineté royale en face des prétentions croissantes des grands ». En 987, après un siècle de guerres civiles où les descendants d'Eudes et de Charlemagne se disputèrent la couronne, les grands élirent Hugues Capet, petit-fils d'Eudes, dont la descendance allait régner pendant huit siècle sur la France.

297 *Cf.* notamment, N. ROULAND, *L'État français et le pluralisme*, ouvr. cité, p. 14 ; J. ELLUL, *Histoire des institutions*, (1ère éd., Paris, P.U.F., 1955 en 2 vol), édit de 1999 en 4 vol., t. II, *Le Moyen Âge*, p. 138.

298 Y. SASSIER, « De l'ordre seigneurial à l'ordre féodal (fin X^{e}-début XIIe siècle) », dans O. GUILLOT, A. RIGAUDIÈRE et Y. SASSIER, *Pouvoirs et institutions dans la France médiévale. Des origines à l'époque féodale*, 2ème édit., Paris, A. Colin, 1995, 2 vol., t. I, p. 177-311 ; A. DUMAS, *Histoire du droit*, ouvr. cité, p. 76 et s.

299 J.-P. CAPUT, *La langue française. Histoire d'une institution*, t. I, *842-1715*, ouvr. cité, p. 28-29 ; P.-C. TIMBAL, *Histoire des institutions et des faits sociaux*, ouvr. cité, p. 109 : « le mouvement s'étend avec la décadence carolingienne : les grands ne demandent qu'à commander, tandis que les autres, prêts à se soumettre à une autorité protectrice, cherchent des chefs ; les grands deviennent ainsi des seigneurs ».

franc en une multitude de circonscriptions pratiquement indépendantes, les seigneuries »[300]. Dans la société féodale, la vie s'organise entièrement dans le cadre de la seigneurie, où le seigneur est en quelque sorte le maître chez lui, bien qu'il soit lui-même rattaché par des liens féodaux à d'autres seigneurs plus ou moins puissants que lui[301].

213. Le roi n'exerce pas d'autorité réelle sur le royaume, il est un personnage lointain qui exerce « une suprématie toute théorique[302] », sa souveraineté n'est effective que sur son domaine propre[303]. Le reste du royaume est divisé en principats ou grandes seigneuries soumises à l'autorité des comtes et ducs émancipés de l'autorité royale. À

300 P.-C. TIMBAL, *Histoire des institutions et des faits sociaux*, ouvr. cité, p. 110.

301 Il n'est pas aisé de définir la féodalité avec une exacte précision, à cause de la complexité de ce régime. On peut en donner une notion approximative en disant que « c'était une organisation politique et sociale constituée autour des seigneurs ». Le seigneur, en latin *senior*, qu'on appelait aussi *dominus*, était proprement un maître : disposant de la puissance économique ou de la puissance publique, parfois des deux, il groupait sous sa dépendance des hommes tenus de le servir. Quelques milliers de seigneurs s'interposaient entre le roi et le commun des hommes. Conformément à l'étymologie du mot, la féodalité était caractérisée par les fiefs. Le fief c'était la concession d'un bien lucratif, faite par un seigneur à l'un de ses homme, en rémunération de services. Devenu héréditaire et aliénable, il faisait partie du patrimoine du concessionnaire. Il a donné son nom au régime, parce qu'il y a joué un rôle primordial en mettant la patrimonialité dans toute institution. On peut renvoyer utilement aux grands classiques : M. BLOCH, *La société féodale*, Paris, Albin Michel, 1939, 7e édit., 1989 ; J. CALMETTE, *La société féodale*, Paris, Armand Collin, 4e édit., 1938 ; F.L. GANSHOF, *Qu'est-ce que la féodalité ?*, Paris, Tallandier, 5e édit., 1982 ; G. DUBY, *Féodalités*, Paris, Gallimard, 1996, et *Qu'est-ce que la société féodale*, Paris, Flammarion, 2002, où sont regroupés, en plus de 3000 pages, les travaux majeurs du grand historien. Il faut également se référer aux manuels classiques d'histoire du droit : A. DUMAS, *Histoire du droit*, ouvr. cité, p. 73 et s. ; P. TISSET et P. OURLIAC, *Manuel d'histoire du droit français*, ouvr. cité, p. 115 et s. ; Fr. OLIVIER-MARTIN, *Histoire du droit français des origines à la Révolution*, ouvr. cité, p. 94 et s. ; J.-F. LE MARIGNIER, *La France médiévale. Institutions et sociétés*, ouvr. cité, p. 109 et s. ; P.-C. TIMBAL et A. CASTALDO, *Histoire des institutions publiques et des faits sociaux*, 10e édit, Paris Dalloz, 2000, p. 103 et s. ; E. BOURNAZEL, « Les temps féodaux (fin Xe-fin XIIIe siècle) », dans J. L. HAROUEL, J. BARBEY, E BOURNAZEL, J. THIBAUT-PAYEN, *Histoire des institutions de l'époque franque à la R évolution*, 7ème édit., Paris, P.U.F., 1996, p. 99-252.

302 L'expression est de P.-C. TIMBAL, *Histoire des institutions et des faits sociaux*, ouvr. cité, p. 111.

303 Les premiers Capétiens disposent d'un domaine exigu comprenant « les débris » des possessions carolingiennes et l'héritage personnel des Capétiens entre Seine et Loire, soit le duché de France. *Cf.* J.-F. LEMARIGNIER, *La France médiévale, Institutions et société*, ouvr. cité, p. 153 ; P.-C. TIMBAL *Histoire des institutions et des faits sociaux*, ouvr. cité, p. 110.

l'échelon inférieur, d'innombrables seigneuries existent dont les titulaires sont subordonnés aux comtes et ducs qui les ont vassalisés en les leur concédant sous forme de fief, tenure noble[304]. Le roi n'exerce son pouvoir souverain que sur son domaine et n'est que le suzerain du reste du royaume, car ces mêmes liens de la vassalité s'exercent aussi sur les comtes et ducs. Les principats ou grandes seigneuries sont parfois qualifiés de « petits États », au point qu'il est possible de conclure que l'appartenance à une seigneurie tient lieu de la notion moderne de nationalité. Le seigneur, à la fois propriétaire et chef politique, détient l'autorité judiciaire, perçoit des impôts et exerce le commandement militaire[305].

219. Quelles que soient les raisons de la formation du régime seigneurial[306], il est donc caractérisé, au plan du pouvoir et de sa détention, par une forme de décentralisation[307] du pouvoir, de dissémination, de dispersion au sein de petites entités. L'autorité s'exerce au plan local, les droits de puissance publique, ou « marques de souveraineté », sont dispersés à l'intérieur d'un royaume morcelé en

304 Fr. OLIVIER-MARTIN, *Histoire du droit français, des origines à la Révolution*, ouvr. cité, p. 126 et s. ; J.-F. LEMARIGNIER, *La France médiévale, Institutions et société*, ouvr. cité, p. 125 et s. ; P. TISSET, P. OURLIAC, *Manuel d'histoire du droit français*, ouvr. cité, p. 138 et s.

305 A. RIGAUDIÈRE, *Introduction historique à l'étude du droit et des institutions*, Paris, Économica, 2001, p. 142-160.

306 Traditionnellement, le régime seigneurial apparaît comme la conséquence du démembrement de la puissance carolingienne. Les droits régaliens ont été soit concédés par les rois à des particuliers (diplômes d'immunité), soit ont été usurpés par les ducs et les comtes qui exercent en leur nom des prérogatives initialement royales (ainsi en est-il du comté de Flandre, des duchés de France, de Bourgogne, de Normandie, d'Aquitaine et de Gothie). Dans le second cas, le mouvement se propage aux échelons inférieurs et les vicaires et vicomtes deviennent à leur tour indépendants à la fin du Xe siècle. Une autre explication voit dans la formation du régime seigneurial une carence du pouvoir royal (théorie du régime domanial qui postule que le pouvoir vient d'en bas et non d'en haut). Les seigneurs ont pallié les défaillances de l'État, le pouvoir de fait se substituant au pouvoir de droit pour le maintien de l'ordre social. Enfin, une autre explication voit dans l'autorité du seigneur sur ses hommes une situation consentie et recherchée par une société où le besoin de protection a connu un grand essor au moment de la décadence carolingienne. *Cf* Fr. OLIVIER-MARTIN, *Histoire du droit français, des origines à la Révolution*, ouvr. cité, p. 126 et s. ; P.-C.TIMBAL, *Histoire des institutions et des faits sociaux*, ouvr. cité, p. 171 ; A. RIGAUDIÈRE *Introduction historique à l'étude du droit et des institutions*, ouvr. cité, p. 142 et s.

307 B. BARRET-KRIEGEL, *L'État et les esclaves*, Petite Bibliothèque Payot, 1989, p. 129, utilise l'expression pour caractériser la période.

seigneuries[308]. La notion de souveraineté désigne alors aussi bien celle du roi[309], du seigneur[310], ou est utilisée pour signifier que la France est divisée en souverainetés multiples[311].

220. Il faut pourtant rappeler que l'idée de souveraineté véhicule traditionnellement une conception absolue. Écrire au sujet de la période féodale que la souveraineté est « morcelée » peut donc paraître paradoxal et même antinomique, car la notion n'est identifiée et définie que d'une manière superlative depuis sa théorisation au XVIe siècle. Puissance suprême qui caractérise juridiquement l'État, elle « signifie négativement l'absence de toute dépendance extérieure et de tout empêchement intérieur, et positivement, elle désigne le caractère suprême de la puissance étatique, ainsi que cette puissance elle-même, c'est-à-dire les pouvoirs compris dans la puissance d'État »[312]. Elle emporte donc à la fois l'indépendance dans l'ordre international (la souveraineté de l'État), le pouvoir exclusif sans limites, sinon celles que l'État de droit s'assigne à lui-même dans l'ordre interne (souveraineté dans l'État), et le contenu de ce pouvoir. La doctrine de la souveraineté définit le pouvoir souverain comme perpétuel, exclusif et absolu.

221. Pourtant, d'un point de vue historique, une conception relativisée de la souveraineté de l'État apparaît nécessairement possible[313]. Le

---

308 G. DUBY, « Guerriers et paysans », dans *Féodalités*, ouvr. cité, p. 161 et s. « Des sociétés médiévales », dans *ibid.*, ouvr. cité, p. 1449-1467.

309 J. ELLUL, *Le Moyen Âge*, ouvr. cité, p. 138.

310 Fr. OLIVIER-MARTIN, *Histoire du droit français des origines à la Révolution*, ouvr. cité, p. 109.

311 J.-P. POLY et E. BOURNAZEL, *La mutation féodale. X[e]-XIIe siècles*, Paris, PUF, 3e édit, 2004, p. 5 et s. *Cf.* également F. CHALTIEL, *La souveraineté de l'État et l'Union Européenne, l'exemple français. Recherches sur la souveraineté de l'État membre*, ouvr. cité, p. 37. Les quelques lignes qui suivent, concernant l'émiettement du pouvoir sous la féodalité, s'inspirent d'un passage de cette thèse, consacré à « la conception relative de la souveraineté de l'État avant le XVIe siècle », p. 27.

312 P. AVRIL et J. GICQUEL, *Lexique de Droit constitutionnel*, Paris, PUF, 6e édit., 1995, V° « Souveraineté », p. 124.

313 Ainsi l'objet de la thèse précitée du professeur Florence CHALTIEL est précisément de progresser dans la qualification de la souveraineté de l'État français devenu membre de l'Union Européenne, en postulant notamment que le dogme de la souveraineté absolue n'est pas indépassable, ce qui se vérifie notamment au plan historique, et qui permet d'expliquer le phénomène européen porteur d'une conception relativisée de la souveraineté. Au plan historique d'ailleurs, R. CARRÉ DE MALBERG parle du passage d'une souveraineté-comparatif à une souveraineté-superlatif (*Contribution à la théorie générale de l'État, spécialement d'après les*

caractère superlatif et indivisible attribué au pouvoir souverain ne se vérifie pas pour la période féodale où les seigneurs ont annexé des prérogatives que nous qualifierions aujourd'hui « de puissance publique », comme le droit de battre monnaie, celui de faire la guerre, de prélever les impôts et de rendre la justice. L'utilisation du terme à propos de la période féodale est par ailleurs courante, et nous ne prétendons pas ici discuter de la validité de son utilisation pour la période étudiée[314]. L'objet de cette thèse n'est pas, en effet, de procéder à une quelconque qualification ou requalification de la souveraineté, mais de chercher à retracer l'évolution parallèle de l'unité linguistique et de l'unité politique. Et l'utilisation de la notion de souveraineté a pour nous ici une valeur heuristique[315] pour appréhender la question de l'unité du pouvoir. Son utilisation sera donc purement instrumentale : si l'on accepte à la suite de nombreux auteurs d'y voir une notion capable d'être relativisée au plan historique, elle permet mieux qu'une autre d'expliquer le cheminement de l'unité politique.

222. Ainsi donc l'organisation féodale présente les traits d'une souveraineté partagée dans l'exercice effectif du pouvoir. Dans son aspect interne comme dans son versant externe[316], la question de la souveraineté, caractéristique juridique essentielle de l'État[317], conduit à

---

données du droit constitutionnel français, 1ère éd., 1922, rééd., Paris, Dalloz, 2004, en un seul vol., présentation par Éric MOULIN, p.73).

314 Certains auteurs, comme le professeur A. RIGAUDIÈRE (« L'invention de la souveraineté », *Pouvoirs*, n° 67, 1993, p. 6), préfèrent alors, pour qualifier la nature du pouvoir pendant cette période, affirmer qu'« aussi longtemps que subsiste, pendant les premiers siècles du Moyen Âge, l'idée d'un peuple chrétien d'Occident soumis à la seule *potestas* de l'empereur et à l'unique autorité du pape, le problème de la souveraineté ne se pose pas ». A l'inverse, d'autres estiment, pour justifier l'emploi du terme de souveraineté mais dans son acception absolue, qu'en dépit de la féodalité, c'est le roi qui détient « l'autorité suprême», *Cf.* J. ELLUL, *Histoire des institutions*, ouvr. cité, t. III, p. 120.

315 Au sens que lui attribue l'adjectif. Heuristique ou euristique : « qui sert à la découverte ». *Cf.* P. ROBERT, *Dictionnaire alphabétique et analogique de la langue française*, Paris, Dictionnaire Le Robert - VUEF, 2001, 6 vol., t.III, p. 1807.

316 Qui ne sont que les deux versants d'une même réalité. *Cf.* R. CARRÉ DE MALBERG, *Contribution à la théorie générale de l'État*, ouvr. cité, p. 71.

317 L'État peut se définir aussi du point de vue historique et sociologique. Le doyen G. VEDEL nous fournit des éléments de réponse que nous reprenons ici de manière synthétique (Cf. *Droit constitutionnel*, Sirey, 1949, 2e tirage 1984, p. 99 et s.). Ainsi l'État est, parmi tous les autres groupements (famille, entreprises, associations partis...), celui qui se caractérise par le fait que ses dirigeants détiennent le monopole de la force armée (ce qui permet *a contrario* de constater la dissolution de l'État quand existe sur son territoire d'autres groupements ayant leurs propres troupes). Il découle de ce constat que les gouvernants disposent du monopole de la contrainte

s'interroger sur la nature de l'organisation étatique à cette époque. Et l'idée d'une monopolisation du droit positif par l'État souverain qui résume son triple monopole en matière de législation, de contrainte et de juridiction[318], nous amène inévitablement à conclure que l'État au Moyen Âge n'est pas souverain. Le roi ne détient pas de souveraineté au sens de son acception juridique contemporaine. Car dans sa dimension matérielle, la notion de souveraineté implique la plénitude du pouvoir, alors que dans sa dimension organique elle renvoie au détenteur du pouvoir : la période féodale ne remplit pas ces conditions. Le pouvoir est partagé, il appartient aux seigneurs, et les marques de souveraineté sont dispersées entre eux. L'indivisibilité du pouvoir n'existe pas : les seigneurs exercent de véritables « prérogatives de souveraineté » : ils font la guerre, prélèvent des impôts, rendent la justice.

§ II - L'ABSENCE D'UNITÉ LINGUISTIQUE

223. Tout comme le royaume est divisé en seigneuries et la société hiérarchisée en groupes fonctionnels (clercs, guerriers, travailleurs), il n'existe pas d'unité linguistique : la société féodale est plurilingue. Plusieurs langues sont en présence dès l'époque carolingienne, et ces langues elles-mêmes ne sont pas unifiées. La question de l'unité linguistique, fondamentale pour poursuivre l'ambition d'interroger son rôle dans l'affermissement de l'unité étatique, n'a pas vraiment lieu d'être à cette époque. Si le royaume de France peut être en effet caractérisé, depuis les Serments de Strasbourg et le Traité de Verdun,

---

organisée, dont la traduction au plan juridique est la théorie de la souveraineté, car ce monopole a pour effet de placer les gouvernants dans une position dominante par rapport aux dirigeants des autres groupes sociaux. L'État apparaît donc investi d'un pouvoir de droit supérieur à tous les autres. Enfin, l'institutionnalisation du pouvoir achève de caractériser l'État, qui ne peut uniquement se définir par la détention d'un ensemble de moyens de coercition aux mains d'individus détenant le pouvoir. L'institutionnalisation se définit par la croyance sociale selon laquelle l'État est distinct des gouvernants et supérieur à eux. Faisant application de sa théorie de l'institution à l'État, le doyen Hauriou, rappelle G. Vedel, a ainsi montré que le pouvoir détenteur de la force armée accède à la durée historique et à la vie juridique en « s'instituant ». Cette institutionnalisation se réalise lorsque les gouvernants conçoivent une certaine « entreprise » à réaliser, qui dépasse leur personne et leur strict intérêt personnel et provoquent l'assentiment et l'adhésion des gouvernés à cette entreprise.

318 P. ISOART, « Souveraineté étatique et relations internationales », dans M. BETTATI et *al.*, *La souveraineté au XX*^{e} *siècle*, A. Colin, 1971, p. 15-16.

par une unité linguistique romane, cette romanité est elle-même plurielle. Nul doute, en effet, que l'unité linguistique n'existe pas, et que son éventuelle instrumentalisation dans la recherche de la réalisation de l'unité politique n'est pas une question alors envisagée par le pouvoir, qui, nous l'avons vu, est lui-même divisé.

224. Il apparaît fondamental de livrer succinctement une image des pratiques linguistiques de la société féodale jusqu'à la fin du XIIe siècle, car nous percevrons mieux l'étendue de l'éclatement linguistique qui la caractérise et mesurerons plus justement l'évolution qui suivra. La société féodale est marquée par une multitude de langages particuliers. On ne peut s'empêcher de penser que la féodalité transpose au plan linguistique ses particularités : les autonomies qu'elle produit, se traduisant par le resserrement d'une communauté autour d'un pouvoir politique et économique, reflètent les différences linguistiques et les accentuent. L'histoire linguistique démontre que les oppositions linguistiques s'accentueront jusqu'à la fin du système féodal, lequel ne s'éteindra complètement qu'en août 1789, à l'aube de la Révolution. Ainsi pour les historiens de la langue, « alors qu'au IXe siècle les oppositions linguistiques se limitent à un petit nombre de traits fondamentaux », en sorte que l'épisode de Strasbourg puisse, nous l'avons vu, être perçu comme fondateur d'un royaume à partir d'une langue, avec la féodalité triomphante, « les dialectes ont tendance à se particulariser toujours davantage pour se réduire finalement (XVIe-XVIIe) à l'état de patois, propre, à la limite, à un seul village »[319].

225. Dans les temps féodaux, une frontière nette s'établit dans l'espace du « galloroman » entre domaine d'oc, au sud, et domaine d'oïl au nord. Cette césure n'a cessé de croître depuis l'époque carolingienne où le caractère méridional de la langue d'oc se démarquait déjà nettement du français septentrional[320]. L'opposition entre langue d'oc et langue d'oïl apparaît dans des actes de 1291 et chez Dante qui oppose la langue d'oc à celle d'*oïl* et à celle de *si*, la sienne[321]. Il existe ainsi dans la société

---

319 J. PICOCHE et C. MARCHELLO-NIZIA, *Histoire de la langue française*, coll « Fac », série « Linguistique », Nathan, 5e édition, 1998, p. 18. Les auteurs précisent qu'il n'existe néanmoins pas de ligne de démarcation nette.

320 Sur les évolutions phonétique, morphologique, lexicale et syntaxique qui témoignent alors de ces oppositions, *Cf.* J. PICOCHE et C. MARCHELLO-NIZIA, *Histoire de la langue française*, ouvr. cité, p. 18.

321 J. PICOCHE et C. MARCHELLO-NIZIA, *Histoire de la langue française*, ouvr. cité, p. 14-15; J.-P. CAPUT, *La langue française. Histoire d'une institution*, ouvr. cité, t. I, p. 39. La limite actuelle entre parlers d'oc et d'oïl passe par l'embouchure de la Dordogne, par Blaye, et par Coutras. Au centre, les deux langues interfèrent sur une zone de 25 km de large, appellée par les dialectologues le « croissant », dont le

médiévale, entre les parlers d'oc et les parlers d'oïl une véritable frontière de langue et non une simple frontière dialectale.

226. Par ailleurs les langues d'oc et d'oïl ne sont pas elles-mêmes homogènes ni parfaitement délimitées[322]. Elles subissent par la suite une « dialectalisation » progressive, des « fragmentations », qui concernent aussi bien le domaine d'oïl que d'oc. Au sein du domaine d'oc, on distinguera le gascon, l'occitan méridional (languedocien et provençal) et le nord-occitan (limousin, auvergnat et vivaro-alpin). À l'intérieur du domaine d'oïl, les locuteurs opposeront au « françois » les parlers « picard », « normand » et « bourguignon »[323].

227. Enfin, le latin conserve la première place dans la hiérarchie linguistique de la société féodale. Il est la langue vivante, non seulement écrite mais orale des clercs, dans une société tripartite où l'on sait la place et l'importance de l'Église, et où ils conservent le monopole de « l'accès aux Écritures, Saintes ou profanes »[324]. Il bénéficie d'un quasi-monopole chez les intellectuels, car il présente des qualités de stabilité, de technicité et d'universalité. La Bible bénéficie de quelques traductions en français, mais leur usage reste exceptionnel car sa lecture n'est pas destinée aux laïcs ignorants. L'Église utilise la langue vulgaire, comme on l'a vu, pour prêcher mais conserve le latin pour la liturgie, la théologie et la philosophie[325].

228. En ce qui concerne la langue française et sa progression, une évolution s'amorce, nous le verrons, à partir du début du XIIIe siècle. Les chartes primitivement écrites en latin commencent à être rédigées

---

tracé actuel, contournant le massif central, va du nord d'Angoulême au sud de Thiers, en passant par Confolens, Berllac, Guéret, Gannat. Ce n'est que vers 1870 que l'on baptise franco-provencal une zone intermédiaire qui comprend les villes de Lyon, Saint-Étienne, Grenoble, Chambéry, Bourg, Pontarlier, Genève, Lausanne ; cette appellation provient du linguiste Ascoli qui se fonde alors sur une communauté de traits linguistiques propres à cette zone intermédiaire sans aucune tradition littéraire ni unité politique notoire.

322 Dès l'époque carolingienne, elles sont déjà divisées par ce que les linguistes appellent des « isoglosses ». *Cf.* J. PICOCHE et C. MARCHELLO-NIZIA, *Histoire de la langue française*, ouvr. cité, p. 18.

323 J. PICOCHE et C. MARCHELLO-NIZIA, *Histoire de la langue française*, ouvr. cité, p.18.

324 *Ibid.*, p. 18.

325 On ne portera atteinte au latin religieux qu'en 1535 et 1541, avec les traductions de la Bible d'Olivétan et de l'*Institutio religionis christianae* de Calvin. Il faudra attendre quatre siècles pour que l'Église catholique lui assène un coup fatal en autorisant, avec le concile Vatican II, les langues vernaculaires dans la liturgie.

en langue vulgaire à partir de 1204 (à Douai), et, nous le verrons le seront de plus en plus. L'hétérogénéité des systèmes de graphie médiévaux est si importante qu'il est difficile de distinguer « ce qui est prospectivement français » de ce qui est « prospectivement dialectal », mais les investigations des linguistes permettent de conclure « à l'énorme importance numérique des formes françaises communes dans les textes médiévaux »[326].

229. Il ne semble pas que Paris ait eu dans cette évolution une influence considérable. Notamment, les textes antérieurs comme les fameux Serments de Strasbourg ne proviendraient pas de la région parisienne, mais auraient une origine poitevine[327]. Paris ne devient centre intellectuel important qu'après Chartres, Rouen, Troyes, Arras[328]. Quelles que soient les interprétations et explications avancées[329] pour justifier de l'hétérogénéité des textes et de la prédominance des formes communes, il est certain qu'à la fin du XIIe siècle une conscience de la différence dialectale existe, ainsi qu'une intercompréhension malgré la diversité. Un texte célèbre prouve aussi qu'à la fin du XIIe siècle, les Parisiens jugeaient leur parler supérieur à celui des provinciaux, et que le mot « françois » ne s'applique alors qu'au parler d'une région et non à l'ensemble des parlers d'oïl alors désigné par le terme de « roman »[330].

---

326 J. PICOCHE et C. MARCHELLO-NIZIA, *Histoire de la langue française*, ouvr. cité, p. 20.

327 *Ibid.*, p. 21. De même la *Séquence de Sainte Eulalie* (881 ou 882) est wallonne avec des traits picards et les parties romanes du *Sermon sur Jonas* (vers 950) seraient wallonnes.

328 *Ibid.*, p. 21.

329 Les interprétations successives sont résumées et fournies par J. PICOCHE et C. MARCHELLO-NIZIA, *Histoire de la langue française*, ouvr. cité, p. 21. Une première hypothèse postule que les formes communes sont du « francien » (mot créé vers 1890 pour désigner le dialecte présumé parlé en Île-de-France) ; que ce francien provient des scribes qui, cherchant à écrire la langue du roi, laissent « échapper » ces traits dialectaux issus de leur origine régionale. Une deuxième hypothèse postule que ces formes communes constituent une langue artificielle créée pour la communication écrite, à une époque où la fragmentation dialectale est très peu avancée (IXe), et dont le rapport avec l'usage parlé réel est « problématique ». Enfin une troisième hypothèse avance que bien que « communes » à l'ensemble des régions d'oïl, ces formes étaient bien vivantes à l'endroit où elles étaient utilisées par les scribes.

330 Cité par J. PICOCHE et C. MARCHELLO-NIZIA, *Histoire de la langue française*, ouvr. cité, p. 23. Conon de Béthune, présent au mariage du jeune Philippe Auguste, se plaint dans un texte célèbre de 1180, des moqueries de la Cour sur son parler artésien : « Ke mon langaige ont blasmé li François,/ Et mes cançons, oiant les Champenois/ Et la Contesse, encor, dont plus me poise./ La roïne ne fist pas que cortoise/ Qui me reprist, ele et ses fius li rois./ Encor ne soit ma parole franchoise,/ Si

230 Il ne semble pas douteux, en effet, qu'à la fin du XIIe et au début du XIIIe siècle, les Parisiens prennent, en effet, conscience de la supériorité du vernaculaire royal. Si ce dernier ne désigne qu'un parler au spectre limité, c'est celui d'un roi qui commence à affirmer sa souveraineté et l'affirmation de celle-ci va être concomitante, à tout le moins contemporaine, de la montée en puissance de son idiome personnel.

231. Du Xe au XIIe siècle, la féodalité est donc marquée par une dispersion des langues et du pouvoir. À la fragmentation linguistique, plus marquée encore qu'à l'époque carolingienne des Serments de Strasbourg, répond la division du pouvoir, disséminé entre les mains des multiples seigneurs, et qui caractérise le régime. Bientôt la langue du roi, celle d'un roi qui va progressivement étendre l'emprise territoriale de sa souveraineté, deviendra le véhicule et la marque de sa supériorité. Mais cette évolution se caractérise d'abord par deux mouvements indissociables, quoique formellement indépendants l'un de l'autre : l'ascension de la langue française (Section II) et l'affirmation de la souveraineté royale (Section I- L'affirmation de la souveraineté royale. XIIIe XVe siècle).

la puet on bien entendre en françois/ Ne cil ne sont bien appris no cortois/ Qui m'ot repris se j'ai dit mot d'Artois/ Car je ne fui pas noriz à Pontoise.

SECTION I - L'AFFIRMATION DE LA SOUVERAINETÉ ROYALE (XIII-XVe SIÈCLE)

232. La féodalité n'avait jamais totalement fait disparaître l'idée que l'autorité du roi était souveraine, ni absorbé le pouvoir du « suprême fieffeux du royaume »[331]. Le roi va entreprendre de reconquérir le royaume en détruisant la consistance de la féodalité. À partir du XIIIe siècle, une évolution parallèle se produit entre l'affirmation progressive de la souveraineté royale et celle de la langue française comme langue identitaire du royaume. À partir de leur petit duché de France qui constitue leur domaine propre et dès lors le seul territoire qu'ils maîtrisent directement, le grand dessein des rois de France sera donc d'imposer leur autorité par la force[332] en assurant leur domination sur les territoires relevant de leur suzeraineté pour, effaçant celle-ci, reconstruire, reconstituer la souveraineté royale. Pour reconstruire cette unité territoriale qui impliquait un regroupement des terres jadis unies, il importait de faire la théorie d'une domination. C'est ce à quoi va s'efforcer le pouvoir capétien qui finira par dégager la théorie de la souveraineté. Celle-ci impliquait la mise en œuvre de certaines prérogatives exécutive, législative et judiciaire. Pour consolider son unité, l'ensemble territorial ainsi reconstitué doit non seulement être dirigé par un souverain unique, mais ce dernier pour exercer son pouvoir souverain doit, de surcroît, user d'une langue d'État. La montée en puissance de la langue française est corrélative à celle de la souveraineté royale ; elle est nécessaire pour ordonner, légiférer, juger. Le roi de France n'avait jamais oublié l'antique primauté de son office sur celui des princes territoriaux. La puissance de ces derniers ne procédait-elle pas initialement d'une concession – ou d'une usurpation – de fragments de sa propre souveraineté. Si les barons étaient aujourd'hui souverains sur leur propre territoire, ils le devaient originellement au contrat féodo-vassalique qui traduisait la concession des droits régaliens qu'avait bien voulu faire le roi. Ce que le roi avait donné ne pouvait-il le reprendre ? Ce qu'il avait fait, ne pouvait-il le défaire ? Mais comment reprendre ce qui vous appartient des mains d'un plus fort que vous ? Pour parvenir à rétablir l'équilibre contractuel

331 N. ROULAND, *L'État français et le pluralisme*, ouvr. cité, p. 145. L'auteur précise que « d'ailleurs, le roi avait toujours refusé de faire hommage à quiconque, fût-ce un seigneur beaucoup plus puissant que lui. Mais son excellence n'était que virtuelle, enserrée dans les mailles du réseau féodal ».

332 C. HAGÈGE, *Le Français, histoire d'un combat*, ouvr. cité, p. 41.

en sa faveur, le Roi va s'efforcer de substituer l'unité là où il y a multiplicité, l'indivisibilité d'un pouvoir, là où il est divisé.

233. Mais, l'autorité monarchique est-elle souveraineté ? Sans entrer dans le débat, il importe de nouveau de l'évoquer. La souveraineté, fait-on valoir, n'a pu naître qu'à partir du moment où les États-nations ont été à même non seulement d'étendre leur pouvoir spécifique à tous les habitants de leur territoire mais également de s'opposer à toute ingérence des autres États[333]. Au Moyen Âge, le roi de France avait à tenir compte, à l'intérieur de son royaume, des instances féodales suffisamment structurées et autonomes pour se refuser à toute intrusion en leurs domaines, et à l'extérieur des prérogatives revendiquées par l'empereur et le pape[334]. Ce roi médiéval était-il souverain ?

234. La souveraineté, du moins le concept théorisé, ne se divise pas. On considère, en effet, que la souveraineté est structurée par une dualité qui se répercute à la fois sur son ou ses titulaires, sur son champ d'application et sur ses attributions. Il s'agit d'une part de l'autorité ou pouvoir suprême, de l'autre de la puissance publique ; la souveraineté, dans chacune de ses composantes, quel que soit son détenteur et où qu'elle se situe, est assortie du pouvoir de décider en dernier ressort[335]. La souveraineté médiévale est donc divisée ; elle n'est donc pas, nous l'avons déjà dit, souveraineté.

235. Le roi de France au XIIIe siècle règne, en effet, sur un royaume, gouverné par une multitude de princes territoriaux. Il y a donc division du commandement ; et s'il demeure titulaire d'une prééminence, d'une primauté rappelant son antique suprématie, il ne saurait être regardé comme souverain du royaume mais seulement du *ducatus Francorum* car il ne détient la puissance publique que sur cette partie infime du *regnum Francorum*.

---

333 O. BEAUD, *État et souveraineté,* thèse Droit, Paris, 1989, p. 87 ; ouvrage publié en 1994 sous le titre *La puissance de l'État*, coll. « Léviathan ».

334 M. DAVID, *La souveraineté du peuple*, coll. « Questions », Paris, PUF, 1996, p. [illegible] ; J.-F. LE MARIGNIER, *La France médiévale. Institutions et Société,* ouvr. cité, p. [illegible]56-263.

335 Dans ce sens, on peut citer Éric MILLARD (« Épurations, amnistie, amnésie : un bref éclairage sur le droit, dans *M.I.R.H.E.C.*, n° 3, 1999, p. 1-7, cit. p. 5), pour qui la souveraineté c'est « le caractère d'un État qui est supérieur à toute autre entité interne et n'est soumis à aucune entité extérieure. À l'intérieur de cet État, la souveraineté désignera l'organe politique dont la volonté est productive de droit et qui, situé au sommet d'une hiérarchie d'organes, n'est soumis à aucun contrôle ».

236. Les rois de France, à partir du règne de Louis VI (1108-1137) vont donc s'efforcer de reconstituer leur autorité. La suzeraineté subsistante va insensiblement leur permettre d'accéder à ce qui deviendra la souveraineté.

237. La construction de l'unité au sein de la souveraineté impliquait l'unité du domaine renforcé par l'unité juridique. L'unité, c'est ce qui se ramène à un : *rex unus* (droit successoral), *regnum unum* (domaine) *lex una* (pouvoir législatif). Cette reconstruction ou plutôt cette reconstitution de l'État devait se traduire dans une unité de commandement impliquant la détention d'un monopole dans la direction du royaume. Le détenteur du monopole doit évidemment échapper au contrôle des barons. Le choix d'un roi doit donc être soustrait au vouloir des hommes et donc s'imposer par des normes supra démocratiques. La mise en œuvre d'un tel pouvoir qui va se traduire dans l'indivisibilité de la couronne (§ I - L'affirmation de l'indivisibilité de la couronne) ne peut être dissociée du substrat matériel qui autorise son exercice : le territoire propre du roi doit donc également tendre à l'indivisibilité (§ II - L'affirmation de l'indivisibilité du royaume). Ce pouvoir enfin doit inclure les antiques *regalia* concédés aux barons, pour permettre au roi d'imposer sa supériorité au sein même des puissances publiques territoriales (§ III - Le rétablissement du monopole des *regalia*).

§ I - L'AFFIRMATION DE L'INDIVISIBILITÉ DE LA COURONNE

238. Les descendants d'Hugues Capet, issus des Robertiens, vont ainsi parvenir à établir au profit de leur famille un monopole royal. Ce monopole va permettre d'assurer l'unité de l'État royal, au niveau de son commandement, par un ensemble de règles concernant la transmission de la couronne : un seul roi (A - *Rex unus*), consacré par le pouvoir spirituel (B- *Rex Dei gratia*), mâle (C- *Rex masculus*), assujetti à un ordre agnatique (D- *Rex agnatus*) qui s'imposait sans formalité (E- *Rex suo jure*) était à même, en garantissant l'unicité du royaume, de sauvegarder l'unité de celui-ci.

A - *REX UNUS*

239. Le Traité de Verdun consacrait, nous l'avons vu, l'exemple même de la division, puisque l'immense territoire carolingien est partagé comme un bien de famille. Le pluralisme monarchique est synonyme de désunion, quand bien même, faisant suite aux Serments de Strasbourg, il est aussi un partage territorial, fondé partiellement sur une adéquation du territoire à la langue de la population. Seule l'unicité royale (un roi unique) était susceptible de maintenir l'unité. Poser en norme que la dévolution du royaume doit quitter le champ patrimonial, en le soustrayant au partage familial et à *l'electio populi*, ne pouvait que faire succéder l'union à la division, l'unité à la multiplicité.

240. À l'époque mérovingienne, la monarchie était, nous l'avons vu, purement héréditaire. Le royaume, patrimoine du roi, était dévolu comme une hérédité privée et dès lors réparti entre les héritiers mâles ; il était donc le cas échéant partagé. Les plus grandes partitions (quatre royaumes des Francs) auront lieu à la mort de Clovis en 511 et à la mort de Clotaire en 561[336].

241. Les choses changèrent à l'époque carolingienne. En 751, Pépin le Bref, maire du palais, titulaire, en tant que tel, de l'effectivité du pouvoir, estima, rappelons-le, que le moment était venu de détrôner le dernier Mérovingien qui ne régnait que de nom. Bien qu'approuvé par le pape, cet acte n'en était pas moins une usurpation, car Pépin le Bref dépouillait le roi de son patrimoine légitime. Il voulut s'appuyer sur les grands et se fit élire par eux roi des Francs[337]. C'est ainsi qu'apparut, pour la première fois, dans le *regnum Francorum*, une règle nouvelle de dévolution fondant le pouvoir royal sur l'*electio populi* ; le *populus* étant bien sûr uniquement constitué par les *proceres* qui seuls pouvaient accéder aux *placita*, assemblées politiques. Ce nouveau principe n'effaçait pas l'hérédité salienne ; il allait, au contraire, se combiner avec elle. La pratique des partages continua quand le roi avait plusieurs fils. Au sein du *placitum*, assemblée des grands, le roi anticipant sa disparition physique, faisait désigner *(electio)* de son vivant ses fils comme rois associés, en sorte qu'ils lui succèdent de plein droit à sa

---

336 J. BOUSSARD, « La France féodale », dans *La France et les Français* (dir. Michel FRANCOIS), Encyclopédie de La Pléiade, Paris Gallimard, 1972, p. 974-977. A. RIGAUDIÈRE, *Introduction historique à l'étude du droit et des institutions*, ouvr. cité, p. 66-67.

337 A. RIGAUDIÈRE, *Introduction historique à l'étude du droit et des institutions*, ouvr. cité, p. 68-69.

mort. À la fin du IXe siècle, dans les trois royaumes issus de Verdun, l'*electio populi* tendit à prévaloir sur le droit patrimonial salien[338]. C'est ainsi qu'en 888, les grands de la *Francia Occidentalis* élirent pour roi un prince qui ne descendait pas de Charlemagne, Eudes, comte de Paris, de la famille des Robertiens. La légitimité patrimoniale n'était pas morte pour autant ; elle lui sera bientôt opposée en la personne du dernier carolingien, Charles le Simple avec qui le roi Eudes fut contraint, en présence du *populus* de transiger. Charles sera ainsi, par anticipation, désigné comme successeur d'Eudes, et à la mort de ce dernier, en 898, il accédera ainsi au pouvoir[339].

242. Mais l'*electio populi* prendra bientôt le dessus[340]. Le *populus*, assemblée des grands réunis dans le *placitum*, tira, en effet, les conséquences logiques de sa prérogative : ce qu'il faisait par l'élection, il pouvait le défaire. Le roi Charles, ayant déplu, fut déchu. On lui substitua successivement, Robert I, frère du roi Eudes, puis Raoul, duc de Bourgogne, son beau-frère. À la mort de ce dernier, en 936, les grands élirent successivement trois carolingiens, Louis IV, fils de Charles le Simple, puis son fils aîné, Lothaire, et enfin Louis V. À celui-ci succéda, en 987, toujours par la voie de l'élection, Hugues Capet, petit-fils du roi Robert I[341]. L'élection avait eu l'avantage considérable de mettre un terme à la patrimonialité salienne en imposant l'unicité régalienne. Le royaume ne se partage plus et un roi unique règne désormais sur le *regnum Francorum*. À l'évidence, cette unicité du roi ne pouvait aller que dans le sens de l'unité[342].

243. Les descendants d'Hugues Capet devaient régner en France, sans discontinuité, pendant huit cent ans. Mais en 987, lors de l'élection du premier Capétien, les grands n'avaient fait qu'user de ce droit de suffrage qui leur permettait, par l'élection du roi, de choisir essentiellement entre deux familles, celui qui n'était que le *primus inter*

---

338 A. DUMAS, *Histoire du droit français*, ouvr. cité, p. 33.

339 *Ibid.*, p. 34.

340 K.-F. WERNER, « Les sources de la légitimité royale à l'avènement des Capétiens (Xe-XIe siècles)», dans *Le Sacre des Rois. Actes du colloque international d'histoire sur les sacres et couronnements royaux (Reims, 1975)*, Paris, Les Belles Lettres, 1985, p. 49-60.

341 A. RIGAUDIÈRE, *Introduction historique à l'étude du droit et des institutions*, ouvr. cité, p. 175.

342 P. VIOLET, *Histoire des institutions publiques et administratives de la France*, Paris, Larose, 1898, 2 vol., t. II, p. 21 et s.

pares[343]. L'élection consacrait, en effet, la décadence de la royauté en face des prétentions croissantes des grands.

244. Dans ce désordre pré-féodal, on doit cependant souligner une évolution favorable à l'unité du territoire : la royauté va être considérée, de plus en plus, comme un office semblable aux autres fonctions, comme celles de duc ou de comte. Ces diverses fonctions ne comportaient qu'un titulaire, il parut normal de ne désigner dans les élections qu'un seul roi. Cette unicité régalienne ne pouvait aller que dans le sens de l'unité de l'État[344]

B - *REX DEI GRATIA*

245. L'élection toutefois attentait gravement à la patrimonialité du royaume qui seule fondait, selon la loi salienne, la légitimité du roi. Le premier usurpateur, Pépin le Bref, avait ainsi, nous l'avons vu, éprouvé le besoin de renforcer sa légitimité électorale en recherchant la caution de l'église. L'église considérait-elle alors que la royauté n'était pas un droit reconnu au prince dans son intérêt propre, mais une fonction instituée dans l'intérêt général ? D'aucuns l'affirment[345]. Cela n'est pourtant pas certain et ne permet pas, en tout cas, d'expliquer le soutien que l'église apporta aux seuls Carolingiens pendant plus de cent trente ans[346]. « Le chassé-croisé Robertiens-Carolingiens », pour reprendre l'expression de J. Thibaut-Payen[347], initié par l'élection du roi Eudes en 888, incline à penser que l'église profitera de cette seconde usurpation pour s'immiscer pendant un siècle, et de façon plus décisive encore, dans la désignation des rois des Francs. En effet, il était de l'intérêt du pouvoir politique des successeurs de Pierre de contrôler la dévolution de la couronne. Les événements de 987 traduisent la dernière avancée de ce contrôle ecclésial sur la désignation du roi. Cette année-là, le roi carolingien Louis V mourut subitement d'une chute de cheval sans

---

343 J. THIBAUT-PAYEN, « Une aventure d'un demi-millénaire : les Francs », dans J.-L. HAROUEL, J. BARBEY, E. BOURNAZEL, J. THIBAUT-PAYEN, *Histoire des institutions de l'époque franque à la Révolution*, ouvr. cité, p. 95.

344 A. DUMAS, *Histoire du droit français*, ouvr. cité, p. 112.

345 *Ibid.*, p. 36.

346 Élection de Pépin en 751. Élection d'Eudes en 888.

347 J. THIBAUT-PAYEN, « Une aventure d'un demi-millénaire : les Francs », dans J.-L. HAROUEL, J. BARBEY, E. BOURNAZEL, J. THIBAUT-PAYEN, *Histoire des institutions de l'époque franque à la Révolution*, ouvr. cité, p. 95.

laisser de fils. Son oncle et plus proche parent, Charles de Lorraine, second fils de Louis IV, sollicita, sur la base du droit héréditaire, l'*electio populi*. Au sein du *placitum*, sa candidature sera écartée à la demande expresse d'Aldaberon, archevêque de Reims, qui proposa d'élire le duc des Francs, Hugues Capet. Le prélat fit observer que la couronne n'étant point héréditaire, elle devait être déférée au plus digne[348].

246. Élu roi le 1er juin 987[349], Hugues sera sacré quelques semaines plus tard, le 3 juillet 987 à Noyons par le même Aldabéron qui le proclame « roi des Gaulois, des Bretons, des Danois, des Aquitains, des Goths des Espagnols et des Vascons »[350]. Les peuples ainsi désignés traduisent la multiplicité du *regnum* en même temps que son unicité sous l'égide du *rex unus*.

247. Ce n'est vraiment qu'avec l'avènement du premier Capétien, que l'on peut considérer que le sacre est nécessaire pour parfaire le roi désigné par les grands. C'est ce double fondement que Hugues Capet et ses premiers successeurs finiront par contourner pour imposer, définitivement cette fois, la lignée de Robert le Fort.

248. À peine élu, Hugues Capet proposa à Aldabéron de réunir une nouvelle assemblée de grands pour proposer la candidature de son fils Robert. L'archevêque, étonné de l'ambition de son protégé, fit d'abord une réponse évasive : il n'était pas, dit-il, d'usage de faire deux rois dans la même année[351]. Hugues insista. Il prit prétexte d'une lettre du duc de l'Espagne citérieure, Borel, par laquelle ce seigneur se reconnaissait son vassal et lui demandait secours contre les musulmans établis en Espagne. Sous prétexte que les nécessités de la lutte contre l'islam pourraient l'amener à s'absenter, Hugues demanda que son fils lui fût adjoint comme roi en second. Aldabéron s'étant laissé convaincre, les grands furent convoqués à la Noël 987, et élirent le

348 I. GOBRY, *Robert II, fils de Hugues Capet*, Paris, Flammarion, 2005, p. 27-28.

349 Y SASSIER, *Hugues Capet*, Paris, Fayard, 1987, p. 194-198 ; E. POGNON *Hugues Capet, roi de France*, Paris, Albin Michel, 1966, p. 135-138.

350 RICHER, *Histoires de France*, 888-995, 2 vol., (t. I, 888-954, t. II, 954-995) publiées et traduites par R. LATOUCHE, Paris, H. Champion, 1930-1937, t. II, p. 163 : « *Dux omnium consensu in regnum promovetur et, metropolitanum aliosque episcopos Noviomi coronatus, Gallis, Brittanis, Danis, Aquitanis, Gothis, Hispanis, Wasconibus rex* ».

351 RICHER, *Histoire de France*, ouvr. et édit. cités, t. II, p. 165.

jeune Robert II, dit le Pieux[352], « rois des peuples occidentaux de la rivière de la Meuse jusqu'à l'Océan »[353].

249. Les successeurs d'Hugues Capet continuèrent cette pratique de génération en génération : de Robert le Pieux à Philippe Auguste, six rois de sa lignée se succédèrent de père en fils par le moyen d'une élection et d'un sacre anticipés. Durant deux siècles, ils eurent la chance d'avoir des fils qu'ils purent présenter à l'élection des grands[354].

250. Mieux encore, à peine désigné, le jeune prince était sacré. Ayant reçu l'onction sainte, il était pleinement roi comme son père à qui il était associé ; les grands lui prêtaient immédiatement l'hommage et il était mis en possession du royaume. Il y avait deux rois qui régnaient conjointement, en sorte qu'à la mort de l'un d'eux le trône n'était pas vacant[355].

251. L'institution capétienne des deux rois se présente formellement comme une atteinte à la règle ci-dessus dégagée du *rex unus* : il y a certes deux rois, mais ce n'est pas un collège à la romaine (deux consuls ou deux empereurs qui en principe fonctionnaient selon la règle de l'*unanimitas*) ; ce n'est pas non plus un partage patrimonial à l'instar des Mérovingiens ou des Carolingiens. Cette institution se présente donc tout simplement comme une désignation anticipée du successeur : celui-ci est roi par anticipation[356]. Et, bien que pleinement roi par l'élection et le sacre, il n'est en réalité que roi présomptif. Un roi titulaire d'un simple *jus ad rem*, à telle enseigne que la chronologie officielle ne le comptabilise même pas s'il advient qu'il meure avant son père, c'est-à-dire avant de succéder pleinement[357]. On peut donc

---

352 I. GOBRY, *Robert II, fils de Hugues Capet*, ouvr. cité, p. 30-31 ; E. POGNON, *Hugues Capet, roi de France*, ouvr. cité, p. 142-143.

353 RICHER, *Histoire de France*, ouvr et édit. cités, t. II, p. 167. « *...et a Mosa fluvio usque Oceanum occidentalibus regem præfecit et ordinavit* ».

354 P. VIOLET, *Histoire des institutions publiques et administratives de la France*, t. II, p. 47-48 ; A. RIGAUDIÈRE, *Introduction historique à l'étude du droit et des institutions*, ouvr. cité, p. 176-177.

355 Fr. OLIVIER-MARTIN, *Histoire du droit français, des origines à la Révolution*, ouvr. cité, p. 209.

356 Le futur Louis VI le Gros, élu roi par les grands vers 1099, portera le titre de « roi désigné ». cf. M. PROU, « Philippe I », *G. E.*, t. XXVI, p. 661. Il en alla de même de son fils aîné Philippe, *rex designatus*, mort avant son père le 13 octobre 1331. *Cf.* Y SASSIER. *Louis VII*, Paris, Fayard, 1991, p. 15.

357 C'est non seulement le cas du roi Philippe, fils aîné de Louis VI, mais également du roi Hugues, fils aîné de Robert II, ce dernier, sacré à l'abbatiale Saint-Corneille de Compiègne par Arnoul, archevêque de Reims, le 9 juin 1017, mort, le 17 septembre

affirmer que le binôme royal n'attentait en rien à l'unité commandement[358].

252. À la longue, l'élection perdant de son importance, elle s'inséra dans la cérémonie du sacre. Devant les grands et le peuple assemblés dans la cathédrale, l'archevêque déclarait élire le jeune prince pour roi et l'assistance répondait par des acclamations. Après quoi, le prélat procédait immédiatement à l'onction du sacre[359].

253. Dès le milieu du XIe siècle, personne ne faisait plus d'objection à cette pratique. Les grands admettaient le sacre anticipé même d'un prince mineur : en 1059, Henri Ier n'éprouva aucune difficulté à faire sacrer son fils, Philippe Ier qui pourtant n'avait que sept ans[360]. L'année suivante, à la mort de son père, l'enfant roi continua d'être reconnu par tous, sous la tutelle de sa mère la reine Anne de Russie et de son oncle, Baudoin, comte de Flandres[361]. Si le roi avait plusieurs fils, un seul d'entre eux était sacré, et toujours le fils aîné. Certains évêques auraient pourtant voulu faire adopter un autre usage, affirmant qu'il aurait été

1025, six ans avant son père (*Cf.* Y. SASSIER, *Louis VII*, ouvr. cité, p. 15 ; GOBRY, *Robert II, fils de Hugues Capet*, ouvr. cité, p. 148 ; M. PROU, « Robert I dit le Pieux », *G.E.*, t. XXVIII, p. 737-738). Ces deux rois « désignés » ne figurent même pas à la suite de leur père, dans la chronologie des rois et dans les monographies des Encyclopédies.

358 Le second roi, en effet, pouvant n'être encore qu'un enfant. Le roi Hugues II n'avait que dix ans lors de son sacre. Citant la *Vie du roi Robert* d'HELGAUD (dans GUIZOT, *Collection des mémoires relatifs à l'histoire de France*, t. V, Paris, 1830) Ivan GOBRY (*Robert II, fils de Hugues Capet*, ouvr. cité, p 149) nous apprend qu'en 1025 – Hugues II a alors 18 ans – son père lui accorda « les droits et les pouvoirs sur tout le royaume », comme si son *electio* et son sacre n'avaient pas généré de prérogatives royales, ce qui signifie bien qu'il s'agit d'un roi en second, subordonné au pouvoir de son père. A. DUMAS *(Histoire du droit français*, ouvr. cité, p. 113) nous apprend que la désignation d'un roi en second souleva parfois des protestations. Certains grands vassaux, voyant avec méfiance les efforts que faisait la dynastie capétienne pour s'installer définitivement, ne venaient pas au plaid convoqué pour l'élection. Mais, grâce à la diplomatie des Capétiens, l'assemblée fut toujours assez nombreuse pour que l'élection ne fut pas sérieusement contestée. Y. SASSIER théorise cette « association au trône » dans *Louis VII*, ouvr. cité, p. 1-51.

359 A. RIGAUDIÈRE, *Introduction historique à l'étude du droit et des institutions*, ouvr. cité, p. 176.

360 I. GOBRY, *Histoire des rois de France, PhilippeIer, père de Louis VI Le Gros*, Paris, Flamarion, 2003, p. 23-24.

361 I. GOBRY, *PhilippeIer, père de Louis VI Le Gros*, ouvr. cité, p. 27 et s. ; M. PROU, « Henri I », *G.E.*, t. XIX, p. 1107 ; A. RIGAUDIÈRE, *Introduction historique à l'étude du droit et des institutions*, ouvr. cité, p. 177.

préférable d'élire le meilleur des fils du roi[362]. Cet avis qui reparut à plusieurs reprises ne prévalut pas avec raison[363]. Il aurait amené des compétitions entre les fils du roi dont chacun se serait prétendu le meilleur, tandis que la qualité d'aîné échappait à toute discussion[364].

254. Dans ces conditions, la couronne de France se transmit sans trop de difficultés dans la lignée d'Hugues Capet de père en fils dans l'ordre de primogéniture. Au commencement du XIIIe siècle, l'opinion publique la tenait pour héréditaire. Philippe Auguste ne jugea pas utile de s'associer son fils en le faisant sacrer par avance : à sa mort, en 1223, ce fils, Louis VIII lui succéda de plein droit[365] ; il fit fonction de roi avant même d'être sacré[366].

255. Le principe d'hérédité avec le droit d'aînesse remplaça donc celui de l'élection. Une telle évolution était dans la nature de la société féodale où tout tendait vers l'hérédité. Lorsque les plus grands offices, ceux de ducs et de comtes, étaient devenus héréditaires, il n'aurait pas été logique qu'il en fut autrement de l'office royal. Mais, alors que l'hérédité des princes territoriaux renforçait les forces de dispersion, l'unicité de la fonction royale et son caractère définitivement héréditaire favorisait la reconstitution de l'autorité monarchique dans le cadre d'un royaume unitaire[367].

---

362 À la mort du roi présomptif, Hugues, son père Robert II fera sacrer à Reims, à la Pentecôte 1027 et toujours par anticipation, son second fils, Henri (le futur Henri I), malgré l'opposition de quelques grands et celle de la reine Constance qui auraient voulu que le troisième fils Robert, perçu comme plus énergique, reçut la couronne. Cf. I. GOBRY, *Robert II, fils de Hugues Capet*, ouvr. cité, p. 149-150 ; M. PROU, « Henri I », *G.E.*, t. XIX, p. 1106-1108.

363 Y. SASSIER, *Louis VII*, ouvr. cité, p. 17.

364 E. BOURNAZEL, « Les temps féodaux (fin X[e]-fin XIIIe siècle) », dans J.-L. HAROUEL J. BARBEY, É. BOURNAZEL, J. THIBAUT-PAYEN, *Histoire des institutions de l'époque franque à la Révolution*, ouvr. cité, p. 207 ; Fr. OLIVIER-MARTIN, *Histoire du droit français, des origines à la Révolution*, ouvr. cité, p. 210 ; A. DUMAS, *Histoire du droit français*, ouvr. cité, p. 112-113 ; A. RIGAUDIÈRE, *Introduction historique à l'étude du droit et des institutions*, ouvr. cité, p. 176.

365 J.M. CARBASSE, *Introduction historique au droit*, ouvr. cité, p. 253-254.

366 Y. SASSIER, *Louis VII*, ouvr. cité, p. 17.

367 Fr. OLIVIER-MARTIN, *Histoire du droit français, des origines à la Révolution*, ouvr. cité, p. 210

C - *REX MASCULUS* (EXCLUSION DES FEMMES)

256. Il était donc admis que la couronne passait par droit héréditaire au fils aîné du roi défunt. Mais que décider si le défunt ne laissait que les filles ? Cette question ne s'était jamais présentée depuis l'avènement des Capétiens. Elle se posa pour la première fois en 1316[368], à la mort du roi Louis X le Hutin, sous une forme assez complexe. Le roi ne laissait qu'une fille du nom de Jeanne, suspectée de bâtardise[369], et deux frères, fils comme lui de Philippe le Bel. Mais ce qui compliquait la question, c'est que sa veuve était enceinte. Le cas où la reine accoucherait d'un fils ne faisait pas de difficulté : le droit héréditaire était si solidement établi qu'il devait profiter même à un fils posthume. Mais la question était plus difficile pour le cas où la reine accoucherait d'une fille. Jamais une femme n'avait accédé en France à l'office royal. On se demandait à qui reviendrait la couronne : à la fille aînée de Louis X, Jeanne ? Ou à l'aîné des deux frères, Philippe le Long, comte de Poitiers[370]. Il fallait, en attendant, prendre d'urgence des mesures pour assurer provisoirement le gouvernement du royaume. Comme tous étaient dans le désarroi en l'absence de précédents qui permettent de servir de règles, l'heure était propice à l'homme résolu qui saurait s'imposer. Philippe le Long convoqua immédiatement et *proprio motu* une assemblée de prélats et de barons pour examiner la question. L'assemblée, réunie le 16 juillet 1316, proclama Philippe « gouverneur et lieutenant général du royaume » et lui confia la régence jusqu'à l'accouchement de la reine. Elle envisagea aussi les conséquences de cet événement. Si la reine accouchait d'un fils, Philippe conserverait la garde du royaume jusqu'à la majorité du petit prince qui serait reconnu comme roi. Si l'enfant était une fille, la décision serait ajournée jusqu'à la majorité de la princesse Jeanne et Philippe continuerait à assurer la

---

368 P. VIOLET, *Histoire des institutions publiques et administratives de la France*, ouvr. cité, t. II, p. 55-86 ; du même, « Comment les femmes ont été exclues en France de la succession à la couronne », *Mémoires de l'Académie des inscriptions et Belles-Lettres*, 1893, t. IV, 2e partie, p. 432-463 ; P. LEHUGEUR, *Histoire de Philippe le Long*, Paris, Hachette, 1897, 2 vol., t. I, p. 28-46 ; Félix OLIVIER-MARTIN, *Étude sur les régences et la majorité des rois sous les Capétiens directs et les premiers Valois (1060-1375)*, thèse droit, Paris, 1931, p. 27.

369 A. RIGAUDIÈRE, *Pouvoirs et institutions de la France médiévale. Des temps féodaux aux temps de l'État*, 2ème édit., Paris, A. Colin, 1998, p. 23.

370 A. RIGAUDIÈRE, *Introduction historique à l'étude du droit et des institutions*, ouvr. cité, p. 216 ; *Pouvoirs et institutions de la France médiévale. Des temps féodaux aux temps de l'État*, ouvr. cité, p. 23.

régence[371]. Quelques mois après, la reine accoucha d'un fils, Jean 1er. Mais ce petit roi mourut au bout de huit jours. Philippe le Long profita de cette situation incertaine pour manœuvrer habilement ; il se proclama roi dès décembre 1316 et se fit sacrer à Reims le 9 janvier 1317[372], nonobstant l'opposition de la plupart des grands du royaume qui estimaient que les droits de Jeanne, fille de Louis X, devaient être examinés avant que l'on procédât au sacre[373]. Le 2 février 1317, Philippe réunit une nouvelle assemblée de prélats, de barons et de bourgeois de Paris qui approuvèrent son sacre, jurèrent de lui obéir et déclarèrent que « femme ne succède pas à la couronne de France France »[374]. La nouvelle norme sera bientôt complétée par une autre

---

371 O. DEVAUX, *Histoire des institutions de la France*, ouvr. cit., p. 167-168.

372 A. RIGAUDIÈRE, *Introduction historique à l'étude du droit et des institutions*, ouvr. cité, p. 216-217.

373 J.-F. LE MARIGNIER, *La France médiévale, Institutions et société*, ouvr. cité, p. 278 ; A. RIGAUDIÈRE, *Pouvoirs et institutions de la France médiévale. Des temps féodaux aux temps de l'État*, ouvr. cité, p. 23.

374 A. DUMAS, *Histoire du droit français*, ouvr. cité, p. 267. Cette décision ne fut pas, semble-t-il, prise pour des raisons juridiques. Il y avait des arguments assez forts pour admettre la succession féminine. Les filles étaient reconnues aptes à succéder aux grands fiefs : récemment, en 1309, un arrêt du parlement avait attribué le comté d'Artois à la comtesse Mahaut de préférence à son neveu Robert. On avait vu des femmes régner en divers royaumes : à Jérusalem, à Constantinople, en Angleterre et en Navarre : Louis X le Hutin n'était-il pas précisément roi de Navarre du chef de sa mère, reine de Navarre ; et sa fille Jeanne, considérée comme incapable de régner en France, n'avait-elle pas été proclamée reine de Navarre *suo jure*, en tant que seule enfant survivante de son père, roi de Navarre ? (Cf. J. BRISSAUD, *Cours d'histoire générale du droit français public et privé*, Paris, A. Fontemoing, 2 vol., 1904, t. 1, p. 781-784 ; A RIGAUDIÈRE, *Pouvoirs et institutions de la France médiévale. Des temps féodaux aux temps de l'État*, ouvr. cité, p. 26). Pour exclure les femmes, on invoqua principalement des arguments d'ordre politique. Une femme ne pouvait pas avoir la main assez ferme pour gouverner le royaume dans des circonstances troublées. Il y avait aussi à craindre que, par son mariage, elle ne fit passer la couronne dans une famille étrangère (A. DUMAS, *Histoire du droit français*, ouvr. cité p. 151 J.-F. LE MARIGNIER, *La France médiévale, Institutions et société*, p. 277 ; *Cf.* également A. RIGAUDIÈRE, *Introduction historique à l'étude du droit et des institutions*, ouvr. cité, p. 217 : Philippe V eut aussi l'appui des ecclésiastiques qui firent remarquer avec force que les filles doivent être écartées de la couronne en raison du sacre et de son caractère quasi-épiscopal : le sacre des rois de France investit ce dernier d'un véritable ministère très proche d'un sacerdoce, auquel une femme ne peut avoir accès). L'exclusion des femmes n'en devint pas moins une règle de droit qui, désormais, régit la monarchie française à travers les siècles. Le précédent de 1316 fit loi six ans plus tard, en 1322, à la mort de Philippe le Long : comme il ne laissait que des filles, il eut pour successeur son frère Charles le Bel (J.-F. LE MARIGNIER, *La France médiévale, Institutions et société*, ouvr. cité, p. 278 ; A. RIGAUDIÈRE, *Introduction historique à l'étude du droit et des institutions*, ouvr.

règle que l'on peut percevoir comme sa principale incidence, le *rex agnatus*.

D - *REX AGNATUS*[375] (EXCLUSION DES DESCENDANTS MÂLES PAR LES FEMMES)

257. Une nouvelle difficulté surgit en 1328, à la mort de Charles IV. Ce roi, comme ses frères, ne laissait que des filles qui, en raison des précédents, furent écartées sans discussion. La couronne devait revenir à un héritier mâle du roi défunt. Mais auquel ? Sans doute les femmes n'avaient pas par elles-mêmes de droits successoraux. Pourtant, certains soutenaient qu'elles pouvaient faire le « pont et planche » à leurs descendants mâles, afin de leur transmettre les droits qu'elles n'avaient pas personnellement. Ou bien fallait-il que l'héritier mâle fût le plus proche parent par les mâles ? Pour employer l'expression du droit romain, fallait-il qu'il fût l'héritier agnatique[376] ?

258. Trois hommes se présentèrent comme héritiers de la couronne. L'un était le roi d'Angleterre Édouard III, fils d'Isabelle de France, elle-même fille de Philippe le Bel, donc petit-fils de roi, mais par une femme. Le second était Philippe d'Évreux, fils de Louis d'Évreux, second frère de Philippe IV, mais époux de Jeanne, fille de Louis X et prétendant à ce titre à une couronne qu'elle aurait portée avec son époux. Le troisième enfin, Philippe de Valois, n'était que le cousin germain : il était le fils de Charles de Valois, premier frère de Philippe le Bel, donc petit-fils de roi, mais il était parent par les mâles. Il était donc l'agnat le plus proche. La question fut soumise à une assemblée de barons qui tranchèrent, en février 1327, en faveur de la règle agnatique[377]. Les barons de France ne voulurent pas, dit la chronique

---

cité, p. 217 ; A. RIGAUDIÈRE, *Pouvoirs et institutions de la France médiévale. Des temps féodaux aux temps de l'État*, ouvr. cité, p. 24).

375 *Agnatus* , « parent du côté paternel », participe d'*agnascor*, « naître à côté de ».

376 A. RIGAUDIÈRE, *Introduction historique à l'étude du droit et des institutions*, ouvr. cité, p. 218 ; A. RIGAUDIÈRE, *Pouvoirs et institutions de la France médiévale. Des temps féodaux aux temps de l'État*, ouvr. cité, p. 24. *Cf.* également E. DEPREZ, *Les préliminaires de la guerre de Cent ans. La Papauté, la France et l'Angleterre (1328-1342)*, Paris, A. Fontemoing, 1902, p. 15 et s. ; J. VIARD, « Philippe VI de Valois. La succession au trône », *Le Moyen Âge*, 1921, p. 218 ; J. VIARD, « Philippe VI de Valois. Débuts du règne : février-Juillet 1328 », *B.É.C.*, 1934, p. 259.

377 ISAMBERT et *al.*, *Recueil général des anciennes lois française*, ouvr. cité., t. III, p. 535, n° 643 ; J.-F. LE MARIGNIER, *La France médiévale, Institutions et société*, ouvr. cité, p. 278 ; A. RIGAUDIÈRE, *Introduction historique à l'étude du droit et des institutions*, ouvr. cité, p. 218-219.

être soumis au roi d'Angleterre ; ils lui préférèrent Philippe de Valois, parce qu'il était Français et agnat[378].

259. Jamais, depuis cette époque, ces principes ne fléchirent : femmes et descendants par les femmes furent, jusqu'à la fin, exclus du trône de France. La couronne était transmissible de mâle en mâle par ordre de primogéniture. Cette règle, après les épreuves de la guerre de Cent Ans, apparut comme la sauvegarde de l'indépendance nationale, comme une garantie de la souveraineté et de l'unité d'un royaume non assujéti[379].

E- *REX SUO JURE*

260. Le droit successoral achève de se constituer par l'émancipation du droit de l'héritier à succéder. Il échappe désormais à toute soumission à

---

378 Cette décision d'une assemblée de princes territoriaux correspond, selon Isambert, à une *electio regis*, « la nation ne s'étant point dessaisie de son droit originaire d'élection, en cas d'extinction de la famille régnante » (ISAMBERT et *al.*, *Recueil général des anciennes lois françaises*, ouvr. cité., t. III, p. 336, note 1). À l'idée que les femmes auraient pu « faire pont et planche » fut opposé l'adage *Nemo dat quod non habet*, ce qui revenait à exclure tout à la fois, et pour la même raison, Edouard III et Philippe d'Évreux (A. RIGAUDIÈRE, *Pouvoirs et institutions de la France médiévale. Des temps féodaux aux temps de l'État*, ouvr. cité, p. 25). Édouard III accepta la décision et prêta l'hommage à Philippe de Valois pour son duché de Guyenne. Mais, dès 1336, il se ravisa : ses prétentions à la couronne de France devaient officiellement servir de prétexte à la Guerre de Cent Ans (E. DEPREZ, *Les préliminaires de la Guerre de Cent Ans. La Papauté, la France et l'Angleterre,* ouvr. cité, p. 37-39). Quoi qu'il en soit, pour justifier ces solutions, les légistes de Philippe de Valois vont présenter un argument tiré de la Loi salique, la vieille loi des Francs Saliens (J.-F. LE MARIGNIER, *La France médiévale, Institutions et société*, ouvr. cité, p. 49 et 279). Cette loi contenait, au titre *de alodis* qui réglait les successions, une disposition aux termes de laquelle les filles étaient exclues de la *terra salica*. Ce n'était qu'une disposition de droit privé, propre aux Francs Saliens, parfaitement justifiée, nous l'avons vu, lorsque la monarchie franque était purement patrimoniale et patronale ; on va l'appliquer au royaume et en faire une règle de droit public. Désormais, la loi salique apparut comme une loi fondamentale de la monarchie française (A. RIGAUDIÈRE, *Introduction historique à l'étude du droit et des institutions,* ouvr. cité, p. 218-219 ; R. de KERALLAIN, « De la loi salique considérée comme loi de succession à la couronne de France », *R.H.*, 1886, t. XXX, p. 158-173 ; H. de LA PERIÈRE, *Du droit de succession à la couronne de France dans la dynastie capétienne,* thèse droit Paris, Paris, H. Daragon, 1908, p. 54 et s.). On tira aussi argument de l'Évangile. On y lisait dans Saint-Mathieu, VI, 28 : « Les lis ne filent point ». Or le royaume de France était le royaume des lis et filer était le propre des femmes. De là fut tirée cette maxime : « le royaume de France ne peut tomber en quenouille » (A. RIGAUDIÈRE, *Introduction historique à l'étude du droit et des institutions*, ouvr. cité, p. 219).

379 A. DUMAS, *Histoire du droit français*, ouvr. cité, p. 152.

la volonté du roi régnant ou à une quelconque formalité. L'héritier devient *rex suo jure*, ce qui se traduit dans deux règles complémentaires qui visent à protéger la capacité juridique du succédant. D'une part, il est impossible de changer l'ordre agnatique (I) et, d'autre part, aucune formalité ne peut entraver le droit de l'héritier à succéder (II).

I - L'immutabilité de l'ordre agnatique.

261. La question se posa d'abord de savoir, si le roi ne pouvait pas de sa seule volonté, changer l'ordre agnatique et instituer un héritier. Le 21 mai 1420, par le Traité de Troyes[380], Charles VI dit le Fol, déclara son fils, le dauphin Charles, exclu du trône, et institua héritier le roi d'Angleterre Henri V, à qui il donnait sa fille en mariage. Le royaume de France était livré aux Anglais[381]. Le dauphin Charles protesta contre ce Traité qu'il estimait contraire au droit. À la mort de son père, en octobre 1422, il se proclama roi sous le nom de Charles VII. Ses partisans émirent une doctrine ingénieuse pour démontrer que l'exclusion que le roi Charles VI avait faite de son fils était sans valeur.

262. On partit de l'idée, très féconde au point de vue du droit public, que le roi n'était pas le propriétaire du royaume, mais seulement l'usufruitier et l'administrateur. Aussi n'en pouvait-il pas disposer par testament ou autrement, comme d'un bien qui aurait fait partie de son patrimoine. L'héritier de la couronne devait être considéré comme un héritier nécessaire, parce qu'il ne tenait pas son droit de la volonté du roi défunt, mais de la coutume. Dès le vivant de son prédécesseur, et sans qu'il soit dès lors nécessaire – nous sommes au début du XVe siècle – de le sacrer par anticipation, on considéra qu'il avait un droit ferme, un *jus ad rem*, un *droit vers la chose*, auquel le roi ne pouvait pas porter atteinte. Cette règle s'imposait implicitement ; il fut pourtant nécessaire de la formuler dès l'instant où le roi manifesta la volonté de « patrimonialiser » le royaume en en disposant. Le caractère unitaire du royaume et le caractère « unicitaire » du souverain impliquaient le re

---

380 *Les grands traités de la Guerre de Cent ans*, (coll. de textes pour servir à l'étude et à l'enseignement de l'histoire), Paris, Picard, 1889 ; rééd. E. Quesnau, Paris, 19?5 p. 100-119.

381 J.-F. LE MARIGNIER, *La France médiévale, Institutions et société*, ouvr. cité, p. 279 ; A. RIGAUDIÈRE, *Introduction historique à l'étude du droit et des institutions*, ouvr. cité, p. 220. A. CABANIS, O. DEVAUX, *Histoire des institutions de la France (XVe-XVIIIe siècle)*, Lyon, L'Hermès, 1997, p. 19-20.

de ce droit de disposition dont la mise en œuvre aurait pu conduire à la dislocation du royaume. Il aurait pu partager le royaume, en aliéner une partie et ainsi, à l'instar de ses lointains devanciers, Mérovingiens et Carolingiens, contrevenir à son unité. Le successeur désigné de la couronne différait donc de l'héritier de droit privé qui, lui, n'avait qu'une simple expectative qu'il pouvait perdre par exhérédation[382].

263. Dans ces conditions, l'ordre de succession à la couronne était régi par une coutume supérieure à la volonté du roi, qui s'imposait à sa propre volonté. Cet ordre n'était pas établi dans l'intérêt du roi et de sa famille. Il était institué pour le « commun profit », dans l'intérêt de cette « chose permanente » qu'était la couronne de France. La royauté était une fonction, ordonnée au bien public, qui ne dépendait pas de la volonté du roi.

II - Instantanéité de la succession.

264. Au cours du XVe siècle, on compléta ces principes en affirmant la continuité de la fonction royale. Jusqu'au XIIe siècle, le sacre faisait le roi : aussi les premiers Capétiens prenaient-ils la précaution de faire sacrer leur fils aîné de leur vivant. Lorsque le droit héréditaire se fut affirmé, ce sacre anticipé tomba en désuétude et le prince, appelé à succéder à la couronne, n'était sacré qu'après la mort de son prédécesseur. On peut dès lors parler d'« instantanéité de la succession »[383].

---

382 J. de TERREVERMEILLE, *Tractatus contra rebelles suorum Regum*, éd. Lyon, J. Renaud de Sauset, 1526 ; réédité sous le titre *Tractatus de jure legitimi successoris in hereditate regni Galliæ*, dans F. HOTMAN, *Disputatio de controversia successionis regiæ inter patrum et fratris præ mortui filium*, Francfort, *apud N. Panningerum*, 1585 ; P. VIOLLET, « Origine de l'immutabilité du droit successoral dans la maison de France », *Mémoires de l'Académie des Inscriptions et Belles-Lettres*, 1895, 6, 2ème partie, p. 408-428 ; J.-F. LE MARIGNIER, *La France médiévale, Institutions et société*, ouvr. cité, p. 280 ; A. RIGAUDIÈRE, *Introduction historique à l'étude du droit et des institutions*, ouvr. cité, p. 220 et s. J. BARBEY, *La fonction royale. Essence et légitimité d'après les Tractatus de Jean de Terrevermeille*, Paris, NEL, 1983.

383 A. RIGAUDIÈRE, *Introduction historique à l'étude du droit et des institutions*, ouvr. cité, p. 209. On peut ajouter que le caractère contractuel de la féodalité, fondé sur des engagements réciproques, réapparut cependant de loin en loin, sous la forme du serment d'allégeance prêté par les grands pour conforter les droits du futur roi. Lorsque Louis VIII, qui le premier accéda à la fonction royale sans sacre anticipé, se vit proche de sa fin, il éprouva le besoin d'appuyer le droit successoral par le serment que ses principaux conseillers prêtèrent de reconnaître son fils aîné, le futur Saint Louis, comme roi après lui (ISAMBERT et *al.*, *Recueil général des anciennes lois*

265. Mais *quid* si le roi était mineur ? Charles V avait fixé la majorité des rois de France à quatorze ans et il avait ordonné que, pendant leur minorité, le royaume serait gouverné par un régent, revêtu de toute l'autorité royale et dont le nom devait être mis à la tête des lettres royaux à la place de celui du Roi[384]. C'est contre cette norme que réagit Charles VI qui, sans doute par crainte de l'usurpation d'un régent, décida dans une ordonnance donnée à Paris en avril 1403 que le fils aîné du roi régnant, fut-il mineur, accéderait désormais de plein droit à la royauté sans régence[385].

---

françaises, ouvr. cité, t. VII, p. 51, note 1). De même, en avril 1403, Charles VI, en pleine possession de ses facultés, mais prenant manifestement en compte les menaces qui déjà pesaient sur le maintien des droits de son lignage, eut recours, à défaut du sacre anticipé, au serment préalable, imposé aux trois ordres de la nation, « de tenir pour leur roy, souverain et naturel seigneur après nous, nostre très chier et très amé aisné filz, le duc de Guienne, Dalphin de Viennois, qui a présent est, ou autre nostre aisné filz qui pour lors sera, et non autres » (ISAMBERT et *al.*, *Recueil général des anciennes lois françaises*, ouvr. cité, t. VII, p. 52). On pouvait, par ailleurs se demander si la couronne devait être considérée comme vacante dans l'intervalle plus ou moins long, qui séparait la mort d'un roi et le sacre de son successeur. Il ne semble pas que la question se soit jamais posée dans les milieux officiels. En 1223, Louis VIII fit acte de roi dès la mort de son père. Ses successeurs agirent de même. Dès le jour de l'avènement, le nouveau roi exerçait sa fonction sans réserve ; les lettres patentes étaient expédiées avec la titulature ordinaire, et quand on prit l'habitude d'y marquer l'année du règne, elle était comptée de ce jour (J.-F. LE MARIGNIER, *La France médiévale, Institutions et société*, ouvr. cité, p. 280-281).

384 ISAMBERT et *al.*, *Recueil général des anciennes lois françaises*, ouvr. cité, t. VII, p. 53, note 1.

385 ISAMBERT et *al.*, *Recueil général des anciennes lois françaises*, ouvr. cité, t. VII, p. 53-54, « ...considérans que, sitost qu'il plaist à Dieu envoier sur terre au Roy qui est pour le temps, hoir masle premier nez, par droit de nature le baille héritier du royaume, et sitost que son père est alé de vie à trespassement, supposé que ledit premier né soit mendre d'ans en quelque minorité qu'il soit, il est et doit estre réputé pour Roy, et doit estre ledit royaume gouverné par lui et en son nom par les plus prouchains de son sang, et par les sages hommes de son conseil... Ordonnons et décernons de nostre certaine science, plaine puissance et auctorité royal, que nostre dit ainsné filz qui est à présent, ou cellui qui le sera pour le temps, en quelque petit aage qu'il soit ou puisse estre, soit après nous incontinent sans aucune dilacion, appellé Roy de France, succède à nostre royaume, et soit couronné Roy le plustost que faire se pourra, et use de tous droiz de Roy, sanz ce que aucun autre tant soit prouchain de nostre sang entrepreigne le bail, régence ou gouvernement de nostredit royaume, et sanz ce qu'il puist estre donné à nostre dit ainsné filz, en son droit qui lui est deu par droit de nature, aucun empeschement soubz umbre de régence ou gouvernement de nostredit royaume, ne autrement, pour quelque raison que ce soit ou puist estre...».

266 La pratique du sacre n'en continua pas moins[386]. Si cette cérémonie n'était plus juridiquement nécessaire pour faire le roi, elle conférait au prince la grâce de Dieu, dont il avait besoin pour exercer sa fonction[387]. Elle l'entourait d'une auréole miraculeuse qui augmentait son prestige[388]. Ainsi, il était parfait par le sacre que l'opinion considérait comme une procédure de légitimation de la fonction royale[389].

267. Quoi qu'il en soit, ce roi qui, en cette première moitié du XVe siècle, règne *suo jure*, éventuellement malgré lui, sur un royaume dont il ne peut disposer, demeure – et il y a là une apparente contradiction – un roi féodal, c'est-à-dire « positionné » à la tête d'un royaume unique mais non pas pleinement unitaire, car divisé en de multiples principautés territoriales. L'indivisibilité du royaume était,

---

386 A. RIGAUDIÈRE, *Pouvoirs et institutions de la France médiévale. Des temps féodaux aux temps de l'État*, ouvr. cité, p. 39-44.

387 J.-F. LEMARIGNER, *La France médiévale, Institutions et société*, ouvr. cité, p. 255-256, 280-281.

388 Le roi était le jour de son sacre oint de l'huile de la sainte ampoule que la légende disait avoir été apportée par une colombe venue du ciel pour le baptême de Clovis. A. RIGAUDIÈRE, *Pouvoirs et institutions de la France médiévale. Des temps féodaux aux temps de l'État*, ouvr. cité, p. 41.

389 J.-F. LEMARIGNER, *La France médiévale, Institutions et société*, ouvr. cité, p. 280-281 ; A. RIGAUDIÈRE, *Introduction historique à l'étude du droit et des institutions*, ouvr. cité, p. 210-211 ; A. DUMAS, *Histoire du droit français*, ouvr. cité, p.153. Pour réagir contre cette conception, les légistes tirèrent argument, dans la seconde moitié du XVe siècle, du cérémonial des funérailles royales qui avait été institué en 1422 à la mort de Charles VI. L'héritier de ce prince était, au point de vue anglais, un enfant en bas âge, Henri VI, le fils d'Henri V, institué héritier de la couronne de France par le Traité de Troyes. Les Anglais, qui occupaient Paris et ses environs, jugèrent utiles de marquer par une cérémonie symbolique que leur roi n'était que le continuateur des Capétiens. Lorsque le corps de Charles VI fut amené dans l'abbaye de Saint-Denis où il devait être enseveli, le roi d'armes prononça successivement les deux formules suivantes : « Dieu veuille avoir pitié de l'âme de très-haut et puissant prince Charles, roi de France, sixième du nom, naturel et souverain seigneur ! » et « Dieu donne longue vie à Henri, par la grâce de Dieu, roi de France et d'Angleterre, notre souverain seigneur ». C'était affirmer que l'ancienne monarchie française se continuait sous une dynastie nouvelle. Plus tard ce cérémonial fut adopté pour les héritiers légitimes d'Hugues Capet. À la mort du roi, pour inaugurer le règne de son successeur, le héraut d'armes criait : « Le roi est mort ! Vive le roi ! ». D'après les légistes ce cri montrait que le prince désigné par la coutume (*rex unus, masculus, agnatus*) était pleinement roi, dès l'instant de la mort de son prédécesseur, sans aucune formalité. Il était *rex suo jure*. La couronne de France n'était jamais vacante. Ce principe fut encore exprimé au XVIe siècle, par la maxime : « le roi ne meurt jamais ». Au-dessus de la personne mortelle du prince, il y avait la royauté immortelle dont une loi fondamentale assurait la permanence.

parallèlement à l'indivisibilité de la couronne, un aboutissement nécessaire pour accéder à l'unité.

§ II - L'AFFIRMATION DE L'INDIVISIBILITÉ DU ROYAUME

268. L'indivisibilité de la couronne, et donc son unité, ne pouvait devenir pérenne sans l'effectivité d'une puissance foncière. Si le fief en droit féodal est le support des obligations du vassal, le domaine royal dont procèdent initialement tous les fiefs doit être le support de l'unité du royaume. Il importe donc de ne pas distribuer et par conséquent diviser le domaine royal – et donc le royaume – en posant à cet égard un corpus normatif unificateur. Le domaine royal, notion complexe, va devenir un instrument pour parvenir à l'unité du royaume et à son indivisibilité. La féodalité porte dans son essence même, nous l'avons vu, la divisibilité d'un tout. Elle a généré l'État féodal qui ne se définit que par une multiplicité de contrats. Mais initialement le roi possède tout : le roi mérovingien possède le royaume. La division de ce dernier n'est originellement liée qu'au droit patrimonial, qui implique non seulement le partage du royaume entre les fils, mais également le paiement des services par concession de la terre ou de droits souverains (justice, impôts...). Parallèlement à l'unité royale, traduite dans le *rex unus* qui succède aux *reges* patrimoniaux, la reconstitution du domaine favorisera ainsi l'unité[390].

269. Le domaine royal se définit comme l'ensemble des terres dont le roi avait la seigneurie foncière ou justicière. Son autorité s'y exerçait sans l'intermédiaire d'un baron. Le pouvoir objectif des seigneurs fonciers et justiciers se mesurait à l'importance de leurs domaines. Reconstituer le royaume unitaire impliquait son remembrement et la reconstitution de son unité territoriale. Il importait, pour ce faire, que le domaine aliéné ou usurpé soit réintégré dans la mouvance immédiate du roi. La reconstitution du royaume unitaire par l'accroissement du domaine sera réalisée par la mise en œuvre du droit féodal (A).

---

390 A. RIGAUDIÈRE, *Pouvoirs et institutions de la France médiévale. Des temps féodaux aux temps de l'État*, ouvr. cité, p. 113 ; A. DUMAS, *Histoire du droit français*, ouvr. cité, p. 153 ; A. de LONGNON, *La formation de l'unité française* Leçon professée au Collège de France, le 14 décembre 1889, Paris, H. Champion 1890. Voir aussi pour les étapes de l'accroissement du domaine : M. BLOCH, « Sous Saint-Louis : le roi, ses seigneuries et ses champs », *Annales d'histoire économique et sociale*, 1937, XXV, p. 199-201 ; G. DUPONT-FERRIER, *La formation de l'État français et l'unité française (des origines au milieu du XVI*e *siècle)*, Paris, A. Colin 1929.

Parallèlement, le roi va soustraire le domaine royal de l'application de ce même droit féodal par l'affirmation de l'inaliénabilité du domaine (B).

A- LA RECONSTITUTION DU DOMAINE ROYAL PAR LA MISE EN ŒUVRE DU DROIT FÉODAL

270. La féodalité du XIIIe au XVe siècle subsiste, et, dès lors, c'est toujours le droit féodal qui assure la gestion privatisée du royaume. La force du roi se mesurant à l'étendue de son domaine, toute son énergie sera au service de l'accroissement de ce dernier. Dès le XIIIe siècle, il acquiert ainsi progressivement des duchés et des comtés qui s'étendent sur des provinces entières[391]. L'acquisition d'un grand fief lui procure un double avantage : il réunit au domaine royal l'ancien domaine ducal ou comtal, ce qui lui permet de commander directement – c'est le second avantage – aux anciens vassaux du duc ou du comte qui, d'arrière-vassaux, deviennent ses vassaux immédiats. En 1204, Philippe II Auguste inaugure à grande échelle cette politique en osant un coup de maître : la réunion au domaine du duché de Normandie et des comtés d'Anjou et de Poitou, trois provinces relevant jusqu'alors des Plantagenet. Le domaine royal est dès lors plus étendu que le domaine des autres princes territoriaux : le roi est devenu le plus puissant seigneur du royaume. Cette œuvre se continua au XIIIe siècle. Sous le règne de Louis IX, le domaine atteint le Midi : en 1229, le Traité de Paris lui donne les pays de Beaucaire et de Carcassonne, détachés du comté de Toulouse. En 1271, à la mort d'Alphonse de Poitiers, le comté de Toulouse lui-même revient à la couronne. Le XIVe siècle, et ses cent années de guerre, est un temps d'arrêt et même de reculs. Mais Le mouvement reprend, avec vigueur, au XVe siècle : les duchés de Guyenne et Gascogne sont conquis définitivement, en 1453, sur le roi

---

391 J.-F. LE MARIGNIER, *La France médiévale, Institutions et société,* ouvr. cit, p. 282 ; A. RIGAUDIÈRE, *Introduction historique à l'étude du droit et des institutions,* ouvr. cité, p. 267 et s. ; J. BARBEY, « La montée de l'État monarchique (fin XIIIe – début XVIIe siècle), dans J.-L. HAROUEL, J. BARBEY, E. BOURNAZEL, J. THIBAUT-PAYEN, *Histoire des institutions de l'époque franque à la Révolution*, ouvr. cité, p. 277-280. Les ducs et les comtes, possesseurs de ces grands fiefs, avaient commencé dès le XIIe siècle, chacun dans sa province, à faire un travail de concentration pour se subordonner leurs barons. Si ce travail s'était continué, il aurait pu devenir dangereux pour l'unité nationale, car il tendait à constituer de fortes unités provinciales qui risquaient de se transformer en des États indépendants ; c'est précisément ce qui s'est passé en Allemagne où la couronne est demeurée élective. L'unité territoriale de la France a été ainsi en partie réalisée par cette substitution progressive du roi à la plupart des grands vassaux.

d'Angleterre ; le duché de Bourgogne est réuni par Louis XI, en 1477 à la mort de Charles le Téméraire ; en 1493, le mariage de Charles VIII avec la duchesse Anne, prépare la réunion de la Bretagne[392]. Si le royaume féodal ne peut être unitaire, il est toutefois parfaitement circonscrit, territorialement défini par la féodalité et les liens d'homme à homme qui la fondent. Le royaume peut donc se défaire en même temps que se défont ces liens ; l'habileté du roi va donc consister à supprimer le co-contractant vassal et à se substituer à lui. En acquérant un duché ou un comté compris dans les limites du royaume, le roi succédait dans la province aux droits du duc ou du comte, mais en qualité de roi. Le titre ducal ou comtal se confondait avec le titre royal[393].

271. L'accroissement du domaine royal fut, avant tout, une œuvre politique, mais celle-ci ne fut réalisée que par la mise en œuvre du droit féodal. C'est le respect de ce dernier qui fournit des arguments à la diplomatie et servit de justification à la guerre. Ainsi, deux principes de droit féodal furent des instruments d'acquisition : le retour des fiefs et leur patrimonialité. Il y avait un certain nombre de cas dans lesquels un fief devait revenir au seigneur qui l'avait concédé : c'était la théorie du retour des fiefs ou de la réversion. Deux cas principalement servirent la politique de la royauté pour accroître son domaine. Le premier était la commise, c'est-à-dire la confiscation, après un jugement de la cour des pairs, du fief du vassal qui avait brisé sa foi[394]. Le second était le retour du fief au suzerain en cas de déshérence, lorsque le vassal mourrait sans héritier[395]. La patrimonialité féodale fut aussi pour la royauté une

---

392 A. RIGAUDIÈRE, *Pouvoirs et institutions de la France médiévale. Des temps féodaux aux temps de l'État*, ouvr. cité, p. 114-121.

393 A. DUMAS, *Histoire du droit français*, ouvr. cité, p. 154. Les lettres patentes, qui devaient s'exécuter dans les terres nouvellement acquises, ne donnaient au roi que la qualification de « roi de France » sans aucune adjonction, à la différence, nous le verrons, des unions réelles ou personnelles qui unissaient au royaume des territoires situés en dehors des limites féodales de ce dernier.

394 A. RIGAUDIÈRE, *Introduction historique à l'étude du droit et des institutions* ouvr. cité, p. 272 ; J.-F. LE MARIGNIER, *La France médiévale, Institutions et société*, ouvr. cité, p. 138-140. Ainsi, en 1202, la cour de France déclara le roi d'Angleterre, Jean sans Terre, privé de toutes les terres qu'il tenait du roi de France pour avoir dédaigné de lui rendre les services qu'il lui devait comme vassal ; le contrat était rompu et Philippe I put légitimement occuper et réunir, en 1204, la Normandie, l'Anjou et le Poitou. Sur ce point, cf. A. DUMAS, *Histoire du droit français*, ouvr. cité, p. 153.

395 Ainsi la Bourgogne fut acquise en 1361 par Jean le Bon, après la mort du duc Philippe de Rouvre, qui ne laissait point d'héritiers. *Cf.* J.-F. LE MARIGNIER, *La*

précieuse ressource. Les fiefs, comme biens patrimoniaux, étaient dans le commerce : ils pouvaient être donnés, vendus, légués, transmis par succession, apportés en dot. Ces cas divers fournirent à la royauté autant de causes d'acquisition, même en dehors du royaume[396].

B - L'AFFIRMATION DE L'INALIÉNABILITÉ DU DOMAINE

272. Il n'est pas de norme plus fréquemment violée que l'inaliénabilité du domaine. Elle est cependant devenue un principe au début du XVe siècle, une loi fondamentale du royaume (I). Ce principe sera cependant longtemps combattu par une exception, véritable survivance du droit mérovingien, les apanages (II).

I - Le principe

273. Dans la monarchie franque, le royaume et la puissance royale sont considérés comme le patrimoine du roi. Cette notion fut poussée à ses dernières conséquences par le régime féodal, qui fit des attributions de la puissance publique des objets de propriété. Tout domaine féodal étant patrimonial était aliénable. Les Mérovingiens furent, nous l'avons vu, évincés par les Carolingiens, *proceres* devenus plus riches que leurs donateurs ; et lorsque les Robertiens, puis les Capétiens, accèdent à la couronne, les rois Carolingiens, appauvris par les concessions de terres et de puissance, ne peuvent s'opposer à l'*electio regis* qui va sceller leur éviction définitive.

France médiévale, Institutions et société, ouvr. cité, p. 282-283 ; A. RIGAUDIÈRE, *Introduction historique à l'étude du droit et des institutions*, ouvr. cité, p. 272-273.

396 En 1285, la Champagne fut apportée en dot par Jeanne de Navarre, femme de Philippe le Bel. En 1349, le Dauphiné, terre d'empire, fut vendu au roi de France par le dauphin Humbert ; en 1481, Charles du Maine, comte de Provence, neveu du roi René, institua Louis XI son héritier. Cf. A. ESMEIN, « L'inaliénabilité du domaine de la couronne devant les états généraux du XVIe siècle », dans *Festschrift Otto Gierke zum siebzigsten Gerburtstag von Schülern*, Freunden und Verehrern, Weimar, 1911, p. 361-381 ; E. CHENON, *De la transformation du domaine royal en domaine de la couronne* (Journées d'histoire du droit, C.R., *R.H.D.*, 1925, p. 528) ; Fr. OLIVIER-MARTIN, *L'assemblée de Vincennes de 1329 et ses conséquences. Étude sur les conflits entre la juridiction laïque et la juridiction ecclésiastique au XIVe siècle*. Travaux juridiques et économiques de l'université de Rennes, Rennes, Bibliothèque universitaire, 1909 ; A. RIGAUDIÈRE, *Introduction historique à l'étude du droit et des institutions*, ouvr. cité, p. 273 ; du même : *Pouvoirs et institutions de la France médiévale. Des temps féodaux aux temps de l'État*, ouvr. cité, p. 114-121.

274. Le droit féodal qui avait favorisé l'accroissement du domaine royal pouvait tout aussi bien contribuer à le dilapider, à désagréger ainsi l'unité acquise sous un roi unique. L'évolution de l'institution royale vers l'unité de commandement va bientôt soustraire aux règles féodales le droit du domaine royal. Le roi devenu *suo jure* ne sera bientôt plus, au plan domanial, un seigneur semblable aux autres. Son domaine va être progressivement soumis à un statut particulier qui le rendra inaliénable : c'est de cette inaliénabilité que sortira l'indivisibilité[397].

275. Au XIIIe siècle et au début du XIVe siècle encore, ce roi, devenu grand rassembleur de terres, semble ne provisionner son domaine que pour le démembrer : il rétribue en distribuant. Il gouverne en le démembrant. Pratique détestable, cause de l'effacement des précédentes dynasties, contre laquelle le roi Philippe V fut le premier à réagir. Par son ordonnance de Pontoise du 29 juillet 1318, il révoqua les aliénations faites depuis la mort de saint Louis. Sans invoquer de principe nouveau, il déclara que les donations faites par ses prédécesseurs avaient été excessives ou infondées. Ce texte est fondamental car il contient en germe le principe de l'inaliénabilité du domaine[398]. Il est le prologue d'une immense littérature législative qui se cristallisera un siècle plus tard dans l'ordonnance cabochienne. En avril 1321, soit moins de trois ans plus tard, un mandement de Charles IV frère et successeur de Philippe V, prescrira la même révocation[399]. Philippe VI fera de même en septembre 1334[400]. Cette révocation sera réitérée dans l'ordonnance du lieutenant général, futur Charles V, à la requête des états généraux réunis à Paris le 1er mars 1356. Cette fois c'est la nation assemblée qui exige que soit posée la règle de l'inaliénabilité ; le lieutenant général s'engage fermement deux jours plus tard[401], réitère son engagement en juillet 1357[402] et, devenu régent,

397 A. RIGAUDIÈRE, *Introduction historique à l'étude du droit et des institutions*, ouvr. cité, p. 267-282.

398 ISAMBERT et *al.*, *Recueil général des anciennes lois françaises*, ouvr. cité, t. III, n° 553, p. 179-182.

399 *Ibid.*, t. III, n° 603, p. 294-297 : ordonnance en forme de mandement, portant révocation des domaines de la couronne aliénés, donnée à Vincennes le 5 avril 1321.

400 *Ibid.*, t. IV, n° 54, p. 419.

401 *Ibid.*, t. IV, p. 836-837 : Ordonnance du 3 mars 1356, publiée « en l'assemblée des états généraux, art 41 : « ...nous qui toûjours vouldrions accroistre les haultesses et noblesses de ladite couronne, et icelles tenir et garder en bon point et deu estat, avons promis et promettons en bonne foy aux gens desdiz troiz estats, que nous tenrons, garderons et deffendrons de tout nostre povoir, les hautesses, noblesses, dignités, franchises de ladicte couronne, et tous les demaines qui y appartiennent et

pose à nouveau la norme dans son ordonnance de Compiègne, du 14 mai 1358, là encore sur requête des états généraux[403]. Le roi Jean, revenu de captivité, posera à son tour, le principe de la révocation des biens aliénés, dans des lettres données à Paris en décembre 1360[404]. Son fils, Charles V réaffirmera et renouvellera, en juillet 1364, la même révocation, pour le royaume[405], puis, au mois d'octobre de la même année[406] et en mars 1377[407], pour le Viennois, en tant que dauphin. Charles VI, prononcera la révocation, en 1386[408], puis affirmera, solennellement, en 1388, dans son ordonnance de Vernon, l'inaliénabilité du domaine[409]. Cette longue litanie de textes répétitifs montre à l'évidence que si les révocations fréquentes et inopinées traduisent l'incapacité du roi de suivre les règles qu'il prétend s'imposer à lui-même, elle conduit peu à peu à l'idée que le domaine royal est d'une nature différente d'un domaine féodal : il est inaliénable. Cette thèse avait, dès 1329, été soutenue, dans une assemblée tenue à Vincennes le 8 décembre 1329, devant Philippe VI de Valois, par Pierre de Cugnières, conseiller au parlement de Paris[410].

---

peuent appartenir, et que iceulz nous ne alienerons ne ne soufferons estre aliennés ne estrangiés ou mis hors à nostre povoir, dudit demaine : et oultre leur avons promis et promettons en bonne foy, que se aucune chose dudit proppre demaine, ou qui ait et doie avoir nature et condition de demaine, en a esté ou est ostée, alienée, separée, mise hors ou eschangée par quelque manière que ce soit, depuis le temps du Roy Philippe le Bel, nous pourchasserons et ferons à nostre povoir que tout sera rappellé, rajoint et unit auddit demaine...».

402 ISAMBERT et *al.*, *Recueil général des anciennes lois française*, ouvr. cité, t. IV, p. 860 : Ordonnance de Château-Gaillard du 9 juillet 1357.

403 *Ibid.*, t. V, p. 13 : Ordonnance de Compiègne, art. 10. « Comme... plusieurs dons aient esté ou pourroient estre faiz... sur le demaine de nostredit seigneur et de nous... nous... rappellons et mettons au néant par ces présentes, touz lesdiz dons... et... déclarons tout estre ramené et adjoint audit demaine ».

404 *Ibid.*, t. V, p. 112.

405 *Ibid.*, t. V, p. 217, ordonnance donnée à Paris le 24 juillet 1364.

406 *Ibid.*, t. V, p. 222, lettres données à Paris le 5 octobre 1364.

407 *Ibid.*, t. V, p. 486, lettres données à Paris le 27 mars 1377.

408 *Ibid.*, t. VI, p. 619, lettres données à Paris le 24 janvier 1386.

409 *Ibid.*, t. VI, p. 657, ordonnance du 1er mars 1388, art. 13 : « *Item*. Que nous ne ferons aucune aliénation de notre domaine ». Dans une autre ordonnance, donnée le même jour, toujours au château de Vernon, le roi décidait que les rentes sur le domaine, achetées à vil prix par les officiers royaux, seraient réunies au domaine pour le prix du rachat. *Ibid.*, p. 669.

410 Premier président en 1336. Sur ce personnage cf. Ch. V. LANGLOIS, « Cugnières (Pierre de) », *G.E.*, ouvr. cité, t. XIII, p. 559-560.

Chargé d'évoquer les griefs du pouvoir séculier contre la juridiction ecclésiastique, le magistrat avait évoqué l'inaliénabilité du domaine, en tant que principe de gouvernement, pour minorer les prétentions territoriales des grands bénéficiers[411].

276. Dans la deuxième moitié du XIVe siècle, l'inaliénabilité du domaine fut garantie par une formule ajoutée par Charles V au serment du sacre[412]. Dès lors, tout nouveau roi devait jurer de conserver inviolablement les droits de la couronne[413]. Désormais on parla du domaine de la couronne plutôt que du domaine du roi. Comme le dit Charles V, le domaine était le « propre héritage du royaume et de la couronne de France »[414]. La couronne, être mystérieux, qui ne mourrait jamais, avait un patrimoine qui lui était affecté en permanence, et qui n'était pas la propriété du roi. Le roi n'en était que l'usufruitier, l'administrateur. N'étant pas propriétaire du domaine, pas plus qu'il ne l'était du royaume, il n'avait pas le droit de l'aliéner[415].

277. Cette théorie fut confirmée officiellement, au XVe siècle, par diverses ordonnances royales. La première d'entre elles fut donnée par Charles VI à Paris en février 1401. Concernant le royaume et le dauphiné, le roi y affirme solennellement que les aliénations contrevenant en leur principe même au serment du sacre, il est contraint de les abroger et de renoncer à cette prérogative pour l'avenir. Et pour donner plus de force à son engagement, il réitère officiellement son serment. Le domaine y est présenté comme le revenu fixe de la couronne ; il ne saurait donc être divisé sans mettre en péril l'unité de la

---

411 A. DUMAS, *Histoire du droit français,* ouvr. cité, p. 154.

412 J. de VIGUERIE, « Les serments du sacre des rois de France à l'époque moderne, et plus spécialement le "serment du royaume" », dans *Le Sacre des Rois. Actes du colloque international d'histoire sur les sacres et couronnements royaux (Reims 1975),* Paris, Les Belles Lettres, 1985, p. 205, 215.

413 ISAMBERT et *al., Recueil général des anciennes lois française*, ouvr. cité, t. V, Règlement à observer sur le sacre et le couronnement des Rois, 1365, p. 237-253, Serment du Roi envers le peuple, p. 240-241 : *Item hæc dicit Rex et promittit et firmat juramento. Hæc populo Christiano, et mihi subdito in Christi nomine promitto... et superioritatem, jura, et nobilitates coronæ Franciæ inviolabiliter cutodiam, et illa nec transportabo, nec alienabo. Cf.* également M.DAVID, *Le serment du sacre du IX au XVe siècle. Contribution à l'étude des limites juridiques de la souveraineté* Strasbourg, Palais de l'Université, 1951, p. 256 et s.

414 Ordonnance de Paris du 24 juillet 1364, dans ISAMBERT et *al., Recueil général des anciennes lois française*, ouvr. cité, t. V, p 217.

415 A. RIGAUDIÈRE, *Pouvoirs et institutions de la France médiévale. Des temps féodaux aux temps de l'État,* ouvr. cité, p. 43-44.

capacité du roi à gouverner[416]. Ce texte sera confirmé en 1403[417] et en 1407[418]. L'ordonnance du 25 mai 1413, sur la police générale du royaume, à laquelle l'histoire a donné le nom d'ordonnance cabochienne, confirme le principe dans son article 89 en déclarant nulle toute donation ou aliénation du domaine ou de droits de justice que le roi ferait « par inadvertance, importunité de requérans ou autrement »[419]. Ce texte pris sous le gouvernement du dauphin, futur Charles VII, régent pendant un épisode de folie royale, sera déchiré le 5 septembre 1413, sur ordre de Charles VI et en sa présence, dans un lit de justice[420]. L'article 89 sera cependant confirmé en 1418[421].

278. En 1425, Charles VII, après avoir révoqué diverses aliénations qu'il avait faites antérieurement, s'interdit d'en faire de nouvelles à l'avenir. Pour donner à son acte une autorité spéciale, il l'appela « loi et constitution générale ». Par ces termes, rarement appliqués aux édits royaux, le roi voulait certainement dire qu'il s'agissait d'un principe supérieur aux ordonnances qu'il faisait en vertu de son pouvoir législatif ordinaire : c'était une « constitution », qui s'imposait à lui malgré sa plénitude de puissance[422]. Le principe de l'inaliénabilité du

---

416 ISAMBERT et *al.*, *Recueil général des anciennes lois française*, ouvr. cité, t. VII, p. 9-13. «.. car tant comme nos diz droiz et demaine demourront entiers et seront bien gardez et soustenuz, nous pourront tant mieulx supporter les grans charges qui chascun jour nous surviennent pour soustenir les grans faiz de nostredit royaume, et préservr nos subgez de griefves exaccions, et les gouverner et garder en bonne justice et en transquilité paisible... ».

417 *Ibid.*, t. VII, p. 63-64, lettres de Paris du15 mai 1403 contenant pouvoir à la régente, Isabeau de Bavière, de s'opposer aux dons du domaine et de les faire annuler.

418 *Ibid.*, t. VII, p. 166, art. 32 de l'ordonnance de Paris du 7 janvier 1407.

419 *Ibid.*, t. VII, p. 295-296, art. 89. Pour un approfondissement du texte, cf. A. COVILLE, *Les Cabochiens et l'ordonnance de 1413,* Paris, Hachette, 1888.

420 *Cf.* ISAMBERT et *al.*, *Recueil général des anciennes lois française*, ouvr. cité, t. VII, p. 282, note 1 et p. 283, note 1. Caboche était le nom d'un boucher de Paris qui fut en janvier 1412 un des principaux chefs de la sédition parisienne qui suscita l'ordonnance sur la police générale qui porte son nom. Sur « l'épisode cabochien » de 1413, on peut utilement consulter G. MINOIS, *Charles VII, Le crépuscule du Moyen Âge*, Paris, Librairie académique Perrin, 2005, p. 59-63.

421 *Ibid.*, t VIII, p. 603 : lettres de Paris du 16 juillet 1418.

422 Nous n'avons pu retrouver ce texte indiqué par A. DUMAS, *Histoire du droit français*, ouvr. cité, p 154, et par A. RIGAUDIÈRE, *Introduction historique à l'étude du droit*, ouvr. cité, p. 278 ; il devrait figurer dans le t. VII du *Recueil général des anciennes lois française d'*ISAMBERT et *al.* ; il n'y est pas même mentionné. Il en va de même des *Ordonnances des rois de France de la troisième race* ; le texte indiqué devrait figurer dans le t. XIII, « contenant les ordonnances depuis le commencement du règne de Charles VII, jusques et compris l'année 1447 ». De fait, il nous paraît

domaine semble dès lors plus solidement admis et les réitérations se font rare. On peut mentionner des lettres d'Amboise de 1433[423], des lettres de Bourges du 15 décembre 1438 par lesquelles Charles VII annule les récentes aliénations parce que, dit-il, elles ont obéré ses finances au point de ne pas lui permettre de « pourvoir au faits des gens de guerre en manière qu'ilz puissent estre entretenuz ez frontières à l'encontre de noz ennemis »[424] ; ces lettres sont liées à la création de la milice, premier embryon d'une armée de métier indépendante du ban féodal ; asseoir son fonctionnement sur les revenus du domaine traduit bien le rôle nouveau que le gouvernement royal entend lui faire jouer.

279. Enfin, le 9 septembre 1461, l'annulation de toutes les aliénations du « domaine de la couronne de France » est prononcée par le nouveau roi, Louis XI, « pour garder et entretenir les promesses et sermens par nous faiz à nostredict sacre »[425], ce qui ne l'empêchera pas, quatre ans plus tard, de confirmer la donation du comté d'Étampes faites par Charles VII au duc de Bretagne. Mais cette fois, le procureur du roi, s'élèvera *proprio motu* contre cette violation du « principe d'inaliénabilité du domaine de la couronne »[426]. La mise en œuvre du principe est dès lors revendiquée avec force par la « nation ». Ainsi, Louis XI désirant complaire à son frère cadet, Charles, en lui donnant le duché de Normandie sous la forme d'un État souverain et non d'un apanage, se voit opposer le refus ferme des trois états rassemblés à Tours du 6 au 14 avril 1467[427]. Ils sollicitent du roi que la norme soit posée « par constitution solennelle, que tout ce qui serait fait au contraire seroit nul, et de nul effet et vertu »[428]. La Normandie n'accédera pas à l'indépendance, mais le roi démembrera à l'excès

---

vraisemblable que ces auteurs, répétant une confusion ancienne, confondent le texte de 1425 avec l'ordonnance rendue en 1467 par Louis XI, sur les instances des états réunis à Tours. Voir ci-dessous.

423 ISAMBERT et *al.*, *Recueil général des anciennes lois française,* ouvr. cité t. VIII, p. 796, lettres du 24 octobre 1433.

424 *Ibid.*, t. IX, p. 47.

425 *Ibid.*, t. X, p. 386, lettres données à Paris.

426 *Ibid.*, t. X, p. 523, lettres données à Paris en octobre 1465.

427 *Ibid.*, t. X, p. 554 : «... en tant qu'il touche ladite duché de Normandie, elle ne doit et ne peut être séparée de la couronne en quelque manière que ce soit, mais y est et doit être et demeurer unie, annexée et conjointe inséparablement ; tant parce que le roi, selon Dieu, raison et conscience, ne le peut, ne doit faire, eu regard au serment solennel qu'il fit à son sacre pour garder les droits de sa couronne, qui est juste, licite et raisonnable, et ne peut raisonnablement venir au contraire...».

428 *Ibid.*, t. X, p. 554-555.

notamment en faveur des églises et monastères. Les trois états, réunis à Tours en 1483, vont décider d'intervenir auprès de son successeur, Charles VIII, âgé de treize ans. Dans sa harangue, le chancelier abordait le problème des impôts et du domaine de la couronne : « Informé que, depuis quelques années, le domaine de la couronne avoit été considérablement diminué, il (le roi) donna des lettres patentes pour y réunir toutes les branches qui en avaient été distraites ; car son intention n'est point de puiser dans la bourse de ses sujets ; ni de les surcharger d'impôts. Il commencera par consacrer les revenus du domaine à la dépense de sa maison, et à l'acquit des autres charges de l'État, et ne demandera à ses fidèles sujets que les contributions absolument indispensables à la dépense du royaume ». Sommés, en fin de harangue, de spécifier les « abus » et les « maux qui affligent le peuple »[429], les trois ordres reprendront l'argumentation du chancelier sur le domaine : celui-ci doit suffire au fonctionnement du royaume[430]. Dans une ordonnance donnée à Amboise en septembre 1483, Charles VIII acquiesce au vœu des États en ordonnant aux commissaires, qu'il désigne à cet effet, de prendre les mesures suivantes : « C'est à sçavoir, lesdits gens d'église par la prise de leurs temporels en nostredite main, quelque part qu'ils soyent situez en nostre royaume et obéïssance, et les laïcs par prise de leurs corps et biens, et autrement comme il est accoutumé de faire pour nos propres debtes, besongnes et affaires »[431]. Cette unique intervention du roi dans ce domaine ne signifie pas, bien évidemment, qu'il s'imposât rigoureusement le respect de la norme[432].

---

429 Harangue en latin, traduite en français au XVIIIe siècle. ISAMBERT et *al.*, *Recueil général des anciennes lois française*, ouvr. cité, t. XI, p. 20-21.

430 « le roy doit avoir pitié de son poure peuple, et le descharger desdites tailles et charges » ; pour y parvenir il suffit de « reunir et remettre entièrement son ancien demaine à la couronne... Et est la requeste raisonnable ; car demaine est le vray patrimoine du roy et de la couronne, lequel de droit et raison ne peut et ne doit estre aliéné. Et quand il sera reduit et reuny à la couronne, il pourra fournir à l'estat du roy... Et se le roy donne aucune chose de son demaine, il faut à l'équivalent prendre sur le poure peuple ». ISAMBERT et *al.*, *Recueil général des anciennes lois française*, ouvr. cité, t. XI, *Cahier des États* assemblés à Tours du 15 janvier au 14 avril 1484, p. 45

431 *Ibid.*, t. XI, p. 3-5.

432 *Ibid.*, t. XI, p. 265 : Mandement donné à Lyon le 18 juillet 1494 pour engager les revenus domaniaux du roi en Normandie, pour 30 000 livres « afin de subvenir aux dépenses de la guerre de Naples » ; *Ibid.*, t. XI, p. 268-269, par déclaration donnée à Palisance près de Milan, en octobre 1494, Charles VIII décide d'engager des biens domaniaux à hauteur de 120 000 écus ; mais comme il craint de ne trouver acquéreurs en raison « des ordonnances et révocations faits sur le fait de nostredit domaine, par lesquelles on veut dire et maintenir que ne le devons aliéner, séparer ni démembrer, (qu') aucuns doutans à cause de ce ne pouvoir iouïr des venditions qui leur seront

Son successeur Louis XII sera, en effet, contraint en 1508 de révoquer les aliénations du domaine consenties par son cousin « pour la conqueste du royaume de Naples » et d'en confier le recouvrement aux quatre trésoriers de France[433].

280. Avant l'émergence de l'absolutisme, aucune norme ne fut aussi souvent réitérée et réaffirmée que le principe de l'inaliénabilité du domaine de la couronne. Ce qui traduit autant la fréquence des transgressions que le sentiment que la règle est fondamentale et nécessairement associée à l'unité : celle du royaume réalisée par la disparition de la patrimonialité salienne, concrétisée dans l'unicité royale, l'émergence d'un royaume en quête d'unité, d'un royaume indivisible. Mais ce principe était assorti d'une redoutable exception : les apanages.

II - L'exception : les apanages

281. La pratique des apanages fut la principale exception qui manifestement vint confirmer la règle ; ce fut, en tout cas, une dérogation importante au principe de l'inaliénabilité du domaine. Le domaine de la couronne, n'étant pas le bien du roi, ne se partage plus à sa mort entre ses fils. Le royaume tout entier est transmis au fils aîné. Mais, conformément aux règles du droit féodal qui s'appliquaient à la succession des grands fiefs, régie aussi par le principe de l'indivisibilité, les fils puînés du roi recevaient des apanages, c'est-à-dire des biens destinés à assurer leur subsistance (*ad panem*). Ils étaient « apanagés » en duchés, comtés ou autres seigneuries démembrées du domaine[434]. L'institution de l'apanage représente ainsi marginalement la

---

faites », il s'engage solennellement à leur assurer pour l'avenir une propriété « seure et certaine ».

433 ISAMBERT et *al.*, *Recueil général des anciennes lois française*, ouvr. cité, t. XI, p. 517, Déclaration de Rouen du 20 octobre 1508. art. 2 : ordre leur est donné « de reprendre et remettre en nos mains, rejoindre au corps de nostre domaine tout et chacun les membres d'iceluy, soient villes, villages, chasteaux forteresses, cens, rentes, maisons, vignes, prez, bois, fours, moulins, estangs et autres choses qu'ils trouveront avoir esté usurpées, alienées, distraictes ou transportées en autres mains depuis quarante ans, en ça pour quelque cause ou occasion que ce soit ».

434 E. BOURNAZEL, « Les temps féodaux (fin X[e] - fin XIIIe siècle) », dans J.-L HAROUEL, J. BARBEY, E. BOURNAZEL, J. THIBAUT-PAYEN, *Histoire des institutions de l'époque franque à la Révolution*, ouvr. cité, p. 240, n° 266 ; J. BARBEY, « La montée de l'État monarchique (fin XIIIe - début XVIIe siècle) », dans *ibid.*, p. 80, n° 308 ; J.-F. LEMARIGNIER, *La France médiévale, Institutions et société,* ouvr. cité, p. 284-287 ; A. DUMAS, *Histoire du droit français*, ouvr. cité, p. 155 ; A. RIGAUDIÈRE, *Introduction historique à l'étude du droit*, ouvr. cité, p. 280-

survie de l'ancien partage salien. Il constitue une forme de transaction entre le droit royal historique qui est purement patrimonial et le droit royal capétien qui favorise l'unité : un roi, un royaume, un domaine inaliénable de la couronne.

282 L'institution de l'apanage est, en effet, toujours présentée dans les lois du roi comme la seule exception légitime au principe d'indivisibilité. Le roi reconnaît que son domaine est inaliénable, indivisible, car c'est celui de la couronne. Il ne peut donc en disposer sauf pour ses enfants ou ses frères dont ledit domaine doit assumer le rang et la subsistance[435]. À partir du règne de Jean II, les lois sur l'indivisibilité consacrent ainsi de façon univoque, l'institution de l'apanage, présentée comme la survivance de la patrimonialité salienne. Le premier de ces textes est l'ordonnance donnée par le dauphin Charles (futur Charles V) en 1356, à la suite de la réunion des « trois estes du royaume de France de la Langue d'Oyl ». Elle pose dans son article 41, nous l'avons vu, le principe d'inaliénabilité, à la seule exception des apanages « à cause de partage à aucuns du sanc et lignage de France »[436]. L'exception est réitérée par le même prince et dans les mêmes termes dans son ordonnance de Compiègne de 1358, article 10, donnée, là encore, à la suite de la réunion des états de langue d'oïl[437]. Jean II, lui-même, consacrera l'exception en 1360 pour les huit provinces tenues par ses enfants[438]. Dans son ordonnance de Paris de février 1401, son petit-fils Charles VI exceptera de toute révocation les multiples fiefs octroyés aux princes du sang[439], et s'efforcera de surcroît

---

282 ; du même : *Pouvoirs et institutions de la France médiévale. Des temps féodaux aux temps de l'État*, ouvr. cité, p. 130-135 ; Fr. OLIVIER-MARTIN, *Histoire du droit français, des origines à la Révolution*, ouvr. cité, p. 317-319.

435 E. GLASSON, *Histoire du droit et des institutions de la France*, t. V, *La féodalité*, Paris, F. Pichon, 1893, p. 491-546.

436 ISAMBERT et *al.*, *Recueil général des anciennes lois française*, ouvr. cité, t. IV, p. 857, ordonnance de Paris du 3 mars 1356.

437 *Ibid.*, t. V, p. 13, ordonnance de Compiègne du 14 mai 1358.

438 *Ibid.*, t. V, p. 113, Lettres données à Paris en décembre 1360 : « excepté les choses qui auroient esté baillées... à nos très chiers enfanz le duc de Normandie, dauphin de Viennois, le duc d'Anjou et du Maine, le duc de Berry et d'Auvergne, et le duc de Touraine, pour tenir leurs estatz ». *Cf* également M. MOLLAT, *Genèse médiévale de la France moderne. XIV-XV*[e] *siècles*, Paris, Arthaud, 1970, p. 81-82.

439 *Ibid.*, t. VII, p. 12, Ordonnance de Paris du dernier février 1401 : « Toutevoiës nostre intencion n'est mie quant à présent, de ce que nous avons baillié, donné et assigné jusques a ores à nostre très chière et très amée compaigne le Royne, à noz très très chiers et très amez enfans, à nozdiz oncles et frères, et à leurs enfans ».

– l'idée sans aucun doute procède de la patrimonialité salienne et donc de l'égalité qui doit régner entre les fils – de donner des apanages équivalents aux uns et aux autres[440]. L'ordonnance cabochienne du 25 mai 1413, prise par le dauphin (futur Charles VII), posera également, nous l'avons vu, le principe de l'inaliénabilité du domaine, « sinon quand aucune chose en a esté baillée par appennage à aucuns des hoirs masles de France »[441]. Les États tenus à Tours en avril 1467, après s'être opposés au don que souhaitait faire Louis XI du duché de Normandie, en pleine souveraineté, à son frère Charles, poseront le principe d'apanages qui pourraient désormais être limités à un revenu dont le quantum serait évalué en livres tournois, assis sur des fiefs qui pourraient n'être que des comtés[442].

283. Cette pratique eut certains avantages. Les princes apanagés introduisaient les habitudes de l'administration royale dans des provinces nouvellement réunies au domaine, ce qui allait dans le sens d'une certaine uniformité administrative[443], mais leur séparation du domaine, corrélative à leur inféodation en apanage, fut, en revanche un facteur fondamental de désunion. Une nouvelle féodalité va ainsi se constituer, la féodalité des grands feudataires capétiens, qui, au XVe siècle, fut aussi dangereuse pour la royauté que l'avaient été autrefois celle des ducs et des comtes au temps de l'apogée de la féodalité. C'est contre ce péril que les rois Charles VI, Charles VII et Louis XI eurent à

L'exception est confirmée dans les mêmes termes par les lettres données à Paris le 15 mai 1403 (*Ibid.*, t. VII, p. 13,).

440 *Ibid.*, t. VII, p. 12-13 : « Et pour ce que, comme nous a exposé nostredit frère le duc d'Orléans, il a eu trop petites parties de terres pour son appanage, eu regart à ce que nous ne avons plus frère que lui, et aux appanages qui ont esté bailliez à feu nostre oncle le duc d'Orléans qui fu seul frère de feu nostre très cher seigneur et ayeul le roy Jehan que Dieux absoille, comme à feu nostre oncle le roy de Sicile duc d'Anjou, et à nozdiz oncles de Berry et de Bourgongne, nous avons ordené que par nostre conseil soient veues et avisées les terres et seigneuries qui lui ont esté baillées pour sondit appanage, et aussi que nostredit conseil voïe et avise les appanages de nozdiz oncles, et tost nous rapportent ce quilz en auront trouvé ; et ou cas que nostredit frère ne aura eu aussi grant appanage comme a eu l'un de noz oncles dessus diz, nous lui assignerons et parferons et ferons assigner et parfaire ce qui en defaudra, telement qu'il en devra estre content ».

441 *Ibid*, t. VII, p. 296.

442 *Ibid* t. X, p. 555-556, art. 5, le revenu de ces apanages pouvant atteindre « soixante mille francs par an ».

443 A. RIGAUDIÈRE, *Pouvoirs et institutions de la France médiévale. Des temps féodaux aux temps de l'État*, ouvr. cité, p. 133-135 ; J.-F. LEMARIGNIER, *La France médiévale, Institutions et société*, ouvr. cité, p. 282 ; A. DUMAS, *Histoire du droit français,* ouvr. cité, p. 155.

lutter et ils ne réussirent à vaincre les princes apanagés en rébellion qu'après des guerres sanglantes[444].

284. Les légistes, ne pouvant pas empêcher le roi de constituer des apanages à ses fils, cherchèrent au moins à limiter autant que possible le mal qui en résultait. Ils édifièrent une théorie de l'apanage qui était destinée à en faciliter le retour au domaine. D'abord, conformément au principe qui régissait les fiefs, une terre donnée en apanage devait faire retour au roi dans le cas où l'apanagiste mourrait sans héritiers[445]. Le principe de la réversion en cas de déshérence s'appliquait aux apanages comme aux autres fiefs. Mais, de plus, on établit pour les apanages un régime spécial destiné à en faciliter la réversion. Dès le XIIIe siècle, il s'établit cette règle que le prince apanagé ne pouvait transmettre son apanage qu'à ses héritiers en ligne directe, « hoirs de son corps »[446]. L'apanage ne pouvait donc pas passer à des collatéraux qui ne descendaient pas du prince en faveur duquel il avait été constitué. Ce principe sera consacré par le parlement en 1283[447], et servit expressément de précédent, notamment en 1386[448], 1392[449], 1400[450], 1401[451] et 1461[452]. Dans la seconde moitié du XVe siècle, il n'est plus nécessaire d'affirmer la règle.

285. En outre – et il faut y voir une incidence de l'adoption des principes royaux de succession – à partir du XIVe siècle, on exclut les filles de la succession aux apanages. La règle s'établit que l'apanage devait faire retour à la couronne « défaillant les hoirs mâles »[453]. Dès le

---

444 A. DUMAS, *Histoire du droit français,* ouvr. cité, p. 155.

445 A. RIGAUDIÈRE, *Introduction historique à l'étude du droit*, ouvr. cité, p. 85.

446 ISAMBERT et *al.*, *Recueil général des anciennes lois française*, ouvr. cité, t. II, p. 353, lettres données par Louis IX en mars 1269.

447 *Ibid.*, t. II, p. 667.

448 *Ibid.*, t. VI, p. 614.

449 *Ibid.*, t. VI, p. 702.

450 *Ibid.*, t. VI p. 860.

451 *Ibid.*, t. VII, p. 4.

452 *Ibid.*, t. X, p. 417.

453 Dès 1314, à l'occasion de la constitution de l'apanage de Poitiers au bénéfice de Philippe (futur Philippe V), fils puîné de Philippe le Bel, apparaît la clause de retour à la couronne en cas d'absence d'héritier mâle. Il ne fallait pas, précise l'acte, que « le comté fut en main de femelle », et si cela risquait de se produire, il était impératif qu'il « retourne à nostre successeur roy de France et soit rejoint au domaine du royaume » (cité par A. RIGAUDIÈRE, *Introduction historique à l'étude du droit*, ouvr. cité, p. 280-281). Cette disposition qui ne fut pas respectée dans l'immédiat ne

milieu du XIVe siècle, cette règle fut insérée dans la plupart des actes constitutifs d'apanage[454]. Quand elle avait été omise, les légistes déclarèrent qu'elle était sous-entendue : ils disaient qu'une terre donnée en apanage à un fils de France ne cessait pas de faire partie du domaine de la couronne, qui par nature était incommunicable aux femmes[455]. Par application de ces règles, progressivement et souvent avec de grandes difficultés, la plupart des apanages, au cours des XVe et XVIe siècles firent retour au domaine de la couronne.

§ III - LE RÉTABLISSEMENT DU MONOPOLE DES *REGALIA*

286. La supériorité royale analysée à l'aune de la féodalité est une supériorité contractuelle. Mais, tout en demeurant au sommet de la pyramide féodale, c'est-à-dire, en tant que partie – mais suprême partie – aux multiples contrats qui le lient à ses feudataires, le roi sortant des cadres de la féodalité, va faire évoluer la royauté dans le champ institutionnel.

287. Ainsi, les partages du royaume s'effacent devant un roi unique, un *rex suo jure*, mais soumis à une institution monarchique qui désormais s'impose à lui et dont le pouvoir implique la reconstitution d'un domaine et l'affirmation de son indivisibilité. À l'aube de l'absolutisme, l'évolution n'est pas encore achevée : le domaine royal, au début du XVIe siècle, est, en effet, loin d'absorber tout le territoire du royaume, ni même d'en comprendre la majeure partie. Une multitude de seigneuries lui échappent toujours.

288. Les grands fiefs, en revanche, ont peu à peu disparu en sorte que lorsque François I accède au pouvoir en 1515, il n'en subsiste que deux groupes importants, un tenu par la maison d'Albret qui sera réuni à la couronne en 1607, l'autre appartenant à une branche de la maison de Bourbon et qui sera confisqué en 1523 sur le connétable félon[456].

---

sera plus remise en cause à la suite de la transaction arrêtée au conseil, en janvier 1366, entre Charles V et le duc d'Orléans. Cf. ISAMBERT et *al.*, *Recueil général des anciennes lois française*, ouvr. cité, t. V, p. 258.

454 A. RIGAUDIÈRE, *Introduction historique à l'étude du droit et des institutions*, ouvr. cité p. 272-273 ; J.-F. LEMARIGNIER, *La France médiévale, Institutions et société*, ouvr. cité, p. 182-183.

455 A. DUMAS, *Histoire du droit français*, ouvr. cité, p. 155.

456 À partir des *Trois livres du domaine de la couronne de France* de René CHOPPIN (Paris, Michel Sonnius, 1613) complété par l'*Abrégé chronologique des grands fiefs*

de la couronne de France avec la chronologie des princes et seigneurs qui les ont possédés jusqu'à leur réunion à la couronne, de Pierre-Nicolas BRUNET (Paris, Desaint et Saillant, 1759) et le travail d'Ernest GLASSON (*Histoire du droit et des institutions de la France* (ouvr. cité, t. V, p. 491 et s. et les notes) on peut dresser schématiquement l'évolution suivante de la reconstitution du domaine par la réunion à la Couronne de France des grands fiefs (en italique les réunions provisoires) auxquels nous avons associé, les unions réelles et les incorporations au royaume de terres d'empire et de principautés souveraines. 987 : réunion du duché de France. *987 : 1ère réunion du comté d'Orléans. 1094 : 1ère réunion du comté de Berry. 1195 : 1ère réunion du comté d'Alençon. 1200 : 1ère réunion du comté d'Évreux. 1204 : 1ère réunion du duché de Normandie. 1205 : 1ère réunion du comté d'Anjou.* 1215 : réunion du comté de Vermandois. 1229 : réunion des comtés de Carcassonne, Béziers et Nimes. 1240 : réunion du comté du Perche. 1245 : réunion du comté de Macon. *1270 : 1ère réunion du comté de Valois.* 1272 : réunion du comté de Toulouse. *1283 : 2ème réunion du comté d'Alençon. 1307 : 1 ère réunion du comté d'Angoulème.* 1310 : incorporation du comté de Lyonnois. 1328 : réunion du comté de Champagne. *1328 : 2ème réunion du comté de Valois. 1328 : 2ème réunion du comté d'Anjou.* 1343 : union réelle du dauphiné de Viennois. *1350 : 2ème réunion du duché de Normandie.* 1350 : réunion du comté de Montpellier. *1364 : 1ère réunion du duché de Bourgogne auquel avaient été réuni, en 1017 le comté de Sens, en 1082 le comté de Dijon, en 1247 le comté de Chalons et, en 1280, les comtés d'Ossone et de Semurois. 1364 : 3ème réunion du duché de Normandie. 1365 : 1ère réunion du comté de Tonnerre. 1375 : 3ème réunion du comté de Valois. 1375 : 2ème réunion du comté (devenu duché en 1350, et auquel seront réunis en 1391 les comtés de Blois, de Chartres et de Touraine) d'Orléans.* 1380 : réunion du comté de Ponthieu. *1404 : 2ème réunion du comté d'Évreux. 1416 : 2ème réunion du comté (devenu duché en 1350) de Berry. 1422 : 1ère réunion du duché de Guyenne.* 1434 : union réelle du comté de Valentinois. 1444 : réunion du comté de Comminges. 1465 : 3ème réunion du duché de Berry. 1468 : 2ème réunion du duché de Guyenne. 1469 : 4ème réunion du duché de Normandie. 1477 : 2ème réunion du duché de Bourgogne auquel avait été réuni en 1424 le comté de Tonnerre. 1477 : réunion du comté de Boulogne. 1477 : réunion du comté de Pardiac. 1480 : 3ème réunion du comté (devenu duché en 1364) d'Anjou. 1481 : union réelle des comtés de Provence et de Forcalquier, de la vicomté de Marseille et des terres adjacentes à la Provence. 1481 : réunion du comté du Maine. 1498. 4ème réunion du comté (devenu, en 1406 duché) de Valois. 1498 : 3ème réunion du duché d'Orléans. 1515 : 2ème réunion du comté d'Angoulème. *1515 : 3ème réunion du comté (devenu duché en 1414) d'Alençon.* 1523 : réunion du duché de Bourbon et des comtés de Forez, du Beaujolais et de La Marche. 1531 : réunion du dauphiné d'Auvergne. 1547 : réunion du duché de Bretagne. 1558 : incorporation du comté de Calais. *1584 : 3ème réunion du duché d'Alençon.* 1584 : 3ème réunion du comté d'Évreux. 1589 : réunion du comté d'Armagnac et du comté de Rouergues. 1601 : réunion du comté de Bresse. 1607 : réunion des comtés de Foix, d'Albret, de Périgord, de Limousin, et d'Astarac. 1615 : réunion du comté d'Auvergne. 1620 : union réelle du royaume de Navarre, de la vicomté-principauté de Béarn et de la souverainneté de Donnezan. 1642 : incorporation de la principauté de Sedan. 1648 : incorporation des Trois-Évêchés. 1648-1681 : incorporation des États d'Alsace ; 1661 : incorporation des comtés de Roussillon, Conflans et Cerdagne. 1661 : incoporation du comté d'Artois ; 1662 : incorporation de Dunkerke ; 1665 : réunion du comté (duché en 1528) de Nevers ; 1668 : Incorporation de la Franche-Comté, de la Flandre occidentale et d'une partie du comté de Hainaut ; 1700 : incorporation de la principauté d'Orange. 1707 : réunion du comté de Dunois. 1712 : réunion du comté (duché en 1514) de Vendôme. 1714 :

289. À la fin du XVe siècle, ce premier niveau de médiatisation a donc disparu ; le second niveau est toujours là ; il perdurera jusqu'à la nuit du quatre août 1789. Il est juridiquement porteur de prérogatives attentatoires à la souveraineté montante du roi et par conséquent facteur de désunion. Le roi en effet, pendant toute cette période de reconstitution de son autorité, et donc dès le début du XIIIe siècle avec les premières incorporations de grands fiefs au domaine, va se trouver confronté à une multitude de seigneurs de moindre importance : petits comtes, barons, châtelains, simples justiciers parmi lesquels les évêques et abbés, qui avaient conservé leur domaine temporel, sans oublier les bonnes villes constituées en seigneuries collectives.

290. Pour reconstituer l'État, il fallait que le roi, passant par-dessus tous les seigneurs intermédiaires, commandât directement à leurs sujets ou à leurs vassaux, contredisant ce second niveau de médiatisation féodale. Il y réussit par des progrès patients et tenaces[457]. La puissance matérielle qu'il tenait d'un domaine plus étendu fut essentielle parce qu'elle lui donnait les moyens de se faire obéir, mais elle ne fut pas suffisante. Il fallut au roi le secours de constructions juridiques que es légistes développèrent à son profit. Petit à petit il fit reconnaître que son autorité devait s'exercer immédiatement par tout le royaume, même en dehors de son domaine. La supériorité royale (A) devait s'exprimer dans un droit royal (B) et se cristalliser dans des concepts traduisant la permanence de la fonction royale au service de l'unité (C).

A - DE LA SUPÉRIORITÉ À LA SOUVERAINETÉ

291. Le roi va invoquer des principes juridiques fondés sur d'anciennes traditions. Depuis longtemps les ecclésiastiques considéraient que la royauté avait une situation particulière, qui la mettait au-dessus et en dehors des cadres de la féodalité. Pour renforcer ces traditions, les légistes exploitèrent au profit du roi l'idée de « souveraineté » qu'impliquait la hiérarchie féodale[458].

---

réunion du duché d'Alençon. 1737 : réunion de la vicomté de Turenne. 1766 : incorporation des duchés de Bar et de Lorraine. 1768 : achat du royaume de Corse.

457 J. BOUSSARD, « La France féodale », dans *La France et les Français* (direction Michel FRANCOIS), Encyclopédie de La Pléiade, Paris Gallimard, 1972, p. 994-995.

458 A. RIGAUDIÈRE, *Introduction historique à l'étude du droit,* ouvr. cité, p. 224 ; A. DUMAS, *Histoire du droit français,* ouvr. cité, p. 156.

292 *Le songe du vergier*, « véritable manuel de gouvernement »[459], rédigé sur ordre de Charles V[460], affirme qu'il y a toute une catégorie de droits domaniaux qui sont inaliénables. Ce sont ceux qui touchent à la souveraineté : « Au Roi seul, et pour le tout, appartient souveraineté et dernier ressort dans son Royaume et en tant qu'il ne pourrait mie cette souveraineté donner, transporter ou autrement aliéner, car cette souveraineté et dernier ressort sont si forts et par telle manière conjoints et annexés à la couronne qu'ils ne peuvent en être séparés »[461]. Mais quel est le sens qu'il convient de donner, à pareille époque, au terme « souverain » ? Par son étymologie, le mot « souverain » était synonyme de supérieur. Il n'était que la transformation phonétique du bas latin *superanus*, dérivé de *super*. Longtemps dans les actes latins on employa le mot *superioritas* pour dire ce qu'on exprimait en français par *souveraineté*. Au reste *suzerain* était employé comme équivalent de *souverain*[462].

293. Avec le temps, le sens du mot souverain évolua. Au XIIIe siècle, ce n'est qu'un comparatif. Beaumanoir disait : chaque baron est souverain en sa baronnie : mais le roi est souverain par-dessus tous[463]. Dans ce langage, le baron supérieur de ses vassaux et de ses sujets roturiers, avait au-dessus de lui le roi, supérieur général de tous dans son royaume. Mais, dès le XIVe siècle, le mot *souverain* tendit à ne plus se prendre qu'au superlatif. Il ne s'appliquait qu'à celui qui n'avait pas de supérieur au-dessus de lui. La souveraineté était la puissance

459 J. BARBEY, « La montée de l'État monarchique (fin XIIIe — début XVIIe siècle), dans J.-L. HAROUEL, J. BARBEY, E. BOURNAZEL, J. THIBAUT-PAYEN, *Histoire des institutions de l'époque franque à la Révolution*, ouvr. cité, p. 262. Sur le texte même du *Songe du vergier*, on peut consulter l'édition de M. SCHNERB-LIEVRE, *Le songe du vergier, édité d'après le manuscrit royal 19 C IV de la British Library*, Paris, CNRS, 1982, 2 vol.

460 J.-P. ROYER, *L'Église et le Royaume de France au XIVe siècle d'après le « Songe du vergier » et la jurisprudence du parlement*, Paris, Sirey, Bibl. de l'hist. du droit, t. XX, 1969.

461 M. SCHNERB-LIEVRE, *Le songe du vergier*, ouvr. cité, t. I, p. 15.

462 A. RIGAUDIÈRE, « L'invention de la souveraineté », *Pouvoirs*, 67, 1993, p. 11.

463 Ph. de BEAUMANOIR, *Coutumes de Beauvaisis*, Texte critique publié avec une introduction, un glossaire et une table analytique par Amédée Salmon, Paris, Picard, 1970, 3 vol., réimpression de l'édition originale de 1899, t. II, p. 23-24, n° 1043. « Pour ce que nous parlons en cest livre en plusieurs lieus du souverain et de ce qu'il puet et doit fere, li aucuns pourroient entendre pour ce que nous ne nommons conte ne duc, que ce fust du roi ; mais en tous les lieux la ou li rois n'est pas nommés, nous entendons de ceus qui tiennent en baronie, car chascuns barons est souverains en sa baronie. Voirs est que li rois est souverains par dessus tous et a de son droit la general garde de tout son roiaume... ».

suprême, *suprema potestas* : seul était *souverain* le prince pleinement indépendant. C'est en prenant appui sur cette « supériorité », fondée sur la suzeraineté royale, que Suger pose, dès le milieu du XIIe siècle les premiers jalons favorables au développement de la souveraineté. Constatant que le roi se trouve au sommet de la hiérarchie féodo-vassalique, il en déduit qu'il ne doit hommage à personne. En veut-on la preuve, nous dit Suger. La voici : le roi de France tient le Vexin de l'abbaye de Saint-Denis, région pour laquelle il devrait normalement prêter hommage à l'abbé, « s'il n'était pas roi » *(si rex non esset)*. Il ne doit pas accomplir cette formalité car sa qualité de roi suzerain placé au sommet de la pyramide féodale s'y oppose. En conséquence, le roi ne saurait tenir quoi que ce soit de qui que ce soit[464]. C'est ce qu'exprime avec force le *Livre de jostice et de Plet* (Coutumier du milieu du XIIIe siècle) qui, au chapitre consacré à l'office de roi, pose nettement le principe d'après lequel *« Li rois ne doit tenir de nuil »* (Le roi ne tient de personne)[465]. On peut voir l'aboutissement définitif de cette évolution avec l'intégration du comté de Forez dans la chaîne féodale du royaume[466]. Le comté de Forez est d'empire ; lorsque le comte Guigues II mourut en 1198, il mit son jeune fils, Guigues III, sous la protection de Philippe II. Le jeune comte va bientôt se reconnaître vassal du Capétien. Il va sans dire que si celui-ci avait été un quelconque

464 P. VIOLET, *Histoire des institutions politiques et administratives de la France*, ouvr. cité, t. II, p. 183 et note 1 ; J.-F. LEMARIGNIER, *La France médiévale, Institutions et société*, ouvr. cité, p. 147-148 ; J. BOUSSARD, « La France féodale » dans *La France et les Français* (direction : Michel FRANCOIS), Encyclopédie de La pléiade, ouvr. cité, p. 994-995 ; Y SASSIER, *De l'ordre seigneurial à l'ordre féodal (fin X[e]-début XIIIe siècle)*, dans O. GUILLOT, A. RIGAUDIÈRE, Y SASSIER, *Pouvoirs et institutions dans la France médiévale*, t. I, ouvr. cité, p. 255. L'expression « *si rex non esset, hominium ei debere...* », toujours présentée comme une preuve, au temps de la féodalité, de la souveraineté montante du roi, est en fait sujette à caution. Henri WAQUET, dernier éditeur et traducteur de SUGER, *Vie de Louis VI le Gros* (Paris, H. Champion, 1929), a travaillé à partir des sept principaux manuscrits. L'anecdote rapportée ne figure pas dans ces textes (présentés p. XVII XXI) ; la relation des évènements pourraient même laisser supposer la sujétion du roi à l'abbé : « il (le roi qui s'apprête à partir en guerre) prend sur l'autel l'étendard appartenant au comte de Vexin, au titre duquel il se trouve feudataire de l'église ; il le prend conformément à son vœu comme de la main de son seigneur » (Chap. XXVIII p. 221 de l'édition de H. Waquet). C'est dans un manuscrit dont le texte est controversé (manuscrit F, présenté, p. XXI-XXIV, par H. Waquet) que l'anecdote du refus de prêter l'hommage est rapportée (*Ibid.*, p. 221, note 2).

465 Sur cette évolution, *Cf.* A. RIGAUDIÈRE, *Introduction historique à l'étude du droit*, ouvr. cité, p. 224.

466 B. GUENÉE, « Les Limites. Le souvenir de Verdun IXe - XIIe siècle », dans *La France et les Français* (direction Michel FRANÇOIS,), Encyclopédie de La Pléiade, Paris Gallimard, 1972. p. 54.

seigneur français, le comté de Forez serait demeuré dans l'empire. Mais précisément le roi de France n'a point de suzerain car il est souverain : il refuse donc d'entrer dans la hiérarchie féodale de l'empire et de prêter hommage, et le comté de Forez rentre dès lors dans sa mouvance[467]. Il fait désormais partie du royaume et sera considéré comme domanial[468] ; c'est à ce titre qu'il sera réuni au domaine royal par la commise sanctionnant, en 1531, la trahison du connétable de Bourbon. On peut donc considérer que dès le XIIIe siècle, tout droit acquis par le roi peut faire entrer la terre sur laquelle ce droit s'exerce dans le royaume.

294. Ainsi la souveraineté, pouvoir suprême, implique le droit de trancher en dernier ressort car le roi est au-dessus de tous et il en résulte que les droits liés à la souveraineté (le dernier ressort) ne sauraient pas plus être aliénés que cette souveraineté elle-même. Telle était effectivement la position juridique du roi, souverain par-dessus tous car il ne se reconnaissait pas de supérieur. Suivant une expression qui se trouve dans les *Établissements de Saint-Louis* (Coutumier rédigé vers 1272), « *Li rois n'a point de souverain ès choses temporiex, il ne tient de nelui que Dieu et de lui* »[469]. Roi souverain, personne n'avait donc compétence pour lui conférer un pouvoir qu'il tenait seulement de Dieu et de lui-même. Cela signifiait aussi que toute ingérence impériale dans les affaires du royaume était sans fondement, car, en effet, « *Le roi est empereur en son royaume* » ; la maxime est posée en norme par les légistes français à partir du milieu du XIIIe siècle[470]. Relevant directement de Dieu, il s'arroge bientôt le monopole de la formule « par la grâce de Dieu », et au XVe siècle, il interdit à de grands vassaux de s'en servir. Cette formule qui, à l'époque carolingienne, n'était qu'une marque d'humilité, devint un signe d'indépendance souveraine[471]. La souveraineté royale s'étendant à tout le royaume, comportait une autorité immédiate dans tous les cas où elle était en jeu. Sans doute encore, à la fin du XIIIe siècle, comme le remarquait Guillaume Durand,

467 I. GOBRY, *Louis VII, père de Philippe Auguste*, Paris, éd. Pygmalion, 2002, p. 292-293, estime que le Forez avait baculé dans la mouvance française dès 1137 lorsque le comte Guigues I désigna comme tuteur de son fils mineur, Guigues III, le roi Louis VII, « ce qui d'une certaine façon constituait un aveu de vassalité envers lui ».

468 J.-M. de LA MURE, *Histoire des ducs de Bourgogne et comtes de Forez*, Paris, Librairie Potier, 1868, 3 vol., t. I, p. 222 et s.

469 A. RIGAUDIÈRE, *Introduction historique à l'étude du droit,* ouvr. cité, p. 234.

470 *Ibid.*, p. 234.

471 A.DUMAS, *Histoire du droit français,* ouvr. cité, p. 156.

évêque de Mende, les hommes des barons n'étaient point les hommes du roi. Cependant, tous les habitants du royaume étaient, disait-il, aussi sous la puissance du roi qui avait à leur égard un pouvoir général de commandement[472]. À la même époque, Beaumanoir soutenait que si chaque baron avait la garde spéciale de sa baronnie, le roi, comme souverain par-dessus tous, avait la garde générale du royaume[473]. Le roi était donc supérieur aux autres princes territoriaux. Et il s'agissait d'une supériorité institutionnelle, c'est-à-dire intangible, insusceptible de minoration quand bien même la force de ses armées ou l'importance de son domaine pouvaient, en raison de la mobilité contractuelle qui caractérisait la féodalité, le mettre dans une position d'infériorité matérielle au regard des grands féodaux. Comment cette souveraineté, définie comme une supériorité institutionnelle et non plus contractuelle, fut-elle mise en œuvre ? Elle le fut par le truchement d'un droit nouveau, le droit royal.

B- LE DROIT ROYAL

295. Le *rex unus* sur un *regnum unum* va bientôt imposer une législation unique dans une langue unique : le français, langue du roi, instrument fondamental de l'unité du royaume. Ce droit royal, distinct du droit féodal va se constituer progressivement en fonction des événements. Le droit féodal reposait, nous l'avons vu, sur le contrat et sur la patrimonialité : par l'effet du contrat, s'était formée une hiérarchie de personnes et de terres. Par l'effet de la patrimonialité, la puissance publique s'était morcelée. Le droit féodal était de l'ordre du droit privé : il ne concernait que les rapports d'homme à homme et l'appropriation des biens. Au contraire, le droit royal qui commença à se constituer à partir du XIIIe siècle va se distinguer du droit féodal, parce qu'il ne comportait ni contrat, ni patrimonialité. C'était un véritable droit public qui mettait, au-dessus des individus éphémères, des institutions permanentes. Même au-dessus du roi, il y avait quelque chose qui demeurait et qui ne pouvait pas faire l'objet d'un contrat ni d'un droit patrimonial. La définition donnée dans *Le Songe du vergier* est à cet égard très proche de la pensée développée par J. Bodin au XVIe siècle.

---

472 M. BOULET-SAUTEL, « Le *princeps* de Guillaume Durand », dans *Études d'histoire du droit canonique offertes à Gabriel Le Bras*, 2 vol., Paris, Sirey, 1965, t. II, p. 803-813.

473 Ph. de BEAUMANOIR, *Coutumes de Beauvaisis*, ouvr. et éd. cités, t. II, p. 23-24, n° 1043. «... li rois est souverains par dessus tous et a de son droit la general garde de tout son roiaume...».

296. Le roi va donc prétendre et tendre à légiférer pour tous. Cela va se traduire, à partir du XIIIe siècle, par la création d'un *corpus juris* qui bientôt n'utilisera plus que la langue du roi. C'est la mise en œuvre de ce *corpus* qui va favoriser l'unité territoriale à la suite d'un double mouvement qui, à terme, donnera au roi le monopole du pouvoir législatif exprimé dans sa propre langue. Il imposera d'abord ses ordonnances en dehors même de son propre domaine. Ensuite, étendant ce dernier et donc sa justice, il imposera son monopole législatif.

297. Jusqu'au XIIIe siècle, le Roi n'avait que rarement promulgué des ordonnances exécutoires par tout le royaume. Il n'avait le pouvoir législatif que là où il avait la justice, c'est-à-dire dans son domaine, à l'exclusion donc des terres des barons. C'est ce que disent les *Établissements de Saint-Louis* : le baron « a toute justice en sa terre : et le roi ne peut mettre ban en la terre au baron, sans son assentiment »[474]. Cependant, dès le milieu du XIIe siècle, le roi essayait de faire appliquer certaines de ses ordonnances en dehors de son domaine, au besoin par tout le royaume. Pour cela, il réunissait une « cour de barons » où il ne convoquait pas seulement les petits barons du duché de France et de l'Orléanais, mais également des grands vassaux, ducs et comtes. Il soumettait à cette assemblée l'ordonnance qu'il avait l'intention de promulguer et demandait à ses vassaux d'y souscrire. L'ordonnance devenait applicable dans les domaines de ceux qui y avaient adhéré. Les barons, qui y mettaient leur souscription, la rendaient exécutoire sur leurs terres. Le refus de certains barons de souscrire l'ordonnance n'empêchait pas qu'elle fût publiée. Elle était applicable dans le domaine de ceux qui l'avaient acceptée ; elle ne l'était pas dans le domaine des autres[475]. Ce procédé de législation respectait le principe que le roi ne pouvait pas mettre ban dans la terre de ses barons sans leur assentiment.

298. De Louis VIII à Philippe III le Hardi, la fonction législative du roi s'affirme davantage. Une première ordonnance de 1223, souscrite par plus de vingt barons, décide que la mesure s'appliquera « tant à ceux qui ont juré l'établissement qu'à ceux qui ne l'ont pas juré ». Une

474 Cité par A.DUMAS, *Histoire du droit français*, ouvr. cité, p. 156.

475 E. BOURNAZEL, « Les temps féodaux (fin Xe-fin XIIIe siècle) », dans J.-L. HAROUEL, J. BARBEY, É. BOURNAZEL, J. THIBAUT-PAYEN, *Histoire des institutions de l'époque franque à la Révolution*, ouvr. cité, p. 241-242. L'exemple le plus ancien d'une ordonnance faite en cour de barons remonte à l'année 1155 : le Roi Louis VII y prescrivait, à la prière des évêques, l'observation de la paix de Dieu par tout le royaume pendant dix ans. On y trouve les serments et les souscriptions du duc de Bourgogne, et des comtes de Flandres, de Champagne, de Nevers et de Soissons.

seconde, en 1230, est encore plus précise. Elle a été arrêtée, au nom du roi Louis IX qui était encore mineur, « pour l'utilité de tout le royaume », de la volonté du roi et « du commun conseil des barons » ; il est de surcroît prévu « que si quelque baron ne veut pas l'observer le roi et les autres barons l'y contraindront »[476]. Ainsi l'idée chemine selon laquelle les lois du roi doivent être généralement appliquées et que le roi peut s'en tenir au consentement d'une majorité des vassaux pour prétendre au respect de ses décisions[477]. Puis le pouvoir législatif du roi s'accrut encore. Sans doute, à la fin du XIIIe siècle, dans les ordonnances, on continuait à formuler le principe de l'adhésion expresse des barons : les lois de Philippe le Bel étaient toujours faites de l'assentiment des prélats et des barons ; mais, en fait, les seuls barons consultés par le roi n'étaient que les quelques seigneurs présents à son conseil. On peut dès lors considérer que l'intervention des barons correspondait à une consultation de conseillers. La chancellerie perdra bientôt l'habitude de mentionner dans les ordonnances le nom des barons présents, et se contentera de signaler leur adhésion.

299. Le pouvoir législatif du roi était devenu absolu[478]. L'opportunité du conseil subsiste, mais le roi n'est pas lié par les avis qui lui sont

---

476 E. BOURNAZEL, « Les temps féodaux (fin X^e^-fin XIIIe siècle) », dans J.-L. HAROUEL, J. BARBEY, É. BOURNAZEL, J. THIBAUT-PAYEN, *Histoire des institutions de l'époque franque à la Révolution*, ouvr. cité, p. 242.

477 *Ibid.*, p. 242.

478 A. RIGAUDIÈRE, *Pouvoirs et institutions de la France médiévale. Des temps féodaux aux temps de l'État*, ouvr. cité, p. 141 ; E. BOURNAZEL, « Les temps féodaux (fin X^e^-fin XIIIe siècle) », dans J.-L. HAROUEL, J. BARBEY, É. BOURNAZEL, J. THIBAUT-PAYEN, *Histoire des institutions de l'époque franque à la Révolution*, ouvr. cité, p. 241-242. Deux raisons furent mises en avant pour justifier que le roi eût la plénitude du pouvoir législatif, *regalium,* dont découlaient tous les autres *regalia*, droits de souveraineté : le « commun profit » et l'autorité du droit romain. Le roi ne fut pas seulement considéré comme un seigneur groupant autour de lui des hommes sur la base de la foi, et ne disposant de la puissance publique qu'à titre de bien patrimonial. Ayant la garde générale du royaume, il avait la charge du « commun profit ». Cette conception fit reparaître une idée qui s'était obscurcie depuis bien longtemps : l'idée du bien commun ou de ce que nous appelons l'intérêt général. Cette idée fut, dès le XIIIe siècle, développée par la philosophie scolastique et, en particulier par saint Thomas (A. RIGAUDIÈRE, *Introduction historique à l'étude du droit*, ouvr. cité, p. 228-230 ; L. LACHANCE, *L'humanisme politique de saint Thomas d'Aquin, individu et État*, Paris-Ottawa, Sirey et Éditions du Lévrier, 1965, 4 vol., t. II, p. 55 et s. *Cf.* également M. BRÉMOND et J. GAUDEMET, *L'Empire chrétien et ses destinées en Occident, du XIe au XIIIe siècle. Essai sur les forces d'universalisme et de particularisme dans l'Europe du Moyen Âge*, Préface de Gabriel Le BRAS, Paris, L.G.D.J., 1944, p. 68). Dès le temps de saint Louis, elle pénétra dans le monde juridique ; elle fut souvent invoquée dans les ordonnances royales, pour justifier les mesures prises (Ch. PETIT-DUTAILLIS, « L'établissement

donnés puisqu'il est la tête du corps, c'est-à-dire, selon l'expression de J. Krynen, le « principe d'unité »[479]. C'est ce principe qui va faire l'objet d'une triple conceptualisation justifiant la permanence de la fonction royale comme fondement de l'unité du royaume.

---

pour le commun profit au temps de Saint-Louis », *Annuario de historia del derecho español*, 1933, avec C.R., *R.H.*, 1934, t. 173, p. 197, cité par A. DUMAS, *Histoire du droit français*, ouvr. cité, p.143). Le roi, ayant la charge du commun profit, avait une mission à remplir. La royauté ne comportait pas seulement des droits et des prérogatives dans l'intérêt particulier du roi ; c'était une fonction qui, s'exerçant dans l'intérêt de tous, se justifiait par le bien commun. Comme le but était permanent, la fonction était elle-même permanente. Il lui appartenait donc de faire toutes les ordonnances nécessaires au bien commun du royaume. Aux alentours des années 1280, Ph. de BEAUMANOIR (*Coutumes de Beauvoisis*, ouvr et éd. cités, t. II, n° 1043, 1512, 1513, p. 23-24, 262-263) fait la synthèse de ce courant en formulant une théorie générale de l'ordonnance royale : en temps de guerre ou de « nécessité », le roi peut légiférer pour le « commun profit » ; en temps de paix, l'auteur assortit le pouvoir royal de légiférer pour tout le royaume de trois conditions : l'ordonnance doit être faite par « grand conseil », « pour le commun profit », c'est-à-dire pour le bien commun, et « pour raisonnable cause », c'est-à-dire en conformité avec la loi divine et la loi morale (*Cf.* également A. RIGAUDIÈRE, *Pouvoirs et institutions de la France médiévale. Des temps féodaux aux temps de l'État*, ouvr. cité, p. 141-142. E. BOURNAZEL, « Les temps féodaux -fin X^e^-fin XIIIe siècle- », dans J.-L. HAROUEL, J. BARBEY E. BOURNAZEL, J. THIBAUT-PAYEN, *Histoire des institutions de l'époque franque à la Révolution*, ouvr. cité, p. 241-242). Par ailleurs – et c'est la seconde raison – On invoqua aussi le droit romain. Dans le *Corpus juris civilis*, les légistes voyaient le pouvoir législatif exercé pleinement et sans partage par le prince. Ils lisaient au *Digeste* cette maxime d'Ulpien : *Quod principi placuit legis habet vigorem*. Dans le Code, on indiquait aussi que l'empereur était la loi vivante en ce monde, *lex animata in terris*. Il paraissait naturel, puisque le roi était reconnu comme empereur en son royaume, de réclamer pour lui le même pouvoir. De là cette maxime : « *Si veut le roi, si veut la loi* ». On disait aussi que le prince, investi de la plénitude de puissance, pouvait faire des ordonnances « de sa certaine science ». Il décidait lui-même ce qu'il convenait de faire (M. BOULET-SAUTEL, « Le *princeps* de Guillaume Durand », dans *Études d'histoire du droit canonique, offertes à Gabriel Le Bras*, ouvr. cité, t. 2, p. 803-813 ; J.-F. LEMARIGNIER, *La France médiévale, Institutions et société*, ouvr. cité, p. 264-265 ; J. BARBEY, « La montée de l'État monarchique (fin XIIIe - début XVIIe siècle), dans J.-L. HAROUEL, J. BARBEY, E. BOURNAZEL, J. THIBAUT-PAYEN, *Histoire des institutions de l'époque franque à la Révolution*, ouvr. cité, p. 287-289 ; A. RIGAUDIÈRE, *Pouvoirs et institutions de la France médiévale. Des temps féodaux aux temps de l'État*, ouvr. cité, p. 141-142).

479 J. KRYNEN, *L'empire du roi. Idées et croyances politiques en France. XIIIe – XVe siècle*, Paris, nrf, Gallimard, 1993, p. 489, note 11.

C - DES CONCEPTS AU SERVICE DE L'UNITÉ

300. Trois concepts juridiques par où se manifestait la permanence de la fonction royale et son rôle dans le maintien de l'unité vont se développer : la couronne (I), la république (II) et le corps du roi (III)[480].

I - La couronne

301. Dès le XIVe siècle, on vit le signe de la permanence de la royauté dans la couronne[481], emblème de la dignité royale. La couronne de France fut considérée comme un être mystique, presque une personne, qui, à travers les siècles, demeurait immuable, tandis que les rois se succédaient les uns aux autres. C'était un symbole de continuité et de durée, symbole aussi de l'unité française. Comme entité juridique elle avait des droits et des prérogatives auxquels le roi ne devait pas porter atteinte. C'est ce que reconnut, nous l'avons vu, Charles V en 1364 : il inséra dans le serment du sacre une clause nouvelle, par laquelle il promettait de garder inviolablement la souveraineté, les droits et les noblesses de la couronne de France: *Et superioritatem, jura et nobilitates coronæ Franciæ inviolabiliter custodiam, et illa non transportabo nec alienabo*[482]. La couronne était au-dessus de la personne du roi régnant, qui devait la transmettre intégralement à son successeur

480 L'émergence de ces concepts – que nous ne faisons qu'évoquer – et leur évolution font l'objet d'analyses très fouillées. Il faut renvoyer, bien évidemment, au travail désormais classique d'E. KANTOROWICZ, *Les deux corps du roi*, trad. J-Ph. GENET et N. GENET, Paris, Gallimard, 1989 (2e édit., 2000) ; mais aussi à J. KRYNEN, *L'Empire du roi. Idées et croyances politiques en France. XIIIe - XVe siècle,* ouvr. cité, p. 128-160 ; G. LEYTE, *Domaine et domanialité publique dans la France médiévale. XIIe-XVe siècles,* ouvr. cité, p. 199-217 ; R. E. GIESEY, *Le roi ne meurt jamais*, trad. fr. de D. EBNÖTHER, Paris, Flammarion, 1987. Toutes ces théories ont été sérieusement remises en cause par A. BOUREAU, *Le simple corps du roi,* Paris, Les éditions de Paris, 1988, en particulier p. 16 et s. A. RIGAUDIÈRE, *Penser et construire l'État dans la France du Moyen Âge (XIIIe–XVe siècle),* Paris, Comité pour l'histoire économique et financière de la France, Ministère de l'économie, des finances et de l'industrie, 2003, p. 433-450, réalise la synthèse de ces travaux, tout en proposant une analyse personnelle de ces concepts.

481 A. RIGAUDIÈRE, *Pouvoirs et institutions de la France médiévale. Des temps féodaux aux temps de l'État*, ouvr. cité, p. 125 ; A. DUMAS, *Histoire du droit français*, ouvr. cité, p. 155 et s ; R. DELACHENAL, *Histoire de Charles V*, Paris, 1927, 5 vol., t. III, p. 91-92.

482 M. DAVID, *Le serment du sacre du IXe au XVe siècle. Contribution à l'étude des limites juridiques de la souveraineté*, ouvr. cité, p. 258

avec les prérogatives qu'elle comportait et notamment le domaine qui, *ipso jure*, était indivisible.

II - La république

302. Ce sentiment de la continuité s'exprima aussi par un autre concept, qui venait du droit romain : l'idée de la chose publique, de la *res publica*, expression qui ne signifiait évidemment pas la forme de gouvernement, mais la « chose publique » qui demeurait en permanence. Le roi, dans ses ordonnances, disait : « *notre république* » ou « *la république de notre royaume* ». Dans les textes du droit romain, il était aussi question du *status rei publicæ* ou du *status rei romanæ*. Le *status*, c'était littéralement « ce qui demeurait debout », c'est-à-dire, ce qu'il y avait de permanent dans la chose publique. Par imitation de la terminologie romaine, les légistes français parlèrent de « *l'état de la république* » ou de « *l'état du royaume* », par quoi l'on entendait ce qui, dans la chose publique ou dans le royaume, demeurait sans changement au cours des générations successives[483]. Le concept correspond à ce que tous pensent être la structure du royaume unitaire. La substance de celui-ci est faite de l'ensemble diversifié des sujets et de leurs activités différenciées. Cette république est ordonnée par une forme, l'autorité royale, qui dirige et coordonne la vie du corps politique. Le roi est ainsi le cœur, la tête ou l'esprit de la *respublica* en vue d'une finalité, celle de l'ordre du royaume qui est seul à même de garantir son unité[484]. Au XVIe siècle, on en vint à dire « *État* » tout court, en sorte que ce mot chez Bodin devint synonyme de république.

III - Le corps du roi

303. Complémentaire et indissociable de la couronne et de la république, le corps du roi, troisième concept, est sans doute celui qui permet le mieux de justifier l'unité du royaume, à tout le moins la quête de son unité. Les hommes du Moyen Âge ont, en effet, l'esprit communautaire. Ils comparent volontiers les collectivités à des corps

483 Sur le concept de République, *Cf.* A. RIGAUDIÈRE, *Penser et construire l'État dans la France du Moyen Âge (XIIe - XVe siècle)*, ouvr. cité, p. 164-165, 197-199, 383-385, 444-445.

484 J. BARBEY, « La montée de l'État monarchique (fin XIIIe - début XVIIe siècle), dans J.-L. HAROUEL, J. BARBEY, E. BOURNAZEL, J. THIBAUT-PAYEN, *Histoire des institutions de l'époque franque à la Révolution*, ouvr. cité, p. 263.

animés. Même au niveau le plus bas, celui des groupements particuliers, le terme *corpus* vient exprimer la solidarité des individus, clercs et laïcs, appelés à vivre ensemble[485]. La métaphore du corps est de toutes les époques. La philosophie, le droit et la rhétorique antiques l'avaient utilisée, bien avant que saint Paul ne l'applique à l'Église pour souligner l'union mystique des Chrétiens membres d'un corps dont la tête est le Christ[486]. À partir du XIIe siècle, quand les États « souverains » font leur apparition, les premiers théoriciens du pouvoir laïc vont s'inspirer de la doctrine du *corpus ecclesiæ mysticum*[487]. L'expression devient courante au siècle suivant, particulièrement en France[488]. Selon J. Krynen, ce qui séduit les intellectuels français dans l'image du corps mystique, c'est l'utilisation qui peut en être faite. Elle sacralise le royaume, certes, et elle peut surtout convaincre de la cohésion nécessaire dans l'État. C'est ce souci même qui les conduit parfois à associer cette image à celle, moins abstraite, du corps humain ou corps « naturel ». Fût-il « mystique », le corps du royaume leur apparaît en tout cas fonctionner sur le modèle de l'organisme naturel. Loin de contredire l'image toute christologique du corps mystique, celle du corps naturel vient au contraire la préciser. Les *Tractatus contra rebelles suorum regum*, publiés en 1419[489] par le juriste nîmois, Jean de Terrevermeille, sont sans aucun doute circonstanciels, liés à l'exhérédation du dauphin, futur Charles VII et donc au viol des lois fondamentales. Ils paraissent cependant représentatifs de l'opinion des légistes du temps[490]. Terrevermeille est pourtant sans nuance : de l'analogie corps humain/corps politique, utilisée par ses contemporains pour démontrer la solidarité du groupe communautaire, il ne retient que ce qui induit la précellence de la tête. *Regnum est in rege et rex in regno*[491] : le royaume se confond dans le roi. À cela une raison : la tête du corps mystique n'a pas qu'une fonction régulatrice. « Elle est

485 A. RIGAUDIÈRE, *Pouvoirs et institutions de la France médiévale. Des temps féodaux aux temps de l'État*, ouvr. cité, p. 111-112.

486 J. BARBEY, « La montée de l'État monarchique (fin XIIIe - début XVIIe siècle) » dans J.-L. HAROUEL, J. BARBEY, E. BOURNAZEL, J. THIBAUT-PAYEN, *Histoire des institutions de l'époque franque à la Révolution*, p. 263-264 et les notes.

487 *Ibid.*, p. 261-263.

488 A. DUMAS, *Histoire du droit français*, ouvr. cité, p. 489 note 9.

489 J. BARBEY, *La fonction royale. Essence et légitimité d'après les Tractatus de Jean de Terrevermeille*, ouvr. cité, p. 2 et s.

490 M. BOULET-SAUTEL, Préface à l'ouvrage de J. Barbey, *La fonction royale* ouvr. cité. p. II.

491 J. KRYNEN, *L'empire du roi*, ouvr. cité, p. 413.

principe et source de vie du corps... L'influx de la tête donne leur existence aux membres. Principe et vie du corps, le roi se meut dans une sphère indépendante placée au-dessus des membres dont la direction lui incombe seul. Siège de l'unité du corps, il est l'*unica voluntas*, *Deus in terris, Deus terrenis*. Puisque sa place dans le corps mystique peut être comparée à celle de Dieu dans le monde, les sujets lui doivent la plus absolue fidélité, véritable obligation sacramentelle »[492].

304. Ce roi, fondement et ferment d'unité, va bientôt – le maintien de l'unité de commandement dans le cadre de l'État unitaire était à ce prix – ordonner, édicter, réglementer, et plus généralement « communiquer » dans son propre vernaculaire. À partir du rayonnement de la puissance et du prestige de son locuteur, le vernaculaire royal va accéder à une position spécifique sur l'échiquier linguistique du royaume de France.

305. La renaissance de l'autorité monarchique au sein d'un royaume désormais indivisible, ne pouvait être réalisée qu'en substituant, au niveau du commandement, l'unité linguistique au pluralisme linguistique, et donc en assurant la promotion du vernaculaire par où s'exprimait les ordres du roi.

492 J. KRYNEN, *L'empire du roi*, ouvr. cité, p. 413.

SECTION II - L'ASCENSION DE LA LANGUE FRANÇAISE (XIIIe - XVe SIÈCLES)

306. La construction, dans le cadre de l'État féodal, d'un État unitaire impliquait l'utilisation de la langue du Roi ; celle-ci du XIIIe au XVe siècle fut un instrument de son unité. La souveraineté acquise dans le cadre d'un État unitaire reconstruit eut pour conséquence de donner à la langue du Roi un rôle spécifique, traduisant l'éminence de son principal locuteur. Son vernaculaire, cependant, ne pouvait s'imposer qu'au détriment du latin d'abord, au détriment des autres parlers romans ensuite.

307. À la fin du XIIIe siècle, avec la montée en puissance du roi, la promotion de son vernaculaire allait accentuer la diglossie que les clercs avaient, nous l'avons vu, initiée, depuis 813. Cette diglossie va se traduire dans un double phénomène opposant la langue du roi non seulement au latin, mais également aux autres parlers d'oïl et aux langues occitanes. Ce Capétien qui dirige un royaume dont il entend être souverain, dont l'autorité monarchique ne cesse de s'affermir aux XIIIe, XIVe et XVe siècles, exprime sa volonté, d'abord par la parole ; le roi, titulaire du *mundium*, comme ses devanciers carolingiens et mérovingiens, donne des ordres par la bouche (*mund* = bouche en allemand moderne)[493]. Et il ne le fait pas en latin. Il s'exprime en français et même, depuis Hugues Capet qui accède au pouvoir en 987 exclusivement en français[494]. Sa langue est celle de ses feudataires

---

493 A. DUMAS, *Histoire du droit français*, ouvr. cité, p. 34. Le mot barbare *mundium* ou *mundeburdium* désignait le pouvoir d'une personne puissante qui manifestait son autorité par la parole. De là sont venus les mots d'ancien français mainbour ou mainbourie. À l'époque franque on disait dans un latin moins barbare : *sermo* ou *verbum*.

494 Le premier *rex francorum* à ignorer le tudesque (et le latin) et à parler strictement roman est, semble-t-il, Hugues Capet. Cf sur ce point la démonstration que fait F. BRUNOT (*Histoire de la langue française des origines à 1900*, t. I, *De l'époque latine à la Renaissance*, ouvr. cité, p. 58 et note 3), à partir de l'*Histoire de France* de RICHER (t. II, p. 107, de l'édit. citée de R. LATOUCHE). Richer évoque la rencontre suscitée à Rome par Hugues, qui n'est encore que *dux francorum*, avec le roi de Germanie et futur empereur, Othon II : *« dux Hugo etiam solus cum solo episcopo (Arnulfo) introduceretur, ut rege (Ottone) latiariter loquente, episcopus latinitatis interpres, duci quidquid diceretur indicaret »* ; « Le duc avait été introduit seul accompagné simplement d'un évêque (Arnoul, évêque d'Orléans) qui, pendant que le roi parlait en latin, lui servait d'interprète pour traduire les paroles » (trad. R. Latouche). Démonstration : Othon dont la langue est le tudesque, ne sait pas le roman.

initiaux, ceux qui relèvent du *ducatus francorum*, domaine royal par excellence et qu'à ce titre il domine directement.

308 Mais cette langue, ce vernaculaire royal, quel est-il ? Il ne s'agit nullement de ce que d'aucuns appellent le francien, variété régionale des parlers d'oïl, propre aux environs de Paris, et qui se serait progressivement diffusée au pays tout entier à la faveur du développement du pouvoir capétien : « l'existence d'un tel dialecte n'a jamais été reconnue au Moyen Âge » ; le prétendu « francien » est « pure invention de quelques romanistes du XIXe siècle »[495]. En réalité, Paris, centre politique au rayonnement intellectuel intense, n'est que le lieu où s'opère le tri et le filtrage entre des emprunts de provenances diverses : dialectes normand ou champenois, picard ou poitevin[496]... Ainsi s'élabore une langue royale d'oïl, mûrie à la cour[497] et dans les

---

il parle donc latin. Hugues, lui, ne sait pas le latin, il parle roman. L'interprète traduit le roman en latin et inversement. Si Hugues eût su le tudesque, il eût parlé cette langue à Othon et se serait dispensé d'interprète. Donc Hugues ne savait ni le tudesque ni le latin, il ne parlait que roman. Il semble que la démonstration de Ferdinand BRUNOT lui ait été inspirée par Paul VIOLET, *Histoire des institutions publiques et administratives de la France*, ouvr. cité, t. II, p. 37. La plupart des successeurs du roi Hugues parleront, nous le verrons, plus ou moins latin, mais certainement pas tudesque. On peut donc considérer que c'est à partir du règne de Hugues Capet, donc en 989, que les descendants de Robert le Fort cesseront de parler tudesque. Avant Hugues Capet, en revanche, les rois francs, même latinisants, parlent tudesque. C'était notamment l'idiome maternel de Charlemagne qui en avait, nous l'avons vu, ébauché une grammaire. *Cf.* J.-P. CAPUT, *La langue française. Histoire d'une institution*, ouvr. cité, p. 69 ; J. FAVIER, *Charlemagne*, Paris, Fayard, 1999, p. 435 et s. ; R. BALIBAR, *Essai sur le Colinguisme des Carolingiens à la République*, ouvr. cité, p. 28.

495 J. CHAURAND, *Histoire de la langue française*, Paris, PUF, 1969, rééd. 1996, p. 29 ; S. LUSIGNAN, *La langue des rois au Moyen Âge. Le français en France et en Angleterre*, ouvr. cité, p. 9 : « Le francien, langue dite de Paris, dans une perspective très jacobine, était considéré par les philologues d'il y a un siècle, comme celle qui s'était imposée progressivement au reste de la France. Nous savons maintenant que l'unification du français, à partir du XIVe siècle, fut le résultat d'un processus beaucoup plus complexe. Les recherches des cinquante dernières années ont mis en évidence que la langue écrite des différentes régions du pays d'oïl partage un fonds commun important ».

496 J. MONFRIN, « Les parlers en France », dans *La France et les Français* (dir. M. FRANÇOIS), Encyclopédie de La Pléiade, Paris, Gallimard, 1972, p. 752-755.

497 Il faut prendre en compte que la nouvelle dynastie, issue de l'Île-de-France, ne transporta jamais sa capitale d'une ville à l'autre, comme cela avait été fait autrefois. Dès les origines, elle se fixa définitivement à Paris et l'existence d'une capitale immuable ne tarda pas à influer sur le langage. La langue d'oïl qui s'y parlait y gagna en dignité, car elle était celle de celui qui serait bientôt le seigneur le plus puissant, celui dont le pouvoir politique était le plus considérable. *Cf.* J.-P. CAPUT, *La langue française. Histoire d'une institution*, ouvr. cité, p. 47.

milieux littéraires[498], véhiculée par les administrations royales et, fût-ce à son corps défendant, nous le verrons, par la chancellerie du roi[499].

309. Cette langue du roi, les historiens de la langue la perçoivent comme la langue commune des pays d'oïl, une sorte de langue véhiculaire qui « sert déjà aux échanges entre gens cultivés du domaine d'oïl »[500] et qui sera bientôt la langue du commerce international. C'est le parler de bon ton qu'utilisent déjà au XIIe siècle les dames de la cour du roi Arthur, présentées par Chrétien de Troyes comme « bien parlant en langue françoise »[501] ; « un parler extrarégional et un rien aseptisé, que les provinciaux s'excusent d'alourdir de leurs dialectismes »[502]. Nous retrouvons bien cette singularité qu'a eu le français dès l'origine, d'être, selon l'heureuse expression de Renée Balibar, une langue « instituée »[503].

310. Cette langue du roi va bientôt s'étendre au domaine qui ne cesse de s'accroître et dont la libre disposition, nous l'avons vu, lui sera bientôt interdite. Sa langue, le canal de sa volonté, de ses ordres, va ainsi être un des moyens d'assurer sa puissance ; il va légiférer en l'utilisant ; elle va donc devenir la langue de l'État ; et ce mouvement est en étroite osmose avec la reconstitution de l'autorité monarchique dont, nous l'avons vu, le XIIIe siècle peut être regardé comme l'âge d'or, la période idéale revendiquée, pendant la guerre de Cent ans, comme le paradis unitaire perdu.

311. Le XIIIe siècle est, en effet, un moment capital dans l'histoire du français : il inaugure un mouvement d'expansion qui, d'un dialecte strictement localisé, fera un jour une langue nationale. Jusqu'alors, il n'est qu'un parler parmi les autres parlers qui se partagent le territoire de l'ancienne Gaule : sans doute il a déjà conquis une place de choix comme langue littéraire ; mais d'autres dialectes ne sont pas moins

---

498 Ch.-V. LANGLOIS, *Saint-Louis, Philippe le Bel, Les derniers Capétiens directs (1226-1328)*, Paris, J. Tallandier, 1978, « Littérature en langue vulgaire », p. 417-425.

499 J. VERRIÈRE, *Genèse de la nation française*, ouvr. cité, p. 170.

500 J. CHAURAND, *Histoire de la langue française*, ouvr. cité, p. 30.

501 Dans *Le chevalier de la Charrette*, cité par J. CHAURAND, *Histoire de la langue française*, ouvr. cité, p. 30.

502 J. VERRIÈRE, *Genèse de la nation française*, ouvr. cité, p. 170.

503 R. BALIBAR, *Institution du français. Essai sur le colinguisme des Carolingiens à la République*, ouvr. cité, p. 28.

favorisés que lui[504]. Malgré cette valeur nouvelle qu'il doit à la poésie, il demeure toujours, aux yeux de ceux qui lisent ou écrivent, une langue de second plan. Pour les besoins de l'activité intellectuelle ou pratique, pour les juristes, les notaires et les chancelleries, il n'y a qu'un instrument doté des qualités requises, c'est le latin[505]. Celui-ci fut la langue exclusive du droit savant et de son enseignement dans les universités médiévales[506], la seule langue employée pour les choses « sérieuses », la seule à ne pas varier dans le temps et dans l'espace, la seule langue paneuropéenne[507], « la seule enfin a véritablement mériter le nom de "langue"[508] ». Les personnes instruites devaient donc être au moins bilingues[509].

312. Nonobstant ce monopole du latin dans le droit savant médiéval, la langue vernaculaire écrite commença à exercer les fonctions d'une langue écrite du droit dès le XIIIe siècle. En effet, jamais ne fut contestée à la langue vernaculaire parlée sa capacité d'établir des engagements et des obligations entre les hommes, ce qui constitue l'un des traits distinctifs du langage juridique « et qui en fait un langage performatif[510] ». Les innombrables conventions qui caractérisent l'organisation de la société féodale, société essentiellement

504 F. BRUNOT, *Histoire de la langue française des origines à 1900*, t. I, *De l'époque latine à la Renaissance*, ouvr. cité, Chap. IX, rédigé par Auguste BRUN, « Le français en France du XIIIe siècle à 1500 », p. 358 et s.

505 *Ibid.*, p. 359.

506 J. CHAURAND, *Nouvelle histoire de la langue française*, Paris, Seuil, 1999, p. 115. On distinguait deux grandes disciplines juridiques, toutes deux latinisées, le droit civil et le droit canon. Le premier était étudié à partir du corpus de Justinien (483-565), le *Code*, le *Digeste*, et les *Institutes*. Quant au droit canon, c'est-à-dire le droit de l'église, son enseignement s'appuyait sur les compilations officielles comme le *Décret de Gratien* (1148) ou les *Décrétales* du pape Grégoire IX (1234). Toutes ces sources étaient en latin et ne feront pas l'objet de traductions dans le vernaculaire du Roi avant, nous le verrons, le XIIIe siècle. On peut rappeler que les docteurs étaient spécialistes des deux domaines (doctorat *in utroque*). Dans la France du Nord, l'université de Paris enseignait exclusivement le droit canon et les étudiants allaient à Orléans ou à Angers pour apprendre le *jus civile*. Au Sud, le droit, dans ses deux disciplines, était enseigné principalement dans les universités de Montpellier, Toulouse et Perpignan.

507 L-J. CALVET, *Les langues véhiculaires*, Paris, PUF, 1981, p. 5.

508 R-A. LODGE, *Le Français. Histoire d'un dialecte devenu langue*, ouvr. cité, p 165.

509 S. LUSIGNAN, *Parler vulgairement. Les intellectuels et la langue française aux XIIIe et XIVe siècles*, Paris-Montréal, Vrin, 1987, p. 9.

510 *Ibid.*, p. 115.

contractuelle, s'appuyaient sur le geste et la parole. Le plus ancien texte français qui nous soit parvenu est, nous l'avons vu, un texte juridique Les Serments de Strasbourg dont Nithard, qui n'écrit qu'en latin rapporte, pourtant, en style direct et en français, la formule d'engagement prononcée dans cette langue par le roi Louis le Germanique[511]. Le respect de la langue utilisée par les contractants contribuait sans aucun doute à authentifier les paroles rapportées par l'historien. La langue vernaculaire servait même à établir des conventions spirituelles.

313. Bien que toutes les paroles assurant la validité d'un sacrement dussent impérativement être prononcées en latin par le prêtre, les bénéficiaires du sacrement pouvaient, pour leur part, utiliser leur langue maternelle[512]. L'évolution sera longue : elle n'est pas, en effet, le fruit d'une décision régalienne. Jusqu'à Villers-Cotterêts, en 1539, nous ne pouvons la saisir que de façon circonstancielle : la langue du roi part à la conquête de l'espace juridique. C'est un fait.

314. Que les rois, *proprio motu*, aient explicitement favorisé cette évolution relève de la logique des choses. L'émergence de la langue du roi dans le judiciaire et dans le juridique au détriment de la langue ancienne, traduit toutefois une évolution qui relève également de l'implicite : la langue du pouvoir s'impose d'elle-même dès lors que le roi est légitime et efficient. Il importe de décrire les circonstances de cette conquête de l'espace juridique par le vernaculaire royal (§1 - Le français à la conquête de l'espace juridique), avant d'en rechercher les prodromes (§2 - Les prodromes de la conquête).

---

511 *Cf. Supra.*, Partie préliminaire

512 S. LUSIGNAN, *Parler vulgairement. Les intellectuels et la langue française aux XIIIe et XIVe siècles*, ouvr. cité, p. 115-116. L'aveu des fautes à la confession se faisait dans la langue vernaculaire, tout comme le consentement verbal entre les époux au mariage. Plus significatif encore est le baptême. Lorsqu'un non-baptisé se trouvait en danger de mort et qu'aucun prêtre n'était disponible, l'Église permettait à un laïc chrétien d'agir comme le ministre du sacrement et de prononcer les paroles du baptême en langue romane, comme le précisent, très tôt au XIIIe siècle, les statuts synodaux de Paris. *Cf.* O. PONTAL, *Les statuts synodaux français du XIIIe siècle*, t.1 : *Les Statuts de Paris et le synodal de l'Ouest*, Paris, Bibliothèque Nationale, 1971, p. 54-56.

§ I - LE FRANÇAIS À LA CONQUÊTE DE L'ESPACE JURIDIQUE

315. L'implicite dans l'avancée conquérante du français a précédé l'explicite. L'analyse des circonstances dans lesquelles le français est apparu permet d'affirmer que le vernaculaire royal s'est imposé dans la périphérie du pays d'oïl, avant même de devenir une langue d'État, utilisée par l'administration royale.

316. Il importe donc d'analyser en premier lieu les circonstances dans lesquelles le français est apparu dans les chartes urbaines, seigneuriales et princières du pays d'oïl (A), avant de relater l'histoire du français, langue de l'administration royale (B).

A - LE FRANÇAIS À LA CONQUÊTE DES TERRITOIRES PÉRIPHÉRIQUES DU PAYS D'OÏL

317. Dès l'instant où l'oralité s'effacera au profit de l'écriture, les chartes vont constituer l'instrument écrit par excellence en vue d'authentifier les droits et d'assurer la régulation de la vie en société. Elles émanaient de différentes autorités publiques, roi, seigneurs laïques ou ecclésiastiques, villes ou autres dont les pouvoirs pouvaient se recouper sur un même territoire. Le français devint ainsi une langue d'écriture des chartes très répandue au XIIIe siècle dans la moitié nord de la France qui, du point de vue juridique, était de droit coutumier.

318. On peut rappeler que le droit romain enseigné dans les universités n'avait force de loi que dans le sud de la France désigné dès le Moyen Âge comme le pays de droit écrit. Le nord était, en effet, régi par les coutumes que l'on peut définir comme « un ensemble d'usages d'ordre juridique, qui ont acquis force obligatoire dans un groupe socio-politique donné, par la répétition d'actes publics et paisibles pendant un laps de temps relativement long »[513] ; la coutume est « ce qui se pratique, une habitude passée à l'état de règle de droit »[514]. Sans être tout à fait la même, la frontière qui sépare la France coutumière de la France de droit écrit se rapproche de celle qui divise le royaume en

---

513 J. GILISEN, *La Coutume*, Turnhout, Brepols, 1982, p. 20. *Cf* également, P.-C. TIMBAL, *La coutume, source du droit privé français*, Cours de doctorat, Paris, Les cours de droit, 1958-1959.

514 P. TISSET et P. OURLIAC, *Manuel d'histoire du droit français*, Paris, L.G.D.J., 1949, p. 124.

pays d'oïl et pays d'oc. L'assise de chaque coutume est géographique et d'une région à l'autre la coutume peut être fort différente. Avec la façon de parler, la coutume constitue l'un des traits distinctifs des groupes humains. Paul Ourliac a pu ainsi souligner le parallélisme géographique qui existe entre les faits juridiques et les faits linguistiques. Comme la langue, la coutume n'exige pas d'être écrite ni codifiée pour exister[515].

319. L'usage du français va ainsi pénétrer – on est tenté de dire « s'insinuer » – dans le tissus urbain et seigneurial (I), alors que sa mise en œuvre semble programmée dans les chancelleries princières (II).

I - Le français dans les chartes urbaines et seigneuriales du pays d'oïl

320. Les premières chartes en français apparaissent à la fin du XIIe siècle. Pendant longtemps on a estimé, à la suite d'Arthur Giry, que l'acte le plus ancien avait été rédigé par la ville de Douai en 1204[516]. M. Gysseling[517], J. Monfrin[518] et M.-A. Arnould[519] ont depuis établi que les

515 P. OURLIAC, « Coutume et mémoire : les coutumes françaises au XIIe siècle », dans *Jeux de mémoire, aspects de la mnémotechnie médiévale*, éd. B. Roy et P. Zumthor, Montréal-Paris, Presses de l'Université de Montréal-Vrin, 1985, p. 111-122.

516 A. GIRY, *Manuel de diplomatique*, Paris, Hachette, 1894, p. 467.

517 M. GYSSELING, « Les plus anciens textes français non littéraires en Belgique et dans le nord de la France », *Scriptorium*, III, 1949, p. 190-210, signale trois documents vernaculaires du Nord, antérieurs au XIIIe siècle. Le premier se réduit à une phrase française dans un rentier latin dont la date est postérieure à 1163 ; le second, plus substantiel, est un relevé de redevances de l'abbaye Saint-Vaast d'Arras, écrit moitié en roman, moitié en latin et qu'il date de la seconde moitié du XIIe siècle ; le troisième est une charte, sans doute de la fin du XIIe siècle, par laquelle un couple cède ses biens aux Templiers de Haute-Avesnes (Pas-de-Calais) ; il estime que cette dernière qui n'est pas datée serait peut être le document original le plus ancien en langue française.

518 J. MONFRIN, « L'emploi de la langue vulgaire dans les actes diplomatiques du temps de Philippe Auguste », dans *La France de Philippe Auguste. Le temps des mutations* (dir. : R-H. BAUTIER), Paris, 1982, p. 785-792, retient de son côté la loi de Chièvres, en Hainaut, remontant en 1194 ; il la considère comme le document vernaculaire le plus ancien, quoique conservé dans une copie « visiblement très fidèle » du XVIe siècle.

519 M.-A. ARNOULD, « Le plus ancien acte en langue d'oïl : la charte de Chièvres (1194) », *Hommage au professeur Paul Bonenfant (1899-1965)*, Bruxelles, 1965 p. 85-118, estime également que la loi de Chièvres est « le plus ancien acte en langue d'oïl ».

prémices de cette émergence scripturaire du vernaculaire royal étaient plus anciennes de quelques décennies.

321 On sait également que le français, en tant qu'écriture documentaire, accuse un léger retard par rapport à l'occitan, les plus anciennes chartes en langue d'oc datant du milieu du XIIe siècle[520], mais qu'il s'en distingue par l'absence d'actes farcis, c'est-à-dire d'actes dont le texte va et vient d'une langue à l'autre, entrelaçant les mots latins et vernaculaires[521].

322. Dans la France d'oïl, en effet, la distinction entre les deux langues demeure toujours très nette, en sorte que, « dès l'origine, le français écrit apparaît une langue en pleine possession de ses moyens »[522]. Son utilisation dans les chancelleries régionales confirme cette assertion.

323. Les travaux dirigés par Jacques Monfrin permettent une estimation précise des régions les plus riches en documents transcrits dans le vernaculaire royal[523]. À partir de ces recherches archivistiques, on peut

---

520 S. LUSIGNAN, *La langue des rois au Moyen Âge. Le français en France et en Angleterre*, ouvr. cité, p. 46.

521 Le phénomène est caractéristique des langues romanes du pourtour méditerranéen et de la péninsule ibérique. Cf. J. BELMON et Fr. VIEILLARD, « Latin farci et occitan dans les actes du XIe siècle », dans *BÉC*, CLV, 1997, p. 149-183 ; *Cf.* également C. BRUNEL, *Les plus anciennes chartes en langue provençale. Recueil des pièces originales antérieures au XIIIe siècle*, t. I, Paris, 1925, et *Supplément*, t. II, Paris, 1952.

522 S. LUSIGNAN, *La langue des rois au Moyen Âge. Le français en France et en Angleterre*, ouvr. cité, p. 46. F. VIEILLARD (« Les langues vulgaires dans les cartulaires français du Moyen Âge », dans O. GUYOTJEANNIN, L. MORELLE et M. PARISSE (éd.), *Les cartulaires*, Paris, 1993, p. 137-151) estime que, dans le nord, on rencontre tout au plus des actes latins dans lesquels il arrive que l'auteur latinise un mot français, ajoute un équivalent français à un mot latin ou nomme en français une réalité pour laquelle il ignore le mot latin. G. BRUNEL (« Des paysans introuvables ? Traces écrites et données démographiques en France septentrionale (XIe–XIIIe siècle) », dans *Paysage ruraux et société en France septentrionale. Enquêtes rurales*, n° 2, Caen, 1997, p. 7-36) montre que ces pratiques concernent particulièrement les toponymes, les termes de droit coutumier et les noms reliés aux réalités agricoles.

523 J. MONFRIN, avec le concours de L. FOSSIER, *Documents linguistiques de la France*, édit. du C.N.R.S., t. I, par J.-G. GIGOT, *Chartes en langue française antérieures à 1271, conservées dans le département de la Haute-Marne*, Paris, 1974 ; t. II, par J. LANHER, *Chartes en langue française antérieures à 1271, conservées dans le département des Vosges*, Paris, 1975 ; t. III, par D. COQ, *Chartes en langue française antérieures à 1271, conservées dans le département de l'Aube*, Paris, 1988 ; *Documents linguistiques de la Belgique romane* : t. I, par P. RUELLE, *Chartes en langue française antérieures à 1271, conservées dans la province de Hainaut*, Paris, 1984 ; t. II, par R. MANTOU, *Chartes en langue*

affirmer que sont conservés aujourd'hui environ 4400 documents antérieurs à 1271[524] et que l'écriture des chartes en français commença dans le nord, à l'est et dans le sud-ouest du pays d'oïl[525] ; la Bretagne et le cœur du royaume, délimités par les vallées de la Loire et de la Seine, ne rédigèrent leurs chartes dans la langue du roi qu'un peu plus tard, vers le milieu du XIIIe siècle, précédant la Normandie, qui n'instrumenta en vernaculaire qu'à la fin du XIIIe siècle[526]. À Paris même, le français n'occupa une place significative dans les actes qu'à partir du moment où les notaires du Châtelet commencèrent à recevoir les contrats entre particuliers. Les travaux d'A. de Boüard montrent de façon univoque que si les premiers contrats en vernaculaire royal remontent aux années 1230, il faut cependant attendre la décennie 1260-1270 pour que leur nombre devienne significatif[527].

324. L'usage du français et il s'agit, en l'espèce, du français juridique, celui qui sert à dire le droit, s'est donc primitivement déployé à la périphérie du pays d'oïl, loin de Paris et du *ducatus Francorum* initial, dans le Nord, à l'Est, ainsi que dans le Sud-Ouest. Les autorités à l'origine de ces chartes en français sont, dans la majorité des cas de petits seigneurs féodaux laïques, le reste se partageant entre

---

française antérieures à 1271, conservées dans la province de Flandre orientale et de Flandre occidentale, Paris, 1987.

524 Sur ces 4400 documents, 35 % ont été établis en Picardie et 31 % en Lorraine. Cf. J. MONFRIN, « Le mode de tradition des actes écrits et les études de dialectologie », dans Georges STRAKA (éd.), *Les dialectes en France au Moyen Âge et aujourd'hui, domaine d'oïl et domaine franco-provençal*, Paris, 1972, p. 25-35. B. FRANK et J. HARTMANN (*Inventaire systématique des premiers documents de langues romanes*, Tübingen, Gunter Narr Verlag, 1997, t. IV, p. 4) arrivent à des résultats similaires pour les chartes françaises antérieures aux années 1250 : sur 724 actes recensés, 37 % sont picards et 29 % lorrains.

525 Dès les premières décennies du XIIIe siècle, on rencontre les premières chartes rédigées dans la langue d'oïl à Tournai, Arras, Saint-Omer et Saint-Quentin. À partir de la décennie 1235-1245, le mouvement s'amplifie en Picardie, en Champagne, dans les deux Bourgogne, en Wallonie et en Lorraine ; la langue du roi apparaît même en Poitou, en Saintonge et en Aunis.

526 S. LUSIGNAN, *La langue des rois au Moyen Âge. Le français en France et en Angleterre*, ouvr. cité, p. 47.

527 A. de BOÜARD, *Études de diplomatique sur les actes des notaires du Châtelet de Paris*, Paris, Champion, 1910, p. 70 et s. ; L. CAROLUS-BARRÉ, « L'organisation de la juridiction gracieuse à Paris, dans le dernier tiers du XIIIe siècle. L'Officialité et le Châtelet », *Le Moyen Âge*, LXIX, 1963, p. 417-435. ».

administration royale et institutions ecclésiastiques ou municipales. Serge Lusignan en dresse un tableau précis à partir des corpus publiés[528].

II - Le français dans les chancelleries princières du pays d'oïl

325. En partant de la périphérie la plus excentrée, on peut distinguer les chancelleries de certains princes immédiats de l'empereur (a), de celles des grands feudataires du roi (b).

a - Dans les chancelleries des princes immédiats de l'empereur

326. La diffusion du vernaculaire royal dans les chancelleries des princes immédiats de l'empereur mais relevant des territoires d'oïl est tout aussi significative de l'avancée du vernaculaire royal au XIIIe siècle. L'acte le plus ancien en langue vernaculaire provenant de la chancellerie des ducs de Lorraine est de 1231 ; vingt ans plus tard, à la mort du duc Mathias II, en 1251, le français domine dans les écritures ducales ; sous son successeur, le duc Ferry III (1251-1303), le français devient la langue d'usage : le latin a été vaincu en un demi-siècle[529]. La situation est identique dans le comté de Bar ; les travaux de Serge Lusignan, sur le cartulaire des comtes de Bar, montrent qu'à partir des années 1240 tout un pan de la société féodale de l'est de la France renonce au latin pour dire le droit en français : le vernaculaire du roi de France est devenu dominant[530]. Il en va de même de la chancellerie des comtes de Luxembourg. Le premier acte en français est une charte de libertés accordée en 1239 par la comtesse Ermesinde à son fils Henri en faveur de la ville de Thionville. À partir de cette date, une évolution irréversible va conduire au triomphe du français : sous les successeurs d'Ermesinde, Henri V (1247-1281) et Henri VI (1281-1288), 78 % des actes seront écrits dans la langue du roi de France et non plus en latin. Winfried Reichert attribue cette ascension du français à la

528 S. LUSIGNAN, *La langue des rois au Moyen Âge. Le français en France et en Angleterre* ouvr. cité, p. 48-52.

529 H.-W. HERMANN, « Volkssprache und Verwaltung in Obertothringen im Spätmitte lalter und der frühen Neuzeit », dans Kurt GÄRTNER et Günter HOLTUS, *Beiträge zum Sprachkontakt und zu den Urkunden sprachen zwischen Maas und Rhein*, Trèves, 1995, p. 129-171, plus précisément p. 135-136, cité par S. LUSIGNAN, *La langue des rois au Moyen Âge. Le français en France et en Angleterre*, ouvr. cité, p. 52.

530 S. LUSIGNAN, *La langue des rois au Moyen Âge. Le français en France et en Angleterre*, ouvr. cité, p. 53.

multiplication des échanges entre les comtes de Luxembourg et les pays romans bordant le comté à l'ouest. Le français, continua de progresser à l'époque du comte Henri VII (1288-1313) jusqu'à l'élection de ce dernier à l'empire[531]. Toujours sous l'obédience impériale, mais plus au sud, se trouvait la comté de Bourgogne pour laquelle Serge Lusignan, à partir de différents cartulaires, montre sans équivoque l'effacement définitif du latin au profit du français à partir des années 1250[532]. L'évolution est à peine plus tardive pour le comté de Ponthieu qui bascule progressivement dans le vernaculaire des rois à partir des années 1261[533].

b. Dans les chancelleries des grands feudataires du roi.

327. La Champagne se fondit dans le domaine royal en 1284, lorsque l'héritière du comté épousa le futur Philippe IV. Jusqu'au retour du fief dans le giron capétien, le combat n'est pas gagné pour le français. À partir du répertoire dressé par Jubainville[534], une évaluation de l'évolution de la langue des chartes des comtes de Champagne a pu être dressée de 1230 à 1284[535]. Les premières chartes en français sont, en effet, de 1230 : elles énumèrent les privilèges des villes de Troyes et de Provins ; ces deux actes sont noyés dans un univers de latinité ; peu à peu le français devient une langue seconde pour les juristes ; il est plus spécialement utilisé dans les rapports avec la noblesse laïque et les villes. Lorsque l'héritier du trône de France devint comte de Champagne en 1284, le français ne domine toujours pas ; pendant la décennie précédant son accession (1274-1284), il peut être perçu

531 W. REICHERT, « In lingua Guallica sive Romana pro comoditate domini, Beobachtungen zum Aufkommen volkssprachiger Urkunden in der Grafschaft Luxemburg », dans Kurt GÄRTNER et Günter HOLTUS (éd.), *Urkundensprachen im germanisch-romanischen Grenzgebiet*, Mayence, 1997, p. 369-389, cité par Serge LUSIGNAN, *La langue des rois au Moyen Âge. Le français en France et en Angleterre*, ouvr. cité, p. 53-54.

532 S. LUSIGNAN, *La langue des rois au Moyen Âge. Le français en France et en Angleterre*, ouvr. cité, p. 54-55.

533 C. BRUNEL, *Recueil des actes des comtes de Ponthieu (1026-1279)*, Paris, Clovis Brunel éd., 1930.

534 H. ARBOIS de JUBAINVILLE, *Histoire des ducs et des comtes de Champagne*, t. V, *Catalogue des actes des comtes de Champagne depuis l'avènement de Thibaut III jusqu'à celui de Philippe le Bel*, Paris, A. Durand, 1865.

535 S. LUSIGNAN, *La langue des rois au Moyen Âge. Le français en France et en Angleterre*, ouvr. cité, p. 56.

comme une langue secondaire pour la chancellerie comtale : sur les 35 actes répertoriés par Jubainville, 24 sont en latin et 11 en français[536].

328. La situation est très proche dans le duché capétien de Bourgogne. À partir d'une soixantaine de chartes, S. Lusignan perçoit l'importance croissante de l'usage du français, à partir de la seconde moitié du XIIIe siècle et sa domination définitive à partir du XIVe siècle[537].

329. Ces conclusions ne font que confirmer les travaux de Jean Richard et Anne-Lise Courtel qui estiment également que c'est à compter de la décennie 1260-1270 qu'il faut situer le début de l'effacement de la langue ancienne au profit du vernaculaire royal qui deviendra la langue d'usage sous le duc Eudes IV qui règne sur le duché de 1315 à 1349[538].

330. L'évolution est comparable dans le duché de Bretagne. La langue du roi apparaît à la fin des années 1240 et son emploi se généralise au cours des années 1250 à 1280. Michael Jones a pu démontrer que l'usage du vernaculaire concerne initialement la maison de Dreux, famille ducale mais également capétienne, et l'aristocratie laïque ; en un second temps, elle parasite, au détriment du latin, l'univers ecclésiastique[539].

331. Dans le comté de Blois, à partir de l'analyse de deux cartulaires couvrant la période 1163-1318, Serge Lusignan montre le basculement de la chancellerie comtale, sans transition, dans la langue du roi entre 1264 et 1267[540]. Cette évolution brutale a sans doute été provoquée par voie autoritaire. Le duché de Normandie, en revanche, fut semble-t-il,

536 *Ibid.*, p. 56.

537 S. LUSIGNAN, *La langue des rois au Moyen Âge. Le français en France et en Angleterre*, ouvr. cité, p. 57.

538 J. RICHARD, « La chancellerie des ducs de Bourgogne de la fin du XIIe au début du XVe siècle », dans G. SILAGI (édit.), *Landesherrliche Kanzlem im Spätmittelalter*, 2 vol., Munich,1984, t. I, p. 77-102 ; A. L. COURTEL, « La chancellerie et les actes d'Eudes, duc de Bourgogne (1315-1349) », dans *BÉC*, CXXXV, 1977, p. 255-311.

539 M. JONES, « The chancery of the duchy of Britany from Peter Mauclerc to Duchess Anne, 1213-1314 », dans G. SILAGI (édit.), *Landesherrliche Kanzlem im Spätmittelalter*, ouvr. cité, t. II, p. 681-728.

540 S. LUSIGNAN, *La langue des rois au Moyen Âge. Le français en France et en Angleterre*, ouvr., cité, p. 57-58.

un peu plus lent à secouer le joug de la langue ancienne. Sa chancellerie ne semble opter pour le français qu'à partir de 1283[541].

332. C'est à partir de ce positionnement de deux langues, la haute (le latin) et la basse (le français), que le roi va reconstituer sa souveraineté. La langue étant l'expression du mandement par excellence, et donc nécessairement un moyen au service des ambitions royales, il importe de se demander ce qu'il en fut de l'usage du français par le pouvoir royal. Le canal de ce pouvoir, c'est la chancellerie de France. C'est donc au travers des chartes enregistrées et/ou expédiées par les notaires et secrétaires du roi qu'il est permis de répondre à cette question.

B - LE FRANÇAIS À LA CONQUÊTE DE LA CHANCELLERIE ROYALE

333. L'apparition du français, dans les chancelleries urbaines, seigneuriales ou princières, relève d'une évolution factuelle. Si elle est une incidente de la prééminence du pouvoir royal, elle n'a pourtant pas été décidée par le *rex unus*. Il importe donc de s'interroger sur l'attitude de l'autorité royale à l'égard du vernaculaire. La question est fondamentale pour l'histoire du français. Les philologues et les linguistes ont souvent soutenu que l'usage croissant du français par l'administration royale eut une influence décisive sur son uniformisation à la fin du Moyen Âge, disons sur la primauté auquel accède le vernaculaire royal à la fin du Moyen Âge. On doit ajouter – le fait n'étant jamais évoqué – : une influence décisive sur l'unité du royaume.

334. Déjà, Ferdinand Brunot identifiait la « suprématie de la dynastie capétienne » et le « développement du pouvoir et du domaine royal » parmi les causes de la prééminence du « francien » aux dépens des parlers voisins [542]. Encore récemment on a pu écrire que l'essor du français de Paris, à partir de la fin du XIIIe siècle, fut « principalement dû aux progrès du pouvoir royal et de la centralisation administrative »[543]. S'il pénétra, beaucoup plus tard, dans la seconde moitié du XIVe siècle, les territoires du nord de l'Occitanie, comme

---

541 *Ibid.*, p. 59.

542 F. BRUNOT, *Histoire de la langue française des origines à nos jours*, ouvr. cité, t. I, p. 358-359 et 526 et s.

543 J. PICOCHE et C. MARCHELLO-NIZIA, *Histoire de la langue française*, ouvr. cité, t. I<, p. 25.

langue d'écriture, c'est en raison de la perméabilité culturelle et frontalière entre le territoire d'oïl et les provinces occitanes[544].

335. Auguste Brun[545] a en effet montré que, malgré la présence affirmée du pouvoir royal dans le sud de la France dès le XIIIe siècle, c'est beaucoup plus tard que le français y pénétra comme langue d'écriture. Entre 1350 et 1400, il touchait les régions frontalières du pays d'oc, la Marche, la Basse-Auvergne, le Forez et le Lyonnais. La poussée plus au sud ne se produisit qu'après la guerre de Cent Ans, entre la fin du XVe siècle et le début du XVIe siècle. Auguste Brun attribue le caractère tardif du phénomène au fait que les rois privilégièrent longtemps le latin dans leurs actes à l'intention du Midi, et à leur attitude conciliante à l'égard des particularismes régionaux[546].

336. Jusqu'à une date récente, la question des usages linguistiques du pouvoir royal qui est au cœur des affirmations de Brunot et de Brun n'avait pas fait l'objet d'étude historique ou diplomatique[547]

---

544 A. BRUN, *Recherches historiques sur l'introduction du français dans les provinces du Midi*, ouvr. cité, p. 12-36.

545 *Ibid.*, p. 17-19.

546 A. BRUN, *Recherches historiques sur l'introduction du français dans les provinces du Midi*, ouvr. cité, p. 19.

547 Arthur GIRY consacre à peine huit pages à la question (*Manuel de diplomatique*, ouvr. cité, p. 469-472). Il situe au temps de Louis IX l'apparition des premiers actes royaux en français ; il précise que ceux-ci deviennent plus nombreux sous Philippe le Bel, pour finalement dominer au XVe siècle. Il rappelle également que le français ne devint la langue exclusive de l'administration royale qu'après la promulgation de l'ordonnance de Villers-Cotterêts, en 1539. O. MOREL, dans son étude, devenue classique, sur la chancellerie royale (*La grande chancellerie royale et l'expédition des lettres royaux de l'avènement de Philippe de Valois à la fin du XIVe siècle (1328-1400)*, Paris, A. Picard et fils, 1900, p. 126, note 2), ne consacre qu'une note en bas de page au problème de la langue. Il reconnaît ne pas pouvoir discerner de règle quant au choix du latin ou du français au XIVe siècle et conclut : « J'incline à croire que la fantaisie de certains notaires et l'ignorance des autres seraient la source de la plus grande confusion dans cette pratique » Dans son étude sur la place prépondérante des lettres de rémission parmi les actes enregistrés à la chancellerie, M. FRANCOIS (« Note sur les lettres de rémission transcrites dans les registres du Trésor des chartes », dans *BÉC*, CII, 1942, p. 17-28) a repéré quelques moments clés tels la montée du français sous Philippe VI, le retour du latin sous Jean II et la faveur renouvelée de la langue vernaculaire sous Charles V. Pour sa part, G. TEISSIER (*Diplomatique royale française*, Paris, Picard, 1962, p. 239) a noté que « longtemps le latin est employé de préférence au français et, sous le règne de Charles IV, la proportion des chartes en français n'est encore que d'une sur dix ». Il remarque également que le latin demeura d'usage jusqu'à une date très tardive, mais certainement antérieure à Villers-Cotterêts. L. CAROLUS-BARRÉ, dans un travail plus récent (« L'apparition de la langue française dans les actes de l'administration royale »,

approfondie. Cette lacune a récemment été comblée par différents chercheurs qui ont travaillé essentiellement à partir de deux séries de sources : registres et formulaires de la chancellerie royale.

337. Les registres d'enregistrement de la chancellerie, dont le processus est bien établi à partir de 1307[548], ne contiennent que les actes à portée perpétuelle, c'est-à-dire un petit nombre d'actes – environ 250 par an – au regard des actes reliés à l'administration quotidienne du royaume qui sont extrêmement nombreux et échappaient à l'enregistrement de la chancellerie. Robert-Henri Bautier évalue annuellement ces derniers autour de 25 000, entre 1322 et 1327[549].

338. La langue de ces milliers d'actes peut être spécifiée grâce à une seconde source, sans doute la plus utile, celle des formulaires de la chancellerie royale[550]. Ce sont eux qui permettent d'éclairer la langue utilisée dans les documents qui ne donnaient pas lieu à enregistrement. À partir de cette documentation, il a été possible à Serge Lusignan de décrire comment, dans quelles conditions et à quel rythme, le français se substitua au latin à titre de langue du roi entre le début du XVe siècle et l'ordonnance de Villers-Cotterêts de 1539.

339. Raisonnant à partir de la quarantaine de bailliages et sénéchaussées existant au XIVe siècle[551], Serge Lusignan obtient des résultats significatifs, clairement illustrés sous les règnes de Philippe IV et de son neveu Philippe VI. Ces administrations produisaient une grande partie d'actes écrits, soit pour leur propre usage, soit à titre de

---

dans *Académie des inscriptions et Belles Lettres. Comptes rendus des séances de l'année 1976*, Paris, 1976, p. 148-155), affine ces ébauches de conclusions. Il confirme l'absolue prédominance du latin dans les chancelleries de Louis IX et de Philippe III, mais constate que le français devint dès cette époque la langue des administrations bailliagières et de la prévôté de Paris.

548 G. TESSIER, « L'enregistrement à la chancellerie royale française », *Le Moyen Âge*, LXII, 1956, p. 39-62.

549 Évaluation réalisée à partir des quantités de cire consommée pour la fabrication des sceaux. Cf. R. H. BAUTIER, « Recherches sur la chancellerie royale au temps de Philippe VI », *BÉC*, CXXII, 1964, p. 89-176, CXXIII, 1965, p. 311-459 ; du même : « Typologie diplomatique des actes royaux français (XIIIe-XVe siècle », dans José MARQUES (édit.), *Diplomatique royale du Moyen Âge, XIIIe-XIVe siècles. Actes du colloque, Porto, 1966*, p. 5-68, et plus précisément, p. 63-64.

550 Ceux qui nous sont parvenus couvrent les règnes de Philippe V, Charles V, Charles VI et Charles VII, *Cf.* S. LUSIGNAN, *La langue des rois au Moyen Âge. Le français en France et en Angleterre*, ouvr. cité, p. 73.

551 *Cf.* S. LUSIGNAN, *La langue des rois au Moyen Âge. Le français en France et en Angleterre*, ouvr. cité, p. 73-75.

correspondances administratives avec les instances parisiennes. La répartition du territoire entre les deux langues respecte, sans aucun doute, la division linguistique de la France : on écrivait dans le vernaculaire royal en pays d'oïl, et en latin dans le pays d'oc. La seule région à faire exception est la Charente qui penche du côté français, alors qu'en réalité elle était partagée entre les langues d'oïl et d'oc. Quoi qu'il en soit, les choix linguistiques des administrations royales s'accordaient avec ceux des autres autorités publiques de leur région : les bailliages du nord privilégiaient le français, à l'instar, nous l'avons vu, des pouvoirs urbains, seigneuriaux et princiers, alors que les sénéchaussées du sud se montraient fidèles au latin qui s'imposait en pays de droit écrit[552].

340. Si les usages linguistiques des administrations locales paraissent ainsi solidement fixés au début du XIVᵉ siècle, ceux de la chancellerie royale sont, en revanche, plus nuancés. Ainsi, les actes enregistrés sous les règnes de Louis IX (1226-1270) et de Philippe III (1270-1285) sont tous écrits en latin à deux exceptions près[553]. Les usages linguistiques de leurs successeurs vont évoluer. Philippe IV ouvrira la première brèche. Sous son règne (1285-1314), le français apparaît mais dans des proportions encore dérisoires : 5 % des actes s'expriment dans le vernaculaire royal, mais à titre, pourrait-on dire, d'idiome familial et lignager ou, à tout le moins, de proximité ; ils sont, en effet, tous adressés à la parentèle ou aux commensaux[554]. La langue du roi semble prendre un peu plus d'assurance sous le bref règne de Louis X (1314-1316) avec 19 % des chartes en français et, en tout cas, sort de l'étroit

552 S. LUSIGNAN (*La langue des rois au Moyen Âge. Le français en France et en Angleterre*, ouvr. cité, p. 76) relève notamment que les actes insérés dans les chartes de Philippe VI, qui émanent des autorités seigneuriales et urbaines du sud de la France, sont tous en latin.

553 L. CAROLUS-BARRÉ (« L'apparition de la langue française dans les actes de l'administration royale », dans *Académie des inscriptions et Belles Lettres. Comptes rendus des séances de l'année 1976*, Paris, 1976, p. 148-155) affirme n'avoir retrouvé que deux pièces originales en français. Il considère être des traductions médiévales certaines ordonnances et mandement, dont la grande ordonnance de 1254 sur la réforme de l'administration et la police, publiée en français dans les *Ordonnances des roys de France*. Les deux seuls documents vernaculaires authentiques seraient la renonciation de Jean, comte de Bretagne, et de Blanche de Champagne, son épouse, à leurs droits sur le royaume de Navarre, en 1254, et le fameux Traité de Paris, d'octobre 1259, qui réglait le contentieux avec Henri III d'Angleterre à propos de l'Aquitaine. Le même auteur affirme que l'usage du latin se perpétua sous le règne de Philippe III (1270-1285).

554 S. LUSIGNAN, *La langue des rois au Moyen Âge. Le français en France et en Angleterre*, ouvr. cité, p. 80.

cercle lignager. Si le règne de Philippe V (1316-1322) semble en régression, au regard des pratiques linguistiques de son aîné, avec seulement 10 % d'actes en vernaculaire, c'est avec le troisième frère, Charles IV (1322-1328), que la langue du roi prend vraiment son essor : près de 30 % des chartes sont écrites en français[555]. Philippe VI, neveu de Philippe IV, devint roi en 1328. Des travaux récents[556] ont été à même de retracer avec précision l'évolution de l'usage de la langue du roi sous son règne qui fut fondamental pour le triomphe du français. Durant les deux premières années de son règne, la chancellerie perpétua les pratiques linguistiques de son prédécesseur : 21 % des actes en 1328 et 22 % en 1329 sont en français.

341. L'année suivante marque « un moment décisif » dans l'histoire du français[557] : du mois de janvier à septembre, on voit la proportion d'actes français fluctuer entre 16 % et 54 %, puis ce taux grimpe à 80 % durant les trois derniers mois de l'année. Pour la première fois, en octobre 1330, le français eut la prépondérance à la chancellerie de France. À partir de cette date et jusqu'en 1350, année de la mort du roi, la proportion d'actes en français oscille entre 72 et 86 %, ne passant que trois fois sous la barre des 70 %, en 1340, 1341 et 1343. Le règne de Philippe VI est ainsi marqué par un changement profond des habitudes linguistiques de la chancellerie.

342. Il importe, bien évidemment, de se demander pourquoi ce renversement de l'usage linguistique au plus haut niveau gouvernemental à compter des années 1330 ? C'est un simple fait. Il importe dans l'immédiat de se contenter de le constater[558]. Des travaux

---

[555] *Ibid.*, p. 80-81. Cette évolution qui traduit la domination de la langue ancienne sous le règne de Charles IV et de ses deux aînés est confirmée par le formulaire de la chancellerie de Philippe V. Les actes les plus tardifs qu'il contient sont de 1317. Il rassemble une variété beaucoup plus grande de lettres que ce que peuvent livrer les registres de la chancellerie. Il compte 590 formules, dont deux seulement (les formules 499 et 500) sont en français. Il reflète l'absolue prédominance du latin sous le règne de Philippe le Long. Ce formulaire a été récemment publié par H. G. SCHMIDT, *Administrative Korrespondenz der französischen Könige um 1300. Édition des « Formelbuches » BNF ms. Lat. 4763,* Verwaltung - Gerichsbarkeit - Kanzlei, Göttingen, 1997.

556 S. LUSIGNAN, « L'usage du latin et du français à la chancellerie de Philippe VI », *BÉC*, CLVII, 1999, p. 509-521.

557 *Ibid.*, p. 510.

558 S. LUSIGNAN (« L'usage du latin et du français à la chancellerie de Philippe VI », art. cité, p. 514) le constate. Aucune explication n'a en revanche été fournie et même recherchée par Raymond CAZELLES (*La société politique et la crise de la royauté sous Philippe de Valois*, Paris, 1958), ni par Robert-Henri BAUTIER

récents ont, en revanche, tenté d'expliquer la survie du latin dont le maintien exceptionnel dans les décennies 1330 et 1340 semble se justifier par la « domiciliation » des bénéficiaires des chartes, confirmant la domination du latin en Occitanie et son effacement en territoire d'oïl[559]. Serge Lusignan a pu ainsi démontrer que dès le début du règne de Philippe VI, le français était d'un emploi assez fréquent dans les actes destinés aux pays de coutume, qu'il commençait à s'infiltrer dans les pays de mixité du droit, mais qu'il était rarement utilisé dans les pays de droit écrit[560]. Cette domination de la langue du

(« Recherches sur la chancellerie royale au temps de Philippe VI », *BÉC*, CXXII, 1964, p. 89-176, et CXXIII, 1965, p. 311-459).

559 S. LUSIGNAN (« L'usage du latin et du français à la chancellerie de Philippe VI », art. cité, p. 516) a analysé minutieusement les chartes écrites en latin entre octobre 1330 et 1350 ; sur ces vingt années de référence, elles représentent environ un quart de l'ensemble. Les résultats qu'il obtient nous paraissent topiques : la répartition des actes selon le lieu géographique qu'ils concernent est un facteur décisif quant au choix de la langue. La compilation des résultats suggère une tripartition du territoire du royaume : dans une première ère, le français domine dans des proportions allant de 85% à 100% ; elle est bien évidemment au nord et est prolongée au sud par quelques départements où le français s'affiche encore dans 75% des actes. Elle s'étend depuis la Flandre belge et le nord de la France, jusqu'à la Charente-Maritime, les Deux-Sèvres, la Vienne, la Creuse, l'Allier, la Nièvre et la Loire. Cette première aire correspond aux pays de droit coutumier. Dans une seconde aire, le latin domine dans 60% à 80% des actes. Sa frontière nord est bordée par la Gironde, la Dordogne, la Corrèze, l'Aveyron, la Haute-Loire et le Rhône. Ce domaine correspond aux pays de droit écrit. Il reste enfin une troisième région pour laquelle le pourcentage des actes latins et français est sensiblement égal. Elle correspond à la Charente, la Haute-Vienne, le Puy-de-Dôme, le Cantal et la Saône-et-Loire. Ces départements couvrent le centre de la France que les historiens du droit identifient comme un pays de mixité du droit.

560 Recherchant une hypothèse qui explique le résidu d'actes latins à l'adresse des pays de coutume et la multiplication des actes en français adressés aux pays de droit écrit à partir d'octobre 1330, S. LUSIGNAN (« L'usage du latin et du français à la chancellerie de Philippe VI », art. cité, p. 518 et s.) constate que, en pays de coutume, le fait qu'une charte avantage des clercs ou des religieux favorise très légèrement l'emploi du latin. Sur les 1800 actes environ concernant les gens d'église, 13% sont en latin, un taux légèrement supérieur à la moyenne générale de 9%. En revanche les actes profitant aux nobles et aux officiers royaux sont très rarement en latin : on en compte 4% en faveur des premiers et 2% pour les seconds, sur un total de plus de 1000 actes. Au sud, dans les pays de droit écrit, ce sont également les nobles et les officiers royaux à qui l'on écrit de préférence en français, dans des proportions de 34% et de 40% respectivement, alors que l'usage du français ne touche en général que 27% des actes. En revanche, on écrit très rarement aux villes de consulat en français : la chancellerie utilise le latin dans 91% des cas. La nature des actes peut également influer sur le choix de la langue. Dans les pays de coutume, les confirmations royales des acquittements prononcés par les tribunaux ecclésiastiques se font en latin dans une proportion de 57%. De même, les anoblissements, les légitimations et les sauvegardes royales sont accordés en latin dans des proportions de 26%, 36% et 38%

roi, avec le règne de Philippe VI est si soudaine qu'il est vraisemblable qu'une « loi du roi », à tout le moins un mandement informel, ait assuré sa promotion. Une telle décision a-t-elle, anticipant Villers-Cotterêts de deux siècles, provoqué cette promotion du vernaculaire royal en langue quasi officielle ? Aucune trace n'en subsiste.

343. Sans doute est-ce le même processus dont aucune trace ne nous est non plus parvenue, qui va provoquer avec son successeur le retour et le triomphe, momentané mais éclatant, de la langue ancienne. Philippe VI meurt le 22 août 1350 ; le règne effectif de son fils Jean II va être composé de phases successives. Pendant la première phase qui débute le 22 août 1350 (mort de Philippe VI) et qui s'achève le 19 septembre 1356 (bataille de Poitiers, capture du roi par les Anglais), on a pu recenser environ 3100 actes parmi lesquels 65 seulement sont en français, soit 2 % du corpus[561].

344. Il n'est pas douteux qu'une mesure d'interdit ait frappé le vernaculaire : l'inversement de la tendance ne saurait être fortuit ; la brièveté de cette première période et la brutalité des chiffres ne peuvent que faire présupposer une orientation autoritaire. Son fils, le futur Charles V prit alors les rênes du royaume, d'abord à titre de lieutenant de roi, puis, en 1358, à titre de régent[562] jusqu'au 24 octobre 1360, date du retour de Jean II. Pendant le premier gouvernement du futur roi « sage », on constate – là encore aucune explication « légale » ne peut être avancée, on ne peut que la présumer – un nouveau basculement des usages linguistiques de la chancellerie en faveur du vernaculaire royal : la lieutenance de Charles dure seize mois ; durant cette période, la chancellerie rédige 650 lettres, 32 % sont en français. En 1358, Charles se promeut régent et accapare les *regalia* : l'usage du français atteint 60 % des chartes enregistrées cette année-là, puis 70 % en 1359. Durant les neuf derniers mois de sa régence en 1360, le taux atteint 75 %. Le

---

des cas. Dans les pays de droit écrit, ce sont les donations royales et les rémissions qui contribuent le plus à l'expansion du français, ces actes empruntant cette langue dans des proportions de 46% et de 33%. Le cas le plus surprenant signalé par Serge LUSIGNAN est celui du millier environ d'amortissements rencontrés pendant la période étudiée : bien qu'ils concernent les seuls biens ecclésiastiques, ils sont écrits en français dans des proportions de 97% en pays de coutume et de 39% en pays de droit écrit. C'est donc une pluralité de facteurs, tenant à la fois au destinataire et à la nature de l'acte, qui explique le petit reste d'actes latins en pays de coutume et la poussée du français en pays de droit écrit, à partir d'octobre 1330.

561 S. LUSIGNAN, *La langue des rois au Moyen Âge. Le français en France et en Angleterre,* ouvr. cité, p. 85.

562 E. BERGER, « Le titre de régent dans les actes de la chancellerie royale », *BÉC*, LXI, 1900, p. 413-425.

retour de Jean II, le 24 octobre 1360 provoque le reflux du français mais de façon moins brutale que lors de la période suivant son avènement : 79 % des actes des années 1361, 1362 et 1363 sont écrits dans la langue ancienne contre 21 % en français[563].

345 À partir de la seconde moitié du XIVe siècle, la variété des chartes enregistrées par la chancellerie diminue considérablement pour des raisons non explicitées[564] : le fait est peut-être lié à un partage de compétence entre la chancellerie, le parlement et la cour des comptes. Les titres qui désormais dominent quantitativement les registres du chancelier sont les lettres de rémission. Michel François a pu ainsi démontrer qu'elles se multiplient pendant la guerre de Cent Ans[565]. Dans la première phase du règne de Jean II, elles représentent 40 % des actes enregistrés ; presque toutes sont en latin à l'instar de la plupart des actes de cette période. Sous la lieutenance et la régence du futur Charles V, ce type d'acte représente 63 % des quelque 2300 actes rédigés par la chancellerie ; 64 % d'entre elles sont en français. Il en va de même dans la seconde phase du règne du roi Jean : après son retour de captivité, une bonne partie des lettres écrites en français sont également des lettres de rémission[566].

346. C'est à travers ce type d'acte que s'inscrit la progression spectaculaire de la langue vernaculaire sous le gouvernement de Charles et sa persistance pendant la seconde phase du règne de Jean II. Cette forte proportion de lettres de rémission se maintint par la suite et le français tendit à devenir la langue quasi exclusive de leur rédaction. Les lettres de rémission méritaient donc une attention particulière. Serge Lusignan a pu analyser, sous le règne de Charles V, leur véritable positionnement au regard des autres actes de la chancellerie « afin de maîtriser les effets d'une variable aussi déterminante »[567]. Il constate que ce type d'acte, rédigé en vernaculaire, ne cesse de croître dans les enregistrements de la chancellerie, représentant jusqu'à 95 % durant les huit dernières années du règne (1368-1373), alors que les autres types

563 S. LUSIGNAN, *La langue des rois au Moyen Âge. Le français en France et en Angleterre*, ouvr. cité, p. 85.

564 S. LUSIGNAN, *La langue des rois au Moyen Âge. Le français en France et en Angleterre*, ouvr. cité, p. 86) se contente de constater le fait.

565 M. FRANCOIS, « Note sur les lettres de rémission transcrites dans les registres du Trésor de chartes », *BÉC*, CIII, 1942, p. 323-329.

566 S. LUSIGNAN, *La langue des rois au Moyen Âge. Le français en France et en Angleterre*, ouvr. cité, p. 86.

567 *Ibid.*, p. 86.

de chartes enregistrées qui représentent 38 % sur l'ensemble du règne sont en latin dans des proportions qui varient de 60 à 70 % selon les années[568].

347. Cette situation semble fonction d'une double évolution dans la pratique de l'enregistrement des lettres royaux sous le règne de Charles V. D'abord, il est vraisemblable que le contenu des registres de la chancellerie ait évolué en fonction de l'évolution même de la compétence d'enregistrement. La cour des comptes enregistrait un grand nombre de chartes – en principe toutes celles pouvant avoir un rapport avec les finances du roi –. Sans doute a-t-elle de ce fait partagé avec la chancellerie l'enregistrement de certaines chartes, telles que les amortissements ou les anoblissements. Mais nul doute, également, que certains titres n'étaient enregistrés que chez elle. Lesquels ? On ne saurait le dire, les archives de la cour ayant disparu dans un incendie en 1737[569].

348. Ensuite – ce second éclairage est de Serge Lusignan – on assiste à une spécialisation de la langue d'écriture en fonction de la nature de l'acte : anoblissements, légitimations, chartes au profit des villes de consulat sont 100 % en latin ; les titres concernant les clercs le sont à 90 % et les sauvegardes royales à 70 %. Quant au français, il domine, nous l'avons vu, dans les lettres de rémission et il est largement majoritaire dans les donations royales. Cette spécialisation de la langue en fonction de la nature de l'acte permet de supposer que sous le règne de Charles V la localisation géographique du bénéficiaire n'influençait pas ou influençait peu le choix de la langue. Ce constat est éclairé par les formulaires du règne. Les trois formulaires de Charles V contiennent des formules en latin et des formules en français ; les premières sont infiniment plus nombreuses ; cela signifie tout simplement que la langue ancienne était utilisée dans une plus grande variété de formules que le vernaculaire du roi, mais que ce dernier faisait quantitativement la différence en imposant sa langue dans les formules les plus fréquemment utilisées dans les registres de la chancellerie – en l'espèce, les lettres de rémission –. Cette double évolution peut

568 *Ibid.*, p. 86.

569 Avec le Parlement et la Chancellerie, la Cour des comptes constituait le principal dépôt des archives du royaume. *Cf.* Ph. CONTAMINE, « La mémoire de l'État », Les archives de la Chambre des comptes du roi de France, à Paris, au XVe siècle », *Des pouvoirs en France, 1300-1500*, Paris, Presses de l'E.N.S., 1992, p. 237-250 ; Ch.-V. LANGLOIS, « Registres perdus des archives de la Chambre des comptes de Paris », *Notices et extraits des manuscrits de la Bibliothèque nationale et autres bibliothèques*, XL, 1916, p. 22.

permettre de supposer, en l'état des sources qui nous sont parvenues, que durant la seconde moitié du XVe siècle, le latin demeura aussi important que le français.

349. Pour la première moitié du XVe siècle, le positionnement des deux langues à la chancellerie royale peut être appréhendé, sous le règne de Charles VII, par une source exceptionnelle : le formulaire d'Odart Morchesne, achevé en 1427[570]. L'ouvrage est divisé en dix-sept chapitre et contient les modèles de tous les types de lettres royaux qu'un notaire de la chancellerie était appelé à rédiger. Le recueil compte 208 formules différentes, parmi lesquelles 117 sont en français et 91 en latin. Le vernaculaire du roi est dominant et désormais, la répartition des formules entre les deux langues varie, de façon univoque, selon la nature des actes : certains ne semblent s'écrire qu'en français, telles les lettres constatant les hommages des vassaux. D'autres sont d'usage mixte, mais où cependant le français domine. C'est notamment le cas des formules intéressant l'administration judiciaire ou celle des aides, le latin n'y étant essentiellement utilisé que lorsque les lettres étaient adressées en pays de droit écrit. La langue ancienne était en revanche d'usage exclusif pour les bénéfices ecclésiastiques et les concessions à portée perpétuelle comme les anoblissements et les légitimations[571]. L examen des registres de la chancellerie de Charles VII confirme les principes que l'on peut dégager du formulaire de Morchesne quant au choix de la langue des actes à portée perpétuelle[572].

§ II - LES PRODROMES DE LA CONQUÊTE

350. Quelles sont les raisons qui favorisèrent l'émergence, la montée en puissance du français royal ? Le français s'imposa d'abord comme langue de la vie sociale (A), ensuite comme langue de la chancellerie royale (B).

---

570 A. GIRY, *Manuel de diplomatique*, ouvr. cité, p. 776.

571 A. GIRY, *Manuel de diplomatique*, ouvr. cité, p. 776-780.

572 R-H BAUTIER, « Typologie diplomatique des actes royaux français (XIIIe-XVe siècles), dans J. MARQUES (édit.), *Diplomatique royale du Moyen Âge, XIIIe-XIVe siècles : Actes du Colloque*, Porto, 1996, p. 36. S. LUSIGNAN (*La langue des rois au Moyen Âge. Le français en France et en Angleterre*, ouvr. cité, p. 89) en arrive aux mêmes conclusions après avoir effectué des sondages significatifs sur les 5000 lettres enregistrées sous le règne de Charles VII.

A - LE FRANÇAIS, LANGUE DE LA VIE SOCIALE

351. L'émergence du français dans la vie sociale est un fait lié à la montée en puissance du roi, et le positionnement nouveau du *rex unus* n'a pu que donner à son vernaculaire un prestige inégalé. La langue du roi unique a certainement été perçue comme supérieure, plus élégante, plus belle, plus logique que celle des autres variétés de la même langue. Le prestige est ainsi la seconde caractéristique, selon Ferguson, de la langue « haute ». Le prestige du français du roi peut être appréhendé, dès le XIIIe siècle, dans une littérature en français qui, en pays d'oïl, était peut-être déjà en relation avec le développement dans les esprits de l'élite dirigeante, en tout cas d'un sentiment nouveau de l'identité nationale. Quoi qu'il en soit, ce qui semble avéré, c'est que les élites laïques se mettent dès lors à parler français et à lire en français. Le prestige du vernaculaire royal est ainsi indissociable de l'émergence d'une littérature en français. La diffusion de cette littérature a nécessairement accéléré la montée en puissance de la langue du roi devenue l'idiome commun d'une certaine élite. Le français du roi tend ainsi à devenir la langue de la vie sociale en pays d'oïl (I). La nécessité d'accéder à la compréhension des lettres royaux par les locuteurs du français royal a suscité le dernier élan. Il est, effet, dans la logique des choses que les ordres du maître soient compris de ses serviteurs et que la langue écrite soit la même que la langue parlée. C'est une évolution factuelle, dont l'incidence va se traduire par l'utilisation du vernaculaire royal dans la langue juridique. S'adressant à ses régnicoles, le roi veut être compris. Il va donc s'exprimer dans l'idiome qui tend à devenir une langue partagée, le français (II). Cette nécessaire compréhension des ordres du roi est la première explication de l'émergence législative du français, mais elle n'est pas la seule ; les tribunaux dominés par la langue ancienne vont, dans le domaine probatoire, être tenus de faire une place considérable au vernaculaire royal. Si, en effet, l'accès à la compréhension de l'écrit est nécessaire lorsque le roi légifère ou réglemente, il s'impose également dans une société qui se « juridicise » de plus en plus et se trouve confrontée à de nouveaux modes probatoires qui empruntaient désormais la forme de l'écrit (III).

I - Le prestige du vernaculaire royal et l'émergence d'une littérature en français

352. La multiplication des chartes en français serait, selon certains chercheurs, liée à l'épanouissement antérieur ou concomitant d'une

culture littéraire vernaculaire[573]. Le fait pourrait être avéré dans certaines régions comme la ville de Metz qui connut une vie littéraire importante en français. Jean Schneider est ainsi à même de citer des œuvres telles la *Geste des Lorrains* ou l'*Image du monde* de Gossuin de Metz qui furent écrites précisément pendant la période où les actes de la pratique commencent à être rédigés dans la langue du roi de France[574]. Pour Serge Lusignan, la démonstration serait encore plus convaincante pour les villes communales du nord de la France où, dès le XIIIe siècle, se multiplient les « puys de rhétorique »[575]. Ces villes connaissaient de fait une intense activité littéraire au moment où elles firent du français la langue du droit.

353. L'émergence d'une importante littérature historiographique vernaculaire semble également liée à l'adoption du français par la petite noblesse du Nord. Les deux premières chroniques en français ont, en effet, comme auteur, l'une un important seigneur champenois, Geoffroy de Villehardouin[576], et l'autre un modeste seigneur picard, Robert de Clary[577].

---

573 S. LUSIGNAN, *La langue des rois au Moyen Âge. Le français en France et en Angleterre*, ouvr. cit., p. 60 et note 1 sur H. W. HERRMANN, « Volkssprache und Verwaltung in Oberlothringen im Spämittelalter und der frühen Neuzeit » p. 147-149, dans *Beiträge zum Sprachkontakt und zu den Urkundensprachen zwischen Maas und Rhein*, Trèves, 1995, p. 129-171.

574 J. SCHNEIDER, *La ville de Metz au XIIIe et XIVe siècle*, thèse lettres, Nancy, 1950, p. 451-453.

575 S. LUSIGNAN, *La langue des rois au Moyen Âge. Le français en France et en Angleterre*, ouvr. cité, p. 60. Ces « puys », où l'on s'adonnait à des activités littéraires, étaient des associations regroupant les membres de la bourgeoisie. Des concours de poésie étaient organisés entre les villes et donnaient lieu à de véritables joutes littéraires. L'inventaire des œuvres des auteurs recensés par G. HASENOHR et M. ZINK (*Dictionnaire des lettres françaises. Le Moyen Âge*, Paris, 1992), révèle qu'Arras est la ville qui est à l'origine du plus grand nombre de créations littéraires françaises au XIIIe siècle (Cf. V. PORTES, *Paris et la production littéraire en français. XIIe-XVe siècle*, mémoire 3e cycle, Montréal, 1997, cité par Serge LUSIGNAN, *La langue des rois au Moyen Âge. Le français en France et en Angleterre*, ouvr. cité, p. 60, note 5).

576 Dans la Conquête de Constantinople, il raconte, en français, les évènements majeurs auxquels il participa et qui se déroulèrent entre 1198 et 1207. *Cf.* S. LUSIGNAN, *La langue des rois au Moyen Âge. Le français en France et en Angleterre*, ouvr. cité, p. 22-23.

577 Il raconte les mêmes faits que Villehardouin. C'était un modeste chevalier picard ; il suivit son seigneur dans la grande aventure chrétienne. Sa chronique se divise en deux parties ; la première, beaucoup plus importante, narre des faits qui se sont déroulés entre 1198 et 1205, alors que la seconde évoque rapidement ce qui se passa entre 1205 et 1216. La rédaction de l'œuvre, intégralement en français, semble

354. À la même époque, et dans la foulée des œuvres de Chrétien de Troyes, mort vers 1185, la prose fit son apparition dans le domaine littéraire avec les trois romans sur le *Graal, (Roman de l'estoire du Graal, Merlin, Perceval)* écrits vers 1220, et suivis vers 1225-1230 d'un second cycle de romans beaucoup plus considérable, celui du *Lancelot-Graal*[578]. D'aucuns estiment que « ces récits partagent jusqu'à un certain point avec les chartes quelques techniques narratives... (et) ... à un niveau évidemment très modeste, les chartes empruntent et processus littéraires de la description des lieux, des bâtiments ou des gestes des personnes[579] ». Dans une thèse récente, Gabrielle Spiegel démontre que les seigneurs du nord de la France défendirent leurs prérogatives face aux politiques envahissantes de Philippe Auguste, par la commande et/ou la traduction d'œuvres historiques faisant la promotion des valeurs traditionnelles de la société féodale[580]. Elle analyse le fait comme une mise en garde adressée au vainqueur de Bouvines[581]. L'auteur insiste sur l'importance de l'utilisation du français par les chroniqueurs qui en faisaient de la sorte la langue identitaire des seigneurs féodaux. Elle estime que c'est bien ainsi que les rois de

---

être immédiatement postérieure à cette dernière date. (S. LUSIGNAN, *La langue des rois au Moyen Âge. Le français en France et en Angleterre,* ouvr. cité, p. 22-23)

578 Ces romans du cycle arthurien et les romans courtois en général, très inspirés de la littérature du Midi, furent diffusés avant la croisade des Albigeois et les annexions de 1299. Certains ont pu y percevoir une genèse intellectuelle de l'unité française. Louis ARAGON a pu ainsi écrire : « La première leçon de Chrétien de Troyes, c'est bien cette fusion du Nord et du Midi (l'amour provençal et la légende celtique), qui est à proprement parler l'esprit français à sa naissance. C'est la leçon de notre unité » (*Les yeux d'Elsa*, Appendice, Paris, Seghers, 1964).

579 S. LUSIGNAN, *La langue des rois au Moyen Âge. Le français en France et en Angleterre*, ouvr. cité, p. 23.

580 Les exemples qu'elle donne paraissent convaincants. C'est ainsi que la *Chronique du Pseudo-Turpin*, une œuvre qui met en scène Charlemagne et ses vassaux et qui défend les valeurs de la chevalerie, connut six traductions en français, donc cinq furent faites à la demande des seigneurs flamands rattachés au parti pro-anglais qui avait combattu Philippe-Auguste à Bouvines, en 1214. Elle range dans la même catégorie L'*Histoire ancienne jusqu'à César*, les *Faits des Romains* et *l'Hystoire de Julius Cesar* de Jean de Thuin, des œuvres qui cherchent à prouver que César a été perdu par son ambition et par sa trop grande soif de pouvoir. *Cf.* G.-M. SPIEGEL, *Romancing the Past. The Rise of Vernacular Prose Historiography in Thirteenth-Century France*, Berkeley - Los Angeles, Oxford, 1993, p. 46 et s.

581 Elle ajoute également à cette liste l'*Histoire des ducs de Normandie et des rois d'Angleterre* et la *Chronique des rois de France* de l'anonyme de Béthune, un ménestrel artésien au service du comte Robert II de Béthune, lui-même fidèle partisan du roi d'Angleterre, Jean sans Terre.

France entendirent le message de leurs vassaux pro-anglais et rebelles : après les avoir vaincus militairement, ils lancèrent une entreprise de propagande qui utilisa les mêmes armes. Louis IX commanda à l'abbé de Saint-Denis la rédaction d'une œuvre qui légitimait par l'histoire la politique royale : ce fut l'origine des *Grandes chroniques de France* terminées en 1274. L'ouvrage qui défend le point de vue du roi, ne se montre pas pour autant hostile aux grands barons et porte un message de réconciliation. Et pour la première fois, un auteur utilisait le français dans une œuvre à l'intention d'un roi de France. Louis IX avait voulu répondre aux barons dans leur propre langue[582].

355. Le public plus populaire n'est pas oublié, avec des œuvres satiriques, comme le *Roman de Renart*, et la riche série des fabliaux. Les chroniqueurs aussi se mettent en français pour conter la vie de Louis IX (Joinville, 1225-1317), la guerre de Cent Ans (Froissart, 1337-après 1400), ou les règnes de Louis XI et Charles VIII (Commynes, vers 1447-1511).

356. Des auteurs du XIIIe siècle comme Jean de Meung, des poètes des XIVe et XVe siècles comme Alain Chartier, des chroniqueurs comme Froissart et Commynes ont laissé derrière eux un corpus de textes qui constituait désormais un patrimoine littéraire de qualité[583].

357. Beaucoup d'étrangers écrivent en français, singulièrement en Italie : c'est ainsi que le Vénitien Marco Polo (1254-1324) conte ses voyages et son long séjour en Extrême-Orient dans *Le Livre des merveilles du monde*. Mais il existe bien d'autres manifestations du succès international du français : c'est la langue de la cour et des milieux cultivés en Sicile, en Flandre et dans plusieurs principautés allemandes. En Angleterre aussi, du moins jusqu'à l'avènement des Lancastre (1399) ; la bonne société y utilise des manuels de conversations intitulés *Manières de langage*[584]. Langue des plus nombreux des croisés – au point que l'on appelle « Francs » l'ensemble des Occidentaux d'Orient –, le français est également parlé dans tous les États latins d'outre-mer : la Syrie a pu être qualifiée de « nouvelle France », et le français apparaît « derrière le latin et de façon plus vivante, comme une nouvelle langue internationale de la chrétienté »[585].

---

582 G.-M. SPIEGEL, *Romancing the Past. The Rise of Vernacular Prose Historiography in Thirteenth-Century France*, ouvr. cité, p. 252

583 A. FRANCOIS, « D'une préfiguration de la langue classique au XVe siècle », dans *Mélanges offerts à M. Abel Lefranc*, Paris, Droz, 1936, p. 96-97.

584 J. CHAURAND, *Histoire de la langue française*, ouvr. cité, p. 20-21.

585 J. LE GOFF, *Saint Louis*, ouvr. cité, p. 170-171.

Tous ces succès, littéraires et internationaux, expliquent qu'une véritable « mystique » se développe en France même autour du français, que l'on qualifie de « langue maternelle » depuis 1300, et que l'on présente volontiers comme « un objet d'amour »[586].

358. Tout ceci traduit singulièrement l'impact régional, voire national et même international du vernaculaire du roi de France ; mais ce qui, en revanche et à la même époque, semble encore plus fondamental pour l'histoire institutionnelle de la langue du roi de France, c'est qu'elle envahit brusquement la littérature juridique. Elle le fera à deux niveaux. D'abord les premiers coutumiers attestent que la langue vernaculaire acquit très tôt un vocabulaire juridique adapté à l'expression de la pensée des spécialistes. L'œuvre la plus ancienne est, sans aucun doute, le *Grand coutumier de Normandie*, mis en forme vers 1235, dont le texte a circulé en latin et en français. Il est suivi, chronologiquement (entre 1253 et 1259), par le *Conseil à un ami*, ouvrage du bailli royal Pierre de Fontaine qui expose, en français, les coutumes de Vermandois. Il faut ensuite mentionner le *Livre de jostice et de plet*, achevé vers 1260, et les *Établissements de Saint-Louis* qui, nonobstant leur référence au saint roi – simple artifice littéraire, voire « publicitaire » – offrent en réalité un exposé des coutumes de l'Orléanais, de la Touraine et de l'Anjou. Dix ans plus tard, en 1283 Philippe de Beaumanoir parachève cette offensive du vernaculaire avec son magistral *Coutumier de Beauvaisis*. La littérature juridique exposait, dans la langue du roi et du peuple, un droit d'origine orale : c'était là, sans aucun doute, une transposition complexe car la mise par écrit d'une coutume exigeait son organisation en système ; romanistes de formation, ces auteurs empruntèrent les concepts de cette organisation au droit savant. Certains d'entre eux vont ainsi transposer, en les traduisant, des chapitres entiers des travaux de Justinien. C'est notamment le cas de l'auteur du *Livre de jostice et de plet* divisé en 342 paragraphes dont 200 ne sont que des traductions du *Digeste*[587]. Quoi qu'il en soit, toute cette littérature coutumière est écrite en français[588]. Si l'origine de ces ouvrages est d'ordre strictement privé, leur fonction

586 C. BEAUNE, *Naissance de la nation France*, Paris, Gallimard, 1985, p. 318 et 394.

587 H. REGNAULT, *Manuel d'histoire du droit français*, 2ème édit., Paris, Sirey, 1939, p. 86-89 ; Fr. OLIVIER-MARTIN, *Histoire du droit français, des origines à la Révolution*, ouvr. cité, p. 116-117.

588 Seule la coutume normande est doublée, nous l'avons dit, d'une édition en latin.

est évidemment didactique[589]. Ils attestent que, dès le XIIIe siècle, le français juridique était devenu une langue technique. Ensuite et à la même période, les *Institutes* et les compilations de Justinien, *Code* et *Digeste*, furent traduits en français, ainsi que l'*Authentique* et le *Décret de Gratien*, traité fondamental du droit canon. Deux de ces traductions seulement ont été étudiées, à ce jour, celle des *Institutes*[590] et celle du *Décret*[591]. Il n'est pas douteux que ces deux séries de monuments juridiques, les Coutumiers rédigés en français, et la traduction, dans la même langue, du *Code* et du *Décret* aient grandement favorisé le développement d'un registre propre au français juridique. De fait, cette raison est indissociable de la raison juridique évoquée. L'existence d'une littérature antérieure traduit l'existence d'une position du vernaculaire dans la société. Cette langue parlée, lue et écoutée, tend à devenir logiquement la langue de la loi et celle de la procédure judiciaire.

II - La nécessaire compréhension des ordres du roi.

359. Le roi, titulaire du *mundium*, doit être compris quand il donne ses ordres. S'il les donne en latin, seule l'élite est à même d'accéder immédiatement à la compréhension de la prescription ou de l'interdit. Des travaux récents permettent d'éclairer cette première approche. Les « lois du roi », promulguées en terre d'oïl à une époque où le latin domine, en principe sans exclusive les usages de la Chancellerie, sont parfois « farcies », « entrelacées » de textes en vernaculaire, et parfois traduites en français.

360. Parmi les actes farcis, on peut citer l'ordonnance du 7 juillet 1307, publiée par Jules-Marie Richard, où Philippe IV réglemente dans Paris les métiers de l'alimentation, le commerce des biens de subsistance, les métiers de la construction et l'exercice de la justice au Châtelet. Le texte est « farci », débutant en latin, il passe au français au moment d'énoncer la réglementation : « Ce sunt les mestiers de Paris es quielx il

---

589 Il faudra attendre l'ordonnance de Montils-les-Tours donnée en 1454 par Charles VII pour que soit ordonnée la rédaction, dans la langue du roi, des diverses coutumes de France pour en confirmer la valeur légale. *Cf.* notamment A. DUMAS, *Histoire du droit français*, ouvr. cité p. 233-234.

590 par un historien du droit, Felix OLIVIER-MARTIN, *Les institutes de Justinien en français.Traduction anonyme du XIIIe siècle du ms fr. 1064*, Paris, Sirey, 1935.

591 par une linguiste, L. LÖFSTEDT, *« Gratiani decretum » : la traduction en ancien français du décret de Gratien*, Helsinski, Societas Scientiarum Fennica, 1992-1997, 4 vol.

serait bon pour le commun profit ». Le roi estime nécessaire ce recours à la langue vernaculaire, sa langue et celle du peuple de Paris, afin que les règlements soient mieux compris et qu'ils soient suivis avec plus de rigueur. La justification est en latin. Elle est adressée à l'environnement lettré, comme une déférence pour se faire pardonner l'usage de la langue vulgaire, celle du *vulgum pecus* : *Facilius intelligantur ab omnibus et de cetero cum vigenti obediencia per conséquens observentur, eas in gallico subscripsi jussimus*[592]. Le « commun profit » dont il est le régulateur permet au roi d'imposer sa langue pour éclairer sa volonté. Un autre texte indiqué, cette fois, par Serge Lusignan[593], est une ordonnance sur les métiers du cuir de Paris donnée en juillet 1345. Là encore, le texte en français est justifié afin d'assurer la compréhension des ordres du roi : *Facilius et absque interprete intelligent valeant et pro hoc perfectius observari*[594].

361. Le problème de compréhension pouvait également être contourné par des traductions officielles, dans le vernaculaire du roi, des chartes en latin. C'est cependant l'exception. Les linguistes ne sont à même d'en proposer que de rares exemples. Ainsi Serge Lusignan nous signale deux chartes de Philippe V : un acte bilingue de 1317, publié dans les *Ordonnances des roys de France*[595], où le souverain invite les représentants des villes à participer à un conseil sur la monnaie. Le texte de la convocation est rédigé en français à l'intention d'Amiens, mais en latin pour Toulouse[596]. Le second exemple est du 27 octobre 1319 : il s'agit d'un acte adressé au sénéchal du Rouergue portant révocation de certains commissaires nommés par le roi. L'acte est enregistré en latin, mais une mention, hors teneur, indique que les copies ont été expédiées, en latin, aux sénéchaux de Toulouse, de Beaucaire, du Périgord et de Carcassonne et, en français, au sénéchal de Saintonge, au bailli des Montagnes d'Auvergne, ainsi qu'à tous les autres baillis[597]. Ces chartes dans les deux langues constituent les

592 J. M. RICHARD, « Ordonnance inédite de Philippe le Bel concernant les métiers de Paris (7 juillet 1307) », *Mémoires de la Société d'histoire de Paris et de l'Île-de-France*, II, 1875, 130-141.

593 Serge LUSIGNAN, *La langue des rois au Moyen Âge. Le français en France et en Angleterre*, ouvr. cit., p. 96.

594 *Ordonnances des rois de France de la troisième race*, t. XII, p. 75.

595 *Ordonnances des rois de France de la troisième race*, t. I, p. 354.

596 Serge LUSIGNAN, *La langue des rois au Moyen Âge. Le français en France et en Angleterre*, ouvr. cité., p. 97.

597 *Ibid.*, p. 97.

prolégomènes du futur principe de partage linguistique, *ratione loci*, opéré par la chancellerie à partir, nous l'avons vu, du règne de Philipe VI : chartes en latin pour les pays de droit écrit et dans la langue du roi pour les pays de coutume. S. Lusignan montre à travers de multiples exemples[598] qu'une demande très forte d'actes en langue vulgaire – oïl mais également oc – peut être constatée dès la seconde moitié du XIIIe siècle, et qu'elle fut accompagnée ici et là par un mouvement de traduction. En pays de coutume où dominait le vernaculaire royal, seuls les actes en français étaient accessibles au plus grand nombre.

III - L'accès à la compréhension de la preuve

362. Cette nécessité d'une langue accessible, ne fût-ce que pour comprendre les lois du roi, est par ailleurs et surtout indissociable de la « juridicisation » de la société. À partir du XIIIe siècle, en effet, l'écrit juridique va s'infiltrer de plus en plus dans la vie quotidienne des gens à titre d'instrument attestant de droits personnels. Nous avons pu constater l'antériorité de la pratique juridique de la langue du roi dans les villes du nord et de l'est de la France, la plupart dominées par des marchands soucieux de leurs intérêts mais incapables de les exprimer dans la langue savante. Les seigneurs et les princes, désireux de comprendre les actes émis en leur nom, ne pouvaient qu'accompagner le mouvement. Ce n'est qu'une hypothèse, mais elle est plausible, car elle permet d'expliquer la poussée fulgurante du vernaculaire royal durant cette période. Cette « juridicisation » de la société semble surtout la conséquence d'un changement profond de la mentalité juridique à l'égard de la preuve. Pour en saisir la portée, il importe d'en retracer l'évolution.

363. Depuis le début du Moyen Âge, la procédure judiciaire, n'avait rien de très élaboré et ses modes de preuve, qu'ils prennent la forme non violente du serment purgatoire ou empruntent la férocité de l'ordalie, reposaient sur la croyance en l'intervention divine dans leur déroulement. Ces modes de preuve commencèrent à être condamnés au XIIIe siècle, d'abord par l'Église, puis par le pouvoir royal[599]. Le mode

[598] *Ibid.*, p. 97-104.

599 Le Concile de Latran (1215) et une décrétale de Grégoire IX (pape de 1227 à 1241) interdirent le duel judiciaire. Louis IX interdit dans le domaine royal l'usage au civil du duel judiciaire ou gage de bataille, par l'ordonnance sur la procédure du Châtelet de 1254, et au criminel par sa grande ordonnance sur la justice de 1260. *Cf.* P. GUILHIERMOZ, « Saint-Louis, les gages de bataille et la procédure civile », *BÉC*, XLVIII, 1887, p. 111-120 ; M. BOULET-SAUTEL, « Aperçu sur le système de preuves dans la France coutumière du Moyen Âge », dans *Recueils de la Société*

de preuve va donc évoluer et être accompagné d'une transformation de la procédure judiciaire. Dès l'instant où l'on se passe du jugement de Dieu, et où on lui substitue la raison humaine pour départager les hommes afin de désigner le coupable, par l'intermédiaire du juge la procédure judiciaire inspirée du droit romain et du droit canon devint complexe. Elle releva dès lors de spécialistes, *litterati* initiés, tous clercs à l'origine. Dès 1170 apparaissent les officialités[600], puis, entre 1180 et 1250, se met progressivement en place l'institution du bailli, représentant d'abord itinérant du roi, puis à la tête d'une circonscription définie. Le tribunal du bailliage sera le plus important sous le parlement de Paris, instance judiciaire suprême qui n'apparaît, elle-même, qu au milieu du XIIIe siècle[601]. Concurremment les métiers du droit – juge, avocat, procureur – devinrent l'affaire de professionnels. En France le métier de juriste naît effectivement au XIIIe siècle : Philippe de Beaumanoir atteste qu'à partir des années 1270 les fonctions d'avocat ou de procureurs étaient réservées aux spécialistes agréés par les tribunaux[602]. L'apparition des juristes provoqua un bouleversement des valeurs de la société médiévale. Jusqu'au XIIe siècle, l'exercice de la justice constituait l'un des pouvoirs exclusifs de l'évêque dans l'Église

---

Jean-Bodin pour l'histoire comparative des institutions, t. XVII, *La preuve*, 2e partie : *Le Moyen Âge et les Temps modernes*, Bruxelles, éd. La Librairie Encyclopédique, 1965, p. 275-325 ; M. CHABAS, *Le duel judiciaire en France (XIIIe-XVIe siècle)*, Paris, Jean Favard, 1978. On peut également consulter le travail récent de S. HAMEL (« Informer les juges : les enquêtes judiciaires à Saint-Quentin aux derniers siècles du Moyen Âge (XIIIe-XVe siècle) », dans *Informer. Institutions et communications (XIIIe-XVe siècle)*, Paris, Publications de la Sorbonne, 2006, p. 213 et s.) qui montre que le tribunal de la ville de Saint-Quentin remplaça le duel judiciaire par l'enquête, entre 1240 et 1260. Si le recours aux preuves fondées sur des défis physiques régressa rapidement à partir de cette époque, le duel judiciaire persista. Il fut, en effet, rétabli par le roi en 1306, puis à nouveau aboli en 1315. Il s'enracinait profondément dans les valeurs de la société féodale et, de fait, ne fut jamais abandonné durant le Moyen Âge (*Cf.* C. GAUVARD, « De grace spécial », dans *Crime, État et société en France à la fin du Moyen Âge*, 2 vol., Paris, Publications de la Sorbonne, 1991, t. I, p. 172-179.

600 P. FOURNIER, *Les officialités au Moyen Âge*, Paris, Plon, 1880, p. 1-12.

601 F. LOT et R. FAWTIER, *Histoire de institutions françaises du Moyen Âge*, t. II, *Institutions royales*, Paris 1958, p. 144 et s. Les quatre premiers registres dits des *Olim*, qui consignent les sentences les plus anciennes, commencent en 1264. R. VILLERS, *Questions sur la justice dans notre ancienne France, Cours d'histoire des institutions politiques et administratives du Moyen Âge et des Temps Modernes*, Paris, Les cours de droit, 1963-1964, p. 194 et s.

602 Ph. de BEAUMANOIR, *Coutumes de Beauvaisis*, édition citée, t. I, chap. IV « qui parole des procureurs et des establis pour autrui », p. 75-88 et Chap. V « qui parole de l'office as avocats », p. 89-97. Pour une exégèse de ces deux chapitres, *Cf.* G. HUBRECHT, *Philippe de Beaumanoir. Coutume de Beauvaisis. Commentaire historique et juridique*, Paris, Picard, 1974, p. 28-33.

et du seigneur dans la société féodale. La professionnalisation du droit ouvrit une brèche dans cette organisation sociale séculaire que confortait la théorie des trois ordres en amenant *oratores* et *bellatores* à déléguer l'exercice d'un droit dont ils étaient traditionnellement investis. La nouvelle procédure appliquée par les tribunaux et inspirée du droit canon ne laissait aucune place aux épreuves physiques, en tant que moyen probatoire. L'ordonnance donnée par saint Louis en 1260 l'énonce clairement[603]. En interdisant toute épreuve physique, Louis IX enfermait l'exercice de la justice dans un processus exclusivement langagier, dominé par l'oralité : requêtes, réponses, conventions, témoignages se faisaient tous par la voix. Une seule fois – pour prouver le servage – le texte évoque la preuve littérale : le seigneur est autorisé à revendiquer un serf « par témoins, ou par charte, ou par autres preuves bons et loyaux »[604]. Cette exception confirme la règle de l'oralité. De fait, l'utilisation des chartes, en tant qu'instrument de preuve par écrit apparaît tardivement dans la culture juridique occidentale. À cela une raison : pendant longtemps les conventions entre les hommes s'étaient établies par des rituels publics. Ces conventions tiraient leur force des paroles et des gestes des parties et de la mémoire de ceux qui étaient présents ; les cérémonies féodales fondées sur l'oralité et une gestuelle précises sont sans aucun doute représentatives de la force de la preuve testimoniale. Celle-ci est certainement caractéristique d'une société où la parole est seule garante des engagements juridiques. L'écrit n'est pourtant pas absent. Les travaux de Serge Lusignan nous apprennent que sur environ 4800 actes provenant de tous les dépôts d'archives de France, seules environ 70 pièces concernent des bénéficiaires laïcs, soit un et demi pour cent des chartes antérieures à 1121 mettaient en rapport des laïcs uniquement. Ces chartes étaient rédigées essentiellement au profit des établissements ecclésiastiques, pendant longtemps les seuls maîtres de la culture écrite. Elles étaient l'arme par excellence pour la défense de leurs droits contre la montée en puissance des laïcs. Elles avaient pour fonction de consigner par écrit le rappel du rituel de la convention passée entre les

---

603 ISAMBERT et *al.*, *Recueil général des anciennes lois françaises*, ouvr. cité, t. I, p. 284-285. « Nous défendons à tous les batailles par tout notre demengne, més nous n'ostons mie les clains, les restons, les convenons (...) en lieu des batailles nous metons prüeves de tesmoins. »

604 *Ibid.*, t. I, p. 287-288.

parties, afin de rappeler leurs engagements à ceux qui seraient tentés de s'y soustraire[605].

364. La charte devint ainsi insensiblement la preuve de la convention qu'elle énonçait, puis la convention elle-même. Ce changement supposait une évolution radicale des mentalités face à l'écrit. Il fallait qu'on lui accorde la même force d'engagement qu'à la parole donnée. L'effacement de l'oralité pour donner à la charte une valeur probatoire autonome est sans aucun doute le dernier avatar de la disparition de Dieu dans les conventions. Cette évolution devient sensible à partir du début du XIIe siècle dans l'administration royale[606], et au cours de ce même siècle au niveau régional[607]. Beaumanoir, qui écrit en pleine période de transition, témoigne de cette mutation dans les modes de preuve. Il en distingue huit qui presque tous sont dominés par la parole tels l'aveu[608] ou l'appel à l'opinion publique[609]. Mais il prévoit également la preuve littérale qu'il présente ainsi : « La seconde maniere de prueve si est par letres, si comme quant aucuns s'est obligiés par letres et cil qui s'oblija nie l'obligation : il ne le convient prouver fors par les letres de l'obligation, se sil qui la niance fet ne dit contre les letres cause soufisant par laquelle cause les letres soient de nule valeur »[610]. Pour Beaumanoir, cette preuve littérale procède d'une des deux modalités d'engagement dans la vie des affaires ; il consacre à cette modalité un des principaux chapitres de son livre[611]. La preuve littérale offrait dès lors une alternative à la voie plus traditionnelle de l'engagement oral

---

605 S. LUSIGNAN, *La langue des rois au Moyen Âge. Le français en France et en Angleterre*, ouvr. cité, p. 32.

606 J. BALDWIN, *Philippe Auguste et son gouvernement. Les fondations du pouvoir royal en France au Moyen Âge*, Paris, Fayard, 1991 (trad. de l'éd. américaine, Berkeley-Los Angeles, 1986), p. 514.

607 D. BARTHÉLEMY, *La société dans le comté de Vendôme de l'an mil au XIVe siècle*, Paris, Fayard, 1993, p. 73, note ainsi un net changement dans le style des chartes du Vendômois à partir des années 1320, qu'il attribue au fait que les actes ont acquis alors une valeur probatoire autonome.

608 Ph. de BEAUMANOIR, *Coutumes de Beauvaisis*, ouvr et éd. cités, t. II, p. 96, n° 1146 : « et ceste prueve si est la meilleur et la plus clere et la meins cousteuse de toutes ».

609 *Ibid.*, t. II, p. 98, n° 1152.

610 *Ibid.*, t. II, p. 96-97, n°1147.

611 Le chapitre XXXV : « De soi obligier par letres, et queus valent et queus non ; et comment l'on doit fere tenir, et comment l'en puet dire contre letres ou contre le seel ». *Cf.* Ph. de BEAUMANOIR, *Coutumes de Beauvaisis*, ouvr et éd. cités, t. II, p. 42-63.

devant témoins dans l'établissement d'une convention. Et de fait Beaumanoir considère les deux modes d'engagement comme équivalents[612] : « Car pour ce que cil qui ont convenancié a autrui ne puissent nier ce qu'il ont convent que la verités de la convenance ne soit seue, cil qui les convenances reçoivent les prenent aucune fois par devant gens qui leur puissent tesmoignier, et aucune fois cil qui ont les convenances s'obligent a trenir les par letres »[613]. Dans les temps plus anciens, on énumérait toujours au bas de la charte les témoins qui avaient assisté à sa signature et qui pouvaient être ultérieurement convoqués afin de confirmer la véracité du document écrit. Ces témoins instrumentaires disparaissent au temps de Beaumanoir. Ils s'effacent devant l'usage du sceau[614]. L'écrit a acquis suffisamment d'autonomie face à la parole, en sorte que Beaumanoir pouvait affirmer :

> « Il souloit estre que, quant aucuns bailloit letres qu'on metoit es letres les nons de ceus qui estoient apelé pour estre tesmoing. Mes cet usages queurt mes en poi de lieus ; et s'il queurt en aucuns lieus, si est il perilleus, car il avient souvent que li tesmoing muerent et après leur mort l'en a mestier des letres, si que les letres n'ont pouoir d'estre tesmoignies par les tesmoins »[615].

365. Le sceau suffisait dès lors à valider l'acte et la lettre faisait preuve en elle-même. Seule restriction : l'acte écrit n'est valable que devant le tribunal de l'autorité qui l'a scellé. Mais, signe caractéristique de la montée en puissance du roi unique, il souligne également que les documents scellés par le roi ont force probante devant toutes les juridictions[616].

---

612 Ph. de BEAUMANOIR, *Coutumes de Beauvaisis*, ouvr et éd. cités, t. II, p. 42. La parole n'est cependant jamais loin derrière la lettre ; et l'on ne peut s'empêcher de songer à une influence romaine du contrat *verbis*, puisque chez Beaumanoir le sourd ou le muet ne peuvent établir de convention, puisque l'un ne peut parler et l'autre ne peut entendre : « L'en ne peut suir de convenance muel, ne sourt...car li mus ne puet fere convenance pour ce qu'il ne puet parler car convenance ne se puet fere sans parole ; ne li sours pour ce qu'il ne puet oïr la convenance » (*Ibid.*, t. II, p. 35, n° 1061). Il faut donc qu'un échange oral d'engagement ait précédé la rédaction de la charte.

613 Ph. de BEAUMANOIR, *Coutumes de Beauvaisis*, ouvr et éd. cités, t. II, p. 42, n° 1073.

614 D. BARTHÉLEMY, *La société dans le comté de Vendôme de l'an mil au XIVe siècle*, ouvr., cité, p. 73.

615 Ph. de BEAUMANOIR, *Coutumes de Beauvaisis*, ouvr et éd. cités, t. II, p. 119, n° 1202.

616 « car ele doit valoir plein tesmoignage et en court laie et court de chestienté ». *Cf.* Ph. de BEAUMANOIR, *Coutumes de Beauvaisis*, ouvr et éd. cités, t. II, p. 52, n° 1092.

366. La conclusion est univoque : les chartes deviennent une preuve instrumentale essentielle en vue d'établir un droit dès lors que l'on commence à les écrire en langue vernaculaire. Il n'est, en effet, sûrement pas accidentel que cette période de transformation de la justice coïncide avec celle durant laquelle le français commença à être utilisé pour l'écriture des actes. Un nouveau besoin de comprendre le contenu des chartes a pu rendre impérieux le recours à la langue vernaculaire. C'est évident au niveau de l'appareil d'État où la genèse du français, langue moderne se confond avec la genèse de l'État.

B - LE FRANÇAIS JURIDIQUE, LANGUE DE LA CHANCELLERIE ROYALE

367. Dès le XIVe siècle, la langue du roi a servi l'unité du royaume en même temps que celle-ci l'a positionnée contre le latin et les autres vernaculaires. C'est un principe qui semble inhérent à toute société politique. Dante en eut le juste sentiment. Dans son *De vulgari eloquentia*, s'interrogeant sur les conditions pour qu'un italien littéraire comparable au latin émerge de la diversité de ses formes dialectales, il pose en principe que celui-ci devrait posséder entre autres qualités d'être royal, c'est-à-dire d'être la langue d'une cour royale, commune à tous les italiens, une langue parlée par un roi qui serait celui d'une Italie unifiée. En effet, précise-t-il, « Pourquoi en outre je le nomme royal, la cause en est que, si nous avions chez nous Italiens le siège d'une royauté, ce vulgaire serait la langue palatine. Car si le palais royal est la maison commune de tout le royaume et le chef auguste des diverses parties du royaume, toutes les choses formées en telle guise qu'elles soient communes à ces diverses parties sans appartenir en propre à aucune, ont leur retrouvaille et demeurance obligée dans ledit palais ; et nul autre séjour n'est aussi digne d'un tel habitant : et tel apparaît certes le vulgaire dont je parles. De là vient que les familiers de tous les palais royaux parlent toujours en vulgaire illustre ; de là vient aussi que notre vulgaire illustre s'en va pélerinant comme un étranger, et cherche hospitalité en humbles asiles, du fait que nous n'avons pas de cour royale »[617]. Ce principe formulé par Dante est certes mis en lumière par l'histoire de la langue du roi de France. Villers-Cotterêts l'atteste, mais deux siècles plus tard...

[617] D. ALIGHIERI, *Œuvres complètes*, Paris, Callimard, Bibliothèque de la Pléiade, 1965. Traduction et commentaire d'A. PÉZARD. La citation est empruntée au *De l'éloquence en langue vulgaire (De Vulgari Eloquentia*), écrit par Dante en 1305, p. 588-589.

368. Il faut donc se demander pourquoi la chancellerie royale fut au XIVe siècle, nous l'avons vu, si réticente à emboîter le pas à ce mouvement général en faveur du français[618]. Le triomphe du français sous Philippe VI, les réticences marquées à l'égard de sa propre langue par le roi Jean II, la réaction de Charles V et de ses successeurs, méritent d'être analysés. On ne peut que conjecturer sur les fondements de cette guerre des deux langues, qui semble avoir opposé les partisans du vernaculaire aux tenants de la langue ancienne, pour le choix de l'expression écrite de la volonté royale (I). Mais l'on peut cependant relever, à partir du règne de Charles V, l'existence d'un courant de pensée qui formule de façon univoque le principe de l'unicité de langue dans le cadre du royaume unitaire (II).

I - La guerre des deux langues

369. La compréhension du conflit passe par l'étude des hommes susceptibles d'avoir provoqué et/ou fait évoluer le combat. Il s'agit bien évidemment des hommes liés à la chancellerie dont il importe de peser l'influence éventuelle sur le choix de la langue, car l'attitude de la chancellerie royale est étrange. Il semble que des influences successives aient déterminé au XIVe siècle le triomphe de l'une ou l'autre langue dans un but, un objectif difficilement saisissable, mais où la personnalité et la culture des hommes a sans doute une part déterminante : les chanceliers, les notaires de la chancellerie, et bien évidemment la tête du corps : le roi lui-même.

370. Au XIVe siècle, la « chancellerie » n'est évidemment pas la « grande chancellerie »[619] de l'époque moderne, véritable ministère de la justice, ancêtre de notre administration judiciaire. Au XIVe siècle, c'est une sorte de secrétariat collégial du roi, chargé de mettre par écrit les décisions de ce dernier. C'est le travail d'officiers spécialisés, les notaires du roi, dont le titre deviendra du reste « notaire et secrétaire du roi », rapidement considérés comme des commensaux du souverain et bénéficiaires à ce titre de privilèges spécifiques[620]. Les rédacteurs des

---

618 B. CERQUIGLINI, *Une langue orpheline*, Paris, Les Editions de Minuit, 2007, p. 195

619 Par opposition aux « petites chancellerie » près les cours souveraines des provinces.

620 P. ROBIN, *La compagnie des secrétaires du roi (1351-1791)*, thèse droit, Toulouse, Sirey, 1933, p. 41 ; F. BLUCHE et P. DURYE, « L'anoblissement par charge avant 1789 », *Les cahiers nobles*, 23 et 24, Paris, 1962, t. II, p. 3 et 4.

actes, les notaires donc, ont-ils joué un rôle dans le choix de la langue des lettres royaux ? C'est une question que l'on peut se poser. Mais, à partir des travaux sur la chancellerie conduits par Octave Morel et Robert-Henri Beautier, les résultats ne paraissent guère probants sur le plan qui nous préoccupe, car les notaires sont nombreux, et leur nombre s'accroît logiquement avec la multiplication des actes royaux. Ainsi ils sont 35 en 1335, 59 en 1342, 72 en 1350 et 105 en 1559[621]. Quelques-uns n'apparaissent actifs qu'une année, d'autres demeurent en poste plus de trente ans, mais tous manifestement maîtrisent le français et le latin[622]. Pouvaient-ils culturellement privilégier le latin et donc participer à l'éviction du français ? D'aucuns n'hésitent pas à l'affirmer en rappelant que la chancellerie est un monde de clercs, ayant obtenu des grades dans l'université, et le latin était la langue identitaire de leur appartenance socio-juridique. Par conséquent, ils ne pouvaient qu'aspirer à coucher la parole du roi dans la langue ancienne[623].

371. Au-dessus des notaires, il y a le chancelier qui dirige la chancellerie. Il est la bouche du roi, c'est lui qui garde le « scel » du roi. Il est l'intermédiaire entre le roi et ses notaires. Ce personnage central, grand officier de la couronne, a-t-il joué un rôle dans le choix de la langue des chartes ? Il importe de s'interroger sur ce point. Mais le chancelier, homme de confiance du roi, pouvait-il dans un domaine aussi sensible être dissocié de son maître, le roi ? C'est donc le couple, roi et chancelier qu'il importe d'interroger pour éclairer la fluctuation, le combat, qui va opposer les deux langues tout au long du XIVe siècle

372. On peut, certes, imaginer que les chanceliers aient influencé le choix du maintien de la langue ancienne ou de la primauté du vernaculaire royal, soit en raison de leur propre culture – ce sont également des clercs[624] et le latin est la langue identitaire de leur état –

621 R-H. BAUTIER, « Le personnel de la chancellerie royale sous les derniers Capétiens », dans Françoise AUTRAND (édit.), *Prosopographie et genèse de l'État moderne*, Paris, éd. rue d'Ulm, 1986, p. 91-115.

622 O. MOREL, *La grande Chancellerie royale et l'expédition des lettres royaux de l'avènement de Philippe de Valois à la fin du XIVe siècle (1328-1400)*, Paris, A. Picard et fils, 1900, p. 80-82.

623 S. LUSIGNAN, *La langue des rois au Moyen Âge. Le français en France et en Angleterre*, ouvr. cité, p. 111-112.

624 Les sept chanceliers de Philippe VI furent des juristes. Tous furent clercs sauf Pierre Flote qui abandonna très tôt cet état et devint chevalier. Trois d'entre eux cumulèrent même la charge d'évêque avec leur cancellariat. Le plus connu d'entre eux, Pierre de La Forêt, occupa successivement les sièges de Tournai, de Paris, puis de Rouen. *Cf.* R-H BAUTIER, « Recherches sur la chancellerie royale au temps de Philippe VI », *BÉC*, CXXIII, 1965, art. cité, p. 362-363.

soit en raison du rôle qu'ils estimaient devoir donner au vernaculaire dans l'unité de commandement du royaume. Il est possible que les chanceliers aient joué un rôle dans cette guerre linguistique au sein de la chancellerie, car de fait leurs nominations sont plus ou moins concomitantes de la modification des usages linguistiques de la chancellerie. Ainsi, par exemple, lorsque la chancellerie de Philippe VI adopta le français en octobre 1330, elle était dirigée depuis seulement quinze mois par Guillaume de Sainte-Maure[625]. Lorsque l'on substitua le latin au français avec l'avènement de Jean II en août 1350, Pierre de La Forêt était chancelier depuis moins d'un an[626]. Le début de la lieutenance de Charles, pendant l'exil forcé de Jean II, est, quant à lui, marqué par l'arrivée d'un nouveau chancelier, Jean de Dormans. Force est donc de constater que la nomination des nouveaux chanceliers est quasi concomitante (Sainte-Maure, La Forêt), voire coïncide (Dormans) avec un changement de langue dans la chancellerie. En l'état des sources, on ne peut que constater le fait. Il faut donc rechercher un éclairage dans la personnalité des rois. Pourquoi le français triomphe-t-il avec Philippe VI ? (a) Pour quelles raisons son fils, Jean II, impose-t-il le retour de l'usage de la langue ancienne ? (b) Pourquoi Charles V oriente-t-il la chancellerie vers une diglossie originale, traduite dans l'appartenance de deux langues hautes, véritable bilinguisme d'État qui s'imposera à ses successeurs jusqu'à Villers-Cotterêts ? (c).

a - Philippe VI et le triomphe du français

373. Comte de Valois, grand féodal, avant de devenir lui-même roi avec la disparition du dernier Capétien direct, Philippe VI parle uniquement le français. Lorsqu'il monte sur le trône, en 1328, la langue vernaculaire était, nous l'avons vu, d'ores et déjà d'un usage courant dans les chancelleries princières. Celle de son propre père, Charles de Valois (1270-1325), utilisait exclusivement le français, alors même que ce prince prétendait, par l'héritage des Courtenay, à l'empire d'Orient[627]. C'était également le cas de la chancellerie du duc Eudes IV

625 Nommé le 1er juillet 1329, il demeura en fonction jusqu'à sa mort en janvier 1335. *Cf.* R-H. BAUTIER, « Recherches sur la chancellerie royale au temps de Philippe VI », *BÉC*, CXXII, 1964, art. cité, p. 146-159.

626 Nommé à l'automne 1349, il occupa sa fonction jusqu'en mars 1357, *Cf.* R-H. BAUTIER, « Recherches sur la chancellerie royale au temps de Philippe VI », *BÉC*, CXXIII, 1965, art. cité, p. 360-362.

627 J. PETIT, *Charles de Valois (1270-1325)*, Paris, A. Picard et fils, 1900, p. 328-329.

de Bourgogne, son beau-frère, qui régna sur le duché de 1315 à 1349[628]. Tout cela semble conforme à la culture des grands princes territoriaux : Philippe avait été éduqué en vue de devenir un grand baron à l'image de son père et de son beau-frère, et non pour être roi. Il n'avait donc pas reçu l'éducation d'un futur roi que Gilles de Rome recommandait de mettre très tôt à l'apprentissage du latin dans son *Livre du gouvernement des rois*[629]. On peut rappeler que l'ouvrage de Gilles de Rome, initialement *De regimine principum* est, par excellence, le traité d'éducation des rois. Rédigé entre 1277 et 1279, il avait été commandé par Philippe III en vue de l'éducation de son fils, le futur Philippe le Bel et, dès 1282, avait été traduit en français par Henri de Gauchy. C'est dans la troisième partie de l'ouvrage qui traite de l'éducation politique du futur roi que se trouve la recommandation d'apprendre le latin. Et, le fait est avéré, Philippe IV parlait latin[630]. Son neveu et cinquième successeur ignorait, quant à lui, manifestement, la langue ancienne. Le témoignage de Pétrarque, un contemporain lettré s'il en fut, est à cet égard sans équivoque : non seulement Philippe VI ne parlait pas latin mais n'appréciait pas le goût que son fils, le futur Jean II, développait pour la culture latine[631]. Nous savons par ailleurs que Philippe VI suivait personnellement les lettres royaux dont il était le commanditaire et qui étaient enregistrés par sa chancellerie[632]. Une telle attention portée à l'administration du royaume pourrait expliquer le triomphe du français à partir d'octobre 1330. Des travaux récents suggèrent que le roi aurait pu décider *proprio motu*, nonobstant l'avis de son chancelier, que la chancellerie s'exprimerait désormais principalement en français[633]. On ne trouve cependant, nous l'avons vu,

---

628 S. LUSIGNAN, *La langue des rois au Moyen Âge. Le français en France et en Angleterre,* ouvr. cité., p. 113.

629 Gilles de ROME, *Li livres du gouvernement des rois*, Samuel Paul Molenaer (éd.), New York, 1999, p. 197-198.

630 J. FAVIER, *Un conseiller de Philippe le Bel : Enguerran de Marigny,* Paris, P.U.F., 1963, p. 104.

631 H. COCHIN, « Pétrarque et les rois de France », *Annuaire-Bulletin de la Société de l'histoire de France*, 1917, p. 127-146 ; p. 132-133 pour le témoignage de Pétrarque.

632 R. CAZELLES, *La société politique et la crise de la royauté sous Philippe de Valois*, Paris, Librairie d'Argences, 1958, p. 407 et s.

633 Les registres livrent, en effet, quelques indices qui suggèrent que Philippe VI fut à l'origine de la décision, prise peut-être contre le sentiment de Guillaume de Sainte-Maure, son chancelier. Tous les actes émanent du roi, mais il n'en est pas toujours le commanditaire. Le chancelier, au nom du roi, peut également provoquer la rédaction de lettres royaux. Or, la transcription de chaque acte est suivie du nom de son commanditaire, roi ou chancelier. Les travaux statistiques de S. Lusignan montrent

ni pièce d'archives, ni même allusion dans les chroniques, ni rappel dans un texte postérieur d'une décision confirmant ou abrogeant un choix linguistique, qui nous éclairerait sur les circonstances et les motivations de la décision prise en 1330, car il y a eu décision, cela n'est pas douteux. La raison, qui selon nous, paraît la plus logique est que le roi parle français, comme ses barons et comme le peuple. Dès lors il est logique qu'il donne ses ordres en français ; il impose donc le français. Il ne pose pas en règle l'éradication du latin ou son maintien dans des domaines spécifiés. Il impose principalement son vernaculaire aux notaires de la chancellerie. Un texte spécifiant le style de la chancellerie dans l'une ou l'autre langue n'aurait pas été facile à élaborer. Sans doute n'a-t-il pas existé. Mais la décision royale, en revanche, n'est pas douteuse. Elle sera d'ailleurs confirmée implicitement quelques années plus tard dans une ordonnance du 8 avril 1342. Afin de s'assurer de la qualité des chartes royales, Philippe VI décida dans ce texte de soumettre ses notaires, en fonction et à venir, à un examen de capacité linguistique en latin et en français. On voulait être certain que tous « estoient souffisans pour faire lettres tant en latin comme en français selon que l'office le requiert ». Et le soin de vérifier la compétence des notaires fut confié au Parlement. Le 26 août 1342 le Parlement fut ainsi à même d'énumérer les noms des 46 notaires qui avaient été jugés « souffisans pour écrire et faire lettres en français et en latin ». À cette première liste étaient jointes une liste de dix notaires dont l'expérience était telle qu'on estimât qu'ils devaient être dispensés d'examen de capacité[634].

b - Jean II et le retour du latin

374. Jean II monta sur le trône de France le 22 août 1350. Du jour au lendemain la chancellerie renonça au français. Comment expliquer ce

---

sans équivoque que les lettres royaux enregistrés avant octobre 1330 révèlent des choix linguistiques diamétralement opposés entre les actes commandés par le roi et ceux rédigés à la demande du chancelier. Parmi les 147 chartes rédigées à la demande de Philippe VI, 71% sont en français. À l'opposé, 90% des 245 actes du chancelier sont en latin. Une fois le français adopté, on constate que le chancelier demeure celui qui proportionnellement commande le plus grand nombre d'actes en latin. Alors que le pourcentage de tels actes à l'intention des terres d'oïl s'élève à 9%, c'est dans une proportion de 26% que les chartes commandées par le chancelier sont en latin. Ces chiffres laissent présumer qu'il a pu exister des tensions entre Philippe VI et sa chancellerie. *Cf.* S. LUSIGNAN, *La langue des rois au Moyen Âge. Le français en France et en Angleterre*, ouvr. cité, p. 114.

634 O. MOREL, *La grande Chancellerie royale*, ouvr. cité, p. 76 et pièce 9, p. 496-497, le texte de l'ordonnance est du 8 avril 1342.

brusque revirement ? Le chancelier en poste était, nous l'avons vu, Pierre de La Forêt, juriste réputé en son temps, sans doute ancien professeur de droit[635]. Il avait été nommé chancelier du duché de Normandie par le futur Jean II, alors duc de Normandie, et l'on peut supposer que c'est sur la suggestion de son fils que Philippe VI le nomma à la tête de la chancellerie royale vers la fin d'octobre ou le début de novembre 1349. Jean II, devenu roi, le confirma dans sa charge qu'il ne résigna que beaucoup plus tard, sous la pression des États en 1357, alors que le roi était prisonnier à Londres[636]. Durant les dernières années du règne de son père, Jean gouverna le royaume, à titre de lieutenant de roi. Raymond Cazelles le décrit comme un « co-roi » de fait, en sorte que « la mort de Philippe VI ne marquera pas un changement brutal de la politique française, car l'autorité du futur Jean le Bon n'a pas attendu la mort de son père afin de s'imposer »[637]. *De facto*, les maîtres des requêtes et les notaires du duc de Normandie et ceux du roi, son père, sont étrangement confondus. Bien qu'il y ait deux chanceliers et deux hôtels, il n'y a qu'une administration[638]. Lorsque les actes sont signés, au nom de son père, par le duc Jean, ses actes respectent pleinement les usages linguistiques du premier Valois : on s'adresse principalement en latin en territoire d'oc et plutôt en français en territoire d'oïl. Le duc de Normandie se conforma à la politique linguistique de la chancellerie de son père, même lorsque son protégé, Pierre de La Forêt, reçut les sceaux du royaume à l'automne 1349[639].

375. Tout va bientôt changer. Le grand bouleversement se produisit avec l'accession de Jean II à la couronne. Pierre de La Forêt inaugura un nouveau registre dans lequel on ne trouve presque aucun acte en français. Mais il contient quelques indices qui permettent d'affirmer qu'une décision fut prise lors de l'avènement du roi pour reléguer le

---

635 R. CAZELLES, *La société politique et la crise de la royauté sous Philippe de Valois*, ouvr. cité, p. 125-126 ; R.-H. BAUTIER, « Recherches sur la chancellerie royale au temps de Philippe VI », *BÉC*, CXXIII, 1965, art. cité, p. 360-362.

636 R.-H. BAUTIER, « Recherches sur la chancellerie royale au temps de Philippe VI », *BÉC*, CXXIII, 1965, art. cité, p. 360-362.

637 R. CAZELLES, *La société politique et la crise de la royauté sous Philippe de Valois*, Paris, 1958, p. 231.

638 A. GUILLOIS, *Recherches sur les maîtres des requêtes de l'Hôtel des origines à 1350*, Paris, Larose et L. Tenin, 1909, p. 67-68 ; R-H. BAUTIER, « Recherches sur la chancellerie royale au temps de Philippe VI », *BÉC*, CXXIII, 1965, art. cité, p. 342-343.

639 S. LUSIGNAN, *La langue des rois au Moyen Âge. Le français en France et en Angleterre*, ouvr. cité, p. 107-108, propose des chiffres significatifs à partir de la base de données des chartes de Philippe VI.

vernaculaire royal au second plan et affirmer au contraire le monopole du latin dans les lettres royaux. Serge Lusignan a analysé ce registre dont il constate la latinité[640]. Parmi les toutes premières lettres – Jean est roi depuis un mois – on trouve deux rémissions octroyées à l'occasion du joyeux avènement de Blanche de Navarre. Celle-ci, en effet, avait épousé Philipe VI sept mois avant la mort du roi, survenue le 22 août 1350. Ces deux lettres, datées de septembre 1350, sont en latin, mais elles sont suivies d'une mention indiquant qu'elles avaient été primitivement rédigées en français – donc sous le règne de Philippe VI – mais qu'à la demande de Pierre de La Forêt elles furent traduites en latin : *Corrigata et rescripta de gallico in latinum de mandato vestro*[641]. Plus loin, dans le même registre, quelques mois plus tard, furent enregistrées des lettres (31 mars 1351) sur la levée d'une aide en Vermandois. Exceptionnellement, le texte est en français, mais le notaire prit le soin de préciser à la suite du texte que l'ordonnance était écrite en *gallicus*, à l'encontre du style de la chancellerie, à la demande expresse du chancelier : *Transcripta in gallico contra stillum cancellarie ex causa cancellarii*[642]. Le *gallicus*, vernaculaire royal, n'était plus admis dans la chancellerie. Le latin retrouvait son positionnement de langue haute. Le style « c'est la manière dont on a coutume de rédiger les actes »[643]. Cela signifie qu'il avait été décidé, moins d'une année après la mort de Philippe VI, de modifier le style en renonçant aux usages anciens, c'est-à-dire au bilinguisme de la chancellerie et qu'il n'y aurait désormais qu'une seule langue de rédaction des lettres royaux et que cette langue serait le latin. Il n'est donc pas douteux qu'une décision ait été prise en ce sens au plus haut niveau, celui du roi.

376. À la différence de son père Philippe VI, Jean II est un roi cultivé[644]. Un roi qui parle latin. C'est du moins ce qu'affirme Pétrarque

---

640 *Ibid.*, p. 108-109. Ce registre est côté JJ 80 aux Archives Nationales.

641 A.N. : JJ 80 f° 1 V°, n° 4 et 5, cité par S. LUSIGNAN, *La langue des rois au Moyen Âge. Le français en France et en Angleterre*, ouvr. cité, p. 108.

642 A.N. : JJ 80 f° 1 V°, n° 4 et 5, cité par S. LUSIGNAN, *Ibid.*, p. 108.

643 P. GUYOT, *Répertoire universel et raisonné de jurisprudence civile, criminelle, canonique et bénéficiale*, Paris, Visse, 1785, T. XVI, p. 406, V° « Style ».

644 Pour J. DEVIOSSE (*Jean Le Bon*, Paris, Fayard, 1985, p. 22-23 et 417), les « exceptionnelles » connaissances du roi Jean seraient essentiellement dues à l'éducation que lui aurait fait donner sa mère, Jeanne de Bourgogne, princesse qui aurait « reçu une culture bien supérieure à celle de la plupart des princesses de son temps ». Dans le même sens *Cf.* J. PETIT, *Charles de Valois, (1270-1325)*, Paris, A. Picard et fils, 1900, p. 223-228.

avec admiration. Lors de sa visite, à Paris, en 1361, le grand humaniste, qui méprisait fort ceux qui ignoraient la langue ancienne, se serait adressé à Jean II en ces termes : « Souvent, j'avais entendu dire, par des amis à moi, qui sont de vos féaux, que, dès votre premier âge, vous aviez fort aimé les lettres et marqué un goût pour la langue latine »[645]. La culture du roi a-t-elle pu participer à la décision qu'il prendra de modifier le style de sa chancellerie. Pourquoi pas ! On peut cependant imaginer d'autres raisons pour justifier le renoncement au vernaculaire, pour éclairer une décision qui prétendait réduire à néant une évolution que l'on aurait pu croire irréversible. En imposant le latin, comme expression unique de ses lettres royaux, le roi cessait d'être accessible au commun des mortels de son royaume.

377. L'explication la plus plausible du retour au latin, sous Jean II, semble liée à la majesté royale, celle-ci démarquée de la majesté impériale. Le roi de France est empereur dans son royaume : à l'instar de l'empereur romain-germanique, il doit s'exprimer en latin[646]. L'exemple de l'évolution des usages linguistiques dans le comté de Luxembourg paraît à cet égard représentatif. Les Luxembourg, très proches de la famille royale française, sont de langue française. Jean II lui-même avait épousé Bonne de Luxembourg, fille de Jean l'Aveugle roi de Bohème, et sœur de l'empereur Charles IV. La chancellerie des comtes de Luxembourg, princes immédiats de l'empire, s'exprime, nous l'avons vu, en français : durant la dernière décennie du XIIIe siècle un peu plus de 80 % des actes du comte Henri, père de Jean l'Aveugle sont en français. Cette pratique cessa brutalement lorsque, en novembre 1308, le comte fut élu roi des romains et devint l'empereur Henri VII. Dès cet instant, et bien que l'empereur-comte ignorât le latin, sa chancellerie comtale, à l'instar de sa chancellerie impériale, ne s'exprimât plus qu'en latin. Le français ne reprit ses droits, en Luxembourg, qu'à la mort de l'empereur en novembre 1308 avec l'avènement à la tête du comté de son fils Jean l'Aveugle qui ne lui succéda pas à l'empire[647]. Cet événement suggère que le système de

645 H. COCHIN, « Pétrarque et les rois de France », *Annuaire-Bulletin de la Société de l'histoire de France*, 1917, p. 127-146 ; p. 134 pour le passage cité.

646 J. KRYNEN, *L'empire du roi, Idées politiques et croyances politiques en France*, XIIIe-XVe siècle, ouvr. cité, p. 384-414.

647 W. REICHERT, « In lingua Guallica sive Romana pro comoditate domini ». Beobachtungen zum Autfkommen volksspraghiger Urkunden in der Grafschaft Luxemburg », in Kurt Gärtner et Günter Holtus (éd.), *Urkundensprachen im germanish-romanischen Grenzgebiet*, Mayence, 1997, p. 369-389, et p. 421-428, cité par S. LUSIGNAN, *La langue des rois au Moyen Âge. Le français en France et en Angleterre*, ouvr. cité, p. 110 et note 2.

valeur attaché à la langue posait une incompatibilité entre le statut impérial et la langue vernaculaire. Pour la même raison, sans doute, le latin prit-il le dessus sur le français dans la chancellerie royale avec l'avènement de Jean II, fils d'un roi que certains en Europe considéraient comme le fils d'un usurpateur : les Capétiens Valois souffraient d'un déficit de légitimité, surtout après leurs premières défaites au début de la guerre de Cent Ans. L'ensemble des ces facteurs militait en faveur de l'usage du latin, la langue d'expression par excellence du grand modèle, le pouvoir impérial.

378. Mais, bien que plausible, cette hypothèse n'est qu'une supposition liée à la personnalité du roi, puisque, pendant son exil involontaire, son successeur, « le duc de Normandie, aisné filz du Roy de France, qui à présent a le gouvernement de la couronne de France »[648] va redonner au vernaculaire royal toute sa place.

c - Charles, duc de Normandie, lieutenant, puis régent du royaume et le retour du français

379. En 1356, après la défaite de Poitiers et la capture de Jean II par les Anglais, Charles, duc de Normandie, son fils et héritier, prend les rennes du pouvoir comme lieutenant de roi. Ce titre lui aurait été conféré par son père dès juin 1355, mais ce sont les états rassemblés à Paris en octobre 1356 qui consacrèrent vraiment sa primauté en lui reconnaissant « le gouvernement de la couronne »[649]. De fait, il va partager son pouvoir avec les états ravigotés par la faiblesse du jeune lieutenant qui n'a pas vingt ans, et qui sera confronté à des événements extraordinaires (rassembler une rançon de quatre millions d'écus, jacquerie, révolte parisienne d'Etienne Marcel, Traité de Brétigny par lequel le roi de France renonce à la souveraineté sur près d'un tiers du royaume). Le rôle des états va tendre à ne plus se limiter à consentir l'impôt. Entre 1356 et 1358, ils vont se réunir plusieurs fois, parvenant presque à instaurer un régime de contrôle permanent du gouvernement royal[650]. En mars 1356, ils « dictent » à Charles une ordonnance *« lecta*

---

648 Titre pris et donné à Charles lors de la réunion des États généraux tenus à Paris en octobre 1356. *Cf.* ISAMBERT et *al.*, *Recueil général des anciennes lois françaises*, ouvr. cité, t. IV, p. 774.

649 ISAMBERT et *al.*, *Recueil général des anciennes lois françaises*, ouvr. cité, t. IV, p. 771.

650 R. DELACHENAL, « Journal des états généraux réunis à Paris au mois d'octobre 1356 », *Nouvelle revue historique de droit français et étranger*, XXIV, 1900, p. 415-465. *Cf.* A. DUMAS, *Histoire du droit français*, ouvr. cité, p. 166 et s.

et publicta in camera Parlamenti, tertio marcii 1356 », portant réforme de l'administration du royaume, et au premier chef de la chancellerie[651]. Les états se défient manifestement de l'environnement royal et surtout du chancelier, expressément visé par les articles 44 à 48. L'article 44 est important pour notre propos :« Avons ordené que le chancellier de France ne se meslera dores-en-avant que du fait de la Chancellerie tant seulement, comme de veoir, corriger et examiner, passer et sceller les lettres qui seront à passer et à sceller... »[652]. Il est expressément invité à ne plus abuser de sa position pour la nomination des officiers[653] et à limiter ses interventions à « ce qui touche et regarde le fait de justice »[654]. Le travail de la chancellerie doit être strictement subordonné aux ordres du roi. Pour avoir excédé sa sphère de compétence, les états vont imposer à Charles de se défaire de Pierre de La Forêt, chancelier de Jean II[655]. Les états d'oïl qui, dans l'ordonnance de mars 1356, s'expriment, évidemment, en vernaculaire, ne parlent pas de la langue dont doit user la chancellerie. On peut cependant supposer que l'usage

---

651 ISAMBERT et *al., Recueil général des anciennes lois françaises*, ouvr. cité, t. IV, p. 814-876.

652 ISAMBERT et *al., Recueil général des anciennes lois françaises*, ouvr. cité, t. IV, p. 773 et 838.

653 *Ibid*., t. IV, p. 839, art. 47 : « ittem. Nous ferons jurer au-dit chancellier, aux-diz maistres des requêtes et aux autres officiers qui sont entour nous, comme nos chambellens et autres, que par devers nous ils ne procureront que à eulz ne à leurs amis, nous facions aucuns dons de l'argent de nos coffres ou autrement, ne requerront de passer grâces ou remissions ; mais se aucunes choses nous veulent demander ou requerre pour eulz ou pour leurs amis, ilz le nous requerront ou feront requérir en audience, present nostre grant Conseil, ou la plus grant partie : et par semblable manière leur ferons jurer sur saintes Euvangilles de Dieu, qu'il ne feront ne procureront à part par devers nous, que nous fassions et establissions seneschaux, baillifs, vicomtes, capitaines, secrétaires, maistres des requêtes d'ostel, maistres de comptes, présidents en parlement, notaires, sergens-d'armes, ne autres officiers ; maiz se il est necessitès ou prouffit que aucuns soient créez de nouvel ou establiz, il le nous ferons savoir, affin que sur ce nous puissions avis et congénitalement avoir ces mérites des personnes qu'il voudroient pourveoir à aucuns desdiz offices, et en parler sur ce aux gens du grant Conseil ; car c'est notre intention de pourveoir aux offices, et non pas aux personnes ».

654 *Ibid*. t. IV, p. 838, art. 44.

655 Pierre de La Forêt remit le grand sceau à Jean II qui, prisonnier des Anglais, se trouvait encore à Bordeaux et ne sera transféré à Londres que le 11 avril. Jean II remit les sceaux à Gilles Aycellin de Montaigu qui le suivit en Angleterre ; le pouvoir de scellement des lettres royaux, principalement rédigés, à Paris, par ordre du lieutenant, sera délégué à Foulque de Bardoul, en tant que délégué du Chancelier. Cette situation perdura jusqu'à ce que Charles prenne le titre de régent du royaume en mars 1358. *Cf.* A. TESSEREAU, *Histoire chronologique de la chancellerie de France,* Paris, Le Petit, 1676, p. 19-21.

de la langue ancienne imposé par Jean II, avec l'appui de son chancelier, n'était pas du goût des états et que ce fait a pu participer à son éviction. Ce qui paraît significatif, en tout cas, c'est que si l'on peut supposer l'influence de Pierre de La Forêt dans le retour offensif du latin avec l'avènement de Jean, celle de ses successeurs dans le choix de la langue semble, en revanche, inexistante. En effet, ils semblent s'effacer devant la volonté du roi et peut-être celle des états d'oïl, qui montent en puissance et qui s'expriment en vernaculaire. Un autre facteur qui a pu influer sur le choix de la langue, c'est que Charles, à l'instar de son ayeul Philippe VI, ne parle pas latin. C'est en tout cas un mauvais latiniste et comme il tenait à suivre de près les affaires du royaume, le retour du français peut également se nourrir à cette explication[656]. Toujours est-il que, durant les seize mois que Charles exerça sa lieutenance, le français est réintroduit : 32 % des actes de la chancellerie emprunte la langue vernaculaire, alors que celle-ci avait disparu depuis 1350. Foulque de Bardoul qui tient lieu de Chancelier n'y est manifestement pour rien[657]. Le mouvement en faveur du vernaculaire va bientôt s'accélérer : le 14 mars 1357, Charles s'arroge le titre de régent[658]. Cela signifie que celui qui s'intitule désormais « Charles ainsnéz fils du Roy, regent le royaume de France, duc de Normandie et dalphin de Viennois » n'agit plus en délégation du roi, mais comme maître du royaume, et désormais tous les lettres royaux sont rédigés en son nom[659]. Son premier acte est de nommer un nouveau chancelier ; il choisit son principal officier, celui qui tenait déjà les sceaux de son duché de Normandie, Jean de Dormans pour « faire le fait de la chancellerie en notre nom et comme régent de royaume de France ». Charles fixe lui-même la limite temporelle à son usurpation : Dormans tiendra les sceaux « tant comme nous aurons le gouvernement dudit royaume », c'est-à-dire jusqu'au retour du roi[660]. À

656 S. LUSIGNAN, *La langue des rois au Moyen Âge. Le français en France et en Angleterre*, ouvr. cit., p. 122-124.

657 *Ibid.*, p. 118.

658 E. BERGER, « Le titre de régent dans les actes de la chancellerie royale », *BÉC*, LXI, 1900, p. 413-425.

659 ISAMBERT et *al.*, *Recueil général des anciennes lois françaises*, ouvr. cité, t. V, « Régence du duc de Normandie », p. 1-97.

660 « Toutes-voyes notre entente n'est pas, ne ne voulons en aucune manière deroguer en ce faisant, à notre amé et feal conseiller le chancelier de France (Montaigu) ne à son droit, que il ne fasse le fait de ladite chancellerie si-tost comme monseigneur sera retournez, et que nous délairons à avoir ledit gouvernement ». Lettres de Saint-Denis du 18 mars 1357. *Cf.* ISAMBERT et al., *Recueil général des anciennes lois françaises*, ouvr. cité, t. V, « Régence du duc de Normandie », n° 268, p. 1-3 et O. MOREL, *La grande chancellerie royale et l'expédition des lettres royaux de*

partir de ce moment, la langue française connut une ascension fulgurante, jusqu'à être utilisée dans 75 % des actes durant les deux derniers mois de la régence en 1360[661]. Ces quatre années de lieutenance et de régence vont redonner au vernaculaire royal, dont Jean II et certainement Pierre de La Forêt avaient voulu éradiquer l'usage au sein de la chancellerie, une primauté sur la langue ancienne.

380. Aucun acte n'impose officiellement cette « révolution », à tout le moins cette « évolution provoquée ». Seul le vouloir du roi, toujours sous le contrôle (et à cet égard peut-être sous l'influence) des états d'oïl, est à même de l'expliquer. La « latinisation » de la chancellerie par Jean II allait manifestement à contre-courant de l'évolution consacrée par le règne de Philippe VI. On peut l'analyser comme une « réaction » des lettrés, parmi lesquels le roi Jean, et plus généralement les clercs participant au pouvoir royal, manifestée dans l'écriture des lettres royaux. Pourquoi ne pas admettre que c'est contre cette réaction que s'insurgeront « les trois estas du royaume de France de la Langue d'Oyl » en mars 1356 : en demandant la révocation de Pierre de La Forêt, « l'estat des bonnes villes », représenté par plus de quatre cent députés, dominés par la bourgeoisie parisienne[662], ne visait-il pas l'élite universitaire et cléricale qui exerçait à ses yeux une trop grande emprise sur le roi ? L'article 47 de l'ordonnance peut être interprété en ce sens. S'en prendre aux clercs de l'environnement de Jean II était certainement attentatoire au monopole de la langue latine à l'instauration duquel ces derniers avaient été associés. Le retour du français peut certainement s'éclairer à la lumière de cet antagonisme.

d - Le retour de Jean II et du latin

381. Le roi Jean qui reprend les rennes du royaume à partir de novembre 1360 n'a pas renoncé à l'usage de la langue ancienne, langue de l'empire et de la papauté. Mais il est manifestement affaibli et est

---

l'avènement de Philippe de Valois à la fin du XIVe siècle (1328-1400), ouvr. cité, pièce justificative n° 16, p. 508-509.

661 Le nombre élevé de lettres de rémission contribue pour beaucoup à la forte proportion d'actes en langue vernaculaire. L'examen des autres lettres royaux émis pendant la régence montre qu'ils sont majoritairement en français. S. LUSIGNAN, *La langue des rois au Moyen Âge. Le français en France et en Angleterre*, ouvr. cité, p. 119.

662 « Procès verbal de la tenue des États généraux tenus à Paris », dans ISAMBERT et *al.*, *Recueil général des anciennes lois françaises*, ouvr. cité, t. IV, n°232, p. 771 et s.

sans doute contraint à transiger (états généraux, gouvernement du régent non désavoué ?). Jean de Dormans, le chancelier « provisoire » nommé par son fils est maintenu. Le fait est surprenant et traduit sans doute cet affaiblissement qui ne lui permet pas une réaction aussi brutale que celle qu'il avait manifesté en faveur du latin lors de son avènement[663].

382. La réaction apparaît cependant clairement dans les statistiques dressées par Serge Lusignan. Bien que Jean de Dormans demeurât chancelier, on constate que le latin retrouve largement ses droits. Entre 1361 et 1363, 79 % des actes sont dans cette langue contre 21 % seulement en français[664]. Si Jean eût régné plus longtemps, nul doute qu'il soit parvenu à ses fins : l'éradication du vernaculaire dans les lettres royaux. Ce qui est important dans cette évolution de la seconde partie du règne du roi Jean, c'est que, manifestement, la volonté du retour de la langue ancienne lui incombe. On ne saurait imputer au chancelier le retour de la langue ancienne alors que ce même chancelier avait, sous la direction du régent, assuré la promotion du français.

e - L'avènement de Charles V et la consécration d'un bilinguisme d'État

383. L'avènement de Charles V ne consacre pas le triomphe définitif du français. On assiste, nous l'avons vu, à une progression de la langue vernaculaire durant les premières années du règne jusqu'à un certain seuil où les deux langues vont être utilisées, non point concurremment mais selon la nature de l'acte. C'est ainsi que le français domine très nettement dans les lettres de rémission et les donations royales alors que le latin occupe sans partage le champ des anoblissements et des légitimations. Environ 65 % des lettres royaux autres que les rémissions sont en latin[665], l'ensemble des lettres royaux enregistrés dans la

663 Pierre de La Forêt, qui avait été démis de ses fonctions de chancelier à la suite de la pression des états en avril 1356, avait suivi en Angleterre Jean II. Le 28 mai 1359, un arrêt du Parlement, rendu en présence du régent, le réhabilita. Lorsque Jean II rentra de captivité, l'unique chancelier de France était Montaigut que le roi avait désigné pour remplacer La Forêt ; son substitut était Dormans appelé à s'effacer avec le retour du roi. Il n'en fut rien : Montaigut devint cardinal et Dormans deviendra *de jure* chancelier de France par lettres données par le roi Jean le 28 septembre 1361. *Cf.* A TESSEREAU, *Histoire chronologique de la chancellerie de France*, ouvr. cité, p. 25.

664 S. LUSIGNAN, *La langue des rois au Moyen Âge. Le français en France et en Angleterre*, ouvr. cité, p. 121.

665 *Ibid.*, p. 122.

chancellerie se répartissant, nous l'avons vu, à l'avantage du français. C'est donc une étrange diglossie qui finit par s'installer dans l'expression de la volonté du roi : deux langues hautes se partagent l'expression écrite de la volonté royale. Comment expliquer la construction de ce nouvel équilibre qui semble manifestement recherché.

384. On ne peut évidemment que faire des suppositions. Toutefois, ce qui semble évident, c'est que le lieutenant de roi, puis régent du royaume, le dauphin Charles, duc de Normandie, est plus offensif contre le latin qu'il ne le sera lorsqu'il deviendra le Roi Charles V. Il est vrai que le prince devenu roi a désormais consolidé son pouvoir. Après avoir consacré son union linguistique avec sa nation, il peut songer à satisfaire également la Majesté royale. Ceci peut expliquer l'étrange diglossie juridique de la chancellerie : deux langues hautes, le latin et le français, celui-ci partageant, de surcroît, avec les autres vernaculaires « français », les « maternels françois », oïl et oc qu'indiquera Villers-Cotterêts, le caractère de langue basse. Le latin présentait toujours, en effet, une valeur symbolique éminente, liée aux deux souverainetés, impériale et pontificale. Son utilisation pouvait donc être perçue comme la mieux appropriée à l'expression du droit et de la majesté royale. Cette idée peut éclairer la tolérance d'un roi, fut-il non latinisant, vis-à-vis de la langue ancienne. Et de fait, le roi Charles V était imbu du caractère impérial de son pouvoir. Il possédait les gènes de l'empire : sa mère n'était-elle pas Bonne de Luxembourg, fille et sœur d'empereurs ; son oncle n'était-il pas l'empereur régnant Charles IV. Accédant à l'empire, les Luxembourg, nous l'avons vu, avaient renoncé au français pour imposer le latin dans la chancellerie de leur fief initial. Il y a là un contexte, on pourrait presque dire une ambiance familiale ; et celle-ci s'est même concrétisée dans une mise en scène et dans un rappel religieux : Charles V fut le premier roi de France à reprendre l'aigle impériale comme symbole royal et à promouvoir le culte de saint Charlemagne[666]. De telles prétentions, étayées sur cette symbolique forte, ne pouvaient faire totalement abstraction du latin.

---

666 R. FOLZ, « Aspects du culte liturgique de saint Charlemagne en France », dans Wolfgang BRAUNFELS (éd.), *Karl der Grosse*, t. IV, *Das Nachleben,* Düsseldorf, 1967, p. 77-99. Sur l'instrumentalisation politique de la canonisation de l'empereur, *Cf.* J. FAVIER, *Charlemagne*, ouvr. cité, p. 651 et s.

f - Après Charles V et jusqu'à Villers-Cotterêts

385 La cohabitation de deux langues hautes pour exprimer, au sein de la chancellerie, la volonté royale, véritable système inauguré par Charles V, va perdurer tout au long du XVe siècle. Le choix de la langue, opéré par les notaires secrétaires du roi, obéit toujours aux mêmes règles : les lettres royaux sont en latin ou en français *ratione materiæ*. Les anoblissements et les légitimations sont sans exception en latin. Ce sont manifestement les seules positions de monopole d'une des deux langues hautes. Tout le reste est partagé, avec des dominantes très fortes comme l'usage du français dans les lettres de rémission et l'usage du latin pour les lettres de bourgeoisie, de sauvegarde et d'amortissement. Pourquoi certaines chartes sont-elles exclusivement (ou quasi exclusivement) en latin ? Peut-être faut-il en voir la raison dans le fait que les actes monopolisés par la langue ancienne (anoblissements et légitimations) sont ceux où se manifeste avec le plus de force, sur le plan du droit, le monopole des *regalia*. En effet, seul le roi peut changer le statut d'une personne, en le faisant changer d'ordre, seul le roi peut effacer la « macule » de la bâtardise. L'importance de ces « grandes chartes » impliquait peut-être la force symbolique du latin pour exprimer l'importance de leur contenu. Toutefois, Serge Lusignan propose une autre hypothèse : il constate que les lettres qui empruntent la langue ancienne se caractérisent par leur forme stéréotypée. Les lettres d'anoblissement ou de légitimation, notamment, se conforment à des modèles, repris à l'identique, des formules de la chancellerie dont il suffit de remplir les blancs en latinisant les patronymes et les toponymes. Les lettres de rémission ou les donations royales, en revanche, comportant de longs paragraphes décrivant les faits et les circonstances spécifiques à chacune, impliqueraient une spécificité qui ne pouvait se mouler aisément dans une formule préétablie : « On peut croire qu'il importait davantage à ceux qui ignoraient le latin de lire celle-ci dans leur langue, alors qu'il leur suffisait dans le cas des premières de reconnaître les noms et lieux des bénéficiaires. On pouvait continuer d'utiliser la langue des clercs pour ces chartes sans mettre les intéressés dans l'embarras »[667]. Pourtant, cette explication n'est pas pleinement satisfaisante. S'il ne s'agissait que d'un problème de compréhension, on ne voit pas pourquoi les actes adressés aux territoires occitans demeurent, pendant cette période, rédigés non pas en langue d'oc mais dans la langue du roi ou, pour la plupart, en latin. Il semble donc plus logique d'admettre que la force symbolique du latin

---

667 S. LUSIGNAN, *La langue des rois au Moyen Âge. Le français en France et en Angleterre*, ouvr. cité, p. 126-127.

pouvait subsister pour des actes aussi fondamentaux qu'un changement d'état.

386. Cette période de cohabitation de deux langues hautes au sein de la chancellerie royale, permet d'affirmer, bien que le Moyen Âge ignore tout de la notion, que le latin et le français avaient en quelque sorte le statut de langues officielles de la France. L'idée peut bien évidemment se dégager de la constance du bilinguisme de la chancellerie, mais également de la législation royale lorsqu'il s'agit d'identifier la langue de l'État au regard des étrangers. Au Moyen Âge, en terre d'oïl, les rencontres commerciales internationales existent ; ce sont les foires de Champagne et de Brie que Fernand Braudel définit comme « une chance française », car il s'agissait de « la première économie-monde » ; c'est, ajoute-t-il, « dans les foires successives, se relayant l'une l'autre sans interruption... que s'établit pour près d'un siècle, le centre de cette nouvelle économie-monde, qui, encadrant l'Europe, supervise la première vie d'ensemble »[668]. Les gardes et le chancelier des foires disposaient d'un pouvoir de juridiction gracieuse, dans le cadre de « la cour des foires », qui offrait aux régnicoles et aux étrangers un cadre juridique sûr pour leurs transactions. Le roi était le garant de l'institution qui exerçait un contrôle étroit sur la rédaction des contrats[669]. Dès Philippe VI, avec l'imposition par ce roi du premier bilinguisme au sein de sa chancellerie, la consécration de deux langues hautes est officiellement proclamée dans une ordonnance du 6 août 1349[670]. Alors que les rois n'ont pas laissé de traces écrites lorsqu'ils ont imposé l'usage du français et/ou du latin aux notaires et secrétaires de leur chancellerie, ils ont légalisé l'usage des deux langues dans le droit du commerce international, en imposant le recrutement de notaires

668 F. BRAUDEL, *L'identité de la France*, 2 vol., Paris, Arthaud-Flammarion, 1986, t. II, vol. 2, *Les hommes et les choses*, p. 133-135.

669 *Cf.* les travaux de R.-H. BAUTIER, « Les registres des foires de Champagne. À propos d'un feuillet récemment découvert », dans *Bulletin philologique et historique (jusqu'à 1715) du Comité des travaux historiques et scientifiques, années 1942 et 1943*, Paris, 1945, p. 157-188 ; « L'exercice de la juridiction gracieuse en Champagne du milieu du XIIIe siècle à la fin du XVe », dans *BÉC,* CXVI, 1958, p. 29-106, et, plus précisément, p. 34 ; « L'authentification des actes privés dans la France médiévale. Notariat privé et juridiction gracieuse », dans *Notariado publico y documento privado : de los origines al siglo XIV, Actas del VII Congresso internacional de diplomatica,* tenu à Valence en 1986, Valence, 1989, p. 701-771, et plus précisément, p. 735-737.

670 ISAMBERT et *al.*, *Recueil général des anciennes lois françaises,* ouvr. cité, t. IV, n° 152, p. 546-559, art. 29.

bilingues[671], affirmant par là, sans ambiguïté, que le français et le latin étaient les deux seules langues officielles du droit en France.

387. Ce français royal, langue de Paris et des régions avoisinantes, devenu langue d'État, va étendre son usage bien au-delà de son aire naturelle d'implantation et se répandre peu à peu sur tout le territoire de langue d'oïl et même au-delà[672]. Il pénétra le nord du pays occitan au temps de Philippe VI. Son positionnement international comme langue officielle des foires de Champagne ne pouvait que faciliter cette expansion ; il devint présent dans toute la France à partir du règne de Charles V quand le choix de la langue par les notaires de la Chancellerie commença à dépendre de la nature des actes. La force d'attraction du français royal eut pour conséquence de marginaliser les formes régionales de la langue écrite, sauf en domaine picard. Partout ailleurs les spécialistes constatent la régression des orthographes régionales du pays d'oïl à partir du début du XIVe siècle[673].

388. Cette évolution, cependant, ne concerne pas initialement les pays d'oc. La chancellerie royale n'employa jamais la langue occitane mais parfois prescrivit la traduction en latin ou en occitan de textes royaux initialement écrits en langue d'oïl. Il est vrai qu'en terres d'oc, l'emploi de la langue vulgaire dans les chartes commence au XIe siècle, et devient très fréquent au XIIe, précédant d'un siècle l'usage des pays septentrionaux[674]. Au XIIIe siècle, selon l'assertion de Brunot, « la langue d'oc foisonne partout, prouvant amplement que les parlers locaux demeurent, à côté du latin, l'instrument normal des écritures,

671 *Ibid.*, t. IV, p. 555. « D'ores-en-avant le nombre de quarante notaires qui y sont se trouvera, sans estre creuz, ny apetissez. Et quand lieu d'aucuns d'iceux sera vaquant, lesdits gardes et chancelier, conjointement et d'accord, et non autrement, en auront le don, et y mettront bonne et suffisante personne, en leur loyauté et serment, sans nul profit avoir, par obligation et par serment : et des premiers notaires qui y seront établis, nous commandons et ordonnons qu'ils facent quatre bons clercs et bons notaires suffisans pour escrire et dicter *en françois et en latin*, par tous pays. Et si lesdits gardes et chancelier (il ne s'agit pas du chancelier de France, mais du chancelier de la foire) mettoient, ou recevoient quelques personnes de par nous et par nos lettres moins suffisans, nous voulons le don et reception estre de nulle valeur ; et obéiront lesdits notaires ausdits gardes et chancelier, et à chascun d'eux qui sont et seront en la manière accoutumée ».

672 R. A. LODGE, « Vers une histoire du dialecte urbain de Paris », dans *Revue de linguistique romane*, 62, 1998, p. 95-128.

673 S. LUSIGNAN, *La langue des rois au Moyen Âge. Le français en France et en Angleterre*, ouvr. cité, p. 219.

674 C. BRUNEL, *Les plus anciennes chartes en langue provençale*, Paris, Picard, 1926.

aussi bien dans les grandes villes que dans les petites communes. On peut dire que durant tout le Moyen Âge, le français a été une langue étrangère dans les provinces du Midi[675] ». Les parlers locaux ont maintenu leur vitalité propre ; rien dans les actes du roi ou de ses représentants, n'a été dirigé contre eux.

389. Comment d'ailleurs le français se serait-il introduit, peu après la conquête, puisque le latin était encore la langue de la chancellerie ? Quand celle-ci commença à rédiger en français, elle établira pour le midi une expédition en latin : on écrira *bonnis villis, gallicanis in gallico, et occitanis in latino*[676]. Les Toulousains, au milieu du XIVe siècle, se plaignent de ne pas comprendre les ordonnances. Jean le Bon prescrit de les faire traduire *in lingua materna*[677]. Ces traductions sont multiples dans les archives des cités languedociennes[678]. En 1402-1403, il est recommandé d'expliquer en roman *in romancio sive romana lingua* les documents adressés par l'autorité[679] ; l'officier royal qui s'acquittait de cette prescription mentionnait au bas des actes promulgués *in romana lingua explanatis*[680]. L'examen des archives royales révèle ainsi de nombreux cas où, à l'intérieur d'une charte

675 F. BRUNOT, *Histoire de la langue française*, ouvr. cité t. I, *De l'époque latine à la Renaissance*, p. 369 : « Or on a longtemps cru et répété le contraire. Comme la royauté capétienne, après la guerre des Albigeois, avait dépossédé la maison de Toulouse, que les seigneuries avoisinantes entrent les unes après les autres dans la mouvance royale, comme, pour marquer sa main-mise, le roi créé de bonne heure deux sénéchaussées, celles de Beaucaire et de Carcassonne, comme, en outre, par le mariage de Charles d'Anjou (1246), la Provence se dote d'un comte capétien, donc français, on a prétendu que, parlée par l'administration et imposée par elle, la langue française avait, dès lors, supplanté les parlers locaux dont la déchéance daterait du XIIIe siècle ». Et, en effet, « il y a eu décadence littéraire, mais il n'y a pas eu expropriation linguistique ». Sur cette décadence, *Cf. Ibid.*, p. 370-371.

676 *Ordonnance des rois de France de la troisième race*, t. I, p. 754, ordonnance de Philippe V de 1317.

677 E. ROSCHACH, *Ville de Toulouse. Inventaire des archives communales antérieures à 1790*, t. I, *Série AA, n° 1-60*, Toulouse, Archives municipales, Privat, 1891, p. 12.

678 F. BRUNOT, *Histoire de la langue française*, ouvr. cité, t. I, p. 370.

679 *Ordonnance des rois de France de la troisième race*, t. VIII, p. 569, ordonnance relative aux savetiers de Carcassonne.

680 F. BRUNOT, *Histoire de la langue française*, ouvr. cité, t. I, p. 370.

latine, les notaires de la chancellerie citent des actes émanant d'une autorité locale languedocienne dans la langue originale[681].

390. Ce n'est que lorsque le parlement de Toulouse deviendra une institution permanente à partir de 1444, que l'on suivra la coutume parisienne d'enregistrer les plaidoiries en français et les arrêts en latin[682]. Au milieu du XVe siècle, le français juridique est ainsi installé au sommet de la hiérarchie judiciaire languedocienne[683].

II - La théorisation du principe de l'unicité de langue dans le cadre du royaume unitaire

391. Bien qu'elle ne l'emprunte pas expressément, cette théorisation du principe de l'unité de langue dans le cadre du royaume unitaire, pourrait être fondée sur la fiction du corps du roi. Reprenant l'aphorisme de Jean de Terrevermeille, *regnum est in rege et rex in regno*, on peut affirmer, avec Jacques Krinen, que c'est « l'influx de la tête (qui) donne leur existence aux membres ». Or la langue naturelle du roi, le vernaculaire royal, c'est le français. Il partage cet idiome avec ses familiers, ceux de son palais, de sa maison, de son conseil, qui sont naturellement les chefs de son administration. Le français va ainsi implicitement, mais en raison de cet « influx de la tête », parasiter, nous l'avons vu, l'administration royale.

392. Il faut, en effet, prendre en compte comme une donnée essentielle que le roi parle « naturellement » le français. C'est son vernaculaire maternel, la langue de sa « nation ». Or le latin est, en principe, également, la langue de ce roi qui se veut empereur dans son royaume. Il faut donc évidemment l'instruire ; c'est le rôle de ses professeurs, clercs nécessairement bilingues puisque contraints de rechercher dans la littérature en latin la matière de leurs enseignements. Ce fait va provoquer une rencontre fondamentale entre le français et le latin et susciter une riche réflexion sur la langue vernaculaire.

681 Par exemple, le 12 juin 1411, Charles VI confirme la réglementation concernant les sergents royaux de Carcassonne en la citant *in extenso* en occitan (*Ordonnance des rois de France de la troisième race*, t. IX, p. 607-611).

682 J. CHAURAND, *Nouvelle histoire de la langue française*, ouvr. cité, p. 122.

683 Cela ressort de façon très explicite de la thèse monumentale d'A. VIALA, *Le Parlement de Toulouse et l'Administration Royale Laïque*. 1420-1525, Albi, imprimerie reliure des orphelin apprentis, 1953, 2 vol.

393. Jusque vers 1280, les ouvrages moraux et politiques à l'intention des rois étaient en latin. Mais voilà qu'en 1279, Laurent Gallus rédige en français sa *Somme le Roi* pour Philippe III. Peu avant de devenir roi en 1285, Philippe le Bel fait traduire en français le *De regimine principum* que Gilles de Rome avait écrit à son intention en latin. Son épouse, la reine Jeanne de Navarre réserve le même sort, vers 1300, au *Speculum dominarum* que lui adresse son confesseur Durand de Champagne[684]. Les traductions d'œuvres savantes ou didactiques à l'intention des rois se multiplient au cours du XIVe siècle, en particulier sous le règne de Charles V. Celui qu'on surnomme « le roi sage » commanda la traduction de plus d'une cinquantaine d'ouvrages. Le choix des œuvres répond aux exigences de la formation morale et intellectuelle du roi. On traduit des ouvrages d'histoire, des livres de morale, des traités politiques ou d'art militaire[685]. L'intention est pratique : la traduction en français est ainsi le moyen d'accéder à la connaissance pour celui qui tient ou est appelé à tenir les rennes du pays. Elle est aussi une impulsion pour hausser le français au niveau de la langue haute. Le vernaculaire royal est ainsi appelé à partager définitivement avec le latin certaines caractéristiques de la langue haute à partir du règne de Philippe VI ; et cette position, qui, nous l'avons vu ne sera contestée que sous le règne de Jean II, commence, sous le règne de Charles V, à être théorisée au regard du pouvoir royal et de son unité. Pour la première fois, le français fait l'objet d'une réflexion soutenue dans l'entourage même du roi. C'est ainsi que les nombreuses traductions réalisées à l'intention de Charles V sont souvent accompagnées de prologues qui exposent les carences de la langue vernaculaire au regard de la langue ancienne.

394. Celui que Nicole Oresme a placé en tête de sa traduction de l'*Éthique* et de la *Politique* d'Aristote se distingue de tous les autres[686]. Dans la traduction de l'*Éthique*, Oresme développe un parallèle historique original entre le rapport d'infériorité que le latin entretenait avec le grec dans l'Antiquité, et la situation du vernaculaire par rapport à la langue des lettrés au XIVe siècle. Ce faisant, il remet en cause la situation privilégiée du latin à l'égard du savoir. Oresme souligne au

---

684 J. CHAURAND, *Nouvelle histoire de la langue française*, ouvr. cité, p.117.

685 *Ibid.*, p. 117-118.

686 Ces ouvrages d'Oresme ont fait l'objet de plusieurs rééditions. Les deux dernières réalisées par A.-D. Menut son accessibles : Maistre Nicole Oresme. *Le livre de Éthiques d'Aristote*, Albert D. MENUT (éd.), New York, 1940 ; Maistre Nicole Oresme. *Le livre de Politiques d'Aristote*, Albert D. MENUT (éd.), Philadelphie, 1970.

départ qu'Aristote était grec, mais que par la suite son œuvre « a esté translatée en plusieurs langages », et au premier chef en latin, ce qui le conduit à affirmer qu'il existe une relation asymétrique aussi bien entre le grec et le latin, qu'entre le latin et le français, et donc à briser l'opposition, définie par les clercs, entre langue savante et langue vernaculaire. Nicole Oresme déplace ensuite sa réflexion sur les conditions d'émergence d'une langue savante. L'essentiel du problème tient au vocabulaire, car « une science qui est forte » ne peut s'exprimer « en termes legiers à entendre » ; aussi convient-il d'utiliser des « moz propres en la science ». La science exige un vocabulaire technique que le français ne possède pas encore et que le traducteur doit créer. Mais son effort est justifié, car par son labeur « pourra estre mieulx entendue ceste noble science et... estre bailliée par autres en français plus clerement et plus complectement »[687]. Oresme est le premier traducteur français médiéval à inscrire l'acte de traduire dans un processus d'enrichissement de la langue. Aussi ne parle-t-il plus seulement de translater mais de « baillier » la science en français, c'est-à-dire de confier de plein droit le savoir à la langue vernaculaire. Conformément aux exigences de la rationalité médiévale, il appuie son argument sur une autorité, celle de Cicéron, qui, dans les *Academia posteriora* (I, 4-II) déplorait que les Romains dussent étudier en grec et qu'ils n'eussent pas accès au savoir en latin. Car, affirme Oresme à juste titre, à l'époque de Cicéron, le latin se trouvait dans la même position face au grec qu'en son temps le français au latin : à Rome on étudiait en grec, alors qu'en « ce pays le langage commun et maternel, c'estoit latin »[688]. Il affirme ainsi que l'exercice de la traduction a permis au latin de devenir une langue du savoir à l'égal du grec. De même, conclut-il, grâce aux traductions commandées par le roi, « pourra estre mieux entendue cette noble science et ou temps a venir estre bailliee par autres en françois plus clerement et plus complectement »[689].

395. Tout à fait novatrice, la pensée linguistique de Nicole Oresme tranche d'abord par l'affirmation que le latin était la langue maternelle des Romains. L'argument, qui peut nous sembler de sens commun, n'est presque jamais invoqué au Moyen Âge. Nicole Oresme innove aussi lorsqu'il rappelle que la pensée d'Aristote a voyagé du grec au latin, et maintenant du latin au français, reprenant à sa manière le grand thème

687 N. ORESME, *Le livre de Éthiques d'Aristote*, ouvr. et éd. cités, p.5

688 N. ORESME, *Le livre de Éthiques d'Aristote*, ouvr. et éd. cités, p. 8.

689 *Ibid.*, p. 9-10.

médiéval de la *translatio studii*[690], mais en en modifiant l'aboutissement pour conforter sa thèse[691].

396. Au-delà de cette promotion recherchée du français grâce aux traductions, l'auteur étend sa réflexion au domaine politique. Commentant le passage de la *Politique*, VII, 4, dans lequel Aristote soutient qu'une cité, sans être trop grande, doit être d'une taille suffisante afin de vivre en autarcie, Oresme se livre à un très long développement sur les conditions idéales de prospérité d'un royaume. Parmi ces conditions, il en est une de fondamentale : la langue de l'État, celle par laquelle le roi exprime sa volonté, doit être celle du peuple : « La division et diversité des langages répugne à une conversation civile et à vivre de policie ». Un royaume doit se construire autour d'une seule langue. Il poursuit le raisonnement en soutenant qu'il est « comme hors nature que un homme regne sus gens qui ne entendent son maternel langage ». Le message est clair, manifestement dirigé contre les prétentions d'Édouard III d'Angleterre à la couronne de France et ses partisans : un royaume, un roi, une langue partagée. Le « maternel langage », commun à la France, c'est évidemment le vernaculaire royal dans lequel il traduit l'œuvre majeure d'Aristote à l'intention de Charles V. Prenant en compte, la réalité de son temps, Oresme est le premier dans l'histoire linguistique de la France à donner un fondement rationnel au sentiment présent depuis le XIIIe siècle : le français est la langue du roi, celle dans laquelle il exprime sa volonté souveraine. Oresme annonce Bodin qui affirmera, deux siècles plus tard, que la langue du roi est une « marque » de sa souveraineté[692].

397. L'argument développé par Oresme sur l'unicité linguistique au sein d'un royaume unitaire sera repris sous une forme assez différente dans un traité anonyme de propagande, le *Fluxo biennali spacio*, écrit entre 1422 et 1429. Partant de l'épisode de Babel, l'auteur justifie la

690 A. DUPRONT, « Du sentiment national », dans *La France et les Français* (dir. M. FRANÇOIS), Encyclopédie de La Pléiade, ouvr. cité, p. 1446-1447.

691 *Ibid.,* Dans sa forme canonique, l'expression *translatio studii* signifie, en effet, que le savoir est né en Grèce, qu'il s'est ensuite déplacé à Rome et qu'il loge désormais en France, à Paris. Sans cesse reprise au Moyen Âge, la *translatio studii* a servi dès le IXe siècle à célébrer le règne de Charlemagne. À partir du XIIe siècle, les clercs parisiens s'emparent du thème pour proclamer la valeur des écoles parisiennes et défendre leur autonomie. Depuis le XIIIe siècle, ils faisaient de l'université de Paris une composante de l'identité de la France. Nicole Oresme va plus loin puisqu'il associe, à la différence des clercs du XIIIe siècle, la translation de la culture savante, depuis Rome à la France, à sa traduction en français.

692 N. ORESME, *Le livre de Éthiques d'Aristote*, ouvr. et édit. cités, p. 97-101.

multiplicité des royaumes en raison de la multiplicité des langues et en conclut logiquement à l'impossibilité pour la France de se soumettre à la domination d'un peuple de langue étrangère. C'est pour cette raison, rappelle-t-il, que les pairs et les grands barons de France élirent Philippe de Valois, de préférence à Edouard III, parce qu'il parlait leur langue[693]. Peu importe, en réalité, que le petit-fils de Philippe le Bel ait été élevé en français, la cour et le gouvernement anglais étant alors francophone : le caractère identitaire du français est fortement affirmé, par l'auteur, dans le choix d'un roi qui parle une langue identifiée à celle de ses sujets[694]. L'affirmation de ce caractère identitaire du français se retrouve également dans les dépositions de Jeanne d'Arc. L'article LXVIII de son procès de condamnation rapporte l'argument suivant : « Item, ladite Jeanne a dit et publié que les saints et les saintes, les anges et les archanges parlent français et non l'anglais, et que les saints, les saintes, les anges et les archanges ne sont pas du parti des Anglais mais de celui des Français »[695].

693 N. PONS, *L'honneur de la couronne de France : quatre libelles contre les Anglais (vers 1418-vers 1429)*, Paris, Klincksieck, 1990, p. 176 et 191.

694 J. KRYNEN, *L'empire du roi. Idées et croyances politiques en France. XIIIe –XVe siècle*, ouvr. cité, p. 311-312 et p. 498 note 234. L'influence d'Oresme est patente au XVe siècle. La majorité des traités participant d'une propagande « officielle » sont rédigés en langue vulgaire, alors que l'humanisme ambiant encourage la tendance à privilégier le latin comme label de qualité littéraire Pour être compris de la noblesse, Montreuil produit lui-même une traduction de son traité *Regali ex progenie*. Blondel, lui, n'a écrit qu'en latin ses deux éloquents plaidoyers. Mais le *Complanctus bonorum Gallicorum* a trouvé aussitôt son traducteur (un clerc nommé Robinet) ; quant au « translateur » de l'*Oratio historialis*, surgi après onze ans, il affirma vouloir servir « l'instruction des François presens et avenir, et mesmement de ceulx qui point n'entendent latin et qui ne sçavent pas aucunes gestes passées (...), et l'apreignent à leurs enfans ».

695 P. CHAMPION, *Procès de condamnation de Jeanne d'Arc. Texte, traduction et notes*, 2 vol., Paris, Champion, 1920-1921 ; rééd. Genève, Slatkine, 1976, t. II, p. 57 et 165.

CHAPITRE II

-

L'AFFERMISSEMENT DE L'UNITÉ DU POUVOIR ET DE SON UNITÉ LINGUISTIQUE D'EXPRESSION : UNE ÉVOLUTION SOUTENUE

398. Au XVIe siècle, avec l'accession au pouvoir des Valois-Orléans-Angoulême, l'unité du pouvoir va se traduire dans l'émergence de nouveaux concepts destinés à la justifier et/ou à traduire sa réalité. Dans un royaume où leurs devanciers ont réussi à supprimer le premier degré de médiatisation en réunissant les grands fiefs au domaine de la couronne, et ont imposé, *erga omnes*, un pouvoir législatif que personne ne conteste, le gouvernement royal promeut un processus de centralisation monarchique qui va déboucher sur ce que l'histoire appellera l'absolutisme.

399. Un premier constat s'impose et se traduit dans le fait que le droit royal joue désormais un rôle primordial, les autres sources du droit (coutume, droit romain, droit canonique) s'effaçant peu à peu devant lui. Les lois du roi vont devenir le support d'une centralisation administrative et judiciaire qui aboutira à renforcer l'unité du royaume, par le biais d'une uniformisation administrative et judiciaire qui sera théorisée dans le concept de souveraineté absolue. Cette souveraineté nouvelle est acquise en étroite osmose avec l'un de ses principaux instruments, la langue française, qui va en devenir un des symboles (Section I. Le renforcement de l'autorité monarchique et l'affermissement de la langue française). La centralisation monarchique va bientôt s'étendre au champ culturel et s'appliquer à la langue elle-même, perçue dès lors comme un instrument au service du pouvoir royal. Initiée sous les Valois, la centralisation monarchique est accentuée au XVIIe siècle par les successeurs d'Henri IV. C'est ainsi que la bureaucratie bourbonienne n'hésite pas à mettre la main sur la langue du roi pour la gouverner, la réguler et affronter la langue scolaire, universitaire et scientifique, le latin (Section II. La centralisation monarchique et les premières mesures d'unification linguistique dirigées contre le latin).

SECTION I - LE RENFORCEMENT DE L'AUTORITÉ MONARCHIQUE ET L'AFFERMISSEMENT DE LA LANGUE FRANÇAISE

400. Sous le règne des Valois-Orléans-Angoulême, l'emprise du gouvernement royal, par le truchement du droit royal, va prendre un nouvel essor. Les ordonnances royales aux XIVe et XVe siècles étaient essentiellement destinées à donner satisfaction aux doléances des états généraux, c'est dire qu'il importe de les situer juridiquement dans le contexte du droit féodal, les États généraux n'étant, en effet, qu'une des forme du gouvernement à grand conseil. À l'ordinaire, ces ordonnances ne posaient pas de principes nouveaux. Il ne s'agissait que de réformer les abus qui avaient été constatés et de redresser les institutions qui avaient été faussées, ce fut notamment le cas pour la réaffirmation de la règle d'indivisibilité du domaine. Ce fut la coutume, beaucoup plus que l'ordonnance royale, qui fit, au Moyen Âge, évoluer le droit, même au profit de la royauté. À partir du XVIe siècle, le roi prend davantage conscience qu'il est en son pouvoir de faire le droit. Il va donc s'efforcer de déterminer par des ordonnances le cadre de l'activité publique et privée. Certes, c'est encore, bien souvent, pour répondre aux attentes des états que le roi intervient pour réformer des abus, mais les textes que ses légistes rédigent, à la différence des lois médiévales contiennent d'importantes innovations, non seulement en droit public mais également en droit privé. On peut illustrer cette assertion par l'ordonnance de Villers-Cotterêts de 1539 « sur le fait de la justice », véritable code de 192 articles, qui, outre la suppression du latin dans l'administration judiciaire, restreint la compétence des cours d'église, réorganise la procédure criminelle, prescrit l'insinuation des donations[696], établit une première organisation des actes de l'état civil[697]. On peut également mentionner l'ordonnance de Moulins de 1566 qui, parmi de multiples réformes, exige désormais la preuve littérale pour toute contestation excédant la valeur de 100 livres, allant ainsi résolument contre la tradition médiévale qui préférait la preuve testimoniale[698]. Il en va de même de l'ordonnance de Blois de 1579, en

---

696 Mesure qui est à l'origine de la transcription moderne.

697 ISAMBERT et *al, Recueil général des anciennes lois françaises,* ouvr. cité, t. XII, p. 600-640.

698 ISAMBERT et *al, Recueil général des anciennes lois françaises,* ouvr. cité, t. XIV, p. 189-212.

363 articles, qui introduit dans le royaume les réformes concernant le mariage édictées auparavant par le concile de Trente[699]. Mais ce n'est là qu'un aspect « mineur » de l'interventionnisme royal. L'exemple le plus représentatif de la montée en force du souverain est fourni par les réformes judiciaires[700], militaires[701], administratives[702] et surtout financières.

401. C'est, en effet, principalement par le régime financier que se mesure, à l'époque moderne, le degré d'autonomie des provinces, et donc à l'opposé, le degré d'unité du royaume dont la pleine maîtrise par le roi dépend de la maîtrise des impôts. Le roi va donc multiplier ses officiers de finance et couvrir le royaume d'un immense réseau aux mailles solides à travers lesquelles s'échappaient difficilement les libertés provinciales. Les finances furent sans aucun doute les plus redoutables adversaires du particularisme. Pour comprendre le pays dans un cadre fiscal uniforme, le roi, dès le XVe siècle, pensa diviser le territoire entier du royaume en grandes circonscriptions. À l'avènement de François Ier, il y avait quatre trésoriers de France et quatre généraux des Finances en résidence au Louvre. Ils se partageaient le royaume en quatre charges appelées *trésoreries* pour les finances ordinaires et *généralités* pour les finances extraordinaires. Par lettres patentes du 7 décembre 1542, François Ier institua dix-sept *recettes générales* pour recevoir sans distinction les produits du domaine et les impôts. En janvier 1552, Henri II poursuivant la réorganisation des finances, établira dans chaque recette générale un nouvel officier, le trésorier de France, général des Finances qui avait à s'occuper tant de l'ordinaire que de l'extraordinaire. C'est à partir de cette époque que ces circonscriptions de recette générale prirent le nom de généralité. Elles furent dirigées, à partir de juillet 1577[703], par des bureaux des finances

699 ISAMBERT et *al*, *Recueil général des anciennes lois françaises*, ouvr. cité, t. XIV, p. 380-463.

700 R. VILLERS, *Questions sur la justice dans notre ancienne France*, ouvr. cité, p. 210 et s.

701 A. LECA, *Institutions publiques françaises (avant 1789)*, 2ème édit., Aix-en-Provence, Librairie de l'université d'Aix-en-Provence et P.U.A.M., 1996, p. 457-463.

702 J-L. HAROUEL, « La monarchie administrative (XVIIe-XVIIIe siècles) », dans J.-L. HAROUEL, J. BARBEY, E. BOURNAZEL, J. THIBAUT-PAYEN, *Histoire des institutions de l'époque franque à la Révolution*, ouvr. cité, p. 455-473.

703 Édit donné par Henri III. Sur l'émergence et l'évolution de l'institution des Trésoriers généraux, on peut opportunément se référer à A. DUMAS, *Histoire du droit français*, ouvr. cité, p. 274.

composés de cinq trésoriers généraux[704] dont la compétence à la fin du XVIe siècle était très large : dépassant les finances proprement dites, ils s'occupaient des ponts et chaussées et de diverses questions économiques. Par les finances, ils tendaient à s'immiscer dans l'administration générale. Ils vont ainsi sceller la mort de la féodalité politique mais non pas de la féodalité juridique, le droit féodal subsistant jusqu'à la nuit du 4 août, mais il n'est plus alors qu'un droit foncier et un droit judiciaire exprimé dans les justices seigneuriales. Ce droit féodal n'est plus un frein pour la monarchie qui, désormais dépourvue d'adversaires, dispose d'un pouvoir absolu.

402. Ce pouvoir sans limite apparente, car s'émancipant du cadre juridique de la féodalité, va bientôt être justifié et donc théorisé par les contemporains (§ I - La théorisation de la souveraineté absolue). La mise en œuvre de ce pouvoir absolu se traduit dans un droit nouveau construit par le roi, et qui s'exprime dans les lois du roi et dans la langue du roi. Le vernaculaire royal est le support de la publication de ce droit. Ces lois du roi bénéficient désormais pour leur mise en œuvre de tout un réseau institutionnel, tenu de les vérifier et de les enregistrer pour les rendre exécutoires. L'autorité monarchique va ainsi renforcer sa suprématie sur un royaume unitaire, notamment par son unité linguistique d'expression, le rayonnement de la langue française prenant dès lors un essor considérable (§ II - La langue française, langue de prestige et symbole de la souveraineté). § i - La théorisation de la souveraineté absolue

403. On ne peut bien évidemment, à l'aube des temps modernes, au XVIe siècle, aborder le problème de la théorisation de la souveraineté en dehors de Jean Bodin. Cette souveraineté, à partir du *Songe du vierger* et même des *Établissements de Saint Louis*, avait certes été revendiquée, avec conviction, par les juristes royaux[705], pour affirmer « l'empire du roi » [706]. Dans *Les Cinq livres de la République*[707],

704 Abréviation de la titulature qui sera la leur jusqu'à la fin de l'Ancien Régime : « Trésorier de France, Général des Finances ».

705 Sur les constructions juridiques antérieures aux *Six livres de la République*, on peut se référer utilement à Fr. OLIVIER MARTIN, *L'absolutisme français*, Paris, Les Cours de droit, 1950, p. 60 et s.

706 L'expression « empire du roi » est empruntée au beau livre de J. KRINEN, *L'empire du roi. Idées politiques et croyances politiques en France, XIIIe-XVe siècle*, ouvr. cité.

707 J. BODIN, *Les six livres de la République*, 1576. Nous avons travaillé sur l'édition de Lyon de 1593, « par Gabriel Cartier », rééditée chez Fayard, en 1986, par

confronté à l'effondrement de la féodalité politique et, corrélativement, à la montée en puissance du roi de France, Bodin va, à son tour, être conduit à justifier le nouveau pouvoir de ce dernier par la théorie de la souveraineté en s'efforçant de répondre aux trois questions suivantes : Qu'est-ce que la souveraineté ? (A) À qui appartient-elle ? (B) Quelles sont ses « marques » ? (C).

A - QU'EST-CE QUE LA SOUVERAINETÉ ?

404. Bodin la définit comme « la puissance absolue et perpétuelle d'une République »[708], voulant signifier que le concept de souveraineté ainsi défini, était dégagé des conceptions féodales qui avaient contribué à le faire naître. La souveraineté s'identifie donc à une puissance qui, étant au-dessus de toute autre, ne pouvait qu'être absolue : c'est la *suprema potestas* contre laquelle il n'y a point de recours. La souveraineté est entendue *in abstracto* quelle que soit la forme de l'État, en ce sens que dans toute république il y a une autorité souveraine qui s'impose à tous avec plénitude de puissance. Ainsi, « la souveraineté n'est limitée, ni en puissance, ni en charge, ni à certain temps »[709] ; cela signifie, précise Bodin, qu'elle est perpétuelle[710] ; et ceci permet de la différencier de la puissance dévolue au roi simplement élu, c'est à dire créé[711], ou au

---

Christiane FRÉMONT, Marie-Dominique COUZINET et Henri ROCHET pour le « Corpus des œuvres de philosophie en langue française », collection dirigée par Michel SERRES.

708. J. BODIN, *Les six Livres de la République*, ouvr. cité, (De la souveraineté, Chap. VIII), p. 179.

709. *Ibid.*, p. 181.

710. *Ibid.*, p. 179-180, « Que signifie puissance souveraine... J'ay dit que ceste puissance est perpetuelle : parce qu'il se peut faire qu'on donne puissance absoluë à un ou plusieurs à certain temps, lequel expiré, ils ne sont plus rien que subjects : et tant qu'ils sont en puissance, ils ne se peuvent appeler Princes souverains, veu qu'ils ne sont que dépositaires, et gardes de ceste puissance, jusques à ce qu'il plaise au peuple ou au Prince la revoquer : qui en demeure tousjours saisi... ».

711. *Ibid.*, p. 182. « Mais posons le cas qu'on eslise un, ou plusieurs des citoyens, ausquels on donne puissance absoluë de manier l'estat et gouverner entierement, sans deferer aux oppositions ou appellations en sorte quelconque, et que cela se face tous les ans, dirons nous pas que ceux là auront la souveraineté ? Car celuy est absolument souverain, qui ne recognoist rien plus grand que soy apres Dieu. Je di neantmoins que ceux la n'ont pas la souveraineté, attendu qu'ils ne sont rien que depositaires de la puissance qu'on leur a baillee à certain temps. Aussi le peuple ne se dessaisit point de la souveraineté, quand il establit un ou plusieurs lieutenans, avec puissance absoluë à certain temps limité : qui est beaucoup plus, que si la puissance estoit revocable au plaisir du peuple, sans prefixion de temps : car l'un et l'autre n'a rien à soy, et

régent, fut-il natif[712]. En revanche elle peut se confondre avec la puissance du tyran qui est parvenu a une « vraye possession et naturelle, quoy qu'elle soit contre la loy »[713].

405. La puissance absolue qui doit caractériser la souveraineté est donc inconditionnelle[714] :

> « ... il faut que ceux-là qui sont souverains ne soyent aucunement sujets aux commandements d'autruy, et qu'ils puissent donner loy aux sujects, et casser ou anéantir les loix inutiles, pour en faire d'autres : ce que ne peut faire celuy qui est suject aux loix, ou à ceux qui ont commendement sur luy. C'est pourquoy la loy dit, que le prince est absous de la puissance des loix : et ce mot loy emporte aussi en Latin le commandement de celuy qui a la souveraineté »[715].

---

demeure contable de sa charge, à celuy duquel il tient la puissance de commander : ce qui n'est pas au Prince souverain, qui n'est tenu rendre conte qu'à Dieu ».

712 J. BODIN, *Les six Livres de la République*, ouvr. cité, p. 183-184, « Nous ferons mesme jugement des Regens establis pour l'absence, ou jeunesse des princes souverains, encores que les edits, mandemens, et lettres patentes soyent signés, et seellés du seing et seel des Regens, et en leur nom : comme il se faisoit en ce Royaume, au paravant l'ordonnance de Charles V, Roy de France : ou que cela soit faict au nom du Roy, et les mandemens seellés de son seel : car en quelque sorte que ce soit, il est bien certain en termes de droit, que le maistre est reputé faire ce qu il a chargé son procureur de faire. Or le Regent est vray procureur du Roy et du Royaume ».

713 *Ibid.*, p. 184-185. « Je di que si le magistrat souverain, et annuel seulement ou bien à quelque temps prefix et limité, vient à continuer la puissance qu'on luy a baillée, il faut que ce soit de gré à gré, ou par force : si c'est par force, cela s'appelle tyrannie : et neantmoins le tyran est souverain : tout ainsi que la possession violente du predateur, est vraye possession et naturelle, quoy qu'elle soit contre la loy et ceux qui l'avoyent auparavant en sont dessaisis : mais si le magistrat continue la puissance souveraine qu'il a de gré à gré, je di qu'il n'est pas Prince souverain, veu qu'il n'a rien que par souffrance : et beaucoup moins si le temps n'est point limité : car en ce cas il n'a rien que par commission precaire ».

714 *Ibid.*, p. 187. «... La souveraineté donnée à un Prince sous charges et conditions n'est pas proprement souveraineté, ni puissance absoluë : si ce n'est que les conditions apposées en la création du Prince, soyent de la loi de Dieu ou de nature ». Et Bodin, prenant l'exemple de l'intronisation du roi de Tartarie, montre que le roi « datif » ou « natif », c'est-à-dire « par droit successif » n'est plus susceptible, dès l'instant de son accession, d'être soumis à un jugement humain.

715 *Ibid.*, p. 191-192 « Aussi voyons nous qu'en tous edicts et ordonnances on y adjouste ceste clause, *Nonobstant tous edicts et ordonnances, ausquelles nous avons derogé, et derogeons par ces presentes et à la derogatoire des derogatoires* : clause qui a tousjours esté adjoustee és loix anciennes : soit que la loy fust publiee du mesme Prince, ou de son predecesseur. Car il est bien certain que les loix ordonnances, lettres patentes, privileges et ottrois des Princes, n'ont aucune force que pendant leur vie, s'ils ne sont ratifiez par consentement expres, ou du moins par souffrance du Prince qui en a cognoissance, et mesmement des privileges... Aussi

406. Les seules limites qui bornent la légitimité de cette souveraineté manifestée dans cette puissance absolue, sont les « loix de Dieu et de nature », les « loix qui concernent l'estat du Royaume » et les conventions dans lesquelles le souverain s'engage personnellement.

407. Les premières sont les lois divines. Elles relèvent du droit naturel, leur violation rend coupable leur transgresseur de lèse-majesté divine[716] ; elles ont notamment pour conséquence séculière le respect du droit de propriété et donc, sauf cas de force majeure, l'interdiction d'imposer[717]. Leur viol peut toutefois légitimer l'insurrection des sujets car « les loix des Princes souverains ne peuvent altérer, ni changer, les loix de Dieu et de nature »[718]. L'influence des monarchomaques[719] semble avoir suscité cette unique limite à l'absolutisme bodinien[720].

---

voyons nous en ce royaume à la venue des nouveaux Rois, que tous les collèges et communautez demandent confirmation de leurs privileges, puissance, et jurisdiction : et mesmes les Parlements et Cours souveraines, aussi bien que les officiers particuliers. Si donc le Prince souverain est exempt des lois de ses predecesseurs, beaucoup moins seroit-il tenu aux loix et ordonances qu'il fait : car on peut bien recevoir loy d'autrui, mais il est impossible par nature de se donner loy, non plus que commander à soy mesme chose qui dépende de sa volonté... Aussi le prince souverain ne se peut lier les mains quand ores il voudroit. Aussi voyons nous à la fin des edicts et ordonannces ces mots : CAR TEL EST NOSTRE PLAISIR, pour faire entendre que les loix du Prince souverain, ores qu'elles fussent fondees en bonnes et vives raisons, néantmoins qu'elles ne dépendent que de sa pure et franche volonté ».

716 J. BODIN, *Les six Livres de la République*, ouvr. cité, p. 192-193 : « Mais quant aux loix divines et naturelles, tous les Princes de la terre y sont subjects, et n'est pas en leur puissance, d'y contrevenir s'ils ne veulent estre coulpables de leze majesté divine, faisant guerre à Dieu, sous la grandeur duquel tous les monarques du monde doyvent faire joug, et baisser la teste en toute crainte et reverence. Et par ainsi la puissance absolue des Princes et seigneuries souveraines, ne s'estend nullement aux loix de Dieu et de nature... ».

717 *Ibid* , p. 201 «... il n'est en la puissance de Prince du monde, de lever impost à son plaisir sur le peuple, non plus que prendre le bien d'autruy : comme Philippe de Commines remonstra saagement aux estats tenus à Tours, ainsi que nous lisons en ses memoires : et toutesfois, si la necessité est urgente, en ce cas le Prince ne doit pas attendre l'assemblée des estats, ni le consentement du peuple, duquel le salut depend de la prevoyance, et diligence d'un sage Prince... ».

718 *Ibid*., p. 215.

719 H. MOREL, *L'idée gallicane au temps des guerres de religion*, Aix-en-Provence, PUAM, 2003, p. 81 et s.

720 J. BODIN, *Les six Livres de la République*, ouvr. cité, p. 217. «... c'est une loy divine et naturelle, d'obéir aux edicts, et ordonnances de celuy à qui Dieu a donné la puissance sur nous, si les edicts n'estoyent directement contraires à la loy de Dieu, qui est par dessus tous les Princes : car tout ainsi que l'arriere vassal doit serment de

408. Les secondes sont les « loix royales » que le souverain est dans l'impuissance de changer, car précisément elles fondent, associées au respect des lois divines, la légitimité de sa souveraineté. Il s'agit de ce que la tradition historique qualifie de « lois fondamentales » ou encore de « lois organiques de la Couronne »[721]. Ce sont, dit Bodin, « des lois qui concernent l'estat du Royaume, et de l'établissement d'iceluy, d'autant qu'elles sont annexées et unies avec la couronne, le Prince ne peut déroger, comme est la loy salique : et quoy qu'il face, tousjours le successeur peut casser ce qui aura esté fait au préjudice des loix Royales et sur lesquelles est appuyé et fondé la majesté souveraine »[722]. Ces lois étaient donc unies inséparablement à la couronne : constituant l'État monarchique, elles avaient fait le prince roi et déterminaient son pouvoir, car elles étaient instituées non dans l'intérêt du roi ou de sa famille, mais dans l'intérêt supérieur de l'État. Les historiens les ramènent traditionnellement à deux groupes : il y a les lois qui règlent la succession à la couronne et celles qui établissent les droits de la couronne, c'est-à-dire, les marques de la souveraineté ; elles sont évidemment indissociables mais leur théorisation est échelonnée dans le temps. Nous avons vu la genèse et la mise en œuvre des premières, complétées à la fin du XVIe siècle par la nécessaire catholicité du roi[723], les secondes ne seront en revanche « cristallisées » et donc théorisées qu'à partir du XVIe siècle avec l'émergence du concept de souveraineté sous l'impulsion, précisément, de J. Bodin.

409. Les « coustumes générales et particulières qui ne concernent point l'establissement du Royaume » semblent également s'imposer, à l'instar des « loix royales », au souverain. Ce n'est là qu'apparence : tout en constatant qu'elles impliquent pour leur modification l'avis des états généraux, Bodin ne reconnaît à ces derniers qu'un rôle consultatif à partir d'une consultation facultative :

> «... non pas qu'il soit necessaire de s'arrester à leur advis, ou que le Roy ne puisse faire le contraire de ce qu'on demandera, si la raison naturelle, et la justice de son vouloir luy assiste. Et en cela se cognoist la grandeur et majesté d'un vrai Prince souverain, quand les estats de tout le peuple sont

---

fidelité à son seigneur, envers et contre tous, reservé son Prince souverain : aussi le subject doit obeïssance à son Prince souverain, envers et contre tous, reservé la majesté de Dieu, qui est seigneur absolu de tous les Princes du Monde ».

721 *Cf.*, notamment, J.-M. CARBASSE, *Introduction historique au droit*, ouvr. cité, p. 251 et s.

722 J. BODIN, *Les six Livres de la République*, ouvr. cité, p. 197.

723 Fr. OLIVIER-MARTIN, *Histoire du droit français, des origines à la Révolution*, ouvr. cité, p. 311-312.

assemblez, presentans requeste et supplications à leur Prince en tout humilité, sans avoir aucune puissance de rien commander, ni decerner, ni voix deliberative : ains ce qu'il plaist au roy consentir ou dissentir, commander ou defendre, est tenu pour loy, pour edict, pour ordonnance »[724].

410. La troisième limite de l'absolutisme du prince est le respect de sa parole. Grand débiteur de justice,

> «... le Prince souverain est tenu aux contracts par luy faicts, soit avec son subject, soit avecques l'estranger : car puisqu'il est garand aux subjects des conventions et obligations mutuelles qu'ils ont les uns envers les autres, plus forte raison est-il debteur de justice en son faict »[725].

411. Il apparaît ainsi de façon tout à fait univoque,

> « que le poinct principal de la majesté souveraine, et puissance absoluë, gist principalement à donner loy aux sujects en général sans leur consentement.... On a veu souvent en ce Royaume certaines coustumes générales abolies par les edicts de nos rois, sans ouïr les estats, quand l'injustice d'icelle estoit oculaire... Car il faut que le Prince souverain ait les loix en sa puissance pour les changer, et corriger selon l'occurrence des cas... tout ainsi que le maistre pilote doit avoir en sa main le gouvernail, pour le tourner à sa direction : autrement le navire seroit plutost peri, qu'on auroit pris l'advis de ceux qu'il porte »[726].

412. D'aucuns prétendent cependant que le prince doit s'engager par serment à respecter les lois civiles. Bodin balaie l'objection car la subordination du prince à un quelconque serment lui fait quitter le champ de l'absolutisme transformant sa monarchie en aristocratie ou en démocratie[727]. La diplomatique en usage au XVIe siècle confirme

---

724 J. BODIN, *Les six Livres de la république*, ouvr. cité, p. 198.

725 *Ibid.*, p. 217-218.

726 *Ibid.*, p. 204.

727 *Ibid.*, p. 208-209 : « Mais il faut de deux chose l'une, c'est à sçavoir que le Prince qui jure de garder les loix civiles, ne soit pas souverain : ou bien qu'il est parjure s'il contrevient à son serment, comme il est necessaire que le Prince souverain y contrevienne, pour casser, ou changer, ou corriger les loix selon l'exigence des cas, des temps, et des personnes : ou bien si nous disons que le Prince ne laissera pas d'estre souverain, et neantmoins qu'il sera tenu de prendre l'advis du Senat, ou du peuple, il faudra aussi qu'il soit dispensé par ses sujects du serment qu'il aura faict de garder les loix inviolablement : et les sujects qui sont tenus et obligés aux loix, soit en particulier, soit en général, auront aussi besoin d'estre dispensez de leur Prince, sous peine d'estre parjures : de sorte que la souveraineté sera jouee à deux parties, et tantost le peuple, tantost le Prince sera maistre : qui sont absurditez notables, et du tout incompatibles avec la souveraineté absolue, et contraires aux loix, et à la raison

l'analyse de Bodin, traduisant sans équivoque la cristallisation dans les lois du roi de formules fixant clairement l'absolutisme législatif du prince souverain[728].

413. Bodin soutenait que la souveraineté était dans sa nature indivisible. Dans une république, il ne pouvait donc y avoir qu'un seul souverain. Celui-ci sera roi dans une monarchie, un corps de citoyens privilégiés dans une aristocratie, et le peuple dans une démocratie. Tout État, nous dit Bodin, se ramène nécessairement à l'un de ces trois types.

414. Sans doute, on s'était demandé au Moyen Âge si un régime mixte n'était pas possible, qui aurait comporté un mélange de monarchie et d'aristocratie, ou de monarchie et de démocratie[729]. Selon Bodin, ce mélange est inconcevable ; car des divers éléments que l'on prétend faire participer à la souveraineté, il y en a nécessairement un qui doit, en cas de conflit, l'emporter sur les autres. Seul, le roi est vraiment souverain, puisque, ayant le dernier mot, il a la plénitude de

---

naturelle. Et neantmoins on void des plus suffisans soustenir qu'il est nécessaire que les Princes soyent obligez de faire serment de garder les loix et coustumes du pays. En quoy faisant ils aneantissent et degradent la majesté souveraine, qui doit estre sacree pour en faire une Aristocratie, ou bien une Démocratie aussi advient-il que le Monarque souverain voyant qu'on luy vole ce qui luy est propre, et qu'on le veut assujettir à ses loix, il se dispense à la fin non seulement des loix civiles, mais aussi des loix de Dieu, et de nature, les faisant egales. Il est donc besoin de bien esclaircir ce poinct ici ». Différents exemples éclairent l'argumentation bodinienne, dans *ibid.*, p. 209-212

728 J. BODIN, *Les six Livres de la république*, ouvr. cité, p. 212-213 : « C'est donc une forme de faire qui est et a tousjours esté en toute Republique, que tous ceux qui font les loix, afin de leur donner plus grand poids et autorité, y adjoustent ces mots PAR EDICT PERPETUEL ET IRREVOCABLE, etc. Et en ce royaume on met au commencement de tels edicts, A TOUS PRESENTS ET A VENIR, etc. qui monstrent un traict perpetuel à la postérité : et pour monstrer encores plus la difference d'avec les edicts faicts par maniere de provision, on les scele en cire verte, en laqs de soye verte et rouge, et les autres en cire jaune. Et neantmoins il n'y en a pas un perpetuel... nos Rois... mettent quelquefois cette clause, “SANS avoir esgard à la derogation, que dés à present nous avons declaree nulle”. Et toutefois on ne sçauroit tellement se donner loy, qu'on ne s'en puisse departir, comme nous avons dit : car l'edict qui se fait apres, porte tousjours derogation rexpresse à la derogatoire... Et quant à la verification des edicts faicts par les Estats, ou Parlements, elle est de grande conséquence, pour les faire garder, non pas que sans icelle le Prince souverain ne puisse faire loy... Mais si le prince defend de tuer sur peine de la vie, n'est-il pas obligé à sa loy ? Je dy que ceste loy n'est point sienne, mais c'est la loy de Dieu, et de nature, à laquelle il est plus estroittement obligé que pas un des subjects, et n'en peut estre dispensé, ni par le Sénat, ni par le peuple, qu'il n'en soit responsable au jugement de Dieu, qui en fait information à toute rigueur... ».

729 M. DEMANGEOT, *La théorie du régime mixte chez Saint-Thomas d'Aquin*, Paris, F. Alcan, 1927, p. 55-88.

puissance[730]. Pour cette raison, les trois régimes fondamentaux de la théorie bodinienne ne se comprennent qu'à l'état pur, il n'y a pas de monarchie, non plus que d'aristocratie ou de démocratie, qui ne soit absolue.

B - À QUI APPARTIENT LA SOUVERAINETÉ ?

415. En France, la souveraineté appartenait à la couronne. La tradition fondait le pouvoir royal sur le droit divin : ayant reçu l'onction du sacre, le roi régnait par la grâce de Dieu, dont il tenait originairement son royaume. Cette origine divine du pouvoir était depuis longtemps théorisée par les théologiens qui en trouvaient le fondement dans l'*Épître aux Romains* de saint Paul : *non est enim potestas nisi a Deo*. Ils la tenaient pour une vérité de raison : Dieu, ayant destiné l'homme à vivre en société, a établi le pouvoir afin que la vie sociale fut possible. Dans ces conditions, tout pouvoir légitime émane de Dieu, aussi bien le pouvoir d'un gouvernement républicain que le pouvoir d'un roi[731].

416. Ce principe posé par les théologiens donnait lieu dans l'application à des théories divergentes qui remontaient au Moyen Âge et qui se heurtaient encore aux XVIIe et XVIIIe siècles. D'aucuns voulaient subordonner le roi au pape[732], d'autres *a contrario* l'émancipaient de toute tutelle religieuse nonobstant sa propre sacralité.

---

730 J. BODIN, *Les six Livres de la République*, ouvr. cité, p. 187.

731 A. LECA, *Institutions publiques françaises (avant 1789),* ouvr. cité, p. 383.

732 Nombreux étaient ceux qui s'en tenaient à la théorie scolastique qui avait été mise en forme au XIIIe siècle par Saint Thomas. D'après Saint Thomas, Dieu, qui a établi le pouvoir, l'a donné à la multitude. La nation, ayant reçu ce dépôt de Dieu, organise la souveraineté suivant les circonstances. Si elle établit un gouvernement monarchique, le pouvoir du prince n'est qu'une émanation de la souveraineté nationale. Il est bien d'origine divine, mais il ne l'est qu'au second degré, que médiatement. Tout pouvoir vient de Dieu par l'intermédiaire du peuple. *Omnis potestas a Deo per populum*. Cette théorie rejoignait le droit romain, d'après lequel le *princeps* tenait son pouvoir du peuple. La théorie scolastique était encore soutenue, du XVIe au XVIIIe siècle, par les théologiens ultramontains, « qui vivaient au-delà des monts », dans l'entourage du pape, particulièrement par les jésuites. Ils en tiraient d'importantes conséquences. Du moment que le roi tenait du peuple un pouvoir qui ne venait de Dieu que médiatement, il était soumis au pape qui, lui, comme vicaire de Jésus-Christ, tenait le sien de Dieu immédiatement. Par une logique déductive, les jésuites concluaient que le souverain pontife, juge suprême en matière de foi et de mœurs, avait le droit de déposer le roi de France, s'il ne régnait pas chrétiennement, en particulier s'il tombait dans l'hérésie, et, en conséquence, de délier ses sujets du serment de fidélité. *Cf.* Fr. OLIVIER-MARTIN, *Histoire du droit français, des origines à la Révolution*, ouvr. cité, p. 484 et s.

C'est dans ce second courant, le courant gallican, que s'enracine la souveraineté de la couronne. Pour la théorie gallicane, le Saint Siège ne peut disposer d'une couronne que le roi tient de Dieu seul. C'était un décret spécial de la Providence qui avait fondé le royaume de France et appelé la maison d'Hugues Capet à le gouverner. Aussi aucune puissance sur terre, temporelle ou spirituelle, n'avait un droit quelconque sur le royaume pour absoudre les sujets de la fidélité et de l'obéissance qu'ils devaient à leur prince. Le roi était le vicaire ou le lieutenant de Dieu au temporel, de même que le pape l'était au spirituel. Bossuet, dans sa *Politique tirée des propres Paroles de l'Écriture Sainte*, enseignait que le roi n'était responsable que devant Dieu : « Dieu gouverne tous les peuples et leur donne à tous leurs rois. Les princes sont ministres de Dieu pour le bien : ils sont sacrés par leur charge comme étant les représentants de la majesté divine, députés par sa providence à l'exécution de ses desseins. Le trône royal n'est pas le trône d'un homme, mais le trône de Dieu même. La personne des rois est sacrée et attenter sur eux c'est un sacrilège »[733]. De cette doctrine il résultait que le roi ne devait de compte à personne. Il n'y avait pas de force coactive contre lui, parce que, autrement, tout aurait été en confusion et l'État serait tombé en anarchie.

417. Aussi bien dans la doctrine de Bodin, la monarchie française était, nous l'avons vu, une monarchie pure. Guy Coquille disait la même chose : « le roi est monarque et n'a point de compagnon en sa majesté royale ». À quoi il ajoutait : « le gouvernement de ce royaume est vraiment une monarchie qui ne participe ni d'aristocratie, ni de démocratie »[734].

418. Il n'y avait point de corps pour partager l'autorité du roi : ni son conseil, ni son parlement, ni les états généraux[735]. Louis XV le rappellera solennellement, le 3 mars 1766, dans un lit de justice tenu au parlement de Paris : « C'est en ma personne seule que réside l'autorité

733 J.-B. BOSSUET, *Politique tirée des propres Paroles de l'Écriture Sainte*, Paris, P. Cot, 1709. Ouvrage posthume publié par l'abbé J.-B. BOSSUET ; rééd., Genève, Droz, 1967 (Édition critique avec introduction et note par Jacques LE BRUN) citation, p. 75 de l'édition LE BRUN. *Cf* également, J. TRUCHET, *Politique de Bossuet*, Paris, A. Colin, 1966, p. 25 et s. ; J. DECLAREUIL, *Les idées politiques de Guez de Balzac*, Paris, Giard et Brière, 1907, p. 5 et s. ; F. FUNCK-BRENTANO « Louis XIV et le droit divin », dans *Revue hebdomadaire*, 2, 1899, p. 416-433.

734 G. COQUILLE, *Institution au droict des François*, Paris, L'Angelier, 1607, édition de 1703, p. 1.

735 J. DECLAREUIL, *Histoire générale du droit français*, Paris, Sirey, 1931, p. 422-424.

souveraine, dont le caractère propre est l'esprit de conseil, de justice et de raison. C'est à moi seul qu'appartient le pouvoir législatif sans dépendance et sans partage. L'ordre public tout entier émane de moi »[736]. Il s'ensuit que la seule volonté du roi était le moteur de l'État. Il gouvernait le royaume de « sa certaine science, pleine puissance et autorité royale », sans être obligé de suivre les conseils qu'on lui donnait[737]. Il agissait de « son propre mouvement ». Cette évolution qui se cristallise au XVIe siècle s'exprimait dans une clause significative qui, depuis François Ier, était devenue courante dans les lettres royaux : « Car tel est notre plaisir ». Elle ne voulait pas dire que le roi prit ses résolutions par pur caprice de son bon plaisir. Traduction du latin *sic placitum*, elle signifiait : « Ainsi nous avons décidé ». La formule « Voulons et nous plait » qui, à l'époque moderne, figure dans tous les actes royaux n'a pas d'autre signification[738].

419. Cette plénitude de puissance demeurait en la personne du roi, même quant il était mineur[739]. Quel que fut son âge, le roi était censé gouverner personnellement le royaume[740]. Il y avait bien évidemment là une fiction qui s'accommodait de l'institution d'une régence qui était nécessaire pour assister le roi mineur. Le régent, toutefois, n'était pas substitué au roi ; il l'assistait seulement. En droit, le roi mineur, à l'instar du roi majeur, avait l'exercice de la souveraineté. C'était lui qui régnait : sa volonté faisait la loi. Comme en temps ordinaire, les

---

736 R. MOUSNIER, « L'unité monarchique », dans, *La France et les Français* (direction Michel FRANCOIS), Encyclopédie de La Pléiade, Paris Gallimard, 1972, p. 1045.

737 *Ibid.*, p. 1042-1047.

738 L. de MAS-LATRIE, « De la formule “car tel est notre plaisir” dans la chancellerie française », dans *B.É.C.*, XLII, 1881, p. 550-562 ; G. DEMANTE, « Observations sur la formule “car tel est notre plaisir” dans la chancellerie française », dans *B.É.C.*, LIV, 1893, p. 96-109.

739 La régence se prolongeait jusqu'à la majorité du roi, qui était fixée en principe à la même date que la puberté en droit romain, c'est-à-dire à quatorze ans. Mais il suffisait que la quatorzième année fut commencée, le roi était considéré comme majeur dès qu'il avait 13 ans et un jour.

740 À l'époque moderne, lorsque le roi mineur avait encore sa mère, la régence appartenait à la reine-mère : c'est ainsi que l'on vit aux XVIe et XVIIe siècles, les régences de Catherine de Médicis, de Marie de Médicis et d'Anne d'Autriche. À défaut de reine-mère, la régence appartenait au premier prince du sang : c'est ainsi qu'en 1715, Philippe d'Orléans assura la régence de Louis XV. *Cf.* pour une théorisation de l'institution à l'époque moderne, P. DUPUY, *Traité de la majorité de nos roys et des régences du royaume, avec les preuves tirées tant du Trésor des chartes du Roy que des registres du Parlement, ensemble un traité des prééminences du Parlement de Paris*, Paris, M. Dupuy, 1655.

ordonnances étaient faites en son nom et, le cas échéant, il en imposait la mise en œuvre par le parlement en tenant seul – quel que fût son âge – le lit de justice. Le régent n'était qu'un tuteur nécessaire, mais l'*auctoritas tutoris,* représentant la souveraineté du pupille, ne pouvait être limitée par un conseil[741].

C - COMMENT LA SOUVERAINETÉ S'EXPRIME-T-ELLE ? QUELLES SONT SES MARQUES ?

420. Majeur ou mineur, le roi jouissait, par droit de la couronne, des prérogatives que Bodin appelait les « marques de souveraineté »[742], parce qu'elles caractérisaient le pouvoir suprême. On disait aussi « les droits régaliens » ou les « régales », *regalia*, parce qu'elles étaient le propre du roi. Ces marques de souveraineté s'imposaient au souverain qui ne pouvait, et c'était là les limites même de l'exercice du pouvoir souverain, y renoncer. Elles étaient incessibles, inaliénables, imprescriptibles et incommunicables car leur partage aurait attenté à l'unicité royale[743].

---

741 C'est vainement que Louis XIII, puis Louis XIV, cherchèrent à déterminer par leur testament la composition du Conseil durant la minorité de leur successeur. Ces actes furent annulés par le parlement, comme contraires aux lois fondamentales du royaume : en 1643, le testament de Louis XIII et en 1715, celui de Louis XIV. En ces deux occasions, il fut reconnu que le régent ou la régente était libre de composer le conseil comme bon lui semblerait.

742 J. BODIN, *Les six Livres de la République*, ouvr. cité, p. 295, chapitre X : « Des vrayes marques de souveraineté ».

743 *Ibid.,* p. 299, « ...tous sont d'accord que les droits Royaux sont incessibles, inaliénables, et qui ne peuvent par aucun traict de temps estre prescrits : et s'il advient au Prince souverain de les communiquer au suject, il fera de son serviteur son compagnon en quoy faisant il ne sera plus souverain : car souverain (c'est a dire, celuy qui est par dessus tous les subjects) ne pourra convenir à celuy qui a faict de son subject son compagnon. Or tout ainsi que ce grand Dieu souverain ne peut faire un Dieu pareil à luy, attendu qu'il est infini, et qu'il ne se peut faire qu'il y ait deux choses infinies, par demonstration necessaire : aussi pouvons-nous dire que le prince que nous avons posé comme l'image de Dieu, ne peut faire un suject egal à luy, que sa puissance ne soit aneantie. S'il est ainsi, il s'ensuit que la marque de souveraineté n'est pas de faire justice, parce qu'elle est commune au Prince et au subject : ni pareillement d'instituer, ou destituer tous les oficiers, parce que le Prince et le subject ont ceste puissance ». *Ibid.* p. 327-328 : « Mais en l'estat d'une Republique bien ordonnee, ceste puissance ne doit estre baillée, ni par commission, ni en tiltre d'office, si ce n'est pour establir un Regent pour la distance des lieux par trop grande, ou bien pour la captivité des Princes souverains, ou qu'ils soyent en fureur, ou en enfance ».

421 Ces marques permettaient de distinguer le prince souverain du commun des mortels. Bodin spécifie l'unicité de celui qui en est revêtu par le monopole des *regalia* :

> « Puis qu'il n'y a rien plus grand en terre apres Dieu, que les princes souverains, et qu'ils sont establis de lui comme ses lieutenans, pour commander aux autres hommes, il est besoin de prendre garde à leur qualité, afin de respecter et reverer leur majesté en toute obeissance, sentir et parler d'eux en tout honneur : car qui mesprise son Prince souverain, il mesprise Dieu, duquel il est l'image en terre... Or afin qu'on puisse cognoistre celuy qui est tel, c'est a dire Prince souverain, il faut sçavoir ses marques, qui ne soyent point communes aux autres sujects : car si elles estoyent communes, il n'y auroit point de Prince souverain »[744].

422. Ces marques de souveraineté traduisent la *suprema potestas* entre les mains d'un seul qui domine la loi (I) ; c'est de la domination de la loi que découlent toutes les autres marques de souveraineté (II), notamment l'inaliénabilité du domaine (III) et le droit d'imposer le vernaculaire royal (IV).

I - La domination de la loi

> « ... la première marque du Prince souverain, c'est la puissance de donner loy à tous en général, et à chacun en particulier[745] : mais ce n'est pas assez, car il faut adjouster, sans le consentement de plus grand, ni de pareil, ni de moindre que soy : car si le Prince est obligé de ne faire loy sans le consentement d'un plus grand que soy, il est vray sujet : si d'un pareil, il aura compagnon... soit du Sénat, ou du peuple, il n'est pas souverain... »[746].

423. Le roi est donc le maître de la loi[747]. Il la crée et peut dispenser de son application. Il exerce pleinement le pouvoir législatif, sans le partager avec personne. C'est ce qu'exprimait le vieil adage des légistes : « si veut le roi, si veut la loi ». Rien ne limitait le pouvoir

---

[744] J. BODIN, *Les six Livres de la République*, ouvr. cité, p. 295.

[745] La théorie exposée dans les *Six Livres de la République*, au regard de la puissance législative du souverain, sera théorisée par J. BODIN dans son *Juris Universi Distributio*, paru en 1580 (p. 61 et s. de l'édition de L. JERPHANION, S. GOYARD FABRE et R.-M. RAMPELBERG, *Exposé du droit universel*, Paris, P.U.F. 1985).

[746] J. BODIN, *Les six Livres de la République*, ouvr. cité., p. 306.

[747] Pour une analyse du pouvoir du roi législateur, on peut consulter opportunément Fr. OLIVIER-MARTIN, *Les lois du roi*, Paris, LGDJ, reprint, 1997. p. 200-210 (« Le roi législateur, les principes).

législatif du roi : ni les privilèges de ses sujets, quelques anciens qu'ils fussent[748], ni les remontrances des cours souveraines. *De facto* la plupart des anciens privilèges subsistaient parce qu'ils étaient censés émaner d'une concession royale. Et *de facto* les remontrances des parlements étaient tolérées, mais un lit de justice ou une lettre de jussion manifestait de loin en loin l'effectivité du pouvoir souverain[749].

424. Dans l'exercice de son pouvoir législatif, il n'était non plus tenu à aucune forme particulière et surtout pas au parallélisme de ces dernières. L'ancienne forme des lettres patentes continuait à être pratiquée pour les ordonnances et les édits[750]. Elles devaient donc être vérifiées en parlement pour être enregistrées. Pour échapper à cette formalité, le roi adoptait parfois d'autres formes, comme bon lui semblait : des règlements étaient établis par des arrêts du conseil ou par de simples ordres du roi qui modifiaient les ordonnances ou y dérogeaient[751].

---

748 F.-Paul BLANC, « La notion de liberté locale à la veille de la Révolution française », *Revue juridique de l'Océan Indien*, 2003-2004, 4, p. 159-168.

749 J. BODIN, *Les six Livres de la République*, ouvr. cité, p. 306-309. «. . Or quand je di que la premiere marque de souveraineté, est donner loy à tous en général, et à chacun en particulier : ces derniers mots emportent les privileges qui appartiennent aux princes souverains, privativement à tous autres. J'appelle privilege, une loy faicte pour un ou peu de particuliers : soit au proffit ou dommage de celuy pour lequel il est octroyé... Voilà donc quant à la première marque de souveraineté, qui est le pouvoir de donner loy ou commander à tous en général, et à chacun en particulier : qui est incommunicable aux sujects... Sous ceste puissance de donner et casser la loy, est aussi comprise la declaration et correction d'icelle quand elle est si obscure, que les Magistrats sur les cas proposés trouvent contrariété ou absurdité intolerable : mais le Magistrat peut ployer la loy, et l'interprétation d'icelle, soit en douceur et en rigueur pourveu qu'en la ployant il se garde bien de la casser... sSous ceste mesme puissance de donner et casser la loy, sont compris tous les autres droits et marques de souveraineté : de sorte qu'à parler proprement on peut dire qu'il n'y a que ceste seule marque de souveraineté, attendu que tous les autres droits sont compris en cestui là comme decerner la guerre ou faire la paix : cognoistre en dernier ressort des jugemens de tous magistrats, instituer et destituer les plus grands officiers : imposer ou exempter les sujects de charges et subsides : ottroyer graces et dispenses contre la rigueur des loix : hausser ou baisser le titre, valeur et pied des monnoyes : faire jurer les sujects et hommes liges de garder fidelité sans exception à celuy auquel est deu le serment, qui sont les vrayes marques de souveraineté, comprises sous la puissance de donner loy à tous en général, et à chacun en particulier, et ne la recevoir que de Dieu : car le prince ou Duc, qui a puissance de donner loy à tous ses sujects en général, et à chacun en particulier, n'est pas souverain, s'il la reçoit d'un plus grand ou egal à lui : je di egal, par ce que celui a maistre, qui a compagnon : et beaucoup moins s'il n'a le pouvoir, sinon en qualité de vicaire, lieutenant ou regent ».

750 A. GIRY, *Manuel de diplomatique*, ouvr. cité, p. 765 et s.

751 *Ibid.*, p. 784 et s.

425 Le droit de grâce, contrepartie du pouvoir législatif, était aussi une marque de souveraineté[752] : c'était le pouvoir de dispenser de l'observation de la loi (donc un sens très différent et, en tout cas, beaucoup plus large qu'aujourd'hui). On l'appuyait sur cette règle du droit romain : « le prince est délié des lois », *princeps legibus solutus est* Mais tandis qu'en droit romain il s'agissait seulement des lois caducaires[753] dont l'empereur était dispensé, les interprètes prirent la règle à la lettre et considérèrent que le prince n'étant lié par aucune loi quelle qu'elle fût, pouvait en disposer à son gré. Il pouvait accorder à ses sujets des privilèges qui les exemptaient du droit commun. Il pouvait aussi changer l'état des personnes, faire d'un roturier un noble, d'un étranger un national français (un régnicole), d'un bâtard en enfant légitime. Il pouvait également dispenser les hommes condamnés par les cours souveraines des peines qui leur avaient été régulièrement infligées. Ce dernier aspect de la grâce est proche du pouvoir judiciaire, autre marque de souveraineté[754].

II - Les autres marques de souveraineté

426. Elles ne sont qu'une incidence de la puissance législative. Pour Bodin il s'agit d'abord du droit de « décerner la guerre » ou de

752 Pour J. BODIN (*Les six Livres de la République*, ouvr. cité, p. 325-326), c'est la cinquième marque de souveraineté ; il en fait une incidence de la domination de la justice : « Et de ceste marque de souveraineté depend aussi la puissance d'ottroyer grace aux condamnés par dessus les arrests, et contre la rigueur des loix, soit pour la vie, soit pour les biens, soit pour l'honneur, soit pour le rappel du ban, il n'est pas en la puissance des Magistrats, pour grands qu'ils soyent, d'en donner un seul poinct, ni de rien alterer des jugements par eux donnés... Quant à nos Rois, il n'y a chose de laquelle ils soyent plus jaloux ».

753 On donne ce nom à deux lois votées sous Auguste : la *lex julia de maritandis ordinibus* de l'année 736 de Rome et la *lex Papia Poppœa* de l'année 762. À cette époque, les guerres civiles avaient entraîné une diminution considérable de la population ingénue et épuisé le trésor public. Dans une société où les mœurs s'étaient singulièrement relâchées, les citoyens s'éloignaient du mariage et évitaient volontiers les obligations qu'impose la paternité. Le législateur se proposa donc, d'une part, de régénérer les mœurs et d'arrêter la décroissance de la population ; d'autre part, d'abonder le trésor. Pour atteindre ce double but, il usa à la fois de peines et de récompenses. Les lois caducaires encouragèrent au mariage et à la procréation des enfants légitimes, en frappant de certaines déchéances les célibataires et les gens mariés sans enfant. Elles accordèrent des privilèges à ceux qui avaient satisfaits à leurs prescriptions et attribuèrent au trésor les libéralités qu'elles enlevaient aux incapables. *Cf.* E. PETIT, *Traité élémentaire de droit romain*, Paris, A. Rousseau, 1925, p. 616-621 et les notes.

754 Fr. OLIVIER-MARTIN, *Histoire du droit français, des origines à la Révolution*, ouvr. cité, p. 303.

« traicter la paix »[755], « d'instituer les principaux officiers »[756] du « droit de moneage »[757] de la suzeraineté royale, réduite ainsi à une marque parmi d'autres de la *suprema potestas* du prince[758], et enfin et surtout « du dernier ressort qui est et a tousjours esté l'un des principaux droits de la souveraineté »[759]. Le dernier ressort, c'est la domination de la justice, le pouvoir judiciaire[760]. Le roi est la source de toute justice. Le principe s'affirmait tant au regard des justices seigneuriales qu'au regard des justices royales.

427. Au regard des justices seigneuriales, on continuait à proclamer que toute justice était tenue en fief du roi : seule la justice royale était en dernier ressort, comportant le droit de rendre des arrêts sans appel. Elle avait aussi la prévention et la réserve des cas royaux[761].

428. La souveraineté du roi se manifestait à plus forte raison au regard des justices royales. Normalement le roi n'exerçait pas la justice en personne ; il la déléguait à des officiers qui la rendaient en son nom ; par exemple la justice en dernier ressort était déléguée aux cours souveraines. Mais à cette justice déléguée on opposait la justice retenue. Il appartenait au roi, au lieu de laisser ses délégués ordinaires administrer la justice, de la retenir, soit pour l'exercer lui-même[762], soit pour la faire exercer par des juges de son choix[763].

---

755 J. BODIN *Les six Livres de la République*, ouvr. cité, p. 310 et 314.

756 *Ibid.*, p 315-318.

757 *Ibid.*, p. 333-334.

758 *Ibid.*, p. 331 : « Quant à la foy et hommage lige, il appert aussi que c'est l'un des plus grands droits de la souveraineté... pour le regard de celuy à qui il est deu sans exception », la construction de la souveraineté royale étant indissociable de la position du roi au regard de l'hommage à lui ou par lui dû.

759 *Ibid.*, p. 321.

760 Sur cette prérogative, au temps de Bodin, on peut utilement consulter S. HANLEY, *Le lit de justice des rois de France*, Paris, Aubier, 1991, p. 115 et s.

761 R. VILLERS, *Questions sur la justice dans notre ancienne France*, ouvr. cité, p. 109 et s.

762 La justice personnelle du roi n'était restreinte par aucune forme de procédure. Au besoin, le roi pouvait donner l'ordre de mettre à mort un individu qui paraissait dangereux pour la sûreté de l'État : en 1588, le roi Henri III fit exécuter le duc de Guise, chef de la ligue, et son frère le cardinal de Lorraine, qui s'opposaient à son autorité. Plus souvent, le roi faisait emprisonner un individu qu'il supposait dangereux pour la sûreté de l'État, ou plus prosaïquement, qui troublait l'ordre des familles : il l'envoyait à la Bastille ou dans quelque autre château, voire un couvent pour les femmes, en donnant l'ordre par une « lettre de cachet ». Sur « l'omniprésence

III - L'inaliénabilité du domaine

429. Le statut du domaine à l'époque moderne est controversé. Certains historiens du droit lui dénient d'être une marque de souveraineté[764]. C'est manifestement une erreur. Si l'assertion est valable au Moyen âge, il n'en va plus de même dès le XVIe siècle. Les marques de souveraineté sont intangibles et Bodin spécifie cette intangibilité par leur inaliénabilité et leur imprescriptibilité[765]. Le domaine répond à ces critères, il est donc *de jure* une marque de souveraineté. Bodin l'affirme avec force :

> « Et quelque don que face le prince souverain de terre ou seigneurie, tousjours les droits royaux propres à la majesté sont reservez, ores qu'ils ne fussent disertement exprimez : ce qui a esté jugé pour les appenages en France, par un ancien arrest de la Cour : et ne peuvent par traict de temps, quel qu'il soit, estre prescrits ni usurpez. Car si le domaine de la Republique ne peut être acquis par prescription, comme pourroit-on acquerir les droits, et marques de la majesté ? Or il est certain par les edicts et ordonnances du domaine qu'il est inaliénable et qu'il ne se peut acquerir par traict de temps »[766]

de la justice retenue à l'époque moderne », *Cf.* J.P. ROYER, *Histoire de la justice en France*, Paris, P.U.F., 1995, p. 85-103 et les notes.

763 Sans prendre personnellement l'affaire en mains, le roi pouvait arrêter le cours de la justice ordinaire, en remettant un procès à des juges de son choix. Il avait le droit d'évocation, par quoi il pouvait soustraire une affaire aux juges ordinaires pour la remettre à d'autres juges : sous les Bourbons, l'affaire évoquée pouvait ainsi être jugée au conseil du roi ou renvoyée à une commission extraordinaire instituée tout exprès pour la juger. Par ailleurs, « le roi en son Conseil » exerçait le pouvoir de cassation : il lui appartenait d'annuler les arrêts des cours souveraines, qui lui paraissaient contraires au droit. Les formulations de J. BODIN, *Les six Livres de la République*, ouvr. cité, p. 321-323, sont très proches de ce résumé de la prérogative royale : « le dernier ressort comprend la voye de requeste civile, aussi bien que l'appel... (le prince) evoque la cause à soy pour la juger, ou casser... ou la renvoyer à d'autres juges : qui est la vraye marque de souveraineté et dernier ressort... ses subjects seroyent tousjours recevables à relever leur appel, ou presenter requeste à sa majesté : car il ne peut se lier les mains, ni oster à ses subjects le voye de restitution, de supplication, de requeste... Aussi void-on qu'en tous les appennages donnés aux enfans de la maison de France, et generalement és erections des Duchés, Marquisats, Comtez et Principautez, on a tousjours accoustumé de reserver la foy et hommage, ressort et souveraineté... Autrement si le prince souverain quitte son subject ou vassal du ressort ou souveraineté qui luy appartient il faict d'un subject un Prince souverain ».

764 *Cf.* notamment A. DUMAS, *Histoire du droit français*, ouvr. cité, p. 249.

765 J. BODIN, *Les six Livres de la République*, ouvr. cité, p. 341.

766 *Ibid*., p. 341.

430. Il est donc intangible, indivisible, à l'instar des autres marques de souveraineté, et Bodin de clore sa démonstration par la sanction de la prétendue prescription du domaine :

> « Comment donc pourroit-on prescrire les droits et marques de souveraineté ? C'est pourquoy en termes de droit celuy est coulpable de mort qui use des marques réservées au Prince souverain »[767].

431. La raison de cette accession du domaine à la « marque » souveraine est la résultante de l'évolution analysée ci-dessus : l'inaliénabilité du domaine avait été reconnue, nous l'avons vu, dès la fin du XIVe siècle. L'imprescriptibilité fut admise, comme une conséquence de l'inaliénabilité. Les deux principes furent consacrés solennellement par l'édit de Moulins de février 1566[768]. Le domaine est donc devenu une marque de souveraineté. Le roi est absorbé par l'État : il se doit tout entier à l'État, il ne peut donc avoir de domaine privé distinct du domaine de la couronne. Si donc le roi possède des biens lors son avènement, ceux-ci doivent être réunis au domaine par le seul fait de son accession au trône. Henri IV qui, outre ses trois souverainetés de Navarre, Béarn et Domezan, possédait, avant de devenir roi de France, d'importantes seigneuries dans le royaume, aurait voulu les considérer comme un domaine séparé[769]. Il était toutefois

---

767 J. BODIN, *Les six Livres de la République*, ouvr. cité, p. 341.

768 ISAMBERT et *al.*, *Recueil général des anciennes lois françaises,* ouvr. cité, t. XIV, p. 185-189. Art. 2 : « Le domaine de nostre couronne est entendu celui qui est expressément consacré, uni et incorporé à nostre couronne, ou qui a esté tenu et administré par nos receveurs et officiers par l'espace de dix ans, et est entré en ligne de compte ». La définition royale qualifie ainsi un bien domanial par son incorporation à la couronne, mais intègre cependant expressément l'ancienne division entre le domaine fixe et le domaine casuel (*Cf.* G. LEYTE, *Domaine et domanialité publique dans la France médiévale. XIIe–XVe siècles*, Strasbourg, P.U.S., 1996, p. 13). De ce dernier, le souverain a la pleine propriété ; c'est un « domaine privé » destiné à lui laisser une marge de manœuvre suffisante pour conduire une politique domaniale cohérente. Un tel domaine dont l'existence est ainsi admise par l'édit de Moulins était composé des nouvelles acquisitions du monarque. Il en avait la pleine propriété et pouvait en disposer librement. À ces biens, la doctrine assimile ceux parvenus au monarque à titre privé (*Cf.* J. DOMAT, *Les loix civiles dans leur ordre naturel ; le droit public et le legum delectus*, Paris, Héricourt, Boucheret et Gosselin, 1735, 2 t. en un vol ; t. II, liv. 1, tit. VI, Sect. VIII, p. 85). Le texte de l'édit de Moulins sera repris mot pour mot par l'édit de Saint-Germain-en-Laye d'avril 1667 « portant règlement général sur le domaine de la couronne » (ISAMBERT et *al.*, *Recueil général des anciennes lois françaises,* ouvr. cité, t. XVIII, p. 185-189).

769 Ce qu'il fera du reste en un premier temps par lettres du 13 avril 1390 (indiquées dans ISAMBERT et *al.*, *Recueil général des anciennes lois françaises,* ouvr. cité, t. XV, p. 20, n° 30, non publiées), nonobstant l'obstruction du parlement de Paris dont

difficile, compte tenu de leur importance territoriale, de les considérer comme un patrimoine personnel. Le procureur général, Jacques de La Guesle, développa dans ses remontrances le principe de « l'union taisible »[770] : la théorie entraînait de plein droit l'incorporation du patrimoine du prince, sans aucun acte de volonté du souverain. C'était, ni plus ni moins, la définition d'une nouvelle loi fondamentale à laquelle on demandait au souverain de se soumettre, la « marque » de souveraineté affirmée par Bodin. Le roi Henri se rendit à l'argumentation parlementaire et, par un édit de juillet 1607, déclara uni au domaine de la couronne tout son ancien patrimoine familial : « Nosdits prédécesseurs se sont dédiés et consacrés au public duquel ils n'ont voulu rien avoir de distinct et de séparé, ils ont contracté avec leur couronne une espèce de mariage communément appelé saint et politique par lequel ils l'ont dottée de toutes les seigneuries qui, à titre particulier leur pouvoient appartenir »[771]. Les comtes de Paris, devenus *reges francorum* avaient intégré leur domaine propre dans celui de la

---

le roi justifie, *a posteriori*, la position qu'il rappelle dans l'édit de Juillet 1607 (*Ibid.*, p. 529-530) : «... par nos lettres du 13 avril 1590, aurions ordonné ce nostre domaine tant en nostre royaume de Navarre, souverainetés de Béarn et de Domezan, pays bas de Flandre, que nos duchés, comtés, viscomtés, terres et seigneuries enclavées en ce royaume, fust et demeurast désuni, distraict et séparé de celuy de nostre maison et couronne de France, sans y pouvoir estre aucunement comprins ny meslé, s'il n'estoit par nous autrement ordonné : ou que Dieu nous ayant fait ceste grâce de nous donner lignée y voulussions pourvoir. Et a ceste fin pour ne changer l'ordre et formes observées en la conduitte et maniement d'iceluy nostre domaine, aurions déclaré nostre intention estre qu'il fût manié et administré par personnes distinctes, tout ainsi qu'il estoit auparavant nostre advénement à la couronne : et sur les difficultés que nostre cour de parlement de Paris faisoit de procéder à la vérification desdites lettres, aurions fait despecher deux autres lettres en forme de jussion, les unes au camp de Chartres, du 18e jour d'avril 1591, les autres du 29 may ensuivant, nonobstant lesquelles nostre procureur général se seroit rendu partie pour la défense des droicts de nostre couronne ; lesquels ayant représenté à nostre cour, s'en seroit ensuivy arrest du 29 juillet 1591, par lequel elle auroit arresté ne pouvoir procéder à la vérification desdites lettres ; d'ailleurs aucuns de nos autres parlemens pressés de nos très-exprès commandemens, auroient vérifiés lesdites lettres du 13 d'avril, mais depuis ayant considéré les moyens sur lesquels nostredit procureur général s'est fondé, ensemble les raisons qui l'ont meu, et nosdites cours, touchés de l'affection que nous devons à notre royaume, auquel nous nous sommes totalement dédiés, et postposans nostre particulier au public... »

770 Une société « taisible » était contractée tacitement par les parties (P.-E. Littré, *Dictionnaire de la langue française*, éd. du Cap, Monte-Carlo, 1962, 4 vol., t. IV, p. 6184, V° « Taisible »). Dès lors l'« union taisible » va sans dire : elle s'impose, entre les deux domaines, à l'avènement du roi.

771 ISAMBERT et *al.*, *Recueil général des anciennes lois françaises*, ouvr. cité, t. XV, p. 528-530.

couronne, c'est le précédent qui s'impose à leurs successeurs[772]. La métaphore du mariage est, toutefois, inversée dès lors que l'on veut spécifier l'immutabilité du domaine de la Couronne : c'est alors la « République » qui dote le souverain du domaine public lors de son accession au trône. Par application de la *lex julia*, il en devient le gardien et dès lors ne peut l'aliéner[773]. Le roi ne pouvait donc rien posséder en propre : sa personne privée était absorbée par la fonction royale.

IV - La langue du roi

432. Parmi les dernières « vrayes marques de souveraineté », juste avant la titulature du souverain[774] et le domaine de la couronne, Bodin positionne le vernaculaire royal. Il est, sans conteste, le premier juriste à revendiquer l'imposition du vernaculaire royal à tous les sujets du souverain :

> « On pourroit dire à plus juste occasion, que c'est une vraye marque de Souveraineté de contraindre les subjects à changer de langue : ce que les Romains ont mieux exécuté, que Prince ni peuple qui fut onques : en sorte qu'ils semblent commander encores en la pluspart de l'Europe. Aussi le dernier Roy des anciens Hetrusques estant vaincu, fit tout ce qu'il pleut aux Romains : mais il ne voulut onques recevoir la langue Latine : Caton dit, *latinas literas ut reciperet, persuaderi non potuit.* Et d'autant que les Gaules estoyent pleines de bourgeois Romains, et de leurs colonies, ils changèrent quasi la langue du païs en Latin, qu'ils appelloyent Roman, et se donnoyent tous les arrests en Latin, jusques à l'ordonnance du roy François I. Nous voyons aussi les Arabes avoir planté leur langue par toute l'Asie et l'Afrique, et depuis peu d'années le Roy d'Espagne voulut contraindre les Mores de la Granate à changer d'habit et de langue »[775].

---

772 ISAMBERT et *al.*, *Recueil général des anciennes lois françaises,* ouvr. cité, t. XV, p. 529 «... la justification de ce grand et perpétuel dot se peut aisément recueillir d'une bonne partie desdictes unions, et spécialement la très illustre remarque qu'en fournit la ville capitale de la France auparavant le domaine particulier du très noble et très ancien tige de nostre royalle maison ».

773 A. du CREST, *Modèle familial et pouvoir monarchique (XVIe-XVIIIe siècle),* Aix-en-Provence, P.U.A.M., 2002, p. 33-71; R. DESCIMON, « Les fonctions de la métaphore du mariage politique du Roi et de la République en France, XVe-XVIIIe siècles », dans *Annales E.S.C*, 1992, p. 1127-1147.

774 J. BODIN, *Les six Livres de la République*, ouvr. cité, p. 340 : « Quant au tiltre de Majesté, il appert assez qu'il n'appartient qu'à celuy qui est souverain ».

775 *Ibid.*, p. 339-340.

433 L'ordonnance de Villers-Cotterêts, évoquée dans le texte est récente (1539) à l'époque où Bodin publie la première édition des *Six livres* (1576). Il n'en présente l'incidence qu'au regard du pouvoir judiciaire, c'est-à-dire la domination de la justice, le dernier ressort étant indissociable de la domination de la loi.

§ II - UN CONTEXTE FAVORABLE À L'EXPANSION DU FRANÇAIS

434. En considérant le vernaculaire royal comme une « vraye marque de souveraineté », Bodin se situait dans un puissant courant d'opinion, à la fois politique et culturel.

435. À l'époque[776] où l'auteur des *Six Livres de la République* commet la première édition de son ouvrage (1576), le réseau des justices royales est devenu très dense. Les lois du roi, pour devenir exécutoires, doivent être obligatoirement vérifiées et enregistrées par les parlements et autres cours souveraines ou inférieures. Et ces lois sont en français et uniquement publiées dans cette langue. La concession des prérogatives régaliennes liées aux personnes (anoblissement, naturalité, légitimation) ou aux terres (inféodation, amortissement, concession de dignité) utilise, pour seul canal, depuis 1539, le vernaculaire royal. Si les parlements et autres cours, jusqu'à l'ordonnance de Villers-Cotterêts, expriment, nous le verrons, leurs décisions en latin, ils ne traduisent plus dans cette langue les manifestations du pouvoir législatif de celui qui leur a délégué le pouvoir judiciaire. Ils les reproduisent dans la langue française qui est devenue un symbole de la souveraineté royale. Mais, hormis cette souveraineté royale exprimée dans le seul vernaculaire royal, au travers de ses lois et du « dernier ressort », les langues de France subsistent et bénéficient, sur le territoire du royaume, d'une liberté d'expression sans limite. À cela une raison : si le lien entre le roi et ses sujets n'implique pas le partage d'une langue unique, c'est que la féodalité et le catholicisme qui la sous-tend avec les rapports interpersonnels qu'ils suscitent sont en soi suffisants pour assurer la cohésion du royaume. Le vernaculaire royal va cependant bénéficier, parce qu'il est la langue maternelle du roi, d'une avancée considérable pour cinq raisons différentes plus ou moins liées les unes aux autres : la Réforme (A), la Renaissance, révolution culturelle (B), le

776 R. DOUCET (*Les institutions de la France au XVIe siècle*, Paris, Picard, 1948, 2 vol) propose une approche très complète du contexte institutionnel de l'écriture des *Six Livres de la République*.

grand mouvement de traductions qu'elle suscita (C), les visées hégémoniques des rois de France, précisément sur les pays d'où provient cette Renaissance (D) et les mouvements littéraires cautionnés par le pouvoir (E).

A - LA RÉFORME

436. S'opposant à l'Église catholique, les Réformés vont remettre en cause la latinité des livres sacrés et revendiquer leur traduction dans la langue du roi. Le caractère didactique d'une langue accessible à tous est l'argument de bon sens développé par Lefèvre d'Étaples ou Calvin. En 1523, dans la préface qui précède sa traduction du *Nouveau Testament*, Lefèvre d'Étaples affirme que :

> Ung chascun qui a congnoissance de la langue gallicane et non point du latin... les simples membres du corps de Jésus Christ, ayant ce en leur langue, puissent estre aussi certains de la vérité évangélique comme ceux qui l'ont en latin. Se aucuns vouloyent dire ou empescher que le peuple de Jesus Christ ne leust en sa langue levangile qui est la vraye doctrine de Dieu qu'ilz sachent que Jésus Christ parle contre telz disant par S. Luc (XI)... Malheur sur vous (115) docteurs de la loye, qui avez osté la clef de science ; vous n'y estes point entrez et avez empesché ceulx qui y entroyent... Et comment prescheront-ilz levangile à toute créature, comment enseigneront-ilz à garder toute chose que Jésus Christ a commandé ; se ilz ne veulent point que le simple peuple voye et lise en sa langue levangile de Dieu ?... Dieu dit par Esdras, en parlant de l'ancienne loi *legent digni et indigni* ; les dignes et indignes la lisent. Les chrestiens enfans de Dieu sont-ils de pire condition à lire la loy nouvelle (la loy de vie et de grace) que les juifs l'ancienne, lesquelz estoient serfz... Nous ne devrions point doncques les lire seulement et les avoir en livres materielz ; mais les tenir promptement en mémoire et les avoir escriptes en nos cœurs »[777]

437. Dans la Bible française d'Olivetan, qu'il préfaça – on est en 1535 –, Calvin adresse ce livre « à tous les Césars, Rois, princes et nations soumises à Jésus christ » ; car il estime que la traduction des

777 J. LE FÈVRE d'ÉTAPLES, *Le Nouveau Testament de nostre Saulveur Jésus Christ translaté selon le vray texte en franchois*, 1ère éd., Paris, *apud, S. Colinarum*, 1524, p. 1. Cette première édition avait été précédée, en 1521 et 1523 de traductions des Évangiles, des Épitres, des Actes et de l'Apocalypse. Sur l'auteur, on peut consulter C.-H. GRAFF, *Éssai sur la vie et les écrits de Lefèvre d'Étaples*, Strasbourg, imprimerie de G.-L. Schuller, 1842.

livres sacrés leur est tout aussi nécessaire qu'au peuple[778]. L'année suivante, en 1536, il publiera pourtant en latin son *Institution sur la religion chrestienne*[779], mais il la rééditera en français cinq ans plus tard[780]. C'est sans aucun doute une des œuvres les plus importantes de ce temps, une œuvre dont l'incidence politique fut incommensurable.

433. L'Église catholique, bien sûr, va résister, mais implicitement. Sa position est, nous le verrons, sans égale pour qu'il lui soit nécessaire de théoriser sur l'usage du latin. Celui-ci va sans dire, quoique certains tel Montaigne ait éprouvé le besoin de manifester une désapprobation quelque peu hautaine sur la traduction en français des psaumes réalisée par Clément Marot[781] :

> « Ce n'est pas sans grande raison, ce me semble, que l'Eglise défend l'usage promiscue, temeraire et indiscret des saintes et divines chansons que le Sainct Esprit a dicté en David. Il ne faut mesler Dieu en nos actions qu'avecque reverence et attention pleine d'honneur et de respect. Cette voix est trop divine pour n'avoir autre usage que d'exercer les poulmons et plaire à nos oreilles : c'est de la conscience qu'elle doit estre produite, et non pas de la langue. Ce n'est pas raison qu'on permette qu'un garçon de boutique, parmy ces vains et frivoles pensemens, s'en entretienne et s'en jouë.
> Ny n'est certes raison de voir tracasser par une sale et par une cuysine le Sainct livre des sacrez mysteres de nostre créance. C'estoyent autrefois mysteres ; ce sont à présent desduits et esbats. Ce n'est pas en passant et tumultuairement qu'il faut manier une estude si sérieuz et vénérable. Ce doibt estre une action destinée et rassise, à laquelle on doibt tousjours adjouster cette préface de nostre office : "*Sursum corda*", et y apporter le corps mesme disposé en contenance qui tesmoigne une particulière atention de révérence.

---

778 P-R. OLIVÉTAN, *La Bible qui est toute la saincte escripture en laquelle sont contenus le vieil Testament et le nouveau translatez en françoys. Le vieil de Lebrieu, et le nouveau du grec, Genève*, Pierre de Wingle, 1535, préface, p. 2.

779 J. CALVIN (Joanne CALVINO Noviodunensi autore), *Christianæ Religionis institutio, totam fere pietatis summam et quidquid est in doctrina salutis cognitu necessarium complectens. Omnibus pietatis studiosis lectu dignissimum opus ad recens editum. Præfatio ad Christianissimum Regem Franciæ, qua hic ei liber pro confessione fidei offertur*, Basileæ, per Thomam Platterum et Balthaserum Lasium, mense martio, anno 1536.

780. J. CALVIN, *Intitution de la religion chrétienne en laquelle est comprinse une somme de piété, composée en latin par J. Calvin et translatée en françois par luy mesme. Avec la préface adressée au Très Chrestien Roy de France, François premier de ce nom : par laquelle ce présent livre luy est offert pour confession de Foy*, Genève, 1541 ; rééd. J. PANIER, Paris, Les belles lettres, 1936-1939, 4 vol.

781 C. MAROT, *Trente pseaulmes de David mis en françoys*, Paris, E. Rosset, s.d. (Privilège de novembre 1541).

Ce n'est pas l'estude de tout le monde, c'est l'estude des personnes qui y sont vouées, que Dieu y appelle. Les meschans, les ignorans s'y empirent. Ce n'est pas une histoire à compter, c'est une histoire à révérer, craindre, adorer. Plaisantes gens qui pensent l'avoir rendue maniable au peuple, pour l'avoir mise en langage populaire ! Ne tient-il qu'aux mots qu'ils n'entendent tout ce qu'ils trouvent par escrit ? Diray-je plus ? Pour l'en approcher de ce peu, il l'en reculent. L'ignorance pure et remise toute en autruy estoit bien plus salutaire et plus sçavante que n'est cette science verbale et vaine, nourrie de présomption et de témérité.
Je crois aussi, que la liberté à chacun de dissiper une parole si religieuse et importante à tant de sortes d'idiomes, a beaucoup plus de danger que d'utilité. Les Juifs, les Mahometans, et quasi tous autres ont espousé et reverent le langage auquel originellement leurs mystères avoyent esté conceuz, et en est defendue l'alteration et changement »[782].

B - LA RENAISSANCE

439. Le culte le plus exclusif du latin suscité par la Renaissance a indirectement servi les progrès du français. Les efforts que firent les grands latinistes de la Renaissance pour restituer la langue latine dans sa pureté antique, vont contribuer à l'abolir comme langue vivante. Pour Philippe Ariès[783], « les humanistes ont si bien réussi qu'ils ont tué le latin en le momifiant dans un sarcophage classique ». Le latin avait pu se maintenir dans l'usage quotidien parce qu'on l'avait plié aux besoins quotidiens en acceptant des solécismes usuels et surtout une multitude de barbarismes, que le travail de la pensée moderne et l'usage même de la vie faisaient naître. Les lui interdire, lui imposer la circonlocution au moyen des mots de Cicéron, même en y ajoutant ceux du 1er siècle, c'était la tuer. La vraie langue des Romains ne pouvait pas, sans de véritables tour de force, traduire la pensée du XVIe siècle[784].

440. Cette admiration de l'Antiquité, chez beaucoup de contemporains de François Ier, ne resta pas platonique, et se compliqua d'un désir de partager à tous le trésor qu'on possédait, afin de transformer le monde

782 M. de MONTAIGNE, *Essais*, I, 56, p. 305-306 des *Œuvres complètes*, texte établi par Albert THIBAUDET et Maurice RAT. Introduction et notes par Maurice RAT. Paris, Gallimard, Bibliothèque de la Pléiade, 1962.

783 P. ARIÈS, « Problèmes de l'éducation. De la fin de l'empire romain à l'expulsion des Jésuites », dans *La France et les Français* (direction : Michel FRANCOIS), Encyclopédie de La Pléiade, Paris, Gallimard, 1972. p. 904.

784 F. BRUNOT, *Histoire de la langue française des origines à nos jours*, t. II, *Le XVIe siècle*, ouvr. cité, p. 2-3.

en l'humanisant : « Travailler au bien public, au profit et à l'utilité de tous ». Cette intention généreuse s'affirme dans les préfaces sous cent formes différentes. Elle explique cette ardeur du mouvement de la Renaissance qui a été moins une découverte qu'une diffusion de l'Antiquité. Or, pour faire connaître les arts et les disciplines des anciens, il n'y avait que deux moyens : ou bien enseigner à tous les langues savantes, ou bien, mettre à la portée de tous, dans une langue connue, les arts et les disciplines. Le premier moyen était idéal, et plus encore peut-être qu'aujourd'hui, l'instruction était réputée être une condition essentielle de capacité. Ainsi, « Dans les esprits, comme dans la formule de la chancellerie, sens, suffisance et littérature allaient ensemble »[785]. Ceux qui n'étaient pas clercs étaient à peu près sans culture : toutes sortes de témoignage l'attestent, et surtout ils ignoraient le latin. L'instruction en latin était donc réservée à une « élite », les « doctes », les « lettrés », essentiellement le premier ordre de la nation. Le moyen de l'enseignement était ainsi irréalisable car on ne pouvait songer à donner une éducation en cette langue à ceux d'entre eux qui avaient passé l'âge des études. On prit le seul parti possible, celui de faire, à l'usage de la noblesse et de la cour, des livres en français[786]. Sur cette raison d'anthropologie culturelle est venue se greffer une raison commerciale : le livre français était susceptible d'intéresser un public plus considérable, et dès lors, d'avoir plus d'acheteurs[787]. Il était donc souhaitable, pour ne pas dire « commercial », de traduire en vulgaire les œuvres de l'Antiquité si on voulait les rendre accessibles au plus grand nombre.

C - UN MOUVEMENT CONSIDÉRABLE DE TRADUCTIONS

441. La remise au goût du jour des œuvres de l'Antiquité latine à la fin du XVe et au début du XVIe siècle se heurtait, nonobstant la position toujours considérable de la langue latine dans l'enseignement, à une phénoménale inculture de la cour et de l'aristocratie en général, incapable d'accéder à la littérature latine. Le français est la langue du pouvoir et donc celle de la cour. On va donc, prolongeant le souci d'Oresme, provoquer un nouveau mouvement de traduction du latin vers le français. Un homme jouera, au tout début du XVIe siècle, dans ce

785 F. BRUNOT, *Histoire de la langue française des origines à nos jours*, t. II, *Le XVIe siècle*, ouvr. cité, p. 2-3.

786 *Ibid.*, p. 28-29.

787 *Ibid.*, p. 3.

registre, un rôle primordial. Il s'agit de Claude de Seyssel, un des hommes les plus considérables de son temps[788]. Familier de Louis XII, Seyssel était effectivement préoccupé par l'inculture du groupe dominant. Il estime que la France serait mieux administrée si l'usage général du français permettait à des gens compétents, dont le seul tort était alors d'ignorer le latin, d'accéder aux charges et aux offices. Pour Seyssel, le français doit donc être érigé en langue nationale[789]. Il va à cette fin réaliser une œuvre énorme de traductions de classiques en langue vulgaire[790]. Dès 1509, dans le prologue de Justin, il a posé en principe qu'il fallait que ceux qui n'ont aucune connaissance de la langue latine pussent entendre « plusieurs choses bonnes et autres, soit en la Saincte Escriture, en Philosophie morale, en Médecine ou en Histoire », bref qu'il était « nécessaire » de constituer une « licterature en françois »[791]. Il va donc traduire des classiques, grecs et romains, mais ces traductions vont rester longtemps confidentielles, conservées dans leur manuscrit de dédicace offert au roi[792]. Leur diffusion ne commença qu'avec leur publication imprimée, après la mort de Seyssel. Les rois ont-ils obéi aux suggestions de ce dernier, ou à leur propre instinct ? Peu importe ! Ce qui est incontestable, c'est que les souverains, et à leur tête François Ier, ont voulu par ce moyen faciliter et étendre l'instruction de leurs sujets. François Ier va ainsi charger son secrétaire, lecteur et finalement aumônier, Jacques Colin, de faire imprimer ces traductions. Chez le souverain et ses conseillers, cette publication répond – cela est manifeste – à la même arrière-pensée politique qui avait conduit Charles V à commanditer nombre de traductions savantes. Le royaume avait besoin d'une classe dirigeante

788 Ch. DUFAYARD, *De Claudii Seisselii vita et operibus*, Facultati Parisiensi thesim proponebat Carolus Dufayard, apud Hachette, Paris, 1892.

789 F. DUVAL, *Le Moyen Âge*, dans A. REY, F. DUVAL et G. SIOUFFY, *Mille ans de langue française. Histoire d'une passion*, Paris, Perrin, 2007, p. 285.

790 F. BRUNOT, *Histoire de la langue française des origines à nos jours*, t. 2, *Le XVIe siècle*, ouvr. cité, p. 29.

791 « Prologue de Messire Claude de Seyssel, evesque de Marseille, en la translation de Justin, abbreviateur des Histoires de Trogue Pompée, adressé au très puissant et très Chrestien Roy de France, Louis XII de ce nom », présenté au roi en mars ou avril 1509 (F. BRUNOT, « Un projet d'"enrichir, magnifier et publier" la langue française en 1509 », dans *Revue d'histoire littéraire de la France*, 1894, I, p. 27-37.), mais publié seulement en 1558, *Les histoires universelles de Trogue Pompée, abbrégées par Justin Historien, translatées de Latin en François par Messire Claude de Seyssel, évesque de Marseille, et depuis archevesque de Thurin,* Paris, De l'imprimerie de Michel de Vascoisan, MDLVIII.

792 F. DUVAL, *Le Moyen Âge*, dans A. REY, F. DUVAL et G. SIOUFFY, *Mille ans de langue française*, ouvr. cité, p. 285.

plus large et mieux instruite ; seule la lecture en français d'auteurs de l'Antiquité pouvait aider à la former. La préface de Jacques Colin au *Thucydide* de Seyssel est à cet égard univoque :

> « Le roi François ayant en sa librairie (bibliothèque) Thucydide, Athénien, translaté en notre langue par un tel personnage que fut messire Claude de Seyssel, qu'il solennise par son chef d'œuvre, pource que ledit livre ne se trouvoit ailleurs , de son propre mouvement a esté content d'en faire part aux princes, seigneurs et gentilshommes de son royaume... de sorte que pour estre compris et contenus les exemples de tous humains offices et devoirs, tant en ce volume qu'en ceux de Diodore, Sicilien, des satrapes et successeurs d'Alexandre, et d'Appien, Alexandrin, des guerres civiles et foraines, tous trois d'une mesme translation, tous trois reposant en la royale librairie, tous trois non trouvables ailleurs en vulgaire, le roi, voyant que la science des langues étrangères n'étoist encore généralement espandue parmi la noblesse de son royaume, a voulu cette compagnie estre mise comme sur ung perron, dont elles feussent veues de toutes parts, afin que, de ce qui y sera trouvé imitable et bon à ensuivre, l'on en prenne et trouve les enseignemens au profit de la chose publique et édification de soy-mesme »[793].

442. Le mouvement s'amplifia tout au long du XVIe siècle, et il fut sans aucun doute relayé par les nécessités du commerce. Des libraires, comme Jean de Tournes[794], transformèrent leurs imprimeries en véritables officines de traductions. L'extension de l'imprimerie avait pour conséquence nécessaire l'adoption d'une langue encore plus connue que ne l'était le latin. Il fallait faire tôt ou tard, si les ateliers ne voulaient pas chômer, des livres destinés à un public qui savait lire. Il y a là une raison d'ordre économique qui a peut-être contribué plus qu'aucune autre à assurer le triomphe du français sur le latin. Pendant quelques décennies, les éditions dans les deux langues alternent jusqu'à la consécration de la primauté du français dès lors qu'un lectorat important souhaitait être atteint par les auteurs et les « libraires-éditeurs »[795]. L'œuvre même de Jean Bodin paraît significative de cette évolution. *Les Six Livres de la République* parurent en 1576 à Paris chez Jacques Du Puys. Suivront jusqu'en 1629, quatorze éditions en langue française, dont une clandestine à Genève (1577) et neuf éditions

793 C. de SEYSSEL, *Thucydide. L'histoire de la guerre qui fut entre les Péloponésiens et les Athéniens*, préface J. COLLIN, Paris, Josse Bade, 1527, p. 2-3.

794 F. BRUNOT, *Histoire de la langue française des origines à nos jours*, t. II, *Le XVIe siècle*, ouvr. cité, p. 30.

795 *Ibid.*, p. 30-31.

latines, de 1586 à 1641[796]. Dans la diffusion de cette œuvre fondamentale, le français domine incontestablement. Bodin lui-même s'en explique dans la préface de la première édition, celle de 1576. Il justifie l'usage du français en ciblant son public potentiel :

443. «... j'ay entrepris le discours de la République et en langue populaire, tant pour ce que les sources de la langue Latine sont presque taries, et qui seicheront du tout si la barbarie causée par les guerres civiles continue, que pour estre mieux entendu de tous François naturels ; je dy ceux qui ont désir et vouloir perpétuel de voir l'estat de ce Royaume en sa première splendeur, florissant en armes et en loix »[797].

D - LA CONCEPTUALISATION PAR SEYSSEL DE L'INSTRUMENTALISATION DE LA LANGUE DU ROI

444. Les vues de Seyssel allaient bien au-delà de ce souci de cultiver l'élite. Il considérait que la langue du roi devait être imposée aux sujets dès l'instant ou les effets d'une conquête permettait d'intégrer ces populations non francophones mais ne faisant pas partie de la France primordiale, c'est-à-dire féodale. Seyssel vit à l'époque des guerres d'Italie. Il importe, à cet égard, de rappeler brièvement les prétentions des Valois. Louis XI avait trouvé dans la succession de René d'Anjou des droits sur le royaume de Naples qu'occupait alors une branche de la maison d'Aragon. Il n'avait pas jugé à propos de les faire valoir, préférant « se contenter de l'autorité morale qu'il exerçait sans péril dans la péninsule »[798]. Son fils Charles VIII, sollicité par quelques nobles napolitains réfugiés en France, partit à la conquête de « son » royaume : il franchit les Alpes en août 1494, entra à Naples le 22 février 1495, mais perdit définitivement sa couronne italienne en juillet 1496[799]. Son cousin et successeur Louis XII était, de surcroît, héritier des droits des Visconti sur la Lombardie[800] et à ce titre désirait rentrer

796 C. FRÉMONT, M.-D. COUZINET, H. ROCHET, Réédition de Jean BODIN, *Les six Livres de la République*, édition de Lyon de 1593, « par Gabriel Cartier », Paris, Fayard, 1986, pour le « Corpus des œuvres de philosophie en langue française », collection dirigée par Michel SERRES, présentation, p. 1-2.

797 J. BODIN, *Les six Livres de la République*, ouvr. cité, p. 4.

798 J. GAUTIER, « Charles VIII », *G.E.*, t. X, p. 714.

799 Pour une chronologie d'une grande précision, on peut utilement consulter H.-Fr. DELABORDE, *L'expédition de Charles VIII en Italie, histoire diplomatique et militaire*, Paris, Firmin-Didot, 1885.

800 Comme héritier de son ayeule Valentine Visconti.

en possession de « son » duché de Milan et bien évidemment du royaume de Naples, en tant qu'héritier substitué de la maison d'Anjou. En avril 1500 le Milanais est conquis, pour treize ans, et le 11 novembre de la même année, Louis XII devint roi de Naples pour un peu moins de trois années[801]. Si Naples ne fut qu'un rêve éphémère, on crut, en revanche, la Lombardie solidement arrimée au royaume français. Et c'est à son propos que Claude de Seyssel semble avoir perçu l'importance du rôle de la langue dans la formation de l'unité française. Instruit par l'expérience de son séjour en Italie où il fut un des principaux agents de l'influence française, il en était arrivé à pressentir l'action que la diffusion de la langue pouvait avoir pour assurer les conquêtes du roi au-delà des monts. Dans le prologue du Justin qu'il présentera à Louis XII en 1510, il s'efforcera de montrer au roi, au moyen de l'histoire, la force du concept qu'il voulait imposer et qui peut être formulé, à l'époque du *cujus regio ejus religio* par l'expression suivante : « un Roi, une langue ».

> « Qu'ont fait le peuple et les princes romains quand ils tenoient la monarchie du monde et qu'ils taschoyent a la perpetuer et rendre eternelle. ? Ils n'ont trouue autre moyen plus certain ne plus seur que de magnifier, enrichir et sublimer leur langue latine, qui, du commencement de leur empire, estoit bien maigre et bien rude, et après, de la communiquer aux païs et provinces et peuples par eux conquis, ensemble leurs lois Romaines couchées en icelle ».

445. Le concept est dès lors affiné. On peut le formuler ainsi : « un Roi, une langue et un droit exprimé dans cette langue ». Après avoir exposé, toujours dans ce prologue, par quel travail le latin fut rendu à peu près aussi parfait que le grec, il engage le roi à conformer sa politique à celle de ces « illustres conquereurs », à faire « enrichir et magnifier » sa langue française. Dèjà en Astiane et dans le Piémont, où elle est usuelle, son influence a été telle, que les gens « ne sont pas grandement différens de la forme de viure de France ». Ailleurs, ajoute-t-il, on commence à s'entendre sans truchement, et de la sorte « s'adaptent les Italiens, aux habillemens et maniere de viure de France ». Si l'on persévère « par continuation sera quasi tout une mesme façon » ou, comme nous dirions en langage moderne, l'assimilation sera complète[802].

801 R. de MAULDE de La CLAVIÈRE, *Histoire de Louis XII*, Paris, E. Le Roux, 1889-1891, 3 vol., t. 2, p. 20-158.

802 C. de SEYSSEL, *Les histoires universelles de Trogue Pompée, abbrégées par Justin Historien, translatées de Latin en François par Messire Claude de Seyssel, évesque de Marseille, et depuis archevesque de Thurin*, ouvr. cité, prologue, p. 4.

446. Ainsi entendue, la langue du roi pouvait être imposée comme une marque spécifique de sa souveraineté. Au temps de Seyssel et des conquêtes italiennes, c'est au regard de ces dernières qu'est uniquement spécifié le rôle du vernaculaire royal. Bodin, quelques années plus tard, n'hésitera pas, nous l'avons vu, à franchir le pas en posant en norme fondamentale l'usage de ce dernier. Il est vrai qu'entre-temps la Renaissance s'était cristallisée dans des courants culturels appuyés par la monarchie.

E - LE DÉPLOIEMENT D'UNE LITTÉRATURE EN FRANÇAIS AU SERVICE DE LA ROYAUTÉ

447. Vers le milieu du XVIe siècle, alors que, nous le verrons l'ordonnance de Villers-Cotterêts établira fermement et définitivement le français comme langue du judiciaire et du parajudiciaire, des écrivains et des poètes, s'engageant dans la direction indiquée par le pouvoir, veulent libérer la langue de sa gangue liturgique et médiévale. Ferdinand Brunot est à même de présenter dans son *Histoire de la langue française*, les grands précurseurs de ce mouvement de revendication en faveur de la langue du roi [803]. Celui-ci fut, de Louis XII à Henri III, appuyé avec plus ou moins de force, mais de façon à peu près constante, par la royauté. On ferait un livre entier avec les préfaces ou les fragments de préface, dans lesquelles les auteurs les plus divers, poètes et grammairiens, médecins et historiens, conteurs et philosophes, remercient François Ier, Henri II, Charles IX, Henri III du soin qu'ils prennent d'enrichir la langue française[804]. Nous rappellerons ici les deux principaux jalons qui sont au cœur de cette évolution : La Pléiade et Malherbe.

803 F. BRUNOT, *Histoire de la langue française des origines à nos jours*, t. II , *Le XVIe siècle*, ouvr. cité, p. 33 et s.

804 *Ibid.*, p. 27.

I - La Pléiade

448 Il revient à Ronsard d'avoir eu l'idée de créer la Pléiade, en hommage à la Pléiade antique, qui désignait sept illustres poètes grecs. Il regroupe autour de lui Joachim du Bellay, l'helléniste Dorat, Jean-Antoine de Baïf, Rémy Belleau, Pontus de Tyard et Jodelle. Mais c'est du Bellay qui le premier théorisa les idées de ce groupe : 1547 est la date de naissance de la Pléiade, 1548 celle où il publie son manifeste : la fameuse *Défense et Illustration de la Langue françoise*[805]. Les principaux éléments de cette œuvre d'apologétique peuvent être ainsi définis : parmi les langues vulgaires, la française est telle qu'aucun sujet (aucune discipline) ne doit lui être interdit. Tout au contraire « la bonne destinée Françoyse » amènera un temps où le Royaume « obtiendra à son tour les resnes de la Monarchie », c'est-à-dire de l'empire, monarchie universelle, et où « nostre langue, qui commence encor'à ieter ses racines, sortira de terre et s'élèvera en telle hauteur, et grosseur, qu'elle se pourra égaler aux mesmes Grecz et Romains »[806]. Il est donc grand temps que les Français écrivent dans la leur. En effet, en vain un auteur espère, en se servant du latin, être entendu en plus de lieux, « comme la fumée qui, sort grosse au commencement, peu à peu s'évanouist parmy le grand espace de l'Air, il se perd, pour estre opprimé de l'infinie multitude des autres plus renommez, il demeure quasi en silence, et obscurité »[807]. Pour parvenir à hausser le vernaculaire royal au niveau qui doit être le sien, il faut donc rejeter l'héritage du Moyen Âge et recréer une langue poétique, des rythmes et des règles, à l'exemple des Anciens et des Italiens. Ainsi, proclame-t-il : « Lis donc, ô poète futur, les exemplaires grecs et latins ; puis me laisse toutes ces vieilles poésies françaises aux jeux floraux de Toulouse et au jury de Rouen, comme rondeaux, ballades, virelais, chants royaux, chansons et autres bêtes épisseries qui corrompent le goût de notre langue et ne servent sinon à porter témoignage de notre ignorance »[808]. Dans le souci d'enrichir la langue d'un vocabulaire aussi étendu que possible, Du Bellay recommande d'emprunter aux dialectes, aux archaïsmes, aux pays voisins, et, pour les termes techniques, au

805 J. du BELLAY, *La défense et illustration de la langue française*, Nous avons utilisé l'édition CHAMARD, Paris, Didier, 1904, réed. 1948.

806 J. du BELLAY, *La défense et illustration de la langue française* ouvr. et éd. cités, p 59.

807 *Ibid.*, p. 157.

808 *Ibid.*, p. 181.

grec et au latin. Il conseille aux auteurs de ne pas craindre d'inventer des néologismes[809].

449. Ronsard publie en 1550 les quatre livres d'*Odes*[810], où transparaît l'attitude constante de La Pléiade : le mépris pour les marotiques (disciples de Clément Marot) et les poètes courtisans. Dans son avis « Au Lecteur », il traite dédaigneusement ses devanciers et affirme ne rien leur devoir, « car l'imùitation des nostres m'est tant odieuse (d'autant que la langue est encores en son enfance) que pour cette raison ie me suis éloingné d'eus, prenant stile apart, sens apart, euvre apart, ne désirant avoir rien de commun avecq une si monstrueuse erreur »[811]. Ces *Odes* rencontrent un très grand succès[812].

450. Pour faire triompher le français, rien ne vaut l'exemple d'une poésie réussie. Grâce à l'élan d'enthousiasme provoqué par les poèmes de la Pléiade, le français s'impose en France comme la langue de la littérature. Du même coup, il pénètre peu à peu dans toutes les sciences, notamment médicale, mathématique, philosophique et historique[813]. La Pléiade prône le retour aux sources et cela s'accorde bien avec les idées réformistes de l'époque. Mais la mort de Ronsard en 1585, et le rétablissement progressif de l'ordre et de la paix marquent bientôt son déclin. En réaction au foisonnement d'innovations linguistiques, presque anarchiques, qu'elle a prônées, succède un besoin plus ou moins conscient de simplicité dans le style, et de respect d'une grammaire qui reste encore à établir. Les critiques se font de plus en plus vives. Les historiens de la langue estiment que la plupart de ces critiques sont justifiées, car loin d'affranchir la langue française des langues anciennes, cet enrichissement du vocabulaire a eu pour résultat d'accroître son inféodation, dans la mesure même où c'étaient le grec et le latin qui fournissaient les bases de nombreux néologismes savants[814]. La Pléiade reste pourtant un mouvement littéraire important, non seulement par ses œuvres, mais aussi par l'influence qu'elle a exercée

---

809 J. du BELLAY, *La défense et illustration de la langue française* ouvr. et éd. cités, p. 200 et s.

810 P. de RONSARD, *Les quatre premier livre des odes de Pierre de Ronsard, Vandomois, ensemble son Bocage*, Paris, Guillaume Cavellart, 1550, *in* 8°.

811 P. de RONSARD, *Œuvres complètes*, Paris, Librairie Alphonse Lemaire, 1914-1919, édition de Paul LAUMONIER en 8 vol., t. VII, *Œuvres en prose*, p. 5.

812 G. DUHAMEL, « Pierre de Ronsard », dans *Tableau de la littérature française de Rutebœuf à Descartes*, Paris, Gallimard, 1962, p. 308.

813 C. HAGÈGE, *Le français, histoire d'un combat*, ouvr. cité, p. 57.

814 *Ibid.*, p. 55.

sur la langue. Avec les libertés prises par les poètes, la syntaxe moderne se prépare, l'ordre des mots dans la phrase se régularise, bien que parfois on le manipule pour faire coïncider une rime. Et surtout, un résultat considérable est acquis : même si l'on blâme ces auteurs iconoclastes, plus personne ne songe à remettre en question l'instrument qu'ils ont profondément remanié, c'est-à-dire la langue française[815].

II - Malherbe

451. En même temps que se rétablit le pouvoir royal dans une France qui s'élève au rang de grande puissance européenne, on observe une remise en question du travail de la Pléiade. C'est à cette même époque que se construit le talent et que se forge la réputation de Malherbe, poète courtisan. Après avoir écrit deux odes pour magnifier la prise de Marseille, en 1596, par Henri IV, « Roi que je verrai jouir de l'empire de la terre »[816], il composera une ode à Marie de Médicis venue épouser le roi en 1600[817], puis, sur commande d'Henri IV, la *Prière pour le roi allant au Limousin* en 1605[818], suivie de l'Ode fustigeant l'attentat dont le roi réchappera en décembre[819]. Il parvient à se concilier les faveurs du monarque qui le retient à la cour, le pourvoit d'une charge de gentilhomme de la chambre, le pensionne et en fait un poète officiel. Il acquiert bientôt une autorité de chef d'école et de maître de la langue. À la différence de Ronsard dont il dénonce l'œuvre entière, Malherbe ne fait jamais étalage de sa subjectivité. Il réprouve le pillage des Anciens. Il recommande les thèmes qui intéressent les hommes en général, qui relèvent de la raison, de l'expérience, de la vérité du temps présent[820]. Il écrit surtout des œuvres de circonstances : sur la France

815 C. HAGÈGE, *Le français, histoire d'un combat*, ouvr. cité, p. 58.

816 F. de MALHERBE, *Au roi Henri le Grand sur la prise de Marseille*, Aix, 1596, dans *Œuvres*, édition présentée, établie et annotée par Antoine ADAM , Paris, Gallimard Bibliothèque de la Pléiade, 1971, p. 29-32.

817 F. de MALHERBE, *À la Reine sur sa bienvenue en France. Ode présentée à S.M. à Aix*, 1600, dans *Œuvres*, ouvr. et éd. cités, p. 32-38.

818 F. de MALHERBE, *Prière pour le roi allant au Limousin*, Stances présentées au roi le 20 novembre, Paris, 1605, dans *Œuvres*, ouvr. et éd. cités, p. 46-49.

819 F. de MALHERBE, *Ode sur l'attentat commis en la personne de Sa Majesté, le 19 de décembre 1605*, dans *Œuvres*, ouvr. et éd. cités, p. 49-55.

820 F. BRUNOT, *La doctrine de Malherbe d'après ses commentaires sur Desportes*, Paris, Masson, 1891, p. 55-56.

restaurée, l'ordre rétabli. Un peu plus tard, en 1610 il compose une Ode à la gloire de la régente Marie de Médicis[821]. On peut citer encore, de 1627, son Ode à la gloire de Louis XIII, partant en guerre contre les réformés de La Rochelle[822], précédée la même année de poèmes dédiés au principal ministre « ce grand CARDINAL, grand chef-d'œuvre des cieux »[823]. Ses vers sont toujours d'une facture irréprochable. Et précisément, Malherbe impose des règles sévères à l'alexandrin : il interdit les hiatus, les enjambements et les inversions. Il exige des rimes riches. Il s'intéresse de près, d'ailleurs, aux différents registres. Les langages utilisés en ce début du XVIIe siècle sont en effet divers. Outre les différents dialectes, il existe la langue des savants : le latin, puis le langage du Palais, qui n'est plus le latin mais le français juridique utilisé par les hommes de lois depuis, nous le verrons, l'ordonnance de Villers-Cotterêts, enfin le langage de la ville et celui de la cour (par la cour, il faut entendre non seulement le roi, les princes et leur entourage immédiat, mais aussi tous ceux qu'ils reçoivent ou fréquentent). Naturellement, la bonne langue est celle qui est issue de l'aristocratie. C'est au perfectionnement de cette langue que va se consacrer tout le travail de Malherbe[824].

452. Son fameux *Commentaire sur Desportes* inaugure la construction des règles de la grammaire, qui, en France, plus qu'ailleurs, sera longue et autoritaire. Malherbe considère que des règles infaillibles dominent la langue. Il rejette les emprunts. Il condamne les mots dialectaux, vocables issus de parlers locaux, donc à bannir du langage courtisan. Il réprouve également les termes techniques, l'abondance des dérivations savantes, l'envahissement de l'italianisme et de la préciosité. Son premier travail consiste à écarter ces éléments étrangers[825]. Par la suite, Malherbe fait une distinction entre les catégories de mots : il y a désormais les mots nobles et les mots bas, dont la haute poésie ne peut s'accommoder. Travailleur acharné, Malherbe, quelles que soient les catégories grammaticales – genre, nombre, cas, degré des adjectifs,

821 F. de MALHERBE, *Ode à la Reine sur les heureux succès de sa Régence*, dans *Œuvres*, ouvr. et éd. cités, p. 112.

822 F. de MALHERBE, *Ode pour le Roi allant châtier la rébellion des Rochelois, et chasser les Anglois, qui en leur faveur étoient descendus en l'ile de Ré*, dans *Œuvres*, ouvr. et éd. cités, p. 158-163.

823 F. de MALHERBE, *Ode à Monseigneur le Cardinal de Richelieu et Sonnet pour Monseigneur le Cardinal de Richelieu*, dans *Œuvres*, ouvr. et éd. cités, p. 156 et 157.

824 F. BRUNOT, *La doctrine de Malherbe d'après ses commentaires sur Desportes*, ouvr. cité, p. 154.

825 C. HAGÈGE, *Le français, histoire d'un combat*, ouvr. cité, p. 59-60.

personne, temps, mode – les a toutes disséquées, retouchées, corrigées. Désireux de se faire entendre du plus grand nombre, il réclame un vocabulaire purement français. Pour cette raison, il défend la clarté du style, même au prix de la lourdeur. Il entend donner à la phrase un tracé quasi géométrique, où la part de l'imprévu se trouve limitée. Ennemi de la fantaisie et du symbolisme, il contribue ainsi à établir une langue pure, légèrement appauvrie mais claire, juste, et relativement stable, à travers laquelle se dessine déjà les grandes lignes du classicisme[826]. Pour lui, « la langue doit contenir et réglementer les pulsions »[827]. Avec Malherbe, après avoir subi les inconvénients de l'anarchie, la langue connaît ceux d'un pouvoir qui la régente. La porte était ouverte à la main-mise du pouvoir sur la langue.

[826] F. BRUNOT, *La doctrine de Malherbe d'après ses commentaires sur Desportes*, ouvr. cité, p. 167-170.

[827] C. HAGÈGE, *Le français, histoire d'un combat*, ouvr. cité, p. 61.

SECTION II - LA CENTRALISATION MONARCHIQUE ET LES PREMIÈRES MESURES D'UNIFICATION LINGUISTIQUE DIRIGÉES CONTRE LE LATIN

453. Pour asseoir sa prépondérance, la France, seul royaume unitaire d'Europe à l'époque moderne, utilise évidemment la langue. De la fin du règne d'Henri IV à la Révolution, la langue française des temps modernes, français classique du « grand siècle » et français post classique du temps de la Régence et des Lumières, est devenue une institution nationale dont le caractère s'imprime dans les esprits conformément au vœu de l'autorité politique. La langue fait ainsi l'objet d'un encadrement. Le pouvoir va la normer, l'ordonnancer (§ I - L'ordonnancement de la langue). Ce faisant, il ne pouvait que provoquer l'affrontement avec la langue qui dominait l'enseignement : le latin dont on perçoit, à la veille de la Révolution, la possible défaite au profit de la langue du roi (§ II - L'expansionnisme linguistique).

§ I - L'ORDONNANCEMENT DE LA LANGUE

454. C'est une initiative du principal ministre, créateur et protecteur de l'Académie française, qui va traduire la main mise du pouvoir sur la langue (A) dont l'ordonnancement au XVIIIe siècle sera présenté et perçu comme un modèle pour l'Europe (B).

A - LA MAIN-MISE DU POUVOIR SUR LA LANGUE : L'ACADÉMIE FRANÇAISE

455. Il importe de rappeler sa genèse (I), pour mieux saisir sa mission (II) et la domination implicitement imposée sur la littérature exprimée dans la langue du roi (III).

I - Genèse de l'Académie française

456. C'est à Richelieu que nous devons la première, principale et emblématique confusion entre autorité politique et force interne de la

langue. Tout a vraiment commencé un peu avant 1635 par ce que Claude Hagège appelle l'« histoire d'une confiscation »[828].

457 En 1635, Richelieu crée l'Académie française. Henri III avait patronné l'*Académie du Palais*, qui avait joué un rôle important dans la reconnaissance de Ronsard comme prince des poètes français. Sous son règne, comme sous celui de Charles IX, des écrivains se réunissaient chez divers lettrés et femmes du monde. Poursuivant cette tradition, quelques amis de la littérature, comme Godeau, Habert, Malleville et d'autres, prirent l'habitude, à partir de 1629, de se livrer à de doctes entretiens sur les belles-lettres chez l'érudit Conrart. Ce cercle d'amis, successivement appelé *Académie des beaux esprits*, *Académie de l'éloquence*, *Académie éminente*[829], développait, par la seule rencontre de ses membres, une vision critique de la vie intellectuelle, littéraire et linguistique[830]. Le génie de Richelieu va imposer au profit de l'autorité monarchique l'activité de cette société dont Pellison a publié l'histoire dès 1635 :

> « Environ l'année 1629, quelques particuliers, logés en divers endroits de Paris, ne trouvant rien de plus incommode dans cette grande ville, que d'aller fort souvent les uns chez les autres sans se trouver, résolurent de se voir un jour de la semaine chez l'un d'eux. Ils étoient tous gens de lettres, et d'un mérite fort au-dessus du commun… Là ils s'entretenoient familièrement, comme ils eussent faits en une visite ordinaire, et de toutes sortes de choses, d'affaires, de nouvelles, de belles-lettres. Que si quelqu'un de la compagnie avoit fait un ouvrage, comme il arrivoit souvent, il le communiquoit volontiers à tous les autres, qui lui en disoient librement leur avis ; et leurs conférences étoient suivies tantôt d'une promenade, tantôt d'une collation qu'ils faisoient ensemble. Ils continuèrent ainsi trois ou quatre ans, et comme j'ai ouï dire à plusieurs d'entre eux, c'étoit avec un plaisir extrême et un profit incroyable ; de sorte que quand ils parlent encore aujourd'hui de ce temps-là, et de ce premier âge de l'Académie, ils en parlent comme d'un âge d'or, durant lequel avec toute l'innocence et toute la liberté des premiers siècles, sans bruit et sans pompe, et sans autres lois que celles de l'amitié, ils goûtoient ensemble tout ce que la société des esprits et la vie raisonnable ont de plus doux et de plus charmant »[831].

828 C. HAGÈGE, *Le français, histoire d'un combat*, ouvr. cité, p. 62.

829 Ph. BERGER, « Conrart », *G.E.*, t. XII, p. 450.

830 J.-P. SEGUIN, « La langue française aux XVIIe et XVIIIe siècle », dans *Nouvelle histoire de la langue française* (Dir. : J. CHAURAND), Paris, Seuil, 1999, p. 232.

831 P. PELLISON et P.-J. d'OLIVET, *Histoire de l'Académie française*, éd. de Ch.-L. LIVET, Paris, Didier, 1858, p. 12.

458. Or Richelieu, qui aimait la langue française et se piquait de bien l'écrire, songeait au même moment à lui donner une loi officielle. Le cardinal, qui avait déjà autour de lui un cénacle de lettrés, fut informé des réunions chez Conrart par l'érudit Chapelain, qu'une ode flatteuse avait poussé dans ses bonnes grâces[832]. Chapelain était en relation avec l'Académie florentine de la Crusca. Il admirait cette compagnie italienne et rêvait d'une compagnie semblable en France. De fait il souhaitait constituer à partir des réunions chez Conrart, auxquelles il participait, une institution d'État[833]. Il en fit donc la suggestion à Richelieu, qui envoya son secrétaire Boisrobert, lui-même membre de ce groupe, offrir à ces lettrés sa protection, et leur demander s'ils ne souhaitaient pas s'assembler régulièrement et faire corps sous une autorité publique, avec mission de réglementer la langue française. Le cardinal avait appris, en effet, que ces réunions puristes étaient à la recherche d'une forme exemplaire du français. Tout comme Malherbe auteur, nous l'avons vu, de poèmes panégyriques célébrant Richelieu, c'étaient des écrivains loyalistes, attachés à l'affermissement de la langue comme reflet de celui de l'État[834].

459. Toute résistance était condamnée d'avance. L'amical cénacle va bientôt être confisqué par le pouvoir. Certes, ils marquèrent d'abord au nom de leur liberté, quelque réticence face à cette pression d'un pouvoir politique désireux d'encadrer leur projet. Mais ils en admirent bientôt les avantages. Une compagnie fut fondée, qui comprenait à l'origine vingt-sept membres, tint sa première séance le 13 mars 1634, et se donna huit jours plus tard le nom d'Académie française[835]. Richelieu sollicita pour ses protégés des lettres patentes de création que Louis XIII signa le 25 janvier 1635.

460. Pour certains écrivains, l'encadrement de la langue du roi fut sans aucun doute perçu comme un instrument au service de l'absolutisme. Les correspondances du temps l'attestent. Écrivant à Guez de Balzac le 26 mars 1634, quelques jours après la première séance, Chapelain fit à

---

832 J. CHAPELAIN, *Ode à Monseigneur le cardinal duc de Richelieu*, Paris J. Camusat, 1633, in f°, 18 pages.

833 J.-P. CAPUT, *La langue française. Histoire d'une institution*, t. I, *842-1715*, ouvr. cité, p. 200.

834 P. PELLISON et P.-J. d'OLIVET, *Histoire de l'Académie française*, ouvr. cité p. 13 : «... et le Cardinal qui avoit l'esprit naturellement porté aux grandes choses, qui aimoit surtout la langue françoise, en laquelle il écrivoit lui-même fort bien, après avoir loué ce dessein, demanda à M. Boisrobert si ces personnes ne voudroient point faire un corps et s'assembler régulièrement, et sous une autorité publique ».

835 C. HAGÈGE, *Le français, histoire d'un combat*, ouvr. cité, p. 64.

ce dernier une ouverture explicite pour rejoindre l'Académie. La réponse de Balzac est féroce et traduit un refus absolu d'encadrement :

> « Trouvez bon qu'aujourd'hui je n'agisse pas sérieusement avec vous. Je n'ai pu m'empêcher de rire de la belle nouvelle de votre lettre. Vous me mandez que vous avez été reçu par grâce dans l'Académie des beaux esprits. Et moi je voudrois vous demander qui a reçu les beaux esprits qui vous ont reçu ? D'où vient le principe de l'autorité et la source de la mission ? Qui sont ces grands personnages qui ont fait grâce à M. Chapelain ? De quelles contrées nouvellement découvertes viennent ces hommes extraordinaires, qui, pour faire grâce à M. Chapelain, doivent valoir un peu plus que M. le cardinal du Perron, et que M. le président de Thou ? Dites-moi encore s'il vous plaît, qu'est-ce que ce directeur ? … Quoi que vous puissiez me dire la-dessus, j'ai peur que vous ne me persuaderez pas, et que j'aurai de la peine à adorer le *Soleil levant* (= l'Académie), dont vous me parlez. On m'en écrit comme d'une comète fatale qui nous menace, comme d'une chose terrible et plus redoutable que la sainte inquisition. On ne mande que c'est une tyrannie qui se va établir sur les esprits, et à laquelle il faut que nous autres, faiseurs de livres, rendions une obéissance aveugle. Si cela est, je suis rebelle, je suis hérétique. Je vais me jeter dans le parti des barbares. Voici un grand mot, mais il est très-véritable. Vous êtes le seul que je puisse préférer à ma liberté : et s'il n'y a pas de moyen de vivre indépendant en ce monde, je vous prie que je ne reconnoisse, en prose et en vers, d'autre juridiction que la vôtre »[836].

461. Le parlement de Paris refusa d'enregistrer le titre, contraignant le tout puissant cardinal à batailler, et ce n'est qu'après avoir sommé les parlementaires par des lettres de jussion et deux lettres de cachet que le titre fondateur sera enregistré, le 10 juillet 1637[837]. C'est ce jour là que l'Académie devint un corps officiel de l'État monarchique.

462. Le but recherché par le pouvoir était une définition de la langue française. Dans le texte fondateur de l'Académie, un dialogue est ainsi figuré entre Louis XIII et son principal ministre, le roi interrogeant ce dernier sur « ce qui nous reste à faire pour la gloire et pour l'embellissement de la France ». Richelieu lui répond « qu'une des plus glorieuses marques de la félicité d'un Estat étoit que les sciences et les arts y fleurissent, et que les lettres y feussent en honneur aussi bien que les armes, puisqu'elles sont un des principaux ornemens de la vertu »[838].

---

836 Cité par J.-P. CAPUT, *La langue française. Histoire d'une institution*, ouvr. cité, t. I, p. 200-201.

837 ISAMBERT et *al.*, *Recueil général des anciennes lois françaises*, ouvr. cité, t. XVI, p. 418, n° 265.

838 *Ibid.*, t. XVI, p. 419.

II - Mission de l'Académie française

463. La mission de l'Académie fut alors définie par ses statuts[839] comportant cinquante articles, dont les principaux sont les articles 24, 25 et 26 : le premier prescrit aux académiciens de donner des règles certaines à la langue française, de la rendre pure, éloquente et capable de traiter les arts et les sciences. Selon le deuxième article, il convient de puiser dans les meilleurs auteurs des modèles de diction et de phrase. Le troisième article énonce qu'il sera composé un dictionnaire, une grammaire, une rhétorique et une poétique. Tous ces articles, fixés par Chapelain en 1634, répondaient au désir de Richelieu[840].

464. La définition de la langue française, imposée par l'article 24, va ainsi être enfermée dans un triple cadre : règlement de l'*élocution* (ce que nous appelons plus vaguement aujourd'hui *discours* (a), *ordre*, interne au système (b), et obligation de *pureté* (c).

a - Règlement de l'élocution

465. L'attention à l'élocution signifie que l'objet à redéfinir et à perfectionner n'était pas seulement la langue au sens restreint du système de formes, mais plus largement tout ce qui règle le discours, *élocution* et *éloquence*. On lit cette préoccupation entre autres dans le projet de Faret[841], quand il énonce déjà le grand thème de « cette langue que nous parlons, et que tous nos voisins parleroient bientôt, si nos conquêtes continuoient comme elles avoient commencé ». Il précise que l'enjeu du progrès indispensable est dans une pratique améliorée de l'activité de discours : «... notre langue plus parfaite déjà que pas une des autres vivantes, pourroit bien succéder à la Latine, comme la Latine à la Grecque, si on prenoit plus de soin qu'on avoit fait jusqu'ici de l'élocution, qui n'étoit pas à la vérité toute l'éloquence, mais qui en faisoit une fort bonne et fort considérable partie »[842]. Le texte des lettres

839 Intégralement publié par J.-P. CAPUT, *La langue française. Histoire d'une institution*, t. I, ouvr. cité, p. 203-208.

840 C. HAGÈGE, *Le français, histoire d'un combat*, ouvr. cité, p. 65.

841 R. SAMUEL, « Nicolas Faret », dans *G.E.*, t. XVII,, p. 11. Ami de Molière et de Saint-Amant, il fit partie de l'Académie française dès sa formation et rédigea le discours qui sert de préface aux statuts.

842 P. PELLISON et P.-J. d'OLIVET, *Histoire de l'Académie française*, ouvr. cité, p. 22. Chapelain avait déjà dit, dès la seconde assemblée (20 mars 1634), qu'il s'agissait « de travailler à la pureté de notre langue, et de la rendre capable de la plus haute éloquence » ; il fallait « régler les termes et les phrases » de la langue, « par un ample

patentes de janvier 1635 orientera en ce sens une politique conforme à l'idée que l'autorité se faisait de l'institution dans un texte qui révèle ce qui sera désormais une obsession nationale[843] :

> « ... il (le cardinal) jugeoit que Nous ne pouvions mieux commencer que par le plus noble de tous les arts, qui est l'Éloquence ; que la langue françoise qui jusques à présent n'a que trop ressenti la négligence de ceux qui l'eussent pu rendre la plus parfaite des modernes, est plus capable que jamais de le devenir, vu le nombre des personnes qui ont une connaissance particulière des avantages qu'elle possède, et de ceux qui s'y peuvent encore ajouter ; que pour en établir des règles certaines il (toujours le cardinal) avoit ordonné une assemblée, dont les propositions l'avoient satisfait : si bien que pour les exécuter, et pour rendre le langage françois non seulement élégant, mais capable de traiter tous les arts, et toutes les sciences, il ne seroit besoin que de continuer ces conférences... »[844].

b - L'ordre linguistique

466. Il fallait en second lieu mettre de l'ordre dans le système autant que dans sa pratique. Ce « besoin d'ordre » a été mis en évidence par Ferdinand Brunot qui montre que cette exigence-là est partagée par le plus grand nombre. Elle caractérise des devanciers comme Malherbe, mais également des contemporains comme Conrart, Chapelain, Richelieu, ou Vaugelas ; la société recherchait alors l'ordre idéal à travers des esthétiques différentes, mais il y avait désormais un ordre linguistique d'État qui pouvait entrer en conflit avec des esthétiques autoritaires telle par exemple le *Commentaire sur Desportes* de Malherbe[845].

---

dictionnaire et une Grammaire fort exacte », pour lui donner « une partie des ornements qui lui manquoient » (*Ibid.*, p. 28).

843 ISAMBERT et *al.*, *Recueil général des anciennes lois françaises*, ouvr. cité, t. XVI, p. 419.

844 P. PELLISON et P.-J. d'OLIVET, *Histoire de l'Académie française*, ouvr. cité, p. 22.

845 F. BRUNOT, *Histoire de la langue française des origines à nos jours*, ouvr. cité, t. III, *La formation de la langue classique (1600-1660)*, p. 32. « À vrai dire, depuis Malherbe, ce besoin d'ordre était général, mais sait-on assez que c'est contre lui et de son vivant même que ses adversaires ont demandé une institution qui fixât la règle officielle du langage. Il y a là un fait de première importance, et qui n'a jamais été, je crois, mis en lumière. C'est par la révolte contre "l'injustice" et la "tyrannie" de Malherbe, que dès 1625, Camus en appelle aux "États généraux pour régler le langage". »

c - L'obligation de pureté

467. Enfin se développe la notion ambiguë de pureté. Réglementation du discours et mise en ordre ne suffisent pas ; il faut satisfaire à une exigence à la fois intellectuelle (se débarrasser de l'inutile) et morale (respecter les bonnes mœurs). Pelisson spécifie ainsi les fonctions des futurs académiciens : «... nettoyer la langue des ordures qu'elle avoit contractées, ou dans la bouche du peuple, ou dans la foule du Palais et dans les impuretés de la chicane, ou par les mauvais usages des courtisans ignorants, ou par l'abus de ceux qui la corrompent en l'écrivant, et de qui disent bien dans les chaires ce qu'il faut dire, mais autrement qu'il ne faut... »[846].

468. Ainsi, la langue dont l'Académie se considère comme la dépositaire et la gardienne est, bien qu'écrite, tout autre chose que purement savante. La mission consiste précisément à discuter de la légitimité, du sens et de l'orthographe des mots... Une fois établies, les règles sont observées à la lettre. Par conséquent, il n'y a plus qu'une seule façon de dire, et une manière obligatoire d'écrire[847]. C'est sur cette toile de fond que se détachent les premières opérations de conquête d'un nouveau mode d'expression, réglé, pur, conforme aux exigences de l'élocution idéale. Les arrêts sont sévères, les discussions le plus souvent justifiées par le souci de la clarté. L'Académie se montre prudente, « car ses décisions peuvent compromettre la langue littéraire, quand celle de ses prédécesseurs ne pouvaient que l'incommoder. Elle est ennemie du jargon de spécialité comme du pédantisme latinisant ; le choix des mots consacrés par un usage reconnu, l'élégance, la clarté, l'éloquence ont précisément pour fonction d'atteindre le grand nombre de ceux qui ont en partage la langue la plus simple »[848]. Par là, le français classique, que l'Académie française a si puissamment contribué à fixer, s'oppose à la langue « docte » du Parlement, où l'on revendique avec force une culture érudite gréco-latine, celle-là même contre laquelle, nous le verrons, l'ordonnance de Villers-Cotterêts avait permis au français de s'affranchir. Il n'est donc pas étonnant que dans la Querelle des Anciens et des Modernes, qu'ouvrit en 1669 le livre de Le Laboureur, *Avantages de la langue française sur la langue latine*[849] et

---

846 P. PELLISON et P.-J. d'OLIVET, *Histoire de l'Académie française*, ouvr. cité, p. 23.

847 C. HAGÈGE, *Le français, histoire d'un combat*, ouvr. cité, p. 67.

848 *Ibid.*, p. 67.

849 L. LE LABOUREUR, *Avantages de la langue françoise sur la langue latine*, Paris, F. Lambert, 1664, *in* 4° de 31 pages.

qui devait, sous diverses formes, occuper la fin du XVIIe siècle et presque tout le XVIIIe siècle[850], l'Académie ait pris le parti des Modernes, qui était celui du français[851].

III – Domination sur une littérature dans la langue du roi

469. Peu après sa fondation, et en dépit des brocards de certains écrivains[852], l'Académie était déjà devenue une autorité si importante, que les plus grands la consultaient, et remaniaient leur écriture en fonction de ses remarques. Ce fut notamment le cas de Racine[853] pourtant présenté au XVIIIe siècle, par Voltaire, comme le modèle parfait. Mais c'est surtout l'étonnante sujétion aux dictats de l'Académie de celui qui deviendra le grand Corneille qui montre la puissance de l'impact que l'institution qui vient d'être créée pouvait avoir sur l'écriture de la langue du roi. Nous sommes en 1636, et un dramaturge de trente ans fait parler de lui en présentant sur le théâtre une tragédie qui lui apportera le succès et suscitera la critique. Pélisson, contemporain s'il en fut, donne un éclairage significatif de cette première affaire que fut la Querelle du Cid :

> « Entre ceux qui ne purent souffrir l'approbation qu'on donnoit au Cid, et qui crurent qu'il ne l'avoit pas mérité, M. de Scudéry parut le premier, en publiant ses Observations contre cet ouvrage, ou pour se satisfaire lui-

---

850 On peut rappeler que cette longue querelle littéraire opposa au XVIIe et au début du XVIIIe siècle, les « Modernes », revendiquant la liberté totale de leur inspiration, aux « Anciens » qui partageaient le culte de l'Antiquité, seul modèle à suivre. La querelle de la langue eut bien évidemment sa part, mais cependant une part modeste car les grands classiques, tenant tous pour les anciens, s'exprimaient en français et pouvaient donc difficilement réfuter l'opinion de Le Laboureur. *Cf.* M. FUMAROLI et A.-M LECOQ, *La Querelle des Anciens et des Modernes*, Paris, coll. Folio classique, 2001.

851 C. HAGÈGE, *Le français, histoire d'un combat*, ouvr. cité, p. 68.

852 Voir *supra* la position de Guez de Balzac.

853 Écrivant au père jésuite Bouhours, un des premiers académiciens, Racine lui adressa la supplique suivante : « Je vous envoie les quatre premiers actes de ma tragédie, et je vous envoierai le cinquième, dès que je l'aurai transcrit. Je vous supplie, mon révérend Père, de prendre la peine de les lire, et de marquer les fautes que je puis avoir faites contre la langue, dont vous êtes un de nos plus excellents maîtres. Si vous y trouvez quelque faute d'une autre nature, je vous prie d'avoir la bonté de me les marquer sans indulgence, je vous prie encore de faire part de cette lecture au Révérend Père Rapin, s'il veut bien y donner quelques moments. Je suis votre très-humble et très-obéissant serviteur, etc... ». Cité par J.-P. CAPUT, *La langue française. Histoire d'une institution*, ouvr. cité, t. 1, p. 227.

même, ou, comme quelques-uns disent, pour plaire au Cardinal, ou pour tous les deux ensemble »[854].

470. Cette anecdote de jalousie littéraire est importante : à travers les personnages de Corneille et de Richelieu, se joue la représentation des principes qui doivent fonder l'utilisation de la langue. La création est désormais affaire d'État, non seulement parce qu'un ministre envieux et tout puissant peut intervenir pour dire le bien et le mal d'une pièce de théâtre, mais parce que celui qui veille à l'encadrement de l'emploi de la langue est celui-la même qui encadre l'autorité politique. La norme ainsi formulée est quelque part définitive ; de Richelieu à Grégoire de Domergue à Jospin, le mot d'ordre restera le même : l'État doit imposer à la Nation le cadre de sa langue. Tout autant que la mesquinerie jalouse, cela explique l'obstination du Cardinal. Quant à Corneille sa réaction montre à l'évidence que désormais en France les chefs de la nation sont les propriétaires des mots et des « phrases », comme on disait alors. Le 15 novembre 1637, Pierre Corneille écrivait humblement à Boisrobert :

> « J'attends avec beaucoup d'impatience les Sentiments de l'Académie, afin d'apprendre *ce que dorénavant je dois suivre* ; jusque-là, je ne puis travailler qu'avec défiance, *et n'ose employer un mot en sûreté* (...). Je me réjouis puisque vous le voulez, à me laisser condamner par votre illustre Académie. (...) Mais je vous supplie de considérer qu'elle procède contre moi avec tant de violence, et qu'elle emploie une autorité si souveraine pour me fermer la bouche, que ceux qui sauront son procédé auront sujet d'estimer que je ne serois point coupable, si l'on m'avoit permis de me montrer innocent »[855].

471. La langue dans sa grammaire même a désormais son tribunal : au premier rang, la représentation du temps par les formes verbales est examinée comme indissociable de l'esthétique. Il s'en dégage une véritable règle à laquelle l'écrivain est tenu de se soumettre. « Corneille ayant écrit : *je l'avoue entre nous, quand je lui fis l'affront / j'eus le sang un peu chaud et le bras un peu prompt*. L'action vient d'être faite, dit l'Académie, "il falloit dire : *quand je lui ai fait*, puisqu'il ne s'étoit point passé de nuit entre deux" »[856]. Ici passé simple et passé composé

854 P. PELLISON et P.-J. d'OLIVET, *Histoire de l'Académie française*, ouvr. cité, p. 86-87.

855 C'est nous qui soulignons. P. PELLISON et d'OLIVET, *Histoire de l'Académie française*, ouvr. cité, p. 94.

856 G. de SCUDÉRY, *Observations sur le Cid*, Paris, « au dépens de l'auteur », 1637, p. 11.

devaient obéir à la fois à la vraisemblance de l'unité de temps, et aux consignes des 24 heures[857].

472. Mais l'opération critique ne pouvait suffire à cette société éprise de perfection. « Il lui fallait de nouvelles Tables de la Loi »[858]. Elle a cru les trouver, onze ans après *Le Cid* dans le recueil de *Remarques* de Vaugelas[859]. Il fallait à la politique initiale de la langue un affermissement et un couronnement. Le siècle de Louis XIV a rempli cet office[860] ; une génération d'écrivains a représenté la maturité

---

857 La limite du dictat linguistique se trouvait déjà dans l'opinion. G. de SCUDÉRY, dont les œuvres sont aujourd'hui tombées dans l'oubli, reprochait à Corneille dans ses *Observations sur le Cid* (ouvr. cité, p. 13) « de parler françois en allemand » ; certainement mandaté par Richelieu, il sollicita dans la *Lettre de Scudéry à l'illustre Académie* que cette dernière rendit un jugement définitif sur la querelle du Cid. Ce jugement qui sera rendu à la fin de 1637 donnait en partie raison à Corneille. La querelle sera vainement prorogée en 1638, lorsque Scudéry fera jouer son *Amour tyrannique* que Richelieu patronna en haine du Cid et par lequel il voulait susciter une rivalité avec P. Corneille (*Cf.* E. ASSE, « Georges de Scudéry », *G.E.*, t. 29, p. 833-834).

858 J-P. SEGUIN, « La langue française aux XVIIe et XVIIIe siècle », ouvr. cité, p. 237.

859 C.-F. de VAUGELAS, *Remarques sur la langue françoise utiles à ceux qui veulent bien parler et bien escrire*, Paris, Veuve Jean Camusat et Pierre Le Petit, 1647. Rééd. Genève, Droz, 1934, 2 vol.

860 Le roi lui-même est présenté comme le modèle pour l'Europe, un modèle parlant français. Dans le « 2ème entretien d'Ariste et d'Eugène », publié en 1670. D. BOUHOURS stigmatise le rôle du souverain dans l'émergence du français classique : « Il se voit à la Cour plusieurs personnes de ce caractère, qui sans avoir jamais beaucoup étudié la langue, parlent comme les maistres, & peut-estre mieux ; avec le seul secours de la nature ils gardent exactement toutes les règles de l'art. Mais sçavez-vous bien que nôtre grand Monarque tient le premier rang parmi ces heureux génies, & qu'il n'y a personne dans le Royaume qui sçache le François comme il le sçait. Ceux qui ont l'honneur de l'approcher, admirent avec quelle netteté, & avec quelle justesse il s'exprime. Cet air libre & facile dont nous avons tant parlé, entre dans tout ce qu'il dit ; tous ses termes sont propres & bien choisis, quoy-qu'ils ne soient point recherchez ; toutes ses expressions sont simples & naturelles : mais le tour qu'il leur donne est le plus délicat, & le plus noble du monde. Dans ses discours les plus familiers, il ne luy échappe pas un mot qui ne soit digne de luy, & qui ne se sente de la majesté qui l'accompagne par tout : il agit & il parle toujours en Roy, mais en Roy sage, & éclairé, qui observe en toute rencontre les bienséances, que chaque chose demande. Il n'y a pas jusqu'au ton de sa voix qui n'ait de la dignité, & je ne sçay quoy d'auguste qui imprime du respect & de la vénération. Comme le bon sens est la principale règle qu'il suit en parlant, il ne dit jamais rien que de raisonnable ; il ne dit rien d'inutile ; il dit en quelque façon plus de choses que de paroles : cela paroist tous les jours dans ces réponses si sensée, & si précises, qu'il fait sur le champ aux Ambassadeurs des Princes, & à ses sujets. Enfin pour tout dire en un mot, il parle si bien que son langage peut donner une véritable idée de la perfection de nôtre langue. Les Rois doivent apprendre de luy à régner ; mais les peuples doivent

achevée de la langue et de l'esprit. Le théâtre de Racine va en devenir le symbole au point que le XVIIIe siècle, avec Voltaire, se le donnera comme référence absolue. F. Brunot dégage remarquablement la raison et les enjeux de cette attitude :

> « La raison d'une soumission si unanime et si complète à des règles si épineuses, est dans l'esprit général de l'époque, toute de centralisation et d'autorité. Le régime auquel est soumise la langue est le régime de tout l'État... Le désir de s'exprimer librement, qui semble presque aussi incoercible que celui de penser ou de vivre librement, a été étouffé par un appétit d'ordre toujours croissant. Sur toutes choses règne un pouvoir presque divin, indiscutable et indiscuté. On ne subit pas son joug, on le célèbre... La langue fut ordonnée elle aussi, avec cette persuasion que "parvenue à son point de perfection", elle devait y rester toujours[861] ».

B - L'INTERNATIONALISATION DE LA LANGUE

473. Une idée court et se répète en écho dans toute l'Europe du XVIIIe siècle : la langue française est devenue la langue universelle qu'on attendait depuis que le latin du siècle d'Auguste est devenu langue morte. Et alors même, nous le verrons, que les tenants du latin considèrent que la langue ancienne continue à dominer les relations

---

appendre de luy à parler. Si la langue Françoise est sous son règne ce qu'étoit la langue Latine sous celui d'Auguste, il est luy-mesme dans son siècle ce qu'Auguste étoit dans le sien : entre les grandes qualitez qui luy sont communes avec cét Empereur si célèbre, il a l'avantage d'estre né éloquent, comme il faut qu'un Prince le soit. Il ne ressemble pas seulement à Auguste, dit Ariste, il ressemble aussi à Cesar par cét endroit-là. Le Roy de France parle sa langue, comme le conquérant des Gaules parloit la sienne ; c'est à dire qu'il la parle trés-purement, & sans nulle affectation : de sorte que si nôtre prince se donnoit la peine d'écrire luy-mesme son histoire, les commentaires de Louïs vaudroient bien ceux de Cesar... ». *Cf.* D. BOUHOURS, *Les entretiens d'Ariste et d'Eugène*, Paris, S. Mabre-Cramoisy, 1670 ; rééd. R.-L. WAGNER, Bibliothèque de Cluny, Paris, Armand Colin, 1962, p. 59-60.

861 F. BRUNOT, *Histoire de la langue française des origines à nos jours*, ouvr. cité, t. IV, *La langue classique (1660-1715)*, p. 74-75. On peut ajouter que le 28 janvier 1672, à la mort du chancelier Séguier, qui avait succédé à Mazarin dans le rôle officiel de protecteur de l'Académie, celle-ci allait bientôt perdre non pas son indépendance, cela était fait depuis Richelieu, son premier protecteur, mais une partie de son autonomie. Pour succéder à Séguier, « les Académiciens n'avaient guère pour enchainer, nous dit François BLUCHE, que deux solutions : ou bien solliciter du souverain le choix de M. Colbert pour remplacer le défunt chancelier, ou prier le roi de devenir lui-même protecteur de la compagnie. La personnalité de Louis XIV étant ce que l'on sait, seule la seconde hypothèse pouvait se transformer en réalité. À long terme, il en est résulté jusquà nos jours, la tutelle du chef de l'État en tant que tel, une sorte d'étatisation de la célèbre compagnie ».(F. BLUCHE, *Louis XIV*, ouvr. cité, p. 251).

internationales, l'histoire de l'emploi diplomatique du français traduit, cependant et sans ambiguïté, les symptômes d'une confiance. D'aucuns vont ainsi considérer que le français est devenu la langue véhiculaire de l'élite européenne (I), car c'est un idiome que l'on doit regarder comme parfait depuis son ordonnancement à l'apogée du grand siècle. Les Français sentent que l'emploi de leur langue par les autres est la reconnaissance de sa supériorité et de son prestige. Au XVIIIe siècle, deux hommes symboliseront l'ultime développement de cet ordonnancement : Voltaire et Rivarol (II).

I - Le français langue véhiculaire de l'élite européenne

474. Dans le conflit qui oppose la France au Saint-Empire romain germanique, à l'époque moderne, le choix d'une langue est d'abord une question d'autorité. Le français, nous le verrons, est en position de conquête, face à un usage du latin que l'Empire substituait aux langues locales, toutes considérées comme des langues basses[862]. L'empire entend ainsi pratiquer une diglossie juridique opposant une seule langue haute, le latin, langue officielle des « *romains*-germaniques », à la multitude des langues basses, parmi lesquelles, le vernaculaire du roi de France occupe, *de facto*, une position concurrente, en tant que langue véhiculaire de l'élite européenne.

475. Sur ce fond de tableau se développe une évolution de la pratique internationale de la langue française. À partir de 1600, là où le latin a définitivement laissé le champ libre par la limitation progressive de ses emplois, le français est apparu un temps aux yeux de l'Europe comme la langue à vocation universelle dans le concert des nations. Le prestige de Versailles fera d'abord du français la langue mondaine de l'Europe et « c'est à ce titre, nous dit Ferdinand Brunot, qu'il s'introduira plus tard dans les débats officiels et enfin dans les traités »[863]. C'est à ce titre qu'il sera la langue véhiculaire, la langue d'échanges de haut niveau entre les membres de l'élite européenne :

> « Il n'y a donc aucune exagération dans les affirmations que nous rencontrons de ci de là, à partir de 1676 : "Nos ambassadeurs parlent français partout où ils vont." Vanité nationale, flatterie au Roi, paradoxe d'un panégyriste attaché à défendre sa thèse, semble-t-il au premier abord.

---

862 J.-P. SEGUIN, « La langue française aux XVIIe et XVIIIe siècles », dans *Nouvelle histoire de la langue française* (direction : J., CHAURAND), Paris, Seuil, 1999, p. 225-344, cit. p. 251.

863 F. BRUNOT, *Histoire de la langue française des origines à nos jours*, ouvr. cité, t. V, *Le français en France et hors de France au XVIIe siècle*, p. 396.

Rien de tout cela, mais seulement une vérité que d'autres témoignages confirment : "La plupart des Cours de l'Europe se piquent d'entendre cette langue et de la parler, disait déjà Le Laboureur, et nos Ambassadeurs n'y ont plus besoin d'interprètes" »[864].

476. Le français va dès lors tendre à devenir une langue diplomatique. Certes, le principe de l'égalité des États s'opposait à ce qu'il y ait une langue dont les conventions et les usages imposent universellement l'emploi sans une entente préalable, un tel principe ayant pour conséquence que chacun d'eux ait le droit de négocier et de traiter en sa langue. Un tel droit n'exclut, bien évidemment, ni les usages contraires, ni surtout les conventions, par lesquels on s'accorde dans une circonstance donnée à choisir la langue d'une des parties ou une langue tierce. L'usage du latin – on peut parler de consentement universel – a prévalu pendant tout le Moyen Âge et au XVIe siècle. On a commencé à en contester la prévalence au XVIIe siècle. On ne saurait cependant aller jusqu'à affirmer, comme le fait Ferdinand Brunot que « dans les temps modernes, le français lui a succédé »[865]. Certes la chance du français tenait à la restauration du latin dans sa pureté classique qui le rendait inapte à devenir un instrument linguistique moderne. Sa prononciation, de surcroît, variait d'un pays à l'autre[866] ; on continuera, cependant, nous le verrons, à en préconiser la parfaite connaissance aux futurs diplomates français[867].

477. Selon de bons observateurs, les frères Sainte-Marthe, qui écrivent en 1640, on emploie pour les négociations le latin ou les langues nationales. C'est à peine si le français bénéficie d'une légère prédominance. L'Empire constitue un cas particulier : il emploie le latin comme langue diplomatique à l'égard des puissances étrangères, conservant l'allemand pour les relations intérieures[868]. Mais c'est là plus qu'une convention, c'est un symbole, celui de l'héritage de l'empire

---

864 F. BRUNOT, *Histoire de la langue française des origines à nos jours*, ouvr. cité, t. V, *Le français en France et hors de France au XVIIe siècle*, p. 428.

865 *Ibid.*, p. 429.

866 J-P. CAPUT, *La langue française. Histoire d'une institution*, ouvr. cité, t. I, p. 303.

867 *Infra* n°512.

868 Gaucher et Louis de SAINTE-MARTHE, frères jumeaux, nommés en 1620 historiographes du roi, auteurs en 1654 d'un *Gallia christiana,* Lutetiæ Parisiorum, 1656, 4 vol. t. IV, p. 420. Cet ouvrage consacre leur réputation. Indiqué par F. BRUNOT, *Histoire de la langue française des origines à nos jours*, t. V, *Le français en France et hors de France au XVIIe siècle*, ouvr. cité, p. 400.

romain ; et pour les impériaux c'est une marque de supériorité. On peut donc considérer que l'opposition à l'usage du latin dans les négociations que l'Empire va rencontrer est plus une question de prestige qu'une affaire linguistique : et c'est dans cette opposition que la France va se singulariser à partir du XVIIe siècle. C'est ainsi que les Traités de Westphalie (1648) sont en français avec les Pays-Bas, mais en latin avec l'Empire. Le français, cependant, aurait été assez peu utilisé au cours des négociations[869]. Le Traité de Nimègue, en 1678, traduirait à cet égard une évolution significative. C'est en effet dans son élaboration que le français aurait « définitivement obtenu ses prérogatives de langue diplomatique ». La langue du roi de France aurait été la seule pratiquée dans les conversations qui ont préparé le Traité[870]. Dès lors on a imaginé à partir d'extrapolations trop rapides qu'elle y avait été réellement employée[871]. Au Traité de Francfort, en 1682, un différend intervient concernant la langue de négociation et, devant le Directoire de Mayence appelé à arbitrer, la France est conduite à exposer ce qu'elle entend désormais mettre en œuvre dans ses rapports linguistiques avec l'empire :

> « Pour les traittez et autres actes communs, ou toutes les parties doivent signer, il est raisonnable entr'égaux de convenir pour cela d'une langue commune, ou de faire plusieurs originaux (comme il se pratique entre la France et l'Espagne, il s'en fait un en françois et l'autre en espagnol). L'Empereur et l'Empire se servent de deux langues, de l'allemand entre eux pour leurs affaires et de la latine avec tous les étrangers, ils appellent cette langue le stile de l'Empire, et prétendant qu'ils sont aux droits de l'Empire romain, ils voudroient obliger tous les autres princes et estats de ne se servir avec eux que de cette langue ; ils nomment aussi leur Empire germanique, le St Empire romain, et leur Empereur Auguste et Majesté Cezarée ; mais comme ils n'ont pas la puissance ny la grandeur avecq ces beaux noms, on peut se dispenser d'avoir trop peu d'egard pour cette prétension.
> Le Roy est en possession d'écrire en François à l'Empereur et à l'Empire, à tous les princes d'Allemagne et aux Roys du Nord et de Pologne, et d'en recevoir reponse en latin. Les ambassadeurs de S. M. sont aussi en possession de ne donner qu'en françois leurs écrits particuliers, et les ambassadeurs de l'Empereur, les ont toujours receus dans l'assemblée de

869 J.-P. CAPUT, *La langue française. Histoire d'une institution*, ouvr. cité, t. I, p. 304.

870 F. BRUNOT, *Histoire de la langue française des origines à nos jours*, t. V, *Le français en France et hors de France au XVIIe siècle*, ouvr. cité, p. 402.

871 J.-P. SEGUIN, « La langue française aux XVIIe et XVIIIe siècle », dans *Nouvelle histoire de la langue française* (dir. : J. CHAURAND,), ouvr. cité, p. 251.

Nimègue et méme dans celle-cy, et y ont touiours fait réponse en latin jusques à présent.
Ils n'ont asurement aucune bonne raison pour obliger aujourd'huy l'ambassade de France de changer de stile à Francfort et d'y donner à l'avenir ses écrits particuliers pour l'Empire en latin. Ils n'osent pas alleguer contre nous (comme ils font souvent contre les Italiens) leur prétendu droit de l'Empire romain, et ils alleguent seulement que c'est le stile de l'Empire, et l'usage de leurs dietes. Mais si c'est le stile de l'Empire de faire cette sorte d'ecrits en latin, l'usage de la France est de les faire en françois.
Et pour ce qui est de l'usage de leurs dietes, comme elles se font uniquement pour les affaires du dedans de l'Empire, qu'elles ne regardent en aucune façon les etrangers, et qu'on n'y a jamais veu de ministres de France du premier ordre, ni d'aucun autre royaume, quelque puisse estre ce pretendu usage, il ne peut jamais estre tiré à consequence pour les assemblées de la nature de celle de Francfort.
Les impériaux pourroient dire avec raison que si nous faisons nos écrits particuliers en françois, ils feront les leurs en allemand, qui est leur langue naturelle ; mais ils ne veullent pas prendre ce parti, parce qu'ils se font un honneur de se servir de la langue latine avec les Étrangers.
Il ne nous convient guère de traitter par écrit dans cette conference, et nous devons estre bien aises d'avoir un si juste sujet de nous en dispenser, et de ne traitter désormais que de vive voix »[872].

478. Ainsi, jusque-là, il convient de distinguer ce qui est protocolaire et, comme tel, suit des traditions que rien n'ébranle, et ce qui est officieux, dont la forme n'est pas réglée a priori. Dans ce dernier cadre, le français gagne du terrain parce que les diplomates des diverses cours ont de plus en plus l'habitude d'user du français dans le cadre de la vie mondaine.

479. De même si le Traité de Rastadt en 1714 est en français, c'est sans doute accidentel : Villars a profité de l'impatience du prince Eugène[873], et une clause allemande précise bien qu'en aucun cas il n'y a là de précédent[874]. Mais l'essentiel est qu'en France et hors de France, avec

---

872 Publié par J.-P. CAPUT, *La langue française. Histoire d'une institution,* ouvr. cité, t. I, p. 304-305.

873 Le Traité est signé en deux jours.

874 J.-P. CAPUT, *La langue française. Histoire d'une institution,* ouvr. cité, t. I, p. 304-305. « Le présent traité, ayant été commencé, poursuivi, achevé sans les solennités et formalités requises et usitées à l'égard de l'Empire, et composé et rédigé en Langue Françoise, contre l'usage ordinairement observé dans les Traités entre Sa Majesté Impériale, l'Empire et Sa Majesté Très-Chrétienne, cette différence ne pourra être alléguée pour exemple, ni tirer à conséquence ou porter préjudice en aucune manière, à qui que ce soit, et l'on se conformera à l'avenir à tout ce qui a été observé jusqu'à présent dans de semblables occasions tant à l'égard de la Langue Latine que

plaisir ou à contrecœur, l'idée d'un traité international en français ait fait son chemin, se soit infiltrée, imposée.

> « Comment, en effet, des princes profondément atteints de gallomanie se fussent-ils obstinés à refuser d'employer avec la cour de Versailles ce français que l'Allemagne cultivée avait depuis quatre-vingt ans commencé à apprendre, qu'eux-mêmes parlaient et écrivaient non seulement pour leurs besoins, mais parfois pour leurs plaisirs ? »[875].

480. Même dans leur résistance, les Allemands n'échappent pas à une évolution qui consacre – de façon éphémère – la langue idéale : comme il arrive si souvent, le fait qui ne devait pas être invoqué comme précédent se renouvela désormais régulièrement ou à peu près. Les Préliminaires de Vienne en 1735, la Convention de Vienne en 1736, le Traité d'Aix-la-Chapelle en 1748 furent rédigés en français, toujours avec la même réserve et la même reconnaissance théorique de la primauté du latin. Puis, à Hubertsbourg, dont le Traité mettait fin à la guerre de Sept Ans, l'article spécial disparut. On traita en français sans condition ni réserve. Le latin était vaincu[876].

481. Le français avait donc, à tout le moins, obtenu une place symbolique dans le concert des nations et les symboles sont plus importants que les faits : le français est devenu la langue internationale. Un exemple significatif, proche de la caricature, mérite d'être cité : le Traité de Kustchouk, signé en 1774 entre la Russie et la Turquie, a certes été rédigé en Russe, en Turc et en Italien, mais Catherine II le fera publier en français[877]. Il est vrai que cette dernière appartenait au cercle des souverains francisés et éclairés à la lumière de la raison des philosophes français. On sait, en effet, l'enthousiasme de certains princes d'Europe pour la culture française[878]. L'image de la langue universelle doit beaucoup à l'accession au trône d'illustres « francisés » : Frédéric II en 1740, Catherine II en 1762, Gustave III en

---

pour les autres formalités, et nommément dans le Congrès et Traité général et solennel à faire entre Sa Majesté Impériale, l'Empire et Sa Majesté Très Chrétienne : le prézent Traité ne laissant pas d'avoir la même force et vertu, que si toutes les susdites formalités y avoient été observées, et comme s'il étoit en langue latine ».

875 F. BRUNOT, *Histoire de la langue française des origines à nos jours*, ouvr. cité, t. V, *Le français en France et hors de France au XVIIe siècle*, p. 421.

876 *Ibid*., p. 420.

877 J-P. SEGUIN, « La langue française aux XVIIe et XVIIIe siècle », dans *Nouvelle histoire de la langue française* (Dir. : J., CHAURAND), ouvr. cité, p. 256.

878 *Cf.* sur ce point M. FUMAROLI, *Quand l'Europe parlait français*, Paris, éd. de Fallois, 2001.

1771[879]. L'histoire mouvementée des rapports de Frédéric avec Voltaire est bien connue[880]. Les conversations de Diderot avec la tsarine et les œuvres qu'il a écrites attestent entre autres que la cour de ce pays était bien à l'heure de la langue française :

> « Et puis j'avoue que je serais transporté de joie de voir ma nation unie avec la Russie, beaucoup de Russes à Paris, beaucoup de Français à Petersbourg. Aucune nation en Europe qui se francise plus rapidement que la russe, et pour la langue et pour les usages »[881].

482. Gustave III, de son côté, est un des plus beaux exemples de la francisation européenne. Sa correspondance témoigne de la maîtrise de la langue, et l'on sait la part qu'il prit à la mutation du lexique politique français, en la répercutant immédiatement sur le suédois. G. von Proschwitz qui a publié sa correspondance, souligne dans son vocabulaire « son modernisme, son actualité, son don de suivre le mouvement des idées contemporaines et de s'assimiler les mots qui les traduisent[882] ».

II - Des propagandistes de renom

483. Si Voltaire a été, au XVIIIe siècle, l'un des plus acharnés propagandistes de l'universalité de la langue française (a), Rivarol, à la veille de la Révolution, sera le chantre de son ordonnancement, présenté comme l'assise de sa supériorité (b).

a - Voltaire

484. Son point de vue mérite d'être rappelé, car il traduit l'unité idéologique des XVIIe et XVIIIe siècles sur ce thème. Dans ses *Lettres philosophiques*, il rappellera à l'Académie le rôle de censeur que ses statuts lui ont imposé et qui, estime-t-il, est d'autant plus nécessaire qu'il doit favoriser l'émergence du français, langue de l'Europe :

> « Pour l'Académie française, quel service ne rendrait-elle pas aux lettres, à la langue, et à la nation, si au lieu de faire imprimer tous les ans des compliments, elle faisait imprimer les bons ouvrages du siècle de Louis XIV,

---

879 M. FUMAROLI, *Quand l'Europe parlait français*, ouvr. cité, p. 257. *Cf.* également F. BLUCHE, *Le despotisme éclairé*, Paris, Fayard, 1968, notamment p. 316 et s.

880 M. FUMAROLI, *Quand l'Europe parlait français*, ouvr. cité, p. 119-132.

881 DIDEROT, *Œuvres politiques*, éd. de P. VERNIÈRE, Paris, Garnier, 1953, p. 44.

882 G. von PROSCHWITZ, *Gustave III par ses lettres*, Stockholm, Norstedts et Paris, Touzot, 1986, p. 10.

épurés de toutes les fautes de langage qui s'y sont glissées ? Corneille et Molière en sont pleins, La Fontaine en fourmille : celles qu'on ne pourrait pas corriger seraient au moins marquées. L'Europe qui lit ces auteurs, apprendrait par eux notre langue avec sûreté, sa pureté serait à jamais fixée ; les bons livres français imprimés avec ce soin aux dépens du Roi, seraient un des plus glorieux monuments de la nation[883] ».

485. Mais ce sera dans une des premières grandes œuvres de l'histoire moderne, *Le Siècle de Louis XIV*, que Voltaire érigera la statue du français langue universelle. Tourné vers le siècle classique, et militant des lumières, il prépare la voie à Rivarol :

> «... il se trouve de temps en temps d'excellents ouvrages, ou d'histoire, ou de réflexions, ou de cette littérature légère qui délasse toutes sortes d'esprit. La nation française est de toutes les nations celle qui a produit le plus de ces ouvrages. *Sa langue est devenue la langue de l'Europe* [884] : tout y a contribué ; les grands auteurs du siècle de Louis XIV, ceux qui les ont suivis ; les pasteurs calvinistes réfugiés, qui ont porté l'éloquence, la méthode, dans les pays étrangers ; un Bayle surtout qui, écrivant en Hollande, s'est fait lire de toutes les nations ; un Rapin de Thoyras, qui a donné en français la seule bonne histoire d'Angleterre ; un Saint-Évremond, dont toute la cour de Londres recherchait le commerce ; la duchesse de Mazarin, à qui l'on ambitionnait de plaire ; Mme d'Olbreuse, devenue duchesse de Zell, qui porta en Allemagne toutes les grâces de sa patrie. L'esprit de société est le partage naturel des Français ; c'est un mérite et un plaisir dont les autres peuples ont senti le besoin. La langue française est de toutes les langues celle qui exprime avec le plus de facilité, de netteté et de délicatesse, tous les objets de la conversation des honnêtes gens ; et par là elle contribue dans toute l'Europe à un des plus grands agréments de la vie[885] ».

b - Rivarol

486. À la veille de la Révolution, Rivarol donnera l'expression la plus vive et la plus spectaculaire de ce sentiment qui fait partie intégrante de la langue telle qu'elle est définie et pratiquée par une élite. Celle-ci se sent dépositaire d'un modèle de langue et de civilisation qui doit maintenir la France à la première place des nations du monde civilisé. C'est en 1782 qu'il convient de situer le point de départ de la réflexion

---

883 VOLTAIRE, *Lettres philosophiques*, éd. de Jacques VAN DEN HEUVEL, XXIVe lettre (« Sur les Académies »), Paris, Gallimard, Bibliothèque de la Pléiade, 1961, p. 103-104. Voltaire affirme avoir emprunté cette idée à Boileau.

884 C'est nous qui soulignons.

885 VOLTAIRE, *Œuvres historiques*, éd. de R. POMEAU, Paris, Gallimard, Bibliothèque de La Pléiade, 1957, p. 1017.

de Rivarol avec l'initiative de la « Classe des Belles-Lettres » de l'Académie de Berlin, qui propose d'attribuer son prix de 1784 au candidat qui aura le mieux répondu à la « Question » suivante :

> « Qu'est-ce qui fait de la Langue françoise la langue universelle de l'Europe ? Par où mérite-t-elle cette prérogative ? Peut-on présumer qu'elle la conserve ?[886] »

487. Rivarol sera couronné[887]. Mais ce qui, bien évidemment, intéresse notre analyse, c'est le présupposé de la « Question » posée par l'Académie : la langue française est la langue universelle de l'Europe. Le *Discours* de Rivarol est une vision à la fois désinvolte, entière, partiale et passionnée, pleine d'approximations que Brunot clouera au pilori[888], mais que d'aucuns estiment être « une merveille de style[889] ». Le début du *Discours* est univoque :

> « Une telle question proposée sur la langue latine aurait flatté l'orgueil des Romains, et leur histoire l'eût consacrée comme une de ses belles époques : jamais, en effet, pareil hommage ne fut rendu à un peuple plus poli par une nation plus éclairée. Le temps semble être venu de dire *le monde français* comme autrefois *le monde romain*[890] ».

488. Là-dessus Rivarol a construit une image mythique de la langue française sur l'idée que son excellence est due à la clarté de l'ordre direct, la succession sujet-verbe-complément étant la traduction d'un ordre naturel de la pensée, contrairement à la syntaxe latine dans laquelle l'existence des cas permet de varier l'ordre des termes, et d'aboutir à une « inversion » jugée expressive. L'important n'est pas pour cette génération que cela soit vrai ou non. Mais cela coïncide avec les lignes qui dessinent la représentation de la langue selon un principe

---

886 A. de RIVAROL, *De l'universalité de la langue française*, texte établi et commenté par Th. SURAN, Paris, Didier, 1930.

887 Prix partagé avec le professeur wurtembergeois Schwab, dont la notoriété en France a été occultée par celle de Rivarol. Pour une analyse du mémoire de Schwab, cf. J.-P. CAPUT, *La langue française. Histoire d'une institution*, ouvr. cité, t II, p. 67-69.

888 Dans son ouvrage *La langue française au XVIIIe siècle*, Paris, Bordas, 1972, p. 16, J.-P. SEGUIN cite quelques annotations faites au crayon par F. Brunot sur son propre exemplaire du *Discours* ; il fulmine contre ce qu'il qualifie d' « énorme bévue », de travail « absurde et faux ».

889 J.-P. SEGUIN, « La langue française aux XVIIe et XVIIIe siècle », ouvr. cité, p. 237.

890 A. de RIVAROL, *De l'universalité de la langue française*, ouvr. et édit. cités, p. 167-168.

d'ordre cartésien. Comme l'écrit J.-P. Seguin, « La langue française est cette spontanéité acquise de la confiance en la perfection d'un langage »[891]. Vaugelas l'impliquait, Rivarol en fait un texte et un style :

> « Ce qui distingue notre langue des langues anciennes et modernes, c'est l'ordre et la construction de la phrase. Cet ordre doit toujours être direct et nécessairement clair[892]... C'est de là que résulte cette admirable clarté, base éternelle de notre langue ; *ce qui n'est pas clair n'est pas français ; ce qui n'est pas clair est encore anglais, italien, grec ou latin*[893]. Pour apprendre les langues à inversions, il suffit de connaître les mots et leurs régimes ; pour apprendre la langue française, il faut encore retenir l'arrangement des mots. On dirait que c'est d'une géométrie tout élémentaire, de la simple ligne droite, que s'est formée la langue française ; et que ce sont les courbes et leurs variétés infinies qui ont présidé aux langues grecque et latine »[894].

489. Ce beau texte « est le roman idéalisé d'une langue que l'on veut croire plus pure que les autres[895] ». Quoi qu'il en soit, à la veille de la Révolution, la langue du roi de France est devenue la langue véhiculaire des cours européennes. Au sein même du royaume unitaire, elle est en passe d'évincer le latin.

§ II - L'EXPANSIONNISME LINGUISTIQUE OU LA PRÉTENTION DU VERNACULAIRE ROYAL À REMPLACER LE LATIN DANS LE MONDE PROFANE

490. Le terme « profane » est ici utilisé par commodité pour opposer le monde laïque au monde ecclésiastique. Il doit cependant être manié avec une infinie précaution dans un contexte de confessionnalisme politique. Le monde profane dans la France absolutiste sera donc celui qui n'est pas soumis à la discipline ecclésiastique quand bien même, il demeure, dans certains secteurs, comme celui de l'enseignement,

891 J.-P. SEGUIN, « La langue française aux XVIIe et XVIIIe siècle », ouvr. cité, p. 262.

892 A. de RIVAROL, *De l'universalité de la langue française*, ouvr. et édit. cités, p. 253.

893 C'est nous qui soulignons.

894 A. de RIVAROL, *De l'universalité de la langue française*, ouvr. et édit. cités, p. 255-256.

895 J.-P. SEGUIN « La langue française aux XVIIe et XVIIIe siècle », ouvr. cité, p. 252.

régenté par les clercs. Cette précision faite, la prétention du vernaculaire royal à remplacer le latin dans le monde profane n'est effectivement qu'une prétention[896] qui deviendra, au XVIIIe siècle, une revendication, et partant un combat entre deux modes d'expression : le latin, représenté par une élite ; le vernaculaire royal, s'abritant, quant à lui, derrière la loi du nombre.

491. Nous avons peu ou prou pesé le poids immense du latin dans le monde clérical, celui d'une Église d'État. Que pèse-t-il dans le monde profane, nous voulons dire le monde catholique non clérical ? Ceux que l'on appelle les « doctes » regroupent les partisans du latin. Pour eux, la langue ancienne est non seulement l'expression légale du clergé de France, mais doit continuer, comme par le passé, à bénéficier d'un monopole de fait dans l'enseignement et dans l'expression scientifique.

492. Il importe maintenant d'apprécier la force des partisans de la langue ancienne et la position des tenants du français dans ce monde profane. La seule approche chiffrée, et donc quelque peu objective de cette compétition, peut être, en préalable, proposée à partir des enseignements de l'édition, que l'on peut appréhender grâce aux travaux de la statistique bibliographique (A). Cette première approche réalisée, il sera plus facile d'aborder la prétention du vernaculaire royal à remplacer le latin dans son rôle de langue scientifique et pédagogique ou plutôt de « constater » les positions des adversaires dans l'opinion du temps (B) avant de rechercher la place occupée par le vernaculaire royal dans l'enseignement (C).

---

896 On peut citer le grammairien BEAUZÉE qui, nous le verrons, dans l'article « Langue » de l'*Encyclopédie* (t. IX, p. 265-266), après avoir constaté la domination sans partage du latin comme langue de communication internationale, et estimé qu'à cet égard il est d'une « nécessité indispensable », ajoute « si quelqu'autre langue que la latine devient jamais l'idiome commun des savans de l'Europe, la langue françoise doit avoir l'honneur de cette préférence : elle a déjà les suffrages de toutes les cours où on la parle presque comme à Versailles ; et il ne faut pas douter que ce goût universel ne soit dû autant aux richesses de notre littérature, qu'à l'influence de notre gouvernement sur la politique générale de l'Europe... Il me semble que les ouvrages françois faits sous le siècle de Louis XIV, tant en prose qu'en vers, ont contribué autant qu'aucun autre événement, à donner à la langue dans laquelle ils sont écrits, un si grand cours, qu'elle partage avec la langue latine, la gloire d'être cette langue que les nations apprennent par une convention tacite pour pouvoir se faire entendre. Les jeunes auxquels on donne en Europe de l'éducation, connaissent autant Despréaux, La Fontaine et Molière, qu'Horace, Phèdre et Térence. La clarté, l'ordre, la justesse, la pureté des termes, distinguent le françois des autres langues, et y répandent un agrément qui plait à tous les peuples. Son ordre dans l'expression des pensées, le rend facile ; la justesse en bannit les métaphores outrées ; et sa modestie interdit tout emploi de termes grossiers ou obscènes ».

A - Les enseignements de la statistique bibliographique

493. Le livre imprimé constitue, en effet, un bon indicateur de la place des langues dans la production des savoirs et, dans notre quête du positionnement du français, les données de la statistique bibliographique pour une période longue (la période moderne) et une aire géographique, certes limitée mais culturellement la plus importante (la ville de Paris), se sont révélées abondantes et précises. En France, si l'on veut bien admettre que Paris est un bon parangon, la domination du latin sur les presses fut de courte durée. Le monopole du premier quart du XVIe siècle (en 1501 sur un total de 88 livres imprimés à Paris, on n'en relève que 8 en français, et, en 1528, 38 encore sur 269) fut vite ébréché : toujours pour Paris, en 1549, 21 % des impressions sont en vernaculaire et, en 1575, elles sont environ 55 %. Pour le royaume, si, jusques dans les années 1560, à l'instar de Paris, les ouvrages imprimés en latin l'emportent, à partir de cette date, en revanche, le mouvement s'inverse, et définitivement, en faveur des impressions en français. Une coupe opérée à l'extrême fin du XVIe siècle (1598-1600) montre que la part des titres en latin est proche des 25 %. Ce pourcentage se stabilise ensuite aux environs de 20 % comme il ressort d'une étude sur la production française en 1644 et d'un sondage sur les impressions parisiennes en 1660. Une baisse notable intervient dans la seconde moitié du siècle, de sorte qu'en 1699, 1700 et 1701, les ouvrages en latin ne représentent plus respectivement que 5,7 %, 12,2 % et 8,5 % de la production parisienne. Le recul s'amplifie au XVIIIe siècle : en 1764, les publications en langues anciennes et étrangères constituent seulement 4,5 % de la production imprimée dans le Royaume[897].

494. Ces pourcentages ne donnent à vrai dire, qu'une vue globale ; on ne dispose d'aucune ventilation par discipline. Les travaux d'Henri-Jean Martin permettent cependant pour Paris de préciser quelque peu les choses. En dépit de son recul, le latin fut employé tout au long des XVIIe et XVIIIe siècles dans les domaines suivants : la théologie, les productions savantes et les ouvrages scolaires.

---

897 H.-J. MARTIN, « Classements et conjonctures », dans *Histoire de l'édition française*, t. I, *Le livre conquérant. Du Moyen Âge au milieu du XVIIe siècle*, (direction : R. CHARTIER et H.-J. MARTIN), Paris, Promodis, 1982, p. 445-449. Du même : « Une croissance séculaire », dans *Ibid.*, t. II, *Le livre triomphant, 1660-1830*, Paris, Promodis, 1984, p. 95 et 101. E. LE ROY LADURIE confirme ces indications par les comptages opérés à partir des fonds de la Bibliothèque nationale (« Histoire de la civilisation moderne », dans *Annuaire du Collège de France*, 1996-1997. *Résumé des cours et travaux*, 1988, p. 903-914.

495. En ce qui concerne la production religieuse, le latin perdura principalement pour des traités de théologie ainsi que pour des ouvrages d'érudition sacrée[898]. Avec ces travaux, on touche à l'édition savante où le latin resta présent, non seulement dans les travaux d'érudition proprement dite, mais aussi dans la médecine – dans cette discipline, le tournant se situerait autour de 1685[899] – et le droit, ici en dépit d'une forte poussée du français, conséquence évidente des normes posées nous le verrons, à Villers-Cotterêts. Toutefois, le bastion le plus solide et durable du latin fut et demeura l'édition scolaire : collèges et universités engendrèrent une production considérable de thèses et de manuels, de dictionnaires, de grammaires et autres ouvrages destinés à l'apprentissage de la langue et aux exercices de version, de composition en prose et en vers qui constituaient l'ordinaire du collégien. On comprend que dans des villes de province et même dans des centres typographiques comme Rouen, qui avaient choisi la modernité, les imprimeurs-libraires n'aient point négligé un secteur qui, de surcroît, était à tirages considérables. Le *Dictionnarum novum latino-gallico-græcum* du père Pajot publié à Rouen en 1651, 1653, 1655 et 1658 fut tiré à 5200, 6000, 7000 et 6700 exemplaires *in-octavo* et à 2500 exemplaires *in-quarto*, avant d'être réédité dans cette même ville en 1662, 1665 et 1666 pour le moins[900]. Il faudra attendre les réformes pédagogiques du XVIIIe siècle qui conduisirent à faire plus de place au français dans l'enseignement, et l'expulsion des jésuites qui étaient

898 Ces dernières publications où s'illustrèrent d'abord les jésuites, puis des mauristes, non seulement comptèrent parmi les fleurons de l'édition parisienne des années 1640 et suivantes, mais encore s'inscrivirent parmi les plus brillantes réalisations de la philologie et de l'histoire sacrée : rien d'étonnant à ce que nombre d'entre elles – dont les éditions des Pères – aient été réimprimées à l'étranger, à Venise en particulier. Cf. F. WAQUET, « Les réimpressions des éditions patristiques française en Italie au XVIIIe siècle », dans *Les Pères de l'église au XVIIe siècle. Actes du colloque de Lyon, 2-5 octobre 1991*, Paris, I.R.H.T., Cerf, 1993, p. 481-491

899 H. STONE, « The French Language in Renaissance Medicine », dans *Bibliothèque d'Humanisme et Renaissance*, 1953, XV, p. 321-322.

900 Chiffres fournis par F. WAQUET, *Le latin ou l'empire d'un signe*, ouvr. cité, p. 104. On peut utilement compléter ces données grâce au *Catalogue général des livres imprimés*, de la Bibliothèque nationale, t. 129, p. 243-246. Il mentionne une première édition de 1648, une autre de 1671, la dernière étant de 1684. De surcroît cet ouvrage était en concurrence avec le *Dictionnaire nouveau françois-latin*, du même auteur, édité à La Flèche par G. Griveau en 1644 et réédité en 1647, 1653, 1655, 1669 et 1673, ainsi qu'avec le *Nouveau Dictionnaire françois-latin*, toujours dû à Charles Pajot, qui sera édité à Lyon, en 1666 et réédité en 1699.

parmi les plus ardents défenseurs de la tradition, pour constater, à travers l'édition, une perte d'influence du latin[901].

496. Même lorsque l'œuvre est initialement en français, elle pouvait être suivie d'une traduction en latin. Le fait est rare en France, mais doit cependant être signalé : c'est notamment le cas du *Discours de la méthode* traduit en latin non par l'auteur qui toutefois revit le texte latin, y apporta des corrections, avouant le sens, mais ne prenant pas le style à son compte[902]. L'avantage de la traduction en latin permettait à une œuvre initialement en français d'être vulgarisée en dehors des frontières du royaume, dans l'Europe chrétienne où manifestement la position du latin était plus éminente qu'en France. La version latine des *Lettres provinciales*, éditée sous le pseudonyme de Willelm Wendrock, théologien de Salzbourg, eut six éditions entre sa première parution en 1658 et 1700. Selon Sainte-Beuve, « cette traduction popularisa véritablement le victorieux pamphlet en Europe »[903]. En l'espèce la « victoire » du latin était fondée sur la force de la polémique religieuse, et non pas sur le positionnement de la langue du roi dans son royaume. Il ne semble pas douteux qu'aux XVIIe et XVIIIe siècles, c'est grâce à la langue ancienne que des écrits pouvaient être lus et des idées diffusées, en dehors même du royaume, et permettre ainsi aux éditeurs d'accéder à une clientèle européenne. Les imprimeurs-libraires vont donc devenir les alliés du latin qui leur permettait l'ouverture de plus vastes marchés. Ils vont ainsi plaider en faveur de la langue ancienne pour des ouvrages de grand format, imprimés sur du beau papier et ornés de planches nombreuses, autant de publications splendides, mais aussi extrêmement coûteuses et qui, pour des raisons économiques évidentes, postulaient une diffusion européenne. Ils poussèrent donc les auteurs à accompagner leur texte d'une traduction latine. En 1729, évoquant

---

901 H-J. MARTIN, *Livres, pouvoirs et société à Paris au XVIIe siècle (1598-1701)*, Genève, Droz, 1969 ; J.-H. MARTIN et O. MARTIN, « Le monde des éditeurs », dans *Histoire de l'édition française*, ouvr. cité, t. III, *Le temps des éditeurs*, (direction : R. CHARTIER et H-J. MARTIN), Paris, Promodis, 1987, p. 187 ; J.-D. MELLOT, *Dynamisme provincial et centralisme parisien : L'édition rouennaise et ses marchés (vers 1600-1730)*, thèse, doctorat en histoire, Paris I, 1992, p. 162-163, 336, 662 ; du même « Clés pour un essor provincial : le petit siècle d'or de l'édition rouennaise (vers 1600-1670) », dans *Annales de Normandie*, 1995, 45, p. 272 et s.

902 R. DESCARTES, *Œuvres*, publiées par Charles ADAM et Paul TANNERY, t. VI, *Discours de la méthode et Essais*, Paris, Vrin, 1987, p. V-VI.

903 Cité par E.-T. DUBOIS, « La polémique autour des "Lettres provinciales" : quelques réflexions concernant l'utilisation respective du latin et du français », dans *Acta conventus neo-latini turonensis, Tours, 6-10 septembre 1976. 3ème* Congrès *international d'Études néo-latines*. Édité par Jean-Claude MARGOLIN, Paris, Vrin, 1980, t. I, p. 609-620 (cit., p. 617).

l'ouvrage dont il projetait la publication sur « Les monuments de la monarchie française », Montfaucon[904] précise à son correspondant : « les libraires souhaitent que je mette une version latine au bas des pages. . ils prétendent que cela est nécessaire à beaucoup d'étrangers qui n'entendent pas assez le français »[905]. De ce bref parcours dans le monde typographique, il ressort que le latin, au XVIIIe siècle, concurrençait encore la langue du roi dans les écrits des doctes. Cela étant, on ne peut cependant faire dire aux chiffres et aux traductions plus qu'ils n'affirment quantitativement. Ils ne sont que des indicateurs qu'il importe de manier avec prudence. De fait, lorsque l'on analyse les positions des deux camps, à travers notamment les arguments présentés par ceux qui détiennent l'autorité scientifique, force est d'admettre, en présence des prétentions de ceux qui ne sont pas vraiment vaincus – les tenants du latin – et ceux qui se perçoivent comme virtuellement vainqueurs – les tenants du français – qu'il n'est pas facile d'arbitrer et de trancher définitivement.

B - ARGUMENTS ET PRÉTENTIONS DU LATIN ET DU FRANÇAIS COMME LANGUE LITTÉRAIRE ET SCIENTIFIQUE DANS LE MONDE PROFANE

497. Langue haute de la liturgie, le latin, prétend, dans un contexte de diglossie, conserver, dans le monde profane, cette position (I). Le français, langue basse de la liturgie mais langue haute du pouvoir, tant

904 Le bénédictin Bernard de MONTFAUCON est un érudit représentatif de ce bilinguisme latin-français qui persistait au XVIIIe siècle. Après avoir écrit en latin (nous ne mentionnons ici que ses principaux ouvrages : en 1688 : *Analecta sive varia Opuscula græca* ; en 1702 : *Diarium italicum sive monumentorum veterum bibliothecarum notitiæ singulares itinerario italico collectæ* ; en 1708 : *Paleographia græca sive de Ortu et Progressu litterarum græcarum* ; en 1715 ; *Bibliotheca Coisliniana olim Segueriana sive manuscriptorum niva)* et en français (en 1709 : *La vérité sur l'histoire de Judith*), il publiera dans les deux langues son grand œuvre : *L'Antiquité expliquée et représentée en figures*, 13 vol., Paris, 1719-172. L'ouvrage mentionné dans la correspondance citée en référence dans la note suivante, *Les monuments de la monarchie française*, sera publié en 1729-1733 en 5 vol. *in* f°. *Cf.* E.-H. VOLLET, « Bernard, de Montfaucon », *G.E.*, t. XXIV, p. 236.

905 Cité par F. WAQUET, *Le latin ou l'empire d'un signe. XVIe-XXe siècle*, ouvr. cité, p. 109. Principalement au XVIIIe siècle et, plus précisément, dans sa première moitié, il parût en matière d'archéologie, de botanique, de zoologie, d'anatomie, de peinture, des ouvrages bilingues juxtaposant, suivant des présentations typographiques variées, textes en vernaculaire et en latin. F. WAQUET est à même de donner quelques exemples représentatifs de ce genre de publication bilingue ; il est, cependant, vrai que, dans les titres produits, fort peu intéressent la langue du roi associée au latin ; les ouvrages en allemand et latin, voire en anglais et latin, sont très largement majoritaires. *Cf. Ibid.*, p. 343 et note 36.

au niveau législatif, qu'administratif et judiciaire, prétend également et désormais à la première place dans le monde profane (II).

I - Les tenants du latin

498. Force est de constater que, pendant la période absolutiste, « le latin accompagnait la vie des hommes », au point que l'on peut parler de « dimension latine » de l'Occident moderne[906] et qu'il paraît dès lors opportun de se demander pourquoi, alors que le destin du latin était définitivement scellé par la dignité reconnue à la langue du roi, cette langue avait-elle maintenue une aussi forte présence ? La bibliographie imposante des études néo-latines renforce la légitimité de cette question ; elle rappelle l'abondance et la vitalité d'une production en langue latine aux lendemains de la restauration humaniste et, nous l'avons vu, jusqu'au XVIIe siècle pour le moins, démontrant au niveau le plus élevé la maîtrise de la langue ancienne et, avec elle, l'appropriation d'un répertoire de styles, de genres et de formes[907]. Cette dimension latine, nous l'avons volontairement occultée, dans le monde profane, au profit de la montée en puissance du vernaculaire royal, perçu comme un instrument de l'unité de l'État. Il faut, cependant, rendre au latin ce qui lui appartient dans une France moderne où le savoir va continuer à s'énoncer et à se communiquer en latin[908]. Une raison majeure permet d'éclairer le positionnement officiel du latin et le maintien, tout au long de l'époque moderne, d'une véritable diglossie juridique, traduite dans une répartition *ratione materiæ* de deux langues hautes, le latin et le français. Avant donc de juger de la réalité de la place du latin (b), il importe d'analyser, à cet égard, la portée des règles posées par le Concile de Trente au moment même où la langue du roi prétendait, nous l'avons vu, concurrencer le latin dans différents registres (a).

906 F. WAQUET, *Le latin ou l'empire d'un signe. XVIe-XXe siècle*, ouvr. cité, p. 10.

907 J. CHOMARAT, « Les études néo-latines en France (et un peu hors de France), 1983-1993 », dans *Nouvelle revue du seizième siècle*, 1994, 12, p. 91-107.

908 H. BOTS et F. WAQUET, *La république des lettres*, Paris, Bellin-De Boeck, 1997, p. 8.

a - La portée du Concile de Trente

499. Le Concile qui s'ouvrit à Trente en 1546 débattit de la langue en diverses occasions[909], et plus précisément quand il aborda les questions de la traduction de la Bible en vernaculaire et de la célébration de la messe. Les débats sur la « vulgarisation » de la Bible furent largement conditionnés par la relation entre traduction et hérésie. Les uns voyaient dans les traductions mises dans les mains des gens peu instruits un risque sûr d'erreur. Les autres soulignaient le droit de tout homme à connaître l'Écriture, rappelaient que l'erreur était souvent le fruit de l'ignorance et démontraient que les hérésies étaient bien plus le fait des doctes que de simples hommes du peuple. Dans ces débats, le latin apparut comme un moyen de défense de l'autorité de l'Église et de son contrôle sur les fidèles, et personne – même parmi les adversaires les plus déterminés de toute vulgarisation – n'avança l'argument du caractère sacré de cette langue. Les discussions des pères aboutirent au décret du 8 avril 1546 qui décida de conserver la Vulgate, sans pour autant fermer la porte à la réalisation d'une édition plus correcte[910].

500. Ce décret ne fut pas sans influencer les discussions des pères lorsqu'ils évoquèrent, quinze années plus tard[911], la langue de la messe. La situation religieuse avait, entre temps, évolué singulièrement : la réforme avait progressé et cela conduisit les pères à adopter des positions plus tranchées. Au cœur de la discussion se trouvait la dimension sacrificielle de l'Eucharistie : la messe n'est pas, comme le prétendaient les réformés, un mémorial du sacrifice du Christ, mais un véritable sacrifice qui s'opère indépendamment de la disposition des hommes. Seul le prêtre a besoin de comprendre et est le garant de la

---

909 H. A.P SCHMIDT, *Liturgie et langue vulgaire. Le problème de la langue liturgique chez les premiers réformateurs et au Concile de Trente*, Rome, apud Aedes Universitatis Gregorianae, 1950, p. 81-95.

910 Selon V. COLETTI (*L'éloquence de la chaire. Victoires et défaites du latin entre Moyen Âge et Renaissance*, Paris, édit. du Cerf, 1987, p. 200-217), il n'était pas possible de dissocier l'éventualité d'une traduction de la bible en vernaculaire de celui d'une nouvelle édition de la *Vulgate* qui aurait nécessairement impliqué un examen philologique et théologique préalable du grand œuvre de saint Jérôme. En effet, si l'on trouvait dans la version donnée par Saint Jérôme des imperfections, on ne pourrait les justifier qu'en rappelant que la *Vulgate* était un livre traduit, et donc il serait dès lors difficile d'interdire de nouvelles traductions. Si, au contraire, la *Vulgate* s'avérait un texte sans défaut, il serait possible de la considérer comme un texte sacré dont le caractère immuable excluait toute traduction, sous peine de lui faire perdre l'authenticité que la sainteté de son auteur et l'autorité de la tradition lui conféraient.

911 Après 10 années d'interruption du Concile.

compréhension. La foi peut dès lors s'exprimer dans la langue consacrée par la tradition, c'est-à-dire le latin. Une majorité de pères refusait catégoriquement l'usage de la langue vulgaire, exigé par les protestants, mais s'accordait, cependant, pour reconnaître que si théologiquement, rien ne s'opposait à l'adoption de la langue vulgaire, il fallait regarder le latin comme une langue nécessaire à la dignité de la liturgie. Langue littéraire par excellence, seul il pouvait répondre à cette haute exigence. Par ailleurs, vulgariser la liturgie impliquait, comme l'avait fait la Réforme, la mise en œuvre de traductions et donc un risque d'erreur. L'usage du vernaculaire aurait ainsi pu être perçu comme un ralliement aux thèses hérétiques. Il fallait donc maintenir la pratique existante du latin mais cependant – seule concession du concile – l'accompagner d'explications en langue basse. Les pères approuvèrent cette orientation, le 17 septembre 1562 en énonçant au chapitre VIII « de la doctrine et canons sur le très saint sacrifice de la messe », la règle suivante :

> « Bien que la messe contienne un grand enseignement pour le peuple fidèle, il n'a cependant pas paru bon aux pères qu'elle soit célébrée çà et là en langue vulgaire. C'est pourquoi, tout en gardant partout le rite antique propre à chaque Église et approuvé par la sainte Église romaine, mère et maîtresse de toutes les Églises, pour que les brebis du Christ ne meurent pas de faim et que les petits ne demandent pas de pain et que personne ne leur en donne, le Saint Concile ordonne aux pasteurs et à tous ceux qui ont charge d'âme de donner quelques explications fréquemment, pendant les célébrations des messes, par eux-mêmes ou par d'autres, à partir des textes liés à la messe et, entre autres, d'éclairer le mystère de ce sacrifice, surtout les dimanches et les jours de fête ».
> Au chapitre suivant, le canon 9 précisait : « Si quelqu'un dit que la messe ne doit être célébrée qu'en langue vulgaire... qu'il soit anathème »[912].

501. Les mêmes principes furent adoptés pour les sacrements : l'administration en langue latine serait suivie d'une explication en vernaculaire[913]. Les qualités spéciales de la langue haute – langue sacrée garantissant par sa dignité la conservation du trésor de la foi – ne sont pas mentionnées, et cela est logique dans la mesure où l'objet du concile ne concernait que la définition de la valeur doctrinale de la

---

912 Citation du décret du 17 septembre 1562 dans *Les conciles œcuméniques*. T. II-2. *Les décrets. Trente et Vatican II*. Texte original établi par G. ALBERIGO, J. A. DOSSETTI, P.-P. JOANNOU, C. LEONARDI et P. PRODI, avec la collaboration de H. JEDIN. Édition française sous la direction de A. DUVAL, B. LAURET, H. LEGRAND, J. MOINGT et B. SESBOÜÉ, Paris, édit. du Cerf, 1994, p. 1495.

913 *Ibid.*, p. 1497.

messe, véritable sacrifice ; la question linguistique n'en était qu'une incidence majeure : le maintien du monopole du latin – du moins chez les catholiques romains – doit à cet égard être perçu comme circonstanciel : c'est une réaction contre la Réforme.

502. Les décisions arrêtées à Trente manifestaient clairement le souci de la hiérarchie d'assurer l'instruction religieuse des fidèles et de la contrôler afin d'éviter toute déviation. Le concile va donc porter une attention particulière à la formation du prêtre en créant les séminaires qui vont se caractériser par la place accordée au latin. Le clivage entre une minorité, les doctes, les *litterati*, le premier ordre et son environnement – c'est-à-dire ceux qui ont reçu une éducation formelle dans des institutions qui relèvent nécessairement de l'Église – et la masse des *illiterati* ou *idiotæ*, c'est-à-dire la plupart des laïcs, va s'accentuer et générer, dans le monde catholique, une conception hiérarchique de la société avec d'une part les titulaires du savoir qui ont la capacité de s'exprimer en latin et de l'autre la masse du *vulgum pecus* qui ne peut s'exprimer qu'en langue vulgaire. C'est dans ce contexte qu'il convient d'apprécier la place du latin[914].

b- La place du latin

1. Le latin, langue scientifique et pédagogique

503. Parmi les « doctes » figurent, au premier chef, les principaux membres du premier état du royaume, l'ordre du clergé, à tout le moins en tant qu'enseignants, éducateurs et formateurs. Ils y côtoient l'élite des savants qui est du reste nécessairement passée par leurs mains. C'est cet ensemble qui regroupe les nouveaux *litterati* ; pour eux, le latin est hors de pair. Et ceci permet de comprendre la position du latin dans l'enseignement. Une des grandes attributions du clergé, un de ses monopoles, n'est-il pas précisément l'enseignement ? Le monopole linguistique fondé sur la norme tridentine aura pour incidence fondamentale le monopole du latin dans l'enseignement. C'est un fait majeur qu'il importe de peser pour apprécier la position du latin, et donc celle du vernaculaire royal, dans le royaume à l'époque moderne. Le latin est toujours considéré comme la langue scientifique par excellence ; or les sciences n'ayant pas de frontière, le latin doit demeurer langue de communication et donc d'enseignement.

914 V. COLETTI, *L'éloquence de la chaire. Victoires et défaites du latin entre Moyen Âge et Renaissance*, ouvr. cité p. 230 et s.

504. Ainsi, « Langue de l'Église catholique et de toutes les écoles de la chrétienté », le latin s'avérait « d'une nécessité indispensable... tant pour la philosophie et la théologie que pour la jurisprudence et la médecine ; c'est d'ailleurs là, et pour cette raison même », soulignait-on, « la langue commune de tous les savants de l'Europe »[915]. Une telle affirmation, puisée dans l'*Encyclopédie*, était courante dans les années 1750. Elle se trouvait déjà énoncée de façon très voisine dans un discours qu'Anton Maria Salvini prononça un demi-siècle plus tôt dans l'académie des Apatisti de Florence : « Le monde des sciences qui s'apprennent dans les universités a et aura toujours le latin comme sa langue propre solennelle et naturelle ». D'ailleurs cet auteur, réservant le vernaculaire – en l'espèce, il s'agit de l'italien – à la seule littérature, notait que les sciences ne pouvaient être écrites qu'en latin qui, de ce fait même, était constitué en « langue commune aux doctes »[916].

505. À ces déclarations de principe, s'ajoutent des réflexions analogues que l'on relève au fil des correspondances. En 1709, Gisbert Cuper invitait son ami Mathurin Veyssière de La Croze à rédiger son histoire universelle en latin, précisant que si la langue française « est fort commune et admirable pour les livres petits et du temps... un ouvrage qui sera pour les savants doit, à ce que je crois, être publié en latin »[917]. François Peleau ne raisonnait pas autrement dans une lettre envoyée à Hobbes pour lui exposer des « doutes » sur le *De cive* : il avouait sa « honte » d'écrire en français, « de traiter avec vous en autre langue que celle des sciences[918] ». Pascal, lui-même, dont l'œuvre majeure est pourtant écrite dans la langue du roi, ne s'embarrassa guère d'explications quand, dans une lettre adressée à Fermat sur le calcul des probabilités, il abandonna le vernaculaire sur ce constat lapidaire : « Je vous le dirai en latin car le français n'y vaut rien »[919]. Le latin apparaît vraiment comme constitutif du monde du savoir. Ces quelques citations permettent d'emblée de saisir le statut dont jouissait le latin, dans le

915 N. BEAUZÉE, « Langue », dans *Encyclopédie ou Dictionnaire raisonné des sciences, des arts et des métiers*, t. IX, Paris, Briasson et autres, 1765, p. 265.

916 A.-M. SALVINI, « Sopra la lingua latina », dans *Discorsi accademici sopra alcuni dubbi proposti nell'Accademia degli Apatisti*, Firenze, Giuseppe Manni, 1695, p. 241, cité par F. WAQUET, *Le latin ou l'empire d'un signe. XVIe-XXe siècle*, ouvr. cité, p. 341.

917 H. BOTS et F. WAQUET, *La République des Lettres*, Paris, ouvr. cité, p. 146.

918 N. MALCOLM, *Thomas Hobbes, The Correspondence*, Oxford, Clarendon Press, 1994, p. 101, correspondance du 18 août 1656.

919 B. PASCAL, *Œuvres complètes*, texte établi, présenté et annoté par J. MESNARD, Paris, Desclée de Brouwer, 1970, 2 vol., t. II, p. 1140.

monde profane, à l'époque moderne, pour le moins jusques dans les années centrales du XVIIIe siècle. Mais même lorsque l'on finit par admettre que les différents vernaculaires, et notamment la langue du roi de France, avaient la capacité d'être des langues scientifiques, l'universalité du latin rebondit et l'on voulut voir en lui une langue universelle de convention aux fins de communication.

2 - Le latin, langue de communication

506. Le latin parlé trouva, au nom de sa fonction de langue de communication, des défenseurs en plein siècle des Lumières, même parmi les hommes qui se firent les avocats ardents de la langue du roi. Diderot lui-même, dans un programme d'éducation qu'il donna au lendemain de la suppression de l'ordre des jésuites, conseillait en ces termes l'apprentissage du latin :

> « Il s'agit d'entendre le latin non pour le latin même, mais pour les choses utiles écrites en cette langue, et de le parler, non pour devenir préteur ou consul, mais pour se faire entendre à des étrangers qui ne veulent que nous entendre : aussi est-il à propos d'exercer dès lors et d'obliger les écoliers » – il visait ici des enfants de dix à onze ans – « à parler latin entre eux et avec leur maître »[920].

507. De fait dans l'Europe moderne, devant la montée des vernaculaires, et en particulier de la langue du roi de France, le latin parut le seul recours. Bien des écrits donnés en langue vulgaire furent, nous l'avons vu, ensuite traduits en latin pour leur assurer une juste diffusion, leur ouvrir de plus larges horizons[921]. La multiplication des vernaculaires semble avoir, en effet, posé, et très tôt, des problèmes aux savants. Marin Mersenne[922] le déplorait dans une lettre de 1640 : « si

---

920 Cité par Jean-François LA HARPE, *Lycée ou Cours de littérature ancienne et moderne. Dernière partie : Philosophie du dix-huitième siècle*, Paris, Agasse, an XII, t. XVI, 1ère partie, p. 160. On peut opportunément rappeler que l'Église catholique a, jusqu'à une date récente, présenté le latin comme sa « langue vivante », comme son « instrument de communication universel » (JEAN XXIII, *Veterum Sapientia. Du développement de l'étude du latin. Constitution apostolique du 22 février 1962*, Paris, Éditions de la Nouvelle Aurore, 1975, p. 8 et 13)) ; pour preuve, on rappellera que les deux conciles œcuméniques du Vatican se sont tenus en latin et qu'en 1970 à Rome, dans *l'Institutum Altioris Latiniatis* fondé par Paul VI, les élèves parlaient latin (C. EGGER, *Quomodo lingua litteræque latinæ in Pontificio Instituto Altioris Latinatis traduntur*, dans *Quatrième Congrès international pour le latin vivant. Avignon du 1er avril au 3 avril 1969*, Avignon, Aubanel, 1970, p. 52-53).

921 *Supra*, notamment Descartes et Pascal.

922 Théologien et mathématicien, Marin Mersenne était peut-être le plus proche ami de Descartes dont il fut le chargé d'affaires pendant l'exil du philosophe en Hollande. *Cf.* L. SCHMIT, « Marin Mersenne », *G.E*, t. XXIII, p. 730-731.

Dieu, ni les sciences ne sont point liés aux langues, et en effet, chacune est capable d'expliquer toute chose ; mais le malheur est qu'il faudrait les entendre toutes, pour participer aux labeurs de ceux qui écrivent dans celles que l'on n'entend pas ». Seul remède pour Mersenne : la création de « quelque excellente académie composée de quinze ou vingt honnêtes hommes de chaque nation, et ce ès chaque royaume afin qu'ils eussent soin de traduire en la langue commune de l'Europe chrétienne, qui est la latine, ce qu'ils jugeraient dignes de cette langue, afin que tous en eussent leur part »[923]. Un siècle plus tard, d'Alembert, dans le « Discours préliminaire » de l'*Encyclopédie* partait du même constat et exprimait une espérance similaire. Après avoir approuvé l'usage qui s'était répandu de tout écrire en langue vulgaire, il ne notait pas moins « l'inconvénient » qui en résultait, quand, dans chaque pays, on s'était mis à écrire dans sa langue.

> « Ainsi, poursuivait-il, avant la fin du XVIIIe siècle, un philosophe qui voudra s'instruire à fond des découvertes de ses prédécesseurs, sera contraint de charger sa mémoire de sept à huit langues différentes ; et après avoir consumé à les apprendre le temps le plus précieux de sa vie, il mourra avant de commencer à s'instruire. L'usage de la langue latine dont nous avons fait voir le ridicule dans les matières de goût, ne pourrait être que très utile dans les ouvrages de philosophie, dont la clarté et la précision doivent faire tout le mérite, et qui n'ont besoin que d'une langue universelle et de convention ». Et d'ajouter : « Il serait donc à souhaiter qu'on rétablît cet usage : mais il n'y a pas lieu de l'espérer »[924].

508. Plus généralement, cette assertion semble partagée par les encyclopédistes : le grammairien Beauzée[925], dans l'article « Langue », après avoir affirmé, nous l'avons vu, que

> « la langue latine est d'une nécessité indispensable, c'est celle de l'église catholique et de toutes les écoles de la chrétienté tant pour la Philosophie et la Théologie, que pour la Jurisprudence et la Médecine ; c'est d'ailleurs, et pour cette raison même, la langue commune de tous les savants de l'Europe ». Il poursuivait qu' « il serait à souhaiter peut-être que l'usage devînt encore plus général et plus étendu afin de faciliter davantage la

---

923 M. MERSENNE, *Correspondance du père Marin Mersenne, religieux minime, publiée et annotée par* Cornélis de WAARD et Armand BEAULIEU Paris, Édit. du C.N.R.S., 1932-1988, 16 vol., t. XI, *Janvier 1642-27 décembre 1642*, p. 4.

924 J. d'ALEMBERT, *Discours préliminaire de l'Encyclopédie, publié intégralement d'après l'édition de 1663*, par F. PICAVET, Paris, Vrin 1984, p. 113-114.

925 N. BEAUZÉE (1717-1789) était membre de l'Académie française. Il fut chargé de rédiger les articles de grammaire de l'*Encyclopédie*. Ces articles seront regroupés dans le *Dictionnaire de grammaire et de littérature*, publié à Liège en 3 vol. en 1767.

communication des lumières respectives des diverses nations qui cultivent aujourd'hui les sciences ; car combien d'ouvrages excellents en tous genres de la connaissance desquels on est privé, faute d'entendre les langues dans lesquels ils sont écrits ? »[926].

509. Il est vrai qu'à lire, à écrire, à parler en latin et, qui plus est, dans le domaine spécifique de leurs recherches, les savants ne ressentirent pas aussi fortement que l'on pourrait le penser aujourd'hui le besoin d'utiliser le vernaculaire pour leurs publications scientifiques. Même quand ils se détachèrent des textes classiques, même quand les leçons du commentaire le cédèrent aux enseignements des expériences le poids des habitudes acquises, le recours à un vocabulaire spécialisé, la prise en compte du public, tout ceci explique que le vernaculaire ne s'imposa point d'un seul coup dans le monde des doctes. D'où, par exemple, les excuses que le chancelier de l'université de Paris, Rollin, présentait, dans son *Traité des études* (1726)[927], pour avoir écrit en français et non en latin ; cet homme qui penchait pour une pédagogie « moderne » avouait qu'il avait « plus d'usage en cette dernière langue, à laquelle il a employé une partie de sa vie, que de la langue française »[928]. Encore et tout naturellement, l'influence majeure exercée par certaines œuvres qui parurent en latin joua dans le maintien de la langue ancienne : les concepts nouveaux qu'elles véhiculaient n'étaient pas toujours aisément traduisibles alors que, de surcroît, ils étaient parfaitement clairs pour le nombre limité de doctes qui avaient à les manier[929].

510. La première grande œuvre écrite dans la langue du roi, le *Discours de la méthode* de Descartes, ne marqua donc pas la déroute du latin[930]. Le *Discours*, nous l'avons vu, fut, aux fins d'une meilleure diffusion, traduit en latin. Descartes d'ailleurs publia dans la langue ancienne

---

926 N. BEAUZÉE, « Langue » , *Encyclopédie ou Dictionnaire raisonné des sciences, des arts et des métiers,* ouvr. cité, t. IX, p. 265.

927 Ch. ROLLIN, *De la manière d'enseigner et d'étudier les belles lettres, par rapport à l'esprit et au cœur*, Paris, J. Estienne, 1726.

928 G. GUSDORF, *Les sciences humaines et la pensée occidentale*, Paris, Payot, 2 vol., 1969, t. II, *La révolution galiléenne,* p. 304.

929 C'est le cas par exemple de LINNÉ (Caroli LINNAEI) dont l'œuvre majeure *Systema naturæ, sive Regna tria naturæ systematice proposita per classes, ordines genera et species,* Lugduni Batavorum, per J. Haak, 1735, impliquait – on en est alors persuadé – le seul usage du latin.

930 G. BEAUJOUAN, La représentation de l'univers », dans *La France et les Français* (direction : Michel FRANCOIS), Encyclopédie de la Pléiade, Paris, Gallimard, 1972, p.659

d'autres de ses écrits, voire ceux qui, en leur temps, passèrent pour les plus importants. À en croire son biographe Baillet, il « écrivait encore plus aisément des matières philosophiques et mathématiques en latin qu'en français »[931]. En fait, comme nombre de ses contemporains, il pouvait aisément passer d'une langue à l'autre, et accommoder l'usage linguistique au propos qui était le sien. Ainsi, le même Baillet note à propos des *Meditationes*, « il ne jugea point à propos de publier d'abord l'ouvrage en français comme il avait fait des *Essais* : mais ayant écrit ceci principalement pour les doctes et d'une manière également relevée et nouvelle, il crut devoir parler leur langue et s'exprimer à leur mode autant qu'il lui avait été possible »[932].

511. Cet exemple, certainement significatif, montre, entre autres, le rôle joué par le destinataire dans le choix linguistique. Or, tant que le public des œuvres savantes ou, du moins, d'un niveau élevé demeura réduit, le latin conserva une position forte. Bien plus, le vernaculaire ne servit en rien la diffusion de tels écrits. Ceci est particulièrement vrai dans le royaume à la fin du XVIe siècle. L'exemple de *l'Universæ naturæ theatrum*, publié par Jean Bodin, en 1596, éclaire cette assertion. Cet ouvrage eut trois éditions latines qui connurent un grand succès en France aussi bien qu'à l'étranger, en Allemagne où deux des éditions furent publiées, en Pologne, en Italie, en Angleterre. En revanche, la traduction française (1597) n'eut guère de retentissement. Alors que le public cultivé était en soi restreint, il n'y avait pas alors de lecteur non latinisant qui soit susceptible de s'intéresser à des questions de philosophie naturelle : l'édition originale suffisait amplement[933].

3- Le latin, langue diplomatique

512. Le Traité de Rastadt (1714) dans lequel le gouvernement de Louis XIV a voulu voir une sorte de « consécration » de l'avènement du français comme langue diplomatique – l'Empire, rappelons-le, ayant accepté de signer le traité dans la langue du roi – n'a pas en réalité signé l'effacement du latin au niveau des relations internationales. Les échanges diplomatiques vont continuer à faire une part notable au

931 A. BAILLET, *La vie de Monsieur Des-Cartes*, Hildesheim, New York, Georg Olms, Verlag, 1972 (édit. originale : Paris, 1691), t. II, p. 471.

932 *Ibid.*, p. 107.

933 A. BLAIR, « La persistance du latin comme langue de science à la fin de la Renaissance », dans *Sciences et langues en Europe*, (direction : Roger CHARTRIER et Pietro CORSI) Paris, E.H.E.S.S., 1996, p. 33-39.

latin[934] qui ne cessa pas d'être employé au-delà de cette date. Il n'est certes plus conquérant, mais maintient fermement ses positions chez les « puissances vouées au latin », papauté, ordres religieux et Empire. Ailleurs, au XVIIIe siècle, son usage tend à diminuer. Nombre de traités, cependant, furent encore rédigés et signés dans cette langue. La France, en dépit de l'affirmation de sa langue sur le plan international ne fit point exception : ainsi, le Traité de Versailles du 18 septembre 1735, entre la France et la Pologne, au sujet du roi Stanislas, est en latin. Nous en rencontrons également l'usage exclusif en 1720 pour un traité d'alliance entre la Suède et l'Angleterre, en 1737, pour un traité de commerce et de navigation entre la Suède et la Porte, encore en 1756 pour une convention similaire entre le Danemark et la Porte. La langue ancienne resta de surcroît d'« un très grand usage » dans les chancelleries de l'Europe : dans les années 1750, seule la France écrivait constamment dans sa langue, même au Pape ; d'autres États, en revanche, continuèrent, tout au long de l'époque moderne à consacrer dans leurs échanges internationaux le monopole du latin, ce sera notamment le cas de la Pologne et, bien évidemment du Saint Empire Romain-Germanique[935]. Une maîtrise du latin resta donc longtemps nécessaire dans la conduite de la politique étrangère. Au moment des négociations du Traité de Rastadt, le maréchal de Villars, qui n'avait pas une grande confiance dans son latin, fit venir auprès de lui le recteur des jésuites de Strasbourg ; il précisait dans une dépêche adressée à Torcy le 25 février 1714 : « je m'en servirai pour ne faire aucun solécisme et qu'il n'y ait aucun terme que je ne puisse entendre parfaitement ». Le problème n'était, au reste, pas que de pure latinité. Il s'agissait d'éviter l'emploi d'un mot dont l'interprétation pourrait prêter à conséquence. L'utilisation du latin amenait à redoubler de vigilance et à multiplier les précautions. Lors des négociations d'Utrecht, les plénipotentiaires français rejetèrent une première rédaction du traité car « il y avait des expressions dont nous ne pouvions convenir »[936]. Tout ceci explique que la formation des diplomates continua à faire longtemps sa part au latin y compris dans un pays comme la France où la langue du Roi était, depuis le XVIe

934 L. BÉLY, *Espions et ambassadeurs au temps de Louis XIV*, Paris, Fayard, 1990, p. 450-454 ; F. BRUNOT, *Histoire de la langue française,* ouvr. cité, t. V, p. 383-429.

935 F. BRUNOT, *Histoire de la langue française*, ouvr. cité, t. VIII, *Le français hors de France,* p. 799-835.

936 L. BÉLY, *Espions et ambassadeurs au temps de Louis XIV*, ouvr. cité p. 454 ; F. BRUNOT, *Histoire de la langue française*, ouvr. cité, t. V, *Le français en France et hors de France au XVIIe* siècle, p. 383-429.

siècle, la langue des actes administratifs et judiciaires[937] et tendait à s'imposer comme langue de la diplomatie. C'est que, d'une part, des puissances continuaient à instrumenter en latin, d'autre part, dans les affaires où le précédent et la vérification des titres jouaient un rôle essentiel, il fallait pouvoir disposer d'un personnel capable de lire et de comprendre des textes rédigés dans la langue ancienne. D'où les recommandations en la matière dans les traités consacrés au « parfait ambassadeur » à la fin du XVIIe siècle et au début du XVIIIe siècle. François de Gallières, dans sa *Manière de négocier avec les souverains*, insistait sur la maîtrise que tout diplomate devait avoir du latin, langue « qu'il serait honteux d'ignorer à un homme engagé dans les emplois publics »[938]. Louis Rousseau de Chamoy abondait dans le même sens : « la latine lui (à l'ambassadeur) est absolument nécessaire parce qu'on la parle presque partout, et qu'elle peut ainsi lui suffire en quelque façon au défaut des autres... »[939]. Très concrètement dans l'académie de politique qui fut créée en 1712 à l'initiative de Torcy, les futurs diplomates étaient formés au latin pour des raisons aussi pratiques qu'évidentes. « Les élèves », précisaient les statuts de cette école, « sauront au moins le latin et suffisamment pour pouvoir traduire les actes des pays où on les dresse en cette langue, des bulles, des brefs et autres pièces semblables, comme aussi pour extraire des livres latins des faits anciens ou modernes dont on a souvent besoin en diverses affaires, soit pour s'en servir dans les mémoires sur différentes matières ou vérifier ceux qui sont donnés par les étrangers ». Cette école disparut au bout de sept ans d'existence. En 1722, dans le projet qui fut formé de la rétablir, le latin était au rang des « matières » d'enseignement ; il était précisé qu'une connaissance « à fond » du latin était indispensable « afin de pouvoir consulter les originaux en cas de

---

937 Nous verrons qu'avant l'ordonnance de Villers-Cotterêts (1539) qui imposa le français dans les actes des juridictions du Royaume, des mesures avaient été prises qui ordonnaient l'emploi de la langue vernaculaire à des fins administratives et judiciaires.

938 Cité par F. BRUNOT, *Histoire de la langue française*, ouvr. cité, t. V, *Le français en France et hors de France au XVIIe siècle*, p. 390. L'ouvrage de F. de GALLIERES mentionné par Brunot est introuvable. Il vient d'être réédité en portugais sous le titre *Como negociar com principes* par la *Harvard Business Review*, Campus, 2001.

939 L. ROUSSEAU de CHAMOY, *L'idée du parfait ambassadeur*, Paris, A. Pedone, 1912, p. 122. Louis Rousseau de Chamoy est un diplomate de Louis XIV qui participa activement aux négociations de Nimègue et de Ryswick. Il couchera son expérience d'ambassadeur dans un manuscrit publié chez Pedone... en 1912.

besoin »[940]. Toutefois plus on avance sur le XVIIIe siècle, plus le latin tendit à s'effacer au profit du français.

II - Les tenants du français

513. Ils revendiquent la souveraineté linguistique par l'éviction du latin au profit du vulgaire du pays. Cette prétention, parallèlement et dans le prolongement de la création de l'Académie française, est un fait qui s'impose à l'évidence : l'usage de la langue française, en lieu et place du latin, est revendiquée, avec force, par l'élite intellectuelle de l'époque.

514. Le français, langue littéraire, triomphe donc avec l'Académie ; sa mise au pas par la monarchie qui décide son ordonnancement traduit le succès littéraire de l'idiome royal dont l'importance est telle que son contrôle, nous l'avons vu, semble relever d'une sorte d'ordre public littéraire auquel les classiques acceptent de se soumettre. Cet ordonnancement du français va bientôt fournir à ceux qui étaient disposés à s'émanciper du latin de nouveaux arguments, et leur amener des partisans :

> « Il devenait en effet vraiment puéril de soutenir que le français était une langue barbare et inculte, après que, sorti des mains de Malherbe, il passait entre celles des Académistes, et qu'il se trouvait criblé, pesé, fixé, par un corps officiellement revêtu des pouvoirs nécessaires et sans analogue dans l'Antiquité. Aussi, dans cette période, la victoire du français se décide-t-elle, complète, et définitive »[941].

515. Sans doute faut-il nuancer cette assertion de Ferdinand Brunot[942] et ne lui donner sa pleine valeur qu'à partir du XVIIIe siècle[943]. Cela

940 G. THUILLIER, *La première école d'administration. L'académie politique de Louis XIV*, Genève, Droz, 1996, p. 175-176 (cit., p. 80 et 175).

941 F. BRUNOT, *Histoire de la langue française des origines à nos jours*, ouvr. cité, t. III, 2ème partie (vol. 2) : *La formation de la langue classique* (1600-1660), p. 713.

942 En d'autres lieux, en effet, le même Ferdinand Brunot, toujours prêt dans sa monumentale *Histoire de la langue française des origines à nos jours* à souligner les avancées du français, reconnaissait qu'à l'époque de Louis XIV, au moment même où s'épanouissait une splendide littérature, les progrès de cette langue dans les sciences demeuraient très lents (ouvr., cité, t. V, *Le français en France et hors de France au XVIIe siècle*, p. 21-24).

943 À tout le moins dans le royaume de France, où les travaux majeurs publiés en latin, comme le *Systema naturæ* de Linné dont la première édition est de 1735, relèvent de l'exception ; seule la théologie catholique et des productions de nature universitaire, telles les thèses, demeurèrent, nous l'avons vu, fortement latines.

étant, si l'Académie, en effet, est sans aucun doute la voie autoritaire, elle n'est pas la seule. Sa création est le reflet institutionnel d'une évolution irréversible. Elle traduit l'encadrement d'une institution, la langue française, jusque-là mal maîtrisée, mais dont l'évolution et l'importance sociale, au début de l'époque classique, contraint le roi à imposer une réglementation, car il s'agit de sa langue, langue officielle de son gouvernement, de son administration, de son pouvoir législatif et de ses tribunaux.

516. La vie intellectuelle de la nation doit donc être perçue comme la genèse de l'institution académique, et il est donc indispensable d'évoquer la grande mutation de la vie scientifique française, et en partie européenne. On voit ainsi progressivement et définitivement le français remplacer, à tout le moins concurrencer avec force, le latin comme vecteur de la communication, de la rédaction, et donc de la conceptualisation d'une pensée nouvelle, centrée sur l'invention, la découverte, le progrès scientifique. Certains jalons traduisent remarquablement cette montée en puissance de la langue du roi : la littérature latine va être étudiée en français, alors même que la poésie latine tend à disparaître (a), et les sciences « universitaires » vont bientôt se décliner dans le vernaculaire royal (b).

a- Littérature et poésie latine

517. « Dans les genres proprement littéraires, le latin agonise[944] », nous dit Ferdinand Brunot. Il est vrai que la littérature latine est lue par les *litterati,* mais bien souvent en français (1). Il est vrai qu'il y a encore de nombreux poètes latins, même dans l'Académie française, mais « le public ne croit plus guère en eux, et les railleries ne leur manquent point »[945] (2)

1. La littérature latine s'apprend en français

518. Le savoir s'énonce en latin. Cela est vrai et le sera bien au-delà de la Révolution. Ce constat signifie-t-il que les Français parlent latin ? La réponse est évidemment négative. Où situer le « niveau le plus élevé » des locuteurs et des lecteurs du latin ? Quel est-il en réalité ? Il est manifestement indissociable d'une simple élite intellectuelle et ne représente certainement pas la majorité des lecteurs qui continue à s intéresser à l'Antiquité. L'histoire des idées montre, en effet, la permanence de l'intérêt que l'on porte aux auteurs antiques, mais il

944 F. BRUNOT, *Histoire de la langue française des origines à nos jours*, ouvr. cité, t III, vol. 2, *La formation de la langue classique (1600-1660)*, p. 713.

945 *Ibid.*, p. 713.

n'en demeure pas moins que les Cicéron, Tite-Live, Lucrèce, Sénèque et autres classiques furent de plus en plus publiés dans des traductions en français, et c'est probablement ainsi que, hormis dans un cercle étroit de spécialistes, ils furent lus. Après Oresme au XIVe siècle et Seyssel, dans la première moitié du XVIe siècle, un nouveau « temps des traducteurs » s'instaure à Paris au milieu du XVIIe siècle. C'est sans aucun doute une nouvelle tendance éditoriale qui ne fut pas une mode passagère, mais l'adéquation définitive de l'offre au marché[946].

2. *La mort de la poésie latine*

519. C'est dans la seconde moitié du XVIIe siècle, avec la montée en puissance de l'Académie française, que, sur le plan qui nous intéresse, les prétentions du vernaculaire royal s'affirment. Au début du règne de Louis XIV, la littérature latine, tout particulièrement la poésie, restait cultivée et elle suscitait un intérêt réel. Ainsi, en 1662, Chapelain inscrivit de nombreux écrivains néo-latins sur la liste des gens de lettres qui recevraient une pension du roi[947]. Cependant, déjà les grands genres n'étaient plus pratiqués et la masse de la production se composait d'épigrammes[948], d'élégies[949] ou de satires[950]. Quelque vingt ans plus tard, Bayle constatait, à l'examen des publications contemporaines, que la poésie latine poussait ses « derniers soupirs ». Même un partisan des Anciens, Boileau, s'éleva contre ces poètes latins qui ne faisaient que « tisser des poèmes à l'aide de morceaux recousus » et il dénonça cette « étrange entreprise que d'écrire une langue étrangère quand nous n'avons point fréquenté avec les naturels du pays ». « Comment savoir », poursuivait-il, « en quelles occasions dans le latin, le substantif doit passer avant l'adjectif ou l'adjectif avant le substantif ? Cependant imaginez-vous quelle absurdité ce serait en français de dire mon neuf habit au lieu de mon habit neuf, ou : mon blanc bonnet au lieu

---

946 H.-J. MARTIN, *Livre, pouvoirs et société à Paris au XVIIe siècle (1598-1701)*, ouvr. cité, p. 607.

947 F. BRUNOT, *Histoire de la langue française des origines à nos jours*, ouvr. cité, t. V, *Le français en France et hors de France au XVIIe siècle*, p. 2.

948 « Espèce de petite poésie, qui consiste ordinairement dans une seule pensée, dont la force est presque toute dans les derniers vers », *Le Dictionnaire de l'Académie Françoise dédié au Roi*, Paris, J.-B. Coignard, 1694, 2 vol., t. I, p. 378.

949 « Espèce de poésie de vers alexandrins en rime plate, qui s'employe dans les sujets tristes et plaintifs, et dans tout ce qui regarde l'amour », *Le Dictionnaire de l'Académie Françoise*, ouvr. cité, t. I, p. 359.

950 « Ouvrage en prose ou en vers, fait pour reprendre, pour censurer les vices, les passions déréglées, les sottises, les impertinences des hommes », *Le Dictionnaire de l'Académie Françoise*, ouvr. cité, t. II, p. 443.

de mon bonnet blanc, quoique le proverbe dise que c'est la même chose »[951]. Dans ces années là, les grands poètes latins – au premier rang desquels Jean-Baptiste Santeul, auquel on doit une admirable production d'hymnes latines[952] – disparaissaient sans être remplacés. Seuls, des jésuites maintenaient la tradition, donnant dans les sujets pieux ou didactiques[953]. L'ultime espérance fut ruinée lorsqu'en 1747 parut l'*Anti-Lucretius* du cardinal de Polignac, poème philosophique long de quelques 12000 vers[954] : ce chef d'œuvre attendu pendant trente ans suscita la plus extrême déception[955]. Désormais, la poésie devint l'affaire des collèges : là elle engendra jusqu'au début du XXe siècle une masse colossale de vers latins qui, pour les meilleurs, se signalent plus par la maîtrise d'une technique que par l'originalité de l'inspiration[956].

b- Sciences universitaires

520. On peut dresser un constat du positionnement de la langue du roi dans les principales disciplines profanes.

---

951 Citations de Bayle et de Boileau dans F. BRUNOT, *Histoire de la langue française des origines à nos jours*, ouvr. cité, t. V, *Le français en France et hors de France au XVIIe siècle*, p. 1-9 ; *Ibid.*, t. VII, *La propagation du français en France jusqu'à la fin de l'ancien régime*, p. 7-11

952 On a pu le considérer comme le plus grand poète latin du règne de louis XIV, et le fondateur de la poésie chrétienne. La première place a longtemps été donnée à ses hymnes dans le bréviaire parisien. *Cf.* M. MONTALANT-BOUGLEUX, *J.B. Santeul ou la poésie latine sous Louis XIV*, Paris, Dentu, 1855, p. 15 et s.

953 B. BEUGNOT, « Débats autour du latin dans la France classique », dans *Acta conventus neo-latini amstelodamensis. Proceedings of the Second International Congress of Neo-Latin Studies,* Amsterdam, 19-24 August 1973. Édité par P. TUYNMAN, G.C. KUIPER et E. KESBER, München, Wilhelm Fink Verlag, 1979, p. 93-106 ; Abbé O. VISSAC, *De la poésie latine en France au siècle de Louis XIV*, Paris, Aug. Durand, 1862, p. 50 et s.

954 M. de POLIGNAC, *Anti-Lucretius, sive de Deo et natura libri novem Eminentissimi S.R.E. cardinalis Melchioris de Polignac opus posthumum illustrissimi abbatis Caroli d'Orleans de Rothelin cura et studio editioni mandatum*, Parisii, apud H.L. et J. Guerin, 1747, 2 vol.

955 C.-A. FUSIL, *L'Anti-Lucrèce du cardinal de Polignac. Contribution à l'étude de la pensée philosophique et scientifique dans le premier tiers du XVIIIe siècle*, Paris, Éditions scientifica, 1918.

956 D. SACRÉ, « La poésie neo-latine en France au XIXe siècle », dans *La réception du latin du XIXe siècle à nos jours. Actes du colloque d'Angers des 23 et 24 septembre 1994*. Textes réunis par Georges CESBRON et Laurence RICHER, Angers, Presses de l'Université, 1996, p. 67-77.

1. Sciences exactes

521. Dans ce qui correspondait aux sciences que l'on qualifierait aujourd'hui d'exactes, d'expérimentales ou de technologiques on dispose des repères suivants[957] : en 1665, création du *Journal des Savants* en français. En 1684 : extension internationale de cette « conquête » grâce aux *Nouvelles de la république des lettres*, de Bayle. En 1726 : publication d'une œuvre qui aura un énorme retentissement : le *Traité des études* de Rollin, déjà mentionné, qui donne le premier rang à l'enseignement du français. En 1734-1745 : l'*Histoire naturelle des insectes* de Réaumur, peut-être regardée comme le premier grand texte de haute spécialité qui fasse de la langue française une langue « technique ». En 1734 sont présentées les *Conférences*, dont tout le monde parle et parlera longtemps, celles de l'abbé Nollet, qui répandent à la fois la connaissance d'une science modernisée, la physique, et l'usage à cette fin d'une langue moderne, le français. Après 1760, quand l'*Encyclopédie* commence à paraître, l'affaire est entendue. Et cette évolution explique à la fin du siècle la nomenclature chimique de Lavoisier, aussi bien que le succès du *Journal de la langue françoise* de Domergue à partir de 1784.

2. Philosophie

522. La philosophie s'était déjà ouverte au français avec Descartes, sans conteste un des maîtres de la pensée humaine :

> « Si j'écris en français, dit-il, qui est la langue de mon pays, plutôt qu'en latin, qui est celle de mes précepteurs, c'est à cause que j'espère que ceux qui ne se servent que de leur raison naturelle toute pure jugeront mieux de mes opinions que ceux qui ne croient qu'aux livres anciens ; et pour ceux qui joignent le bon sens avec l'étude, lesquels seuls je souhaite pour mes juges, ils ne seront point je m'assure, si partiaux, pour le latin, qu'ils refusent d'entendre mes raisons, pour ce que je les explique en langue vulgaire. »

523. Ces lignes placées à la fin du *Discours de la Méthode*, publié en 1637, peuvent être regardées comme un plaidoyer qui lie l'expression française et « la raison naturelle toute pure[958].

957 Sur ce point cf. J-P. SEGUIN, *La langue française aux XVIIe et XVIIIe siècle*, ouvr. cité, p. 232 ; J-P. CAPUT, *La langue française. Histoire d'une institution*, t. I, p. 291-293.

958 R. DESCARTES, *Œuvres et Lettres*, éd. citée, p. 145.

3. *Médecine*

524. La médecine parvient également à s'émanciper du latin. Les livres de médecine rédigés en français depuis le début du XVIIe siècle sont légion[959]. Mais le monde médical offre plus et mieux que cela. C'est un des siens, Marin Cureau de La Chambre, qui, devenu académicien, peut-être à cause de cela, joint à son livre sur *Les Nouvelles conjectures de la digestion*[960], une préface retentissante, et proclame le moment venu d'abandonner le latin comme langue scientifique :

> « Bon pour écrire des fables ou faire l'histoire du temps passé, il ne peut servir pour parler de la nature, qui est présente, et dont la science est éternelle et immuable. S'y tenir est une erreur contraire à la raison... »[961].

525. On peut également mentionner Philippe Hecquet (1661-1737), élevé deux fois au décanat de la faculté de médecine de Paris, et qui, en son temps, « jouit d'une réputation extraordinaire[962] ». Il écrivait essentiellement en français ; critiqué par ses collègues, il justifia sa position dans un plaidoyer rapporté par Goujet [963]:

> « Feu M. Hecquet voulant s'excuser de ce qu'il n'écrivoit presque qu'en François, ce qu'il publioit sur la médecine, contre l'avis de plusieurs de ses amis qui auroient voulu qu'il n'eût composé qu'en Latin, fit aussi une dissertation où il s'attache principalement à montrer que notre langue n'étant ni moins riche, ni moins abondante que la Latine, on peut s'y exprimer avec la même clarté, et traiter avec la même solidité quelque sujet que ce soit ; que depuis longtemps d'ailleurs le François est devenu en quelque sorte la langue de tous les païs. Qu'il imite en cela les médecins les plus célèbres de l'antiquité, dont chacun a écrit en la langue qui étoit vulgaire de son tems, et en son païs, le Grec en Grec, l'Arabe en Arabe, le Latin en Latin » ; et Goujet d'ajouter : « j'ai lu cette dissertation avec plaisir ; non pour le style,

959 F. BRUNOT, *Histoire de la langue française des origines à nos jours*, ouvr. cité, t. VII, *La propagation du français en France jusqu'à la fin de l'ancien régime*, p. 714.

960 M. CUREAU de La CHAMBRE, *Nouvelles conjectures de la digestion*, Paris, Pierre Recolet, 1636.

961 Cité par F. BRUNOT, *Histoire de la langue française des origines à nos jours*, ouvr. cité, t. VII, *La propagation du français en France jusqu'à la fin de l'ancien régime*, p. 715.

962 H. LAMBLING, « Philippe Hecquet », dans *G.E.*, t. XIX, p. 989.

963 Sur l'abbé GOUJET, auteur d'une monumentale *Histoire littéraire de la France en 18 vol.*, *Cf.* P. BERGER, « abbé Claude-Pierre Goujet », *G.E.*, XI, 48.

M. Hecquet écrivoit fort mal ; mais pour le fond des choses et la solidité des raisonnements, et il seroit à souhaiter que l'on en fit part au public[964] ».

4. Droit

526. La science juridique, en dépit de la francisation de la langue du droit à la suite, nous le verrons, de Villers-Cotterêts, continuait à revendiquer le latin comme l'unique langue scientifique des juristes. Nous avons déjà mentionné les réactions du parlement de Paris contre la création de l'Académie. Un des grands avocats parisiens, Belot, entrera dans le même combat, faisant, en 1637, à Cureau de La Chambre une réponse publique, l'*Apologie de la langue latine contre la préface de M. de La Chambre,* dont le principal argument est qu'il est de première importance de tenir les sciences cachées. « La connaissance qu'on en donne aux peuples a eu pour conséquence : en religion, l'hérésie ; en philosophie, la sophistique ; en politique, l'insoumission et la décadence ; en médecine, l'empirisme »[965]. Cette opinion, étrangement réactionnaire – on ne peut s'empêcher de songer aux pontifes romains détenteurs du calendrier – n'est pas isolée, elle est partagée par de nombreux auteurs[966].

C - LA PLACE DU LATIN ET DU FRANÇAIS DANS L'ENSEIGNEMENT

527. Il y a un principe : le monopole du latin dans l'enseignement[967]. Ce monopole a été renforcé par le canon tridentin ; les clercs parlant officiellement latin, ce monopole de la langue ancienne sur l'église catholique ne pouvait que favoriser l'émergence d'un monopole de fait du latin sur l'enseignement, matière profane, mais géré par ces mêmes clercs. Ce monopole est contesté dans les idées et dans les faits. Il importe donc de rechercher les arguments des uns et des autres (I) avant

964 Indiqué par F. BRUNOT, *Histoire de la langue française des origines à nos jours*, ouvr. cité, t. VII, *La propagation du français en France jusqu'à la fin de l'Ancien Régime*, p. 714.

965 J. BELOT, *Apologie de la langue latine contre la préface de M. de La Chambre, en son livre « Nouvelles conjectures de la digestion »*, Paris, chez François Targa, 1637, petit in 8° de 58 pages, adressé au chancelier Séguier, qui venait de succéder à Mazarin comme protecteur de l'Académie française, p. 14.

966 F. BRUNOT, *Histoire de la langue française des origines à nos jours* ouvr. cité, t. VII, *La propagation du français en France jusqu'à la fin de l'Ancien Régime*, p. 716, note 1.

967 P. ARIÈS, « Problèmes de l'éducation. De la fin de l'empire romain à l'expulsion des jésuites », dans *La France et les Français* (dir. : M. FRANÇOIS), Encyclopédie de la Pléiade, ouvr. cité, p. 903 et s.

de tenter d'apprécier la mise en œuvre de ce monopole dans les trois ordres d'enseignement (II).

I - La langue de l'enseignement, objet d'un débat

528 Dès avant la fin du XVIIIe siècle, nombre d'arguments pour et contre le latin avaient été produits, arguments qui tournaient autour d'une efficacité inhérente d'ordre intellectuel et moral que le latin ou, du moins son étude, aurait ou n'aurait pas possédée. Pour les uns, l'omniprésence du latin dans l'enseignement secondaire ne présente aucune utilité (a), alors qu'il est pour les autres l'assise même du vernaculaire (b).

a - L'inutilité du latin

529. Si l'enseignement du latin est utile, l'enseignement par le latin, seule langue de la pédagogie est un excès (2). Ses résultats sont en effet médiocres (1).

1. Un monopole inefficace

530. L'abbé Coyer publia en 1770 un *Plan d'éducation* où il dresse un constat lapidaire et critique du positionnement de la langue de Cicéron :

> « Qu'apprend-on en sixième ? Du latin. En cinquième ? Du latin. En quatrième ? Du latin. En troisième ? Du latin. En seconde ? Du latin. Nulle connaissance de la Nature, des Arts, des Sciences utiles. Point de chose mais des mots ; et encore quels mots ? Pas même la Langue Nationale, rien de ce qui convient le plus à l'homme. Et on appelle ce long et précieux espace de temps, le cours des Humanités. Voilà des Humanités bien sauvages ! L'Élève, farci de Latin, bon ou mauvais, passe en Rhétorique. C'est alors qu'on l'oblige à produire quelque chose de soi-même. Peut-être produirait-il en Français : mais le Latin augmente la difficulté de l'enfantement ; et le fruit est manqué. La Philosophie vient couronner cette éducation, et c'est aussi en Latin qu'elle rend ses oracles. Mais enfin, après tant de Latin, je prends au hasard cent de vos élèves. J'ouvre Cicéron, Tite-Live, Tacite, Horace, Juvénal, et je ne trouve pas dix de vos Latinistes qui les entendent »[968].

531. Les témoignages ne manquent pas qui mettent en parallèle un long apprentissage et de faibles résultats. Dès 1650, un pédagogue, Du Tertre, soulignait qu'au sortir de la rhétorique des jeunes gens de dix-huit à vingt ans ne pouvaient « parler latin que fort médiocrement,

968 G.-F. COYER, *Plan d'éducation publique*, Paris, Veuve Duchesne, 1770, p. 189.

n'ayant aucun goût sain et sincère de cette belle langue »[969]. Quelques années plus tard Antoine Arnauld[970] opposait ainsi les huit heures de latin quotidien prévues par le règlement de l'université de Paris à « l'ignorance extrême » des élèves : « on voit par expérience que la plupart sortent présentement des collèges sans entendre le latin »[971]. Le même constat se lit dans l'*Encyclopédie*, sous la plume de d'Alembert, à l'article « Collège » : « Un jeune homme après avoir passé dans un collège dix années... en sort avec la connaissance très imparfaite d'une langue morte »[972]. Helvétius renchérissait : ce faible savoir se trouvait oublié « immédiatement après la sortie des classes »[973].

532. La précision brutale des chiffres ajoutait au pessimisme du diagnostic. « De soixante-et-dix ou quatre-vingts écoliers, il y en peut avoir environ deux ou trois de qui on arrache quelque chose », écrivait Antoine Arnauld. « Le reste se morfond ou se tourmente pour ne rien faire qui vaille »[974]. Au siècle suivant, les estimations sont tout aussi pessimistes : « Avec une application constante de la part des écoliers et des maîtres », souligne l'auteur de l'article « Études » de l'*Encyclopédie*, « à peine est-il un tiers des disciples qui parviennent à s'y rendre habiles : je dis même parmi ceux qui achèvent leur carrière car je ne parle point d'une infinité d'autres qui se rebutent au milieu de la course »[975].

533. La conclusion de Coyer est sans appel : « Le Français tend à devenir, comme le Latin, une Langue universelle ; et ce sont les Français qui s'y opposent »[976].

---

969 Cité par C. GASCARD, *L'enseignement du latin au XVIIe siècle à travers les textes théoriques et les grammaires*, thèse, École des Chartes, Paris, 1994, t. I, p. 202.

970 Il s'agit bien évidemment du grand Arnauld auteur de la grammaire de Port-Royal.

971 Cité par C. GASCARD, *L'enseignement du latin au XVIIe siècle à travers les textes théoriques et les grammaires*, ouvr. cité., t. I, p. 50-51.

972 d'ALEMBERT, « Collège », dans *Encyclopédie*, ouvr. cité, t. III, p. 632-635 (Citation p. 635).

973 C.-A. HELVÉTIUS, *De l'esprit*, Paris, Durand, 1759 ; Verviers, réédit. Gérard 1973, p. 493.

974 Cité par C. GASCARD, *L'enseignement du latin au XVIIe siècle à travers les textes théoriques et les grammaires,* ouvr. cité, t. I, p. 76.

975 Cité par M. BELLOT-ANTONY et D. HADJADJ, « La querelle de l'enseignement des langues dans l'Encyclopédie », dans *Éclectisme et cohérence des Lumières. Mélanges offerts à Jean Ehrard*, Paris, Nizet, 1992, p. 37.

976 G-F. COYER, *Plan d'éducation publique*, ouvr. cité, p. 167-168

2. *Un enseignement a-pédagogique*

534. Dès le XVIe siècle, cette domination du latin était contestée. Bodin, encore lui, qui, nous l'avons vu, n'avait pas hésité à positionner la langue du roi parmi les *regalia* est sans doute le premier à avoir formulé une protestation contre la domination exclusive du latin dans l'enseignement dispensé dans les collèges ; il le fera dans un discours aux consuls de Toulouse sur l'instruction de la jeunesse, en 1559. Dans cette protestation, Bodin s'exprime en latin pour revendiquer l'usage du français dans l'enseignement. Non seulement il estime que c'est une qualité pour un maître de bien savoir sa propre langue, mais, tout en reconnaissant les avantages du latin, qui sert de langue commune aux lettrés de toutes les nations, il ose dire qu'il y aurait une économie énorme de travail et de temps à étudier les sciences en langue maternelle, comme ont fait les Anciens, comme les Italiens commencent à le faire ; et il avance hardiment que le français peut y suffire, étant assez riche non seulement pour vêtir, mais pour « orner les disciplines ». On doit donc s'exercer à écrire et à parler français, comme en grec et en latin[977].

535. C'était là un vœu, logique sous la plume de Bodin, pour qui la langue du Roi devait s'étendre à la nation. Il faudra pourtant attendre les encyclopédistes pour réaffirmer avec force le positionnement nécessaire du français dans les collèges. On peut se contenter de mentionner, à l'appui de cette affirmation, certaines opinions du temps, celles de d'Alembert, de Diderot, Gosselin et La Harpe.

536. D'Alembert dans l'article « Collège » de l'Encyclopédie affirmait :

> « Il me semble qu'il ne seroit pas impossible de donner une autre forme à l'éducation des collèges : pourquoi passer six ans à apprendre, tant bien que mal, une langue morte ? Je suis bien éloigné de désapprouver l'étude d'une

977 J. BODIN, *De instituenda in rep inventute oratio,* Tolosæ, 1559, ex off. P. Putei, p. 43 V° « *Fateor equidem magum aliquid ac præclarum futurum, si apud nos, ut iam apud Italos fieri cœptum est, artes scientic lingua vernacula doceantur ; ut quemadmodum utrique, et Græci quæ ab Ægyptiis, et Latini, quæ à Græcis didicerant, sua lingua malverunt quam peregrina profiteri, ut se tanto, ac tam gravi discendarum linguarum, quæ majorem ac meliorem ætatis nostræ partem requirunt, onere sublevarent : nos consimiliter quæ ab illis accepimus, lingua Gallica, quæ satis, auguror , divitiarum, non modo ad vestiendas, sed etiam ad exornandas scientias, habitura est, conemur exprimere.* », ouvrage que nous n'avons pu consulter mais qui est cité – et la citation rapportée – par F. BRUNOT, *Histoire de la langue française des origines à nos jours*, ouvr. cité, t. II, *Le seizième siècle*, p. 11.

langue dans laquelle les Horaces et les Tacites ont écrit ; cette étude est absolument nécessaire pour connoître leurs admirables ouvrages : mais je crois qu'on devroit se borner à les entendre, et que le tems qu'on employe à composer en latin est un tems perdu. Ce tems seroit bien mieux employé à apprendre par principes sa propre langue, qu'on ignore surtout au sortir du collège, et qu'on ignore au point de la parler très-mal. Une bonne grammaire françoise seroit tout à-la-fois une excellente Logique, et une excellente Métaphysique, et vaudroit bien les rhapsodies qu'on lui substitue ». et d'Alembert de constater quelques tout petits progrès : « On commence à substituer des compositions françoises aux compositions latines dans l'Université de Paris... on y tient... encore au latin par préférence, mais enfin on a commencé à y enseigner le françois »[978].

537. En 1775, Diderot qui, dans le plan d'université pour la Russie, reculait l'apprentissage du latin à la dernière classe, s'élevait contre « un ordre d'enseignement consacré par l'usage de tous les siècles et de toutes les nations » plaçant l'étude du grec et du latin « à la tête de toute éducation ». Les raisons traditionnellement avancées – une étude de mémoire, la seule convenant à un jeune âge et, de surcroît, exerçant cette faculté – n'étaient, selon lui, guère convaincantes : la mémoire pouvait être exercée autrement, de façon plus heureuse et plus fructueuse, et les enfants étaient capables d'apprentissages faisant appel à la raison. En outre, Diderot dénonçait le danger moral que certains auteurs et textes antiques présentait pour la jeunesse, le péril qu'il y avait à mettre « sous des yeux purs et innocents » certaines scènes de Plaute ou de Térence, certains poèmes de Catulle ou d'Ovide[979].

538. Pour l'helléniste Gosselin qui écrivait, lui, en 1785 l'enseignement du latin tel qu'il était donné – des exercices absurdes dans la prison de collèges et sous la houlette de « polissons » ou de « pédants aussi peu instruits que ceux qui sont livrés à leurs soins » – manquait totalement son but :

> « Voilà pourtant ce qui s'appelle faire son cours d'humanités ! Autant vaudrait les (les enfants) envoyer chez des sauvages pour les policer et les civiliser. Mais, ils ont, dira-t-on, la société de tous les grands hommes de l'Antiquité avec lesquels ils s'entretiennent perpétuellement. Il est vrai qu'on leur met entre les mains des chefs d'œuvre qu'ils ne comprennent point et

978 J. d'ALEMBERT, « Collège », art. cité, p. 636.

979 D. DIDEROT, *Plan d'une université*, dans *Œuvres*, t. III, *Politique*. Édition établie par Laurent VERSINI, Paris, Robert Laffont, 1995, p. 447-450 et 458-459.

dont ils sont tellement dégoûtés quand ils sortent des collèges, qu'ils ne daignent plus y jeter un coup d'œil le reste de leur vie »[980].

539. La Harpe, dans un *Plan d'éducation publique* de 1791, s'écriait, alors qu'il en venait au cours de philosophie : « Plus de cahiers de logique, de métaphysique et de morale en mauvais latin : ce malheureux latin, mal appliqué, a perpétué dans les écoles la funeste habitude de parler sans s'entendre »[981].

b - L'utilité du latin

540. Le camp adverse plaidait pour le maintien du monopole en évoquant essentiellement la nécessité du latin pour accéder au français. Alors que des réformateurs plaidaient pour une pédagogie du français, on répliquait que l'enseignement usuel faisait sa place au français et même contribuait à son apprentissage.

541. Ainsi, en 1777, l'abbé Chrétien Le Roy, professeur honoraire au collège de La Marche à Paris, qui s'en prenait à l'enseignement moderne que les bénédictins avaient mis en œuvre dans leur pensionnat de Sorèze, relevait que, dans le cours des classes, les maîtres ne cessaient de comparer les deux langues, mais surtout que dans l'apprentissage des langues anciennes il n'y avait pas de connaissance possible « du fonds de notre propre langue. Car peut-on se flatter de savoir radicalement le français, la nature de sa construction, si l'on ne connaît celle du latin et même du grec afin d'en faire la comparaison ? »[982].

542. L'abbé Proyard, porte-parole de l'Assemblée du clergé, dans son *De l'éducation publique* (1785), répliquait aux « nouveaux spéculateurs de l'éducation » qui excluaient le latin ou réduisaient considérablement

---

980 Ch-R. GOSSELIN, *Plan d'éducation, en réponse aux Académies de Marseille et de Châlons, dont l'une a proposé pour sujet de prix, à distribuer dans le courant de cette année : Quel est le plan d'éducation publique le plus conforme à la situation d'une ville considérée comme marchande et maritime ? L'autre : Quels sont les vices de l'éducation actuelle, et les moyens de les corriger*, Amsterdam, (sans nom d'éditeur), 1785, p. 46.

981 J-F.de LA HARPE, *Lycée ou Cours de littérature ancienne et moderne*, Paris, H. Agasse, an VII-an XIII, 16 t. en 19 vol., t. XV et XVI (an XIII), *Philosophie du dix-huitième siècle* ; L'« Extrait d'un plan sommaire d'éducation publique et d'un nouveau cours d'étude » est dans le t. XVI, p. 389-390. (Le « plan » avait été publié initialement en janvier 1791 dans le *Mercure de France)*.

982 Cité par D. JULIA, *Les trois couleurs du tableau noir. La Révolution*, ouvr. cité, p. 252-255.

sa part : « Ils ne savent pas sans doute qu'on apprend à parler en français en lisant les Latins »[983]. En 1791, La Harpe soulignait que l'étude du latin « ne pouvait être séparée d'une éducation libérale et bien entendue ». Le contact direct avec les auteurs antiques – et, au passage, les traductions étaient condamnées comme la plupart très défectueuses et toutes nécessairement inférieures aux originaux – ouvrait non seulement à un savoir immense ; mais servait de surcroît à un but supérieur : « former de toute manière et sous tous les rapports, l'esprit, la raison, le goût de la jeunesse étudiante »[984].

543. Ces opinions et ces débats concernent essentiellement l'enseignement secondaire. Cela pour deux raisons : il est le plus long des trois cycles et il concerne le plus grand nombre. Les humanités précèdent, en effet, l'enseignement supérieur. Ce dernier, étant professionnalisé – théologie, droit, médecine – n'est pas pénétré par tout le monde : si le second ordre, au niveau de ses cadets, peut fréquenter les facultés de théologie, les facultés des droits intéressent essentiellement les robins, grands et petits, alors que les facultés de médecine sont plutôt fréquentées par des représentants du tiers. Les trois cycles, en revanche, sont concernés par l'affrontement des deux langues.

II - La mise en œuvre du monopole du latin dans les trois ordres d'enseignement

544. Peut-on dire que la politique royale d'unification – législative, administrative, judiciaire et donc politique – passe également par l'usage de la langue du roi comme langue d'enseignement ? En d'autres termes comment le monopole du latin a-t-il réellement fonctionné dans la France initiale, nous voulons dire le royaume dont la cohésion est depuis longtemps assurée par l'ancien lien féodal, les provinces acquises aux XVIIe et XVIIIe siècles bénéficiant, nous le verrons, d'un traitement particulier pour lequel le vernaculaire royal sera sollicité. L'enseignement sous l'Ancien régime était, nous l'avons dit, principalement entre les mains de l'Église, premier ordre de la nation, et des ordres religieux, notamment des jésuites. Ce monopole de fait des clercs et de leur langue officielle, le latin, ne fut pas contesté au XVIe

983 Abbé L.-B. PROYARD, *De l'éducation publique et des moyens d'en réaliser la réforme projetée dans la dernière Assemblée générale du Clergé de France,* Paris, Vve Hérissant et C. Barrois, 1785, p. 33-34.

984 J-F. de LA HARPE, « Extrait d'un plan sommaire d'éducation publique » dans *Lycée ou Cours de littérature ancienne et moderne*, t. XVI, ouvr. cité, p. 389-390.

siècle. Il en ira différemment aux XVIIe et XVIIIe siècles où l'on perçoit, çà et là, les prémices d'une volonté d'unifier par la langue utilisée dans l'enseignement. Il importe d'apprécier cette évolution aux trois niveaux de l'enseignement : écoles (a), collèges (b) et universités (c).

a - Les petites écoles

545. L'enseignement, du point de vue pédagogique, au sein de ce que Ferdinand Brunot appelle les « petites écoles »[985], et qui correspond peu ou prou à notre enseignement primaire, avait pour finalité essentielle l'éducation religieuse (1) et la lecture (2).

1- L'éducation religieuse

546. La première approche de la religion catholique se faisait en latin ; au reste la messe étant en latin, il était logique que l'enseignement religieux fut en latin. Mais on ne saurait, pour autant, considérer que les clercs, investissant le primaire, étaient des chantres du latin et partant des ennemis du français ; ils n'avaient, semble-t-il, pas le souci de la langue et leur utilisation, dans l'enseignement, des vernaculaires, donc parfois de la langue du roi, traduit uniquement leur désir de conquérir des âmes à Dieu[986]. Ce fut notamment le cas en Bretagne où l'Église avec l'appui du Roi imposa l'usage du breton pour mieux parvenir à catéchiser[987]. Il y eut donc, dans les petits écoles, une certaine éviction du latin dans l'instruction religieuse, mais qui ne se fit pas de manière générale au profit du français. En tout cas, les situations étaient très variées, selon les provinces et les paroisses, les périodes, les ordres qui tiennent les écoles. Mais, de l'étude de Brunot, nous ne retiendrons que l'essentiel pour notre propos : l'absence d'intervention de l'État, sinon ponctuellement et sans vision d'ensemble.

---

985 F. BRUNOT, *Histoire de la langue française*, ouvr. cité, t. VII : *« Le français et les petites écoles »*, p. 132 et s. ; Ph. ARIÈS, « Problèmes de l'éducation. De la fin de l'empire romain à l'expulsion des Jésuites », dans M. FRANÇOIS, *La France et les Français* (direction), Encyclopédie de la Pléiade, ouvr. cité, p. 908 et s. ; A. CABANIS, O. DEVAUX, *Histoire des institutions de la France (XVe –XVIIIe siècle)*, ouvr. cité, p 73-74.

986 F. BRUNOT, *Histoire de la langue française*, ouvr. cité, t. VII, « Le français et les petites écoles », p. 132 et s.

987 *Ibid.*, t. VII, p. 133.

2 - *La lecture*

547. Le petit enfant apprenait à lire en latin ; ce n'est que lorsqu'il maîtrisait la lecture dans cette langue qu'il passait au français. Il travaillait d'abord sur des abécédaires latins à reconnaître les lettres et à les assembler en syllabes, puis il s'exerçait sur des livres de lecture extrêmement divers, mais consistant toujours en des textes religieux en latin (prières, psaumes, versets et répons de la messe, offices liturgiques). Certes, le choix de ces textes répondait à la mission d'instruction religieuse que l'école assumait[988], mais il obéissait également à un autre impératif qui justifiait, selon les pédagogues un apprentissage de la lecture sur des livres écrits en une langue que l'enfant ne comprenait pas : Claude Fleury affirmait ainsi en 1686 : « On fait lire d'abord en latin, parce que nous le prononçons plus comme il est écrit que le français »[989] ; la lecture en latin était ainsi justifiée par la plus grande facilité de prononciation de cette langue ou, plus exactement, par l'adéquation de sa prononciation avec l'orthographe. Elle préparait, en tout cas, pour ceux dont les parents ambitionnaient l'accès aux « humanités », la poursuite des études au sein d'un collège qui, lui, en principe, ne fonctionnait qu'en latin.

548. Pas plus que les clercs, les physiocrates, partisans, pourtant, de l'école pour tous et de l'école d'État, n'eurent le souci de la langue. Initiateurs du principe révolutionnaire qui voyait dans l'instruction l'unique moyen de régénérer le monde, les « lumières » ne pouvant être répandues sans le secours de l'école, ils proposèrent de traduire les livres en patois et donc accessoirement dans le vernaculaire royal[990].

549. On peut donc affirmer que, dans les petites écoles, le problème de la francisation, dans la France primordiale, ne fut pas ressenti par le gouvernement royal comme une impérieuse nécessité : la monarchie n'élaborera pas de système pédagogique, susceptible de favoriser l'unité du royaume, en imposant dans l'enseignement primaire l'usage de la langue officielle. Faut-il, pour autant considérer, comme certains

988 F. WAQUET, *Le latin ou l'empire d'un signe. XVe-XXe siècles*, ouvr. cité, p. 18.

989 Indiqué par C. GASCARD, *L'enseignement du latin au XVIIe siècle, à travers les textes théoriques et les grammaires*, thèse École des chartes, 1994, 2 vol., t. I, p. 3[illegible]. La citation est empruntée à l'abbé C. FLEURY, *Catéchisme historique, contenant en abrégé l'histoire sainte et la doctrine chrétienne*, 2ème éd., Paris, P. Aubouyn, P. Emery et Vve G. Clouzier, 1686, 2 vol. (t. I : *Petit catéchisme* ; t. II : *Grand Catéchisme*).

990 F. BRUNOT, *Histoire de la langue française*, ouvr. cité, t. VII, « Le français et les petites écoles », p. 139-144.

l'affirment[991], que les rois, ce faisant, aient voulu aménager un espace où les différents vernaculaires (les langues de France) pouvaient bénéficier de quelque liberté dans la mesure où l'appartenance au royaume des provinces concernées bénéficiait d'une ancienneté suffisante pour n'être point remise en cause. C'est une hypothèse qui, selon nous, serait juridiquement mieux formulée si l'on prenait plutôt en compte le rattachement féodal de ces provinces au roi, et partant leur antique caractère domanial, puisque, par *a contrario*, il en alla différemment, nous le verrons, pour certaines provinces plus récemment conquises ou acquises. Ce fut notamment le cas pour l'Alsace, le Roussillon et la Corse.

b - Les collèges

550. L'enseignement secondaire[992], tant qu'il fut aux mains des jésuites, se fit exclusivement en latin et le français était à peine enseigné. Le monopole du latin est, un fait (1) ; et il faudra attendre la suppression du second ordre, en 1789, pour le voir disparaître. Après l'expulsion des jésuites, une évolution favorable au français se fit jour, grâce à l'Oratoire ; elle faisait suite à quelques tentatives isolées, dues à Richelieu et à Port-Royal ; aux XVIIe et XVIIIe siècles, la langue du roi eut ainsi exceptionnellement un caractère obligatoire et partant la primauté sur la langue ancienne (2).

1 - Le principe : le latin, langue de la pédagogie

551. Le constat de l'abbé Coyer, rapporté ci-dessus, reflète la réalité. L'enfant qui entrait au collège pénétrait un monde profondément latin, comme le lui indiquaient les inscriptions de *Collegium* et de *sexta, quinta, quarta* (sixième, cinquième, quatrième), etc., placées au fronton de l'établissement et à l'entrée des salles de classe[993]. De fait, le latin régnait en maître exclusif. Il était la langue parlée, celle dans laquelle le professeur faisait son cours, commentait les textes, donnait des explications, celle dans laquelle l'enfant parlait en classe, mais aussi jouait lors des récréations ; même les conversations en français étaient interdites[994]: des « espions » se chargeaient d'ailleurs de dénoncer tout

991 R. ROUQUETTE, *Le régime juridique des langues en France*, thèse citée, p. 47.

992 Ph. ARIÈS, « Problèmes de l'éducation. De la fin de l'empire romain à l'expulsion des Jésuites », dans *La France et les Français* (Direction M. FRANÇOIS), Encyclopédie de la Pléiade, ouvr. cité, p. 908-913.

993 A. SICARD, *Les études classiques avant la Révolution*, Paris, Librairie académique Didier, Perrin et Cie, 1887, p. 50-51.

994 A. LÉON, *Histoire de l'enseignement en France*, Paris, PUF, 4e édit., 1982, p. 39.

manquement à la règle[995]. Rien d'étonnant à ce qu'il fut la langue des punitions : au début du XVIIIe siècle, l'élève coupable de quelque faute, était invité par la formule *porrige manum* à présenter le dos de la main pour y recevoir la férule. Le latin était également la langue de la notation, avec la mention *palmas* qui, dans les années 1720, honorait au collège Louis-le-Grand la meilleure version latine ou l'appréciation *non potest legi* (illisible) méritée par le tissu d'absurdités qu'était la dernière[996]. Ces usages renvoyaient au statut scolaire qui était alors celui du latin. Il était la principale matière – le grec fléchit vite dès la seconde moitié du XVIIe siècle et le français ne s'enseigne pas – et l'unique voie d'accès aux autres savoirs, telle l'histoire ou la géographie, la rhétorique ou la philosophie[997]. « Pendant les quelques dix ans que durait un cursus complet, le collégien faisait une consommation effrayante de latin »[998]. Il y avait été quelque peu préparé par l'enseignement religieux qu'il avait reçu dans une école, en même temps, nous l'avons vu, que l'apprentissage de la lecture en latin, ou, pour les plus favorisés, par les soins d'un précepteur. Il possédait donc déjà des rudiments lui permettant d'accéder aux déclinaisons, aux conjugaisons et aux règles de grammaire, et il pouvait être mis à des exercices nombreux et gradués qui se partageaient entre oral et écrit : c'étaient d'une part, des explications de textes (les « prélections » des jésuites), des récitations quotidiennes, des débats entre élèves ou « concertations », des discours en public, des performances théâtrales, d'autre part, des compositions en prose et en vers, des traductions en français. Tout naturellement les manuels étaient en latin, qu'il s'agisse

---

995 G. GUSDORF, *Les sciences humaines et la conscience occidentale*, T. VI, *L'avènement des sciences humaines au siècle des Lumières*, Paris, Payot, 1973, p. 132. Les statuts de la Faculté des arts de Paris (1598) prescrivaient « qu'aucun des étudiants au collège, ne parle l'idiome vulgaire, mais que la langue latine leur soit d'un usage familier ». En 1667, selon le jésuite Pomey (cité par Dominique JULIA, « Livres de classe et usages pédagogiques », dans *Histoire de l'édition française*, t. II, *Le livre triomphant*, 1660-1830, édité par Henri-Jean MARTIN et Roger CHARTIER, Paris, Promodis, 1984, p. 487), les régents devaient imposer à leurs disciples la « douce mais indispensable nécessité de parler toujours latin, non seulement en classe et entre eux mais dans la maison et partout ailleurs et avec toutes les personnes qui n'ignorent pas cette langue ».

996 M.-M. COMPÈRE et D. PRALON-JULIA, *Performances scolaires de collégiens sous l'Ancien régime. Étude de six séries d'exercices latins rédigés au collège Louis-le-Grand vers 1720*, Paris, Institut National de la Recherche Pédagogique, Publications de la Sorbonne, 1992, p. 160, 241, 246.

997 A. SICARD, *Les études classiques avant la Révolution*, ouvr. cité, p. 48-49.

998 F. WAQUET, *Le latin ou l'empire d'un signe. XVIe-XXe siècle*, ouvr. cité, p. 19.

des grammaires ou des ouvrages destinés à aider l'enfant dans les compositions[999].

552. Au prix de minimes retouches, ce tableau vaut jusques dans les années 50 du XVIIIe siècle, et, pour les collèges tenus par les jésuites, jusqu'à l'expulsion de la compagnie en 1764. Dès lors une évolution favorable au français se fit jour et devint de plus en plus exigeante ; F. Brunot en spécifie dans des chapitres très savants[1000] les différentes et successives avancées. Notamment dans les collèges des oratoriens, devenus plus nombreux après l'expulsion, le latin était, contrairement à ce qui, nous le verrons, se perpétuera à l'université, considéré comme une langue morte, demeurant certes toujours une langue à enseigner mais non plus une langue d'enseignement[1001], tandis que le français était réellement enseigné et destiné à enseigner.

2. L'exception : le français, langue de la pédagogie

553. Cette exception qui se traduira, après l'expulsion des jésuites en 1764 dans une véritable utilisation du français dans la pédagogie (2-1) prend ses racines au XVIIe siècle (2-2).

2-1. Les expériences du XVIIe siècle

554. Elles sont de deux sortes : le gouvernement royal va tenter de susciter des écoles aristocratiques associées au seul usage du vernaculaire royal ; les maîtres de Port-Royal proposeront, de leur côté, dans leurs écoles, une pédagogie où la langue du roi occupait la première place.

**Les écoles du cardinal*

555. Dans la foulée de la création de l'Académie française, sur l'initiative de Richelieu, le pouvoir royal va créer des collèges royaux que l'on pourrait qualifier de laïc dans la mesure où ils étaient soustraits à la hiérarchie universitaire et donc ecclésiale[1002]. Richelieu,

---

999 F. WAQUET, *Le latin ou l'empire d'un signe. XVIe-XXe siècle*, ouvr. cité, p. 20.

1000 F. BRUNOT, *Histoire de la langue française*, ouvr. cité, t. VII, « Le français et les petites écoles », p. 177 et s.

1001 A. LÉON, *Histoire de l'enseignement en France*, ouvr. cité, p. 40.

1002 Édit de Versailles de février 1763 « portant règlement pour les collèges qui ne dépendent pas des universités » (ISAMBERT et *al.*, *Recueil général des anciennes lois françaises*, ouvr. cité, t. XXII, p. 389-391, n° 840), rappelle la genèse de ce type d'établissement : «... sous l'autorité des rois nos prédécesseurs et la nôtre, sans laquelle il ne peut être permis d'établir aucune école publique dans nostre royaume, se sont établies les deux sortes d'école qui existent aujourd'hui dans nos États, les unes gouvernées par les universités, sous leur inspection et leur discipline, soumises à grand ordonnateur de la langue française, va ainsi créer en 1636[1003], un an après l'Académie française, sur ses propres deniers[1004], « à l'usage de la jeune noblesse », uniquement française et catholique, le premier collège militaire où l'unique langue d'enseignement sera le « langage françois ». Quatre ans plus tard, le cardinal prétendit fonder un collège royal, dont l'objet serait essentiellement de promouvoir la langue française. Le 2 mars 1640, sur sa demande, le roi autorisait un sieur Legras à établir avec ses associés un collège royal, pour l'enseignement « de la langue françoise par les règles, et de toutes les Sciences en la mesme langue, à l'exemple des nations les plus illustres de l'antiquité, qui ont fait le semblable en leur langue naturelle, ensemble une Académie pour les exercices qui peuvent acquérir à la jeunesse la capacité et l'addresse nécessaire pour toutes sortes de professions ». Pour cette fin, Louis XIII créait huit charges de professeurs royaux, et en pourvoyait Legras et ses associés « pour en jouir aux honneurs, auctoritez, prérogatives, prééminences, franchises, libertez, exemptions et privilèges accordez par Sa Majesté à son Académie françoise establie pour la réformation de ladite langue »[1005]. Le but ne pouvait être plus explicite. La maison devait être ouverte à la noblesse française et étrangère, afin que celle-ci apprit « à connoistre les richesses de nostre langue, et les graces qu'elle a pour expliquer les secrets des plus hautes disciplines ». Malheureusement le collège n'était pas placé là où il eut

---

leurs lois et à leurs statuts ; les autres subsistantes chacune par son propre établissement, et dispersées dans toute l'étendue de nostre royaume... ».

1003 ISAMBERT et *al.*, *Recueil général des anciennes lois françaises*, ouvr. cité, t. XVI, p. 466-470, document n°295 : Règlement du cardinal de Richelieu pour la fondation d'une école militaire à l'usage de la jeune noblesse. Il ne s'agit pas *de jure*, quoique le titre imposé par Isambert le laisse supposer, de la création d'une école, mais d'une fondation au sein d'une école déjà existante, créée par le même Richelieu, « l'académie militaire de la vielle rue du Temple » (création dont la date est inconnue, son titre fondateur n'étant pas même été mentionné par Isambert) dont le tout puissant cardinal modifie le règlement en imposant notamment le seul usage de la langue française au niveau de l'enseignement.

1004 « A cet effect, et sous les heureux hauspices et le bon plaisir de S.M., nous avons donné, quitté et délaissé, donnons, quittons et délaissons à perpétuité, à l'Académie royale, establie à nostre instance par sadite M., en la vieille rue du Temple de ceste ville de Paris, et à ceux qui en ont à présent et en auront cy-après la direction, la somme de 22 000 livres, à la charge de nourrir, eslever et instruire à perpétuité vingt gentilshommes, chacun d'eux pendant deux ans entiers, en tous les exercices militaires enseignez en ladite Académie ».

1005 *Déclaration du Roy, portant Establissement d'une Académie et collège Royal en la Ville de Richelieu, et les Privilèges attribuez à icelle. Ensemble les statuts et règlemens de ladite Académie*. À Paris, chez Pierre Rocolet, Impr. et Libraire du Roy, au palais, aux armes du Roy et de la Ville, MDCXLI.

fallu, à Paris. Comme le dit Sorel, il eût réussi à la rigueur à Blois ou à Orléans, où séjournaient les étrangers, mais à Richelieu, « lieu désert et peu fréquenté », même si son protecteur eut vécu, il ne pouvait guère prospérer. Il fut inauguré en 1641 « au milieu de la réjouissance de la ville et de la province ». Mais la mort de Richelieu qui survint peu après « fit que son projet fut entièrement quitté, lorsqu'il n'avait pas encore commencé d'éclore »[1006]. Ces deux établissements étaient d'extravagantes exceptions dans un univers scolaire régenté par les hellénistes et les latinistes.

*** Les petites écoles de Port Royal*

556. À Port-Royal, on enseignera en français, on composera une grammaire en français, on diminuera la part du latin parlé ; on accordera à la version en français priorité sur le thème, c'est-à-dire sur la composition latine, et enfin on réduira la place des vers latins. L'expérience des « petites écoles » fut de courte durée ; cependant les idées des maîtres de Port-royal se retrouvèrent au siècle suivant dans ce monument de la pédagogie française qu'est le *Traité des études* (1726) de Charles Rollin, et, plus tard dans le siècle, dans des plans de réforme de l'éducation et dans quelques essais d'un enseignement « modernisé »[1007].

2-2. L'enseignement du français chez les oratoriens

557. La pratique pédagogique de l'Oratoire eut plus d'amplitude ; dès 1640, le père Condren donna pour les élèves de Juilly une grammaire latine en français[1008] ; le vernaculaire fut utilisé dans l'enseignement et il n'était obligatoire de parler latin en cours qu'à partir de la troisième classe de grammaire (notre quatrième)[1009]. Si dans les années 1650, le

---

1006 Ch. SOREL, *La Science universelle. De l'usage des idées, ou de l'origine des sciences et des arts et de leur enchaînement, du langage, de l'écriture et des chiffres*, Paris, T. Girard, 1668, 4 vol., t. IV, p. 576.

1007 F. WAQUET, *Le latin ou l'empire d'un signe. XVIe-XXe siècle*, ouvr. cité, p. 20.

1008 Ch. de CONDREN, Supérieur général de l'Oratoire, *Œuvres complètes*, 4e édit., publiées sous la direction de l'abbé PIN, Paris, C. Guyot et Roidet, 1857-1858, 2 vol. La grammaire est dans le t. I, p. 127 et s.

1009 N. MALEBRANCHE, *De la recherche de la vérité où l'on traite de la nature de l'esprit de l'homme et de l'usage qu'il en doit faire pour éviter l'erreur dans les sciences*, Paris, A. Pralard, 1674-1675, 2 vol., t. I, p. 177, vantera cette nouvelle approche : « N'est-il pas évident qu'il faut se servir de ce que l'on sçait pour apprendre ce qu'on ne sçait pas : et que ce seroit se mocquer d'un François, que de lui donner une Grammaire en vers allemands pour lui apprendre l'Allemand ? Cependant on met entre les mains des enfans les vers latins de Despautere pour leur apprendre le Latin, des vers obscurs en toutes manières à des enfans qui ont même de la difficulté à cours de rhétorique était donné en latin, un siècle plus tard, il était dicté en français, les exemples étaient généralement en français et les textes anciens assortis de traductions. Cependant, le latin – tout comme d'ailleurs le grec – resta en honneur à Juilly ; de surcroît, dans cet établissement, il fut utilisé jusqu'à la fin de l'Ancien Régime pour ces actes solennels tels que la distribution des prix. Toutefois, au sein de cette congrégation, la situation varia suivant les maisons. Ainsi à Effiat, fondée en 1724 et devenue école royale militaire en 1776, le latin fut maintenu ; mais son étude devait « se borner à leur (aux élèves) donner l'intelligence de tous les textes des auteurs classiques », et ajoutait-on, « il sera inutile de la pousser trop loin »[1010]. Il en alla de même dans cette autre école royale militaire que fut, à partir de 1771, Sorèze[1011].

558. Au-delà des orientations propres à certains établissements, on constate, au cours du XVIIIe siècle, une évolution générale qui s'inscrit sous le signe d'un recul du latin parlé : « Parmi nous, dans nos meilleurs collèges, soit de séculiers, soit de réguliers », observait l'abbé Pluche en 1753, « on a enfin reconnu l'inconvénient de parler perpétuellement une langue qu'on ne sait pas et l'on en a supprimé la coutume »[1012]. Ainsi dans la seconde moitié du XVIIIe siècle, le monopole scolaire du latin était écorné par l'usage du français dans l'enseignement, et son statut tendait à se réduire à celui de langue écrite[1013]. Une telle évolution ne fut, cependant, pas linéaire et elle rencontra bien des résistances. Si l'obligation de parler latin déclencha en 1754 au collège oratorien de Saint-Omer une révolte des élèves, en 1763, à Avesnes, dans un autre établissement de cette congrégation la

---

comprendre les choses les plus faciles ? ». Indiqué par J.-P. CAPUT, *La langue française. Histoire d'une institution*, ouvr. cité, t. 1, 842-1715, p. 296.

1010 A. CORNEVIN, « La Ratio studieuse du père Houbigant, témoignage de l'enseignement oratorien des humanités », dans *Le collège de Riom et l'enseignement oratorien en France au XVIIIe siècle*. Textes réunis et présentés par Jean EHRARD, Paris, édit. C.N.R.S., 1993, p. 133-139 ; M. BELLOT-ANTONY et D. HADJADJ, « L'enseignement des langues à Riom et à Effiat », dans *Ibid.*, p. 191-225 ; F. FRANCE, « La rhétorique chez les oratoriens au XVIIIe siècle, dans *Ibid.*, p. 239-249. *Cf.* également F. LEBRUN, M. VENARD, J. QUÉNIARD, *Histoire générale de l'enseignement et de l'éducation en France*, t. II, *De Gutenberg aux Lumières*, Paris, Nouvelle Librairie Française, 1981, p. 514.

1011 A. COMBES, *Histoire de l'école de Sorèze*, Toulouse, L. Jougla, 1847, p. 7-31.

1012 Abbé A. PLUCHE, *La mécanique des langues et l'art de les enseigner*, Paris, Veuve Estienne et fils, 1751, p. 325.

1013 Ph. ARIÈS, « Problèmes de l'éducation. De la fin de l'empire romain à l'expulsion des Jésuites », dans *La France et les Français* (direction : M. FRANÇOIS), Encyclopédie de la Pléiade, ouvr. cité, p. 918.

latin demeurait en vigueur, même dans les jeux. À l'occasion, des demi-mesures furent adoptées : chez les Oratoriens de Cambrai, on décida en 1765 que l'on parlerait français le matin et latin l'après-midi ; une solution analogue prévalut au collège d'Amiens en 1776 où le professeur de philosophie, qui voulait enseigner en français, ne fut autorisé à utiliser le vernaculaire que pour la physique expérimentale, la philosophie proprement dite devant rester en latin[1014].

559. Le sort du latin aurait pu être scellé lors de la fermeture des collèges et de l'expulsion des Jésuites : il s'ensuivit, en effet, une floraison de projets éducatifs qui, pour bon nombre d'entre eux et à l'instar de l'un des plus fameux, l'*Essai d'éducation nationale* de La Chalotais (1763), voulaient « donner le pas à la langue maternelle »[1015]. Rien de concret ne sortit de ces réflexions ; bien plus, le recrutement des maîtres tel qu'il fut organisé en 1766 par le concours de l'agrégation était entièrement fondé sur des épreuves latines[1016]. Enfin, même les critiques les plus sévères de l'institution pédagogique ne visaient point à supprimer le latin, mais à réduire sa place, comme il ressort des réflexions de d'Alembert dans l'article « collèges » de *L'Encyclopédie* :

> « Je suis bien loin de désapprouver l'étude d'une langue dans laquelle les Horace et les Tacite on écrit : cette étude est absolument nécessaire pour connaître leurs admirables ouvrages, mais je crois qu'on devrait se borner à les entendre, et que le temps que l'on emploie à composer en latin est un temps perdu. Ce temps serait bien mieux employé à apprendre par principes sa propre langue »[1017].

c - Les universités

560. Depuis toujours l'enseignement supérieur se faisait en latin, à l'instar de toutes les facultés de la chrétienté. La lutte contre le latin dans les universités fut sans aucun doute une lutte pour l'unité et pour le français. Elle s'inscrivait à la fois dans l'évolution générale de

---

1014 F. BRUNOT, *Histoire de la langue française*, ouvr. cité, t. VII, p. 100-105 ; D. JULIA, « Livres de classe et usages pédagogiques », art. cité, p. 485-488 ; A. CHERVEL, « L'enseignement des langues dans les collèges de l'Oratoire », dans Jean EHRARD, *Le collège de Riom et l'enseignement oratorien en France au XVIIIe siècle*, ouvr. cité, p. 232.

1015 L.-R. de KARADEUC de LA CHALOTAIS, *Essai d'éducation nationale, ou Plan d'Études pour la jeunesse*, s.l. ni éd., 1763 ; rééd., Paris, L. Tenré, 1825, p. 57.

1016 F. BRUNOT, *Histoire de la langue française*, ouvr. cité, t. VII, p. 90-101.

1017 d'ALEMBERT, « Collège », art. cité, p. 636.

l'opinion éclairée quant à la langue française, qui cessa d'être un vulgaire pour devenir une grande langue moderne, et dans la politique générale de francisation de l'administration[1018]. Cette lutte cependant était de faible amplitude. Les jalons en sont tout aussi dérisoires que dans l'enseignement dispensés par les collèges royaux.

561. Dès 1620, un grammairien, J. Godard, demandait pourtant non seulement qu'on enseignât en français, mais qu'on enseignât le français ; il consacrait courageusement le quatrième chapitre de son livre *La langue française* à développer cette idée que : « étant capable de l'art, elle doit être anseignè, et avoir des Professeurs et des Écoles publiques, aussi bien que la Grêque et la Latine »[1019]. La revendication de Godard était prématurée. Et, de fait, l'université maintiendra le monopole du latin comme langue d'enseignement jusqu'à la Révolution. Les brèches institutionnelles qui permettront à l'enseignement en français de s'instiller ne sont cependant pas négligeables. Elles concernent la langue des thèses (1), l'enseignement du droit (2), des lettres (3) et des sciences (4).

1. La langue des thèses

562. Quatre ans après le plaidoyer de Godard, la reine mère obtenait, pour Alexis Trousset, l'autorisation de soutenir des thèses en français, « malgré la coutume »[1020]. Cette exception au principe de la thèse en latin n'a donné lieu à aucun texte. F. Brunot l'emprunte à d'Argentré qui ne la fonde lui-même sur aucune loi du roi[1021]. L'efficience de cette exception est d'autant plus suspecte qu'elle n'a jamais été quantifiée et que les thèses soutenues en français ne sont pas signalées dans les différents fonds et notamment à la Bibliothèque Nationale[1022]. Il est vrai

---

1018 R. ROUQUETTE, *Le régime juridique des langues en France*, thèse citée, p. 358.

1019 J. GODART, *La langue française*, Lyon, N. Jullieran, 1620, p. 73. Indiqué par F. BRUNOT, « Notes sur l'histoire de la langue française », dans la *Revue d'histoire littéraire de la France*, II, 1902, p. 413-445.

1020 F. BRUNOT, *Histoire de la langue française des origines à nos jours*, ouvr. cité, t. III, *La formation de la langue classique (1600-1660)*, 2 vol., vol. 1, p. 715.

1021 Ch. du PLESSIS D'ARGENTRÉ, *Collectio judiciorum de novis erroribus qui ab initio duodecimi sæculi post incarnationem verbi usque an annum 1632 in ecclesia proscripti sunt & notati*, Paris, André Cailleau, 1728-1736, 3 vol., t. II, p. 144.

1022 Au XVIIIe siècle, Douchet qui avait donné des articles de grammaire à l'Encyclopédie déplore toujours le monopole du latin pour l'accès au doctorat : « J'ai entendu... regretter les thèses qu'on soutenoit autrefois en grec ; j'ai bien plus de regret qu'on ne les soutienne pas en français ; on seroit obligé d'y parler raison ou de se taire » (cité par F. BRUNOT, *Histoire de la langue française des origines à nos* que le doctorat n'impliquait à cette époque aucune qualification supplémentaire par rapport à la simple licence ; c'était un grade purement décoratif, mais qui cependant coûtait fort cher, les Universités prélevant à cette occasion des droits considérables. La thèse elle-même n'était qu'un simple discours public manifestant brièvement l'opinion de l'impétrant sur un cas controversé et donnant ainsi lieu à « dispute » avec un jury[1023].

2. L'enseignement du droit

563. Fondamental, en revanche, sera l'édit de Saint-Germain d'avril 1639 car il traduit, en ordonnant de procéder à l'enseignement du droit français, dans la langue du roi, le désir du gouvernement royal de parvenir à l'élaboration d'un droit national. Dans l'ancienne France, le pluralisme juridique et le pluralisme linguistique ont longtemps paru conciliable avec l'unité politique du royaume. Pas plus qu'il ne se préoccupait d'éradiquer les vernaculaires, le roi ne jugeait opportun de légiférer dans le domaine du droit privé ; celui-ci s'enracinait dans les diverses coutumes ou dans le droit romain, tout comme la plupart des vernaculaires s'enracinait dans le roman. Commynes affirme que Louis XI aurait voulu « qu'en ce royaume on usât d'une seule coutume, d'un poids, d'une mesure et que toutes les coutumes fussent mises en français en un beau livre pour éviter la cautèle et pillerie des avocats[1024] ». De fait, ce projet, ainsi formulé à l'aube de l'absolutisme, avait été ébauché par Charles VII qui, dans son ordonnance donnée à Montils-les-Tours en avril 1453, avait ordonné, dans l'article 125 de ce texte la rédaction des coutumes[1025]. Son objectif n'était évidemment pas l'unité évoquée par Commynes mais une certaine simplification de la

---

jours, ouvr. cité, t. VII, *La propagation du français en France jusqu'à la fin de l'Ancien régime*, p. 84 et note 1.

1023 Art. 8 de l'édit de Saint-Germain d'avril 1679 (ISAMBERT et *al.*, *Recueil général des anciennes lois françaises*, ouvr. cité, t. XIX, p. 198) : « Que ceux qui voudront être docteurs dans lesdites facultés seront tenus de soutenir un troisième acte, un an après celui des licences, et de répondre pendant quatre heures sur de différentes matières de l'un et l'autre droit ». *Cf.* également J.-M. CARBASSE, « L'enseignement du droit français à l'université de Perpignan (1683-1791) », dans *L'Université de Perpignan au XVIIe siècle*, (Dir. J. SAGNES), Perpignan, P.U.P., 1996, p. 246-247.

1024 Ph. de COMMYNES, *Mémoires*, Édition de J. CALMETTE et du chanoine DURVILLE, 3 vol. ; t. I (*1464-1474*), t. II (*1474-1484*), t. III (*1484-1498*), Paris, H. Champion, 1924-1925, t. II, p. 123.

1025 ISAMBERT, et *al.*, *Recueil général des anciennes lois françaises*, ouvr. cité, t. IX, p. 252-253.

diversité coutumière ; celle-ci sera réalisée au XVIe siècle[1026]. Mais c'est surtout sous le règne de Louis XIV que le courant absolutiste s'inscrivit à l'encontre des disparités juridiques : il ne doit y avoir en France qu'un Roi, à la tête d'un royaume unitaire dont les régnicoles doivent partager la même religion et respecter un unique corps de droit, celui-ci étant rédigé dans la langue du roi, cette dernière – cela relevait d'une affirmation implicite – devant nécessairement être partagée.

564. C'est ainsi que Colbert avait envisagé l'unification du système juridique ; dans une correspondance adressée à son roi, il lui disait que « l'unité de la législation serait assurément un dessein digne de la grandeur de Votre Majesté et lui attirerait un abîme de bénédictions et de gloire »[1027]. Le projet colbertien fut bien plus qu'ébauché : les grandes ordonnances de codification des XVIIe et XVIIIe siècle procèdent de cette quête d'unité, légiférée dans la langue administrative et judiciaire, celle du roi. Ces codes concernent au premier chef la procédure[1028] et le droit commercial[1029] ; ce n'est que sous Louis XV que sera abordé le droit privé[1030]. Désireux d'unifier le fond du droit, Colbert souhaitait susciter un grand effort de réflexion doctrinale, afin de dégager les règles communes qui permettraient de réduire le pluralisme. Mais les facultés de droit, cadre naturel du développement de la doctrine, avaient subi une grave crise au moment des luttes religieuses, et elles se trouvaient, au milieu du XVIIe siècle, en pleine décadence. Colbert entreprit, dès 1667, de les réformer, et ses efforts ont abouti en avril 1679, à la promulgation de l'édit de Saint-Germain en Laye[1031].

1026 J.-M. CARBASSE, *Introduction historique au droit*, ouvr. cité, p. 220-225, n° 127-130 ; J. IMBERT, *Histoire du droit privé*, 1e éd., Paris, P.U.F., 1950, p. 66-70.

1027 Cité par L. THEZARD, *De l'influence des travaux de Pothier et du chancelier d'Aguesseau sur le droit civil moderne*, Paris, A. Durand, 1866, p. 24.

1028 Le *Code Louis* d'avril 1667 (« Ordonnance civile touchant l'administration de la justice ») ; l'ordonnance criminelle d'août 1670, qui sera le premier code français d'instruction criminelle.s

1029 Le *Code Savary* du nom de son principal rédacteur (ordonnance du commerce de mars 1673) qui servit de modèle au Code de commerce de 1807.

1030 Ordonnance sur les donations de février 1731 ; ordonnance sur les testaments d'août 1735 ; ces deux textes servirent de modèle aux rédacteurs du Code civil.

1031 ISAMBERT et *al.*, *Recueil général des anciennes lois françaises*, ouvr. cité, t XIX, p. 195-202 : « Édit touchant l'étude du droit civil et canonique, et du droit français et les matricules des avocats ».

565. L'une des grandes innovations de ce texte dont l'élaboration avait été confiée au chancelier Michel Le Tellier[1032] résidait dans son article 14 ainsi rédigé : « Et afin de ne rien omettre de ce qui peut servir à la parfaite instruction de ceux qui entreront dans les charges de judicature, nous voulons que le droit français, contenu dans nos ordonnances et dans les coutumes, soit publiquement enseigné ; et à cet effet, nous nommerons des professeurs qui expliqueront les principes de la jurisprudence françoise, et qui en feront des leçons publiques ». Bien que le texte n'en dise mot, le latin, dont l'édit de Saint Germain ne parle pas, est écarté de ce nouvel enseignement portant sur des matières exclusivement rédigées en français[1033]. Par contraste avec les disciplines classiques qui demeuraient particulièrement sclérosées, cet enseignement nouveau a connu, après des débuts difficiles[1034], un incontestable succès. Un succès pédagogique d'abord, car les étudiants ont considéré qu'on leur proposait là un cours « utile » ; mais aussi un succès doctrinal puisque, conformément à l'attente de Colbert, les professeurs de droit français ont effectivement travaillé à réduire les diversités coutumières en précisant la notion de « droit commun coutumier »[1035]. Le rôle de Pothier, professeur de droit français à l'Université d'Orléans est à cet égard bien connu[1036]. La création de Colbert a ainsi participé à l'élaboration d'un droit français commun enseigné dans la langue du roi. Les chaires de droit français furent les seules chaires universitaires à imposer à leur titulaire la langue de

---

1032 *Cf.* sur ce point L. ANDRÉ, *Michel Le Tellier et Louvois*, Paris, Armand Collin, 1942 (2ème éd. chez Slatkine en 1974), p. 533 et s.

1033 F. de LAUNAY, premier titulaire parisien de la chaire de droit français, n'hésita pas, dans sa leçon inaugurale, à railler ses collègues universitaires qui, « préférant de mechans mots latins » ou « des mots françois latinisés », à « de bons mots françois », semblent « préférer le visage d'une courtisane couvert de plâtre, à la beauté naturelle d'une honnête femme » (*Discours prononcé par François de Launay, pourveu par le Roy de la charge de professeur de droit françois, en la salle du Collège royal, le 28 décembre 1680*, Paris, G. Quinet, 1681, p. 58).

1034 J. VERGER, *Histoire des universités en France*, Toulouse, Privat, 1986, p. 232.

1035 C. CHENE, *L'enseignement du droit français en pays de droit écrit*, Genève, Droz, 1982, p. 236 et s. ; J. POUMARÈDE, « La chaire et l'enseignement du droit français à la faculté des droits de Toulouse, *Rec. de l'Académie de Législation*, 1967, p. 41-131 ; *Cf.* également, J.-M. CARBASSE, « L'enseignement du droit français à l'université de Perpignan (1683-1791) », dans *L'Université de Perpignan au XVIII*e *siècle*, ouvr. cité, p. 243-254 ; R. MOUSNIER, « L'unité monarchique », dans *La France et les Français* (dir. : Michel FRANÇOIS), Encyclopédie de la Pléiade, ouvr. cité, p. 1063.

1036 A. de CURZON, « L'enseignement du droit français dans les universités de France aux XVIIe et XVIIIe siècles », *R.H.D.*, 1919, p. 209-269 et 305-364.

l'administration et de la justice. Les autres enseignements universitaires demeurèrent figés, toutes disciplines confondues, dans leur latinité jusqu'à la fin de l'Ancien Régime.

3. L'enseignement des lettres

566. Le Collège royal (futur Collège de France), créé en 1529, avait instauré quelques enseignements en français au XVIe siècle dans la foulée de Villers-Cotterêts. Avec l'appui du roi, Ramus, Forcadel et Loys Le Roy avaient enseigné en français[1037]. Loys Le Roy, en 1576, se fera le chantre de la nécessaire promotion de la langue du roi contre le latin[1038], mais ce ne sera qu'une velléité et le latin reprendra bientôt le dessus. Ce n'est que dans la seconde moitié du XVIIIe siècle que, le collège de France qui, faisant partie de l'université de Paris et par conséquent appliquant strictement son règlement du 9 janvier 1684 qui lui défendait expressément de « dicter ny expliquer en françois »[1039], fut

1037 J.-P. CAPUT, *La langue française. Histoire d'une institution*, t. I, *842-1715*, ouvr. cité, p. 162.

1038 L. Le ROY, *Deux oraisons françoises de Loys Le Roy prononcées à Paris avant la lecture de Démosthène au mois de février 1575, l'une des langues doctes et vulgaires et de l'usage de l'éloquence, l'autre de l'estat de l'ancienne Grèce, depuis son commencement jusqu'à ce qu'elle fut asservie par les Macédoniens*, Paris, impr. de F. Morel, 1576, petit *in* 4° de 28 pages, p. 5 : « N'est-ce point grande erreur que d'employer tant d'annees aux langues anciennes, comme l'on a accoustume de faire, et consommer le temps à apprendre les mots, qui deuroit estre donne à la cognoissance des choses, ausquelles l'on n'a plus ny le moyen ny le loisir de vacquer ? N'est-ce pas folie, à l'occasion de ces langues, s'addonner et affectionner tant à l'antiquite, recherchant si curieusement les vieilles superstitions, et actions ? ou espluchant vieils exemplaires, que communement lon gaste de plus en plus en les cuidant corriger, et laisser en arrière la cognoissance de sa religion, et affaires du pais et temps où l'on est vivant ? Qu'est-ce autre chose que d'abuser de l'estude et les lettres, demandans claire lumière, où il n'y a qu'obscures tenebres ? et essayant entendre choses, qui proufitent plus, ignorees que sceuës, si tant est que se puisse savoir, estans en si long espace de temps alterez, et changez tous affaires humains. Quand cesserons-nous de prendre l'herbe pour le bled ? la fleur pour le fruict ? l'escorce pour le bois ? Il y en a qui sçavent la généalogie des anciens dieux pretendus, leurs noms, cultures, oracles, pouoirs, et ne leurent jamais en la saincte escriture. Comment se gouuerneroient entierement Athenes, Lacedemone, Carthage, Perse, Ægypte, Macedoine, Parthie : discourans de l'Aeropage, de l'Ephorie, des Comices Romains : et n'entendent rien au conseil de France, maniement des Finances, ordre des Parlemens. Ce n'est donc assez pour se rendre parfaictement sçavant et vrayement utile à son païs et gouvernement, que de s'arrester seulement aux langues anciennes, et ès curiositez en dependantes, ains conuient aussi trauailler es modernes, usiteees aujourd'huy entre les hommes, et cognoistre les affaires du temps présent »

1039 Cité par F. BRUNOT, *Histoire de la langue française des origines à nos jours*, ouvr. cité, t. VII, *La propagation du français en France jusqu'à la fin de l'Ancien Régime*, p. 112.

contraint de s'ouvrir timidement à la langue du roi, sur ordre de ce dernier. En effet, un arrêt du Conseil, « Sa Majesté y étant », décida le 20 juin 1773 de créer, au sein du collège, la première chaire de langue française en transformant la fondation d'une chaire de philosophie grecque et latine en chaire de littérature française « à l'usage des étrangers qui sont attirés dans la capitale par le désir de connoitre nos meilleurs écrivains, et de ceux des Français qui veulent perfectionner leur style et acquérir une connaissance raisonnée de leur langue »[1040]. Il s'agit là d'une petite offensive contre les langues anciennes, mais cependant très significative dans la mesure où le roi, pour la première fois, dans un cadre universitaire, favorisait la langue officielle en violant la vocation d'une fondation.

4. L'enseignement des sciences

567. Les dernières années de la monarchie furent du reste marquées par des progrès du français dont l'usage fut imposé, à côté de l'université, dans les premières grandes écoles. Au Jardin du Roi, Buffon organisa ainsi dans la langue de Molière l'enseignement de la chimie, de la botanique et de l'astronomie ; en 1778, le roi créa l'École de minéralogie docimastique et en 1783 l'École des mines. Le français était l'unique langue d'enseignement de ces instituts[1041] qui échappaient, il est vrai, à l'instar des deux créations de Richelieu, à tout contrôle et subordination du premier ordre de l'État.

1040 ISAMBERT et *al. Recueil général des anciennes lois françaises*, ouvr. cité, Isambert t. XXII, n° 1042 : « Arrêt du Conseil concernant plusieurs chaires du Collège royal de France, rendu à Versailles le 20 juin 1773, p. 558-560 : « En laissant subsister deux chaires pour le grec, et en chargeant l'un des professeurs d'expliquer de préférence les ouvrages des anciens philosophes qui ont écrit en cette langue, on pourroit, sans inconvénient, appliquer le fonds de la chaire de philosophie grecque et latine à l'établissement d'une chaire de littérature française ».

1041 F. BRUNOT *Histoire de la langue française des origines à nos jours*, ouvr. cité, t. VII, *La propagation du français en France jusqu'à la fin de l'Ancien Régime*, p. 1_3.

CONCLUSION DE LA PREMIÈRE PARTIE

568. Les serments de Strasbourg avaient fondé la souveraineté territoriale de la *Francia occidentalis* sur l'usage des parlers romans : le nouveau royaume était identifié par la langue de ses habitants retenue comme critère d'unité. Mais ce royaume, avec le triomphe de la féodalité, va bientôt se déliter, l'autorité du *rex francorum* s'estomper et les parlers romans se multiplier. Le royaume des derniers Carolingiens, des Robertiens et des premiers Capétiens est caractérisé, en effet, par une évolution singulière qui se traduit par l'absence d'unité linguistique associée à la dissémination du pouvoir. On peut, constitutionnellement, définir la féodalité comme le morcellement de la souveraineté, manifesté dans la division du royaume en seigneuries dont l'orientation autarcique va favoriser la division des vernaculaires suscitant ainsi l'émergence des multiples parlers romans.

569. Mais la relation dialectique qui existe entre l'unité de langue et l'unité politique va suivre le chemin de la reconstruction étatique : au fur et à mesure que l'État se reconstruit, se centralise, que la souveraineté se resserre autour d'un pouvoir unique, l'unité de langue se précise autour de la langue française qui, à terme, devient la langue unique d'expression de la souveraineté royale.

570. Il est possible de schématiser ce long processus. Du XIIIe au XVe siècle, le roi capétien va réaffirmer sa souveraineté en reconstruisant l'indivisibilité de sa couronne et de son royaume. C'est la montée en puissance du roi qui va assurer la promotion de son vernaculaire dans l'espace juridique. Cela va d'abord se faire implicitement en raison du seul prestige du locuteur royal :le français conquiert peu à peu les territoires périphériques du pays d'oïl, mais c'est, en revanche, un combat manifestement voulu qu'il va livrer au latin, langue haute, au sein même de la chancellerie du roi ; au XVe siècle, la langue ancienne et la langue du roi occupent, pour le choix de l'expression écrite de la volonté royale, des espaces clairement identifiés. À l'instar de son principal locuteur, et, en raison du rayonnement de ce dernier, le français est monté en puissance : il est devenu une langue majeure de communication ; différents jalons permettent d'éclairer cette évolution : l'émergence d'une littérature en français ; la nécessité de comprendre les ordres du roi ; l'accès à la compréhension de la preuve ; la personnalité même des souverains et de leurs chanceliers, éclairent ce combat et annoncent les grandes mutations du XVIe siècle.

571. Au XVIe siècle, les lois du roi vont devenir le support d'une centralisation nouvelle qui aboutira à renforcer l'unité du royaume, par le biais d'une uniformisation administrative et judiciaire qui sera théorisée par Jean Bodin dans le concept de souveraineté absolue. Cette souveraineté est acquise en étroite osmose avec l'un de ses principaux instruments, la langue française, « vraye marque de souveraineté », et bientôt regardée comme un de ses symboles. Cette centralisation monarchique va bientôt s'étendre au champ culturel et s'appliquer à la langue elle-même, perçue dès lors comme un instrument au service du pouvoir royal. Initiée sous les Valois, à partir du règne de François Ier, cette centralisation culturelle sera accentuée au XVIIe siècle par les successeurs d'Henri IV. La bureaucratie bourbonienne n'hésite pas, en effet, à mettre la main sur la langue du roi pour la gouverner, la réguler et affronter la langue scolaire, universitaire et scientifique, le latin. Le français devient ainsi une institution étatique avec l'Académie et finit même par être perçue comme un modèle pour l'Europe. Le monde profane, en revanche, lui échappera ; en dépit de certaines avancées significatives, force est de reconnaître que la politique royale d'unification – législative, administrative, judiciaire et donc politique – n'est pas passée par l'usage de la langue du roi comme langue d'enseignement. Bien que le monopole de fait des clercs et de leur langue officielle, le latin, ait été contesté aux XVIIe et XVIIIe siècles où l'on perçoit, çà et là, les prémices d'une volonté d'unifier par la langue utilisée dans l'enseignement, le latin à la veille de la Révolution conserve dans l'école une solide position même s'il ne jouit plus du monopole. Le principe de l'enseignement en français n'est pas encore né. Mais l'évolution des esprits l'a rendu concevable.

DEUXIÈME PARTIE

-

L'UTILISATION DE L'UNICITÉ LINGUISTIQUE COMME INSTRUMENT D'UNIFICATION DE L'ÉTAT

572 On peut considérer que c'est avec le gouvernement des Valois-Orleans-Angoulême que disparaît la féodalité politique. Le domaine de la couronne est, pour l'essentiel, reconstitué. Il est devenu indivisible. Indisponible et indivisible, comme la couronne elle-même, soumise désormais à une superstructure normative qui s'impose *erga omnes*. La souveraineté, théorisée par Bodin, est désormais revendiquée et définie comme la *suprema potestas*. L'assise du nouveau pouvoir des rois ne peut dès lors être fondée sur l'ancienne suzeraineté – la monarchie seigneuriale, selon l'expression de Bodin – où le prince, n'ayant autorité que comme seigneur, est propriétaire du royaume, mais sur une souveraineté nouvelle – la monarchie royale, toujours selon l'expression de Bodin – où le prince fonde sa suprême puissance sur l'office dont il est investi. À partir du règne de François Ier, la royauté invoquant sa plénitude de puissance, s'efforce de réaliser dans tout le royaume une unité de direction plus effective qu'au Moyen Âge. Dans l'ordre administratif, une centralisation bureaucratique s'institue et permet à la royauté de faire sentir son action dans les provinces périphériques les plus éloignées, et ce dans les plus menus détails. C'est ainsi que va se répandre une méthode de gouvernement peu pratiquée au Moyen Âge : le gouvernement par l'écriture qui sera de plus en plus prégnant sous le règne des Bourbons. Toute écriture est évidemment fondée sur une langue. Et en l'espèce, il s'agit évidemment de la langue du roi ; et c'est au regard de cette langue unique, devenue langue administrative, qu'il importe de s'interroger sur l'utilisation de cette unité linguistique comme instrument d'unification de l'État.

573. Dans le contexte féodal, l'unité linguistique est étrangère à l'unité de l'État. Le fondement de l'unité s'inscrit dans l'unicité royale et l'unicité de religion. Les forces centrifuges obéissent à l'unique roi, souverain d'un royaume indivisible, en fonction de l'unité de leur foi (une foi, un roi). La règle *cujus regio ejus religio* que l'on éprouvera le besoin de formuler au XVIe siècle à cause de la Réforme, est une

ancienne évidence. Elle demeure cependant le ciment de l'obéissance au roi par le biais, initialement, du serment féodo-vassalique, base d'un contrat unissant les deux parties, le seigneur roi et le vassal. Et l'unité de l'État royal ainsi réalisée par le Roi n'implique sur le plan linguistique qu'une intercompréhension dans la communication, a compréhension des échanges écrits ou verbaux.

574. Pour s'en convaincre, il convient de relever qu'au XVe siècle, le roi et ses proches ne manifestent aucune hostilité à l'encontre des langues parlées dans le royaume : la langue du roi, vernaculaire de la cour, les langues provinciales mais également le latin, du moins en terre d'oïl[1042]. Ainsi à cette époque « Le français est certes devenu une langue aimée, mais pas une langue unique, ni dans les faits ni dans les nécessités idéologiques. Il n'y a pas de victoire du français vers 1500 et il n'est pas sûr qu'on l'estimerait souhaitable. La langue n'est pas l'un des soucis majeurs du sentiment national français »[1043]. Du côté des poètes et des grammairiens, on honore les langues d'oc, des deux Bretagne, de Picardie et d'ailleurs comme autant de langues françaises, « de langages maternels françois ». Geneviève Clerico le souligne : « les parlers régionaux pour une génération de savants du premier tiers du siècle[1044] ne sont pas des corruptions dégradées de la langue de la

[1042] On n'aime pas l'anglais parce que c'est une « langue dissonante et mêlée », une langue d'envahisseurs et d'ennemis du nom chrétien. Interrogée sur le vernaculaire de sainte Marguerite : ne parlait-elle pas *ydioma anglicum* ? Jeanne d'Arc répond t : « comment parlerait-elle anglais, puisqu'elle n'est pas du parti des Anglais ! ». En quelle langue parlaient ses voix ? La voix est « douce, belle humble et parle *ydioma gallicum* », *Cf.* P. TISSET et Y. LANHERS, *Procès de condamnation de Jeanne d'Arc*, Paris, 1970, t. I, p. 84, t. II, p. 85.

[1043] C. BEAUNE, *Naissance de la nation France*, Paris, Galimard, 1985, p. 299. On peut opportunément rappeler que Charles VII, le roi de Bourges, s'appuyait essentiellement sur le pays d'oc, le pays d'« oïl » – celui de son vernaculaire – étant entre les mains des Anglais.

[1044] Elle cite, à titre d'exemples, G. Tory, 1529, J. Dubois, 1531, Ch. Bovelles, 1533. Les exemples choisis par G. Clerico ne nous paraissent pas absolument représentatifs du positionnement prétendu des « parlers régionaux », ne serait-ce que par la langue d'écriture de ces auteurs. Geoffroy TORY, éditeur et grammairien, publie effectivement en 1529 son principal ouvrage, *Champfleury auquel est contenu l'art et science de la deue et vraye proportion des lettres attiques qu'on dit autrement lettres antiques et vulgairement lettres romaines, proportionnées selon le corps et visage humain*, Paris, G. Tory et Gilles Gourmont, 1529. Il y affirme (p. 27), dans la langue du roi, que « Nostre langue est aussi facile à reigler et mettre en bon ordre, que fut jadis la langue Grecque, en laquelle y a cinq diversités de langage, qui sont la langue Attique, la Dorique, la Aeolique, la Ionique, & la Comune... Tout ainsi pourrions nous bien faire, de la langue de Court & Parrhisiene, de la langue Picarde, de la Lionnoise, de la Lymosine, & de la Prouvensalle ». Ce n'est qu'une affirmation. Elle n'est certainement pas renforcée par une éventuelle « polyglottie » de Tory don capitale. Ils ont un passé historique de valeur égale, sinon supérieure »[1045].

575. Les échanges nécessaires entre le souverain et ses sujets furent, pour ces différentes raisons, pendant longtemps formalisés en langue latine, langue haute, langue administrative initiale, comprise seulement par les *litterati*, essentiellement les clercs, mais qui n'était ni la langue du roi, ni celle des populations du royaume qui s'exprimaient en « langage maternel françois ». Cette inadéquation entre le latin, langue administrative, et le « langage maternel françois » ne pouvait être perçue que comme un frein entre la communication du roi et de ses sujets dans un contexte absolutiste et par conséquent centralisateur. Dès l'instant où la monarchie tendit à l'absolutisme et donc à la bureaucratie, il devint nécessaire de supprimer la part conservée par le latin dans les actes administratifs.

576. Dans cette guerre contre le latin, il importe de considérer l'ordonnance de Villers-Cotterêts comme une coupure dans la mesure où elle parachève, en principe définitivement, le triomphe du français comme langue judiciaire, et la disparition corrélative du latin dans le domaine considéré (Chapitre 1- L'instrumentalisation de la langue française dans le domaine judiciaire : l'unification de l'expression linguistique de la souveraineté royale par l'exclusion du latin). Au temps de la monarchie absolue, alors que la féodalité politique a perdu toute efficience dans la compétition pour le pouvoir par la disparition des grands féodaux et la réunion des grands fiefs au domaine, elle subsiste cependant comme ciment unificateur entre le roi et ses sujets, au travers de la foi catholique. Par l'institution du serment d'allégeance

---

l'œuvre entière, essentiellement des traductions du latin et du grec, est écrite en français (*Cf.* H. CHAMARD, « Géoffroy TAURY », dans G. GRENTE (Dir.), *Dictionnaire des lettres françaises. XVIe siècle*, Paris, Arthème Fayard, 1951, p. 666-667). Jacques DUBOIS, quant à lui, a effectivement publié en 1531 l'ouvrage auquel G. Clerico fait sans doute référence. Cet ouvrage est en latin (*In linguam gallicam Isagoge una cum eiusdem Grammatica Latino Gallica, ex Hebraeis, Græcis et latinis authoribus*, Paris, Robert Estienne, 1531), à l'instar de son œuvre entière qui ne laisse aucune place à un quelconque vernaculaire (liste établie par P. DELAUNAY, « Jacques Dubois, dit *Sylvius* », dans G. GRENTE, ouvr. cité, p. 257-258). Quant à Charles de Bouvelles (ou Bouelles), théologien, philosophe, mathématicien et élève de Lefèvre d'Étaples, son œuvre scientifique est en latin et en français (*Cf.* liste par R. BARROUX, « Charles de Bouvelles ou Bouelles », dans G. GRENTE, ouvr. cité, p. 126-127). L'ouvrage mentionné pour l'année 1533 est écrit dans la langue ancienne : *Liber de differentia vulgarium linguarum et gallici sermonis varietate*, Paris, Robert Estienne, 1533.

1045 G. CLERICO, « Le français au XVIème siècle », dans *Nouvelle histoire de la langue française*, J. CHAURAND (Dir.), Paris, 1999, p. 164.

prêté au roi par tout officier, commissaire ou prélat, cette dernière permet de transcender les différences culturelles comme la disparité de langue. Mais alors que l'unicité royale, associée à un royaume indivisible, accepte la diversité linguistique des nations composant le royaume initial, celui qui relève du suzerain et souverain fieffeux, il en va différemment lorsque la monarchie devenue bureaucratique avec le triomphe de l'absolutisme, intègre de nouveaux territoire. Elle entend alors les rattacher au royaume féodalement unitaire par d'autres truchements que l'antique allégeance. La langue du roi devient alors un instrument nécessaire à l'intégration des conquêtes (Chapitre II - L'instrumentalisation de la langue française dans la gestion des conquêtes : l'unification de l'expression linguistique de la souveraineté royale par l'imposition du français).

CHAPITRE I

-

L'INSTRUMENTALISATION DE LA LANGUE FRANÇAISE DANS LE DOMAINE JUDICIAIRE : L'UNIFICATION DE L'EXPRESSION LINGUISTIQUE DE LA SOUVERAINETÉ PAR L'EXCLUSION DU LATIN

577. L'unité linguistique de l'expression des marques de la souveraineté royale va se réaliser progressivement et de façon négative, en ce sens qu'elle ne se traduira pas par une promotion officielle de la langue du roi, mais par une prohibition de l'ancienne langue administrative et judiciaire, le latin.

578. Si, en effet, l'expression du pouvoir législatif s'exprimait, depuis le XIVe siècle, en français, les autres marques de la souveraineté du roi, et au premier chef sa justice, étaient demeurées l'apanage de la langue ancienne. Il fut donc nécessaire d'exclure le latin du judiciaire et du parajudiciaire. L'expression des marques de la souveraineté royale fut définitivement unifiée, participant ainsi à l'unification de l'État. Débutée à la fin du XVe siècle dans les pays de droit écrit, y compris dans les territoires faisant l'objet d'une union réelle, la lutte contre le latin sera parachevée par l'ordonnance de Villers-Cotterêts de 1539. Il importe non seulement de rechercher la genèse de ce texte mais également d'exposer les interprétations qu'en proposèrent les juristes de l'Ancien Régime (Section 1 - Genèse et interprétations de l'ordonnance de Villers-Cotterêts), avant de nous prononcer sur la portée vraie ou supposée du texte (Section 2 – Interogations sur la véritable signification de l'ordonnance de Villers-Cotterêts).

SECTION I - GENÈSE ET INTERPRÉTATIONS DE L'ORDONNANCE DE VILLERS-COTTERÊTS

579. La genèse de ce texte fondamental (§ I - Genèse) permet sans aucun doute d'éclairer l'interprétation qui en fut faite par les contemporains et les juristes des XVIIe et XVIIIe siècles (§ II - Les interprétations).

§ I - GENÈSE

580. Elle est l'aboutissement d'un mouvement dirigé contre la langue des clercs. En un premier temps, les attaques concernent essentiellement les pays de droit écrit, pays de droit romain, où le latin demeure langue judiciaire (A). En un second temps, le Roi intervient au niveau national pour prononcer une prohibition définitive du latin (B).

A - PREMIÈRE PHASE : LA SUBSTITUTION DU VULGAIRE DU PAYS AU LATIN DANS LES PAYS DE DROIT ÉCRIT

581. Le Roi intervient non pas pour promouvoir sa propre langue, qui n'est manifestement pas considérée comme un élément de l'unité de l'État monarchique, mais pour réformer la justice afin de permettre aux justiciables d'accéder aux prétoires et de comprendre la portée des décisions judiciaires. Le schéma d'intervention est presque toujours le même : les trois états réunis, soit en formation nationale (les états généraux), soit en formation régionale (les états du Languedoc, les états de Provence) remontrent au Roi les dysfonctionnements du judiciaire ou du parajudiciaire provoqués par l'usage de la langue latine. Quatre textes se succèdent ; leur portée est univoque : supprimer le latin dans l'organisation judiciaire et dans la pratique notariale et lui substituer la langue du pays. Les trois premiers textes intéressent le Languedoc (I), le quatrième la Provence (II).

I - Le Languedoc

582. Trois textes pris successivement par Charles VIII, Louis XII et François I ordonnèrent le remplacement du latin par la langue vulgaire

dans le domaine de la procédure criminelle d'abord (a), dans les actes notariés ensuite (b).

a - Exclusion du latin de la procédure criminelle

583. C'est l'objet des deux premiers textes, les ordonnances de décembre 1490 (1) et de juin 1510 (2).

1. Ordonnance du 28 décembre 1490

584. Sur les doléances des états de Languedoc, Charles VIII rendra le 28 décembre 1490 une « Ordonnance sur le règlement de la justice au Païs de Languedoc »[1046]. Le texte n'a qu'une portée régionale en raison de l'origine des doléances et du particularisme de la langue judiciaire de ces provinces.

> L'article 101 de ce texte ordonne « que les dits et dépositions des tesmoins qui seront ouys et examinez doresenavant esdites cours et en tout le pays de Languedoc, soit par forme d'enqueste ou d'information et prinse sommaire, ou aucuns seront mis et redigez par escrit en langage François ou maternel, tels que lesdits tesmoins puissent entendre leurs dépositions, et on les leur puisse lire et recencer en tel langage en la forme qu'ils auront dit et déposé. Et ce pour obvier aux abus, fraudes et inconvéniens qui se sont trouvez avoir esté faits en telles matières »[1047].

585. Le texte n'éprouve pas même le besoin de mentionner le latin dont l'usage est toutefois expressément prohibé uniquement pour la déposition des témoignages, en vue d'assurer une meilleure administration de la justice. Mais c'est bien lui qui est visé et se voit supplanté, uniquement dans le domaine de la preuve par témoins, par le « langage françois ou maternel », c'est-à-dire une langue vulgaire, celle du *vulgum pecus*. Le « langage François ou maternel » est donc dans ce texte la langue du roi (« langage françois ») ou une des langues d'oc (« langage maternel »), c'est-à-dire le « langage en la forme qu'ils auront dit et déposé ».

2. Ordonnance de juin 1510

586. En dehors de toute réunion des états, sans doute sur les instances de son nouveau chancelier, Jean de Ganay, nommé quelques mois plus

1046 P. REBUFFI, *Ordonnances et edicts royaux de France, depuis le Roy S. Loys IX et l'An 1226. iusques au Roy Charles neufième à présent régnant 1565*, Lyon, A la Salamandre, rue Mercière, 1566, p. 519-534.

1047 *Ibid.*, p. 533-534.

tôt[1048], Louis XII, « considérans que le plus grand bien et soulagement » qu'il pouvait procurer à ses sujets était « de mettre fin ou à tout le moins abréger les procès qu'ils ont, et obvier à plusieurs cautelles, malices et inventions qui se sont trouvées et trouvent au fait desdits procès et conduite d'iceux », décidera en juin 1510, d'assembler à Lyon, sous la direction de son chancelier, ancien premier président du parlement de Paris, « les présidens et chefs de justice des cours souveraines, et plusieurs autres grands personnages experimentez et entendus en fait de judicature »[1049] pour élaborer une nouvelle loi judiciaire. Ce sera l'objet de l'édit de Lyon de juin 1510[1050], qui est *de jure* une ordonnance générale sur la réformation de la justice, en pays de droit écrit, où il réitère, en la précisant et en l'étendant à l'ensemble des procédures criminelles, la prescription de Charles VIII. Aux termes de l'article 47 de ce texte, il est précisé que :

> « pour obvier aux abus et inconvéniens, qui sont par ci-devant advenus au moyen de ce que les juges desdits païs de droit escrit ont fait les procès criminels des dits païs en latin, et toutes enquestes pareillement, avons ordonné et ordonnons, afin que les témoins entendent leurs dépositions et les criminels les procès faits contre eux, que doresnavant tous les procès criminels et lesdites enquestes en quelque matière que ce soit, seront faites en vulgaires et langage du païs où seront faits lesdits procès criminels et enquestes, autrement ne seront d'aucun effet ny valeur »[1051].

587. Le fondement du texte est le même que celui de l'ordonnance de Charles VIII : la procédure criminelle doit être entendue par les témoins et les accusés. Mais le texte de Louis XII qui est une ordonnance générale évoque expressément, dans son article 47, le texte de Charles VIII, donnant ainsi une interprétation univoque à un texte particulier au Languedoc où les juridictions royales continuaient à utiliser le latin dont la prohibition est, cette fois, expressément prononcée.

1048 Par lettres données à Bois le 31 janvier 1507. *Cf.* ISAMBERT et *al.*, *Recueil général des anciennes lois françaises*, ouvr. cité, t. XI, p. 515.

1049 ISAMBERT et *al.*, *Recueil général des anciennes lois françaises*, ouvr. cité, t. XI, p. 603. L'assemblée était composée des premiers présidents de Paris, Toulouse, Bordeaux, Dijon et Rouen, de l'archevêque de Sens, des évêques de Paris, Cosnie et Angoulême, du seigneur du Bouchage, du bailli d'Amiens et des Trésoriers de France, Généraux des finances.

1050 *Ibid.*, p. 579-603.

1051 *Ibid.*, p. 596.

b. Exclusion du latin des actes notariés

588 Poursuivant son combat contre le latin, et, pour répondre aux remontrances des états de Languedoc tenus à Nîmes en 1531 et qui avaient « humblement fait dire et remontrer que... lesdits notaires escripvoient en latin et autre langaige que de ceulx que font lesdits contractz et dispositions », le roi ordonnera dans des lettres patentes de 1533 « auxdits notaires passer et escripvre tous et chacuns les contracts en langue vulgaire des contractans »[1052].

II - La Provence

589. Unie depuis 1481 au Roi de France (union réelle), les comtés de Provence et de Forcalquier et la vicomté de Marseille, terres romanisées s'il en fut, parlaient vulgairement provençal mais, au judiciaire, s'exprimaient en latin. Sur remontrances des états de Provence, François I donnera à Is-sur-Thille, en octobre 1535, une « ordonnance sur la réformation de la justice en Provence » directement démarquée dans sa formulation de celle donnée par Louis XII quelques années plus tôt. En effet, aux termes de ce texte :

> « pour obvier aux abus et inconveniens qui sont par cy devant advenus, au moyen de ce que les juges de nostredit pays de Provence ont fait les procès criminels du dit pays en latin et toutes enquestes pareillement : Avons ordonné et ordonnons afin que lesdits témoins entendent mieux leurs dépositions, et les criminels les procez faits contre eux, que doresnavant tous les procez criminels, et lesdites enquestes en quelque matière que ce soit, seront faits en françois, ou à tout le moins en vulgaire du pays, où seront faits lesdits procez criminels et enquestes autrement ne seront d'aucun effet ne valeur »[1053].

590. Les notaires de la chancellerie ont manifestement utilisé comme un formulaire le texte de Louis XII ; les formes sont identiques et seulement adaptées à la province. Par rapport aux textes mis en œuvre en Languedoc, les termes sont tout aussi univoques : François I prohibe le latin afin « que lesdits témoins entendent mieux leurs dépositions ».

[1052] Lettres patentes du roi en réponse aux remontrances des États du Languedoc, dans *Catalogue des actes de François Ier*, Paris, Imprimerie nationale, 1887, t. I, n° 5598.

[1053] A. FONTANON, *Les Edits et ordonnances des Roys de France, depuis S. Loys jusques à présent, avec les vérifications, modifications et déclarations sur icelles*, Paris, J. Du Puys, 1585, 4 t. en 2 vol., vol. 2, t. III, p. 18.

591. La logique de tous ces textes est claire : le latin doit passer la main aux langues compréhensibles : le français comme les autres parlers provinciaux.

B- DEUXIÈME PHASE : SUPPRESSION GÉNÉRALE DE L'USAGE DU LATIN

592. L'ordonnance rédigée par le chancelier Poyet et donnée à Villers-Cotterêts, en août 1539, serait, selon Isambert, « l'acte le plus important du règne de François Ier », pour de multiples raisons[1054], parmi lesquelles figure le fait qu'elle a « ordonné que les actes notariés, procédures et jugements seraient écrit en français ». Nous verrons ultérieurement ce qu'il convient de penser de cette affirmation qui, au XIXe siècle, traduit une opinion admise par tous les historiens.

593. Cela étant, et dans notre interrogation sur une quête d'unité fondée sur l'unicité de la langue, les textes importants sont les suivants : deux articles seulement intéressent la langue ancienne emportant sa prohibition générale : les articles 110 et 111 qu'il importe de reproduire *in extenso* :

> Art. 110 : « Et afin qu'il n'y ait cause de douter sur l'intelligence desdits arrêts, nous voulons et ordonnons qu'ils soient faits et écrits si clairement, qu'il n'y ait ni puisse avoir aucune ambiguité ou incertitude, ne lieu à demander interprétation ».
>
> Art. 111 : « Et pour ce que telles choses sont souvent advenues sur l'intelligence des mots latins contenus esdits arrests, nous voulons doresnavant que tous arrests, ensemble toutes autres procédures, soit de nos cours souveraines et autres subalternes et inférieures, soit de registres, enquestes, contrats, commissions, sentances, testaments et autres quelconques, actes et exploicts, de justice, ou qui en dépendent, soient prononcés, enregistrés et délivrés aux parties en langage maternel françois et non autrement »[1055].

1054 Énoncées dans le t. XII (*Ordonnances des Valois. Règne de François Ier, 1514-1546*, p. 600-601, note 1) ; ce t. XII du *Recueil général des anciennes lois françaises* a été compilé et analysé par le seul ISAMBERT.

1055 La première édition du texte semble être celle due à l'éditeur Thibault PAYEN, *Ordonnances Royaulx sur le faict de la justice & abbreviation des proces par tout le Royaulme de France, faictes par le Roy nostre Sire*, et publiées en la court de Parlement de Paris, le sixiesme jour du moys de septembre lan Mil.D.XXXIX, Lyon, Thibault Payen, 1539, Le texte est intégralement repris par ISAMBERT et al., *Recueil général des anciennes lois françaises,* ouvr. cité, t. XII, p. 600-640 ; et dans les *Ordonnances des rois de France,* Règne de François I, publ. de l'Académie des sciences morales et politiques, t. IX, 3e partie, mai-août 1539, Paris, éd. CNRS, 198?, p. 222 et s.

594. Le texte est clair, précis : le latin est désormais banni du judiciaire et du para-judiciaire. L'apport de Villers-Cotterêts est considérable : il réside dans la généralité de la norme, dans le caractère désormais national de la prohibition : le Roi s'était jusqu'alors contenté, à la demande des états du midi, d'interdire l'usage du latin dans les procédures criminelles et devant les notaires languedociens et provençaux. La prohibition est désormais étendue à l'ensemble des procédures judiciaires et concerne tous les officiers et commissaires relevant du parajudiciaire : notaires, huissiers, procureurs, greffiers...

595. L'innovation est donc considérable : un texte désormais, l'article 111, quoique non assorti de sanctions, interdit, dans *tout* le royaume l'usage du latin et exige la rédaction de *tous* les actes de justice en « *langage maternel françois* et non autrement ». Ce sont ces trois mots, « langage maternel françois », qui suscitent un formidable débat entre historiens, juristes et linguistes depuis près d'un siècle[1056]. D'un côté, on peut comprendre ces trois mots comme désignant la seule langue française, par conséquent comme une condamnation conjointe du latin et des langues provinciales[1057], à tout le moins celles des pays rattachés au royaume en 1539 : les langues d'oc et le breton[1058]. D'un autre côté,

---

1056 Sur les termes de ce débat, on lira en dernier lieu : G. BOULARD, « L'ordonnance de Villers-Cotterêts : le temps de la clarté et la stratégie du temps (1539-1992) », *Revue historique*, 1999, p. 45 et s. qui estime que l'art. 111, découlant de l'art. 110, est dirigé contre le latin (clarté des procès, souveraineté par la langue contre le latin des parlementaires et des juridictions ecclésiastiques) mais doit être lu comme ne prescrivant que le français.

1057 F. BRUNOT, *Histoire de la langue française des origines à nos jours*, ouvr. cité, t. II, *Le seizième siècle*, p. 31, note 1 ; W. von WARTBURG, *Évolution et structure de la langue française*, 10ème édit., Berne, Francke, 1971, p. 145 ; J.-P. CAPUT, « Naissance et évolution de la notion de norme en français », *Langue française*, n° 16, 1972, p. 53-73 ; du même auteur, *La langue française. Histoire d'une institution*, ouvr. cité, t. I, p. 163 ; J. FOYER, « L'ordonnance de Villers-Cotterêts », Communication à l'Académie des inscriptions et belles lettres, séance du 27 octobre 1989, dans wwwasmp.fr/fiches_academiciens/foyer. Pour H. WALTER (*Le français dans tous les sens*, 2ème édit., Paris, Laffont, 1999, p. 88), « désormais le latin est exclu, mais les dialectes le sont aussi » ; pour C. HAGÈGE (*Le français. Histoire d'un combat*, ouvr. cité, p. 51-52), « Si l'on peut dire que quatre ans plus tard, en 1539, François Ier, proscrit tout retour à l'état ancien, c'est dans la mesure où il n'est plus question alors de laisser un choix entre le français et le latin, ni entre le français et le dialecte local ». *Cf.* également M. PERRET, *Introduction à l'histoire de la langue française*, Paris, Armand Collin, 1998, p. 46-47.

1058 Et encore n'est-ce pas certain pour la Bretagne : l'ordonnance pouvait-elle s'y appliquer alors que l'édit de 1532 prescrivait que les actes royaux postérieurs devaient être enregistrés par le Parlement de Bretagne pour être applicables dans cette province ? (R. ROUQUETTE, note *D.*1985-467 sous T. A. Rennes, 21 nov. 1984).

ils peuvent signifier ; « en tout langage maternel du royaume de France », ce qui serait dans la lignée des textes antérieurs et confirmerait la place des langues provinciales à côté du français[1059]. Ce à quoi certains auteurs rétorquent que l'important n'est pas tant le sens originel de l'article 111 que l'interprétation qu'on en a faite dès le XVIème siècle pour étouffer les langues provinciales et faire le lit de la langue officielle et nationale[1060].

1059 À partir de la thèse d'Henri PEYRE (*La royauté et les langues provinciales*, Paris, Presses modernes, 1933), d'aucuns se fondent sur certains commentateurs du XVIe siècle qui ont estimé qu'il fallait comprendre l'article 111 comme désignant les « langages maternels de France » ; parmi ces commentateurs figure au premier chef, nous le verrons, Pierre REBUFFI. Ce second courant est représenté aujourd'hui par différents historiens ; on peut notamment mentionner P. FIORELLI, « Pour l'interprétation de l'ordonnance de Villers-Cotterêts », *Le Français moderne*, t. XVIII, 1950, p. 277 et s. ; J. CHAURAND, *Histoire de la langue française*, ouvr. cité, p. 60 ; D. TRUDEAU, « L'ordonnance de Villers-Cotterêts et la langue française : histoire ou interprétation ? », *Bibliothèque d'Humanisme et de Renaissance*, t. XLV, 1983, p. 461 et s. ; R. ROUQUETTE, *Le régime juridique des langues en France*, thèse droit, Nanterre, 1987, p. 210 et s. et 360 ; M. de CERTEAU, D. JULIA et J. REVEL, *Une politique de la langue. La Révolution française et les patois,* Paris, Gallimard, 1975 (Bibliothèque des Histoires), p. 9 ; C. ROBIN, *La langue du procès*, Paris, LGDJ, 2000, spécialement p. 60-63.

1060 « Il est désormais acquis que la portée fut quasi démesurée. Il y a là un petit article, perdu au milieu de prescriptions multiples concernant les cours, tribunaux et offices de judicature, qui s'attaque expressément au latin et qui, par une répercussion indirecte, a jeté bas les parlers locaux... » (A. BRUN, *Recherches historiques sur l'introduction du français dans les provinces du midi : Languedoc, Guyenne, Limousin, Provence*, Paris, Champion, 1923, p. 141). Du même auteur, voir également : *Parlers régionaux, France dialectale et unité française*, Paris-Toulouse, Didier, 1946 ; *Introduction de la langue française en Béarn et en Roussillon*, Paris, Champion, 1923 ; « La pénétration du français dans le midi » et « En langage maternel français », *Le Français moderne*, 1935, p. 149 et s. et 1951, p. 81 et s. ; J.-P. LAURENT, « L'ordonnance de Villers-Cotterêts (1539) et la conversion des notaires à l'usage exclusif du français en Pays d'Oc », *Revue internationale du Notariat. Le Gnomon*, 1982, p. 41 et s. « Malgré l'adjectif "maternel", elle est vite interprétée comme imposant le français du roi au détriment des idiomes régionaux » (J. PICOCHE et Ch. MARCHELLO-NIZIA, *Histoire de la langue française*, ouvr. cité, p. 29-30) ; il est « peu probable qu'il ait visé les parlers régionaux mais son interprétation même à l'époque allait dans ce sens » (J.-M. ELOY, *La constitution du picard : une approche de la notion de langue,* Louvain-la-Neuve-Amiens, Bibliothèque des Cahiers de l'Institut de Linguistique de Louvain - Centre d'Études Picardes, 1997, p. 67-68) ; « L'ordonnance visait essentiellement à unifier, par le français de Paris, les textes juridiques ou administratifs français... En apparence, seule la langue de la justice était visée ; peut être faut-il chercher derrière cette façade des motivations plus vastes. La politique royale, dont le centralisme s'affirmait de plus en plus, avait-elle intérêt à unifier le pays par le biais de la langue ? On peut se poser la question » (J.-L. TRITTER, *Histoire de la langue française*, Paris, 1999, p. 64-65).

§ II - LES INTERPRÉTATIONS

596. Le législateur a décidé d'exclure le latin, ce but n'est contesté par personne, mais soulève un débat toujours persistant sur la place que cette prohibition laissait aux différents vernaculaires. Prohibant l'usage du latin dans l'ordre judiciaire, le législateur entendait-il, ce faisant, lui substituer les vernaculaires provinciaux, « langages maternels françois » ? C'est l'opinion des contemporains et de leurs suivants immédiats (A). Entendait-il, au contraire, renforcer l'unité du royaume en substituant au latin le vernaculaire royal ? C'est ce que les écrits des principaux juristes du XVIIIe siècle affirment implicitement en conférant à l'ordonnance de Villers-Cotterêts une portée dictée, en leur temps, par la réalité des choses (B).

A - PREMIÈRE OPINION : L'ARTICLE 111 DE VILLERS-COTTERÊTS SUBSTITUE LES VERNACULAIRES PROVINCIAUX AU LATIN

597. Cette opinion, il importe de la rechercher chez les jurisconsultes qui ont bien voulu aux XVIe, XVIIe et XVIIIe siècles, aborder la question dans leurs « codes », « Commentaires » et « recueils » d'ordonnances ou d'arrêts, ou dans leurs « répertoires » et autres dictionnaires de droit, de « pratiques » et de jurisprudence.

598. Très tôt certains juristes évoquèrent la signification de l'article 111 de l'ordonnance de François Ier. C'est notamment le cas de Jean Constantin, avocat au parlement de Bordeaux, qui, dès 1545, se désole que le latin puisse être abandonné pour des dialectes grossiers ; ceux-ci, estime-t-il n'auront pas la capacité de se substituer au latin car « l'obscurité est l'ennemie des lois »[1061]. Pour Constantin donc, le sens du texte est univoque : suppression du latin et remplacement par les vernaculaires.

599. G. Bourdin qui était procureur général du parlement de Paris en 1549, s'inscrit en faux contre cette assertion. Il estime au contraire que l'interdiction du latin facilitera la justice en rendant les actes

1061 J. CONSTANTIN, *Commentaria Joannis Constantini, advocati in leges regias seu ordinationes, de libribus brevi decidendis, recenter edicta*, Parisiis, apud A. et C. Les Angeliès, 1545, in f° de 112 pages, p. 51-52, cité par Henry PEYRE, ouvr. cité, p. 78, note 2. Nous n'avons pu retrouver ni consulter cet ouvrage que ne possède pas la B.N.

intelligibles[1062]. C'est également l'opinion émise par François Hotman, professeur à la faculté de droit de Paris, dans son *Anti-Tribonien* de 1567[1063]. Ces deux derniers auteurs ne parlent pas de nouvelle langue judiciaire. Ils se contentent d'évoquer les inconvénients de l'emploi du latin dans l'administration de la justice ; il va sans dire que si l'ordonnance avait interdit l'emploi des vulgaires, ils n'auraient pas manqué de relever que les inconvénients subsistaient.

600. Beaucoup plus précise est l'analyse proposée par Pierre Rebuff . Henry Peyre, dans sa thèse sur *La Royauté et les langues provinciales*, publiée en 1933, a exhumé l'opinion de ce personnage qu'il présente comme fondamentale pour la démonstration qu'il entend conduire. Il nous apprend que Rebuffi était premier président du parlement de Paris, et donc, en son temps, le premier magistrat de France[1064]. Ce personnage est l'auteur en 1554 d'un ouvrage posthume, les *Commentaria in constitutiones seu ordinationes regias*[1065], dans lequel il analyse

---

1062 G. BOURDIN, *Paraphrase de M. Gilles Bourdin sur l'ordonnance de l'an mil cinq cens trente-neuf, traduicte en françois par A. Fontanon*, Paris, J. Houzé, 1605, p 35.

1063 F. HOTMANN, *Antitriboniam, ou Discours d'un grand et renommé jurisconssulte de nostre temps sur l'étude des loix*, Paris, P. Nevelet 1567, p. 38 : « *...Et enim alter ego alteri adhærehat, tanquam appendix necessaria. Inde fuit stolidus et barbarus ille mos, qui non ita dudum in Gallia adhuc obtinebat omnia acta et instrumenta publica Latine consignandi : ita ut mesiri homines qui Latine nescirent, quoties sripto committere voluerant aut matrimonii contractum, aut donationem, aut testamentum, necesse haberent rudi cuidam tabulæ se commitere, qui omnia in contrarium sæpe, quam contrahentes voluerant, describebat. Inde erat, ut Franciscus Rex, cognomento oater literarum expresso mandato iid abrogaverit, anno 1539. Causam fuisse nonnulli, dicunt, quod loco verborum, quorum hodie usus est, "nous avons débouté et déboutons", dici pronunciari consuevissent ista verba, "debotamus et debotavimus". Quo ego tamen suo loco relinquo* ». Indiqué par . BERRIAT-SAINT-PRIX, *Coup d'œil sur l'emploi de la langue latine dans les Actes anciens et sur sa prohibition au 16e siècle*, Paris, Schmith, 1824, p. 2 et également dans *Mémoires de la Société Royale des Antiquaires de France*, t. VI, 1824, p. 272-296 (cit. p. 272).

1064 H. PEYRE, *La royauté et les langues provinciales*, ouvr. cité, p. 68, note 3.

1065 P. REBUFFI, *Commentaria in constitutiones seu ordinationes regias, non solum juris studiosis verum etiam pragmaticis utilitissima, in quibus facilis ad praxim curarium Franciæ via, et jurium intellectus explicantur, authore D. Petro Rebuffo*, Lugduni, apud hæredes Gulielmi Rovillii, sub scuto veneto, M D XCIX, 3 t. en vol. ; l'édition princeps est de 1554 ; nous avons pu consulter l'édition de 1599 à la Bibliothèque Nationale, les commentaires de l'article 111 sont dans le t. II, dont il constituent le « *Tractatus ut contractus testamenta, sententiæ, et alii omnes actus gallicis concipianntur verbis, que contracts, testaments, sentences, et tous autres actes seront faits en François* », p. 574-578. Henry PEYRE (*La royauté et les langues provinciales*, ouvr. cité, p. 69-72) propose la traduction de certains passages; nous longuement l'expression « langage maternel françois » utilisée dans l'article 111 de l'ordonnance. À la lecture des commentaires de Rebuffi, il ne paraît pas douteux que le sens de l'expression « langage maternel françois » ait suscité, dans la seconde moitié du XVIe siècle, un débat. Et c'est ce débat que Rebuffi, avec son expérience, sa proximité du pouvoir, sa position de premier président du principal parlement de France, clôt, selon Peyre, et de manière définitive, en précisant l'acception qu'il fallait donner à cette expression. Après lui, nous le verrons, il n'y eut plus de débat sur ce sujet, quand bien même l'interprétation évolua insensiblement dans une direction tout à fait opposée. Il faut donner la parole au « premier président » Rebuffi ; commentant, quelques années après Villers-Cotterêts, la portée de l'article 111, il divise le texte en onze éléments qu'il commente successivement[1066] .

601. Dès sa *glossa prima* consacrée au commentaire de l'introduction de l'article 111 *(Et pource que incertitude, & ambiguité sont souventes fois advenues sur l'intelligence des mots Latins contenus es arrestz, & autres actes, nous voulons doresnavant),* il donne ainsi les précisions suivantes :

> « De même qu'autrefois le Dieu Apollon, selon le chant des poètes, refusait de répondre en latin, et que Tibère César interdisait à un soldat interrogé en grec de répondre si ce n'est en langue latine. Bien plus, lui-même, quoiqu'il parlât sans hésitation et facilement le grec, ne le fit pas partout, et il s'en abstint surtout au Sénat, au point que pour délivrer un privilège il s'excusait d'utiliser pour cela un mot d'origine étrangère *(monopolium),* comme nous l'apprend Suètone dans sa vie de Tibère. De même le Roi pour éviter les ambiguïtés et obscurités qui se trouvent dans l'usage du latin, tant parce qu'un seul et même mot peut recevoir des sens différents, que parce que certains, voulant user du latin de manière élégante, obscurcissent totalement les sentences, les rédigeant avec des mots de sens différent. S'y ajoute en outre le fait que parfois certains juges âgés ont oublié leur latin, et inventent des mots à partir de la langue française. Et ceux-ci sont incompréhensibles, n'étant ni grecs, ni latins, ni d'une langue courante. En surviennent de longs litiges sur l'interprétation de ces mots, de sorte que le Roi a décidé que désormais tant les contrats, procédures, sentences, arrêts que tous les autres actes doivent être rédigés en langue vulgaire : comme il est écrit dans le texte *en langage maternel,* c'est-à-dire dans l'idiome vernaculaire et maternel *(vernaculo*

proposerons dans les pages qui suivent d'autres traductions et donnons en annexe une copie du texte original de Rebuffi, suivi d'une traduction intégrale.

1066 Rebuffi est souvent en référence sur les *Pandectes* ou sur le *Décret* de Gratien, nous les reproduisons uniquement dans la traduction proposée *infra* en annexe 1, à la suite du texte original.

et materno idiomate) ; pour cette raison les Gaulois (Rebuffi veut parler des habitants des pays d'Oïl) doivent rédiger les actes en *gallicus* (c'est-à-dire en français) et les Occitans dans les mots et la langue vulgaire de leur région ; s'il en allait autrement, si les actes (des Occitans) devaient être rédigés en langue française, il en résulterait une obscurité encore plus grande. Parce que les Vascons et de nombreux autres campagnards demeurant dans le ressort des Parlements de Bordeaux et de Toulouse ne comprendraient pas le langage français *(idioma gallicum)*. Ainsi si les actes juridiques devaient être produits dans cette langue, cette ordonnance n'ôterait pas les ambiguïtés, mais bien plutôt les induirait. Pour cette raison, le Roi a décidé que les actes seront rédigés dans le langage vulgaire du pays *(vulgari sermone & patrio)* et c'est pourquoi il a dit *Maternel François* parce que ce n'est pas un langage italien ni espagnol. Car on qualifie communément de "maternelle" la langue du lieu où l'on est né, c'est pourquoi il appelle pour la France, "langage maternel", celui qui est parlé dans le pays ; mais il dit *Maternel François*, et non pas simplement *François*, pour signifier qu'il n'entend pas obliger quiconque à se servir du langage français *(gallicus)*, mais du vulgaire du pays, tel qu'il est pratiqué dans les différentes régions de France où ces actes et autres procédures sont rédigés… »[1067].

602. Rebuffi ne se contente pas de justifier l'acception qu'il convient de donner à l'expression controversée ; il justifie son analyse en invoquant différents arguments concernant les clercs. S'agissant des clercs de France et des normes qui s'imposent à eux au regard de l'usage des langues, il rappelle que :

« c'est pour éviter l'incompréhension due à la disparité de langage que le Souverain Pontife a voulu qu'on ne confère pas une église paroissiale à celui qui ne comprend et ne parle pas la langue afin qu'il soit en état de prêcher *(ut predicare possit)*. Une telle collation serait nulle[1068]. Comment, en effet, pourrait-il prêcher et entendre les confessions du peuple, s'il ne comprend ni n'en parle la langue… »[1069].

C'est pourquoi les proclamations qui doivent être faites au peuple *(vulgus)* doivent l'être dans la langue du peuple *(verbis debet fieri vulgaribus)* ; de surcroît

1067 P. REBUFFI, *Commentarii in constitutiones seu ordinationes regias*, ouvr. et éd. cités, p. 574. La citation ne reproduit que les deux premiers paragraphes. Dans le troisième paragraphe de la *glossa prima*, Rebuffi n'omet pas, en se référant à la *Genèse* et au *Deutéronome*, de citer l'épisode de Babel où Dieu aurait introduit la diversité des langues pour punir l'orgueil des nations. *Cf. Infra* : annexe 1, le texte original de Rebuffi et sa traduction.

1068 Référence dans le texte de Rebuffi sur le décret de Gratien, *infra* annexe 1.

1069 P. REBUFFI, *Commentarii in constitutiones seu ordinationes regias*, ouvr. et éd. cités, p. 574. le paragraphe 5 de la *glossa prima* illustre la norme posée dans le paragraphe 4 avec le *de officii* de Ciceron. Texte original et traduction de Rebuffi, *infra* annexe 1.

lorsqu'un clerc agit en justice contre un laïc, il doit s'exprimer en vulgaire *(vulgariter loqui debet)*[1070] ; les lois qui sont données au peuple et faites pour son usage *(quæ dantur populis sub usitato)* doivent être écrites et publiées dans la langue de ce peuple *(populi idiomate)*, pour qu'il les comprenne mieux, les assimile et les observent... »[1071].

603. S'agissant des laïcs du même Royaume, Rebuffi, dans sa *glossa secunda*, consacrée à l'expression *Que tous Arrestz*[1072] spécifie la portée de l'article 111 de Villers-Cotterêts :

> « ...en France, en vertu de cette loi royale, on supprimera (*omittitur*) devant les cours suprêmes et devant les cours des sénéchaux et des baillis l'usage antique *(usus primævus)* du latin. Et, par le même texte, chaque juridiction se servira du langage français *(sermone Gallico)* pour les motifs précités (en faciliter l'intelligence... et l'obéissance) et pour éviter les incertitudes, mais non pas dans le but de diffuser la langue *(non vero propagandæ linguæ)* »[1073].

604. Rebuffi poursuit son commentaire en rappelant l'« ordonnance générale sur la réformation de la justice en Languedoc » donnée en juin 1510 et spécifie ce que doit en être, selon lui, la portée :

> « De même Louis 12 a ordonné que les procès criminels seraient instruits dans la langue commune du pays *(communi patriæ idiomate)* pour faciliter aux captifs, aux détenus et aux accusés la défense qui leur deviendrait impossible s'ils ne comprenaient pas la langue judiciaire *(si non intelligerent)* »[1074].
>
> « Pareillement le même roi a ordonné que toutes les preuves, témoignages, attestations, tant en matières civiles que criminelles, se fassent en langue vulgaire et dans le parler commun du pays *(verbis vulgaribus & comuni idiomate*

1070 Référence dans le texte de Rebuffi sur le Code 24.1, *Infra* annexe 1.

1071 P. REBUFFI, *Commentarii in constitutiones seu ordinationes regias*, ouvr. et éd. cités, p. 574-575. Rebuffi appuie son assertion d'un ensemble de références puisé au *Digeste*.

1072 *Ibid.*, p. 575. Dans cette glose, Rebuffi analyse les différents sens du mot arrêt, ainsi que celui de termes plus précis comme « stipulation », « libelle »... pour dire que tout acte est compris dans les mesures de l'ordonnance. La conclusion de la glose est univoque : « Et parce qu'il est dit plus bas , *toutes procédures*, donc cela concerne également le libelle *qui est de la procédure iudiciale*, et celui qui dit le tout n'en excepte rien, donc le libelle doit être rédigé en langue vulgaire du pays *(vulgari sermone patriæ)* ou en français, s'il est produit entre Français dans les parlements de France, et de même dans les cours de baillage et autres juridictions dans la langue qui y est en usage *(sermone quo utuntur)* ».

1073 P. REBUFFI, *Commentarii in constitutiones seu ordinationes regias*, ouvr. et éd. cités, p. 575.

1074 *Ibid.*, p. 575. Le texte original est assorti de références sur le Code. *Cf. Infra* annexe 1.

patriæ siant) afin que les témoins puissent comprendre les dépositions et pour faire écarter les faux témoignages... Et cette ordonnance veut que toutes les choses faites autrement soient sans effet et sans force, cependant elle ne les annule pas expressément quant au fond ; c'est pourquoi je dirai que le testament, la sentence, l'arrêt et autres actes ne sont pas nuls s'ils sont rédigés autrement que l'ordonnance ne l'impose, mais je dirai que celui qui fait ces choses doit être puni... »[1075].

605. La *glossa tertia* est une appréciation, à travers la poursuite du commentaire de l'article 111 *(Ensemble toutes autres procédures, soyent de noz cours souveraines, ou autres subalternes & inférieures)*, de la portée de l'ordonnance sur l'ensemble de l'infrastructure judiciaire du royaume.

« Par ce qui est dit, ce ne sont pas seulement les arrêts qui doivent être rédigés en langue française *(verbis Gallicis)*, mais aussi tous les procès non seulement ceux qui sont portés devant les parlements et devant les cours subalternes, celles dont on fait appel des décisions immédiatement au parlement, mais également les tribunaux inférieurs... et sous le qualificatif de procès *(nomine processus)*, il faut comprendre tous les écrits et actes tant des parties que des juges depuis la citation jusqu'à la sentence... et, pour cette raison, tous les écrits des parties et des juges doivent être rédigés en vulgaire *(vulgari sermone concipi debent)*... La même règle doit s'appliquer aux juges seigneuriaux... Les cours séculières des barons et autres seigneurs sont, il est vrai, en usage, depuis plus d'un siècle, de s'exprimer en vulgaire *(vulgari sermone)* »[1076].

606. Ce principe dégagé par Rebuffi est assorti d'une exception majeure : les tribunaux ecclésiastiques – parce qu'ils relèvent d'une autre hiérarchie – conservent la langue haute. Rebuffi le précise avec regret :

« Cela ne concerne pas cependant les juges ecclésiastiques, auxquels le législateur ne peut pas imposer de lois... D'où il s'ensuit que tous les écrits présentés devant ces tribunaux doivent être rédigés en latin *(omnes scripturæ coram illis Latine conficiuntur)* ; il en va de même devant les cours du conservateur apostolique, l'ordonnance (de Villers-Cotterêts) n'étant pas reçue par ces tribunaux *(in quibus hæc ordinatio etiam non est recepta)*... Les procès-verbaux des enquêtes cependant peuvent être rédigées en vulgaire

1075 P. REBUFFI, *Commentarii in constitutiones seu ordinationes regias*, ouvr. et éd. cités, p. 575.

1076 *Ibid.*, p. 576.

(vulgari sermone), car en ce domaine il faut suivre la coutume du for *(in hoc consuetudo fori est inspicienda)*[1077].

607. Nonobstant ce positionnement de la langue haute dans l'institution judiciaire catholique, le principe posé par l'ordonnance reçoit, dans le royaume, une portée considérable car il est d'application générale :

> « On peut dire, cependant, que l'ordonnance concerne non seulement les parlements mais également toutes les cours suprêmes ; par ce qualificatif de *souveraines* (en français dans le texte de Rebuffi qui traduit *supremus*, "le plus au dessus", en tant que superlatif de *superus*, par souverain)... sont concernés le conseil premier et intime du roi, son grand conseil, les cours générales de justice, les cours des comptes et autres cours suprêmes qui sont alignées sur les parlements *(quæ normam parlamentorum sequuntur)* »[1078].

608. Dans la *glossa quarta (Soyent de registres enquestes)*, la *quinta (Contractz)*, la sexta *(Commissions)*, la *septima (Sentences)*, l'*octava (Testamens)*, la *nona (et autres quelconques actes et exploitz de iustice)* et la *decima (ou qui en dépendent)*[1079], Rebuffi définit de façon détaillée ces actes et les écrits connexes et accessoires qui en dépendent et subordonnent la langue de leur rédaction à sa *glossa utima (Soyent prononcez, enregistrez, & délivrez aux parties en langage maternel François et non autrement)* qui conclut son exposé.

609. Dans *l'ultima glossa* de son commentaire, Rebuffi précise, en effet, l'acception qu'il importe de donner aux expressions utilisées dans l'ordonnance de Villers-Cotterêts. Là encore le texte est important. Il importe de le reproduire :

> « Le mot *prononcez* se réfère aux arrêts et sentences... où il est dit qu'ils sont prononcés pour celui qui y a intérêt : et donc ils doivent être prononcés et écrits en langue vulgaire *(sribi et proferi vulgariter debent)*, et il est de coutume que les arrêts soient prononcés par les présidents et les sentences par les juges. Cependant s'il s'y trouve des expressions latines *(verba latina)* il n'y a pas contravention à cette ordonnance : parce qu'il suffit qu'il y ait plus de français que de latin *(quia sufficit quod plura sint Gallica, quam Latina)*...
> De même, le mot *enregistrez* concerne tant les actes judiciaires qu'extrajudiciaires, car tous en effet doivent être transcrits dans les commentaires ou les registres en français ou en langue vulgaire (*Gallice aut*

1077 P. REBUFFI, *Commentarii in constitutiones seu ordinationes regias*, ouvr. et éd. cités, p. 576.

1078 *Ibid.*, p. 576.

1079 *Ibid.*, p. 576-577 et *infra*, annexe 1.

vulgaribus verbis) ; il s'agit des testaments, contrats et de tous les autres actes, pour qu'ils soient compris plus facilement, comme il a été dit ci-dessus. En outre l'ordonnance exige que les actes soient *délivrés* aux parties en langue vulgaire *(sicut verbis vulgaribus),* tant ceux relatifs au jugement que les actes extrajudiciaires. Il en va de même pour les contrats et les testaments. Il convient de noter que même la règle doit être exposée aux religieux en langue vulgaire *(vulgariter exponi debet),* pour qu'ils puissent la comprendre. . Dans les langues que nous ne comprenons pas, nous sommes comme sourds *(in his linguis, quas non intelligimus, surdi profecto sumus)*, d'où l'avis des docteurs que le notaire, dans son instrument, ne doit pas mentionner comme étant présent celui qui ne comprend pas.
S'agit-il d'une constitution locale en raison de l'expression utilisée dans l'ordonnance, *en langage maternel françois* ; (locale) c'est-à-dire dans les lieux où la langue maternelle est communément le français *(ubi lingua materna est Gallicus fermo*, c'est-à-dire les provinces d'oïl) et donc en vigueur là et non ailleurs ? Je pense le contraire, à savoir que c'est une constitution générale, parce que dans le doute les lois sont censées avoir une portée générale ».

610. Et Rebuffi conclut de façon univoque :

> « ...ceci ne peut être contesté, la généralité du texte exprimant la cause même de la déclaration, car c'est un fait que la langue française est multiple *(nam multiplex est Gallicus sermo)* : il y a la langue française parisienne (*serme Gallicus Paris.*) utilisée par les personnes de la cour (*curiales*), mais qui n'est pas celle du peuple ; chez les Poitevins, les *Xantones* (?), les Normands et les Picards le français est en usage mais quelque peu grossier (*est Gallicus usu, sed aliquantum rudis*) ; c'est pourquoi le texte décide qu'il suffit que les actes soient rédigés en langue vulgaire *(sufficere actum conceptum esse vulgaribus verbis)*, selon le langage maternel (*secundum sermonem maternum*), et il suffit qu'il soit maternel même s'il n'est pas français *(& sufficit quod sit maternus, licet non Gallicus).* Mais le texte précise *maternel françois*, non pas *françois* simplement, parce que dans toute la France, en Auvergne, en Gascogne ou dans tout autre pays de langue d'oc, les hommes parlent *François maternel* et non pas *Espagnol maternel ne Anglois maternel*, comme on l'a dit plus haut. Et c'est ainsi qu'il faut comprendre cette ordonnance .
> Ultime remarque, les marchands voulant révoquer leurs colporteurs doivent en France utiliser la langue vulgaire (*vulgaribus verbis*), en usage dans le lieu et tous les actes doivent obéir à cette règle, et par cette remarque nous en avons fini et nous en rendons grâce à Dieu »[1080]

611. L'opinion de Rebuffi n'est évidemment pas isolée. Elle est, en quelque sorte, l'opinion partagée par les juristes du dernier quart du XVIe et de la première moitié du XVIIe siècle. Mais il faut cependant

1080 P. REBUFFI, *Commentarii in constitutiones seu ordinationes regias*, ouvr. et éd. cités, p. 577-578.

souligner que le commentaire de Rebuffi est demeuré totalement méconnu. Nul ne le cite. Nul ne se réfère à l'opinion du premier président de Paris. Cela surprend chez les juristes de l'époque moderne qui souvent s'abritent sous l'argument d'autorité en abondant les marges de leurs ouvrages de multiples références. Est-ce à dire que l'opinion de Rebuffi manquait d'assise ? Nous verrons bientôt ce qu'il en est. Relevons dans l'immédiat l'orientation « rebuffienne » de quelques compilateurs classiques. C'est notamment le cas de l'auteur du *Code Charles IX* (1567). Ce dernier indique à la table des matières, au mot *Arrest* : « Tous arrests, & autres procédures seront en toutes cours prononcez et délivrez aux parties en *langage François* » et renvoie à la page 1066. Cette page traite (Livre III, titre XXXII du Code) de la matière suivante : *« Comment es contracts, testamens, arrests, sentences, & autres actes doyvent estre expédiez »*. L'auteur rappelle les termes de l'article 111 (« en langage maternel françois ») mais place une note à la suite du mot « maternel » qui renvoie à l'article 109 de l'ordonnance de Charles VIII (décembre 1490) : les actes d'information ne seront plus rédigés en latin mais « mis & rédigez par escrit en *langage François ou maternel*, tels que lesdits tesmoins puissent entendre leur dépositions »[1081]. Analysant ce texte, Sylvain Soleil estime qu'il n'y a pas lieu, pour l'auteur, à débattre. Le but de l'article 111 est double : d'une part proscrire les actes rédigés en latin ; proposer au justiciable une langue judiciaire qui lui soit accessible, la sienne, c'est-à-dire la langue vulgaire du pays où opère le tribunal[1082].

612. On retrouve la même opinion dans le *Code du Roy Henry III, augmenté des Édits du Roy Henry IIII* de Barnabé Brisson dont la première édition est de 1587[1083]. L'ouvrage indique à la table au mot *Actes* : « Actes de justice doivent estre conceuz en *paroles françoises* », mais le titre du chapitre auquel il renvoie est bien différent : « Que tous arrests, & autres actes de justice, seront faicts en *langue vulgaire*... ».

1081 *Les Ordonnances royaux ou les 5 livres, suivis du recueil des dernières ordonnances. Tout ce qui régissait la France de Charles IX*, Paris, 1567. L'auteur rappelle l'ordonnance de janvier 1563 (Charles IX), art. 35 : « les vérifications de nos cours de Parlement, seront faicts en langage Français & non en latin, comme ci-devant on avait accoustumé faire en nostre cour de Parlement à Paris ».

1082 S. SOLEIL, « L'ordonnance de Villers-Cotterêts, cadre juridique de la politique linguistique des rois de France ? », dans *Langue(s) et Constitution(s)* (dir. : A.-M. LE POURHIET), Colloque de Rennes, 7 et 8 décembre 2000, Association française des constitutionnalistes, Paris Economica, Collection droit public positif, 2004, p. 20-33, (cit. p. 23-24).

1083 B. BRISSON, *Code du Roy Henry III, roy de France et de Pologne*, Paris, F. Morel, 1587.

Et Charondas, premier commentateur de cette compilation, d'ajouter : avant, les actes étaient faits en français au Parlement. Puis ceux qui ont « remplacé les gentilshommes, mieux adonnés au Latin ont tout fait en Latin. Toutefois l'expérience a montré qu'un mauvais latin n'engendrait que des procès... ». Aussi faut-il croire que « le langage François est le propre, originaire et naturel de la France : en icelluy donc convient faire tous actes tant de justice qu'autres, afin qu'ils soyent mieux entendus de chacun, & pour illustrer la langue Françoise ». Il précise : les Romains firent de même avec le latin mais comme « l'Empire Romain s'estendoit en plusieurs Provinces, où la langue Grecque estoit en usage, les Empereurs escrivans au proconsul d'Asie, ils ont ordonné que les juges puissent donner & prononcer sentences tant en langue Latine que Grecque. Et ainsi se doivent entendre et concilier lesdites loix »[1084]. Pour Sylvain Soleil qui analyse ce texte, le commentaire opte sans aucun doute pour l'usage judiciaire de toutes les langues parlées en France, comme c'était le cas du grec dans les provinces de l'empire romain[1085].

613. La *Conférence des ordonnances royaux* de Pierre Guenoy dont la première édition est de 1603 va dans le même sens. L'article 111 est repris de la manière suivante : « en *langage maternel & François* & non autrement »[1086], ainsi que le *Code Louis XIII* que Jacques Corbin publiera en 1628 qui rappelle les termes de l'article 111 (« en langage maternel François ») sous le titre suivant : « De prononcer et expédier tous actes en langue françoise »[1087].

1084 Nous avons travaillé sur la 4ème éd. de B. BRISSON, *Le code du Roy Henry III, Roy de France et de Pologne, rédigé en ordre par Messire Barnabé Brisson, depuis augmenté des édits du Roy Henry IIII et Loys XIII, et illustré de très notables observations et annotations par L. CHARONDAS LE CARON*, Paris, N. Buon, 1615, 4ème édit., p. 125.

1085 S. SOLEIL, « L'ordonnance de Villers-Cotterêts, cadre juridique de la politique linguistique des rois de France ? », art. cité, p.24.

1086 Nous avons travaillé sur la 2ème édition : P. GUÉNOYS, *La Grande Conférence des ordonnances et Édits royaux, distribuée en XII livres, à l'imitation et selon l'ordre et disposition du Code de l'Empereur Justinian, avec plusieurs annotations et observations. Nouvelle édition, reveue et augmentée par Nicolas FREROT et Gabriel MICHEL*, Paris, N. Buon, 1607, p. 62.

1087 J. CORBIN, *Le Code Louis XIII, roy de France et de Navarre, contenant ses ordonnances et arrests de ses cours souveraines pour les droicts de sa couronne, police entre ses sujets, règlement de la justice, forme et abréviation des procès, recueillies, commentées et conférées avec celles des rois Henry le grand, son père, Henry III, Charles IX, François II, Henry II, François I et autres ses prédécesseurs*, Paris, J. Quenel, 1628, p. 642.

614. À partir de la seconde moitié du XVIIème siècle, les notes des jurisconsultes s'enrichissent de l'anecdote du *debotamus* rapportée, en latin, par F. Hotmann dans son *Anti-Tribonien* de 1567[1088] et dans son, *Monitoriale Mathagonis de Mathagonibus* de 1575[1089]. Elle est reprise en français par Laurent Bouchel dans sa *Bibliothèque ou trèsor du droit françois* de 1671. Cette anecdote que l'on peut percevoir comme une note d'humour dans les ouvrages plutôt austères des juristes, semble surtout les avoir confinés dans une interprétation anti-latine du texte. Bouchel, par exemple, au mot *Actes*[1090], affirme que l'article 111 viendrait de ce que le roi François Ier se serait aperçu des déplaisirs de l'usage du latin au Parlement. Un gentilhomme était monté par la poste à Paris pour entendre prononcer le jugement. Il était à peine arrivé qu'on lui signifia qu'il était débouté en ces termes : *dicta curia dictum actorem debotavit et debotat*. Le plaideur malheureux alla trouver le roi et lui dit son étonnement d'avoir été condamné par son Parlement à enlever ses bottes (en le *débottant*) dès son arrivée à Paris.

615. P.-J. Brillon est, sans doute, un des derniers juristes à partager formellement l'opinion de Rebuffi, car, en son temps, seul le français est en usage dans les tribunaux du royaume. Dans son *Dictionnaire des arrests* de 1711, à l'entrée *Actes*, il rapporte que

> « Ce qui donna lieu à François Ier d'ordonner que les actes et procédures seroient prononcez & enregistrez en langage maternel & non autrement, fut qu'un Gentilhomme qui avoit perdu un procès, vint trouver le Roy & le remercia de l'honneur qu'il luy avoit fait. Le Roy l'ayant interrogé, il répondit qu'étant venu en poste pour assister au jugement de son procès, il n'étoit pas plutôt arrivé, que sa Cour de Parlement l'avoit déboté ; il lui montra l'Arrêt qui portoit ces termes : *dicta curia dictum actorem debotavit et debotat.* Le Roy

1088 F. HOTMAN, *Antitriboniam, ou Discours d'un grand et renommé jurisconsulte de nostre temps sur l'estude des lois*, Paris, J. Perier 1603, p. 16. (1ère éd., Paris, Nivelet, 1567).

1089 F. HOTMAN, *Mathagonis de Mathagonibus. Monitoriale adversus italogaliam sive antifranco-galliam*, s.l., Antonini Matharelli, 1575, p. 22. Dans ce second ouvrage, F. HOTMAN précise « *Præses curia parlamenti in arresto pronuntiando dixerat debotamus et debotavimus, de quo rex Franciscus, ut quidam dicunt, multum riserat ; alii, multum iratus fuerat...* ». Il est manifeste qu'il ne cite l'anecdote que comme un oui-dire et il la cite trente-six ans (1575) après l'époque à laquelle elle se rapporte (1539).

1090 L. BOUCHEL, *La Bibliothèque ou trésor du droit françois recueilli et mis en ordre par Laurent Bouchel, augmenté en cette nouvelle édition par Maistre Jean BECHEFER*, Paris et Lyon, J. Girin et B. Rivière, 1671, 3 vol., t. I, p. 32.

indigné d'un langage si inepte dans le premier Parlement de son Royaume fit l'Ordonnance dont on vient de parler »[1091].

616. Il n'est même pas certain que le « langage maternel » évoqué par Bouchel ou Brillon concerne les différents langages provinciaux, peut-être ne vise-t-il que le vernaculaire royal qui, en son temps, au niveau judiciaire est devenu *de facto* une langue officielle[1092]. Quoi qu'il en soit, ce *debotavit et debotat* est étrangement à la charnière d'un changement d'interprétation de l'article 111 : au XVIIIe siècle, l'anecdote, dont on peut raisonnablement douter de la véracité[1093], est reprise dans la plupart des ouvrages des jurisconsultes et sous la forme de transcriptions diverses ; mais il n'est plus jamais question de « langage maternel ».

B - SECONDE OPINION : L'ARTICLE 111 DE VILLERS-COTTERÊTS SUBSTITUE LE VERNACULAIRE ROYAL AU LATIN ET DONC IMPOSE L'UNICITÉ LINGUISTIQUE

617. Pour ce second courant, François Ier a voulu renforcer l'unité du royaume en suscitant l'unicité linguistique par l'usage imposé et généralisé du vernaculaire royal : l'article 111 signifie que le français sera substitué non seulement au latin, mais également aux langues d'oc, devenues depuis peu langues juridiques et judiciaires en Languedoc et en Provence[1094].

618. Selon F. Brunot[1095], les tenants de ce courant, dont lui-même, nous le verrons, s'appuient essentiellement sur une anecdote relatée dans la *Grammaire* de Ramus (1587) qui rapporte les « complainctes » qu'aurait suscité le texte de François Ier chez les partisans des langues d'oc.

1091 P.-J. BRILLON, *Dictionnaire des arrests ou jurisprudence universelle des Parlements de France et autres tribunaux*, Paris, G. Cavelier, 1711, 3 vol., t. 1, p. 44.

1092 J. MONFRIN, « Les parlers en France », dans *La France et les Français* (dir. : Michel FRANCOIS), Encyclopédie de La Pléiade, Paris, Gallimard, 1972, p. 766-767.

1093 Elle se serait, nous l'avons vu, déroulée en 1539, est mentionnée pour la première fois par F. HOTMAN en 1567, puis rappelée comme un ouï-dire par ce même auteur en 1575.

1094 *Cf. supra* : les ordonnances de 1490, 1510 et 1535.

1095 F. BRUNOT, *Histoire de la langue française des origines à nos jours*, ouvr. cité, t. II, *Le seizième siècle*, p. 31-32.

« quand il commanda par toute la France de plaider en langue Françoise. Il y eut alors de merveilleuses complainctes, de sorte que la Provence envoya ses députés par devers sa maieste, pour remonstrer ces grans inconveniens... Mais ce gentil esprit de Roy, les delayant de mois en mois, et leur faisant entendre par son Chancellier qu'il ne prenoit point plaisir d'ouir parler en aultre langue qu'en la sienne, leur donna occasion d'apprendre soigneusement le François : puis quelque temps après ils exposèrent leur charge en harangue Françoyse. Lors ce fut une risée de ces orateurs qui estoient venus pour combatre la langue Francoyse, et néantmoins par ce combat l'avoient aprise, et par effect avoient monstré que puisqu'elle estoit si aysée aux personnes d'aage, comme ils estoient, qu'elle seroit encore plus facile aux jeunes gens, et qu'il estoit bien séant, combien que le langaige demeurast à la populasse, néantmoins que les hommes plus notables estans en charge publicque eussent, comme en robbe, ainsi en parolle quelque præéminence sur leurs inférieurs »[1096].

619. L'anecdote est d'une valeur incertaine[1097]. J. Berriat-Saint-Prix n'hésite pas à la qualifier de « fable »[1098] et A. Brun, collaborateur de F. Brunot, de « galéjade ». Ce dernier s'étonne du reste de n'avoir pas trouvé, en Provence, « la résistance têtue », mais au contraire « l'inertie, l'indifférence »[1099]. Cette absence d'opposition ne traduit-elle pas plutôt le bien-fondé de l'interprétation de Rebuffi, interprétation logique dans la foulée des textes antérieurs (ce que nous avons appelé la première phase), interprétation d'un contemporain, juriste éminent, dont l'opinion semble admise par tous. Il paraît difficile dès lors d'accepter que la « galéjade provençale » puisse servir de support à un changement d'interprétation.

620. De fait, nous ne pouvons que constater l'interprétation nouvelle. Elle apparaît dans la première moitié du XVIIIe siècle, sans qu'il y ait eu débat sur la véritable portée de l'article 111 de Villers-Cotterêts. Les jurisconsultes nombreux, relatant, pour la plupart, l'épisode du *debotamus*, posent en norme claire la substitution du vernaculaire royal

---

1096 P. RAMUS, *Grammaire*, Paris, A. Wechel, 1572, p. 49-50.

1097 G. BOULARD, « L'ordonnance de Villers-Cotterêts : le temps de la clarté et la stratégie du temps (1539-1992) », dans *Revue historique*, 1999, p. 45.

1098 J. BERRIAT-SAINT-PRIX (*Coup d'œil sur l'emploi de la langue latine dans les Actes anciens et sur sa prohibition au 16e siècle*, Paris, Schmith, 1824, p. 3) est le premier à avoir remis en question le fondement « anecdotique » des articles 110 et 111 de Villers-Cotterêts. Sur cet universitaire grenoblois, professeur à la faculté de droit de Paris à partir de 1819, *Cf.* G. LYON, « Jacques Berriat-Saint-Prix », dans *G.E.*, ouvr. cité, t. VI, p. 409.

1099 A. BRUN, *Recherches historiques sur l'introduction du français dans les provinces du midi*, ouvr. cité, p. 406.

au latin dans le judiciaire et le parajudiciaire. Chronologiquement, de Boutaric à Boucher d'Argis, on peut mentionner les principaux d'entre eux[1100].

621. F. de Boutaric dans *Les Institutes de Justinien conférés avec le droit françois* (1740), au mot Actes affirme que :

> « aujourd'hui en France, et depuis l'Ordonnance de François premier, il n'est plus permis dans les actes et dans les procédures, de se servir d'autre langue que de la langue françoise ; s'il faut en croire à ce que rapporte Bouchel, en sa bibliothèque, sous le mot *actes*, François I, rendit cette ordonnance sur la lecture qu'il fit d'un arrêt du parlement de Paris conçu en ces termes : *dicta curia dictum actorem, debotavit et debotat* ; car le Roi (ajoute Bouchel) indigné d'un langage si inepte dans le premier Parlement de son Royaume, proscrit dès lors, en tous actes judiciaires & autres, l'usage de la langue latine »[1101]

622. Ferrière dans son *Dictionnaire de droit et de pratique* à l'expression « Langage françois » affirme que celui-ci :

> «... doit être usité dans toutes sortes de contrats, actes, procédures et prononciations. Anciennement en France, toutes ces choses s'expédioient en Latin... Par l'article 47 de l'ordonnance de Louis XII faite en 1512, il fut ordonné qu'à l'avenir toutes procédures criminelles et enquêtes seroient faites en langue Françoise, afin que les témoins eussent une entière intelligence de leurs dépositions, et les accusés des interrogatoires qui leur seroient faits. Ce qui fut confirmé par l'Ordonnance de Charles IX de l'an 1537 (sic) art. 35. Enfin par l'art. 3 (sic) de l'Ordonnance de François I de

---

1100 La liste de jurisconsultes que nous mentionnons nous est proposée par J. BERRIAT-SAINT-PRIX (*Coup d'œil sur l'emploi de la langue latine dans les Actes anciens et sur sa prohibition au 16e siècle*, ouvr. cité, p. 2 et 24) et S. SOLEIL (« L'ordonnance de Villers-Cotterêts, cadre juridique de la politique linguistique des rois de France ? », art. cité, p. 23-26). « Cette anecdote, – nous dit, J. BERRIAT-SAINT-PRIX – est rapportée avec des embellissemens dans le répertoire de jurisprudence (4e édit., iij, 316, mot *débouter*), par M. Guyot, qui l'a empruntée, sans en rien dire, à Brillon (dict. des arrrêts, i, 66, mot *Actes*, n°4), qui, à son tour, l'a puisée, mais il en convient, dans Bouchel (bibliothèque du droit franç., i 65, mot *Actes*) ; et Brillon comme Guyot, la rapportent sans aucune expression qui puisse donner à penser qu'elle pouvait être peu certaine. Mais Bouchel est plus franc ; il s'exprime ainsi : on dit, etc, d'où il est assez probable qu'il a recueilli une anecdote qu'on avoit composée sur la plaisanterie du Mathago, ouvrage publié (1575) quarante ans avant celui de Bouchel (1615). Quoiqu'il en soit, selon Bouchel et ses copistes, un gentilhomme alla remercier François Ier de l'honneur extrême qu'il avait reçu de lui et du Parlement : c'est, lui dit-il, en montrant un arrêt (le nom de Roi est toujours en tête) où l'on rejetait sa demande par la formule, *nostra curia eum debotavit* ; c'est qu'arrivant en poste pour assister à mon jugement, votre Cour m'a déboté ».

1101 F. de BOUTARIC, *Les Institutes de Justinien conférés avec le droit français*, Toulouse, G. Henault, 1740, p. 437.

l'an 1539, il fut ordonné, que tous actes, contrats, testaments, sentences & arrêts seroient prononcés, rédigés & expédiés en langue Françoise, à l'exception des actes qui concernent les matières bénéficiales (suit l'anecdote du *debotamus*)... Cette ordonnance a remédié à une infinité d'inconveniens, qui provenoient des mots énigmatiques, des incongruités absurdes, et des barbarismes affreux, dont les notaires et les praticiens, peu versés dans la langue Latine, remplissoient leurs actes. Cela les rendoit captieux, souvent même (in)intelligible ; car ne sçachans pas la propriété des termes, ils en forgeoient, ou en tiroient d'un vieux jargon, qu'ils se donnoient la licence de latiniser »[1102].

623. Prévost de la Janès, dans ses *Principes de la Jurisprudence française* (1750), à l'entrée « Actes », rappelle comme une évidence, s'agissant des actes passés par devant notaires ou sous seing privé, que « les loix les assujettissent aux formalités suivantes sous peine de nullité : I° Que l'acte soit rédigé en François... »[1103].

624. Pour Claude Serre, professeur à la faculté de droit de Montpellier, dans ses *Institutions du droit françois,*

> « Il faut observer qu'il n'est plus permis dans ce Royaume, depuis l'Ordonnance du Roi François I, de 1539, art. 6 (sic), de se servir dans les actes et procédures, d'autre langue que de la langue françoise ; ce qui n'empêche pas que les actes passés dans les Pays étrangers, avec les formalités et dans la langue qui y ont lieu, ne puissent et ne doivent valoir en France, d'autant que chaque Souverain ayant autorisé la langue dont on se sert dans ses États, il paroît que la Loi doit être égale entr'eux, et s'il en étoit autrement, les François étant dans les pays étrangers se trouveroit *(sic)* souvent privé de contracter et de disposer, faute de trouver des Greffiers ou Notaires ou des témoins qui entendissent la langue françoise : car ces personnes doivent entendre sans contredit la langue en laquelle ces actes sont dressés »[1104].

1102 C.-J. de FERRIÈRES, *Dictionnaire de droit et de pratique*, Paris, Brunet, 1740, 2e édit., p. 149.

1103 M. PRÉVOST de LA JANNÉS, *Les principes de la jurisprudence françoise exposés suivant l'ordre des diverses espèces d'actions qui se poursuivent en justice*, 1ère éd., Paris, Briasson, 1750, 2 vol., t. I, p. 143-144.

1104 C. SERRE, *Les institutions du droit français, suivant l'ordre de celles de Justinien accomodées à la jurisprudence moderne, et aux nouvelles ordonnances*, Paris, Vve Cavalier, 1771 (3e édit.), p. 372, titre XVI : *De verborum obligationibus*, §.1 *Nihil interest utrum latinâ, an græca, vel qualibet linguâ, aliâ stipulatio concipiatur.* 1ère éd., Paris, Veuve Cavalier, 1753.

625. Denisart, dans sa *Collection de décisions nouvelles* à l'entrée « Acte » pose la même règle : « Ils (les actes) doivent être rédigés en langue françoise, excepté ceux qui doivent être envoyés à Rome, suivant l'ordonnance de 1539, article 111 ; de Charles IX, en 1563, article 35 ; et de 1629, article 27 »[1105]. Il la rappelle au mot « nullité » : « (ils) doivent être écrits en langue française à peine de nullité »[1106].

626. Guyot, dans son *Répertoire universel et raisonné de jurisprudence*, rappelle à l'entrée « Débouter » l'origine et la portée de l'article 111.

> Le verbe débouter est un « terme de palais qui signifie déclarer par sentence ou arrêt, que quelqu'un est déchu de la demande qu'il avoit formée en justice. Les arrêts portent, la cour a débouté et déboute ; et lorsque les jugements se rendoient en latin on disoit en langage barbare, *debotavit & debotat* ; ce qui donna lieu à la plaisanterie d'un gentilhomme qui étant interrogé par François I, sur le succès d'un procès pour lequel il étoit venu en poste à Paris, répondit qu'immédiatement après son arrivée la cour l'avoit débotté, faisant allusion au *debotat & debotavit* de l'arrêt : le roi, surpris d'une manière de s'exprimer si étrange, voulut que, dans la suite, les contrats, les testamens et les actes judiciaires se rédigeassent en langue française »[1107].

627. Boyer d'Argis, en 1786, dans le premier ouvrage consacré à l'ordonnance de Villers-Cotterêts affirme tout aussi péremptoirement que :

> « l'usage où l'on avoit été jusqu'alors de rédiger les actes, les procédures et les jugemens, en procurant à la mauvaise foi les moyens de tromper

1105 J.-B. DENISART, *Collection de décisions nouvelles et de notions relatives à la jurisprudence actuelle*, 6e édit., revue et compétée par Me de VARICOURT, Paris Desaint, 1768, 3 vol., t. I, p. 42. (1ère éd., Paris, Savoye, 1754-1756, 6 vol.) Les textes que visent Denisart sont représentatifs. L'article 35 de l'ordonnance de Paris de janvier 1563 (dans ISAMBERT et al., *Recueil général des anciennes lois françaises* ouvr. cité, t. XIV, p. 168) montre sans équivoque que, moins de vingt cinq ans après Villers-Cotterêts, le législateur n'hésite pas affirmer que la seule langue judiciaire est la langue du roi. Aux termes de ce texte, en effet, le roi décidait que « les vérifications de nos cours de parlement sur nos édits, ordonnances ou lettres patentes, et les réponses sur requestes, seront faites doresnavant en langage françois et non en latin...». L'article 27 du Code Michaud de janvier 1629 ordonnait, quant à lui, que « tous actes, sentences, conclusions et autres procédures des officialitez, et autres jurisdictions ecclésiastiques seront conçus en langage françois...» (ISAMBERT et *al.*, t. XVI, ouvr. cité, p. 232).

1106 *Ibid.*, t. II, p. 333.

1107 P. GUYOT, *Répertoire universel et raisonné de jurisprudence civile, criminelle, canonique et bénéficiale*, Paris, Visse, 2ème édit., 1785, 18 vol., t. XVII, p. 93 (1ère éd., Paris, J. Dorez, 1775-1783, 64 vol.).

l'ignorance confiante, étoit une source intarissable de procès ; les Praticiens les plus honnêtes, mais peu instruits, ajoutoient souvent à la difficulté d'entendre leurs actes, soit par l'ambiguïté de leurs expressions, soit par une application absolument impropre : pour remédier à tant d'inconvéniens, il fut ordonné qu'à l'avenir tous actes, procédures, Sentences et Arrêts, seroient rédigés, prononcés et expédiés en français »[1108].

628. Que conclure ? On ne peut que constater ces différentes affirmations – car de fait, il ne s'agit que d'affirmations – sur la portée de l'ordonnance de Villers-Cotterêts. C'est un fait : les juristes ne s'interrogent pas sur l'incidence des articles 110 et 111 du texte de François Ier. Cette incidence s'impose à eux : Villers-Cotterêts a eu pour effet de substituer le français au latin dans les actes judiciaires et para-judiciaires.

629. À la fin du XVIIIe siècle, personne donc ne met en doute que l'article 111 de Villers-Cotterêts ait promu le seul vernaculaire royal au détriment bien sûr du latin. Le problème de l'exclusion des langues régionales ne prête à aucune polémique. C'est un fait « intégré » dans les mentalités. Il va de soi. Il est d'autant moins vécu comme une exclusion que les langues provinciales ne sont frappées d'aucun ostracisme : elles demeurent des langues vivantes.

630. Compte tenu de l'évolution que l'on vient de constater chez les juristes de l'époque moderne et notamment chez les contemporains de la règle posée à Villers-Cotterêts, les seuls susceptibles d'avoir une opinion confrontée à la pratique judiciaire, on peut affirmer – ou plutôt constater – que le sens initial de l'article 111 a été dévoyé. Ainsi, le « langage maternel françois » qui, au temps de Rebuffi, conformément à l'esprit et à la lettre du texte, signifiait uniquement la langue française intelligible, la « langue maternelle » dont parle encore Brion en 1711, c'est-à-dire les langues parlées en France, est devenue la « langue française » (Boutaric, Ferrière, Serre, Desisart, Guyot), ou le « français » (Prévost de la Janès, Boyer d'Argis). Une telle unanimité incite cependant à s'interroger sur ce que pourrait être l'objectif caché de l'ordonnance.

1108 A. BOYER d'ARGIS, *Ordonnance du Roi François Ier, donnée à Villers-Cotterêts au mois d'août 1539*, Paris, Clousier, 1786, p. 6.

SECTION II - INTERROGATIONS SUR LA VÉRITABLE SIGNIFICATION DE VILLERS-COTTERÊTS

631. Ne visait-elle pas au fond, puisque c'est à tout le moins le résultat constaté, l'éradication des langues provinciales au sein du monde judiciaire ? Après avoir analysé, à cet égard, les thèses antagonistes sur la portée juridique de Villers-Cotterêts (§ I- La portée juridique de Villers-Cotterêts), il sera nécessaire de s'interroger sur l'évolution de l'appréhension du texte, c'est-à-dire sur le pourquoi de sa portée réelle (§ II - La portée réelle de Villers-Cotterêts).

§ I - LA PORTÉE JURIDIQUE DE VILLERS-COTTERÊTS

632. Si le débat n'eut pas lieu, nous l'avons vu, chez les anciens juristes, il est une réalité chez les historiens de la langue. On se trouve en présence aujourd'hui de plusieurs courants. Certains veulent y voir un champ d'affrontement idéologique ; ils perçoivent dans le texte de l'ordonnance, avec un recul de plusieurs siècles, la volonté d'un gouvernement centralisateur et dès lors éradicateur des cultures locales ou au contraire celle d'un souverain tellement respectueux des libertés régionales qu'il en vint à supprimer l'écran juridique du latin. Les travaux les plus récents[1109] distinguent ainsi quatre thèses bien différentes : la première est la thèse « jacobine ». Elle « serait » représentée par Ferdinand Brunot et son école. Pour ceux-ci les juristes qui ont rédigé l'ordonnance se seraient conformés à la volonté de la monarchie de faire du français, langue du roi, la langue de la justice et de l'État, et à terme d'en généraliser l'usage dans tout le royaume, au détriment des langues régionales dont la bénéfique disparition est ainsi projetée, de façon inéluctable, dans l'avenir. La seconde est la thèse « régionaliste » ; elle est représentée entre autres par Robert Lafont[1110] ses tenants partent du même constat que les « jacobins », mais en inversent l'incidence :Villers-Cotterêts n'a rien de bénéfique mais au contraire donne le signal « d'un lent génocide, sinon culturel, du moins

---

1109 *Cf.* notamment J.-G. LAPACHERIE, *Derniers travaux sur l'Ordonnance de Villers-Cotterêts*, www.jeune-france/Langue%20francaise.langue19.htm

1110 Sur l'opinion de cet auteur, on peut opportunément consulter R. LAFONT, *Décoloniser en France. Les régions face à l'Europe*, Paris, Gallimard, coll. Idées actuelles, 1971 ; *La révolution régionaliste*, Paris, Gallimard, 1973 ; *La Nation, l'État, les Régions,* Paris, Berg International, 1993.

linguistique »[1111]. La troisième est la thèse « monarchiste » représentée par Henry Peyre. Cet auteur, « universitaire sympathisant de l'Action française »[1112] aurait estimé dans sa thèse de doctorat en droit soutenue en 1933[1113], que rien n'était plus étranger à la royauté que d'imposer aux sujets une langue autre que celles qu'ils avaient apprise de leurs parents : les rois, attachés aux traditions, défendaient les libertés locales, dont celle de parler la langue de son choix, l'uniformisation linguistique de la France étant *a contrario* l'œuvre de la Révolution et des Républicains[1114]. Enfin, une dernière thèse qualifiée de « sociologique » ou d' « anthropologique », exprimée notamment par Pierre Bourdieu[1115], prête à François Ier un dessein d'économie capitaliste qui l'eut sans doute surpris. En obligeant les paysans de France à parler le français, les classes dirigeantes les ont dépossédés de leur « culture », afin de les contraindre à se plier, jusque dans leurs structures mentales, aux lois de l'économie de marché et à la rationalité qu'exige cette économie[1116].

633. Il est évident que, dans ces interprétations du texte de François Ier, telles du moins qu'elles sont présentées[1117], ce qui relève de l'analyse est biaisé par les engagements partisans. De surcroît les appréciations portées sur les œuvres citées sont certainement tendancieuses : notamment les constructions de F. Brunot ou de H. Peyre – les seuls, parmi les auteurs cités, à avoir travaillé sur le terrain documentaire de l'époque – ne s'appuient en rien sur une superstructure jacobine ou

---

1111 J.-G. LAPACHERIE, *Derniers travaux sur l'Ordonnance de Villers-Cotterêts*, www.jeune-france/Langue%20francaise.langue19.htm

1112 Selon J.-J. LAPACHERIE, art. cité. Ph. MARTEL nous apprend (« Occitan, français et construction de l'État en France », dans *La politique de Babel, du monolinguisme d'État au plurilinguisme des peuple*, ouvr. cité, p. 104 note 16) que le thèse de Peyre était « régulièrement et favorablement citée par Charles Maurras dans *l'Action Française* ».

1113 H. PEYRE, *La Royauté et les langues provinciales*, Paris, Presses Modernes, 1933, ouvr. cité.

1114 J.-G. LAPACHERIE, *Derniers travaux sur l'Ordonnance de Villers-Cotterêts*, dans www.jeune-france/Langue%20francaise.langue19.htm

1115 Parmi les travaux du grand sociologue, qui illustrent le mieux cette thèse, on peut utilement citer : L. BOLTANSKI et P. BOURDIEU, « Le Fétichisme de la langue », *Actes de la recherche en sciences sociales*, Paris, 1975 ; P. BOURDIEU et J. B. SIMPSON, *Langage et pouvoir symbolique*, Paris, Seuil, dernière édit., 2001.

1116 J.-G. LAPACHERIE, *Derniers travaux sur l'Ordonnance de Villers-Cotterêts*, art. cité, www.jeune-france/Langue%20francaise.langue19.htm

1117 *Ibid.*

royaliste, mais au contraire sur un appareil scientifique solide. Il faut donc interroger les contemporains pour tenter de donner un sens à la prohibition posée par l'article 111 de Villers-Cotterêts.

634. Quoi qu'il en soit, et pour en revenir à la véritable portée de l'ordonnance, on peut schématiser autour de deux courants l'incidence juridique du texte. Le premier perçoit effectivement, à la suite de Brunot, une volonté royale d'unifier par la langue (A), le second s'en tient à l'interprétation des contemporains (B).

A - L'ORDONNANCE DE VILLERS-COTTERÊTS, TEXTE FONDATEUR DE L'UNITÉ FRANÇAISE

635. Ce premier courant, très largement majoritaire, estime, à la suite de Ferdinand Brunot, que l'article 111 de l'ordonnance de Villers-Cotterêts constitue une véritable coupure historique. L'article 111 doit être considéré comme un texte fondateur de l'unité française. Il y aurait un avant et un après 1539.

636. F. Brunot croit en effet percevoir dans les articles 110 et 111 de l'ordonnance l'influence de Seyssel, à tout le moins du courant d'idée représenté par Seyssel. À cet égard l'ordonnance serait un moment fondateur :

> « Entre cette décision prise par François Ier et les conseils de Seyssel, il se peut qu'il n'y ait aucune relation, même indirecte, de cause à effet. Seyssel était mort depuis 1520, et ses propositions étaient peut-être depuis longtemps oubliées. Toutefois j'ai peine à croire qu'aucune idée politique n'inspirait pareille mesure. Pas n'est besoin de réfuter l'interprétation vulgaire, d'après laquelle elle serait due à un caprice du roi lettré, indigné des *debotamus* et *debotavimus* du célèbre président P. Lizet[1118]. Il est difficile aussi de s'en tenir aux motifs allégués dans l'ordonnance même qui invoque le besoin de clarté dans les discussions et les jugements. Si cette raison eût été

1118 Pierre Lizet sera premier président du parlement de Paris de 1529 à 1550. Il a écrit dans les deux langues et cela est peut-être symptomatique de l'influence de Villers-Cotterêts. Son premier ouvrage que l'on peut qualifier de théologique est évidemment – au moins pour cette raison – en latin (*Adversum pseudoevangelicam haeresim libri seu commentarii IX,* Paris, Le Preux, 1551). Le second, publié *post mortem*, relève de la science juridique, et il est en français (*Briève et succinte manière de procéder tant à l'institution et décision des causes criminelles que civiles* Paris, L. Le Caron, 1555). Il est difficilement concevable qu'un tel ouvrage ait pu être publié dans le vernaculaire royal avant 1539. C'est donc, quelque part, pour se conformer aux normes de Villers-Cotterêts que le premier président Lizet a commis son dernier ouvrage en français.

la vraie, comment ordonnait-on l'abandon des parlers dialectaux ? Pour les plaideurs de toute une partie du royaume, le français n'était pas moins une langue savante que le latin, et on le leur imposait sans réserve, même au criminel, contrairement aux tolérances des ordonnances antérieures ; or, aucune réclamation n'y pût rien changer[1119]. Il est plus probable qu'on avait compris dans les conseils du roi que l'intérêt de l'État commandait l'unification de la langue qui devait faciliter l'unification de la justice, de l'administration et du royaume. L'idée était vraisemblablement depuis longtemps à l'état confus dans les esprits, puisque la chancellerie avait renoncé à toute autre langue, et que le rêve d'une loi unique en France avait déjà hanté Louis XI[1120] et peut-être Philippe le Long[1121]. Mais désormais elle s'était précisée assez pour qu'on voulût poser le principe dans la première des grandes ordonnances législatives, ébauche du code unique qui devait s'élaborer peu à peu. Quoi qu'il en soit, le pas décisif était fait ; la langue était "hors de page", il y avait une langue d'État. Ce n'est pas à dire que d'un coup le français devint la langue du droit ; dans les Universités on continua de l'enseigner en latin ; les livres aussi restèrent longtemps en latin ; des jurisconsultes persistèrent même à discuter la question. Mais ces résistances sont sans intérêt : par l'ordre du roi, le français entrait partout où était la vraie vie juridique ; le reste importait peu. C'était là la conclusion d'un long mouvement qui avait commencé au XIVème siècle, quand la monarchie se créa, et aussi quand le droit usuel commença à s'écrire. C'est en français que l'administration parla, délibéra, écrivit, en français que furent rédigées les coutumes... Désormais acheva de se développer dans le monde judiciaire, seule portion instruite des hautes classes, un goût très vif des lettres françaises ; notre langue, pendant un certain temps au moins, profita grandement des soins qu'on eut d'elle dans le monde des Parlements, des recherches qu'on lui consacra, et même de l'usage qu'on en fit »[1122].

637. Relevons, dès l'abord, quelle que soit la pertinence de ses conclusions, que la position de Brunot est incohérente : il pose, en postulat, que l'article 111 substitue le français au latin, ce qui lui permet d'affirmer que l'exposé des motifs de l'article 110 est illogique car il eut dû générer l'usage de tous les vernaculaires, seul susceptible de rendre les procès intelligibles. Pour Brunot, le « langage maternel

1119 F. BRUNOT, *Histoire de la langue française des origines à nos jours*, ouvr. cité, t. II, *Le seizième siècle,* p. 30-31. Brunot s'appuie, ici, sur l'anecdote de Ramus, qu'il rapporte en note.

1120 Brunot cite ici en note COMMYNES, *Mémoires,* VI, 6, ouvr. et éd. cités, t. 2, p. 123.

1121 Brunot cite ici en note, A. LOYSEL, *Antoine, Pasquier ou Dialogue des avocats du parlement de Paris,* 5e éd. par M. DUPIN, Paris, Videcoq, 1844, p. 231.

1122 F. BRUNOT, *Histoire de la langue française des origines à nos jours,* ouvr. cité, t. II, *Le seizième siècle*, p. 31.

françois » désigne la seule langue française. Par conséquent l'article 111 est une condamnation conjointe du latin et des langues provinciales. Il s'agit là encore d'une affirmation qui n'est en rien argumentée. Certes il y a Seyssel ; l'article 111 pourrait se situer dans le prolongement de la pensée de ce dernier, mais – Brunot est obligé de le reconnaître – Seyssel est mort depuis longtemps lorsque le texte est publié.

638. Quoi qu'il en soit, cette position va désormais être peu ou prou celle des linguistes et des historiens de la langue. Auguste Brun, un des principaux collaborateurs de Brunot dans sa monumentale *Histoire de la langue française*, n'hésite pas à affirmer, parlant de la portée de l'article 111 : « Il est désormais acquis que la portée fut quasi démesurée »[1123]. R. Anthony Lodge, pour ne citer qu'un de leurs plus récent émules, leur fait écho :

> « la Couronne, en promulguant cet édit, avait dans l'idée de contribuer à la propagation de la langue française au détriment des vernaculaires au-delà des cours de justice. Ce qui était alors en jeu était d'asseoir l'autorité politique du roi par l'efficacité de son administration, et l'emploi de trois langues (le français, le latin et l'occitan) dans les documents judiciaires ne faisait que rendre l'administration inutilement complexe. L'uniformité linguistique simplifiait nettement la tâche des officiers royaux, à condition bien sûr que la langue utilisée fut celle du roi. L'élite dominante avait sans aucun doute conscience du pouvoir qu'allait lui conférer la maîtrise de la norme linguistique »[1124].

639. Cette opinion est partagée par le plus grand nombre et notamment par la plupart des historiens de la langue française, on peut citer W. von

1123 « Il y a là un petit article, perdu au milieu de prescriptions multiples concernant les cours, tribunaux et offices de judicature, qui s'attaque expressément au latin et qui, par une répercussion indirecte, a jeté bas les parlers locaux... ». *Cf.* A. BRUN, *Recherches historiques sur l'introduction du français dans les provinces du midi*, ouvr. cité, p. 141. Du même auteur, *Cf.* également : *Parlers régionaux, France dialectale et unité française*, ouvr. cité, p. 5 ; *Introduction de la langue française en Béarn et en Roussillon*, ouvr. cité, p. 3 ; « La pénétration du français dans le midi » *Le Français moderne*, 1935, p. 149 et s. ; et « En langage maternel français », *Le Français moderne*, 1951, p. 81 et s. Analysant l'ouvrage d'Auguste BRUN *Recherches historiques...*, le grand historien Lucien FEBVRE (« Politique royale ou civilisation française ? » dans *Revue de synthèse historique*, 1924, t. XXXVIII, p. 46) s'avouait quelque peu surpris de l'affirmation péremptoire et pourtant peu argumentée de l'auteur : « Je suis toujours un peu éberlué, je l'avoue, par la simplicité schématique de telles explications ».

1124 R. Anthony LODGE, *Le français, histoire d'un dialecte devenu langue*, ouvr. cité, p. 173-174.

Wartburg[1125], J. Monfrin[1126], Ph. Ariès[1127], J-P. Caput[1128], M. Cohen[1129], H. Walter[1130], J-P. Laurent[1131], C. Hagège[1132], M. Perret[1133], J. Picoche et Ch. Marchello-Nizia[1134], F. Helgorsky, L. Depecker et G. Antoine[1135], J. Verrière[1136], ainsi que G. Boulard[1137], J-P. Eloy[1138], J-L. Tritter[1139], P. Rickard[1140], Ph. Martel [1141] et S. Lusignan[1142].

1125 W. von WARTBURG, *Évolution et structure de la langue française*, 10e édit., Berne, Francke, 1971, p. 145.

1126 J. MONFRIN, « Les parlers en France », dans *La France et les Français* (Direction : M. FRANCOIS), Encyclopédie de La Pléiade, ouvr. cité, p.765.

1127 Ph. ARIÈS, « Problèmes de l'éducation. De la fin de l'empire romain à l'expulsion des Jésuites », dans *La France et les Français* (Direction : M. FRANCOIS), Encyclopédie de La Pléiade, ouvr. cité, p. 905-906.

1128 J.-P. CAPUT, « Naissance et évolution de la notion de norme en français », *Langue française*, n° 16, 1972, p. 53-73 ; du même auteur, *La langue française. Histoire d'une institution*, ouvr. cité, t. I, p. 163.

1129 M. COHEN, *Histoire d'une langue : Le français*, ouvr. cité, p. 160, « On peut admettre que la "langue du roi", seule reconnue officiellement devait être employée chaque fois que possible ».

1130 H. WALTER, *Le français dans tous les sens*, Paris, Laffont, 1989, p. 88, « désormais le latin est exclu, mais les dialectes le sont aussi ».

1131 J.-P. LAURENT, « L'ordonnance de Villers-Cotterêts (1539) et la conversion des notaires à l'usage exclusif du français en Pays d'Oc », *Revue internationale du Notariat. Le Gnomon*, 1982, p. 41-63.

1132 C. HAGÈGE, *Le français. Histoire d'un combat*, ouvr. cité, p. 51-52, « Si l'on peut dire que quatre ans plus tard, en 1539, François Ier proscrit tout retour à l'état ancien, c'est dans la mesure où il n'est plus question alors de laisser un choix entre le français et le latin, ni entre le français et le dialecte local ». Le titre du chapitre 3, qui a servi de base pour l'émission du même titre, produite et diffusée par la cinquième chaîne (sept., oct., nov., 1996), est parfaitement univoque: « En français et non autrement »)

1133 M. PERRET, *Introduction à l'histoire de la langue française*, Paris, Armand Collin, 1998, p. 46-47.

1134 J. PICOCHE et Ch. MARCHELLO-NIZIA, *Histoire de la langue française*, ouvr. cité, p. 29-30.

1135 F. HELGORSKY, L. DEPECKER, G. ANTOINE, « La langue française », dans *Histoire de France*, t. I, *La formation de la France*, Paris, Encyclopædia universalis, 2000, p. 56.

1136 J. VERRIÈRE, *Genèse de la nation française*, ouvr. cité p. 210-211. « Ce n'est que dans un second temps que l'on impose le français au détriment, cette fois, des langues régionales : la célèbre ordonnance signée par François Ier à Villers-Cotterêts, en 1539, opère cette substitution... Les parlements provinciaux eurent beau protester et plaider la cause des langues régionales, on ne vit là que vaines "crieries" ».

640. Les juristes sont moins nombreux à percevoir l'objectif unificateur de la langue dans la norme de Villers-Cotterêts. Le plus souvent Villers-Cotterêts est, en effet, passé sous silence[1143]. D'aucuns cependant

---

1137 J. BOULARD, « L'ordonnance de Villers-Cotterêts : le temps de la clarté et la stratégie du temps (1539-1992 », *Revue historique*, CCCI, 1999, p. 45-100, plus précisément, p. 59.

1138 J-M. ELOY (*La constitution du picard : une approche de la notion de langue*, ouvr. cité, p. 67-68), est à peine moins catégorique : il est « peu probable qu'il ait visé les parlers régionaux mais son interprétation même à l'époque allait dans ce sens ».

1139 Pour J-L. TRITTER, *Histoire de la langue française*, Paris, Ellipses-marketing, 1999, p. 64-65, « L'ordonnance visait essentiellement à unifier, par le français de Paris, les textes juridiques ou administratifs français... En apparence seule la langue de la justice était visée ; peut être faut-il chercher derrière cette façade des motivations plus vastes. La politique royale, dont le centralisme s'affirmait de plus en plus, avait-elle intérêt à unifier le pays par le biais de la langue ? ».

1140 P. RICKARD, *La langue française au XVIe siècle. Étude suivie de textes*, Cambridge, Presses universitaires, 1968, p. 22 ; « Nul doute que cette disposition (l'article 111) ne fût rédigée exprès pour rendre impossible non seulement l'emploi du latin, mais aussi, jusque-là toléré, celui d'autres langues ou dialectes vulgaires ».

1141 Pour Ph. MARTEL, Villers-Cotterêts impose « l'usage du seul français » (« Occitan, français et construction de l'État en France », dans *La politique de Babel du monolinguisme d'État au plurilinguisme des peuples*. dir. : Denis LACARNE e Tony JUDT, Paris, Karthala, 2002, p. 87-116 , cit. p. 88).

1142 S. LUSIGNAN, *La langue des rois au Moyen Âge. Le français en France et en Angleterre*, ouvr. cité, p. 150.

1143 Le silence des traités, précis et autres manuels des grands maîtres de l'histoire du droit est à cet égard éloquent : on peut opportunément citer P. VIOLLET, *Histoire des institutions politiques et administratives de la France*, t. IV, Darmstadt, Scientia Verlag Aalen, 1966 (réimpression de l'éd. de Paris, 1912) ; J. DECLAREUIL, *Histoire générale du droit français des origines à 1789*, ouvr. cité ; Fr. OLIVIER-MARTIN *Histoire du droit français des origines à la Révolution*, ouvr. cité ; A. DUMAS, *Manuel d'histoire du droit français*, ouvr. cité, ou G. LEPOINTE, *Histoire des institutions et des faits sociaux*, Paris, Montchrestien, 1963 ; aucun de ces auteurs n'évoque l'ordonnance de François I. Si A. ESMEIN (*Cours élémentaire d'histoire du droit français*, 15e éd., mise à jour par R. GENESTAL, Paris, Sirey, 1925, p. 739), P. TISSET et P. OURLIAC (*Manuel d'histoire du droit français*, ouvr. cité, p. 21-) citent la loi, ils ne parlent pas de l'article 111. Il en va de même de J. BARBEY, « La montée de l'État monarchique. Fin XIIIe-début XVIIe siècle », dans J.-L. HAROUEL, J. BARBEY, E. BOURNAZEL, J. THIBAUT-PAYEN, *Histoire des institutions de l'époque franque à la Révolution*, ouvr. cité, p 298 n° 326 ; et de J.-L. HAROUEL, « La monarchie administrative (XVIIe–XVIIIe siècles) », dans *ibid.*, p. 383 n° 393). Le texte n'est même pas abordé dans certains cours et ouvrages sur l'histoire des institutions judiciaires ; c'est notamment le cas du cours de doctorat de R. VILLERS, *Questions sur la justice dans notre ancienne France, Cours d'histoire des institutions politiques et administratives du Moyen Âge et des Temps Modernes*, Paris, Les cours de droit, 1963-1964, ou de l'ouvrage devenu classique, de J-P ROYER, *Histoire de la* ont estimé que l'article 111 instaurait une nouvelle langue judiciaire, le français, et dès lors était dirigé tout autant contre les langues provinciales que le latin. C'est l'opinion, déjà ancienne, d'A. Esmein[1144] de J. Brissaud[1145] et, plus récemment de J. Foyer[1146], de J.-M. Carbasse[1147] ou de J.-F. Brégi[1148]

B - L'ORDONNANCE DE VILLERS-COTTERÊTS CONSACRE LE PLURALISME LINGUISTIQUE

641. Ce second courant refuse de voir dans Villers-Cotterêts le texte révolutionnaire qui aurait scellé le destin des langues provinciales. Bien

---

justice en France, Paris, P.U.F., 1995. Il est également singulier que les historiens des institutions, non juristes, persistent à méconnaître le rôle majeur de la langue dans l'unité de l'État, avant et après le texte de Villers-Cotterêts qui semble méconnu. *Cf.* R. DOUCET, *Les institutions de la France au XVIe siècle*, Paris, Picard, 1948, 2 vol ; G. ZELLER, *Les institutions de la France au XVIe siècle*, Paris, P.U.F., 1948 ; R. MOUSNIER, *Les institutions de la France sous la monarchie absolue*, 1598-1789, Paris, P.U.F., 1974 ; ou encore A. JOANNA, *La France au XVIe siècle. 1483-1598*, Paris, P.U.F., 1996.

1144 A. ESMEIN, *Histoire de la procédure criminelle en France et spécialement de la procédure inquisitoire, depuis le XIIe siècle jusqu'à nos jours*, Paris, L. Larose et Forcel, 1882, p. 135, 158, 178.

1145 J. BRISSAUD, *Cours d'histoire générale du droit français public et privé*, Paris, Fontemoing, 1904, 2 vol., t. I, *Sources - Droit public*, p. 41 et note 1.

1146 J. FOYER, « L'ordonnance de Villers-Cotterêts », Communication à l'Académie des inscriptions et belles lettres, séance du 27 octobre 1989, dans www.asmp.fr/fiches_academiciens/foyer_alire.htm.

1147 J-M. CARBASSE, *Introduction historique au droit*, Paris, P.U.F., 1998, p. 199. « Dans le but d'éviter des procès en clarifiant les rapports juridiques, l'ordonnance contient une disposition très importante sur la langue du droit. Dans ses articles 110 et 111, elle interdit l'usage du latin comme langue judiciaire et juridique et prescrit que tous les arrêts et jugements, pièces de procédure, contrats, testaments et autres actes juridiques soient désormais rédigés "en langage maternel françois et non autrement". Par une interprétation sottement politique de ces dispositions, on affirme parfois que François Ier aurait voulu imposer la langue française à l'ensemble du royaume, en extirpant les langues régionales. Cette interprétation totalement anachronique anticipe de deux siècles et demi la politique linguistique qui sera celle de la Révolution : car l'ordonnance de 1539 ne concerne que la langue du droit et de l'État, sans s'occuper le moins du monde des langues vernaculaires – celles que les habitants des différentes provinces parlaient entre eux dans leurs rapports privés ». Du même : « Langues de la nation et "idiomes grossiers" : le pluralisme linguistique sous le niveau jacobin », *Libertés, pluralisme et droit. Une approche historique*, Actes du colloque d'Anvers, mai 1993, Bruxelles, 1995, p. 158 et s.

1148 J.F. BRÉGI, *Introduction historique au droit*, Paris, Ellipses, 2005, p. 289.

au contraire, l'intelligence des articles 110 et 111 plaide pour un pluralisme linguistique au niveau du judiciaire dans la mesure où seul ce pluralisme était, en 1539, à même de rendre les procès intelligibles à la plupart des justiciables. Pour s'en convaincre, il faut « derechef » se tourner vers le « premier président » Rebuffi et tenter de rechercher la genèse de son texte. L'opinion de Rebuffi venait-elle sanctionner un débat ? Lorsque le texte de François Ier fut promulgué, peut-être y eut-il quelques hésitations, à tout le moins quelques échanges entre magistrats. La « galéjade provençale » rapportée par Ramus pourrait, en l'absence d'écrits relatant une disparité d'opinions, le laisser supposer. Quoi qu'il en soit, Rebuffi dans ses *Commentarii in constitutiones seu ordinationes regias* donne son interprétation de l'ordonnance de Villers-Cotterêts, exactement comme il le fait pour d'autres textes. C'est l'objet de son livre, un travail de doctrine où Rebuffi commente, à la lumière de son expérience, les principaux textes du royaume.

642. Sa démonstration est claire : l'ordonnance impose en lieu et place du latin le « langage maternel françois ». Cette expression recouvre non seulement les différents langages français, c'est-à-dire les langues d'oïl, parmi lesquelles le vernaculaire royal, c'est-à-dire, le français, langue maternelle du Roi, mais également les « langages françois maternels » qui sont les autres langues de France. Toutes sont substituées au latin dans le texte de Villers-Cotterets. Il peut paraître superfétatoire d'ajouter à cette démonstration claire et précise ; il est évident, en effet que l'ordonnance de Villers-Cotterêts parachève, au plan législatif, a lutte contre le latin débutée depuis près d'un demi siècle (ordonnance donnée par Charles VIII en 1490) ; il est non moins évident qu'à l'époque de sa publication (1539), elle n'est pas non plus un acte dirigé contre les langues vulgaires. Elle ne positionne donc pas le français comme langue judiciaire officielle. En ce sens, elle ne suscite aucune protestation et elle est parfaitement reçue par la doctrine officielle représentée par Rebuffi et ses suivants immédiats.

643. L'exposé des motifs (art. 110) de la prohibition du latin (art. 111) implique sans aucun doute que ce n'est pas le seul français du Roi qui est substitué au latin mais toutes les langues maternelles de France car elles seules peuvent rendrent intelligible aux parties le sens des procédures judiciaires. Pour qu'on ne puisse douter de « l'intelligence desdits arrêts », affirme le roi dans l'article 110, « nous voulons et ordonnons qu'ils soient faits et écrits si clairement, qu'il n'y ait ni puisse avoir aucune ambiguïté ou incertitude, ne lieu à demander interprétation ». De surcroît, c'est évidemment le latin qui depuis la fin du XVe siècle subit les attaques en règle de l'opinion publique, manifestée dans les remontrances des États ; et c'est pour répondre à

ces dernières que différents textes furent successivement émis par Charles VIII, Louis XII et François Ier pour interdire son utilisation. Seule différence : là où les édits précédents avaient distingué « françois » et « langage maternel/vulgaire du pays », celui de Villers-Cotterêts les réunit dans la même expression.

644 C'est à Henry Peyre, nous l'avons vu, que l'on doit d'avoir redécouvert, en 1933, à l'occasion de sa thèse de doctorat en droit[1149], les écrits de Pierre Rebuffi et d'avoir confiné, à partir de l'opinion de celui qu'il présente comme le « premier président du parlement de Paris », l'article 111 de Villers-Cotterêts dans ce qu'il croit être sa véritable signification. Tous ceux qui, aujourd'hui, soutiennent l'opinion « hétérodoxe » d'une ordonnance de Villers-Cotterêts, respectueuse des parlers régionaux procèdent nécessairement d'une filiation qui les conduit à Pierre Rebuffi, en passant par Henry Peyre. Pour ce second courant, cette ordonnance se contente de rappeler les précédentes, à savoir que le français et les vernaculaires régionaux étaient appelés à remplacer le latin[1150].

645. Toutefois, avant de peser ce que fut la portée réelle de Villers-Cotterêts, il nous a paru indispensable d'apprécier objectivement ce que pouvait être, en son temps, la véritable influence du personnage central de ce second courant. On peut, affirmer, en effet et sans grand risque d'erreur, que si Rebuffi n'avait pas commenté l'article 111 de Villers-Cotterêts, et si par ailleurs ce commentaire n'avait été redécouvert par Peyre, on en serait resté à l'interprétation de Brunot. Cette

1149 H. PEYRE, *La royauté et les langues provinciales*, Paris, Presses modernes, 1933, ouvr. cité.

1150 On peut mentionner parmi les historiens : P. FIORELLI, « Pour l'interprétation de l'ordonnance de Villers-Cotterêts », dans *Le Français moderne*, 18, 1950, p. 277-288 ; J. CHAURAND, *Histoire de la langue française*, Paris, 1969, p. 60 ; D. TRUDEAU « L'ordonnance de Villers-Cotterêts et la langue française : histoire ou interprétation ? », *Bibliothèque d'Humanisme et de Renaissance*, T. XLV, 1983, p. 46 et s. Pour Philippe BLANCHET « Langues et pouvoirs en France de 1780 à 1850 : un problème de définition (Éléments linguistiques pour une histoire de la décentralisation)», dans *Pouvoir local et Révolution, 1780- 1850, La frontière intérieure*, Actes du Colloque international de Rennes, Rennes, P.U.R., 1995, p. 537 et s. : les articles 110 et 111 substituent « une langue commune aux administrés » (cit. p. 542) ; B CERQUIGLINI, « La politique linguistique », dans *Histoire de la langue française. 1945-200* (direction G. ANTOINE et B. CERQUIGLINI), Paris, CNRS Edition, 2000, p. 597-606. Et parmi les juristes : R. ROUQUETTE, *Le régime juridique des langues en France*, thèse droit, Paris X-Nanterre, 1987, p. 210 et s. et 360 ; C. ROBIN, *La langue du procès*, Clermond-Ferrand, 2000, spécialement p. 60-63 ; et S. SOLEIL, « L'ordonnance de Villers-Cotterêts, cadre juridique de la politique linguistique des rois de France ?», dans *Langue(s) et Constitution(s)* (dir. : A.-M. LE POURHIET), ouvr. cité, p. 20-33.

interprétation qui, en fin de compte, ne fait que reprendre l'opinion des juristes des XVIIe et XVIIIe siècles, laquelle n'est du reste qu'un constat sans débat : « le maternel françois c'est la langue du roi ». Comme l'opinion de Rebuffi n'a pas triomphé dans les faits et que par ailleurs, il n'est manifestement pas une référence pour les juristes de l'époque moderne qui ne le mentionnent même pas lorsqu'ils abordent l'ordonnance de Villers-Cotterêts, il nous a paru opportun de nous interroger sur ce défaut d'incidence de son œuvre juridique et cela nous a incité à nous pencher sur l'homme.

646. En effet, qui est Pierre Rebuffi ? Les petites notices biographiques qui lui sont consacrées[1151] nous apprennent qu'il est né à Baillargues, près de Montpellier en 1487. Peut-être est-il le fils de Jacques Rebuffi, jurisconsulte montpelliérain (1450-1528), dont la *Lectura super tribus ultimis libris Codicis* sera éditée en 1530[1152]. Il fera ses études à Montpellier jusqu'au doctorat *in utroque*, deviendra avocat au barreau de cette ville, puis successivement professeur aux universités de Toulouse, Montpellier, Cahors, Poitiers, Bourges et Paris. Sur ce cursus, tout le monde s'accorde ou à peu près[1153]. Il en va différemment de sa carrière dans la magistrature souveraine ; elle demeure méconnue et c'est dans ce domaine que Rebuffi nous a réservé une surprise de taille : il n'est pas le personnage considérable, du moins dans le milieu parlementaire, que nous livre Henry Peyre. Rebuffi, en effet, n'a jamais été premier président du parlement de Paris[1154] ; il n'en a pas non plus été président à mortier, ni même conseiller. Rebuffi n'est pas un

---

1151 E. ROCHE, « Rebuffi ou Rebuffe (Pierre) », dans G. GRENTE, *Dictionnaire des lettres françaises. Le XVIe siècle*, ouvr. cité, p. 600 ; L. MORÉRI, *Le grand dictionnaire historique ou le Mélange curieux de l'histoire sacrée et profane*, éd de Bale, 1740, Jean-Louis Brandmuller, 6 vol, t. VI, p. 60.

1152 Nous avons pu consulter cet ouvrage dans une édition de 1591, apostillée et complétée par un illustre inconnu : Jacobus REBUFFI, *Lectura super tribus ultimis libris Codicis, cum apostillis et additionibu,* Celsi Ugonis DISSUTI, *ac materiarum singularium repertorio, nunc denuo impressa, summariis ad leges, quasque aucta e multis erroribus purgata,* Augustæ Taurinorum, apud haeredem N. Bevilaquae, 159[illegible].

1153 Avec cependant quelques divergences. Pour L. MORERI, ouvr. cité, il aurait enseigné à Paris, Cahors, Poitiers et Bourges ; pour E. ROCHE, à Toulouse Montpellier, Cahors, Poitiers et Paris ; la notice non signée que lui consacre *La Grande Encyclopédie* (t. XXVIII, p. 212) mentionne Montpellier, Toulouse, Poitiers Bourges et Paris.

1154 Cette erreur de Peyre tient sans doute au titre dont se pare Rebuffi dans ses *Commentaria in constitutiones seu ordinationes regias : D. Petrus Rebuffi, iurium Doct. ac comite, iurisq. Pontificy ord. profess. Paris. & ibidem in Supremo Senatu causarum Patrono.* Le *supremus senatus* où Rebuffi siège n'est pas le parlement de Paris mais le tribunal de la rote.

magistrat du roi, bien qu'il eût aimé l'être. Les traces de ses prétentions à le devenir nous sont fort heureusement parvenues grâce aux travaux d'Edouard Maugis qui dans son *Histoire du parlement de Paris*[1155] dresse une liste exhaustive des officiers[1156] et relate les manœuvres et les compétitions des aspirants magistrats. Nous savons ainsi que le 31 août 1555, à soixante-huit ans, Pierre Rebuffy fut vainement candidat à un office de conseiller contre Jacques de Montholon[1157]. Il ne sera jamais pourvu d'une quelconque charge au parlement de Paris et donc il ne saurait avoir, *ratione officii*, l'autorité considérable que lui prête Henry Peyre. Les *Commentaria* de Rebuffi sur l'ordonnance de Villers-Cotterêts, publiés quelques mois plus tôt[1158], ne correspondent donc pas à l'opinion du premier magistrat du royaume.

647. Rebuffi n'en est pas pour autant négligeable. Lorsqu'il sollicita des provisions pour intégrer la magistrature souveraine, il avait depuis peu intégré les ordres sacrés. Cette position dans le premier ordre indique la spécialité dans laquelle il a acquis une notoriété certaine : le droit canonique. Et de fait, Rebuffi, en raison de cette spécialité, n'était pas un inconnu du parlement de Paris : cette compagnie, en effet, vingt ans plus tôt[1159], en avait fait un des six régents de la faculté de Décret[1160]. On peut donc considérer que c'était déjà un juriste confirmé et que sa position à l'université de Paris est le couronnement de ses longues pérégrinations dans les multiples facultés de droit où il a enseigné. Il a alors environ trente-huit ans, a sans doute accédé à une certaine notoriété en droit canonique en publiant en 1530 un ouvrage sur le Concordat de Bologne[1161]. Il va bientôt se spécialiser dans le droit des

1155 E. MAUGIS, *Histoire du parlement de Paris de l'avènement des rois Valois à la mort d'Henri IV*, 1ère édit., Paris, 1916, 3 vol. 2ème édit., New-York, Burt Franklin, 1967, t. III.

1156 *Ibid.*, t. III, *Rôle de la cour par règnes, 1345-1610* (Présidents, conseillers, gens du roi), p. 217.

1157 *Ibid.*, t. I, *Période des rois Valois*, p. 216-217.

1158 La première édition est de Lyon, *apud Sennetonios fratres*, 1554.

1159 Par arrêt du 16 février 1535. *Cf.* E. MAUGIS, *Histoire du parlement de Paris*, ouvr. cité, t. II, *Période des guerres de religion, de la Ligue et de Henri IV*, p. 375 note 1.

1160 *Ibid.* t. II, p. 372-375. Le rôle des régents consistait essentiellement, selon une répartition horaire rigoureuse, à lire dans les Grandes Écoles de la faculté de Décret, le matin, les Décrétales (deux heures), au milieu de la journée, les Sixième et Clémentine (deux heures), et l'après midi, le Grand Décret (une heure).

1161 *Tractatus concordatorum quæ inter Leonem X ac regem Franciscum edita sunt*, Paris, 1530. Nous n'avons pu trouver l'édition *princeps* de cet ouvrage qui est bénéfices[1162]. Sa renommée dans ce domaine particulier devint, paraît-il, si considérable, que le pape Paul III voulut se l'attacher en le nommant auditeur du tribunal de la Rote, juridiction composée de douze docteurs ecclésiastiques qui siégeait à Rome et qui avait pour mission de connaître des affaires bénéficiales[1163]. Sans doute est-ce pour concrétiser cette nomination qu'il sera ordonné prêtre à soixante ans.

648. Tout ceci est fort éloigné de l'interprétation « rebuffienne » donnée de l'article 111 de Villers-Cotterêts, qui, nous l'avons vu, se trouve au cœur du second courant. Faut-il s'étonner que Rebuffi, clerc patenté, ait abordé le droit royal ? De fait, il ne faut pas oublier que c'est un clerc « tardif », si l'on peut dire, et qu'il fut pendant longtemps un universitaire « lai ». Il a donc travaillé, pendant toute sa carrière, sur deux registres scientifiques. C'est ainsi que ses étonnantes qualités de polygraphe, sans atteindre la densité de son œuvre canonique, vont lui permettre de s'exprimer, sur le droit royal, en quelques milliers de pages. Il sera ainsi conduit à préciser la portée de l'article 111 de l'ordonnance de Villers-Cotterêts dès 1547, année de la première édition de son énorme traité sur les *Ordonnances et edicts royaux de France*, en deux tomes de 766 et 534 pages, présenté « à la façon des Pandectes du droit romain », et écrit, cette fois, dans la langue du roi[1164]. Dans ce travail, réédité en 1573[1165], Rebuffi n'a aucun état d'âme en ce

---

indiquée par Émile Roche (ouvr. cité, p. 600), sans nom d'éditeur. Nous avons, en revanche, pu consulter la seconde édition, publiée à Paris en 1536 chez J. Parvis et G. Prato, sous le titre : *Concordata inter sanctissimum Dominum nostrum papam Leonem X, et sedem apostolicam, ac christianissimum dominum nostrum regem Franciscum, cum interpretationibus D. Petri Rebuffi.*

1162 La première édition de sa *Praxis beneficorum* est de 1553 : P. REBUFFI, *Praxis beneficiorum utilissima, acquirendi, conservandique illa, ac amittendi modos continens, usumque et stylum literarum curiæ romaæ, formas denique, signaturæ, bullæ simplicis ac novæ provisionis, dipensationisque, atque aliarum literarum gratiæ, clausularumque in eis contenttarum, ade hæc regularum cancellariæ explicationem, et aliorum, quæ ad hanc materiam spectant, et quæ in forensi versantur judicio, prout indicat sequens pagina, Lugduni, apud Sennetonios fratres*, 1553 ; l'ouvrage sera constamment réédité au XVIe siècle. La Bibliothèque Nationale possède ainsi trois autres éditions du XVIe siècle : en 1564 à Paris, *apud* J. Guignard, en 1579 à Lyon, *apud G. Rovillium*, et en 1599 à Lyon, *apud hæredes G. Rovilii*.

1163 É. Roche, ouvr. cité, p. 600.

1164 P. REBUFFI, *Ordonnances et edicts royaux de France, depuis le Roy S. Loys IX en l'An 1226. iusques au Roy Charles neufième à présent régnant 1565. Le tout assemblé en Titres & Rubriques à la façon des Pandectes du Droit Romain, avec Annotations nécessaires pour l'intelligence des lieux les plus difficiles*, Lyon, À la Salamandre, rue Mercière, 1566, 2 t. en 1 vol. Nous n'avons pu consulter la première édition.

1165 C'est la seule réédition du XVIe siècle : Lyon, *à la Salemandre*, 1573.

qui concerne l'interprétation qu'il convient de faire de l'article 111. Dès la table alphabétique au mot « Actes », il donne sa position : les « Actes seront faicts en Françoys » et renvoie à la page 5 du t. II, où, sous l'article 111, voulant aligner sur le « langage maternel François », la langue des « enqueste et des procez criminels », il affirme sans ambages : ils « doyvent estre faits en François ». C'est la seconde surprise que nous réservait Rebuffi.

649 Pierre Rebuffi n'est donc pas premier président du parlement de Paris ; et par ailleurs, il donne, dans son grand œuvre de droit royal, écrit dans la langue du roi, une interprétation radicalement différente de celle qu'il donne en latin dans ses *Commentaria*.

650. Ces deux approches sont évidemment contradictoires et ne renforcent pas la crédibilité que l'on doit attribuer à l'opinion de Rebuffi. Le fait qu'il ne soit pas – lorsqu'il prend ces deux positions – le premier président de Paris, mais un simple avocat, professeur de décret, va dans le même sens, d'autant que tous les émules de Peyre adhèrent à l'interprétation « rebuffienne », manifestement en raison de la position éminente indûment prêtée à Rebuffi dans la magistrature souveraine[1166].

651. De fait ce second courant, fondé sur les *Commentaria* dont nous avons pu peser la solide argumentation, n'a pas, en son temps, provoqué l'émergence d'un plurilinguisme judiciaire. Tout semble s'être passé comme si les actes, les enquêtes et les procès devaient être « faits en françois », comme l'affirme Rebuffi dans son premier ouvrage. Il présente la norme comme une évidence : le « langage maternel françois » c'est le « françois », c'est-à-dire la langue du roi.

1166 *Cf.* notamment R. GANGHOFER, « L'ordonnance de Villers-Cotterêts et la législation linguistique en Alsace aux XVIIe et XVIIIe siècles », dans *Études offertes à Pierre Jaubert. Liber Amicorum*. Textes réunis par Gérard AUBIN, Bordeaux, P.U.B., 1992, p. 249-261. Du même : « Les vicissitudes de la procédure civile en Alsace », dans *Mélanges en hommage à Jean Imbert*, Paris 1989, p. 227-237 ; *Cf.* également D. TRUDEAU, « L'ordonnance de Villers-Cotterêts et la langue française : histoire ou interprétation ? », dans *Bibliothèque d'humanisme et renaissance*, ouvr. cité, p. 463. Ph. MARTEL, « Occitan, français et construction de l'État en France », dans *La politique de Babel, du monolinguisme d'État au plurilinguisme des peuple*, ouvr. cité p. 103.

§ II - LA PORTÉE RÉELLE DE VILLERS-COTTERÊTS

652. Le sens qu'il importe de donner à l'article 111 ne relève donc pas de l'évidence[1167]. Il faut dès lors se demander comment analyser cette évolution factuelle qui est allée dans le sens de l'unité linguistique judiciaire, alors même que les lois du roi consacraient – l'hypothèse demeure vraisemblable, nonobstant le nouveau regard qu'il importe de porter sur Rebuffi – les vernaculaires régionaux comme autant de langues judiciaires. Il y a là une contradiction qu'il importe de peser.

653. Pour ce faire, il importe de prendre en compte deux facteurs. D'une part, une décision du souverain que personne ne conteste : les lois du roi sont dirigées (notamment ?) contre le latin dont la disparition, en tant que langue judiciaire, est décidée. D'autre part, un fait social s'impose à l'évidence : le vernaculaire royal, ne cesse d'étendre son emprise dans l'élite, occitane notamment, et sur le territoire soumis au roi suzerain et souverain, en sorte que la disparition des vulgaires, en 1539, lorsque le roi commet son texte, a depuis longtemps commencé sous l'action naturelle des événements linguistiques ou politiques, mais sans intervention de la puissance publique[1168]. Le facteur civilisation-colonisation culturelle du sud par le nord – que l'on peut percevoir comme la principale force d'extension d'une langue : plus de 50 États francophones le démontrent aujourd'hui – joue en faveur du français. L'emploi des vulgaires cesse peu à peu vers le milieu du XVe siècle dans les actes publics des provinces d'Oc. L'évolution était déjà presque totalement achevée au début du règne de François I [169]. Pour H. Peyre, « c'est bien en ce fait que réside la véritable cause de l'ambiguïté des termes employés dans l'ordonnance de Villers-Cotterêts : le besoin d'une précision plus grande que *langage maternel français* ne se faisait pas sentir lorsque fut rendue l'ordonnance. Car l'influence sur les langues provinciales que nous refusons en droit à ce

1167 Sur l'ambiguïté de l'expression « langage maternel français », Cf. S. SOLEIL, « Langue française », dans *Dictionnaire de la culture juridique* (dir. : D. ALLAND et S. RIALS), Paris, Quadrige / Lamy-PUF, 2003.

1168 J. MONFRIN, « Les parlers en France », dans *La France et les Français* (dir. : M. FRANÇOIS), Encyclopédie de La Pléiade, ouvr. cité, p.765. Ph. ARIÈS, « Problèmes de l'éducation. De la fin de l'empire romain à l'expulsion des Jésuites », dans, *La France et les Français* (dir. :M. FRANÇOIS), Encyclopédie de La Pléiade, ouvr. cité, p. 905-906.

1169 A. BRUN, *Recherches historiques sur l'introduction du français dans les provinces du Midi*, ouvr. cité, p. 92.

texte, nous la reportons d'après les faits constatés au rayonnement de la langue royale et au facteur civilisation »[1170].

654. Le règne de François Ier, Ferdinand Brunot le démontre[1171], Auguste Brun le confirme[1172], marque l'introduction du français dans l'usage de la classe cultivée de la nation, dans les parlements, dans les administrations provinciales du royaume. Cette introduction est manifestement acceptée. Elle n'est absolument pas imposée ; sans doute répond-elle aux aspirations de l'élite ; Mais prétendre, comme le fait H. Peyre, que Villers-Cotterêts cadre avec un « programme inconscient » du gouvernement royal[1173] ou encore comme l'affirme F. Brunot « qu'on avait compris dans les conseils du roi que l'intérêt de l'État commandait l'unification de la langue »[1174], ne sont que des conjectures, des hypothèses qui, à une époque où se développe considérablement la bureaucratie absolutiste, auraient nécessairement laissé quelques traces écrites. Or il n'en est rien. Il ne nous paraît donc pas douteux que l'article 111 ouvre la porte des prétoires aux seules langues intelligibles, c'est-à-dire aux langues vivantes du royaume. C'est le but recherché : que les langues d'oc soient déjà en retrait en 1539, cela n'est pas douteux, mais n'a rien à voir avec l'objectif poursuivi par le roi : rendre la langue judiciaire accessible aux justiciables. Cela étant, il est vrai que les langues provinciales meurent administrativement, et de leur belle mort, sans qu'il ait été nécessaire d'en prohiber l'usage. Le latin, en revanche, est attaqué de front dans les prétoires, dans les actes notariés, dans les procédures judiciaires. Les sujets occitans et provençaux de François Ier ne se sont certainement pas posés la question de savoir si ce latin judiciaire, compris par un si petit nombre, devait être remplacé par leurs propres vernaculaires ; ces derniers (l'occitan et le provençal) étaient en décadence comme langue administrative et, par rapport à l'emprise, *in situ*, de la langue du roi, ils n'étaient pas en état de se substituer au latin. En cette première moitié du XVIe siècle, le

---

1170 H. PEYRE, *La Royauté et les langues provinciales*, ouvr. cité, p. 94.

1171 F. BRUNOT, *Histoire de la langue française des origines à nos jours*, ouvr. cité, t. II, *Le seizième siècle*, p. 30 et s. Il estime que « c'est par le monde judiciaire, seule portion instruite des hautes classes, que se développe un goût très vif des lettres françaises ».

1172 A. BRUN, *Recherches historiques sur l'introduction du français dans les provinces au midi*, ouvr. cité, p. 92.

1173 H. PEYRE, *La Royauté et les langues provinciales*, ouvr. cité, p. 94.

1174 F. BRUNOT, *Histoire de la langue française des origines à nos jours*, ouvr. cité, t. II, *Le seizième siècle*, p. 30.

français ne chasse donc pas les vulgaires d'une place qu'ils n'ont plus. Il enlève au latin ses derniers retranchements[1175].

655. Le roi n'éprouvera du reste jamais le besoin d'interdire l'usage des vernaculaires dans le royaume initial, celui dont il est juridiquement le suzerain. Les liens le rattachant à ses sujets vassaux sont suffisamment forts pour ne pas impliquer l'imposition d'une unité linguistique officielle ; celle-ci, à l'époque moderne, au moment où émerge l'absolutisme, est *de facto* réalisée dans l'expression des marques de la souveraineté royale qui, en 1539, s'accommode des langues de France. Villers-Cotterêts concerne donc la seule exclusion du latin dans le domaine spécifique du judiciaire et du parajudiciaire.

656. Certes les parlements regimbèrent. Le latin ne fut pas immédiatement abandonné. De nombreux actes, en langue ancienne, furent rédigés après 1539[1176]. Berriat Saint-Prix lie cette résistance au seul poids de la routine des tribunaux[1177]. L'argument est peut-être valable pour la province. Il ne convainc pas pour Paris, où l'effet de l'ordonnance se suit à la trace dans les registres : le parlement, en effet obtempéra immédiatement au nouveau style imposé par le roi[1178]. Il en va de même de la grande chancellerie qui n'avait toujours pas, en 1539, complètement renoncé à l'usage de la langue ancienne, qu'elle utilisait toujours *ratione materiæ*. Le nouveau style ne sera complètement mis en œuvre qu'en 1542[1179], cette lenteur traduisant, à n'en pas douter, une

1175 Relevant cet effacement des vernaculaires au profit de la langue du roi, J.-M CARBASSE (*Introduction historique au droit*, ouvr. cité, p. 199-200) est le seul historien du droit à souligner que « si la langue française a effectivement gagné du terrain dans tout le royaume au cours des trois derniers siècles de l'Ancien Régime, en se superposant aux langues régionales bien plutôt qu'en les remplaçant, c'est pour des raisons purement sociologiques et culturelles (le prestige de la langue du roi et de la grande littérature), et non en vertu d'une interdiction légale que même les théoriciens les plus absolutistes ne pouvaient imaginer. En revanche, les choses changeront radicalement dans le contexte politique nouveau issu de la Révolution ».

1176 H. PEYRE, *La Royauté et les langues provinciales*, ouvr. cité, p. 98

1177 J. BERRIAT SAINT PRIX, *Coup d'œil sur l'emploi de la langue latine*, ouvr. cité, p. 18.

1178 *Cf.* Les recherches de L.-P. DUGAL, non encore publiées, mais mentionnées par Serge LUSIGNAN (*La langue des rois au Moyen Âge. Le français en France et en Angleterre*, ouvr. cité, p. 150-151).

1179 B. BARBICHE et O. PONCET, « Maintien et recul du latin dans les actes royaux français du XVIe siècle », communication présentée à l'occasion du XIe Congrès international de diplomatique, tenu à Troyes en septembre 2003, cité par Serge LUSIGNAN (*La langue des rois au Moyen Âge. Le français en France et en Angleterre*, ouvr. cité, p. 152).

certaine mauvaise volonté à renoncer à l'usage du latin. Pourquoi de telles résistances ? En mettant fin à l'usage du latin, l'ordonnance de Villers-Cotterêts aurait privé les juristes de leur langue d'initiés qui protégeait leur emprise sur la fonction royale de légiférer et de rendre la justice, si importante dans la société d'Ancien régime. Ainsi que l'écrit Gilles Boulard : « La mise hors jeu du latin, remplacé par le français, marque une étape de la prise de possession du langage d'autorité par la royauté »[1180]. En imposant que le droit parle dorénavant français, l'ordonnance réduisait le pouvoir des juristes qui, depuis le XIIIe siècle, substitués aux autorités féodales pour rendre la justice, occupaient une position de commandement dans la société. Et Gilles Boulard ajoute : « Sous le discours convenu de la bienveillance royale, il faut bien voir que la clarté revendiquée (art. 110 de l'ordonnance), loin d'être seulement destinée à l'intelligibilité des actes pour le bien des sujets, est aussi le moyen d'en contrôler les auteurs »[1181]. La thèse est séduisante. Est-elle vraisemblable ? Le parlement de Paris a-t-il perdu de sa puissance après Villers-Cotterêts ? Nous ne le pensons pas : au XVIIe siècle la fronde parlementaire, au XVIIIe siècle la permanence des remontrances et l'échec du parlement Maupeou, attestent, au contraire, que les parlements, et à leur tête celui de Paris, devinrent les opposants les plus constants au pouvoir absolu des rois.

657. Quoi qu'il en soit, dans deux domaines particuliers, cependant, la chancellerie fut contrainte d'intervenir : celui des « réponses aux requêtes », point de départ des procès, et celui des vérifications de textes royaux, prérogative fondamentale des parlements. Les unes et les autres semblent avoir continué, nonobstant Villers-Cotterêts, à être systématiquement rédigées en latin. L'article 35 de l' « ordonnance sur la justice et la police du royaume », rendue par Henri II, à Paris, en 1563, sur les instances du Chancelier de l'Hospital, alignera ces actes judiciaires – s'agissant des vérifications, il s'agit de véritables procès entre le procureur du roi, demandeur d'enregistrement, et la cour – sur le droit commun de l'article 111 de 1539[1182].

1180 G. BOULARD, « L'ordonnance de Villers-Cotterêts : le temps de la clarté et la stratégie du temps (1359-1992) », art. cité, p. 65.

1181 *Ibid.*, p. 66.

1182 La première édition de ce texte est due à Robert ESTIENNE, « imprimeur du Roy », *Edict et Ordonnance du Roy pour le bien et reiglement de la Justice, & police de son Royaume. Avec la Déclaration et ampliation dudict Seigneur sur aucuns articles d iceluy Edict*, Paris, Robert Estienne, M.D.LXIIII. Texte également dans ISAMBERT et *al.*, *Recueil général des anciennes lois française*, ouvr. cité, t. XIV, p. 168 : « Les vérifications de nos cours de Parlement sur nos édits, ordonnances ou lettres patentes, et les réponses sur requestes, seront faites doresnavant en langage

658. L'ordonnance de Villers-Cotterêts visait toutes les juridictions (« noz courtz souveraines ou autres subalternes et inférieures ») que l'on peut qualifier de laïques. Elle ne concernait pas la justice ecclésiastique qui avait conservé – Rebuffi le précise dans ses *Commentaria* – le latin comme langue officielle, ce qui, bien évidemment, générait les mêmes inconvénients, sur l'intelligibilité des décisions des officialités, que le *debotavit et debotat* rapporté par Hotman et Bouchel. Dans ses Cahiers soumis au roi à l'occasion des états généraux de 1614, le tiers-état demandait en conséquence – c'était l'objet de l'article 54 – que la procédure devant les tribunaux ecclésiastiques soit désormais faite dans un langage compréhensible[1183]. L'article 27 de l'ordonnance de 1629 leur donna satisfaction[1184]. On peut considérer que c'est ce texte de 1629 qui met définitivement un terme au règne du latin dans le judiciaire.

659. Cette prohibition du latin et son remplacement par une langue intelligible aux justiciables – *de facto*, nous l'avons vu, la langue du roi s'était déjà le plus souvent imposée comme telle – est l'objet même de la règle posée par l'ordonnance de Villers-Cotterêts et les textes qui l'ont précédée. La reconnaissance expresse des vernaculaires français, par l'article 111, ne correspond donc en rien à une attitude politique de la royauté à l'égard de ces autres langues, susceptibles seulement de rendre intelligibles les actes judiciaires.

660. Ce point de vue est conforté par les revendications présentées aux états d'Orléans et de Pontoise. En 1560, c'est à la requête du tiers état que l'ordonnance d'Orléans permet « à tous marchands, artisans et gens de mestier faire voir et arrester en langage intelligible leurs statuts et ordonnances »[1185]. L'année suivante aux états de Pontoise, le même ordre réclame des livres d'instruction religieuse « en langue vulgaire et

françois et non en latin, comme ci-devant on avait accoustumé faire en nostre cour de Parlement de Paris : ce que voulons et entendons estre pareillement gardé par nos Procureurs généraux ».

1183 Art. 54 : « Que les actes, procédures et sentences données es cours ecclésiastiques, fussent expédiées, prononcées et déclarées en langage maternel et françois ».

1184 ISAMBERT et *al.*, *Recueil général des anciennes lois françaises*, ouvr. cité, t. XVI, p. 232, Art. 27 : « Tous actes, sentences, conclusions et autres procédures des officialitez, et autres juridictions ecclésiastiques seront conçus en langage françois fors ceux qui doivent estre renvoyez à Rome, lesquels seront expédiez en latin comme de coutume ».

1185 ISAMBERT et *al.*, *Recueil général des anciennes lois françaises*, ouvr. cité, t. XIV, p. 88.

intelligible »[1186]. S'agit-il de la seule langue du roi ? Rien n'est moins certain. Les hésitations manifestées encore dans le domaine judiciaire au temps de Louis XIV incitent à la prudence. L'état linguistique de la France, révélé un siècle et demi plus tard par Grégoire, devrait de fait nous inciter, sans hésitation, à considérer que la « langue vulgaire et intelligible », visée par la revendication, est alors multiple et concerne tous les vernaculaires français.

661 Les codifications pénales de Louis XIV confirment le droit imposé à Villers-Cotterêts : le latin est prohibé. On lui substitue la langue française. Mais le triomphe de cette dernière ne s'impose pas juridiquement à l'évidence. Il est nécessaire de rappeler et d'adapter, le cas échéant, la règle. Le débat qui eut lieu entre les membres de la commission de codification de l'ordonnance criminelle d'août 1670 est significatif de ce point de vue. Il concerne l'article 11 du titre XIV de ce premier code d'instruction criminelle.

662. Aux termes de cet article 11, « si l'accusé n'entend pas la langue française, l'interprète ordinaire, ou, s'il n'y en a point, celui qui sera nommé d'office par le juge, après avoir prêté serment, expliquera à l'accusé les interrogatoires qui lui seront faits par le juge, et au juge les réponses de l'accusé, et sera le tout écrit en langue françoise, signé par le juge, l'interprète et l'accusé, sinon mention sera faite de son refus de signer »[1187]. Dès l'abord on peut supposer que ce texte ne concerne pas les vernaculaires provinciaux, mais seulement les langues étrangères au royaume. Il n'en est rien ; nous connaissons par Bornier les discussions qui ont conduit à cette rédaction.

663. En effet, le début de l'article 11, dans sa rédaction initiale, était ainsi conçu : « Si l'accusé est étranger et n'entend pas la langue françoise... ». Le procès-verbal de la discussion permet de comprendre l'évolution du texte :

> « Après lecture de l'article, M. le Président a dit, que l'Article ne comprend que les Étrangers, que cependant il y a des François d'une province du Royaume qui n'entendent pas le langage d'une autre. Que par exemple un Bas-Breton n'entendra pas le François tel qu'on le parle à Paris ; qu'il semble nécessaire de l'expliquer. Que l'on pourroit demander aussi sur ce sujet, si

---

1186 B.N : ms fr. 3970, f° 29 V°, cité par X. MARTIN, « Langue française et droit coutumier en France à l'époque moderne », dans *Langage et droit à travers l'histoire. Réalités et fictions* (édité par G. van DIEVOLT, Ph. GODDING et D. van den AUWEELE), Leuven-Paris, Peeters, 1989, p. 139.

1187 ISAMBERT et *al.*, *Recueil général des anciennes lois françaises*, ouvr. cité, t. XVIII, p. 399.

un Étranger qui n'entendroit point la Langue Françoise pouvoit être interrogé en Latin : qu'il en avoit vu un exemple en la personne d'un Allemand, que défunt M. le président de Bailleul interrogea en Langue Latine. M. Pussort a dit que pour comprendre dans l'article les sujets du Roi, aussi bien que les Étrangers, l'on pourroit mettre ces mots : "Si l'accusé n'entend pas la Langue Françoise", au lieu de ceux : "S'il est étranger». Et qu'à l'égard de la Langue Latine, il ne croyoit pas que l'on dut en user dans les interrogatoires non plus que dans les autres actes : l'Ordonnance de 1539 ayant défendu de rédiger aucun acte dans cette langue, parce qu'il n'y a que celle du Prince dont on puisse se servir en justice ».

664. Pussort demande ainsi une modification de la rédaction du projet d'article 11 « pour comprendre dans l'article les sujets du Roi, aussi bien que les Étrangers »[1188]. La difficulté est donc résolue dans un sens favorable à la langue du roi, seule langue officielle admise. Mais il faut le préciser, car cela ne va pas sans dire. « Il semble nécessaire de l'expliquer », dit Pussort, alors qu'il n'y a aucune équivoque en ce qui concerne le latin qui, lui, est expressément exclu par Villers-Cotterêts. Si, en effet, l'ordonnance de François Ier avait prohibé l'usage des vernaculaires provinciaux, comme elle l'avait fait pour le latin, le débat n'aurait pas eu lieu, la distinction proposée par Pussort eut été inutile.

665. En 1670, pourtant, la langue du roi avait déjà fait l'objet, dans l'ordre judiciaire, d'une promotion officielle. Dès la première moitié du XVIIe siècle, en effet, confronté à l'intégration de provinces, voire d'États étrangers, au sein du royaume, le souverain français, privé de la cohésion historique qui avait rassemblé le royaume initial, avait été contraint d'envisager différentes mesures destinées à « marquer » sa souveraineté sur ces nouveaux territoires en promouvant une véritable politique linguistique.

1188 Ph. BORNIER, *Procès-verbal des Conférences tenues par ordre du Roy pour l'examen des articles de l'Ordonnance civile du mois d'avril 1667 et de l'Ordonnance criminelle du mois d'avril 1670*, Paris, Les associés, 1744, 2 vol., t . II, p. 169. Le dialogue est également rapporté par Christiane PLESSIX-BUISSET, dans *Langue(s) et Constitutions* (direction : Anne-marie LE POURHIET), Paris, Economica, 2004, Actes du Colloque tenu à Rennes les 7 et 8 décembre 2000, Allocution d'ouverture, p. 4-5.

CHAPITRE II

-

L'INSTRUMENTALISATION DE LA LANGUE FRANÇAISE DANS LA GESTION DES CONQUÊTES : L'UNIFICATION DE L'EXPRESSION DE LA SOUVERAINETÉ LINGUISTIQUE PAR L'IMPOSITION DU FRANÇAIS

666. Les modalités d'intégration de nouveaux territoires n'obéissent pas à un schéma unitaire. Elles sont circonstancielles. La promotion du français aux fins d'intégration, et donc comme instrument d'unification, est également circonstancielle. Il importe donc en préalable d'analyser brièvement les mécanismes d'intégration juridique dont dispose le gouvernement royal pour étendre sur un nouveau territoire la domination du roi unique. Il sera ensuite possible d'analyser le rôle effectif du vernaculaire royal dans l'extension territoriale du royaume après Villers-Cotterêts.

667. À partir de la seconde moitié du XIIIe siècle, les rois parvinrent à étendre leur domination en dehors des frontières que le traité de Verdun avait, en 843, données au *regnum Francorum*. Deux sortes de territoires étaient susceptibles d'être rattachés au roi ou au royaume : les terres d'empire et les terres relevant d'autres souverainetés. Ces rattachements pouvaient être réalisés selon quatre processus : l'intégration féodale, l'union personnelle, l'union réelle et l'incorporation, qui est une annexion pure et simple. Ces quatre processus utilisés par les anciens rois pour agréger au royaume de nouvelles terres étaient plus ou moins marqués de perpétuité. Avant de réaliser l'union définitive de territoires en les incorporant, la monarchie française était parvenue, en effet, à « accrocher » différents États par le système de l'intégration féodale, ainsi que par celui des unions personnelles et des unions réelles.

668. L'intégration féodale a ainsi permis à Louis VII d'intégrer, dans la chaîne féodo-vassalique française, le comté de Forez relevant jusqu'alors de la suzeraineté impériale. Nous avons vu que le comte Guigues III, au XIIIe siècle se soustrait volontairement à ses devoirs vis-à-vis de l'empereur et prête hommage au roi de France. Son territoire intègre définitivement le royaume et il est domanialisé. Si la règle, au plan du droit féodal, est légitime, elle n'est susceptible de jouer que dans un contexte de suzeraineté et non de souveraineté. Seule

la puissance du roi a pu invétérer le changement de suzerain. La faiblesse des premiers Capétiens avait, à l'inverse provoqué le départ du comté de Catalogne.

669. L'union personnelle peut être définie comme l'association de deux pays à travers un même souverain. Les deux pays demeurent indépendants l'un de l'autre, continuent à obéir à leurs systèmes juridiques propres, notamment à leurs propres règles de dévolution, mais sont étroitement associés par le seul fait, à une époque de confusion des pouvoirs, que le même souverain porte les deux couronnes. Parfois l'association est sans lendemain ; parfois au contraire, elle peut évoluer vers la fusion.

670. L'union réelle était, quant à elle, plus favorable à la fusion ; avec cette seconde technique de rapprochement des États, les deux « principautés souveraines » – comme aurait dit Bodin – demeurent associées à perpétuité, mais sans se confondre. Elles se contentent de partager le même prince, les règles de dévolution de la couronne étant identiques. L'unicité de prince ne pouvait cependant que favoriser à terme la fusion, car l'unique législateur était logiquement enclin à répéter ses prescriptions ici et là.

671. Sous le long règne administratif et judiciaire du latin, langue universelle, le problème de la disparité de langue entre États faisant l'objet d'intégration féodale, d'union personnelle ou d'union réelle ne se posait pas. Ce sera le cas du royaume de Navarre, uni pendant trois ans, dans la personne d'un même roi, au royaume de France de 1314 à 1316[1189]. Ce sera le cas du dauphiné de Viennois à partir de 1349[1190] et du

1189 Louis X sera pourvu du royaume de Navarre, en 1305, avant même de devenir roi de France du fait de la succession de sa mère, la reine Jeanne de Navarre. Son fils Jean I, né posthume le 5 novembre 1316, lui succèdera pour quelques jours à la tête des deux royaumes. Mais à la mort de ce dernier (20 novembre 1316), l'impossibilité de concilier les règles de dévolution française et navarraise provoqua la fin de l'union. Les filles succédant en Navarre, Jeanne, fille aînée de Louis X en fut nantie mais la loi salique l'ayant écartée du royaume de France, celui-ci échut au plus proche parent mâle par les mâles du roi défunt, son oncle, Philippe V. Louis X, fut un roi de Navarre, totalement indépendant du royaume de France, de la mort de sa mère (2 avril 1305) à la mort de son père Philippe IV (29 novembre 1314). Ce n'est qu'à ce moment-là que les deux royaumes furent unis pour un peu plus de dix-huit mois, sous le règne de Louis X, puis pour cinq jours sous le règne de Jean Ier.

1190 En 1349, le Dauphiné fut vendu à Philippe de Valois par le dauphin Humbert. Un accord antérieur, du 19 avril 1344, avait stipulé que le dauphin de Viennois serait désormais le fils aîné du roi de France ou le roi de France lui-même, s'il n'avait pas de fils. L'acte donnait pour raison que le Dauphiné était « assis aux frontières du royaume ». Le Dauphiné devint donc l'apanage du fils aîné du roi, héritier présomptif de la couronne. Il ne cessait point pour cela de faire partie de l'Empire : l'empereur comté de Provence à partir de 1487[1191]. Ces deux États, initialement « principautés » immédiates de l'Empire, sans être jamais officiellement incorporés au royaume, lui furent administrativement et judiciairement alignés. Cette évolution est achevée au XVIe siècle. En 1539 l'ordonnance de Villers-Cotterêts sera appliquée dans ces États, au même titre que dans le royaume.

672. Avec la prohibition du latin et l'effacement des vernaculaires provinciaux, on peut considérer, à partir du XVIIe siècle, que la langue du royaume de France est le français. Sur le double ciment de la féodalité et de l'unité de foi (une foi, un Roi), le Roi de France a unifié son Royaume. Et si la langue du Roi a fini par s'imposer, c'est en raison du prestige qui environne son principal locuteur, et pour les nécessités administratives qui, à partir du XVIe siècle, parachèvent le monopole administratif du français. Le latin qui subsistait dans l'ordre judiciaire est définitivement écarté, en 1539, au profit des langages parlers, des dialectes, des « maternels françois ». Mais parmi ces derniers, seul celui du Roi, le français, finit *de facto* par s'imposer, comme une incidente de l'absolutisme. La langue du roi devient, selon l'expression de Bodin, une « marque » de sa souveraineté. Une

---

Charles IV reçut ainsi, en 1357, l'hommage du dauphin Charles et lui concéda le titre de vicaire impérial en Dauphiné. L'hommage à l'empereur tomba ensuite en désuétude. En 1456, Charles VII mécontent de son fils, le dauphin Louis, prit la province pour l'administrer directement. Désormais le Dauphiné fut uni inséparablement à la couronne de France : le titre de dauphin donné aux fils aînés des rois de France ne fut plus qu'un titre recognitif de la capacité de l'aîné à succéder au roi (P. VIOLET, *Histoire des institutions politiques et administratives de la France*, ouvr. cité, t. II, p. 154-155). Mais le maintien de deux États se traduira juridiquement, notamment dans l'exercice de deux pouvoirs législatifs parfaitement séparés (du moins jusqu'au début du XVIe siècle). On peut en suivre l'évolution dans ISAMBERT et *al.*, *Table du Recueil général des anciennes lois françaises*, ouvr. cité, p. 102-103) et dans le fait que dans tous les actes relatifs à cette province, le roi s'intitulait « Roi de France, dauphin de Viennois, comte de Diois et de Valentinois ». Conformément aux traités de 1344 et de 1349, il gouvernait formellement le Dauphiné non pas comme roi de France mais comme souverain local. C'est en tant que dauphin, prince immédiat de l'empire, que François Ier pût se porter candidat à l'empire contre Charles Quint.

1191 Les comtés de Provence et de Forcalquier et la vicomté de Marseille échurent à Louis XI, en 1481, par le testament du dernier comte, Charles III, qui instituait pour héritier le roi de France et, après lui, tous ses successeurs à la couronne de France. Des lettres patentes de 1486 décidèrent que la Provence était unie à perpétuité à la couronne de France, « sans y être subalternée non plus qu'un royaume ». Toutes les lois (lettres patentes, édits, ordonnances...) qui devaient être exécutées en Provence portaient la titulature : « Roi de France, comte de Provence, Forcalquier, vicomte de Marseille et terres adjacentes ». Cette spécificité de la diplomatique des rois traduisait formellement le respect de l'autonomie législative de l'État provençal.

ordonnance signée par Charles IX, à Beaulieu, en 1564, étendit d'ailleurs le champ d'utilisation du français à l'ensemble des actes administratifs. Ainsi la langue du roi était promue moyen d'expression unique de la justice et de l'administration, elle était devenue la langue officielle du royaume[1192].

673. La France primordiale, lors de l'avènement d'Henri IV, parle donc administrativement et judiciairement français. La France est une. La féodalité peut désormais s'effacer au profit de l'absolutisme royal. La religion catholique partagée avec le Roi, qui le jour de son sacre a juré de la protéger, demeure le principal ferment d'unité. Henri IV, Roi de Navarre, héritier légitime selon la loi fondamentale, a bien compris la portée de la norme et sera contraint d'abjurer sa confession pour rejoindre celle du Royaume (Paris vaut bien une messe). L'unité était en effet à ce prix.

674. Sous le régime absolutiste initié par les derniers Valois et continué sous les Bourbons, la France administrative et judiciaire tend ainsi à l'uniformité. Celle-ci implique, bien évidemment, une communication ordonnée. La bureaucratie bourbonienne chargée d'acheminer les ordres du gouvernement royal jusqu'au fin fond des provinces ne dispose que d'une seule langue véhiculaire, le français, la langue des élites, la langue du Roi. Dans l'uniformité recherchée, l'unicité de langue et donc celle de l'interprétation de la norme est à la fois nécessaire et suffisante. La nécessité de cette unité, limitée à l'exercice exécutif, législatif et judiciaire du pouvoir royal, s'impose à l'évidence. Mais, ainsi définie, ainsi limitée, elle est suffisante : le Roi fédérateur s'accommode du plurilinguisme pratiqué par les provinces dans les domaines où son pouvoir n'est pas en cause.

675. Pourtant, cette unicité linguistique ainsi limitée dans le cadre du royaume unitaire et indivisible, fruit d'une longue histoire, allait se heurter aux accroissements territoriaux réalisés sous le règne des rois bourbons. Les provinces rattachées au Royaume aux XVIIe et XVIIIe siècles obéissaient, en effet, à un ensemble normatif différent. Les Rois qui s'étaient jusqu'alors contentés de réunir les grands fiefs et de ne plus les concéder, ou d'unir personnellement sur leur tête d'autres couronnes sans jamais les rétrocéder, durent désormais intégrer dans le Royaume des provinces étrangères. Ces provinces étrangères qui étaient *de jure* de véritables États frontaliers (hormis le royaume de Corse), partant sans aucun lien féodal avec le Roi de France, usaient d'un

1192 C. HAGÈGE, *Le français, histoire d'un combat*, ouvr. cité, p. 52-53. Nous n'avons pu trouver l'ordonnance de Beaulieu.

langage maternel qui n'était pas nécessairement « françois » et, parfois même, ne partageaient pas la foi du roi.

676. Dans le contexte absolutiste, initié à partir de François I^e, il était ainsi nécessaire d'aligner ces nouvelles provinces sur le modèle administratif et judiciaire français. L'uniformité, au service de l'unité du Royaume, impliquait donc logiquement l'unicité linguistique au plan administratif et judiciaire. La langue du roi, marque de sa souveraineté, est désormais officiellement sollicitée pour la mise en œuvre de cette dernière. C'est la différence fondamentale avec la norme posée en 1539 : l'alignement administratif et judiciaire, seul susceptible de favoriser l'intégration de ces provinces dans le royaume, et donc l'unité de ce dernier, ne pouvait se faire que par l'imposition d'une langue unique, le français.

677 Cette position n'est pas absolument nouvelle. Elle était déjà, nous l'avons exposé, exprimée dans l'opinion de Seyssel au début du XVIe siècle. Ce dernier poursuivait en effet l'objectif de permettre aux Valois, par l'imposition de leur langue, d'assimiler plus facilement les États italiens sur lesquels ils prétendaient régner. À tout le moins, son opinion se situe dans ce contexte. Mais il n'est cependant pas certain que cette position fut alors partagée par le gouvernement royal qui, au contraire, en prohibant le latin en 1539, ouvre (peut-être et théoriquement) la porte judiciaire à tous les vernaculaires français. Bodin, dans sa théorisation de la souveraineté, ira plus loin encore que Seyssel puisqu'il percevra dans l'imposition d'une langue unique par le souverain une marque de sa souveraineté. C'est sans doute chez ce dernier que Pasquier, que l'on peut considérer comme le théoricien de la politique linguistique mise en œuvre par les Bourbons, puise son inspiration. Pour ce dernier personnage, la langue est un des principaux ferments de l'unité. Ses idées semblent avoir été mises en œuvre par l'absolutisme royal pour faciliter l'intégration au sein du royaume de nouveaux territoires.

678. Analysant l'émergence ou l'extension des langues, Pasquier distinguait « la cause interne » et la « cause externe ». La première correspond, nous dit-il, à un « changement qui procède de nos esprits »[1193]. L'évolution du latin en roman et du roman en de multiples vernaculaires procède de cette première cause. La cause externe est,

1193 E. PASQUIER, *Les Recherches de la France*, Paris, édition Champion, 1996, t. I, livre 8, p. 753 de l'édition critique établie sous la direction de M-M. FRAGONARD et F. ROUDAUT, à partir de l'édition de 1621. La première édition des *Recherches* est de 1560 (Paris, Jean Longis). Celle de 1621 (Paris, L. Sonnius) est postérieure de sept années à la mort de Pasquier, décédé en 1615.

quant à elle, directement liée au cas de figure représenté par l'évolution territoriale du royaume tel qu'il se présente au début du XVIIe siècle sous le premier roi Bourbon. Ainsi, nous dit Pasquier, « Lorsqu'un pays est subjugué par la force des armes, il est contraint pour complaire aux victorieux d'apprendre sa langue ». Il y a donc contrainte et celle-ci peut être violente, mais, ajoute-t-il, ce n'est pas la seule voie car « quelquefois aussi n'y a si universelle mutation, ains advient, ou que par la nécessité des affaires qui s'offrent en un pays vaincu avec le victorieux, ou pour luy agréer ou par une servitude taisible, et si ainsi me le faut dire, par une volontaire contrainte, nous apprenons avec les loix de nostre Seigneur, par un mesme moyen son langage »[1194].

679. Ce faisant, Pasquier théorise l'action du pouvoir politique sur l'imposition des langues, en décrivant les deux moyens dont elle userait : si celle-ci peut d'abord procéder d'une contrainte extérieure fondée sur « la force des armes », elle peut également découler d'« une volontaire contrainte » impliquée par « la nécessité des affaires ». Pour lui, la « volontaire contrainte » est illustrée par l'histoire même du royaume de France. Jadis, dit-il,

> « ceux qui avoient quelque asseurance de leurs esprits, escrivoient au vulgaire de la Cour de leurs Maistres, qui en Picard, qui Champenois, qui Provençal, qui Tholozan, tout ainsi que ceux qui estoient à la suite de nos Roys escrivoient au langage de leur Cour. Aujourd'hui il vous en prend d'une autre sorte. Car tous ces grands Duchez et Comtez estant unis à nostre Couronne, nous n'ecrivons plus qu'en un langage, qui est celuy de la Cour du Roy, que nous appellons langage François »[1195].

680. Nous sommes au début du XVIIe siècle et bientôt l'intégration de nouveaux territoires va donner à cette constatation que fait Pasquier en son temps – un demi-siècle après Villers-Cotterêts – toute sa signification. Le « langage de la cour du Roy, que nous appelons langage françois », c'est le vernaculaire royal dont la primauté, la précellence semble être admise par tous, c'est-à-dire par les élites des provinces dont le « langage maternel françois » est pourtant une autre langue bien vivante. L'abbé Grégoire l'attestera quelques décennies plus tard. Cette constatation sur la façon dont la langue du roi s'est imposée *erga omnes* n'est certainement pas due, comme d'aucuns ont

1194 E. PASQUIER, *Les Recherches de la France*, ouvr. et éd. cités, t. I, livre 8, p. 753.

1195 *Ibid.*, p. 753.

pu le croire[1196], à une « supériorité de la qualité » de la langue du roi au regard par exemple des langues d'oc, mais, comme le dit Jean-Marie Carbasse, « pour des raisons sociologiques et culturelles »[1197]. On va parler le français tout simplement parce que c'est la langue du maître, ce personnage mystérieux qui dicte sa loi et dont on partage la foi. Le prestige des rois bourbons, l'encadrement du vernaculaire royal, ses prétentions universelles vont, bien évidemment, donner au français une place hors de pair, un éclat incomparable. Ce positionnement du français, langue du roi et de sa cour, langue législative, langue administrative, langue judiciaire lui donne, sans aucun doute, dès le règne d'Henri IV, au sein du royaume, un rôle de langue véhiculaire, associé à un monopole de fait de langue de communication. C'est encore la constatation de Pasquier : les langues provinciales sont dès lors « politiquement » confinées dans un rôle purement vernaculaire. Cette évolution, attestée par Pasquier, au début du XVIIe siècle, est une des incidences de l'absolutisme royal.

681. Ces « provinces intérieures », qui relevaient pour la plupart de la domanialité et partant de la féodalité, se sont donc « volontairement contraintes » à une francisation administrative et judiciaire. Les « provinces extérieures », alors États frontaliers, obéissant à une autre logique, ne sont ni vassales, ni donc domaniales ; elles parlent parfois la langue du roi mais pas toujours ; elles partagent la foi du roi mais pas toujours. C'est en fonction de ces différents paramètres que les Valois d'abord, les Bourbons ensuite vont adapter, au cas par cas, leur politique de francisation et d'unification par la langue.

682. Il n'est pas possible de dégager un code de conduite à partir de l'analyse des processus d'intégration réalisés au XVIe et surtout aux XVIIe et XVIIIe siècles. Est-ce à dire que la monarchie française n'a pas eu de politique à l'égard des parlers ? Assurément non, car l'annexion des territoires par le roi s'est naturellement accompagnée d'un processus de « francisation », un terme que l'on relève chez la plupart de ceux qui ont traité des parlements de province, des conseils supérieurs ou souverains. Seulement, il est certain que l'ordonnance de Villers-Cotterêts ne lui a pas servi de cadre juridique. Elle n'a pas été loi fondamentale de la francisation des actes, encore moins loi fondamentale de la francisation des parlers. C'est, en effet, au coup par coup que va procéder la monarchie pour imposer sa souveraineté aux

1196 Notamment H. PEYRE, *La Royauté et les langues provinciales*, ouvr. cité, p. 115.

1197 J.-M. CARBASSE, *Introduction historique au droit*, ouvr. cité, n° 112, p. 200.

nouvelles provinces, en usant de normes susceptibles de favoriser dans l'immédiat ses desseins. On doit donc parler de politiques d'unité par la francisation. Mais ces politiques obéissent toutefois à deux mouvements, qui peuvent être conceptualisés : le premier, lointainement apparenté au Traité de Verdun, pose que c'est la langue qui doit définir l'appartenance étatique. On peut le formuler par l'aphorisme : « là où domine la langue du roi, celui-ci doit régner » (Section I- L'unité linguistique comme principe fondateur de l'intégration politique). Le second que l'on peut supposer directement affilié à la pensée de Seyssel, de Bodin et de Pasquier et que l'on peut définir par cet autre aphorisme : « là ou le roi règne, sa langue doit être imposée » (Section 2- L'intégration politique comme principe fondateur de l'unification linguistique).

SECTION I - L'UNITÉ LINGUISTIQUE COMME PRINCIPE FONDATEUR DE L'INTÉGRATION POLITIQUE

683. L'expression « là où domine la langue du roi, celui-ci doit régner », qui signifie fondamentalement que la langue justifie l'enjeu politique, peut être perçue comme une lointaine application du principe des nationalités. Ce principe, généré à Verdun en 843 – quand bien même il ne s'agit pas à proprement parler à l'époque de la langue des rois (alors tous germanophones) mais plutôt de celles des peuples dont ils se partagent la gouvernance – servira de fondement à la politique européenne du XIXe siècle. Ce principe, qui n'a jamais été totalement oublié[1198], semble bien guider la monarchie dans la gestion des conquêtes : l'idée qu'une nation se définit d'abord par une langue, et que la présence de la langue française doit coïncider avec la nation française est manifestement présente ; puisque les populations qui sont à l'est du royaume parlent français, elles sont françaises.

684. Ce principe donnera lieu à application dans deux cas de figure pour l'intégration de nouveaux territoires au sein du royaume ; il faut, en effet, distinguer selon que les provinces se trouvaient être totalement francophones (§ I - L'intégration des provinces francophones), ou qu elles ne l'étaient que partiellement (§ II - L'intégration des provinces partiellement francophones).

§ I - L'INTÉGRATION DE PROVINCES FRANCOPHONES

685. Trois exemples illustrent ce premier cas de figure : la conquête des Trois-Évêchés en 1552 (A), celle de la Bresse, du Bugey et du pays de Gex en 1595 (B), celle, enfin, de la Franche-Comté en 1668 (C).

1198 On peut citer l'événement suivant rapporté par B. GUENÉE qui traduit, à la fin du XIIIe siècle, la permanence dans les mentalités de l'idée de nation fondée sur une communauté linguistique. En 1287, le comte de Montbéliard, francophone, l'évêque de Bâle et le comte de Fribourg-en-Brisgau, germanophones, sont tous les trois vassaux de l'empereur. Mais le premier est en guerre contre les deux autres, et les vainct ; les chroniques parlent de victoire pour les Français et de honte pour les Allemands Et l'auteur d'affirmer qu'à l'aube du XIVe siècle « la limite linguistique compte plus que la limite politique et l'attire », *Cf.* B. GUENÉE, « Les Limites. Le souvenir de Verdun IXe-XIIe siècle », dans *La France et les Français* (Dir. : M. FRANCOIS), Encyclopédie de La Pléiade, ouvr. cité, p. 59.

A - LES TROIS-ÉVÊCHÉS

686. C'est dans le Traité de Chambord, du 15 janvier 1552, conclu entre Henri II et Maurice de Saxe, que, pour la première fois, un roi de France suggère la mise en œuvre du principe. La langue du roi, marque de sa souveraineté, doit traduire celle-ci *in situ*. Aux termes de ce texte il est affirmé que :

> « On trouveroit aussi bon que ledit seigneur Roi s'impatronisât le plus tôt qu'il pourroit des villes qui appartiennent d'ancienneté à l'empire et qui ne sont de la langue germanique, savoir de Cambrai, Toul en Lorraine, Metz et Verdun et autres semblables et qu'il les gardât comme vicaire du Saint-Empire »[1199].

687. C'est parce qu'on parle français dans les Trois-Évêchés que ceux-ci doivent intégrer non pas la souveraineté – on n'ose encore le prétendre – mais à tout le moins l'obéissance au roi. La même année (avril 1552), Henri II ira jusqu'au bout de ses prétentions puisqu'il occupera les Trois-Évêchés, s'en déclarant le protecteur. On peut voir la vraie raison de cette incorporation pure et simple d'une terre d'empire par l'application du principe évoqué. Pendant près d'un siècle, les Trois-Évêchés vont demeurer sous la domination française, sans qu'aucun traité ne le reconnût expressément. Il faudra attendre les Traités de Westphalie, en 1648, pour que l'empereur admette la souveraineté du roi de France sur cette province[1200]. En l'espèce l'enjeu n'était donc pas la francisation par la langue d'une province initialement extérieure au royaume, mais l'intégration au royaume d'une province déjà francophone. C'est une constatation que consigne le traité sous une forme officielle. Le Traité de Chambord peut sans doute être perçu comme la première intrusion de la question linguistique dans le domaine de la politique internationale : il apparaît illogique que des provinces de langue française puissent relever d'une souveraineté étrangère. Ce traité traduit du reste remarquablement l'émergence du nouveau concept de souveraineté, tel qu'a pu le formaliser Bodin, dans la mesure où les droits historiques de l'empire, fondés sur une logique plus suzeraine que souveraine, doivent s'écarter devant l'assise linguistique de la souveraineté, la « marque » souveraine du vernaculaire royal.

1199 P. LEVY, *Histoire linguistique d'Alsace et de Lorraine*, 2 vol., Paris, Les Belles Lettres, 1929, t. I, p. 204.

1200 F. BLUCHE, *Louis XIV*, Paris, Fayard, 1986, p. 105-106 ; E. LAVISSE, *Louis XIV*, ouvr. cité, p. 18.

B - LA BRESSE, LE BUGEY ET LE PAYS DE GEX

688. Ces trois provinces étaient d'expression purement française et, manifestement, pour cette raison, convoitées par la France. La Bresse et le Bugey qui relevaient de la maison de Savoie furent conquises une première fois en 1535 par Philippe Chabot, au nom de François Ier qui, en 1559, sera contraint par la Paix de Cateau-Cambrésis de les restituer au duc Emmanuel Philibert. Conquises à nouveau en 1595 par Charles de Gontaut, duc de Biron, pour Henri IV, ces deux provinces seront définitivement cédées à la France par le Traité de Lyon du 27 janvier 1601. Le pays de Gex suivra une voie similaire. Enjeu de guerres incessantes au XVIe siècle entre les Bernois, les Genevois et le duc de Savoie, cette petite province francophone sera partiellement rattachée à la France par le Traité de Lyon[1201]. S'adressant aux habitants de la Bresse et du Bugey, Henri IV, voulant justifier sa conquête, la fondera sur la seule francophonie de leurs provinces :

> « Il était raisonnable que, puisque vous parlez naturellement le français, vous fussiez sujets au roi de France. Je veux bien que la langue espagnole demeure à l'Espagne, l'allemande à l'Allemagne, mais la françoise doit estre à moy »[1202].

C - LA FRANCHE-COMTÉ

689. Louis XIV, à son tour, invoquera l'usage effectif de la langue comme marque de sa souveraineté, pour appuyer ses prétentions sur la Franche-Comté, terre d'empire où l'on parlait français. Dans ses *Mémoires*, il justifie sa conquête de 1668, consacrée dix ans plus tard par les Traités de Nimègue, à partir de trois arguments :

1201 Les provinces de Bresse et de Bugey sont aujourd'hui incluses dans le département de l'Ain, le pays de Gex est partagé entre l'Ain et l'actuel canton de Genève. Sur l'histoire de cette conquête, on peut utilement consulter l'ouvrage de J. BAUX, *Histoire de la réunion à la France des provinces de Bresse, Bugey et Gex*, Bourg, Millet-Bottier, 1852.

1202 Cité dans N. ROULAND, « Les politiques juridiques de la France dans le domaine linguistique », dans *Revue française de Droit constitutionnel*, 35, 1998 p. 517-562 (cit. p. 524). Également dans J. POUMARÈDE, « Approche historique du droit des minorités et des peuples autochtones », dans N. ROULAND, S. PIERRÉ-CAPS, J. POUMARÈDE, *Droit des minorités et des peuples autochtones*, Paris, PUF, 1996, p. 75-76.

« Je considérais, que c'était une province grande, fertile et importante, qui par sa situation, *par sa langue* et par ses droits aussi justes qu'anciens, devait faire partie de ce royaume »[1203].

690. Si la situation géographique est un fait, les droits « aussi justes qu'anciens » évoqués par le roi n'ont jamais existé : la comté de Bourgogne, même possédée par des princes du sang de France[1204], avait toujours été terre d'empire[1205]. Dans la pensée du monarque, la langue enfin est certainement fondamentale, car elle facilite l'intégration des populations et conduit par conséquent à l'uniformisation administrative et judiciaire[1206].

§ II - L'INTÉGRATION DE PROVINCES PARTIELLEMENT FRANCOPHONES

691. La conquête fondée sur le principe « là où est la langue du roi, celui-ci doit régner » est ici facilitée par le fait que le territoire conquis pratique un bilinguisme où la langue du roi est partie prenante. La Flandre et la Lorraine purent, pour cette raison, intégrer plus facilement le royaume en raison de la présence d'une forte minorité (Flandre) ou, mieux, d'une immense majorité (Lorraine) de francophones.

1203 LOUIS XIV, *Mémoires*, 2 vol., Paris, éd. Ch. Dreyss, 1860, t. II, p. 328.

1204 Le premier Capétien appelé à diriger la comté sera le futur Philippe V, second fils de Philippe le Bel. Ce dernier lui avait fait épouser Jeanne, fille et héritière du comte Othon III. À la mort de Philippe V, sa veuve gouverna la comté et la transmit à sa fille aînée, également dénommée Jeanne, qui, elle-même, la transmit par son mariage avec le duc Eudes IV à la première maison capétienne de Bourgogne. À la mort de Philippe de Rouvres, petit-fils d'Eudes IV, Jean le Bon obtint pour son cadet, tige de la seconde maison de Bourgogne, l'investiture de la Franche-Comté. Le dernier Valois à gouverner la comté sera Charles le Téméraire ; sa fille, Marie de Bourgogne transmettra, par mariage, le fief impérial aux Habsbourg.

1205 E. LAVISSE, *Louis XIV*, ouvr. cité, t. II, p. 112-113.

1206 Sur cette intégration, on peut notamment consulter E. LAVISSE, *Louis XIV*, ouvr. cité, t. I, p. 161-162 ; également, M. GRESSET, *Le monde judiciaire à Besançon. De la conquête par Louis XIV à la Révolution française (1674-1789)*, Thèse lettres, Paris IV, 1974, Service des reproduction des thèses, Université de Lille III, 1975 ; du même, « Mérite, naissance et fortune dans le recrutement des magistrats au Parlement de Franche-Comté (XVIIe-XVIIIe siècles) », dans *Les parlements de province. Pouvoirs, justice et société du XVe au XVIIIe siècle* (dir. : J. POUMARÈDE et J. THOMAS), Toulouse, Framespa, 1996, p. 633-641.

A - LA FLANDRE

692. Le fondement linguistique comme justification de l'intégration a sans nul doute motivé la démarche d'Henri IV au tout début du XVIIème siècle, lorsqu'il proposait aux états généraux des Provinces-Unies une alliance militaire contre l'Espagne, le prix de son appui étant la cession au royaume du comté de Flandre « et des autres pays de langue française »[1207]. Comme dans le Traité de Chambord le rapprochement est fait entre langue et souveraineté. La revendication de la Flandre, initialement française dans le cadre du royaume féodal, mais n'ayant jamais réintégré le domaine de la couronne dont elle avait été soustraite avec l'Artois par le Traité de Cambrai en 1529[1208], pouvait être fondée sur une logique différente que celle de la communauté de langue. L'indivisibilité domaniale aurait ainsi pu être invoquée. Pourtant, ce n'est pas ce qui fonde, à ce moment-là, la pensée du roi Henri, qui appuie sa prétention sur le fait qu'il s'agit de « pays de langue française », à l'instar de la Bresse, du Bugey et du pays de Gex qu'il vient de conquérir. Le vernaculaire flamand qui manifestement domine sur ces territoires n'est pas même évoqué. Il en ira différemment lorsque ces territoires flamingants seront effectivement réunis au royaume par Louis XIV. Cette conquête de la Flandre flamingante a été faite en deux temps : d'abord Dunkerque (I), puis la Flandre occidentale proprement dite avec la création du Conseil supérieur de Tournay (II).

I - Dunkerque

693. Jusqu'en 1658, la seigneurie de Dunkerque est indissociable du comté de Flandres dont elle relève. Elle en suivra les vicissitudes, successivement bourguignonne, autrichienne, espagnole. La France la conquiert, en 1657, à la bataille des Dunes. Mais l'année suivante, la seigneurie est remise à l'Angleterre en vertu du traité d'alliance conclu entre Cromwell et Mazarin. Elle ne resta que quatre ans sous la domination anglaise. En 1662, Charles II vendit Dunkerque à Louis

1207 F. BRUNOT, *Histoire de la langue française*, ouvr. cité, t. V, *Le français en France et hors de France au XVIIe siècle*, p. 88.

1208 J. JACQUART, *François Ier*, Paris, Fayard, 1981, p. 218-219. Les dispositions de Cambrai seront réitérées par le Traité de Crépy en Laonnois, de 1544, par lequel le roi renonce de nouveau à la suzeraineté de la Flandre et de l'Artois et à toute prétention sur Tournais et le Tournésis. *Cf.* P. VIOLET, *Histoire des institutions publiques et administratives de la France*, ouvr. cité, t. IV, p. 2-3 et les notes.

XIV pour cinq millions de livres : la seigneurie réintégrait définitivement le royaume[1209].

694. C'est une ville où la langue judiciaire est le flamand, mais où le français est largement pratiqué, notamment par les élites. Maquard, subdélégué de l'intendant, conseille donc à Colbert de ne pas atermoyer et de « marquer » plus fortement la souveraineté du roi en imposant sa langue : « Il seroit bon que le Roi ordonnast qu'elle (la justice) sera rendue en François à l'advenir ; chacun d'eux (il s'agit des juges) l'entend ». Dans sa correspondance, il n'invoque cependant pas la souveraineté du roi pour justifier l'imposition de la langue, mais l'insécurité juridique générée par la traduction du flamand en français : « quand ils (les juges) la rendent (la justice) en flamand, vous sçavez Monsieur, qu'un interprète changeant un mot ou l'interprétant mal fait un grand procès »[1210]. L'argumentation paraît peu convaincante. Elle masque plutôt une « manœuvre » du gouvernement royal qui n'osant prendre, dans une ville nouvellement acquise, une position trop tranchée pour affirmer une des principales marques de sa souveraineté se réfugie derrière un argument de bonne administration de la justice.

695. Quoi qu'il en soit, le principe « là où le roi règne, sa langue doit être imposée » sera donc mis en œuvre dès l'année suivante. C'est ainsi qu'une « dépêche »[1211] du 26 mai 1663 adressée au magistrat de Dunkerque va ainsi promouvoir l'usage de la langue du roi dans tous les actes publics. Le roi ne justifie d'ailleurs pas sa décision, mais il impose le français, en tant que langue d'État, pour favoriser l'uniformité et dès lors l'unité du royaume :

> « ...à présent que la ville de Dunkerque et ses dépendances font partie de Nos Estats et qu'elles Nous sont acquises pour toujours, désirant, autant qu'il se pourra faire, parler le même langage que dans les autres villes de nostre Royaume ; Nous vous faisons cette lettre, pour vous dire que nostre intention est que doresnavant toutes les Ordonnances, Sentences et Jugements qui seront par vous rendus, ensemble tous les Actes et Procédures qui seront faites en conséquence, soyent proférées et couchées par écrit en Langue Françoise ; à quoy Nous vous ordonnons très expressément de vous conformer et de tenir la main à ce qu'il n'y soit point contrevenu, et Nous promettant que vous y satisferez selon votre affection

---

1209 V. DERODE, *Histoire de Dunkerque*, Lille, E. Reboux, 1852, p. 123 et s.

1210 Cité par F. BRUNOT, *Histoire de la langue française*, ouvr. cité, t. V, *Le français en France et hors de France au XVIIe siècle*, p. 92.

1211 Une « despesche » est une « lettre concernant les affaires publiques », mais dispensée des formes diplomatiques imposées aux lois du roi. *Le Dictionnaire de l'Académie françoise*, ouvr. cité, t. I, p. 363.

accoutumée pour les choses que Nous désirons, Nous ne vous ferons la présente plus longue ny plus expresse ; ny faites donc faute car tel est nostre plaisir »[1212].

696. Cette prescription, imposée non par édit mais sur ordre formel du souverain, c'est-à-dire en dehors même de tout contrôle, – la « dépêche » n'étant pas soumise à vérification et enregistrement – fut immédiatement mise en œuvre puisque quelques mois plus tard, le souverain sera amené à préciser, en la confirmant, que bien évidemment son ordre du 26 mai ne pouvait concerner les procédures en cours :

> « ...par nostre dépêche du 26 may dernier, Nous vous avons mandé que nostre volonté étoit que doresnavant toutes les Ordonnances, Sentences et Jugements qui seroient par vous rendus, ensemble tous les Actes et Procédures de justice fussent proférées et couchées par vous en Langue Françoise ; mais considérant qu'il ne seroit pas convenable que les Procez qui ont esté commencez ou instruits en Langue Flamende, fussent continuez en autre Langue, Nous vous faisons cette lettre, pour vous dire que Nous trouvons bons, que ce qui reste à faire pour la conclusion et Jugement des procez encommencez, soit couché et proféré en Langue Flamande, ainsi que par le passé ; et qu'à l'égard des Procez qui pourront être doresnavant intentez, les procédures en soient faites et proférées en Langue Françoise suivant ce qui est porté par nostre précédente Dépêche, à laquelle Nous remettant de ce que Nous pourrions ajouter à la présente, Nous ne vous la ferons plus longue, n'y plus expresse ; n'y faites donc faute, car tel est notre plaisir »[1213].

697. Dès 1663, soit un an après son rachat, Dunkerque, contraint de renoncer au flamand, jusqu'alors langue officielle de l'ordre judiciaire, adhère bon gré mal gré à la langue du roi de France, dans laquelle sont désormais tenus de s'exprimer tous ses magistrats.

II - La Flandre occidentale

698. La conquête de la Flandre occidentale repose sur l'idée défendue par Sully d'une restauration de la France dans « son ancienne splendeur »[1214]. Le comté de Flandre n'est-il pas, nous l'avons vu,

1212 Texte publié par F. BRUNOT, *Histoire de la langue française*, ouvr. cité, t. V, *Le français en France et hors de France au XVIIe siècle*, p. 92 et note 2.

1213 *Ibid.*, p. 92 et note 3.

1214 J. LORGNIER, « Cour souveraine et parlement de Tournai, pièces maîtresses de l'ordre judiciaire français dans les anciens Pays-Bas » dans *Les parlements de province. Pouvoirs, justice et société du XVe au XVIIIe siècles* (Dir. : J. POUMARÈDE et J. THOMAS), ouvr. cité, p. 141-164.

initialement domanial ? Cette conquête trouve pourtant sa cause immédiate dans la nécessité d'une guerre pour faire valoir les droits de la reine de France, Marie-Thérèse, sur la succession de son père Philippe IV d'Espagne[1215]. La paix instaurée, l'intégration institutionnelle des nouveaux territoires dans le royaume unitaire sera, là comme ailleurs, initiée par l'uniformité judiciaire. Ce sera l'objet de l'édit d'avril 1668 portant création du Conseil souverain de Tournai[1216], puis de l'édit de mars 1679 portant attribution de juridiction à cette cour dans les territoires cédés au roi par le Traité de Nimègue[1217]. La francisation des institutions par une mise en œuvre implicite des normes de Villers-Cotterêts va sans dire : le vernaculaire royal est la seule langue mise en œuvre au Conseil de Tournai[1218]. Mais ce dernier embrasse dans son ressort des juridictions inférieures où l'on plaide et instrumente « en langue flamande ». C'est le cas de la Flandre occidentale. Un édit de décembre 1684 va donc étendre la mesure frappant les flamingants de Dunkerque à l'ensemble de la Flandre occidentale :

> « ...Ayant été informé que dans notre Ville d'Ypres, ainsi que dans toutes les autres villes et Chatellenies de la Flandre occidentale, qui sont en notre

---

1215 F. BLUCHE, *Louis XIV,* ouvr. cité p. 354-356. Pour une présentation concise des événements, *Cf.* P. PIERRARD, *Histoire du Nord, Flandre, Artois, Hainaut, Picardie,* Paris, Hachette, 1978, p. 214 et s.

1216 *Recueil des Édits, Déclarations, Lettres patentes et ordonnances enregistrés au parlement de Flandres, des arrêts du Conseil d'État particuliers à son ressort ; ensemble des arrêts de règlemens rendus par cette cour depuis son érection en Conseil souverain de Tournay*, Douay, Six et Plouvain, 1785-1788, 9 vol., t. I, p. 1-3

1217 *Ibid.*, t. I, p. 132. On peut rappeler que les échecs essuyés à la fin du règne de Louis XIV et la perte de Tournai en 1709 ne scellèrent pas la disparition de la cour souveraine mais contraignirent l'administration française, s'appuyant sur ses bases arrières en Cambrésis, à transférer la Cour à Cambrai, avant de l'installer définitivement à Douai. Sur ces différents points, *Cf.* G.-M.-L. PILOT, *Histoire du parlement de Flandres*, Douai, Adam d'Aubers, 1849, 2 vol.

1218 J. LORGNIER, « La justice du roi soleil dans les anciens Pays-Bas. Organisation de la justice dans le ressort du Conseil souverain de Tournai », dans *Les juridictions supérieures*, (dir. : O. MORMAN van KAPPEN), Nimègue, G. Noodt Instituut, 1994, p. 19-52. Le recrutements de magistrats francophones était le corollaire logique de la mise en œuvre des normes réinterprétées de Villers-Cotterêts. *Cf* M. PINAULT, *Histoire du parlement de Tournai, contenant l'établissement et les progrès de ce tribunal avec un détail des Édits, Ordonnances Règlemens concernants la justice y envoyez*, Valenciennes, Henry, 1701, p. 3 et s. *Cf.* également : J. LORGNIER, « Cour souveraine et parlement de Tournai, pièces maîtresses de l'ordre judiciaire français dans les anciens Pays-Bas » dans *Les parlements de province. Pouvoirs, justice et société du XVe au XVIIIe siècles* (Dir. : J. POUMARÈDE et J. THOMAS), ouvr. cité, p. 156-164.

obéissance, l'on y plaide en Langue Flamande ; en sorte que lorsque nos Sujets desdits Villes et Chatellenies sont obligés d'aller plaider en Notre Conseil Supérieur de Tournay, et souvent pour des affaires de très petite conséquence, ils sont tenus de faire traduire en François, non seulement les pièces des procès, mais encore les écritures, ce qui, outre les grands frais que cela leur cause, il pourroit arriver que ces traductions n'étant pas fidelles, elles mettroient en grand péril, la vie, l'honneur et les biens des Parties, d'autant qu'il se trouve de certaines constructions dans la Langue Flamande qui ne se peuvent rendre aisément en une autre, de manière que l'omission d'un mot, et quelquefois d'une virgule, est capable d'altérer le véritable sens d'une pièce, sur laquelle roulera la décision d'un procès : et désirans pour le bien de nosdits Sujets prévenir ces inconvéniens, et pourvoir en même temps à ce que la justice leur soit rendue avec le plus de commodité qu'il se pourra à l'égard des affaires de peu de conséquence… Voulons et nous plaît que doresnavant, et à commencer du premier de mars prochain, il ne puisse être plus plaidé dans la Ville d'Ypres, et dans toutes les autres Villes et Chatellenies de la Flandre occidentale qu'en Langue Françoise ; défendons à cette fin à tous Avocats et procureurs de se plus servir de la Langue Famande, soit pour les plaidoyés, soit pour les écritures ou autres procédures, et aux Magistrats desdites Villes et chatellenies de le souffrir, ni de prononcer leurs jugemens qu'en Langue Françoise, à peine de nullité et de désobéissance »[1219].

699. Bien que l'imposition de la langue, marque de la souveraineté du roi, soit « masquée » par une argumentation technique sur la complexité de la langue flamande, cet édit de décembre 1684 qui consacre l'incorporation de la Flandre dans le royaume veut « marquer » l'unité de ce dernier par le positionnement judiciaire de la langue du roi[1220]. Le français, là encore, est devenu langue d'État.

700. L'imposition de la langue du roi a été réalisée rapidement et sans heurt. Différentes raisons permettent de comprendre cet incontestable et rapide succès. D'abord l'usage du flamand est maintenu dans la sphère privée, et notamment comme langue scolaire. À l'instar de Dunkerque, et c'est une seconde raison, « le français, depuis la fin du Moyen Âge, n'est nullement inconnu dans un pays parsemé d'écoles ». La Contre-

---

1219 *Recueil des Édits, Déclarations, Lettres patentes etc… enregistrés au parlement de Flandres*, ouvr. cité, t. I, p. 610 et s.

1220 Le gouvernement royal estimera nécessaire de réitérer, en 1698, l'obligation de plaider et d'instrumenter, dans la seule langue française ; ce sera l'objet de la Déclaration royale du 9 décembre qui attribue au bailliage d'Ypres la même juridiction que le Conseil provincial de Gand ; ce texte sera enregistré au parlement de Tournai le 25 janvier 1699. *Cf. Recueil des Édits, Déclarations, Lettres patentes etc… enregistrés au parlement de Flandres*, ouvr. cité,, t. II, p. 713 et s.

Réforme catholique, enfin, fait de cette région « une nouvelle Jérusalem, fidèle au pape »[1221]. Ceci permet de comprendre qu'en dépit du processus, nécessairement violent, d'annexion française à partir de 1659, le royaume des Bourbons n'est pourtant pas, sur place, détesté *a priori*.

701. Certes, après l'annexion, les anciennes loyautés au pouvoir ibérique subsistent encore ça et là pour quelque temps. De bons observateurs français, qui visitent ce qui va devenir le « nord du royaume » considèrent toujours qu'il faut « désespagnoliser » les esprits. Mais Madrid est loin, et la Flandre occidentale, désormais partie intégrante du royaume, est géographiquement coupée des néerlandophones de Hollande par le bloc « austro-belge ». Pour cette raison, elle va se soumettre – d'assez bon gré – à la culture dominante la plus proche, la plus contiguë, c'est-à-dire, la culture française, celle qui « rayonne » depuis Paris par le relais lillois, et qu'épaule sur les marges l'université de Douai[1222].

702. Bien que dans l'enseignement local, le français ne soit pas obligatoire, la langue du roi va devenir un instrument d'unité, car « le prestige du parler national de Paris ou de Versailles est localement si fort que l'élite à Dunkerque, à Cassel ou à Bergues devient bilingue ». Elle se munit de bibliothèques ou 95 % des ouvrages sont imprimés dans la langue du royaume, et 5 % en flamand ou en latin[1223].

B - LA LORRAINE DITE ALLEMANDE

703. L'incorporation de la Lorraine dans le royaume est un vieux projet de la monarchie capétienne. Un projet dont la réalisation effective se fera par une succession de guerres jalonnées par autant de traités qui, depuis celui de Chambord en 1552 à celui de Vienne en 1738, feront glisser cet État indépendant dans la mouvance des rois de France. François III, dernier duc éponyme de Lorraine, sera, en raison de son mariage avec la future impératrice Marie-Thérèse, contraint de renoncer à ses domaines héréditaires. La souveraineté nominale et viagère du duché sera alors confiée à Stanislas Leszczynski pour compenser son abdication volontaire du trône polonais le 26 janvier 1736. C'est avec

1221 E. LE ROY LADURIE, *Histoire de France des régions. La périphérie française, des origines à nos jours,* Paris, édit. du Seuil, 2001, p. 58.

1222 E. LE ROY LADURIE, *Histoire de France des régions. La périphérie française, des origines à nos jours,* ouvr. cité, p. 59-60.

1223 *Ibid.*, p. 61.

l'entrée, le 6 mars 1737, du roi-duc à Lunéville que l'on peut considérer que la Lorraine est devenue française, la mort de Stanislas, le 23 février 1766, officialisant seulement le rattachement à la couronne[1224] : « Désormais, – nous dit M.-T. Allemand-Gay – la fiction de la souveraineté de Sa Majesté polonaise disparaît et le gouvernement français peut mener à visage découvert l'œuvre de francisation »[1225]. Celle-ci fut, sans nul doute, plus aisée qu'ailleurs car les ducs de cet « État frontière » parlaient français depuis des siècles[1226]. Le dernier d'entre eux, le duc polonais Stanislas, considérait, pour cette raison, que « la langue françoise est la langue naturelle des sujets de notredit Duché »[1227]. Mais le duché comprenait quelques subdivisions de langue allemande dites « baillage d'Allemagne » que le duc François II, en 1630, estimait représenter le tiers de la population de son État et dont il entendait respecter le particularisme linguistique[1228].

704. Nous avons vu quelle était la position des rois de France au regard des territoires d'expression française : ils estimaient en être les maîtres

---

1224 M. PARISSE, *Histoire de Lorraine*, Toulouse, Privat, 1978, p. 325 et s. ; G. CABOURDIN, *Quand Stanislas régnait sur la Lorraine*, Paris, Fayard, 1980, p. 70 et s.

1225 M.-T. ALLEMAND-GAY, « L'originalité du parlement de Nancy au lendemain du rattachement à la France », dans *Les parlements de province. Pouvoirs, justice et société du XVe au XVIIIe siècles* (dir. : J. POUMARÈDE et J. THOMAS), ouvr. cité, p. 229-244 (cit. p. 230).

1226 Sur la langue en Lorraine, outre F. BRUNOT, *Histoire de la langue française des origines à nos jours*, t. VII, *La propagation du français en France jusqu'à la fin de l'ancien régime,* ouvr. cité, p. 296-300, on peut consulter G. MAY, *La lutte pour le français en Lorraine avant 1870* , Nancy et Paris, 1912, *Annales de l'Est*, 26e année, n^e spécial, in 8° de 55 p.

1227 Édit du 27 septembre 1748. *Recueil des Édits, Ordonnances, Déclarations et Réglemens du duc de Lorraine*, Nancy, chez la veuve Cusson Lamort, 1733-1786, 14 vol., t. VII, p. 241-242 ; texte publié également par P. LÉVY, *Histoire linguistique d'Alsace et de Lorraine*, Paris, Les Belles Lettres, 1929, 2 vol., t. I, p. 351.

1228 Ce même duc François II, dans une ordonnance du 1er décembre 1630, créant un collège de Jésuites à Bockenheim, précisait sa position à cet égard : « ... notre intention est que la langue allemande soit entretenue, voire cultivée, le mieux qu'il se pourra dans notre dit comté (de Saarwenden) en faveur de nos sujets allemands qui sont environ le tiers des habitans de Lorraine ». Un mandement du duc René II (le roi René des Provençaux), en date du 26 janvier 1484, adressé « aux Président et gens des comptes du duché de Lorraine » avait, cependant, donné officiellement au français et au latin une place particulière dans la langue de la comptabilité ; ce texte leur intimait, en effet, « que doresnavant ilz ne recevent plus les comptes du bailliaige d'Alemaigne en langaige aleman fors en franczoys ou en latin et ce à commencer du premier jour de ce présent moys de janvier ». *Cf.* F. BRUNOT, *Histoire de la langue française des origines à nos jours,* t. V, p. 89, note 3 naturels. Henri II s'était ainsi emparé, par la force, des Trois-Évêchés, territoire lorrain s'il en fut, et, par application du principe « là où est la langue du roi, celui-ci doit régner », ne les avait jamais restitués. Thionville, au cœur du baillage d'Allemagne, sera incorporé au Royaume par le Traité des Pyrénées (1659). L'attitude des Thionvillois, au lendemain de leur « réunion », est surprenante dans la mesure où c'est toute une population qui, prenant en compte le changement de maître, décide de changer d'idiome, mettant ainsi en application, de leur propre mouvement, la norme suggérée par Pasquier et mise en œuvre, nous le verrons, dès 1620, pour la Navarre et le Béarn (« là où le roi règne, sa langue doit être imposée »). Les Thionvillois décident, en effet, de leur propre mouvement, d'employer le français dans les actes publics. C'est ce que reconnaissent et consacrent les Lettres-patentes que leur adresse Louis XIV en juillet 1661 :

> « ...Les exposans pour faire veoir avec quelle submission ils ont reçu cette réunion et que leur desseing est de se conformer autant qu'il leur sera possible à ce que doibvent faire et observer tous nos autres subjez, sous notre bon plaisir, ont résolu que doresnavant tous leurs actes publics et de justice, seroient rédigez en langage françois, au lieu que leurs prédécesseurs et eux jusques à présent les ont faicts et prononcez en langue allemande... » ; déférant à leur supplique, le roi décide en conséquence « que doresnavant... tous les actes publics qui seront passés tant en justice, sentences et autres procédures et instructions et les partyes et autres acte par devant tabellions, notaires ou autrement entre particuliers, soient rédigés en langue françoise »[1229].

705. C'était là une mesure dont la portée *ratione loci* ne pouvait être que de peu d'amplitude fut-ce dans le baillage d'Allemagne. Elle constitue pourtant les prémisses de l'instrumentalisation future, aux fins d'uniformité et d'unité, de la langue du roi en Lorraine. La marque souveraine du roi, par l'imposition de sa langue, sera réalisée quelques décennies plus tard.

706. En 1735, quand la province passa des mains de ses maîtres héréditaires sous le gouvernement de l'ancien roi de Pologne, Stanislas, la « fiction de la souveraineté » permit au gouvernement français de prendre les rennes du duché. Le roi de France, héritier présomptif de son beau-père, le roi-duc, lui adjoignit, dès 1737, un intendant royal pour préparer l'incorporation au royaume. C'est ainsi que La

1229 Publié par G.-F. TEISSIER, *Histoire de Thionville, suivie de divers mémoires sur l'origine et l'accroissement des fortifications, les établissements religieux et de charité, l'instruction publique, la topographie, la population, le commerce et l'industrie*, Metz, Verronais, 1828, p. 408-410.

Galaizière, nommé également chancelier de Stanislas, devint *de facto* le maître de Nancy. Il exposa au roi-duc les avantages qu'il y aurait d'étendre dès ce moment à la Lorraine les mesures qu'on prenait partout et de supprimer un « abus contraire à l'uniformité d'idiome nécessaire entre les sujets d'une même souveraineté »[1230]. Quelques mesures prises en ce sens par l'intendant semblent avoir suscité, dès l'abord, peu d'enthousiasme[1231]. Le temps passant le duc se laissa convaincre et, le 27 septembre 1748, ordonna qu'on fit en français tous les actes relevant du judiciaire et du para-judiciaire. Cet édit « portant défenses de passer aucun acte en idiome allemand » imposait la marque de la souveraineté française dans l'État lorrain, préparant ainsi son incorporation au royaume :

> « La partie de notre Duché de Lorraine, connue sous le nom d'Allemande, étant voisine immédiate de la province d'Alsace et des terres de l'Empire, et même aucuns des lieux qui la composent, se trouvant environnés de ceux de ladite province et desdites terres, il est arrivé que plusieurs de nos Sujets qui habitent cette partie, tant pour la plus grande facilité du Commerce, que par leurs fréquentes alliances avec leurs Voisins, ont presque totalement abandonné l'usage de la Langue Françoise, qui est cependant la Langue naturelle des Sujets de notredit Duché ; et quoique Nous ayions pris, à l'exemple des Ducs nos Prédécesseurs, la précaution de ne confier les Offices de Judicature et de Tabellionnage, qu'à des Gens qui sachent les deux Langues, Françoise et Allemande, pour y administrer la Justice, et instrumenter dans la première de ces deux langues, Nous sommes néanmoins informé que plusieurs d'entre eux mettent en Allemand les Sentences, Jugemens, Actes, Contrats et Procédures qu'ils expédient, au sujet des affaires et contestations que lesdits Habitants ont à raison de leurs Biens et Commerce, ce qui les engage toujours d'autant plus à quitter leur Langue naturelle, pour parler uniquement celle qui leur est étrangère ; et voulant empêcher le progrès d'un abus si contraire à l'uniformité d'Idiome nécessaire entre les Sujets d'une même Souveraineté, et en même tems si préjudiciable au bien de notre service. A ces causes, Nous, de notre certaine science, pleine puissance et Autorité Royale, avons dit, statué et ordonné, disons, statuons et ordonnons, voulons et Nous plait, qu'à commencer du jour de la publication de notre présent Edit, toutes les Procédures à faire pardevant les Juges, de notre Bailliage d'Allemagne, ceux de leur ressort, et tous autres de notre Souveraineté, Terres et Seigneuries de notre obéissance, ensemble les Actes, Contrats et autres, de telle nature ils puissent être, soient

1230 Cité par F. BRUNOT, *Histoire de la langue française des origines à nos jours*, ouvr. cité, t. VII, *La propagation du français en France jusqu'à la fin de l'Ancien Régime*, p. 298.

1231 HAUSSONVILLE G. de CLÉRON (comte d'), *Histoire de la réunion de la Lorraine à la France*, Paris, Michel Lévy frères, 1860, 4 vol., t. IV, p. 290 et 305.

faits, dictés et rédigés en Langue Françoise, et que les expéditions et copies en soient faites et délivrées en ladite Langue ; faisons très-expresses défenses à tous Juges, Magistrats, Avocats, Procureurs, Tabellions, Greffiers, Huissiers, Sergents et à tous autres qu'il appartiendra, chacun à leur égard, de faire dicter, rédiger, expédier, aucun desdits Actes de Procédures, Jugemens, Sentences, Contrats, et autres, en Langue Allemande et toute autre Langue que la Françoise, à peine de nullité d'iceux, de tous dépens, dommages et intérêts des Parties intéressées et de cinq cent livres d'amende contre chacun contrevenant »[1232].

707. Il est remarquable de constater que le duc Stanislas instrumentalise la langue du roi pour parvenir « à l'uniformité d'idiome nécessaire entre les Sujets d'une même Souveraineté ». On retrouve, sous la plume du roi polonais, la définition de Bodin sur la nécessité pour le roi d'imposer sa langue s'il veut être vraiment souverain. La langue du roi de France est désormais protégée par un ordre public spécifique : ne pas l'utiliser dans l'exercice du judiciaire et plus généralement du parajudiciaire est désormais sanctionné par le droit pénal. Le français devint définitivement, sur l'ensemble du duché de Lorraine, une marque de la souveraineté à venir du roi de France. Il y eut bien quelques protestations mais pas de rébellion[1233]. L'allemand fut toléré dans les rapports présentés devant les justices seigneuriales[1234] et dans les hymnes chantés dans les églises paroissiales[1235]. En 1789 les cahiers de doléance ne formulent aucune protestation contre l'ordre des choses établi depuis 1748. Ceux de plusieurs paroisses du baillage demandent seulement la traduction des ordonnances en allemand, seule langue comprise par les habitants[1236].

708. L'enseignement du français était nécessaire. Il fut donc envisagé dans certaines localités du baillage d'Allemagne comme une mesure contraignante pour aligner les populations tudesques sur le reste du

1232 Édit du 27 septembre 1748. *Recueil des Édits, Ordonnances, Déclarations et Réglemens du duc de Lorraine*, ouvr. cité, t. VII, p. 241-242 ; texte publié également par P. LÉVY, *Histoire linguistique d'Alsace et de Lorraine*, ouvr. cité, t. I, p. 351.

1233 G. MAY, « La lutte pour le français en Lorraine avant 1870 », art. cité, p. 162-163.

1234 *Recueil des Édits, Ordonnances, Déclarations et Réglemens du duc de Lorraine*, ouvr. cité, t. XIV, p. 155, un arrêt du parlement de Nancy du 24 août 1778 en consacre l'usage.

1235 R. PARISOT, *Histoire de Lorraine*, 2ème édit., Paris, Picard, 1922-1925, 4 vol., t. II, p. 262.

1236 *Ibid.*, t. II, p. 261.

duché et du royaume. Dix ans après l'incorporation du duché, certains subdélégués de l'intendant dans le baillage d'Allemagne sollicitaient la mesure. Ainsi Tailleur, subdélégué de Tholey, dans un rapport du 25 août 1779, l'estimait indispensable car « il y a dans cette partie de la province un grand nombre de villages allemands, où les Maîtres d'École ne savent pas même le français ». Il recommande à cette fin que ces derniers soient désormais recrutés parmi les personnes qui parlent les deux langues[1237]. Le subdélégué de Sarreguemines lui fait écho dans un rapport du 8 avril 1780 où il estime que grâce à l'enseignement du français,

> « les habitans de la campagne seront à portée d'apprendre ce que l'on exige d'eux, par les différentes loix et ordonnances qui leur sont adressées et dont ils n'apprennent presque jamais la teneur, pour n'avoir personne, pas même le curé, qui soit en état de leur en donner lecture, encore moins l'interprétation »[1238].

709. Le temps a manqué pour mettre en œuvre le projet ; les soucis des subdélégués étaient en réalité marginaux car, semble-t-il, hormis quelques localités du bailliage, il est manifeste que, dès la seconde moitié du XVIIIe siècle, le français était définitivement implanté en Lorraine. Il existe des preuves que les villes, mêmes petites, étaient devenues françaises. C'est évidemment le cas de Thionville. Un témoin rapporte à ce sujet l'anecdote suivante : en 1750, la municipalité de cette ville, se trouvant dans le cas de consulter ses protocoles du milieu du siècle précédent, ne trouva qu'un seul habitant instruit, un réformé du régiment allemand de Rosen, en état de les entendre, parce qu'ils étaient en allemand. L'anecdote, au dire de F. Brunot qui l'a rapporte, serait d'une authenticité douteuse[1239]. P. Lévy, dans son *Histoire linguistique de Thionville* fournit d'autres témoignages qui montrent de façon indubitable les progrès du français[1240].

1237 J. CREUTZER, *Des intendants de Lorraine et de leur action sur l'instruction primaire, dans cette province (état de l'instruction primaire en Lorraine aux XVIIe et XVIIIe siècles)*, Nancy, Veuve Ménager, 1881, p. 22.

1238 *Ibid.*, p. 22.

1239 F. BRUNOT, *Histoire de la langue française des origines à nos jours*, ouvr. cité, t. VII, *La propagation du français en France jusqu'à la fin de l'Ancien Régime*, p. 300.

1240 P. LÉVY, « Histoire linguistique de Thionville », *Revue des Études Historiques*, oct.-déc. 1923, t. V, p. 441-442. Il cite en particulier le témoignage de R. de Hessen (emprunté au *Dictionnaire universel de la France*, 1761, t. VI, p. 312) : « Il n'y a plus que les anciens et le peuple qui y parlent la langue Allemande, la garnison et les

710. Mais qu'en était-il des États et provinces dotés d'une langue propre, et intégrés dans le royaume aux XVIIe et XVIIIe siècles ? Leur alignement dans l'organisation du royaume posera à un moment donné le problème de la langue administrative et judiciaire. Car si, en effet, le roi fédérateur s'accommode du plurilinguisme pratiqué par les provinces, il ne saurait l'accepter dans les domaines où son pouvoir est en cause. Un nouveau principe, celui-là même proposé par Bodin et Pasquier, va dès lors être posé, pour justifier l'assimilation par la langue. On peut le formuler ainsi : « là ou le roi règne, sa langue doit être imposée ».

---

autres parlent communément la langue Françoise ». Pour R. de Hessen, la cause serait la suivante : « L'argent que les troupes y répandent, contribue davantage à leur subsistance que leur commerce et leurs fabriques qui ne consistent qu'en quelques bonneteries et chapellenies ».

SECTION II - L'INTÉGRATION POLITIQUE COMME PRINCIPE FONDATEUR DE L'UNIFICATION LINGUISTIQUE

711. A priori, il n'y a rien de nouveau sous le soleil du royaume des lys : c'est bien comme cela que l'administration et la justice fonctionnent depuis le début du XVIIe siècle, à tout le moins. Il y a cependant une différence fondamentale : en France le principe d'une langue officielle n'a jamais été formulé ; il y a une langue d'État, qui est le canal des ordres royaux et donc par où s'expriment la loi du roi, sa puissance exécutive et son pouvoir judiciaire, bref, sa souveraineté. Villers-Cotterêts s'est contenté de supprimer le latin, abandonnant ainsi l'espace de l'écriture judiciaire à la langue du roi. Ce triomphe du vernaculaire royal n'est vraisemblablement, nous pensons l'avoir démontré, qu'une évolution factuelle. Dès l'accession au trône du premier Bourbon, cette domination administrative et judiciaire du français n'est plus contestée et le fait s'est invétéré : il est devenu une sorte de « coutume générale », qui permet à l'absolutisme royal et à sa bureaucratie de gouverner le royaume d'une manière unitaire.

712. Il apparaît, dès l'abord, que le respect proclamé officiellement des libertés locales qui, selon les lectures différentes qui peuvent être faites des édits de rattachement ou d'intégration, incluent ou n'incluent pas la langue du vainqueur, que le gouvernement royal ne veut rien brusquer. Il ne veut pas heurter la génération vaincue, sachant que le temps joue pour lui et que les élites de la seconde, à tout le moins de la troisième génération, auront intégré la langue du vainqueur, au moins dans le cadre d'un bilinguisme de fait. Là ou le nouveau maître rencontrait des oppositions, des résistances, il estimait pouvoir en triompher sans les briser, et en temporisant au besoin. Le maintien de la langue provinciale était cependant *de facto* un frein à l'efficience administrative et judiciaire du nouveau pouvoir. Il fut donc nécessaire à un moment donné de prendre une position sur la langue. Le rattachement des nouveaux territoires va générer une politique juridique en matière linguistique pour aligner les nouvelles provinces sur le droit commun français. Le nouveau principe « là ou le roi règne, sa langue doit être imposée » répond parfaitement à la norme énoncée par Pasquier : « Lorsqu'un pays, est subjugué par la force des armes, il est contraint pour complaire aux victorieux d'apprendre sa langue ». Il y a donc

contrainte et cette promotion du vernaculaire royal va être mise en œuvre, mais au prix d'une adaptation spécifique à chaque territoire[1241]

713. Dans le contexte absolutiste des Bourbons, la domination du roi, sur un pays nouvellement conquis, se traduit avant tout par la mise en œuvre des « marques » de sa souveraineté. Et le roi va donc s'efforcer d'aligner ces nouvelles provinces sur le modèle administratif et judiciaire français. S'il accepte les usages locaux, s'il les intègre même dans sa législation, si l'exercice de son pouvoir législatif peut se conjuguer avec un effort de traduction dans les langues provinciales, ces concessions ne sauraient cependant porter atteinte à l'unité du royaume. Celle-ci impliquait logiquement l'unicité linguistique judiciaire. C'est au travers de l'expression de son pouvoir judiciaire que le roi va, en effet, imposer son propre vernaculaire, devenu la langue de son État. Sur ce point, le gouvernement royal n'a jamais transigé. La

1241 La seule institution « nationale » destinée à favoriser l'unité de l'État en instrumentalisant la langue du roi dans les nouveaux territoires fut le Collège des Quatre Nations créé par Mazarin, principal maître d'œuvre du rattachement des nouvelles provinces. Le 6 mars 1661, le cardinal déjà fixé sur la gravité de son état (il devait mourir le 9, trois jours après), fit appeler deux notaires du Châtelet, et leur dictat ses volontés touchant la création et l'organisation d'un établissement d'instruction, le Collège Mazarini, désigné par la suite, en raison de sa finalité même, Collège des Quatre Nations. Cette nouvelle appellation traduit remarquablement l'objet même du collège : intégration des élites étrangères par la culture et au premier chef par le partage d'une langue commune. Le collège Mazarini était appelé, en effet, à éduquer, en langue française, 60 écoliers recrutés dans les « quatre nations » intégrées à la France à la suite des traités de Westphalie et des Pyrénées. Le collège ainsi imaginé par le cardinal devait comprendre 15 « collégiens » originaires de Pignerol, 15 de l'Alsace, 10 de la Flandre, de l'Artois, du Hainaut et du Luxembourg, et 10 du Roussillon, du Conflans et de la Cerdagne, *Cf.* (A. FRANKLIN, *Recherches historiques sur le Collège des Quatre-Nations*, Paris, A. Aubry, 1862, p. 27). Il était, par la langue partagée, un instrument d'intégration, parce que, disait le cardinal, « comme toutes ces provinces sont nouvellement venues ou retournées sous la puissance du Roy, il estoit à propos de les y conserver par les moyens les plus convenables ». Il fallait donc franciser et – osons l'anachronisme – « francophoniser » les élites de ces quatre nations. Son but était « d'y nourrir, élever et instruire gratuitement des gentilshommes et des enfants des principaux bourgeois des villes e nations ci-dessus ». Ces volontés ne furent pas respectées à la lettre. Seuls ces membres du second ordre y furent accueillis ; mais encore fallait-il que leur noblesse ait une certaine ancienneté : la preuve de quatre degrés de noblesse paternelle était exigée (*Cf.* A. FRANKLIN, *Recherches historiques sur le Collège des Quatre-Nations*, ouvr. cité p. 63-64). Par lettres données à Saint-Germain en Laye en juin 1665 Louis XIV approuvera le testament, confirmera la « fondation Mazarini » et la réputera royale (ISAMBERT et *al.*, *Recueil général des anciennes lois françaises*, t. XVIII, p. 55-57, n° 451). Des lettres données à Versailles le 30 mars 1731 étendront le bénéfice du Collège à la province de Corse (ISAMBERT et *al.*, *Recueil général des anciennes lois françaises*, ouvr. cité, t. XXVII, p. 6, n° 1475).

mise en œuvre du pouvoir judiciaire, exprimé dans la langue du roi, est la première manifestation du nouveau souverain.

714 L'intégration dans le royaume de populations parlant initialement occitan, catalan, flamand, allemand ou italien sera réalisée sans difficulté majeure dès lors que le principe mis en œuvre *« là ou le roi règne, sa langue doit être imposée »* était en adéquation avec cet autre principe, que la révocation de l'édit de Nantes avait renforcé, *« cujus regio ejus religio »*[1242]. Il n'a été nécessaire de formuler ce second

---

1242 Le problème de l'imposition de la langue du roi s'est posé sous l'influence de Colbert dans un contexte particulier, celui de l'intégration des « sauvages » canadiens. Alors que, juridiquement, dans l'outre-mer royal, l'apprentissage du français ne fut jamais une condition nécessaire pour devenir « régnicole », ce précieux privilège étant uniquement lié à la conversion au catholicisme (la norme « une foi, un roi » était à cet égard suffisante conformément à l'art. 35 de l'édit du 28 mai 1664 établissant la Compagnie des Indes Orientales. *Cf.* M. L. E. MOREAU de SAINT-MERY, *Lois et Constitutions des colonies françaises de l'Amérique sous le Vent*, Paris, Imprimerie royale, 1785-1785, 6 vol., t. I, p. 100). Colbert voulait manifestement que cette conversion fut suivie d'une francisation (E. LAVISSE, *Louis XIV*, ouvr. cité, t. I, p. 258-261). En 1667, il écrit à Talon, intendant du Canada : « pour augmenter la colonie, il me semble qu'il n'y auroit rien qui y contribuast davantage que de tacher à civiliser les Algonquins et les Hurons et les autres sauvages qui ont embrassé le christianisme, et les disposer à se venir établir en communauté avec les François pour y vivre avec eux et élever leurs enfants dans nos mœurs et dans nos coutumes » (Arch. des Colbert, C112, 205 R°, Correspondance générale du Canada, manuscrit cité par F. BRUNOT, *Histoire de la langue française des origines à nos jours*, ouvr. cité, t. V, *Le français en France et hors de France au XVIIe siècle*, p. 107). La politique coloniale semble alors tout inspirée de cette idée d'assimilation. Sous l'impulsion du tout puissant ministre d'État, l'intendant Talon va s'aboucher avec tous ceux qui pouvaient être les instituteurs des Indiens : les Jésuites du Québec s'engagent ainsi formellement « à changer ces barbares en toutes leurs parties, à commencer par la langue » (*Cf. Ibid*, f° 317 V°, manuscrit cité par F. BRUNOT, ouvr. cité, t. V, *Le français en France et hors de France au XVIIe siècle*, p. 107), ainsi que les Sulpiciens qui, jusques là, ne s'étaient occupés que des enfants français expatriés. Ils acceptent formellement de participer à l'assimilation des indigènes par la langue. Le 5 avril 1668, Colbert, dans une lettre adressée à Bouteroue, intendant de la Nouvelle France, précise sa pensée : « Il a paru jusqu'à présent que la maxime des Jésuites n'a point été d'appeler les habitants naturels du pays en communauté de vie avec les François, soit en leur donnant des terres et des habitations communes, soit par l'éducation de leurs enfants et par les mariages. Leur raison a esté qu'ils ont cru conserver plus purement les principes et la sainteté de notre religion en tenant les sauvages convertis dans leur forme de vie ordinaire qu'en les appelant parmi les François. Comme il n'est que trop facile à connoître combien cette maxime est éloignée de toute bonne conduite, tant pour la religion que pour l'Estat, il faut agir doucement pour la leur faire changer et employer toute l'autorité temporelle pour attirer les sauvages parmi les François, ce qui se peut faire par les mariages et par l'éducation de leurs enfants » (Arch. des Colbert, B.1, f° 89, ordres du Roi, cité par F. BRUNOT, ouvr. cité t. V, *Le français en France et hors de France au XVIIe siècle*, p. 107-108). Un petit séminaire sera, à la suite de cette injonction, fondé à Québec en 1668 ; dans une lettre du 16 mai 1669 adressée à l'évêque de Pétrée au Quebec, le roi, principe qu'à partir du XVIe siècle, en raison du triomphe territorial de la Réforme. Avant les avancées majeures du calvinisme, du luthérianisme et de l'anglicanisme qui vont soustraire de l'obédience du Saint Siège de nombreux souverains et leurs sujets, un tel aphorisme eut pu être perçu comme une lapalissade, tant il allait de soi. Il n'était pas, en effet, nécessaire de le formuler dans le contexte féodal persistant nonobstant la montée en puissance des princes territoriaux, et du premier d'entre eux, le roi de France. Les engagements féodo-vassaliques étant d'ordre religieux, en tout cas sous la caution de la religion, le roi consacré, comme un clerc, ne pouvait régner que sur des hommes libres dont il partageait la religion catholique et romaine. Il n'était point besoin qu'il partage leur langue, le partage de la religion étant un ciment suffisamment fort entre le souverain et ses régnicoles[1243]. Il ne pouvait qu'en aller différemment lorsque les provinces conquises ne partageaient pas la religion du Roi : le principe, une foi un roi, était ainsi battu en brèche. L'alignement administratif et judiciaire était-il, en ce cas, suffisant pour promouvoir l'intégration de ces provinces dans le royaume ? La langue du Roi, véhicule de cette intégration, pouvait-elle favoriser l'insertion d'une minorité protestante

lui-même, encouragera l'initiative : « Vous ne pouvez me rendre un service plus agréable... que de continuer à donner tous vos soins et toute votre application... à continuer l'entreprise que vous avez commencée l'année dernière de prendre les jeunes enfants des sauvages, les instruire à la vraie religion et à les élever dans les maximes d'une vie civile et réglée pour commencer à ne former des François et d'eux qu'un mesme peuple, s'il est possible » (*Ibid.*, B1 f°134, cité par F. BRUNOT, ouvr. cité, t. V, *Le français en France et hors de France au XVIIe siècle*, p. 109). Dans la même lettre le roi annonçait à l'évêque une gratification, dont le montant (6000 livres), spécifié par Colbert, était principalement destiné à « l'instruction des enfants des sauvages, dont S.M. désire que vous augmentiez le nombre autant qu'il vous sera possible, n'y ayant rien de plus important pour l'avantage de cette colonie et pour le salut des sauvages, qui est le principal soin de S.M., que de les joindre à la vie commune des François » (Lettre de Colbert du 15 mai 1669. *Ibid.*, B1 f°144, cité par F. BRUNOT, ouvr. cité, t. V, *Le français en France et hors de France au XVIIe siècle*, p. 109). Si, sans aucun doute, la francisation par la langue a pu correspondre, un temps, celui du tout puissant ministre, à une politique publique sur l'outre-mer français de l'époque (Ferdinand BRUNOT est à même de donner d'autres exemples à partir de la correspondance de Colbert, cf. *Histoire de la langue française des origines à nos jours*, ouvr. cité t. V, *Le français en France et hors de France au XVIIe siècle*, p. 109-110), elle n'aboutira pas et, à la mort de son promoteur (1685) l'échec de la francisation par la langue étant patent, le gouvernement royal y renonce (F. BRUNOT, ouvr. cité, t. V, *Le français en France et hors de France au XVIIe siècle*, p. 110).

1243 Le lointain souvenir des Croisades, où le droit féodal avait initialement cautionné les rapports établis entre princes catholiques et orthodoxes, fournissait l'histoire d'un premier exemple d'une conciliation impossible entre souverains de confessions différentes.

dans le royaume très chrétien[1244] ? Il importe donc de s'interroger sur le rôle de la langue dans la politique royale d'intégration des provinces catholiques (§-I) et des provinces protestantes (§-II).

§ I - L'INTÉGRATION DE PROVINCES CATHOLIQUES

715. Ces intégrations obéissent à des logiques juridiques différentes. Alors que celles du royaume de Navarre et des principautés de Béarn et de Donezan qui usent de la langue d'oc procèdent de normes initialement successorales (A), et que celles des comtés de Roussillon, Conflent et Cerdagne, où l'on s'exprime en catalan, sont fondées sur la conquête (B), celle du royaume de Corse, où l'on parle officiellement italien, est juridiquement liée à une vente à réméré (C).

A - L'INTÉGRATION DE LA NAVARRE, DU BÉARN ET DE LA SOUVERAINETÉ DE DONEZAN, OU LE FRANÇAIS CONTRE LA LANGUE D'OC

716. Béarn, Navarre et Donezan[1245] sont trois États, unis sous le sceptre d'un même souverain, en raison d'une loi de dévolution identique. C'est une union réelle : trois États, indépendants l'un de l'autre, donc parfaitement différenciés mais partageant un même souverain. Au XVIe siècle, ils passent sous l'obédience de la branche aînée des Bourbons par le mariage, en 1548, d'Antoine de Vendôme et de Jeanne d'Albret, héritière des trois États.

717. Cette indépendance persista lorsque le roi de Navarre, futur Henri IV par application stricte de la loi salique, fut appelé au trône de France. Il régna sur ses trois États selon un schéma quelque peu complexe : union personnelle entre la France et les trois États pyrénéens, union réelle maintenue entre ces derniers. En montant sur le trône en 1590, Henri IV voulut, de surcroît, préserver son domaine

---

1244 Minorité que l'on peut entendre, sans anachronisme excessif, dans l'acception des XIXe et XXe siècles, comme un « groupe formé de certains sujets de l'État qui se distinguent des autres sujets par un signe caractéristique, langue ou religion ». *Cf.* J. FOUQUES DUPARC, *La protection des minorités de race, de langue et de religion (Étude de droit des gens)*, thèse Droit Paris, 1922, Paris, Dalloz, 1922, p. 31.

1245 Petite souveraineté, aujourd'hui dans le département de l'Ariège et renfermant le territoire qui forme les communes de Quérigut, Rouze, Mijanès, Le Pla, Le Puch, Carcanières et Artigues, soit presque tout le canton actuel de Quérigut. *Cf.* A. MOLINIER, « Donezan », *G.E.*, p. 906

méridional de toute absorption par la couronne de France. Son domaine méridional était composé par un ensemble de grands fiefs, tenus initialement du roi, mais qui n'étaient pas réunis au domaine. Il le conserva pendant dix-sept ans, parallèlement à ses trois États distinct, Navarre, Béarn et Donezan[1246]. Cette position quelque peu paradoxale, si l'on songe au rôle fondamental joué par les rois pour « remembrer » le domaine et assurer son inaliénabilité, ne pouvait évidemment durer. Par édit de juillet 1607, cédant aux remontrances du parlement de Paris, il consentit enfin, nous l'avons vu, à déclarer uni au domaine de la couronne son ancien patrimoine familial : « Nos prédécesseurs se sont dédiés et consacrés au public duquel ils n'ont rien voulu avoir de distinct et de séparé »[1247]. Conformément au principe d'indivisibilité, le roi ne pouvait rien posséder en propre : sa personne privée était absorbée par la fonction royale.

718. Il en alla différemment des trois États pyrénéens, unis seulement à la France à travers la personne d'un roi partagé, qui vont demeurer indépendants, bien au-delà de sa mort. Ce n'est, en effet, que trente ans après l'avènement au trône de France d'Henri IV, que son fils Louis XIII, par un édit d'octobre 1620, transformait l'union personnelle en union réelle, voire même en intégration pure et simple. Ne déclara-t-il pas le royaume de Navarre et le pays de Béarn « de même nature et condition que les autres membres de son royaume » ? L'opinion demeura cependant qu'ils restaient distincts du royaume[1248], cette indépendance théorique se traduisant notamment, du moins pour la Navarre, dans la titulature adoptée définitivement par les souverains français, « rois de France et de Navarre »[1249]. Cette titulature traduit *de facto* beaucoup plus une intégration qu'une union réelle car elle fut

---

1246 Il faut se garder de confondre le domaine méridional du roi de Navarre, vassal par ces possessions du roi de France, des trois souverainetés de Navarre, Béarn et Donezan. L'édit de 1607 ne concerne bien évidemment que le domaine méridional qu'Henri IV ne voulait pas initialement réunir au domaine de la couronne. L'erreur est commune. *Cf.*, notamment, E. LE ROY LADURIE *Histoire de France des régions. La périphérie française, des origines à nos jours*, ouvr. cité, p. 123, qui estime que l'intégration des États pyrénéens est achevée en 1610, ou H. PEYRE, *La Royauté et les langues provinciales,* ouvr. cité, p. 130 qui affirme que l'édit de 1607 met un terme à l'union personnelle.

1247 Voir *Supra* n° 431 et les notes.

1248 P. VIOLET, *Histoire des institutions publiques et administratives de la France*, ouvr. cité, t. IV, p. 7-11.

1249 S'adressant aux Béarnais, le roi, jusqu'à la fin de l'ancien régime, prendra le titre de « Souverain de Béarn ». *Cf.* P. VIOLET, *Histoire des institutions publiques et administratives de la France,* ouvr. cité, t. IV, p 11.

utilisée par la chancellerie royale, non pas seulement lorsque le roi s'adressait à ses sujets navarrais, mais dans tous les actes royaux. Ainsi elle était utilisée même lorsque les diplômes étaient adressés à des États unis « réellement » au royaume comme la Provence ou le Dauphiné, alors que, pour ces derniers, la titulature utilisée dans les diplômes royaux qui leur étaient adressés, traduisait de façon spécifique et juridique le caractère réel de l'union.

719. Quoi qu'il en soit, cette longue autonomie politique fut certainement la principale cause d'une situation linguistique qui distinguait le Béarn et la Navarre des autres provinces de langue d'oc. Au début du XVIIe siècle, les langues d'oc ont totalement disparu de l'univers administratif et judiciaire français. L'usage invétéré du vernaculaire royal a transformé *de facto* celui-ci en langue d'État. Le gascon (on dit aussi le béarnais), langue de l'administration et du gouvernement béarnais, langue judiciaire de la Navarre, qui est, sans aucun doute, un « langage maternel françois » selon l'expression de l'article 111 de Villers-Cotterêts, n'a plus sa place dans l'administration de la nouvelle province, car son maintien aurait signifié l'existence de deux langues d'État en France. Ce qui eut (peut-être ?) été acceptable en 1539 était parfaitement intolérable dans la France du XVIIe siècle. Il fallut donc l'éradiquer du paysage administratif et judiciaire.

720. Pour cela, il fallut donner du temps au temps et ne rien brusquer, la position du gascon, langue d'État du Béarn, langue judiciaire de la Navarre, était solide, et le roi Henri n'avait rien fait pour y porter atteinte. L'édit du 11 octobre 1620 mettant fin à l'union personnelle et créant le parlement de Pau fut l'occasion propice pour opérer la mutation linguistique. La prohibition de la langue d'oc est présentée comme une incidente de la création de la cour souveraine. Celle-ci est seulement tenue d'utiliser le même mode d'expression que les autres parlements : la langue française. Le texte est parfaitement clair : « Voulons en outre et ordonnons, que les Ordonnances, Arrêts et Procédures de notredite cour du parlement, soient faits, expediez en langage François »[1250].

721. Ce texte est en réalité fondamental. Le roi n'ordonne pas la prohibition d'une langue peu accessible, comme c'était le cas en 1539 pour le latin avec Villers-Cotterêts. Il impose, au contraire, sa propre langue, et celle-ci est certainement moins accessible aux justiciables

1250 P. DELMAS, *Du parlement de Navarre et de ses origines*, Bordeaux, Y. Cadoret, 1898, p. 453.

navarrais et béarnais que leur propre vernaculaire. La motivation implicite de l'édit est donc la raison d'État ; il importe d'uniformiser sur tout le territoire la langue judiciaire. De surcroît cet édit de 1620 proclamait très officiellement – mais de manière incidente – que le français est désormais la langue officielle de la justice. L'édit de 1620 consacre donc cet usage qui s'était invétéré et qui avait transformé le vernaculaire royal en langue judiciaire. Il impose en quelque sorte sur le territoire d'oc le plus excentré le résultat de l'évolution spontanée des provinces méridionales du royaume qui, en ce premier quart du XVIIe siècle, ont opté depuis longtemps pour l'usage administratif et judiciaire de la langue du roi. La mesure frappant Béarn et Navarre était cependant de bien plus faible amplitude : les juridictions inférieures et les administrations locales n'étaient pas en effet concernées par l'édit et continuèrent à user du vernaculaire local. Jusqu'à la Révolution, nous dit Auguste Brun, « le béarnais persiste dans les registres des communes de campagne »[1251]. Bien que l'imposition de la langue du roi soit limitée à la cour souveraine, il y eut quelques protestations, mais l'évolution était suffisamment avancée pour que le gascon puisse être abandonné sans résistance lorsque intervint l'acte royal. Selon Auguste Brun, grâce à leurs relations avec la cour de France, les rois de Navarre s'étaient laissé gagner par la langue du roi à tel point qu'ils s'en servaient parfois même dans les actes officiels de leur gouvernement. Vers 1580, le futur Henri IV étant déjà roi de Navarre et prince souverain de Béarn, l'usage du français se généralise : « la langue du nord est devenue de pratique courante »[1252].

722. En 1620, la principale protestation émane des Navarrais. Elle est liée à l'érection du parlement de Pau dans le ressort duquel ils se trouvent désormais, leur propre tribunal souverain, la chancellerie de Navarre installée à Saint-Palay, ayant fusionné avec le conseil souverain de Pau pour former précisément le nouveau parlement[1253]. Ils déplorent l'imposition du français en lieu et place du béarnais.

1251 A. BRUN, *Introduction de la langue française en Béarn et en Roussillon*, ouvr. cité, p. 33.

1252 *Ibid.*, p. 11 et s.

1253 N. de BORDENAVE, *Histoire de Béarn et de Navarre (1517 à 1572)*, Paris, Vve Renouard, 1873, p. 229 et s. Nicolas de Bordenave était historiographe de la maison de Navarre ; son ouvrage, manuscrit rédigé à la fin du XVIe siècle, a été publié par Paul RAYMOND. Sur le rôle du parlement de Pau, en tant qu'institution francisée, au XVIIIe siècle, cf. C. DESPLAT, « Parlement et pouvoirs locaux au XVIIIe siècle : le parlement de Navarre séant à Pau » dans *Les parlements de province. Pouvoirs justice et société du XVe au XVIIIe siècles* (Dir. : J. POUMARÈDE et J. THOMAS) ouvr. cité, p. 491-507.

L'argumentation qui leur fut opposée par Du-Hau, avocat général de Basse-Navarre, saisi des récriminations, mérite d'être rapportée, car elle traduit vraiment l'émergence de la règle de l'assimilation linguistique comme conséquence de l'assimilation politique, et qui sera désormais mise en œuvre dans les conquêtes territoriales :

> « Que si le roi a voulu que les Navarrois plaidassent en François audit Parlement, aussi les Bearnois qui auparavant plaidoient en leur langue, sont obligez par le mesme Edict d'user de la Françoise, et si ne s'en plaignent pas, puisque c'est la langue de leur Roy »[1254].

B - L'INTÉGRATION DU ROUSSILLON OU LE FRANÇAIS CONTRE LE CATALAN

723. Le Roussillon et, au-delà du seul Roussillon, les comtés de Conflent, Barcelone et Cerdagne, semblent avoir toujours constitué un ensemble territorial dont les rois de France, jusqu'au Traité des Pyrénées, donnent le sentiment de regretter la perte. Il n'est pas inutile de rappeler les trois principales phases des relations partagées.

724. Le comte de Barcelone, marquis d'Espagne, est, en effet, initialement, vassal du roi de France. Son fief est domanial français[1255]. Cela n'est pas douteux. Il est toutefois le seul parmi les grands de la période féodale à avoir rompu son engagement vassalique. C'est un fait. Mais il n'y eut pas de rupture violente : le lien féodal se relâcha par désuétude. Dès le XIe siècle, les rapports effectifs cessèrent. En effet, d'une part, l'hommage n'était jamais prêté en raison de l'éloignement et d'autre part, le comte de Barcelone ne recevait jamais de secours de son suzerain contre les musulmans. Au XIIe siècle, le comte Raymond Bérenger IV épousa l'héritière d'Aragon. Son fils Alphonse, devenu roi d'Aragon, tendit à considérer la Catalogne comme unie à son royaume[1256]. En 1180, le Concile de Tarragone interdit de mentionner le nom du roi de France dans la date des actes. La rupture était définitivement consommée. Elle sera reconnue par saint Louis dans le

---

1254 *Mercure françois*, 1620, t. VI, p. 361-362, indiqué par F. BRUNOT, *Histoire de la langue française des origines à nos jours*, ouvr. cité, t. V, *Le français en France et hors de France au XVIIe siècle*, p. 91.

1255 P. PONSICH, « Des Wisigoths aux Arabes et aux Carolingiens», dans *Le pays catalan (Capcir – Cerdagne – Conflent – Roussillon – Vallespir) et le Fenouillèdes* (dir. : J. SAGNES), Pau, S.N.E.R.D., 1983, 2 vol., t. I, p. 139-176.

1256 F. PONSICH, « La monarchie catalano-aragonaise», dans *Le Pays catalan*, ouvr. cité, t I, p. 289-448.

Traité de Corbeil qu'il conclut avec le roi d'Aragon en 1258[1257]. Deux siècles s'écouleront avant le retour des Français.

725. En 1462, les habitants de la région de Barcelone se lancent dans l'aventure d'une guerre civile contre leur souverain, le comte Jean II, roi d'Aragon. Celui-ci s'allie à Louis XI, qui devient son ultime recours contre des sujets rebelles. Jean remet à Louis, pour prix de son alliance et comme engagement d'un prêt de 300 000 écus d'or, la perception des revenus des comtés de Roussillon et Cerdagne, avec droit d'occupation des châteaux de Perpignan et Collioure, jusqu'au remboursement de l'emprunt[1258]. Le rusé roi de France ne demande pas mieux que de s'emparer de la ville de Perpignan sur laquelle, de surcroît, il estime détenir des droits héréditaires du fait de sa grand-mère maternelle, Yolande, fille du comte-roi Jean Ier[1259]. À deux reprises, 1462-1463 puis 1472-1473, les troupes de Louis s'emparent de la ville. La seconde occupation française dure jusqu'en 1493, date à laquelle le roi Charles VIII, désireux d'avoir les mains libres en Italie, restitue le Roussillon à ses anciens propriétaires[1260]. Ces « deux petites décennies de francité superficielle », selon l'expression de Le Roy Ladurie[1261], n'ont pas laissé de trace hormis un éphémère parlement à Perpignan où bien évidemment on s'exprimait en latin, mais dont la création traduisait déjà un désir d'intégration par alignement de l'organisation judiciaire sur les institutions françaises[1262].

726. Un siècle et demi plus tard, les Barcelonais récidivent et appellent à leur secours le roi de France, Louis XIII, qui, aux termes du Traité de Péronne du 19 septembre 1641, prend officiellement possession des comtés[1263]. La guerre entre la France et l'Espagne va durer près de vingt ans. Elle s'achève, le 7 novembre 1659, par le Traité des Pyrénées, dans

---

1257 P. PONSICH, « La société féodale en Roussillon et Cerdagne », dans *Le Pays catalan*, ouvr. cité, t. I, p. 270-271.

1258 A. MARCET, Le crépuscule catalan (1410-1516) », dans *Le Pays catalan*, ouvr. cité, t., I, p. 440-441.

1259 C. COLOMER, *Histoire du Roussillon*, Paris, PUF, 1997, p 56-58.

1260 E. LE ROY LADURIE, *Histoire de France des régions. La périphérie française, des origines à nos jours*, ouvr. cité, p. 146.

1261 *Ibid*., p. 147.

1262 *Cf*. notamment A.D.-P.O. : 1 B 295 et 1 B 409, *passim*.

1263 S. GONZALEZ RUGGERI, *La Catalogne de 1640 à 1659 : l'administration française d'une province placée sous la protection des rois de France*, thèse droit, Perpignan, 2 vol., 2006, multigraph., 644 p., t. II, p. 448 et s. ; A. MARCET, « Les malheurs de la guerre », dans *Le pays catalan,* ouvr. cité, t. I., p. 491-496.

lequel, si le roi de France est contraint de réduire ses prétentions en rétrocédant le comté de Barcelone et une partie du comté de Cerdagne, il est, en revanche, conforté – et cette fois définitivement – dans sa possession du Roussillon, du Conflent et, pour partie[1264], du comté de Cerdagne[1265].

727. Sur le plan du droit, deux constructions se sont succédées. Alors que le Traité de Péronne promeut une union personnelle entre les comtés catalans et le roi de France, le Traité des Pyrénées provoque l'intégration (incorporation) pure et simple du Roussillon, du Conflent et d'une partie de la Cerdagne, dans le royaume[1266].

728. Pendant la phase d'union personnelle, le particularisme catalan fut respecté. Le Roi ne touche en rien à la langue du pays qui obéit à une diglossie juridique très nette : le latin est la langue administrative et judiciaire[1267], le catalan, langue nationale, est parfois mis en œuvre chez les notaires ruraux[1268]. Le Roi de France, en tant que comte de Barcelone, de Roussillon, de Conflent et de Cerdagne, parle latin. Tous ses actes sont en latin, langue administrative du principat. Le français est absent des registres tenus au nom du comte de Barcelone, par ailleurs roi très chrétien. Ce dernier réglemente[1269], anoblit[1270], confère la

1264 Ce que les textes appellent « les terres adjacentes ».

1265 *Cf.* A. MARCET, « Les malheurs de la guerre » dans *Le pays catalan*, ouvr. cité t. I, p. 465-503. Pour le texte du traité, *Cf.* H. VAST, *Les grands traités du règne de Louis XIV*, Paris, A. Picard et fils, 3 vol., 1893, 1898, 1899, t. I, *Traité de Munster. Ligue du Rhin. Traité des Pyrénées (1648-1659)*, p. 95 et s.

1266 E. LAVISSE, *Louis XIV*, ouvr. cité, t. I, p. 74-76 ; F. BLUCHE, *Louis XIV*, ouvr. cité, p. 132-133.

1267 *Cf.* notamment A.D.-P.O. : les différents registres ou liasses concernant la période d'union personnelle, B 388, B 390, B 391, B 392, B 393, B 394, B 395, B 396, B 397, B 398, B 399, B 400, B 401, B 402, B 404, B 445 et B 446, *passim* ; tous les actes sont en latin ou en catalan, la présence d'actes en castillan ou en français est exceptionnelle et ne concerne jamais l'exercice des *regalia*.

1268 Le latin est la seule langue pratiquée à Perpignan dans les registres de la période d'union personnelle. Sondages réalisés sur les registres suivants : notaires de Perpignan : A.D.-P.O. : E 1/3439, 3445, 3448, 3449, 3452, 4234, 4246, 4259, 4274, 3498. Notaires d'Arles-sur-Tech : 3 E 20/134 et 1642. Notaire de Prades : 3 E 21/281 ; chez les notaires d'Olette en Conflent, le latin domine nettement, le catalan étant présent dans environ 10 % des actes, *Cf.* 3 E 24/8, 9, 10 et 11.

1269 Un bel exemple dans A.D.-P.O. : B. 399, l'ordonnance de janvier 1658 rendant les communautés responsables « des crimes et dommages commis, sur leurs territoires, par les Miquelets ennemis et autres malfaiteurs, avec ordre aux habitants des maisons isolées de leur refuser tout asile et secours et de les dénoncer à leurs consuls et baillis ; tout contrevenant, s'il est noble ou jouissant des privilèges de noblesse, sera puni de trois ans de bannissement dans une forteresse à désigner par le bourgeoisie de Perpignan[1271], crée des citoyens honorés de Barcelone[1272], tout cela en langue latine. Sa titulature traduit cette union personnelle ainsi que celle dont est décoré le prince héritier, futur Louis XIV. Louis XIII n'est pas roi de France dans les comtés catalans. Il est comte de Barcelone, de Roussillon et de Cerdagne *(comes Barchinone, Rossilionis et Ceritanæ),* son « fils aîné », héritier des comtés, devenant, en cette qualité, « prince de Gerona et duc de Montblanch »[1273]. Il en ira différemment après le traité des Pyrénées avec la phase d'incorporation où, à la différence des unions réelles subsistantes (Dauphiné, Provence, Navarre, Béarn), la personnalité des comtés catalans est effacée : il n'y aura plus de comte de Roussillon. Le roi s'adresse désormais à ses sujets catalans en tant que roi de France et de Navarre. Le roi qui possède les comtés les a domanialisés[1274]. Il se contente d'ajouter dans l'énumération des territoires incorporés, le comté de Conflent dont il ne portait pas le titre pendant l'union personnelle. Cette incorporation est, ici comme ailleurs, immédiatement marquée par la création d'une juridiction supérieure, le Consei

Roi, et, s'il est du peuple *(plebeyo),* il sera condamné à trois ans de galère raman et à d'autres plus grandes peines jusque à mort naturelle inclusivement, selon la gravité du cas ».

1270 Exemples multiples dans A.D.-P.O. : 1 B 394, lettres du 9 février 1642 pour Emmanuel d'Aux ; du 9 février 1642 pour Michel Freixa ; de janvier 1643 pour François Jorda y Ferrer ; du 25 février 1643 pour Jérome Sunyer, etc.

1271 Exemples multiples dans A.D.-P.O. : 1 B 394, lettres du 5 janvier 1646 et du 12 mars 1647 en faveur de Jean-Antoine Maria et de Jean Nicolau, etc.

1272 A.D.-P.O. : 1 B 394, lettres du 28 mars 1650 en faveur de Jean Pellicer Sabater.

1273 C'est en cette qualité que le futur Louis XIV sera habilité, par lettres de son père données « en notre camp royal devant Perpignan » (l'acte est en français), les 6 et juin 1642, à recevoir le serment de fidélité de Thomas de Banyuls d'Oris, pourvu de l'office de procureur royal des comtés de Roussillon et de Cerdagne. *Cf.* A.D.-P.O. : 1 B 394.

1274 Lorsqu'ils se réunissent pour la première fois, le 14 septembre 1660 (A.D.-P.O. 2 B 858, f° 1 R° et s.), les officiers du Conseil souverain semblent ne pas avoir perçu au niveau des formules à utiliser dans leurs arrêts, la véritable portée du Traité des Pyrénées. Ils vont rédiger leurs décisions en latin et au nom du roi-comte, comme si ce dernier n'avait pas incorporé dans le royaume de France les comtés de Roussillon et de Conflent, mais les possédait toujours personnellement. Les arrêts sont ainsi rendu au nom de *« Ludovicq Dei gratia Franciæ et Navaræ rex, comes Rosilionis, Confluenti et terrarum adjacentium ».*

souverain du Roussillon, institué par l'édit donné à Saint-Jean-de-Luz en juin 1660[1275].

729. C'est par le canal du nouveau tribunal supérieur que le Traité des Pyrénées va être immédiatement violé. En dépit des engagements pris par le roi, sur remontrances du Conseil souverain en septembre 1660, de respecter les promesses de Péronne[1276], l'introduction du français comme langue judiciaire est immédiatement mise en œuvre par le Conseil souverain (I). Elle est, de surcroît, associée à une politique scolaire à finalité francophone (II).

1275 F.-Pierre BLANC, *Les magistrats du Conseil souverain de Roussillon (1660-1789). Contribution à l'histoire d'une exception institutionnelle : la gratuité des offices à l'époque moderne*, thèse droit, Toulouse, 1999, p. 47-48.

1276 Dans les remontrances qui lui seront présentées, en septembre 1660, par Fontanella, président du Conseil souverain, Louis XIV accepte que soient maintenus le droit local et les particularismes judiciaires catalans. À la question posée par Fontanella : « Premièrement remonstre à Vostre Majesté qu'il y a longtemps que les officiers de Vostre Majesté de sa Cour du Conseil Souverain de Roussillon, Conflans et pays adjacent ont représenté à Vostre Majesté quelque difficulté qui avoit esté suscitée sur l'intelligence de l'Edit de l'érection dud. Conseil, à savoir sur la clause portant avoir de juger selon les loix et coustumes du pays se doibt entendre non seulement pour décider les affaires au fonds mais encores pour la forme de procéder et instruire les procès », Louis XIV répond : « L'intention de Sa Majesté est que doresnavant les gens tenants ledit Conseil Souverain de Roussillon et Conflans suivent les constitutions de Catalogne et usage du pays, soit pour la forme qui est à garder dans les procédures, mais qu'à l'esgard des choses qui n'ont point esté réglées par lesdites constitutions ny par l'usage, ils se conforment aux loix et coustumes qui se practiquent dans les cours souveraines du royaume » (*Cf.* A.D.-P.O. : 2 B 25 f° 13 R° : *Réponses que le Roy a estimé à propos de donner aux articles présentés à Sa Majesté par le Sr de Fontanelle, président du Conseil souverain de Roussillon*). Cette réponse faisait écho à l'article 1er des « articles et conditions sous lesquels les Bras ou Etats généraux du Principat de Catalogne... ont soumis ledict Principat et les comtés de Roussillon et de Cerdagne en l'obéissance du très Chrétien Roy de France » du 23 janvier 1641, repris mot pour mot par l'article 1 du du Traité de Péronne du 19 septembre 1641. *Cf.* S. GONZALEZ RUGGERI, *La Catalogne de 1640 à 1659 : l'administration française d'une province placée sous la protection des rois de France,* ouvr. cité, annexes, p. 441 et 448. Le roi s'engage notamment à observer et faire observer « les usances, constitutions, capitulaires et actes de courts et tous autres droits municipaux, accords, pragmatiques et touts autres dispositions contenues au volume des constitutions, promettant et jurant qu'il ne fera ny permettra de faire autres pragmatiques, ny observer aucunes faictes qui ne soient dans le dict volume pour quelque nécessité, cause ou raison urgente que ce soit, si ce n'est du consentement des Bras ou Etats généraux, comme aussy d'observer les privilèges, us, stils, coustumes, libertés, honneurs, prééminences et prérogatives tant des églises et états ecclésiastiques, militaire et real et des personnes particulières d'iceux que la cité ou ville de Barcelone et autres cités et lieux et des personnes particulières de cette province ».

I - Le français, langue d'État du roussillon

730. L'imposition de la langue française dans le judiciaire de la nouvelle province était particulièrement difficile et délicate à réaliser : la province ne parle que le catalan. Et si les élites s'expriment également – c'est vraisemblable – en castillan, les juristes ne travaillent qu'en latin, langue du judiciaire et langue d'État du principat de Catalogne et des comtés de Roussillon et de Cerdagne. L'entreprise était vouée à l'échec s'il n'y avait eu, nous le verrons, chez les magistrats supérieurs, un véritable désir d'intégration. Quarante années seront pourtant nécessaires pour « extirper » la langue catalane du « judiciaire souverain » (a). Au terme de cette lente maturation, le roi sera à même de consacrer dans un acte solennel (l'édit de février 1700), le caractère désormais officiel de la langue française (b).

a- La lente émergence du vernaculaire royal

731. On peut suivre, à partir de l'incorporation de la nouvelle province, concrétisée par la création de la cour souveraine, la progression de la langue du roi, selon une chronologie quelque peu différente en raison des fonctions de la cour. Celle-ci est d'abord sollicitée pour vérifier et enregistrer les « lois du roi », et les multiples lettres de provisions ou de commission qu'il délivre. Elle est ensuite tenue de juger en dernier ressort, en matière civile et en matière criminelle. Pendant de nombreuses années, il est manifeste qu'un véritable « combat » va opposer le vernaculaire royal à la langue catalane. Il est nécessaire d'en relater les épisodes (1) avant de tenter d'éclairer l'évolution de l'usage de la langue judiciaire au sein du Conseil souverain de Roussillon (2).

1. La guerre des deux langues

732. Il importe de les apprécier d'abord au regard des lois et des lettres royaux (1-1), ensuite au regard des arrêts de la cour (1-2).

1-1 - Enregistrement des actes émanant de la chancellerie royale

733. Il s'agit des lois du roi (ordonnances, édits, déclarations...) et des titres de nomination (lettres de provisions ou de commission). L'intitulé des trois premiers registres du Conseil souverain suggère à lui seul le contexte[1277] : des locuteurs de la langue catalane vont transcrire dans une

1277 A.D.-P.O. : 2 B 25, *Registre 1er que conte lo edicte de la erectio del Conseil sobera y altres ordenances Reals concernents l'autoritat y jurisdictio de ladita cort y les provisions dels officials de aquella*, 1660. 2 B 26, *Segon registre de edictes, declaracions y altres ordres del Rey y de les provisions dels officials reals en les* langue qui leur est étrangère, mais qui est celle de leur roi, les lois et les décisions de ce dernier. La difficulté était donc réelle. La simple constatation des faits suggère que les efforts furent plus ou moins partagés.

734 Toutes les lois enregistrées sont en français et uniquement en français[1278]. À deux reprises seulement, et pour des décisions méritant une publicité particulière dans le contexte annexionniste suscité par le Traité des Pyrénées, la loi est enregistrée en français et en catalan. Il s'agit, en 1663, de l'autorisation accordée aux Français, non originaires du Roussillon, mais installés dans la nouvelle province au temps de l'union personnelle, d'accéder aux charges municipales[1279], et, en 1669, de l'amnistie accordée aux « angelets »[1280]. Les deux textes sont imprimés, car destinés également à une publicité par affichage.

735. S'agissant des lettres de provision et de nomination, qui représentent, en ce début d'intégration, le plus grand nombre de textes enregistrés, la mise en œuvre de la politique linguistique est plus souple. Ainsi, si les textes de nomination aux emplois judiciaires supérieurs, essentiellement ceux du conseil souverain, sont enregistrés strictement en français[1281], ceux relatifs aux emplois de judicature

---

comptats de Rosello, Conflent y pays adjacent, 1678. 2 B 27, *Primer registre de edicto, declaratiens y ordens del Rey y dels officials reals en los comptats de Rosello, Conflents y pays adjacent*, 1660. Il faudra attendre l'année 1690, pour que le quatrième registre, 2 B 28, consacré aux enregistrements soit intitulé en langue française.

1278 A.D.-P.O. : 2 B 25 et 2 B 26.

1279 A.D.-P.O. : 2 B 27, f° 33 R°-34 R°, « Déclaration, donnée à Paris en février 1663 portant révocation des deffenses de recevoir les François establis en Roussillon dans les consulats, et autres charges des villes du pays », et en synopse *« Declaratio portant revocatio de las prohibitiones de rebrer los francesos establits en Rossello dins los Consulats, y altres carrecs de las vilas del Pays »*.

1280 A.D.-P.O. : 2 B 27, f° 108 R°-109 V°, « Amnestie aux Angelets du comté de Roussillon pour les séditions et troupemens et meurtre par eux commis contre les officiers des gabelles dud. Comté », et en synopse : *« Lettras d'amnistia y abolitio en favor dels habitants de Vallespir y Rosello », Paris, mars 1669.*

1281 A.D.-P.O. : 2 B 25, f° 25 R° et s. La seule exception est représentée par les lettres de commission délivrées à Hyacinthe Serrony, évêque d'Orange, chargé d'assurer la transition entre l'union personnelle et l'intégration, notamment en supprimant les anciennes juridictions et en installant le Conseil souverain ; ces lettres royaux, données à Saint-Jean-de-Luz en juillet 1660, sont en français et en latin (A.D.-P.O. : 2 B 25, f° 1 R°V° et f° 3 R°V°) ; C'est la seule déférence (ou plutôt réminiscence) marquée, au niveau des enregistrements, à l'ancienne langue d'État du Roussillon. Le latin disparaît définitivement de l'expression royale, législative ou réglementaire dès la mise en œuvre du Traité des Pyrénées.

inférieure, le sont dans les deux langues. La dernière manifestation de ce bilinguisme dans l'enregistrement des actes de chancellerie est du 3 septembre 1678 et concerne la nomination de Joseph Coll, comme batlle de Thuir[1282]. Après cette date, le catalan disparaît définitivement des enregistrements des lettres royaux[1283]. Il en va différemment de son usage dans les procès.

1-2 - Enregistrement des arrêts de la cour

736. Il est possible d'apprécier l'évolution des usages linguistiques de la cour souveraine à partir d'une série spécifiquement perpignanaise : les registres d'enregistrement des décisions judiciaires, qui sont de deux sortes : certains regroupent les arrêts civils, d'autres les arrêts criminels. Dans ces registres étaient recopiés tous les arrêts rendus par la cour, à partir de l'original transcrit dans les minutes du procès. Il s'agit manifestement d'une copie de « commodité », permettant de retrouver d'autant plus facilement les décisions judiciaires qu'elles étaient rangées, en principe, selon l'ordre chronologique. La simple compulsion de ces registres permet d'apprécier le positionnement des langues judiciaires en vigueur lors de la création du Conseil souverain en 1660, le latin, le catalan et le français. L'évolution de l'usage de la langue est différent selon la nature de l'acte intéressant le conseil, arrêt criminel ou arrêt civil.

**Les Arrêts civils*

737. Dès la première réunion (14 septembre 1660) du Conseil souverain, le choix de la langue judiciaire ne semble pas s'être posé. Les magistrats qui sont tous des anciens du Conseil royal[1284], ont continué à travailler comme par le passé. Ils ont donc jugé en latin. Mais cela ne va pas durer. Il semble que, très rapidement, la compagnie ait volontairement décidé de procéder à une première approche des usages du royaume, en renonçant au latin. Il n'était pas pour autant question de juger en français, car ils n'en étaient pas capables. Ils vont

---

1282 A.D.-P.O. : 2 B 27, f° 206 R° et 207 R°.

1283 *Cf.* notamment, A.D.-P.O. : 2 B 26, enregistrements du 8 juillet 1678 au 29 juillet 1699 ; 2 B 28, enregistrements du 14 juillet 1699 au 20 mars 1706.

1284 Tel est le titre que prendra la Royale Audience, parlement du principat, lorsque, refluant avec les armées françaises, elle s'installera à Perpignan, une autre Royale Audience suscitée par le roi d'Espagne s'installant alors dans Barcelone reconquise. *Cf.* P. GALIBERT, *Le Conseil souverain de Roussillon*, thèse droit, Paris, 19 avril 1904, Perpignan, Imprimerie de l'Indépendant, 1904, p. 25.

donc juger en catalan[1285], mais, manifestement, sans jamais perdre de vue que le but à atteindre était l'alignement définitif sur les normes de Villers-Cotterêts. Les quatre derniers mois de 1660 préfigurent ainsi le long combat qui va opposer le catalan au français : douze arrêts sont rendus en latin, quatre en catalan et un en français[1286]. Ce dernier, nous le verrons, avait une valeur symbolique. En 1661 le latin disparaît définitivement : 151 arrêts sont rendus[1287], tous en catalan à l'exception d'un seul, transcrit dans le vernaculaire royal[1288]. En 1662[1289], les positions des deux langues sont inchangées : 195 arrêts en catalan et quatre seulement en français[1290]. Il en va de même en 1663[1291] : 146 arrêts en catalan, sept en français[1292].

1285 Le greffe initial semble ne parler que catalan : l'intitulé des premiers registres est univoque. *Cf. infra*, dans l'exposé de la documentation, les intitulés de ces registres.

1286 A.D.-P.O. : 2 B 858, f° 1 R°-11 R°.

1287 A.D.-P.O. : 2 B 858, f° 11 V°-53 V°.

1288 A.D.-P.O. : 2 B 858, f° 42 R°, Arrêt du 10 septembre portant enregistrement des lettres données par Louis XIV le 9 août 1661 donnant voix et séance à l'abbé de Montpalau.

1289 A.D.-P.O. : 2 B 858, f° 53 V°-104 V°.

1290 On peut les citer : A.D.-P.O. : 2 B 858, f° 55 V°, arrêt du 14 janvier annulant une délibération des consuls de Perpignan ; f° 63 R°, arrêt du 17 janvier nommant Michel Rovira, notaire royal, receveur et payeur des gages des officiers du Conseil souverain de Roussillon ; f° 66 R°, arrêt du 27 mai enregistrant les lettres de provision données le 16 novembre 1661 à Antoine Audibert ; et f° 100 V°, arrêt du 22 mai enregistrant l'arrêt du Conseil du roi du 28 janvier 1162 donnant à ferme, pour 10 000 livres, à Pierre Le Roux, bourgeois de Paris, les domaines du roi en Roussillon.

1291 A.D.-P.O. : 2 B 858, f° 104 V°-148 R°.

1292 On peut également les mentionner : A.D.-P.O. : 2 B 858, f° 124 R° V°, arrêt du 22 juin en faveur de Jérémie Cusin, fermier général de la Forana à propos de la garde, par le greffe de la cour, de marchandises saisies ; f° 132 R°, arrêt du 28 juillet nommant Me Caboud, « advocat au Conseil de S.M... pour, et au nom dudit Conseil (souverain), remontrer, proposer et soliciter devant Sad. Majesté et les Conseils tous et chacuns affaires concernants ledit Conseil de Roussillon » ; f° 135 V°, arrêt du 16 août, demandant à Talon, visiteur général des gabelles de rapporter devant la cour sur l'enquête relative à l'assassinat de six gardes des gabelles ; f° 143 R°, arrêt du19 septembre par lequel la cour déclare mettre sous sa protection Guillaume Penel, bourgeois, « ancien directeur de la Foraine » ; f° 144 V°, arrêt du 9 novembre portant enregistrement de lettres royaux pour l'ordre de Notre Dame de La Mercy ; f° 144 V°, arrêt du 6 novembre portant enregistrement des provisions du procureur général Macqueron ; et f° 147 R°, arrêt du 18 novembre portant enregistrement des lettres patentes permettant aux religieuses de Notre Dame de Béziers de s'établir à Perpignan.

738. Les années suivantes marquent un recul des positions pourtant dérisoires du français : les 130 arrêts de 1664[1293] et les 78 arrêts de 1665[1294] sont tous en catalan. En 1666[1295], le vernaculaire royal est timidement réintroduit : un arrêt en français[1296] contre 71 en catalan. Pendant les trois années suivantes, 1667[1297], 1668[1298] et 1669[1299], le français disparaît de nouveau des registres des arrêts civils. Il réapparaît en 1670[1300] : un arrêt en français[1301] pour 38 en catalan. La langue du roi disparaît de nouveau en 1671[1302], mais s'inscrit pourtant dans trois espèces[1303] sur 58 en 1672[1304] ; les magistrats semblent soudainement se rappeler que la langue du roi, au nom duquel ils jugent souverainement, est le français ; pour peu de temps, car, de 1673 à 1676[1305], plus aucune

---

1293 A.D.-P.O. : 2 B 858, f° 148 R°-192 V°.

1294 A.D.-P.O. : 2 B 858, f° 193 R°-257 V°.

1295 A.D.-P.O. : 2 B 858, f° 258 R°-309 V° ; 2 B 859 f° 1 R°-43 R°.

1296 A.D.-P.O. : 2 B 859, f° 21 R°, arrêt du 6 novembre portant enregistrement d'un arrêt du Conseil d'État du roi relatif à des excommunications fulminées entre clercs de Perpignan.

1297 A.D.-P.O. : 2 B 859, f° 43 R°-107 V°.

1298 A.D.-P.O. : 2 B 859, f° 108 R°-182 V°.

1299 A.D.-P.O. : 2 B 859, f° 182 V°-241 R°.

1300 A.D.-P.O. : 2 B 859, f° 241 R°-28R V°.

1301 A.D.-P.O. : 2 B 859, f° 251 V°-252 V°, arrêt du 6 avril 1670, rendu à la requête de M. d'Hortolan de Pelache, « un des mousquetaires de la seconde compagnie du roi » et « portant permission de faire seul, à l'exclusion de tous autres, dans la province du Bas-Languedoc et Pais de Roussillon, les escorces dites rusques de la racine de chaine verd dites garouilles servant à taner le cuir, durant l'espace de douze années, à compter du premier avril 1669 ».

1302 A.D.-P.O. : 2 B 859, f° 288 R°-322 V° ; 2 B 860, f° 1 R°-33 V° : 50 décisions rendues en 1671.

1303 On peut mentionner ces prémices de la francisation judiciaire. Cf. A.D.-P.O : 2 B 860, f° 34 R°-40 V°, arrêt du 2 janvier 1672 contre un jugement du tribunal de la visitation ; f° 40 V°, arrêt du 30 janvier 1672 portant enregistrement des lettres de conseiller d'honneur, obtenues, le 1er septembre 1669, par Vincent de Margarit, évêque d'Elne ; f° 62 R°, un arrêt du 3 août 1672, sanctionnant un procès entre particuliers rendu en catalan mais ayant fait l'objet d'une publication par voie d'affiche imprimée dans les deux langues.

1304 A.D.-P.O. : 2 B 860, f° 34 R°-96 V°.

1305 A.D.-P.O. : 2 B 860, f° 96 R°-136 V°, 30 arrêts en 1673 ; f° 136 V°-167 R°, 3? arrêts en 1674 ; f° 167 R°-188 V°, 17 arrêts en 1675 ; f° 188 V°-220 V°, 36 arrêts en 1676.

trace de la langue du roi qui, cependant, réapparaît dans une seule décision en 1677[1306].

739. En 1678[1307], 1679[1308] et 1680[1309], le catalan règne sans partage, du moins au civil. L'évolution vers l'usage du français ne commence qu'en 1681. Cette année là sur les 57 arrêts enregistrés[1310], 3 sont en français[1311]. L'année suivante, en 1682, l'évolution s'accélère : sur les 188 arrêts civils enregistrés[1312], 64 sont en français, soit un sur trois. En 1683, la position de la langue du roi se maintient : 52 arrêts en français, 161 en catalan[1313]. Son usage croît de façon significative en 1684 : 47 arrêts en catalan, 27 en français[1314] ; celui-ci devient dominant en 1685 : 95 arrêts sont rendus en français contre 89 en catalan[1315]. L'année 1686 est une année d'égalité parfaite : 85 arrêts enregistrés pour chacune des deux langues[1316]. Les positions restent inchangées en 1687[1317] (29 arrêts en catalan et 28 en français) et 1688[1318] (73 arrêts en catalan et 72 en français). 1689 est l'année du grand basculement : la langue du roi semble s'imposer définitivement sur 182 arrêts civils enregistrés, 27 seulement sont en catalan[1319]. Le français triomphe, c'est un fait, mais certainement pas de façon consensuelle, car la langue catalane dont la déroute semble bien amorcée en 1689 ne disparaît pas pour autant du prétoire. Elle est à même de se maintenir encore quelques années. En

---

1306 A.D.-P.O. : 2 B 860, f° 231 R°-234 V°. Quinze arrêts civils sont rendus en 1677. L'arrêt du 8 juillet (f° 228 R°) concerne la juridiction de l'évêché d'Elne.

1307 A.D.-P.O. : 2 B 860, f° 235 R°-265 V° ; 2 B 861, f° 1 R°-39 R° : 20 arrêts rendus en 1678.

1308 A.D.-P.O. : 2 B 861, f° 39 R°-74 V° : 18 arrêts rendus en 1679.

1309 A.D.-P.O. : 2 B 861, f° 74 V°-106 V° : 21 arrêts rendus en 1680.

1310 A.D.-P.O. : 2 B 861, f° 107 R°- 182 V°.

1311 A.D.-P.O. : 2 B 861, f° 167 R°, 179 V° et 181 R°, arrêts des 3 septembre, 29 et 31 décembre, tous signés par le président de Trobat.

1312 A.D.-P.O. : 2 B 861, f° 182 V° - 329 V° et A.D.-P.O. : 2 B 862 f° 1 R°-149 R°

1313 A.D.-P.O. : 2 B 862, f° 149 R°-341 R°.

1314 A.D.-P.O. : 2 B 862, f° 341 R°-416 R°.

1315 A.D -P.O. : 2 B 862, f° 416 R°-654 V°. A.D.-P.O. : 2 B 862, f° 416 R°-654 V°.

1316 A.D.- P.O. : 2 B 863, f° f° 1 R°- 273 V°.

1317 A.D.- P.O. : 2 B 863, f° 273 V°- 467 V°.

1318 A.D.- P.O. : 2 B 864, registre des arrêts civils rendus en 1688.

1319 A.D.-P.O. : 2 B 865, registre des arrêts civils pour 1689.

1690[1320], sur 192 arrêts, 90 sont en catalan : il est manifeste que les magistrats ont regimbé. En suivant, mois par mois, l'usage des deux langues, on constate, en effet, une étrange concurrence qui conduit les deux vernaculaires à une quasi parité d'usage[1321]. Les années suivantes montrent bien la pérennité de cette concurrence entre la langue du roi que l'on veut, et que l'on parvient, mois par mois, à imposer et le vernaculaire local qui résiste : en 1691, on dénombre ainsi 130 arrêts en français et 58 en catalan[1322]. En 1692, 88 en français et 68 en catalan[1323]. En 1693, 90 arrêts sont en français, 68 en catalan[1324]. En 1694, 106 sont en français, 69 en catalan[1325]. Le français reflue même en 1695, abandonnant au catalan la primauté linguistique : 81 décisions sont enregistrées en catalan, contre 80 en français. Précédant le premier folio du registre, regroupant les deux années 1695 et 1696[1326], l'intitulé d'un *index* est significatif de la véritable langue de travail des magistrats souverains : « *Rubrica dels arrestos fets per la Soberana Cort en causas civils en los anye 1695 y 1696 per abecedari* ». Ce fait, plus que tout autre, traduit la difficulté de la francisation du judiciaire et les efforts constants de nombreux magistrats de Perpignan pour que la langue du roi demeure une langue étrangère. Quoi qu'il en soit, l'année 1695 ne se répètera pas et, dès l'année suivante, 1696, le français reprendra le dessus : plus des deux tiers des arrêts sont en français (113 contre 54). L'avancée se relâche quelque peu en 1697 : 73 arrêts sont en français, 58 en catalan[1327], mais reprend de façon fulgurante en 1698

1320 A.D.-P.O. : 2 B 866, registre des arrêts civils pour 1690.

1321 Janvier (8 arrêts en français, 9 en catalan), février (8 arrêts en français, 8 en catalan), mars (9 arrêts en français, 9 en catalan), avril (18 arrêts en français, 14 en catalan), mai (7 arrêts en français, 10 en catalan), juin (13 arrêts en français, 6 en catalan), juillet (6 arrêts en français, 7 en catalan), août (4 arrêts en français, 5 en catalan), septembre (6 arrêts en français, 7 en catalan), octobre (19 arrêts en français, 12 en catalan), décembre (11 arrêts en français, 4 en catalan).

1322 A.D.-P.O. : 2 B 867, registre des arrêts civils pour 1691.

1323 A.D.-P.O. : 2 B 868, registre des arrêts civils pour 1692.

1324 A.D.-P.O. : 2 B 869, registre des arrêts civils pour 1693.

1325 A.D.-P.O. : 2 B 870, registre des arrêts civils pour 1694

1326 A.D.-P.O. : 2 B 871, f° 1 R° à 323 V° pour 1695, f° 323 V° à 715 V° pour 1696 : cette répartition, par année, n'est cependant pas étanche, on retrouve plusieurs arrêts rendus en 1695 à partir du f° 402 R°, inclus, en principe, dans l'année 1696. de même que l'on trouve des arrêts rendus en 1696 dans le registre de 1697. Cf. A.D.-P.O. : 2 B 872, f° 221 V°, 224 V°, 225 V° et 242 R°.

1327 A.D.-P.O. : 2 B 872, registre des arrêts civils pour 1697.

120 arrêts en français contre seulement 28 en catalan[1328]. À partir du mois d'août 1698, la langue du pays semble frappée d'ostracisme : toutes les décisions sont en français à l'exception d'une seule[1329]. L'année 1699[1330] confirme la domination définitive de la langue du roi : 129 arrêts enregistrés en français contre 8 en catalan[1331] dont l'usage disparaît du registre à partir du mois de mai. 139 arrêts civils seront rendus en 1700[1332], un seul en catalan[1333]. Enfin, les 99 arrêts civils enregistrés en 1701 sont tous en langue française[1334].

**Les Arrêts criminels*

740. Le premier registre criminel ignore le latin et est initié en catalan. Son intitulé est sans ambiguïté : « *Registre des arrests eo sentencias de la Cort del Consell Sobera*[1335]. Pour le greffe, la langue judiciaire en matière criminelle est à l'évidence le catalan. Ce premier registre criminel recouvre plus de vingt années. Débutant le 9 décembre 1660, il est achevé le 16 avril 1682. Sur ses deux cent vingt-deux folios sont transcrits 510 arrêts, dont la chronologie permet d'apprécier la montée en puissance de la langue du roi.

741. En 1660, lorsque Bertrand de Barutel, greffier en chef[1336], entame, en décembre, l'enregistrement des arrêts, l'année s'achève, quatre décisions, seulement, seront rendues, dont une en français[1337]. En 1661, la cour émettra 50 arrêts criminels[1338], 49 sont en catalan, un seul en français[1339]. En 1662, 85 arrêts sont rendus, tous en catalan[1340]. Sur les 48

1328 A.D.-P.O. : 2 B 873, registre des arrêts civils pour les années 1698 et 1699, f° 1 R° - 244 R°.

1329 A.D.-P.O. : 2 B 873, f° 239 R°-243 R°, un très long arrêt en langue catalane.

1330 A.D.-P.O. : 2 B 873, f° 243 R°-429 V°

1331 A.D.-P.O. : 2 B 873, f° 243 R°, 244 V°, 247 R°, 250 R°, 256 R°, 271 R°, 281 R° et 284 V°.

1332 A.D.-P.O. : 2 B 874, registre des arrêts civils pour 1700.

1333 A.D.-P.O. : 2 B 874, f° 7 R°, arrêt du 7 janvier.

1334 A.D.-P.O. : 2 B 875, registre des arrêts civils pour 1701.

1335 A.D.-P.O. : 2 B 1019.

1336 F.-Pierre BLANC, *Les lettres royaux de nomination au Conseil souverain de Roussillon (1660-1789). Étude diplomatique*, thèse droit citée, t. 2, p. 550.

1337 A.D.-P.O. : 2 B 1019, f° 2 R°.

1338 A.D.-P.O. : 2 B 1019, f° 2 V°-12 R°.

1339 A.D.-P.O. : 2 B 1019, f° 4 V°, arrêt ordonnant une de prise de corps, du 11 février 1661.

arrêts de 1663[1341], deux sont en français[1342]. Les 46 décisions de 1664 sont toutes en catalan[1343]. Il en va de même des 28 arrêts de 1665[1344], des 34 arrêts rendus en 1666[1345], des 20 arrêts de 1667[1346], des 24 arrêts de 1668[1347] et des 23 arrêts de 1669[1348]. Le français qui n'avait pas eu les honneurs de la cour depuis 1663 est timidement réintroduit à partir de 1670[1349] : sur 27 arrêts, deux sont en français[1350]. Il en va de même en 1671[1351] : un arrêt sur 28 est rendu dans la langue du roi[1352]. Le même positionnement, toujours aussi dérisoire, de la langue d'État, persiste en 1672[1353] (une décision en français[1354] sur 16), en 1673[1355] (un arrêt[1356] sur sept) et en 1674[1357] (trois sur dix-neuf[1358]). Pendant les sept années suivantes, 43 arrêts sont rendus : le français disparaît purement et simplement du registre criminel de la cour qui, si elle rend peu de

---

1340 A.D.-P.O. : 2 B 1019, f° 12 R°-32 R°.

1341 A.D.-P.O. : 2 B 1019, f° 32 V°-43 V°.

1342 A.D.-P.O. : 2 B 1019, f° 38 R°, arrêt du 4 mai 1663 ; *Ibid.*, f° 43 V° arrêt du 23 août 1663.

1343 A.D.-P.O. : 2 B 1019, f° 44 R°-55 R°.

1344 A.D.-P.O. : 2 B 1019, f° 55 R°-71 V°.

1345 A.D.-P.O. : 2 B 1019, f° 72 R°-89 R°.

1346 A.D.-P.O. : 2 B 1019, f° 89 V°-92 R°.

1347 A.D.-P.O. : 2 B 1019, f° 92 R°-102 V°.

1348 A.D.-P.O. : 2 B 1019, f° 102 V°-111 R°.

1349 A.D.-P.O. : 2 B 1019, f° 111 V°-123 R°.

1350 La première décision de l'année est en français, ainsi qu'un arrêt du 10 janvier condamnant par défaut le marquis de Montespan (A.D.-P.O. : 2 B 1019, f° 111 V° et 113 V°).

1351 A.D.-P.O. : 2 B 1019, f° 123 R°-137 R°.

1352 A.D.-P.O. : 2 B 1019, f° 125 R°, arrêt du 13 février 1671, pour François La Franca, fermier général des gabelles en Roussillon.

1353 A.D.-P.O. : 2 B 1019, f° 137 R°-146 R°.

1354 A.D.-P.O. : 2 B 1019, f° 142 R°-144 V°, arrêt du 14 juillet 1672.

1355 A.D.-P.O. : 2 B 1019, f° 146 R° R°-149 R°.

1356 A.D.-P.O. : 2 B 1019, f° 147 R°, arrêt du 26 août 1673.

1357 A.D.-P.O. : 2 B 1019, f° 149 R°-192 V°.

1358 A.D.-P.O. : 2 B 1019, f° 157 R°, 170 R° et 185 R°, arrêts des 11 janvier, 8 août et 20 septembre.

décisions, n'utilise que le catalan[1359]. La langue du roi réapparaît en 1682, année charnière, qui va définitivement marquer le triomphe du vernaculaire royal. Le premier registre criminel (2 B 1019) contient, pour l'année 1682, 8 arrêts[1360] dont trois, soit près de la moitié, sont en français[1361]. Il est clos par la transcription d'un arrêt du 16 avril 1682 [1362]. L'année 1682 est poursuivie dans le registre 2 B 1020, intitulé, celui-là, en français (*Registres des arrests pour le criminel a commencer depuis le 16 avril 1682)*, et dont le contenu marque définitivement le triomphe de la langue du roi : d'avril à décembre 1682, 83 arrêts sont transcrits, dont trente-deux en français[1363]. On a le sentiment que la francisation du judiciaire débute avec ce nouveau registre. Les années suivantes confirment cette analyse : alors que la parité des deux langues se constate encore en 1683 (82 arrêts dont 37 en français)[1364], la langue du roi triomphe définitivement, en matière criminelle, à partir de 1684 (24 arrêts transcrits[1365] dont 3 en catalan[1366]). Les années suivantes confirment cette mutation : en 1685 (84 arrêts transcrits[1367] dont 6 en catalan[1368]); en 1686 sur 91 arrêts transcrits[1369], 13 seulement sont en catalan[1370] ; en 1687 les 32 arrêts transcrits sont tous en français[1371] ; il en va de même en 1688[1372] (62 arrêts enregistrés), 1689[1373] (25 arrêts) et 1690[1374] (20

1359 A.D.-P.O. : 2 B 1019, f° 185 V°-195 V (1675 : 5 arrêts), f° 195 V°-200 R° (1676 : 7 arrêts), f° 200 R°-201 V° (1677 : 3 arrêts), f° 201 V°-202 V° (1678 : 2 arrêts), f° 202 V°-207 R° (1679 : 8 arrêts), f° 207 R°-211 R° (1680 : 6 arrêts), f° 211 R°-218 R° (1681 : 12 arrêts).

1360 A.D.-P.O. : 2 B 1019, f° 218 R°-222 V°.

1361 A.D.-P.O. : 2 B 1019, f° 219 R° V° et 221 V° : arrêts des 5 janvier, 9 et 13 avril

1362 Contrairement à ce que soutient le greffier en chef Bernard Darles, au XVIIIe siècle, qui lorsqu'il fera l'inventaire des registres de la cour (*Cf.* le titre qu'il donne au registre 2 B 1019) affirme que ce registre s'achève le 9 janvier 1682.

1363 A.D.-P.O. : 2 B 1020, f° 1 R°-43 V°.

1364 A.D.-P.O. : 2 B 1020, f° 43 V°-83 R°.

1365 A.D.-P.O. : 2 B 1020, f° 83 R°-96 R°.

1366 A.D.-P.O. : 2 B 1020, f° 91 V°, 92 R° et 94 V° : arrêts des 16 avril, 6 et 21 mai.

1367 A.D.-P.O. : 2 B 1020, f° 96 R°-144 R°.

1368 A.D.-P.O. : 2 B 1020, f° 107 R°, 110 V°, 125 V°, 127 R°, 136 V°, 140 V°, arrêts des 3 et 1[illegible] juillet, 25 septembre, 29 octobre, 9 novembre et 17 décembre.

1369 A.D.-P.O. : 2 B 1021, f° 1 R° 54 V° et 104 R° et s.

1370 A.D.-P.O. : 2 B 1021, f° 26 V°, 27 V°, 28 R° V°, 29 V°, 38 V°, 39 R° arrêts des 8, 13, 18, 22 et 23 août, 3, 16 et 17 septembre.

1371 A.D.-P.O. : 2 B 1021, f° 54 V°-70 R° et 94 R°-96 V°.

1372 A.D.-P.O. : 2 B 1021, f° 79 R°-99 R° et 120 R°-149 V°.

arrêts) : toutes les décisions sont en français. En 1691[1375], un seul arrêt en catalan[1376] (contre 43 en français) vient confirmer la règle du français, langue du juge criminel. Le dernier registre du XVIIe siècle va dans le même sens : de 1692 à 1701 : 262 arrêts sont rendus[1377], six seulement sont en catalan[1378]. À compter du 1er janvier 1698, la catalan est totalement banni des registres criminels.

2- Analyse de l'évolution de l'usage de la langue judiciaire

742. La langue judiciaire de la Royale audience, « parlement » de l'union personnelle est le latin. C'est cette langue qui, de 1640 à 1659, est mise en œuvre dans ce tribunal supérieur à Barcelone puis à Perpignan[1379]. Son usage, lors de l'intégration, ne sera jamais officiellement prohibé. Bien au contraire, le roi dans l'édit donné à Saint-Jean-de-Luz, en juin 1660, s'engage expressément au respect des formes du judiciaire[1380]. Il en précise, quelques mois plus tard, la portée à la demande du Conseil souverain dans un texte spécifique[1381]. Il est donc singulier que, de son propre chef, la cour souveraine ait mis en œuvre l'ordonnance de Villers-Cotterêts, c'est-à-dire ait renoncé à

1373 A.D.-P.O. : 2 B 1021, f° 149 V°-173 V°.

1374 A.D.-P.O. : 2 B 1021, f° 173 V°-188 V°.

1375 A.D.-P.O. : 2 B 1022, registre unique pour l'année 1691.

1376 A.D.-P.O. : 2 B 1022 f° 14 R°-V°, arrêt du 23 mai 1691.

1377 A.D.-P.O. : 2 B 1023, f° 1 R°-20 V°, année 1692 : 25 arrêts ; f° 26 R°-42 V°, année 1693 : 16 arrêts ; f° 51 R°-91 R°, année 1694 : 43 arrêts ; f° 91 R°-115 R°, année 1695 : 14 arrêts ; f° 115 V°-147 R°, année 1696 : 26 arrêts ; f° 147 R°-162 R°, année 1697 : 19 arrêts ; f° 162 R°-199 V°, année 1698 : 29 arrêts ; f° 199 V°-235 V°, année 1699 : 37 arrêts ; f° 236 R°-276 V°, année 1700 : 27 arrêts ; f° 277 R°-310 V°, année 1701 : 26 arrêts.

1378 A.D.-P.O. : 2 B 1023, f° 74 R°, arrêt du 14 août 1694 ; f° 77 V°, arrêt du 13 septembre 1694 ; f° 77 V°, arrêt du 15 octobre 1694 ; f° 94 V°, arrêt du 3 février 1695 ; f° 161 V°, deux arrêts du 14 décembre 1697.

1379 Sur le fonctionnement de la Royale Audience, pendant l'union personnelle, *Cf.* S. GONZALEZ RUGGERI *La Catalogne de 1640 à 1659 : l'administration française d'une province placée sous la protection des rois de France*, thèse citée, p. 347-356.

1380 A.D.-P.O. : 2 B 25, f° 5 R° et s. « Pour de tout juger souverainement et en dernier ressort, selon les loix et ordonnances desd. Pays ».

1381 A.D.-P.O. : 2 B 25, f° 13 R, Manuscrit cité *supra* note 1276. Ce texte, dont l'original est conservé dans la liasse 2 B 90 fut jugé particulièrement important puisqu'il fut enregistré deux fois : une première fois dans le 2 B 25, ensuite en tête du premier registre secret :2 B 91, f° 1 R°V° . Il est présenté en synoptique : questions posées par Fontanella et réponses données par Louis XIV.

l'usage de sa langue judiciaire, pour utiliser le seul vernaculaire qui fut à la portée de ses magistrats, c'est-à-dire le catalan, en attendant la lente maturation, dans les faits, de la langue du nouveau souverain. Cela sonne comme une évidence.

743. Mais Pour quelle raison le triomphe de l'autre vernaculaire, celui du roi, fut-il assuré, au sein des arrêts criminels, dix ans avant d'être définitivement imposé dans les arrêts civils ? Il est difficile de répondre à cette question. On peut relever que pendant les quarante années qui suivent l'annexion, aucun des trois procureurs généraux qui se succèdent n'est catalan[1382], et donc – très certainement – ne parle catalan et que, par ailleurs, leur rôle judiciaire, renforcé par le fait qu'ils sont tous trois commis, en cumul, à l'intendance de justice, police et finances, devait être particulièrement déterminant, en matière criminelle. Cette raison permet de supposer qu'ils ont été à même d'imposer, plus rapidement, la langue du roi dans un domaine où l'ordre public était plus sensible, dans un domaine où ils étaient censés maîtriser l'action publique dans sa double acception juridique[1383].

744. Reste maintenant à tenter d'éclairer l'évolution, de 1660 à 1700, de l'usage de la langue judiciaire. Comment expliquer qu'il y ait des arrêts dans telle ou telle langue ? Y a-t-il un critère déterminant de l'usage du catalan ou du français et éclairant ce qui peut ressembler à un « combat » à tout le moins à une « compétition » entre deux vernaculaires en concurrence ? Quelques éléments de réponse peuvent être fournis à travers l'origine des magistrats. Les huit magistrats du siège nommés le 7 juin 1660 sont catalans et les deux avocats généraux également, ainsi que le greffier en chef[1384]. Sans doute ne parlent-ils que catalan et, bien évidemment latin, car tous sont des anciens de la Royale Audience où l'on ne s'exprimait que dans la langue ancienne. Peut-être certains d'entre eux étaient-ils sommairement initiés à la langue

1382 Il s'agit de Charles Macqueron, déjà intendant, sans doute depuis 1661, procureur général de 1663 à 1671, d'Etienne Carlier qui lui succède dans ses deux charges de 1671 à 1676 et de Germain Camus de Beaulieu, bénéficiaire, toujours en cumul, à partir de 1676, des deux fonctions ; ce dernier demeurera procureur général jusqu'à sa mort en 1704, mais abandonnera l'intendance, en 1680, à Raymond de Trobat, alors président à mortier.*Cf.* F.-Pierre BLANC, *Les lettres royaux de nomination au Conseil souverain de Roussillon (1660-1789). Étude diplomatique*, thèse droit citée, t. 2, p. 238-244, ms. n° 22, et p. 476-482, ms n° 171 à 173.

1383 Nous voulons dire qu'ils étaient les maîtres non seulement de l'action judiciaire publique, en tant que chef du parquet, mais également de l'ordre public en tant qu'intendant de justice, police et finances.

1384 F.-Pierre BLANC, *Les magistrats du Conseil souverain de Roussillon*, ouvr. cité, t. I, p. 222 et s.

française ; mais leur connaissance du vernaculaire royal était, à n'en pas douter, insuffisante pour délibérer dans cette langue. L'usage exclusif du catalan de 1660 à 1670, pour les arrêts criminels, et jusqu'en 1680 pour les arrêts civils peut être éclairé par ce fait. Ce premier groupe de magistrats va être en charge pendant près de vingt-cinq ans ; il n'est donc pas douteux qu'ils se sont francisés avec le temps, qu'ils se sont efforcés d'accéder quelque peu à la langue de leur roi, puisque la plupart sont toujours en poste au moment de l'ascension du français. Comment les choses ont-elle pu se passer ? La réponse se trouve dans les minutes. Les magistrats se mettent à travailler dans les deux langues : on instruit, on enquête, on délibère en catalan et puis on traduit en français. Ceci permet de comprendre le non respect de l'ordre du calendrier lorsque les registres sont partagés entre les deux langues. Toutes les décisions sont manifestement rendues en catalan ; certaines sont traduites en français et enregistrées dans cette seconde langue, le critère du choix des arrêts traduits semblant être lié à la volonté des bénéficiaires de la décision[1385]. Le temps nécessaire à la traduction, par le greffe, de la décision dans la langue du roi provoque un décalage dans le registre ; et la chronologie n'est pas respectée en raison de la lenteur des traductions[1386].

745. Quoi qu'il en soit, la cour s'efforce (ou est contrainte) de satisfaire à son intégration linguistique au sein du royaume de France. L'impulsion a pu être double : une nouvelle direction du Conseil

---

1385 Il est manifeste que les premiers arrêts en français traduisent la volonté du requérant d'obtenir une décision transcrite dans la langue du souverain ; un exemple symbolique très fort est fourni par le premier arrêt rendu en français dans la nouvelle province, le 2 octobre 1660 : Raymond de Trobat, déjà conseiller à la cour, demande que l'arrêt d'enregistrement des provisions d'avocat général que Louis XIV vient de lui donner soit transcrit dans la langue du roi : (A.D.-P.O. : 2 B 1661, f° 4 R° : « Ce jour, après avoir leu la déclaration du Roy portant création d'une charge d'Advocat général en faveur de Me Raymond Troubat, conseiller en la dite Cour : veu les provisions par luy obtenues ; requeste par luy présentée, et conclusion sur icelle de l'Advocat général : tout considéré, la Cour a ordonné et ordonne, que la dite Déclaration du Roy sera enregistrée en son lieu et place pour jouir par ledit Troubat de l'effect d'icelle, conformément à la volonté du Roy : faict au Conseil de Roussillon et Conflans, le 2 de octobre 1660. Signé : Fontanella) ; les rares arrêts civils enregistrés en français les années suivantes présentent tous la caractéristique d'être rendus à la requête de personnages participant à l'intégration de la nouvelle province : nomination de notaires en 1662 (A.D.-P.O. : 2 B 858, f° 63 R° et 66 R°), nomination, en 1663, du procureur général (A.D.-P.O. : 2 B 858, f° 144 V°); nomination de l'évêque de Perpignan comme conseiller d'honneur en 1672 (A.D.-P.O. : 2 B 860, f° 40 V°), etc.

1386 *Cf.*, par exemple, A.D.-P.O. : 2. B 862, année 1682, *passim* ; 2 B 1020, année 1685, f° 86 R°, 144 R° ; 2 B 1021, année 1686, f° 104 R°.

souverain, dominé désormais par Trobat, et la francisation du greffe. En 1680 Ramon de Trobat accède à une des deux présidences à mortier qu'il cumule avec l'intendance[1387] ; en 1691 il devient premier président[1388], occupant un office que le roi s'était jusqu'alors refusé de pourvoir[1389] : il est l'homme du roi par excellence[1390]. Il se doit de donner l'exemple : le 23 novembre 1676, en tant qu'avocat général, il prononcera devant la cour assemblée, le premier discours en français[1391]. C'était certainement un geste symbolique très fort, marquant de façon univoque l'irréversibilité d'une adhésion à la nouvelle langue judiciaire. Cette année là est du reste l'année du triomphe du français à Perpignan. Cependant Trobat n'aurait rien pu faire sans l'assistance du greffe dont le rôle fut certainement déterminant. Succédant à Bertrand de Barutel, greffier barcelonais de la Royale Audience, maintenu en 1660 et manifestement incapable de promouvoir le vernaculaire royal, contraint peut être pour cette raison à la démission en 1673, Jean-Pierre Arnaud de Jonquières[1392], enclenchera timidement le processus de francisation par la nomination de commis francisants[1393]. Mais c'est son successeur, le languedocien François Roudil, nommé greffier en chef en 1683[1394], qui, pendant ses dix années d'exercice, fera considérablement progresser la langue du roi dans les minutes du Conseil. À la fin du XVIIe siècle, le Conseil souverain de Roussillon ne pratique plus qu'une seule langue de travail, le français. La voie était dès lors ouverte

1387 F.-Pierre BLANC, *Les magistrats du Conseil souverain de Roussillon*, ouvr. cité, t. II, *Les lettres royaux de nomination*, ouvr. cité, p. 261, ms. 30.

1388 *Ibid.*, p. 238, ms 22.

1389 Sur les raisons de la provision tardive de l'office de premier président, *Cf.* F.-Pierre BLANC, *Les magistrats du Conseil souverain de Roussillon*, ouvr. cité, t. I, p. 90-93.

1390 A. AYATS, « Les premières années de l'intendance du Roussillon (1660-1681) et l'ascension de Ramon Trobat », dans *Pedrales, Revista d'historia moderna*, Universitat de Barcelona, 13, 1993, p. 165-183.

1391 A.D.-P.O. : C. 1407. Il est précisé en marge que cette harangue en français sur la campagne de 1676, « pronuncée avec approbation et concurs, ayant esté le primiere qui a esté pronuncé en ce conseil ».

1392 F.-Pierre BLANC, *Les magistrats du Conseil souverain de Roussillon* ouvr. cité, t II, p. 550-551, ms 221.

1393 G CLERC, *Recherches sur le Conseil souverain de Roussillon (1660-1790)*, mémoire D.E.S. Hist. du droit, Paris, 1973, 2 vol, ronéo, 280 et 304 p., t. I, p. 36.

1394 F.-Pierre BLANC, *Les magistrats du Conseil souverain de Roussillon* ouvr. cité, t II, p. 551-552, ms 222.

à l'instauration de celui-ci comme langue d'État. Ce sera l'objet de l'édit de février 1700.

b - L'édit donné à Versailles en février 1700

746. Cet édit, vérifié et enregistré par le conseil souverain le 5 mars 1700[1395], établit le principe de l'unicité de langue administrative et judiciaire en Roussillon. Ce texte fondamental impose donc en Roussillon le vernaculaire royal comme langue d'État ; son importance est telle qu'il importe de le reproduire entièrement.

> « Louis, par le grâce de Dieu, Roi de France et de Navarre, A tous présens et à venir, Salut. Depuis plus de quarante ans que Nous possédons en pleine souveraineté les Comtés et Vigueries de Roussillon et Conflans, qui nous ont été cédés avec une partie du comté de Cerdaigne, par le traité des Pyrénées, les Procédures ès Justices subalternes desdits Païs, les Délibérations des magistrats des Villes, les Actes des Notaires et autres actes publics ont continué à y être couchés en Langue Catalane, par un usage qui l'habitude seul a autorisée. Comme outre que cet usage répugne et est en quelque façon contraire à Notre Autorité, à l'honneur de la Nation Françoise et même à l'inclination desdits Païs, lesquels en toutes occasions ne témoignent pas moins de zèle et d'affection pour notre service que nos anciens Sujets : Ils en reçoivent d'ailleurs beaucoup de préjudices, en ce que pour faire instruire leurs enfants dans ladite Langue Catalane et les rendre par là capables d'exercer les Charges de Judicature et de Magistrature, ils se trouvent obligés de les envoyer étudier dans les Villes de la domination d'Espagne, ce qui leur cause de grands frais ; Nous avons jugé que pour remédier à ces inconvéniens, il était à propos d'ordonner qu'à l'avenir toutes les Procédures et les Actes publics qui se feront dans lesdits Païs seront couchés en Langue Françoise : Sçavoir faisons que pour ces causes et autres bonnes considérations, à ce Nous mouvans, de notre certaine Science, pleine Puissance et Autorité Royale : Nous avons dit, statué, déclaré et ordonné, disons, statuons, déclarons et ordonnons par ces Présentes signées de notre main ; voulons et Nous plaît que d'orénavant et à commencer du premier mai prochain, toutes le Procédures qui se feront dans les Sièges et Jurisdictions desdits Païs de Roussillon, Conflans et Cerdaigne ; comme

1395 A.D.-P.O. : 2 B 25, f° 36 V°37 R°, « Edit portant que toutes les procédures qui se feront dans les sièges et jurisdiction de cette province, comme aussy les délibérations des magistrats des villes et communautés, les actes des nottaires et généralement tous autres actes publics qui se passeront ezdits pays seront mis et couchés en langue française à peine de nullité ». Le texte de l'arrêt d'enregistrement et la procédure diligentée à cette fin sur requête du procureur général du roi ont disparu des minutes de l'année 1700 (A.D.-P.O. : 2 B 662 et 2 B 663) ; le dossier a disparu. La date de l'enregistrement est seulement mentionnée en marge de l'enregistrement de l'édit. Cette disparition, au sein d'un fonds remarquabement conservé, d'un dossier que d'aucuns pourraient juger « sensible », est surprenante.

aussi les Délibérations des Magistrats des Villes et des Communautés, les Actes des Notaires et généralement tous autres Actes publics, qui se passeront èsdits Païs, seront mis et couchés en langue française, à peine de nullité. Défendons à tous Avocats, Procureurs, Greffiers, Notaires et autres, de ne plus se servir pour cet effet de la Langue Catalane, et aux Juges et Magistrats de le souffrir, ni de prononcer leurs jugement ou Délibérations qu'en Langue Française. Si donnons en mandement à nos Amés et Féaux Conseillers, les Gens tenans notre Conseil Supérieur de Roussillon, que ces présentes ils ayent à faire lire, publier et enregistrer, et le contenu en icelles faire entretenir, garder et observer, sans permettre qu'il y soit contrevenu en aucune manière ; et afin que ce soit chose ferme et stable, Nous avons fait mettre notre scel à cesdits présentes. Donné à Versailles au mois de février l'an de grâce mil sept cens, et de notre règne le cinquante septième ».

747. Le contenu de cet édit, lu en Conseil souverain, vérifié et enregistré « à ce requérant le Procureur Général du Roi », Camus de Beaulieu, le 2 avril 1700, est spécifique. Les textes qui, dans les différentes conquêtes, imposent la langue du Roi, notamment en Alsace et en Corse, ne visent que le judiciaire et le parajudiciaire ; ils n'évoquent jamais les « délibérations des magistrats des villes et des communautés », alors que l'édit concernant le Roussillon le fait expressément[1396], donnant ainsi à la langue du roi une place officielle absolument hors de pair au regard de celle qui lui est impartie dans les nouvelles provinces rattachées au royaume aux XVIIe et XVIIIe siècles.

748. Il faut certainement en voir la raison dans les modalités de rattachement de la province au royaume et dans le positionnement des partisans du roi de France. C'est, en effet, sur appel pressant des élites barcelonaises que Louis XIII et Richelieu se lancent dans la conquête de la Catalogne. Le rattachement des comtés au royaume était revendiqué avec force par un courant d'idée représenté au sein des plus hautes instances judiciaires de Barcelone[1397]. Lorsque la conquête

---

1396 Dès 1665, Louvois donnera des instructions précises à l'intendant Macqueron lui demandant de faire en sorte que les consuls de Perpignan s'abstiennent à l'avenir de lui écrire en langue catalane : « les consuls me feront plaisir de mescrire désormais en françois, ou, en cas qu'ils ne le puisse, ils auront la liberté de mescrire en espagnol ». *Cf.* A. AYATS, *La défense des Pyrénées catalanes françaises (1659-1681). Frontière politique et frontières militaires*, thèse histoire, Montpellier III, 1990, p. 212-213

1397 À partir du *Dictionnaire de biographies roussillonnaises* de l'abbé Jean CAPEILLE (Perpignan, J. Comet, 1914 ; rééd. Laffitte reprints, Marseille, 1978, p. 215, 359-360, 544-545), on peut spécifier les trois principaux représentants de ce courant : Joseph de Fontanella, professeur à l'université de Barcelone et président de la Royale Audience, représentera Louis XIV, comte de Barcelone, au Congrès de Munster « pour y soutenir les droits du roi ». François de Sagarre, conseiller à la Royale Audience, vice-gouverneur du Roussillon en 1653, gouverneur l'année française est repoussée vers le nord et que le Traité des Pyrénées la fixe définitivement sur le Roussillon et le Conflent, les « féaux » barcelonais, devenus, au regard du sud, des traîtres, vont refluer sur Perpignan et composer le noyau dur du nouveau tribunal supérieur. La composition du Conseil souverain de Roussillon est donc spécifique ; les Catalans y siègent sans espoir de retour. Il n'y a, au sein du Conseil, qu'un Français de souche, le procureur général, par ailleurs commissaire départi[1398] ; tous les autres sont des Catalans de Barcelone[1399] à l'exception d'un seul[1400]. Les personnalités catalanes sont de premier plan et le roi n'ose nommer un premier président français ; il nomme deux catalans présidents à mortier, deux fortes personnalités appelées à se faire équilibre[1401]. L'intelligentsia catalane voulait une intégration rapide. Trobat, un des principaux ralliés catalans, commissaire départi et intendant en 1665[1402], en cumul avec la première présidence du Conseil souverain, dont il sera le premier pourvu en 1691[1403], était un fervent partisan de la langue du roi dont il avait, dès 1661, exigé l'utilisation dans l'arrêt de vérification rendu par la cour sur les provisions le nommant avocat général[1404], alors même qu'à pareille époque le Conseil souverain, venant de renoncer à l'usage du latin, ne s'exprimait qu'en catalan. L'anecdote est significative. Tout ceci permet de comprendre l'ambition de l'édit de 1700 qui veut faire

---

suivante, sera chargé du maintien de l'ordre. François Marti de Viladamor, avocat fiscal de la baylie générale de Catalogne, fut le principal théoricien du rattachement à la France ; il exposa ses idées dans de nombreux ouvrages, parmi lesquels on peut citer *Cataluna en Francia, Castilla sin Cataluna, Y Francia contra Castilla*, publié en 1641 ; *Præsidium inexpugnabile principatùs Cathaloniæ pro jure eligendi Christianissimum Monarcham*, publié à Barcelone en 1644 et remis par l'auteur lui-même à Anne d'Autriche qui donna l'ordre au Conseil des cents siégeant à Barcelone, d'en publier la traduction en langue castillane ; *Manifesto de fidelidad catalana, integridad francesa y perversidad enemiga de la iusta conservacion de la Cataluna en Francia*, publié en 1646. Fontanella et Sagarre seront les deux présidents à mortier et Marti de Viladamor, l'avocat général du Conseil souverain.

1398 F.-Pierre BLANC *Les magistrats du Conseil souverain de Roussillon*, ouvr. cité t. II, p. 477, ms. n° 171.

1399 *Ibid.*, t. II, p., 330-331, ms. 73 ; p. 341-342, ms. 80 ; p. 364, ms. 96 ; p. 374, ms. 104 ; p. 386, ms. 112 ; p. 489, ms. 178 ; p. 506-507, ms. 189.

1400 *Ibid.*, t. II, p. 352, ms. 89.

1401 F.-Pierre BLANC *Les magistrats du Conseil souverain de Roussillon*, ouvr. cité, t. ï, p. 89-92.

1402 *Ibid.*, t. I, p. 92.

1403 *Ibid.*, t. II, p. 238-239, ms. 22.

1404 *Supra* note 1385.

du français l'instrument fondamental de l'incorporation du territoire catalan au royaume : « cet usage (de la langue catalane) répugne et est en quelque façon contraire à Notre Autorité, à l'honneur de la Nation Françoise ». En d'autres termes, il n'y a pas de nation catalane et il n'y a qu'une autorité s'exprimant dans une langue unique.

749. Le jour même de l'enregistrement de l'édit, les consuls de Perpignan se réunirent et adressèrent au comte d'Albaret, intendant et premier président, des « remontrances » – le terme est utilisé dans le texte – marquant l'impossibilité, dans le contexte roussillonnais, de mettre en œuvre la langue du roi. La lettre, adaptée à leur titulature, est également adressée au duc de Noailles, gouverneur de la province, à Michel Chamillart, contrôleur général des finances et au marquis de Barbezieux, secrétaire d'État à la guerre qui, en cette qualité, gérait, dans son département, le Roussillon, province frontière. Le texte est important et mérite d'être reproduit en entier :

> Monseigneur,
>
> Ce jourdhuy la Cour du Conseil souverain de Roussillon a enregistré un Édit et déclaration de Sa Majesté donné à Versailles le moy de février dernier portant commandement aux juges, advocats, procureurs et nottaires de faire depuis le commencement du mois de May prochain les Sentences, toute sorte de procédure et contrats publichs en Langue françoise : Comme il n'y a rien qui puisse nous estre plus à cœur que de nous conformer à la volonté de nostre Souverain nous l'avons receu avec beaucoup de respect, soumission et obéissance. Mais puis que Sa Majesté par sa bonté et ses ordonnances a donné de tout temps lieu à ses sujets de luy proposer les inconvenients en son cas pour y remedier en ce qui consiste la principale regallie du Prince et l'effait de la bonté qu'il a envers ses sujets, et qu'a l'execution de cet edit il ne peut laisser de s'y rencontrer de l'inconvenient tres prejudiciable au bien de ses sujets, nous avons crû estre de nostre devoir de faire nos tres humbles remonstrances a Sa Majesté pour obtenir une seconde declaration en cas necessaire.
>
> Nous y avons, Monseigneur, trouvé d'abord de l'impossibilité a l'esgard des testamens et des articles qui agissent en preuve par témoins, et de l'inconvenient quand aux contracts de nottaires. Car quoyque dans les grandes villes les habitants en particulier les plus principaux sçavent mediocrement la langue françoise, dans les petits villages et en particulier à la Montagne qui compose presque la moitié de ce Pays les habitants sont si ignorants à la langue françoise, sens la sçavoir parler, et sont fort peu qui l'entendent. Ils font ordinairement leurs testamens par main des curez des villages ou par des nottaires, qui sont aux petites villes et à celles de Montagne, qui ne sçavent non plus la Langue françoise que lesdit curez qui sont auxdits villages depuis trente ou quarante ans, que si les testamens doivent se faire en langue françoise ny le testateur, ny le Curé ou nottaire, ny les témoins pourront entendre la derniere volonté du testateur, et il est

certain que la pluspart mourront sens faire testament s'il ne peut estre fait ny conceü qu'en langue françoise. Il en arriveroit de même a l'esgard ces enquestes par témoins tant en civil qu'en criminel, car comme les habitants des grandes villes ont leurs biens dans les villages et Montagnes de ce Pays, quils doivent se tenir en cas de procès des personnes, qui font leur residance aux lieux des héritages pour témoins sens sçavoir la Langue françoise, il leur seroit presque impossible de deposer sur un article conceü en langue françoise. D'au moins il y auroit un grand péril de deposer une chose pour autre, faute d'entendre la langue, et il arriveroit que malheureusement la vie et les biens dependroient de la déposition des témoins qui par leur bonté aurroient bien déposé et par ignorance deposeroient tres mal. Quand aux contracts ils y sont les mesmes raisons puisque les parties contractantes se trouveront plusieurs l'un et l'autre qui n'entendront la langue françoise, mesme les témoins lhors quil s'agira de faire des contracts dans les villages et Montaignes. Quand à la ville de Perpignan, il y a des nottaires françois et Catalans, personnes d'un tres grand merite, tres scavants et d'une fidélité sans exemple ; il ny a qui sont desja advancés en age qui leur seroit impossible de faire les actes en langue françoise, et il leur seroit un tres grand prejudice de quiter leurs vaccations apres avoir si bien servy long temps le public et de se voir reduits a mendier le pain pour eux et leur famille, estant pourtant personnes a la direction desquelles il y a de la seureté soit par leur science soit par leur fidellité et droiture.
C'est pour remedier ces inconveniens que nous avons pris Monseigneur la liberté d'écrire celle-cy pour supplier tres humblement Vostre Grandeur d'avoir la bonté de nous accorder votre protection pres la Sacrée personne du Roy pour obtenir de sa bonté Royalle ce qu'elle trouvera a propos pour le bien de l'Estat et de ses sujets, et en cas necessaire de luy pouvoir faire plus au long nos tres humbles Remonstrances. Nous assurons Vostre Grandeur que cela sera faire le bien du public de ce Pays, que nous esperons de vostre protection cette grace, que nous continuerons nos prières pour la santé et prospérité de la Sacrée personne de Sa Majesté, pour le bien de l'Estat, et de celle de Vostre Grandeur et que nous sommes avec un tres grand respect et submission ». Monseigneur, 2 avril 1700[1405].

750. Ces remontrances sont proches des arguments présentés quelques années plus tôt (1685) par le Magistrat de Strasbourg dans son mémoire contre l'introduction du français dans le domaine du parajudiciaire[1406]. Mais alors que le Magistrat alsacien avait été honoré d'une réponse,

1405 A.M. de Perpignan : 112 EDT 93, pièce n° 21. Minutta de les cartas escritas per Messieurs les Consuls de Perpignan à Nosseigneurs de Barbezzieux, de Noailles, de Chamillard et intendant per loca excedit de la esemptiona en llengua francesa.Texte indiqué par Philippe TOREILLES, « La diffusion du français à Perpignan après l'annexion (1660-1700) », *Bulletin de la Société agricole, scientifique et littéraire des Pyrénées Orientales*, n° 55, 1914, p. 375.

1406 Voir *Infra*.

agumentée mais négative, par le préteur royal, les consuls de Perpignan vont se heurter au mutisme le plus complet : Noailles, pourtant proche de ses administrés, ne répond pas. Le Contrôleur général et le Secrétaire d'État sont également silencieux ; seul le premier président et intendant d'Albaret accuse réception de la lettre, mais ne donne aucune suite aux « remontrances »[1407]. Il est vrai que ce dernier est un homme du roi, un professionnel de la francisation ; il avait débuté sa carrière à Pignerol, comme premier président du Conseil souverain au temps de la présence française ; c'est, fort de cette expérience, que le roi le nommera à Perpignan[1408]. Albaret n'a sans doute pas voulu entrer dans une vaine polémique, préférant abandonner à l'usure du temps la victoire de la langue du roi ; certes il fallait, à tout le moins, imposer celle-ci aux principaux rouages administratifs, les consuls, notamment ceux de la capitale provinciale ; nonobstant leurs remontrances, les consuls de Perpignan vont donc respectueusement se soumettre. Au registre *Totis* de cette époque, le denier acte en catalan du mois d'avril 1700 est du 26 le premier acte du mois suivant, à la date du 12 mai, est en français. Désormais le secrétaire de l'Hôtel de ville n'emploiera plus que cette langue[1409].

751. Les « inconvénients » évoqués par les consuls de Perpignan étaient pourtant bien réels. La langue du roi va ainsi se heurter à des usages invétérés qui vont susciter, de loin en loin, des réactions « judiciaires » ou « législatives ». Dans la ville même de Perpignan, les clercs

---

1407 La réponse d'Albaret est indiquée dans une lettre du 27 avril 1700 (dont deux minutes ont été conservées aux A.M. de Perpignan : 112 EDT 93, pièce n° 23 et 24) dans laquelle les consuls de Perpignan réitèrent timidement et vainement leur opposition à l'édit : « Monseigneur, nous avons receu la lettre que vous vous etes donné la peine de nous escrire du 15 du courant en responce de celle que nous nous étions donné l'honneur de vous escrire le 2 dudit au sujet de l'édit que le Roy a voulu estre publié en ce pays. Nous vous dirons, Monseigneur, que plusieurs particuliers nous viendront trouver pour nous dire que cest édit causeroit beaucoup d'embarras et de procès dans cette province pour les raisons que nous avons dittes dans notreditte lettre, ce qui nous oblige à vous les représenter et à Nosseigneurs de Barbezieux, de Chamillart et maréchal de Noailles, espérant toujours de vostre protection ce qui nous seroit le plus convenable. Vous voyez, Monseigneur que nous sommes dans l'obligation de donner satisfaction a nostre publich de nos faits et actions... »

1408 Fr.-Pierre BLANC, *Les magistrats du Conseil souverain de Roussillon*, ouvr. cité, t. II, p. 244-249, ms. 23.

1409 A.M. de Perpignan : 112 EDT 68. *Registre « Totis » 1688 à 1707,* f° 28 R°, le dernier acte en catalan, en date du 26 avril 1700, est un procès-verbal de réunion de la douzaine de Saint Pierre ; f° 28 V°, le premier acte en français, en date du 12 mai 1700, est une « permission d'hoste » pour Paul Fontvielle, de Castelnaudary, habilité par les consuls à « tenir logis dans la présente ville avec l'enseigne que les sieurs clavaires de la présente université veudroit luy marquer ».

méconnaissent l'édit et continuent, sans état d'âme, à rédiger tous les actes d'état-civil en catalan. Le procureur général du Conseil souverain, Jean Desprès de Pomeyrol finit par s'en émouvoir. Le 7 juin 1738, il présenta une « réquisition » au Conseil pour une stricte application de l'édit de 1700 :

> « ...les curés et vicaires du dit pays continuent d'écrire en langue catalane les registres des baptesmes, mariages et sépultures, aussy bien que les hôpitaux leur registre de sépulture et bien des communautés laïques et ecclésiastiques séculières et régulières en usent de mesme pour les actes de profession, enterremens et autres délibérations qu'elles prennent lorsqu'elles les font écrire par un de ceux qui les composent ou par quelqu'autre particulier, tout ce qui étoit contraire à l'autorité du Prince, à l'honneur de la nation et au bien public , requérant qu' il plaise à la Cour d'ordonner que les curés et vicaires seront obligés d'écrire en langue françoise les registres des baptesmes, mariages et sépultures, les hôpitaux les registres de sépulture, et toutes les communautés laïques, ecclésiastiques séculières et régulières, les actes de profession, enterremens et autres délibérations qu'elles feront écrire par quelque personne que ce soit à peine de cinq cents livres d'amende et autres peines à la Cour arbitraires »[1410].

752. Le 10 juin 1738, sur le rapport du conseiller de Gispert, la cour fit partiellement droit à la réquisition du parquet : écartant l'amende de 500 livres proposée par le procureur général, et fondant sa décision non pas sur l'édit de février 1700 mais sur la Déclaration royale du 9 avril 1736[1411] elle ordonna « que la dite déclaration sera exécutée selon sa forme et teneur, ce faisant qu'à l'avenir, dans le mois après la publication du présent arrest tous registres de mariage, baptesmes, sépultures, vêtures, noviciat et profession seront écrits en langue

---

1410 A.D.-P.O. : 2 B 736, dossier n° 80, réquisition du 7 juin et minutes de l'arrêt du 10 juin 1736. *Infra* : annexes : pièce justificative n° IV.

1411 « concernant la forme de tenir les registres des baptêmes, mariages, sépultures vêtures, noviciats et professions, et des extraits qui en doivent être délivrés ». La déclaration – qui n'est pas propre au Roussillon, il s'agit d'une loi générale – n'impose aucune langue pour les registres de baptêmes, de mariages et de sépultures ; rappeler, en ce domaine, l'usage obligatoire du français fut sans doute jugé superfétatoire ; le texte (art. 25) décidait, en revanche, que « dans les maisons religieuses, il y aura deux registres en papier commun pour inscrire les actes de vêture, noviciat et profession...», et que (art. 26) « tous les actes de vêture, noviciat et profession, seront inscrits en français sur chacun desdits deux registres de suite et sans aucun blanc ». *Cf.* ISAMBERT et *al.*, *Recueil général des anciennes lois françaises*, ouvr. cité, t. XX1, p. 412.

françoise sous les peines portées par les édits et déclarations et autres à la cour arbitraires »[1412].

753. Les curés vont obtempérer au contenu de la prohibition, l'état-civil va désormais s'écrire en français[1413]. Mais ils n'iront pas, dans leurs écritures publiques, au delà d'une stricte déférence à la lettre de l'arrêt ; en Roussillon, en effet, les curés partageaient, avec les notaires, le privilège de recevoir les testaments ; ils vont continuer à utiliser le catalan lorsqu'ils recevaient, à l'instar des notaires, des testaments. Cette utilisation de la langue du pays était pourtant, expressément contraire à l'édit de 1700, mais, faute de poursuite, elle échappait manifestement à toute condamnation. Une ordonnance d'août 1735 permettra, fort opportunément, de rappeler la volonté royale. Ce texte – à portée générale – imposait, en effet, à ceux qui recevaient les testaments de mentionner dans l'acte que la lecture en avait été faite au testateur[1414]. Sur la base de cette prescription non respectée, des poursuites seront portées devant le Conseil souverain contre des curés rédacteurs de testaments ; ce fut l'occasion pour la cour de Perpignan de constater officiellement que la plupart des testaments étaient rédigés en catalan et donc susceptibles d'être annulés. Le Conseil souverain, « craignant de mettre le trouble dans les familles s'il proscrivoit un usage de tout temps observé », prit le parti de se tourner vers le roi qui, dans un texte du 24 mars 1754, consentit à fermer les yeux sur les

1412 A.D.-P.O. : 2 B 910, f° 3 R. La sanction prévue par l'article 39 de la Déclaration du 9 avril 1736 était beaucoup plus douce que celle demandée dans ses réquisitions par le procureur général : dix livres d'amende pour les laïcs, dix livres d'aumône « pour les curés et autres personnes ecclésiastiques ». *Cf.* ISAMBERT et *al.*, *Recueil général des anciennes lois françaises*, ouvr. cité, t. XXI, p. 415.

1413 *Cf.* A D.-P.O. : notamment 2 E 2239, paroisse Notre Dame de La Réal de Perpignan (années 1737-1740) ; 2 E 2276, 2 E 2277, paroisse Saint-Jean de Perpignan (années 1737-1738 et 1739-1740) ; 2 E 1162, paroisse d'Estagel (années 1737-1742).

1414 Art. 5 : « Lorsque le testateur voudra faire un testament nuncupatif écrit, il en prononcera intelligiblement toutes les dispositions, en présence au moins de sept témoins, y compris le notaire ou tabellion, lequel écrira lesdites dispositions, à mesure qu'elles seront prononcées par le testateur , après quoi sera fait lecture du testament entier audit testateur, de laquelle lecture il sera fait mention par ledit notaire ou tabellion, et le testament sera signé par le testateur, ensemble par le notaire ou tabellion, et par les autres témoins, le tout de suite et sans divertir à autres actes ; et en cas que le testateur déclare qu'il ne sait ou ne peut signer, il en sera fait mention ». *Cf.* ISAMBERT et *al.*, *Recueil général des anciennes lois françaises*, ouvr. cité, t. XX[illegible], p. 389.

errements passés, mais réitéra pour l'avenir la prohibition posée en 1700[1415].

754. L'aristocratie du pays, nobles et bourgeois nobles, contrainte, nous l'avons vu, à parler français dans la gestion des consulats, va continuer

---

1415 *Déclaration du Roi, qui prescrit la forme des testamens & autres actes de disposition de dernière volonté, qui seront faits à l'avenir dans la province du Roussillon, donnée à Versailles le 24 mars 1754*, Paris, imprimerie royale, 1755 Le texte sera vérifié et enregistré par le Conseil souverain le 6 mai 1754 (*Cf.* A.D.-P.O : 2 B 767, arrêt du 6 mai 1754). Louis XIV « par son édit de février 1700, donné pour la province de Roussillon, auroit ordonné qu'à compter du premier mai suivant, tous actes publics dans ladite province seroient rédigés en langue Françoise, à peine de nullité : Et par notre ordonnance du mois d'août 1735, concernant les Testamens, nous aurions ordonné, sous la même peine, que ceux qui reçoivent les testamens seroient tenus d'y faire mention de la lecture qui en auroit été faite au testateur. Cependant nous aurions été informés que nonobstant des dispositions si précises, les Curés qui, dans ladite province, reçoivent une grande partie des testamens, ont négligé de s'y conformer ; ce qui a donné lieu depuis quelques temps, à contester la validité d'un grand nombre de testamens qui ont été rédigés en langage Catalan... Notre Conseil supérieur de Roussillon ne pouvant se déterminer à confirmer des testamens faits dans une forme contraire à nos ordonnances, & craignant de mettre le trouble dans les familles s'il proscrivoit un usage de tout temps observé, & suivant lequel ont été rédigés jusqu'ici tous les testamens faits dans l'étendue de son ressort, s'est adressé à nous, pour qu'il nous plut lui déclarer notre volonté sur la conduite qu'il devoit tenir à l'égard desdits testamens. Nous avons jugé nécessaire d'arrêter pour l'avenir le cours d'un usage si contraire à l'esprit & à la disposition de nos ordonnances ; mais à l'égard du passé, nous voulons bien user d'indulgence pour le repos et la tranquillité des peuples d'une province dont l'affection & le zèle pour notre service nous engage à lui donner de plus en plus des marques de notre protection.

Art 1 : L'édit de février 1700 sera exécuté selon sa forme et teneur ; & en conséquence, ordonnons que tous les testamens ou autres actes de disposition de dernière volonté qui seront passés dans notredite province de Roussillon par devant les Curés ou autres personnes publiques, ne pourront être rédigés qu'en langue Françoise, à peine de nullité....

Art 3 : Enjoigons aux Curés & autres personnes publiques qui recevront lesdits testamens ou actes de dernière volonté ; de se conformer aux dispositions (de l'article 1 ci-dessus)... sous telle peine qu'il appartiendra suivant l'exigence des cas.

Art. 4 : Et néanmoins, par grace spéciale & sans tirer à conséquence, voulons que ceux desdits testamens ou autres actes de dernière volonté, faits par des testateurs qui seroient décédés avant ou dans les trois mois du jour de l'enregistrement de la présente déclaration, ne puissent être argués de nullité, faute d'avoir été rédigés en langue Françoise

Art. 5 : N'entendons au surplus comprendre en la disposition portée par l'article précédent, ceux desdits testaments ou actes de dernière volonté, sur lesquels il auroit été passé des transactions ou autres conventions, rendu des arrêts ou des jugemens passés en force de chose jugée ; lesquels arrêts ou jugemens, transactions ou conventions, seront exécutés comme avant notre présente déclaration, sauf et sans préjudice des voies de droit ou autres moyens qui pourroient leur être opposés.

à user du vernaculaire local dans la préparation de cette gestion : la décision est prise en catalan, puis, lors de sa fixation dans l'écrit, « translaté » dans la langue du roi. Dans son édit d'août 1768, plus d'un siècle après l'annexion, les élections au consulat de Perpignan se font toujours en catalan ; le roi ordonne non pas que le français soit substitué à ce dernier ; ceci est en principe acquis depuis 1700 ; mais qu'aucune trace écrite de la langue locale n'apparaisse lors de la procédure d'insaculation ; l'art 31 de ce texte met ainsi un terme à un usage qui s'était jusqu'alors maintenu:

> « Les bourses seront désormais étiquetées en françois ... bourse de premier consul chevalier, bourse de premier consul citoyen noble ou docteur en droit ; bourse de second consul chevalier, bourse de second consul citoyen noble ou docteur en droit ; bourse de consul de mer chevalier, bourse de consul de mer citoyen noble ou docteur en droit ; bourse de troisième consul mercadier ou notaire du collège... »[1416].

755 Quant au monde judiciaire, défenseur de la langue du roi, il semble avoir intégré la culture française ; les inventaires des bibliothèques des juristes au XVIIIe siècle, notamment ceux concernant les magistrats au conseil souverain, l'attestent[1417]. C'était, il est vrai, une nécessité professionnelle à une époque où la tendance à mettre en œuvre un droit royal uniforme, en langue française, relève, nous l'avons vu, d'une technique de gouvernement. Mais il n'empêche que le catalan est toujours là ; confiné certes dans la sphère privée, il semble demeurer la matrice où se coule la pensée du juriste. François de Fossa, dernier doyen de la faculté de droit de Perpignan, avocat de la généralité en 1789, étroitement imprégné de culture française[1418], rédigeait tous ses brouillons en catalan, puis les traduisait en français[1419].

756. Les notaires, enfin, dont, à l'instar du monde judiciaire, la langue de travail était le latin[1420], vont rapidement s'adapter aux nouvelles

---

1416 A. MABA, *Les consulats du Roussillon (1659-1789). Une institution particulariste au service de la centralisation monarchique* (t. 1). *Documentation sur l'administration des municipalités roussillonnaises* (t.2), thèse droit, Perpignan, 2000, t. II p. 124 et s. Édit du roy « portant règlement pour l'administration des villes et principaux bourgs de Roussillon », donné en août 1768.

1417 C. LENTZ, *La culture juridique en Roussillon au XVIIIe siècle*, mémoire master en histoire du droit, Perpignan, 2007, p. 54-87.

1418 François-Paul BLANC, « L'anoblissement de François Fossa, dernier doyen de la faculté de droit de Perpignan », dans *L'université de Perpignan au XVIIIe siècle*, Perpignan, PUF, 1996, p. 225-268.

1419 C. LENTZ, *La culture juridique en Roussillon au XVIIIe siècle*, ouvr. cité, p. 6.

1420 A.D.-P.O. : 3 E 30/862 (1603-1632).

formes. Après l'annexion, ceux de la capitale renoncent au latin, langue officielle des comtés sous l'union personnelle. C'est un signe de déférence au nouveau pouvoir, aucun texte ne proscrivant la langue haute mais les notaires ne vont pas pour autant rédiger en français. Ils n'en sont certainement pas plus capables que, nous l'avons vu, les magistrats du conseil souverain. Les notaires de Perpignan vont rédiger et transcrire les actes en catalan, leur langue maternelle. Ils appliquent, sans doute sans le savoir, la seconde interprétation que donne Rebuffi de l'article 111 de Villers-Cotterêts. Le mouvement est absolument général. Dans la capitale du Roussillon, tous les actes antérieurs à 1660 sont en latin[1421], tous les actes transcrits après le traité des Pyrénées sont en catalan[1422]. L'édit de 1700 imposant la langue du roi sera, pourtant, appliqué à la lettre : les notaires de Perpignan vont, semble-t-il sans aucune exception, déférer à l'injonction[1423]. Il est vrai que les comtés sont français depuis près d'un demi siècle et que la langue du roi s'est nécessairement imposée à côté du catalan. Pourtant, ce dernier demeure présent : les glossaires des registres en français sont, le plus souvent, en catalan[1424] ; les deux langues, là aussi, cohabitent. La périphérie a réagi différemment. Sous la couronne d'Aragon déjà, le catalan le disputait au latin[1425]. Pendant la période d'union personnelle et entre le Traité des Pyrénées et l'édit de 1700, le latin et le catalan demeurent en concurrence chez les notaires des petits centres urbains et des villages[1426]. Après 1700, le français domine sans partage[1427]. Mais ce

---

1421 A.D.-P.O. : 3 E 19/963 (1684).

1422 *Cf.* A.D.-P.O. : 3 E 4/24 (1661) ; 3 E 3/760 (1690) ; 3 E 19/375 (1671) ; 3 E 19/376 (1672) ; 3 E 40/880 (1687) ; 3 E 40/881 (1688) ; 3 E 40/882 (1689).

1423 *Cf.* A.D.-P.O. : 3 E 3/772 (1702-1703) ; 3 E 4/68 (1701) ; 3 E 4/141 (1737-1738

1424 A.D.-P.O. : 3 E 3/772 (1702-1703) ; 3 E 4/68 (1701).

1425 *Cf.* Notamment A.D.-P.O. : 3 E 1/3498 (1596) ; 3 E 1/4274 (1657-1658) ; 3 E 24/8 (1636) ; 3 E 24/9 (1637) ; 3 E 24/10 (1653) ; 3 E 11/135 (1658) ; 3 E 11/13[illegible] (1659) ; 3 E 11/547 (1653) ; 3 E 11/135 (1658) ; 3 E 11/136 (1659) ; 3 E 11/[illegible]4[illegible] (1653).

1426 A.D.-P.O. C'est le cas à Latour de France: 3 E 42/12 (1662-1663) ; 3 E 42/4[illegible] (1693) ; 3 E 42/43 (1694) ; 3 E 42/45 (1695) ; 3 E 42/46 (1696) ; 3 E 42/47 (1697) ; 3 E 42/48 (1698) ; à Corneilla-de-Conflent : 3 E 3/58 (1661) ; 3 E 11/556 (1668) ; 3 E 11/557 (1669) ; 3 E 11/593 (1677) ; à Prades : 3 E 11/139 (1662) ; 3 E 11/140 (1663) ; 3 E 11/155 : 1678 ; 3 E 11/175 (1667-1669) ; 3 E 11/167 (1685-1686) ; 3 E 11/171 (1657-1658) ; à Céret : 3 E 40/243 (1651) ; 3 E 40/311 (1658) ; 3 E 40/32[illegible] (1668) ; à Vinça : 3 E 19/339 (1640) ; 3 E 19/340 (1641-1642) ; 3 E 15/569 (1692-1693) ; 3 E 15/570 (1694-1695) ; à Olette : 3 E 19/983 (1641-1648) ; 3 E 19/981 (1690-1692) ; à Île-sur-Têt : 3 E 19/842 (1667).

1427 *Cf.* notamment les minutes de Latour de France : A.D.-P.O. : 3 E 42/74 (1724), 3 E 42/75 (1725), 3 E 42/76 (1726), 3 E 42/77 (1727), 3 E 42/78 (1728), 3 E 42/79 n'est alors qu'un succès apparent. La langue des écritures officielles est bien celle du roi, mais les tables et les glossaires demeurent en catalan[1428]. Là encore on écrit en français, on pense en catalan.

757. Tout au long du XVIIIe siècle, une véritable diglossie semble ainsi avoir subsisté entre la langue d'État, celle du roi, langue imposée, et la langue basse, celle du peuple et de l'aristocratie locale. Mais le roi est parvenu à ses fins : sa souveraineté est « marquée » par l'usage de son vernaculaire. Il est vrai que ce succès avait été préparé, quelque peu, depuis l'annexion, par une politique scolaire.

II - Une politique scolaire en Roussillon

758. En Roussillon, dans le but de familiariser les nouveaux régnicoles avec la langue française, des écoles royales bilingues vont être créées manifestant, dans un secteur traditionnellement abandonné à l'initiative privée, une préoccupation plus politique que pédagogique. S'il est vrai que le but recherché par le gouvernement royal est bien l'unicité linguistique dans le domaine administratif et judiciaire, la création d'écoles bilingues à Perpignan ne pouvait que faciliter l'objectif poursuivi. Un des motifs évoqués par l'édit de 1700 était qu' « ils en reçoivent d'ailleurs beaucoup de préjudices (de leur catalanité linguistique), en ce que pour faire instruire leurs enfants dans ladite langue catalane et les rendre par là capables d'exercer les charges de judicature et de magistrature, ils se trouvent obligés de les envoyer étudier dans les villes de la domination d'Espagne, ce qui leur cause de grands frais »[1429]. Bien que cet édit, donné en 1700, soit postérieur de trente ans à la création d'écoles, il se situe par rapport à celles-ci dans un aval logique car leur création visait à éviter la domination alternative du latin et du catalan, suspectés d'empêcher la formation d'une élite administrative et judiciaire formée en langue française. Tel était

---

(1729), 3 E 42/80 (1730). Sur ces sept années, le notaire J.P. Girone transcrit ou rédige 863 actes, tous, sans aucune exception, sont écrits dans la langue du roi. Cf. également les minutes de Prades : 3 E 11/246 (1705), 3 E 11/328 (1704), 3 E 11/329 (1705), 3 E 11/304 (1710-1713), 3 E 11/339 (1715) ; celles de Céret : 3 E 40/354 (1705) ; 3 E 40/439 (1721-1722) ; celles de Prats de Mollo : 3 E 40/937 (1703-1707) ; et celles de Vinça : 3 E 19/1584 (1710) ; 3 E 19/585 (1711) ; 3 E 19/575 (104-1705) ; 3 E 19/576 (1706) ; 3 E 19/596 (1708).

1428 A.D.-P.O. : 3 E 21 284 (1702-1704).

1429 Édit royal de 1700, exposé des motifs. Raimond SALA (*Dieu, le roi et les hommes. Perpignan et le Roussillon (1580-1830)*, Perpignan, Trabucaire, 1996, p. 55) affirme que, dès 1661, des mesures auraient été prises pour interdire aux jeunes Roussillonnais de faire leurs études en Catalogne.

l'objectif initial de Colbert qui sera appuyé dans sa démarche par la puissante dynastie Le Tellier : en 1672, Le Tellier père, secrétaire d'État à la guerre et, à ce titre, chargé dans son département de la supervision du Roussillon, écrira aux consuls de Perpignan pour leur demander – c'était un ordre – d'établir, dans leur ville, conformément aux ordres du roi, quatre petites écoles « pour la langue françoise[1430] ». Les consuls manifestement regimbèrent et voulurent se décharger de l'obligation sur les Jésuites. La municipalité subventionnait déjà le collège et répugnait par conséquent à prendre financièrement en charge ces quatre écoles. Ils furent brutalement rappelés à l'ordre par le commissaire départi, Carlier (et procureur général au Conseil souverain), qui imposa, dans une lettre du 4 février 1672, – il y a seulement treize ans que le Roussillon a été incorporé – la création des nouveaux établissements dont il précise le fonctionnement. Le texte est fondamental, car il traduit le souci unitaire du gouvernement royal par l'imposition de la langue :

> « ...il ne s'agist en cette occasion que d'obéir et exécuter les ordres donnez sur ce sujet par Sa Majesté sans recourir à des remonstrances inutilles qui ne peuvent estre que tres desagréables à Sa Majesté. Et afin que Messieurs les Consulz puissent estre plainement instruitz des intentions de Sa Majesté pour les exécuter sans aucune remise ny dellai, je dois leur faire observer que comme il n'y a rien qui entretienne l'union et l'amitié entre des peuples de différentes nationz que la conformité du langage par lequel ils se font entendre les uns aux autres, entrent dans les negoces et conversations utiles et facilitent leur commerce. Sa Majesté a resolu demployer ce moyen pour unir les françois qui habitent en ceste province avec les habitants originaires du pays, facilliter leur commerce, rendre leurs négoces et conversations agréables et utilles et faire en sorte quilz sexpliquent intelligiblement et commodément les uns avec les autres.
> Et a cette fin Sa Majesté a ordonné l'establissement de plusieures petites escolles dans la ditte ville de Perpignan ou les enfans de l'un et l'autre sexe puissent estre instruitz a la connaissance des lettres de l'alphabet, des sillabes, dictions et oraisons tant en langue françoise qu'en celle du pays et mesme en lescriture des dittes deux langues, afin quinsensiblement elles soyent rendues communes et reciproques a tous les ditz habitans françois et catalans, et que les ditz enfans masles qui voudront estudier aux lettres soyent par ce moyen rendus capables d'entrer dans les classes de grammaire ou ils sont instruits par les soings des Reverends Peres Jesuistes tant en langue latine qu'en la françoise, ainsy que l'on en est convenu avec eux pour monter ensuite aux autres sciences et parvenir aux degrez et privilleges du doctorat, et aux charges d'honneur, de judicature, et magistrature qui ne seront données a ladvenir a qui que ce soit sans que ceux qui y aspireront

1430 A.D.-P.O. : C. 1359, lettre du 5 janvier 1672.

parlent et entendent passablement ladite langue françoise, Sa Majesté sestant suffisamment expliquée sur ce point.
Les dittes petites escolles seront sous les soings et conduittes du recteur de l'Université qui y choisira des maistres propres et habilles pour les tenir et en faire les fonctions et qu'y a ceste fin seront scavantz es dittes langues et escritures afin de les pouvoir enseigner esgallement a leurs escolliers. Le dit Recteur les visitera souvent pour connoistre si les dits maistres font leur devoir et les redresser quant ils manqueront.
Les dites escolles seront distribuées dans les quatre paroisses de la ditte ville pour la plus grande commodité des enfans et la ville donnera quelques gages aux maistres pour les obliger à une continuelle assiduité a leur devoir, des quels gages les maistres pourront subsister avec ce qu'ils tireront par chacun mois de leurs escolliers, et Messieurs les Consuls tiendront la main a ce qu'il n'y ayt dans la ditte ville aucune autre petite escolle que celles cy dessus, ausquelles tous les dits habitans seront tenus d'envoyer leurs enfans et non ailleurs a peine aux contrevenans de cent livres damende applicable a l'hospital des pauvres de la ditte ville et mesme ilz ne pourront les faire instruire dans leurs maisons par dautres maistres que par ceux qui seront establis aus dittes petites escolles, et deffenses seront faites a tous estudians et autres personnes de se mesler d'instruire les dits enfans ny de contrevenir aux conditions du dit establissement sur les mesmes peines.
Il n'est point a propos de vouloir charger les R. P. Jesuistes de tenir les dittes petites escolles soubz pretexte de quelque retribution que la ville leur donne parce que le traicté qui a esté faict avec eulx ne porte pas ceste condition, mais seulement qu'ils instruiront les escolliers de grammaire, il n'y a aucune aparance de pretendre deulx ce qui est marqué par la résolution du dit Conseil.
C'est pourquoy il convient que Messieurs les Consulz executent les ordres et intentions de Sa Majesté et quilz ne fassent point connoistre par des remonstrances inutiles quilz les veulent esluder »[1431].

759. Ce programme autoritaire ne laisse de surprendre par son aspect novateur. À partir de la nécessaire « conformité du langage » qui doit traduire la souveraineté du roi, l'intendant Carlier met en œuvre différents principes n'ayant cours nulle part ailleurs dans le royaume mais qui traduisent la volonté du roi d'intégrer, par la mise en oeuvre de sa souveraineté linguistique, les populations catalanes : monopole scolaire de la municipalité sous l'égide de l'université pour ce que nous appelons aujourd'hui l'enseignement primaire. Certes, le particularisme linguistique local est respecté – comment faire autrement ? – par l'acceptation d'un bilinguisme scolaire : on apprend à lire et écrire dans les deux langues. En revanche, il n'est pas question de latin dans cet

1431 A.D.-P.O. : C. 1357. Également dans Ph. TOREILLES, « La diffusion du français à Perpignan après l'annexion (1660-1700) », art. cité, p. 367-369.

apprentissage scolaire : on est tenu d'apprendre les oraisons en français et en catalan. L'obligation scolaire – c'est un second principe – est posée pour tous, garçons et filles. La norme est révolutionnaire. Certes, seuls les « enfans masles » pourront par la suite accéder au collège, puis à l'université. Mais nulle part ailleurs en France n'avait été posé par voie autoritaire le principe d'instruction des petites filles dans la langue du roi. La décision est manifestement politique. Son objet est d'atténuer la diglossie juridique en favorisant, au sein des futures familles, l'émergence à terme d'une unité de langage. Ces différentes prescriptions sont d'ordre public : Carlier, commissaire départi « pour la justice, police et finance », assortit la réglementation scolaire qu'il pose d'une sanction pénale : 100 livres applicables aux contrevenants[1432].

760. Ce programme sera continué par Louvois, secrétaire d'État à la guerre après son père, et comme lui, à ce titre, nanti du Roussillon dans son département. Dans une lettre adressée le 6 août 1681 à l'intendant Trobat, Louvois rappelait l'intérêt de cette démarche pour parvenir à l'unicité linguistique que le commissaire départi avait associée localement à une francisation vestimentaire[1433] : « S.M. approuve que

1432 La langue du roi, marque de sa souveraineté, sera bientôt imposée dans les prédications de carême de la cathédrale Saint-Jean. En 1676, sans doute sur initiative consulaire (bien que l'on puise s'interroger sur la réalité de ce « pouvoir » des édiles sur le fonctionnement de l'institution ecclésiale), le carême fut prêché en français. Le roi décide incontinent de poser cette innovation en norme et le spécifie aux consuls dans une lettre du 8 septembre 1676 : « Très cher et bien amés, nous avons esté bien ayses d'apprendre que l'on aye commencé de prescher en langue françoise dans l'esglise Cathédralle de nostre ville de Perpignan et désirant qu'il en soit uzé de mesme à l'advenir affin mesme d'obliger par ce moyen les habitans de lad. Ville à s'instruire en lad. Langue françoise. Nous vous faisons cette lettre pour vous dire que nostre intention est que dorénavant tous les prédicateurs que vous avez à nommer pour prescher tant dans l'église de St Jean que dans les autres églises de ladite ville scachent la langue françoise et qu'en tout ce qu'il dépendra de vous, vous teniez la main à ce qu'ils preschent en cette langue en sorte que Nostre volonté soit en cela suivie et exécutée. Et nous prometant que vous y satisfairez, Nous ne vous ferons la présente plus longue ny plus expresse. Ny faictes donc faulte car tel est nostre plaisir. Donné à Versailles le huictieme septembre mil six cents soixante seize ». Signé Louis et, plus bas, Le Tellier. Il semble que l'attitude conciliante des consuls – le fait d'avoir imposé le prêche du carême dans la langue du roi – ait été motivée par la présence de clercs espagnols venus, au début de l'année 1776, prêcher à Perpignan en espagnol, ce qui provoqua la colère de Louvois qui rappela aux consuls de façon comminatoire qu'il est « du service de Sa Majesté d'introduire la langue et les mœurs de France parmy les habittans de Perpignan ». *Cf.* A. AYATS, *La défense des Pyrénées catalanes françaises (1659-1681). Frontière politique et frontières militaires*, thèse citée p. 743. La lettre du roi du mois de septembre suivant se situe donc dans le prolongement de cette première réaction.

1433 A.D-P.O. : C 1358.

vous continuez a tenir la main à ce que les habitans du Roussillon s'habillent à la françoise[1434] et suivant ce que vous proposez, j'escris à M. le cardinal de Bonzy[1435] pour le prier de vous faciliter le moyen d'avoir des maistres d'escolle françois à Perpignan et dans les autres villes de Roussillon[1436] ». Bonzy prendra immédiatement les mesures souhaitées, le ministre l'en remerciera dans une lettre du 25 octobre de la même année[1437]. Cette correspondance nous apprend que la mesure concernait « les villes du Roussillon » et non pas seulement Perpignan.

761. Trobat, commissaire departi et second président du Conseil souverain[1438], fera solennellement endosser par ce dernier, dans un arrêt du 19 janvier 1682, le souci du gouvernement royal[1439]. Le texte initial de Carlier, affiné et transformé en arrêt de règlement, va, revêtu de cette force nouvelle, rappeler les mesures de 1672 et en créer de nouvelles pour « marquer » la souveraineté du roi en imposant l'usage de la langue française. Le Conseil souverain, présidé par Ramon de

1434 L'uniformité vestimentaire était proposée, bien avant l'unité linguistique, comme un des principaux moyens culturels d'intégration au royaume. Dès 1660, le gouvernement royal signifiait à Fontanella, président du Conseil souverain, l'intérêt qu'il y avait à suivre, aux fins d'intégration, la voie « vestimentaire ». A.D.-P.O. : 2 B 25, f° 13 V°, à la question posée par le président : « Sixiesmement représente que nonobstant la nécessité qu'il y a en ce pays là de réduire les choses de tout ce qui sera possible à la mode de France, il y a beaucoup de personnes, principalement de ceux qui, par le Traité de la paix sont retournées d'Espagne, lesquels, et ses femmes vont encore habillées à l'espagnolle, estant certain qu'en Catalogne ne permettent point à ceux qui sont retournés de Roussillon, soit hommes ou femmes, d'estre habillés à la françoise », le roi fit répondre : « Sa Majesté veut et entend que tous les habitants de la ville de Perpignan comme de la capitalle du pays, et qui par conséquent doibt monstrer l'exemple aux autres, soient doresnavant vestu à la françoise ».

1435 Pierre de Bonzy est archevêque de Narbonne.

1436 A.D.-P.O. : C 1358. Le même jour, Louvois écrira, comme il s'y était engagé, au cardinal de Bonzy dans le sens indiqué à Trobat : « Le Roy estant bien ayse de faire establir des maistres d'escolle françois dans les villes du Roussillon pour apprendre la langue aux enfans et introduire les mœurs et coutumes de France, S.M. aura bien agréable que V.E. facilite à M. Trobat, président au Conseil souverain de Roussillon, qui fait la fonction d'intendant audit pays, les moyens d'en faire venir du Languedoc le nombre dont il pourra avoir besoin ».

1437 « Le Roy a veu avec plaisir les mesures que V.E. a prises pour envoyer à Perpignan des maistres d'escolle françois, et vous sçait gré de ce que vous contribuez à la discipline de ce dioceze privé d'evesque depuis si longtemps. » (Arch. de la guerre 659, f° 285, cité par F. BRUNOT, *Histoire de la langue française*, ouvr. cité, t. V, p. 112).

1438 F.-Pierre BLANC, *Les magistrats du Conseil souverain de Roussillon,* ouvr. cité, t. II, p. 261-263, ms.30.

1439 *Cf. Infra*, annexe : pièce justificative, n° II.

Trobat, donnait l'ordre au même Ramon de Trobat, commissaire départi, de mettre en œuvre la volonté royale. Ainsi, l'intendant était d'abord tenu « d'enjoindre aux consuls » de toutes les villes de la province « d'établir des Ecolles Royalles en chacune » « pour apprendre aux enfants la langue françoise, la doctrine chrestiennne, à lire et à escrire, et l'arithmétique, et les principes de la langue latine ». L'enseignement du catalan prévu par Le Tellier et Carlier en 1672 a disparu. Il va sans dire que tous les apprentissages prévus – lire, écrire, doctrine chrétienne, arithmétique – doivent se faire dans la langue du roi, y compris, bien évidemment, « les principes de la langue latine ». La langue du pays est reléguée dans la sphère privée et le latin réapparaît timidement. Ces écoles seront gratuites. La norme est expresse : « sans que personne soit obligée à rien payer aux Régents desd. Escolles royalles ». Il appartiendra en effet, aux « Villes et Communautez », de « leur fournir les maisons, logements et salaires ». L'arrêt rappelle ensuite que de telles écoles ayant déjà été établies à Perpignan – il ne peut s'agir que de celles suscitées par l'intendant Carlier en 1672[1440] – il suffira donc à Trobat de « donner ses ordres pour un pareil établissement dans les autres villes de cette province ».

762. La fréquentation de ces écoles – la cour rappelle ici encore les prescriptions de 1672 – est de surcroît obligatoire, non pas que l'arrêt ait créé en Roussillon une scolarité obligatoire pour tous, mais, à tout le moins, une institution appelée à devenir le passage obligé pour tous les Roussillonnais désireux d'accéder aux offices ou aux arts libéraux. Pour atteindre cet objectif, la Cour pose un certain nombre de règles : toutes personnes ayant en charge des enfants et désirant les scolariser devront « les envoyer, et faire aller, tous les jours aux Escolles Royalles aux heures qui seront marquées pour y apprendre la langue françoise la doctrine chrestiennne, l'aritmétique, et les principes de la langue latine ». Ce n'est pas un simple devoir pour les parents mais, pour reprendre l'expression de l'arrêt, un « commendement faict », sous le contrôle des « bayles et consuls », à tous les parents de « cette ville de Perpignan et autres de la province ». L'arrêt ne dit rien des écoles existantes, s'il en est. Il se contente de préciser qu'il sera interdit de créer des établissements concurrents « un mois après l'établissement d'icelles (écoles royales) ». L'obligation de fréquentation des écoles royales subsistait même lorsque les villes de la province ne pouvaient se doter de l'infrastructure scolaire exigée par l'arrêt. Le texte décide, en effet, qu' « à l'égard des lieux où il n'y en aura point, (obligation est

1440 dont l'arrêt de 1682 attribue le mérite à Trobat. : « par le soins de mond. sieur de Trobat, lesd. Ecolles ont déjà esté establies en cette ville ».

faite aux parents) de les envoyer à celle qui sera établie dans la ville plus voisine ou autre qui sera plus à leur bienséance ».

763. C'était une véritable révolution des mœurs que voulait provoquer le Conseil souverain. Mais un bouleversement aussi considérable ne pouvait évidemment s'imposer de lui-même. Le Conseil va donc assortir ses prescriptions de sanctions destinées à assurer leur application : l'accès au collège et à l'université sera subordonné au passage obligé dans les écoles royale. En conséquence, l'arrêt

> « ordonne que les enfants des villes et lieux de cette Province, ne puissent estre admis aux classes de la grammaire ny aux arts et maistrises cy dessoubs mentionnéez qu'ils ne fassent aparoistre d'un certifficat signé de la main d'un des régents des dittes Escolles Royalles d'avoir appris soubs eux la langue françoise », et donc « très expresses deffenses (sont faites) à tous les Régents de l'Universite, et Collèges de n'admettre aucun escollier sans le dit Certifficat ».

764. Restait le problème des enfants et des jeunes gens, élevés dans la langue catalane, trop âgés, au moment de l'édiction des nouvelles mesures, pour fréquenter l'école royale, mais qui cependant désiraient poursuivre un cursus scolaire ou professionnel. L'arrêt leur accorde un délai de six mois pour apprendre le français et faire attester cette connaissance par des personnes compétentes. À défaut, les collèges, l'université et les principaux arts libéraux – le texte énumère les professions de notaire, procureur, chirurgien, apothicaire et marchands – leur seront fermés[1441]. La mesure est générale. La Cour « ordonne que le présent Reiglement à la diligence du dit Procureur Général du Roy soit leu, publié à son de trompe par tous les lieux publics et accoustumez du ressort de la Cour, affiché ou besoin sera, et registré ez registres des cours des viguiers et bayles du dit ressort »[1442].

1441 « et à l'égard de la jeunesse qui estant déjà en aâge avancé, ne pourra pas aller aux dites Ecolles, la Cour a ordonné et ordonne très expressément de s'appliquer soigneusement à apprendre la langue françoise dans six mois, autrement les dits six mois passez, ils ne seront admis aux charges publiques ni à aucun degrés honorifique. Deffend la cour très expressément aux recteurs, et régents des collèges de l'université de cette ville, aux recteurs, prieurs et autres chefs, et particuliers des collèges et corps des notaires, procureurs, chirurgiens, apotiquaires et marchands qui ont boutique de ne les recevoir dans leurs collèges et corps qu'ils n'ayent fait apparoitrre par des bons certifficats de quelqu'un des Régents des dites escolles Royalles qu'ils parlent, entendent et escrivent suffisamment la langue françoise, le tout soubs les peines à la Cour arbitraires ».

1442 *Infra* Annexes : le texte de l'affiche, pièce justificative n° II.

765. Ces mesures étaient par trop drastiques. Nous avons vu que le Conseil souverain lui-même ne parvenait pas à l'époque où il émit ce règlement à imposer la langue du roi dans ses propres rangs. Il fallut quarante ans et un édit du roi pour imposer le vernaculaire royal dans l'ordre judiciaire. Comment imaginer que le Conseil ait pu raisonnablement croire qu'en six mois des enfants et des jeunes gens puissent, comme l'exigeait l'arrêt de règlement, « parler, entendre et escrire, suffisamment la langue françoise » ? Ces mesures furent-elles totalement vaines ? D'aucuns l'affirment un peu hâtivement[1443]. Créées pour la francisation du pays, ces écoles, il est vrai, ne semblent plus avoir préoccupé l'attention du pouvoir royal, du jour où l'annexion fut à peu près acceptée. C'est manifestement le cas après l'édit de 1700. En 1710, dans son « Mémoire de la généralité de Perpignan ou province de Roussillon dressé par ordre de Mgr le duc de Bourgogne », l'intendant d'Albaret n'en mentionne plus l'existence[1444]. Certains en déduisent qu'elles auraient disparu[1445]. Un procès relatif à la régence de la ville de Prades permet d'affirmer le contraire. Nous sommes en 1725, le régent Antoine Phelip, a été évincé, lors de la « dispute », au bénéfice d'un médecin, maître Ricard. Il se tourne vers le conseil souverain pour que la décision soit annulée, car « ledit Maitre Ricard ne sçait aucun mot de françois, lorsque suivant l'intention du Roy, il faut toujours nommer un régent qui soit capable non seulement d'enseigner à la jeunesse la latinité, mais encore la langue et les mœurs françois ». Le conseil souverain annule la décision du consulat de Prades. L'arrêt de règlement de 1682 demeure droit positif puisqu'il est décidé « qu'il ne sera receu à la dite dispute d'autre aspirant que ceux qui fairont conster par de bons certificats qu'ils ont étudié la grammaire suivant la métode françoise »[1446].

766. Sans doute cette décision est-elle exceptionnelle ; les mesures ordonnées en 1672 et réitérées en 1682 étaient certainement excessives et surtout ne reposaient pas sur une infrastructure scolaire. À une époque où la religion était encore, nous l'avons vu, le but essentiel de tout enseignement primaire, ces écoles ne pouvaient sans doute pas réussir. Mais elles restent un jalon symbolique important dans l'histoire de la francisation du pays. La monarchie avait trouvé la méthode de

---

1443 Ph. TOREILLES et E. DESPLANQUES, « L'enseignement élémentaire en Roussillon», *Bulletin de la Société agricole, scientifique et littéraire des Pyrénées Orientales*, n° 36, 1895, p. 253.

1444 A.M.A.E. : 1.746.

1445 *Ibid.*, p. 252, note 2.

1446 *Infra* : arrêt du 12 avril 1725, annexe II.

francisation, même si elle était incapable de l'appliquer. La langue du roi est, nonobstant cette tentative avortée, considérée comme un instrument incontournable pour parvenir à l'unité de l'État. Carlier, commissaire départi par Louis XIV dans les comtés, l'affirme nettement : « il n'y a rien qui entretienne l'union... entre des peuples... que la conformité du langage »[1447].

767. Les jésuites, en 1672, avaient, nous l'avons vu, été écartés officiellement du « primaire ». Ils vont bientôt relayer et avec plus de succès les pouvoirs publics. Seule, semble-t-il, en effet, l'action persistante du collège et de la Compagnie de Jésus parvint à entamer quelque peu, au niveau des élites, les bastions de la « catalanité »[1448]. Les jésuites, dès 1690, forment de nouvelles générations de jeunes bourgeois, qui connaissent bien le français. Les mentions obtenues par les auditeurs du cours donné en cette langue sont encore négatives pendant les années 1660, médiocres vers 1670, passables autour de 1680. On arrive ensuite au « bien » et au « très bien » à partir de 1690. L'escalade vers les sommets de la félicitation est parlante. Au XVIIIe siècle les étages supérieurs de la société sont puissamment investis par la langue française, car elle présente des attraits certains pour des candidats aux promotions sociales. E. Le Roy Ladurie est à même de décrire l'accompagnement culturel de ce basculement vers le vernaculaire royal[1449].

C - L'INTÉGRATION DE LA CORSE OU LE FRANÇAIS CONTRE L'ITALIEN

768. Les relations souveraines du Roi de France avec la Corse sont anciennes et remontent au XVIe siècle. À pareille époque la thalassocratie génoise détient des points d'appui qui sont autant de colonies de peuplement sur la côte, à Bastia, Calvi, Saint-Florent, Ajaccio, Bonifacio, Porto-Vecchio. La Corse parle génois dans ces présides, les dialectes ailleurs, et on y écrit le toscan lorsqu'on rédige. Il y a donc trois langues, sans compter le latin[1450]. Fort de son alliance avec les Turcs, en 1553 Henri II fait débarquer un corps expéditionnaire

1447 Lettre de Louvois à l'intendant Carlier, A.D.P.O. : C. 1358.

1448 Ph. TOREILLES, « Le collège de Perpignan depuis ses origines jusqu'à nos jours », dans », *Bulletin de la Société agricole, scientifique et littéraire des Pyrénées Orientales*, n° 34, 1893, p. 37-39.

1449 E. LE ROY LADURIE, *Histoire de France des régions. La périphérie française, des origines à nos jours*, ouvr. cité, p. 154.

1450 *Ibid.*, p. 172 .

en Corse. Cette annexion initiale de l'île au royaume durera jusqu'en 1559 et se situe dans le prolongement du rêve italien des Valois, éphémères rois de Naples et ducs de Milan, et désormais, pour une brève période, « prince de l'île de Corse »[1451]. Ce prélude à l'acquisition de Choiseul ne dure en effet que sept ans (1553-1559). Battue à Saint-Quentin, la France est, en effet, contrainte en 1559, par le Traité de Cateau-Cambrésis, à renoncer à la Corse et au Piémont[1452]. L'île redevient génoise de 1569 à 1730. Érigée en royaume, mais un royaume sans roi, la Corse au plan institutionnel est soumise aux doges de Gênes, ainsi qu'aux conseils qui gouvernent la République. Celle-ci est représentée dans son royaume corse par un gouverneur qui réside à Bastia. Au XVIIe siècle, une évolution importante au plan culturel et linguistique, se fait jour au cœur des cités corses : les petites écoles et les collèges des Jésuites répandent les éléments d'une culture élémentaire ou savante. Quand celle-ci s'exprime par écrit, elle dédaigne le dialecte au profit des rédactions italiennes et de l'expression latine[1453]. En dépit de cette imprégnation culturelle, la Corse secoue bientôt le joug italien, donnant ainsi l'occasion au roi de France, près de deux siècle après sa première intervention, de tourner à nouveau ses regards sur l'île. Ses troupes y sont dépêchées de 1738 à 1741 ; cette intervention militaire ne vise, en principe, qu'à maintenir la légitimité génoise contre les rebelles[1454]. Mais en fait, elle prépare une mainmise. Dès 1735, le ministre français Chauvelin planifie tout : par un système de vente à réméré, l'île tombera dans les dépendances du royaume de Louis XV. Un second corps expéditionnaire français s'installe en Corse entre 1748 et 1752. Au terme de plusieurs expéditions, la France obtient de Gênes, lors du Traité de Versailles (1768), que soit enfin conclu le fameux achat à réméré au nom duquel sont grassement payées, d'avance, la future souveraineté du roi et la dépossession de Gênes. Les sommes d'argent seront versées par annuité à la cité ligure. L'achat est motivé : la République se reconnaît au bout du compte impuissante à dompter une population agitée par des rébellions récurrentes. Pour cette raison, elle accepte de se décharger

---

1451 J.-M. JACOBI, *Histoire de la Corse*, Paris, A. Colvert, 1835, 2 vol., t. 2, p. 57.

1452 Rappelons que ce traité, signé le 3 avril 1559, entre Henri II, roi de France et Philippe II, roi d'Espagne, mettait fin aux guerres d'Italie.

1453 E. LE ROY LADURIE, *Histoire de France des régions. La périphérie française des origines à nos jours*, ouvr. cité, p. 180.

1454 Sur la période génoise, *Cf.* C. TOMMASI, *L'administration de la Corse sous la domination génoise,* 1300-1768, thèse droit, Paris, 1912. Sur les événements préparant la conquête du royaume de Corse et sur l'administration de l'île de 1768 à 1789, *Cf* L. VILLAT, *La Corse de 1768 à 1789*, Besançon, Millot frères, 1925, 2 vol.

des obligations de souveraineté que, depuis près de quatre décennies, elle ne remplissait qu'à demi, et que, depuis 1755, lui contestait, armes à la main[1455]. Pascal Paoli, initiateur d'une éphémère indépendance[1456] (1755-1769). La décharge s'opère auprès de l'État-nation tout proche, puissant, annexionniste et moderne. L'acte officiel est du 15 mai 1768[1457]. La France va alors pacifier la Corse : en 1768-1769, un corps expéditionnaire français, bien étoffé, annule l'entreprise paoliste. Les troupes du chef corse sont défaites par les Français à Pontenuovo (1769). Le pays tombe dans l'orbite de la dynastie de Versailles. Paoli part en exil[1458]. Le Traité de Versailles du 15 mai 1768 ne provoque pas la disparition du royaume de Corse mais en consacre, bien au contraire, l'existence. Le royaume est seulement gagé grâce à la fiction d'une vente à réméré consentie en remboursement de la dette génoise : la Corse ne fait donc pas l'objet d'une union personnelle ou réelle. Elle n'est pas non plus incorporée. Elle demeure théoriquement un royaume confié à l'administration du roi de France, et les deux couronnes sont censées demeurer bien distinctes. La République de Gênes pouvait théoriquement récupérer son gage en remboursant ses dettes à la France. Mais c'était là une clause de style, l'entreprise étant évidemment impossible car toutes les dépenses réalisées par les autorités françaises pour l'administration et la pacification de la Corse devaient abonder la dette initiale[1459]. La vente à réméré d'un royaume, au temps des Lumières, ne laisse de surprendre. Elle est, en réalité, la fiction juridique permettant au roi de France d'intégrer une nouvelle province sous couvert d'une opération de police sollicitée par un État ami. L'histoire institutionnelle, et surtout judiciaire, du royaume corse à partir du Traité de Versailles traduit une autre réalité : la Corse est purement et simplement intégrée dans la mouvance capétienne. Le royaume s'estompe, devenant province, et notamment simple ressort judiciaire géré par la chancellerie de France. Louis XV et Louis XVI ne

1455 *Cf.* J. COLOMBANI, *Aux origines de la Corse française*, Ajaccio, Imprimerie Grandval, 1978, p. 125 et s.

1456 Sur l'État corse, voir P. ARRIGHI et F. POMPONI, *Histoire de la Corse*, Paris, PUF, 9ème édit., 2007, p. 70-76.

1457 Le Traité de Versailles par lequel Gênes cède la Corse à la France est du 15 mai 1768, mais les forces françaises ne mirent en déroute Paoli et ne conquirent l'île qu'en mai 1769.

1458 Le 13 juin 1769. E. LE ROY LADURIE, *Histoire de France des régions. La périphérie française, des origines à nos jours,* ouvr. cité, p. 185.

1459 J.-Y. COPPOLANI, « Le Conseil souverain de Bastia », dans *Les parlements de province. Pouvoirs, justice et société du XV*e *au XVIII*e *siècles*, (dir. : J. POUMARÈDE et J. THOMAS), ouvr. cité, p. 259.

s'intituleront jamais roi de Corse, ce qui traduit bien le refus de l'union personnelle ou réelle, mais au contraire l'incorporation pure et simple d'une nouvelle province sur laquelle les *regalia*, les marques de la souveraineté du roi de la France unitaire vont immédiatement être mises en œuvre. Seule concession au particularisme de la nouvelle province, elle devient un pays d'états, à la différence du Roussillon, annexé au cours d'une phase beaucoup plus autoritaire. Les divers ordres de la société de l'île sont donc représentés dans une assemblée provinciale, mais celle-ci est sans grands pouvoirs, et sera réunie moins de dix fois en vingt ans...[1460].

769. Quoi qu'il en soit, avant même d'avoir achevé la pacification de l'île, deux actes fondamentaux vont consacrer l'intégration par l'organisation de la justice royale et l'introduction comme langue administrative de la langue du roi.

770. En juin 1768, au lendemain du Traité de Versailles, avant même d'édicter ses lettres patentes d'application qui sont datées du 5 août, le gouvernement royal publie un édit consacré à l'organisation de la justice dans l'île. « Nous n'avons rien de plus à cœur », dit le préambule, « que de procurer aux peuples que la Providence confie à nos soins, tout ce qui peut contribuer à leur bonheur... aussi regardons-nous, comme le premier de nos devoirs, celui de faire régner la justice ». C'est le premier édit du roi en Corse, et le premier texte inséré dans le Code corse[1461]. Son premier article institue un « Conseil supérieur » et décide qu'il « tiendra ses séances dans la ville de Bastia »[1462]. Selon Jean-Yves Coppolani, « à l'évidence, il était conçu comme un instrument de la pacification de la Corse et de la francisation de ce royaume dont le Traité de Versailles avait confié l'administration au roi de France »[1463]. De fait, l'édit de création du Conseil supérieur de la Corse est très proche de ceux qui instituèrent les Conseils du

1460 E. LE ROY LADURIE, *Histoire de France des régions. La périphérie française, des origines à nos jours*, ouvr. cité, p. 187.

1461 *Code corse ou Recueil des Édits, Déclarations, Lettres Patentes, Arrêts et Réglements publiés dans l'isle de Corse depuis sa soumission à l'obéissance du Roi*, Paris, Imprimerie royale, 1778-1790, 9 vol. Sur cette importante compilation bilingue français et italien, *Cf.* J.-Y. COPPOLANI, « Le Code corse », *dans Recueil de mémoires et travaux publiés par la Société d'Histoire du Droit et des institutions des anciens pays de droit écrit*, XII, Montpellier, 1983, p. 35-57.

1462 *Code Corse*, ouvr. cité, t. I, p. 1.

1463 J.-Y. COPPOLANI, « Le Conseil souverain de Bastia », art. cité, p. 258.

Roussillon et d'Alsace[1464]. À l'instar de ces derniers (nous le verrons pour l'Alsace), il met en présence des magistrats originaires de France et des magistrats d'origine corse. L'article 11 en fixe la composition : « Il sera composé de l'intendant et commissaire départi pour l'exécution de nos ordres, lequel présidera le Conseil, d'un second président, de dix conseillers – dont six gradués françois et quatre gradués "naturel du pays" –, d'un Procureur général, gradué françois, lequel remplira aussi les fonctions d'Avocat général. Il y aura aussi un substitut dudit procureur et avocat général, un greffier, deux huissiers, deux secrétaires interprètes »[1465].

771. Une part importante (4 conseillers sur dix) est réservée aux juristes corses. Ils sont cependant très largement assujettis aux chefs de cour qui sont obligatoirement des juristes français, le premier président étant de surcroît statutairement l'intendant, alors que dans les autres cours provinciales, s'il advient que l'intendant préside, – ce qui est fréquent – c'est en raison d'un cumul décidé par le roi au cas par cas. Le particularisme de la composition du tribunal corse traduit sans aucun doute la sujétion voulue de la cour souveraine à l'exécutif de la province[1466].

772. Les lois « corses » ne sont cependant pas écartées et il est au contraire décidé que la justice du roi – le Conseil supérieur et les juridictions génoises maintenues – se conformera aux lois et coutumes observées dans le pays, « jusqu'à ce que nous en ayons autrement ordonné »[1467]. L'édit n'évoquant pas la langue judiciaire, mais prévoyant deux offices de secrétaire interprète, on aurait pu s'interroger sur la langue des procès. S'agissant du Conseil supérieur, le non-dit est explicite : une cour souveraine du roi ne peut s'exprimer que dans la

1464 Une différence importante peut cependant être perçue dans le fait que le Conseil de Bastia, cour souveraine, ne succédait pas, à la différence de la plupart des provinces annexées, à une autre Cour souveraine, qui, en l'espèce, aurait été d'obédience génoise. Selon J.-Y. COPPOLANI, ce particularisme ne pouvait que faciliter la francisation. (« Le Conseil souverain de Bastia », art. cité, p. 259-260).

1465 *Code Corse*, ouvr. cité, t. I, p. 1.

1466 J.-Y, COPPOLANI, « Le Conseil souverain de Bastia », art. cité p. 265, nous apprend que cette proportion ne fut pas toujours respectée et le nombre de Corses oscilla entre trois et sept. De mai 1781 à mai 1789, les conseillers continentaux et corses étaient en nombre égal mais en comptant les présidents et les membres du parquet, les continentaux furent toujours majoritaires.

1467 *Code corse*, ouvr. cité, t. I, p. 1, art. 2. On peut également consulter avec profit l'ouvrage ancien de L. VILLAT, *La Corse de 1768 à 1789*, ouvr. cité, t. II, p. 30 et s., qui consacre tout un chapitre à l'analyse de l'édit de création.

langue du roi. Une ordonnance de juin 1768 « pour l'instruction des procédures criminelles en Corse » tranche du reste la question en ce sens, en reproduisant, mot pour mot, les prescriptions posées par l'article 11 de l'ordonnance criminelle d'août 1670, précisant ainsi le rôle de ces interprètes de la langue italienne :

> « si l'accusé n'entend pas la langue françoise, l'interprète ordinaire, ou s'il n'y en a point, celui qui sera nommé d'office par le juge, après avoir prêté serment, expliquera à l'accusé les interrogatoires qui lui seront faits par le juge et au juge les réponses de l'accusé, et sera le tout écrit en langue françoise, signé par le juge, l'interprète et l'accusé, sinon mention sera faite de son refus de signer »[1468].

773. D'aucuns ont pu affirmer qu'à la différence de ce qui s'était passé en Roussillon ou en Alsace, l'introduction du français en Corse était prématurée[1469]. Il est vrai qu'en 1768 Paoli dirige toujours une partie de l'île et qu'il ne sera définitivement vaincu qu'en mai 1769. Que dès lors il peut paraître vain de vouloir imposer la langue du roi dans un pays qui n'est pas encore pacifié. Ces textes introduisant la langue du souverain doivent plutôt être perçus comme des actes symboliques marquant l'incorporation définitive du royaume de Corse dans le royaume de France. Leur mise en œuvre confirme cette analyse, car elle sera empreinte d'une très grande souplesse. L'ordonnance de juin 1768 imposait la langue du roi, et l'édit de 1769, « portant règlement pour la procédure criminelle en Corse », l'adapte au contexte socio-juridique de l'île. L'article 5 de ce texte décide, en effet, que « les parties pourront plaider sans assistance d'avocat, ni procureur en toutes matières sommaires si ce n'est en notre Conseil supérieur »[1470]. Ce texte ouvrait donc explicitement la porte à la langue italienne, admise, à l'instar de la langue du roi, dans toutes les juridictions inférieures, tant dans la procédure orale que dans la procédure écrite.

774. Mais il ne s'agit là que d'une tolérance. Le 15 septembre 1770, les représentants du roi à l'assemblée des États corses (la *Consulte*) confirment cette facilité mais en spécifient le caractère temporaire. Il importe de limiter dans le temps l'usage de l'italien tant dans la pratique contractuelle que dans les procès, « la langue française devant devenir par la suite familière aux Corses, et même leur langue naturelle

---

1468 *Code corse*, ouvr. cité, t. I, p. 12.

1469 H. PEYRE, *La Royauté et les langues provinciales*, ouvr. cité, p. 216.

1470 *Code Corse*, ouvr. cité, t. I, p. 338.

comme elle est celle des autres sujets du roi »[1471], car « là où règne le roi, sa langue doit s'appliquer ». Telle est bien la position désormais très officielle de la monarchie capétienne : temporiser, le temps nécessaire, pour mieux unifier l'État en instrumentalisant la langue du roi. Certes, l'usage de l'italien ne saurait dans l'immédiat être prohibé et un bilinguisme temporaire – mais limité car il n'a rien d'obligatoire – est donc officiellement toléré pour faire place à terme à la seule langue officielle, celle du roi. Dans l'immédiat, le pouvoir législatif lui-même se soumet à la contrainte de l'édiction et de la publication dans les deux langues. Répondant à une demande précise sur ce point, les commissaires du roi, dans la réunion des états de 1777, précisent « qu'on travaillait à Paris, à l'Imprimerie Royale, à une édition en français et en italien, des édits, ordonnances et arrêts publiés en Corse depuis la réunion de l'île, qu'il en serait envoyé un certain nombre d'exemplaires, aux frais de Sa Majesté, au Conseil Supérieur et aux juridictions royales ; que le surplus de l'édition serait mis dans le commerce, afin que chacun pût s'en pourvoir »[1472]. Dans la séance du 18 juin, interpellés par les représentant de Vico, les commissaires du roi ont clairement défini la politique linguistique du royaume, axée sur le seul vernaculaire royal, « marque » incontournable de la souveraineté du maître dans le domaine judiciaire :

> « Au début, les Corses avaient désiré conserver la langue italienne pour rédiger les actes et procéder dans les tribunaux : le Roi y a consenti par tolérance provisoire, en attendant que la langue française soit entièrement familière à ses nouveaux sujets, et le texte des édits et ordonnances a toujours été expédié dans l'une et l'autre langue. Mais il est entendu que, les arrêts et sentences se rendant "au nom et à la décharge du Roi", la langue française est la seule qui pût convenir à cet usage et doit devenir la langue dominante. Si, conformément au Statut civil, chacun peut plaider sa cause – ce qui entraîne la nécessité de laisser plaider en italien ceux qui ne parlent pas le français avec facilité – cette tolérance ne peut aller au-delà et la justice doit se rendre en français tant au Conseil Supérieur qu'aux juridictions royales, sauf l'usage de la langue italienne pour les jugements de podestats »[1473].

775. En 1777, la langue du roi est devenu une « marque » de la souveraineté royale en Corse. Elle est instrument de fusion et donc

1471 Cité par L. VILLAT, *La Corse de 1768 à 1789*, ouvr. cité, t. II, p. 219.

1472 Cité par L. VILLAT, *La Corse de 1768 à 1789*, ouvr. cité, t. II, p. 51.

1473 *Ibid.*, p. 48.

d'unité. Elle s'applique désormais aux juridictions inférieures, la langue italienne n'étant plus tolérée qu'au niveau des podestats, sortes de juges de paix élus par les populations[1474].

776. Le français, devenu langue d'État en Corse, n'en devint pas pour autant « langage maternel corse ». Sa position de langue dominante de langue du pouvoir va bien évidemment influer sur son enseignement et générer quelques mesures scolaires.

777. La première, dirigée surtout contre le danger nationaliste et indépendantiste, fut la fermeture de l'Université créée par Pascal Paoli, chef de l'État corse. Par la seconde, on expulse les Jésuites, défenseur du latin. L'enseignement secondaire sera bien sûr affecté par cette expulsion, d'autant que parallèlement on veut couper la Corse de l'Italie en interdisant à ses habitants d'aller suivre des études ailleurs qu'en France[1475]. Au vieux courant qui portait les jeunes insulaires de bonne famille vers les établissements éducatifs des pays toscans ou ligures, se juxtapose désormais un flux d'élèves de plus en plus significatif qui se dirige vers la France. Les boursiers militaires, notamment, recrutés dans l'élite sociale pauvre mais juridiquement nobles, vont faire leurs études au nord du royaume. Ainsi, le futur Napoléon Bonaparte, boursier du roi, étudiera la stratégie à Brienne, alors que son aîné, Joseph, avait étudié le droit à Pise[1476].

§ II – L'INTÉGRATION DES PROVINCES PROTESTANTES

778. Le 24 octobre 1648, l'empereur Ferdinand III, menacé dans Vienne, fut contraint de signer les Traités de Westphalie. Il céda au roi de France la suprême seigneurie et les droits de souveraineté sur les évêchés de Metz, Toul et Verdun, possédés sans titre par la France depuis près d'un siècle, et la seigneurie directe et souveraineté qui appartenait ou pouvait appartenir à l'Empereur et à l'Empire romain sur

---

1474 J.-Y, COPPOLANI, « Le Conseil souverain de Bastia », art. cité, p. 260.

1475 Sur la création, par lettres du 26 février 1770, du Collège de Bastia, composé de quatre classes dont une pour la langue française, et sur le projet de création d'une université comprenant quatre collèges « placés aux point principaux de l'île », dans lesquels la langue française aurait été partie prenante, *Cf.* F. BRUNOT, *Histoire de la langue française des origines à nos jours*, ouvr. cité, t. VII, *La propagation du français en France jusqu'à la fin de l'Ancien Régime,* p. 245-246.

1476 E. LE ROY LADURIE, *Histoire de France des régions. La périphérie française des origines à nos jours,* ouvr. cité, p. 190.

la ville de Pignerol[1477]. Mais la grande clause qui allait modifier la réalité du royaume était celle qui contenait la cession de l'Alsace[1478]. Le mot « Alsace » n'a alors qu'une signification géographique ; « la simplicité de ce mot », nous dit Ernest Lavisse, s'applique alors « à une opération confuse »[1479]. Le mot Alsace n'était, en effet, qu'une expression géographique qui désignait « un fouillis de seigneuries, de villes impériales et d'offices, lesquels possédaient, administraient et exploitaient un territoire d'empire, compris entre les Vosges et le Rhin »[1480]. L'expression « province d'Alsace », intitulé de la circonscription attribuée aux intendants successifs qui en assurèrent la

---

1477 F. LEBRUN, *Le XVIIe siècle*, Paris, A. Colin, 1967, p. 85-89. La ville de Pignerol fera, nous l'avons vu, l'objet d'un alignement administratif sur le Royaume, notamment avec la création d'un parlement et la francisation de ses élites sera « programmée » dans l'érection du Collège des Quatre Nations. Louis XIV restituera ce territoire en 1694 à la Savoie.

1478 Aux termes de l'article 75 du Traité « L'Empereur, pour lui et toute la sérénissime maison d'Autriche, et l'Empire cèdent les droits, propriétés domaines, possessions et juridictions qui jusque-là appartenaient à lui, à l'Empire et à la maison d'Autriche dans la ville de Brisach, le landgraviat de haute et basse Alsace, le Sundgrau, la préfecture provinciale des dix villes impériales sises en Alsace... et tous les pays et autres droits quelconques qui dépendent de cette préfecture, et les transfère tous et chacun au Roi très chrétien et au royaume de France ». L'article suivant précise que la cession est faite pour toujours « sans aucune réserve avec pleine juridiction et supériorité et souveraineté à toujours... de manière qu'aucun empereur ni aucun prince de la maison d'Autriche ne pourra ni ne devra jamais en aucun temps prétendre ou usurper aucun droit et puissance sur lesdits pays » ; et l'article 79 ajoute que l'Empereur, l'Empire et l'archiduc Ferdinand-Charles délieront du serment de fidélité envers eux tous les États et officiers des territoires cédés. Mais l'article 89 fait une réserve à l'égard des États relevant directement de l'Empire, parmi lesquels il énumère – avec l'évêque et la ville de Strasbourg et l'évêque de Bâle, non compris dans la cession – des monastères, des seigneuries, les villes impériales et « ensemble la noblesse de toute la Basse-Alsace ». Le Roi très chrétien devra laisser ces États « dans cette liberté et en même temps dans cette possession d'immédiateté envers l'Empire romain dont ils ont joui jusqu'ici, de telle sorte qu'il ne puisse y prétendre aucune supériorité royale, mais demeure content de l'ensemble des droits qui appartenaient à la maison d'Autriche et sont cédés à la Couronne de France par ce traité de paix ». Entre cet article et les précédents, la contradiction paraîtrait absolue, s'il ne se terminait par ces mots : « de telle sorte pourtant que, par la présente déclaration, il ne soit pas entendu que rien soit enlevé de tout le droit de souverain pouvoir accordé plus haut ». *Cf.* sur ces différents points, R. REUSS, *L'Alsace au XVIIe siècle*, Paris, 1897-1898, 2 vol. ; G. BARDOT, *La question des dix villes impériales d'Alsace depuis la paix de Westphalie jusqu'aux arrêts de réunions du conseil souverain de Brisach (1648-1680),* thèse lettres, Lyon, A. Rey, 1899. Pour une photographie « constitutionnelle » de l'Alsace en 1648, *Cf.* F. BLUCHE, *Louis XIV*, ouvr. cité p. 104-107.

1479 E. LAVISSE, *Louis XIV*, ouvr. cité, t. I, p. 18

1480 *Ibid.* p. 18-19.

direction, ne correspond donc en rien à la réalité juridique complexe qui caractérise cette région au temps du Traité de Westphalie. Il y a différents États en Alsace, les « dix villes » impériales[1481] qui sont autant de Républiques, dirigées par une sorte de gouverneur-protecteur le *landvogt* ou *præfectus*, désigné par l'empereur, les deux landgraviats de Haute-Alsace et de Basse-Alsace, États immédiats du Saint-Empire, sont sous la souveraineté, le premier d'un archiduc autrichien, le second du prince-évêque de Strasbourg[1482] ; les dix républiques libres, et au premier chef Colmar, se définissent comme des « Estats souverains » incapables de concevoir une subordination à un gouverneur nommé[1483]. En Alsace, selon l'expression de G. Livet, « l'émiettement parcellaire des territoires rejoint la pluralité des droits et coutumes dans le cadre mouvant du Saint-Empire ». Le roi de France est théoriquement venu pour protéger ces multiples États. C'est cette protection « pure et simple » qui va servir de lit à une « protection souveraine »[1484]. Mais, sur le plan du droit international, en principe, l'immédiateté des multiples Alsaces demeure et le roi de France, s'il en est souverain secondaire, se trouve subordonné à un souverain principal qui est l'empereur. Ceci permet de comprendre que le statut constitutionnel de l'Alsace soit d'une extrême complexité. C'est une union réelle, unissant différentes souverainetés au roi de France ; ces souverainetés sont, cependant, *de jure* des États du Saint-Empire. L'ensemble demeure soumis au droit féodal germanique, reconnaissant toujours, mais désormais à travers le roi de France, leur nouveau protecteur, la supériorité de l'empereur qui est à la tête de la

1481 Elles sont disséminées du nord au sud : Landau, Wissembourg, Haguenau, Rosheim, Obernai, Schlestadt, Colmar, Kaysersberg, Turckheim et Munster-au-Val-Saint-Grégoire.

1482 G. LIVET, *L'intendance d'Alsace. Du Saint Empire au Royaume de France. De la guerre de Trente Ans à la mort de Louis XIV*, Strasbourg, P.U.S., 1991, p. 123.

1483 Dès 1637, Colmar protestait contre le contenu de la commission nommant Montausier lieutenant général pour la Haute-Alsace et pour un certain nombre de villes dont Colmar : « La ville de Colmar n'est pas comme une ville prinse et contrainct à la confédération, mais un estat entier, ayt il a à jouir selon leur privilèges, comme un autre estat plus grand et plus souverain. Et nous nous laisseron plus tôt tuer et déchasser avec force et défance que de nous mettre ne telle servitude et infame, que de faire une meschante action qui n'est pas de nostre pouvoir et de quitter nos libertés et nous donner à un gouverneur comme esclave et suject... ». Cité par G. LIVET, *L'intendance d'Alsace*, ouvr. cité, p. 70.

1484 G. ZELLER, *La réunion de Metz à la France, 1552-1648*, Paris, Les Belles lettres, 1926, 2 vol., t. 2, p. 268.

confédération, le Saint-Empire, dont ces multiples États sont parmi les trois cent cinquante composantes[1485].

779. Dans cette province, les questions religieuses se mêlent aux questions linguistiques pour leur donner une ampleur particulière. Sous l'Ancien Régime, le trait linguistique essentiel des territoires alsaciens est la germanophonie de la majorité de l'élite et l'adhésion de la population, dans son immense majorité, à la religion réformée. Dès lors la question de l'intégration de l'Alsace au sein du royaume pouvait poser des problèmes très spécifiques, liés au contraste saisissant entre d'une part la monarchie absolue avec ses impératifs définis et ordonnés de pensée et d'action, et d'autre part la pluralité des religions, des tempéraments, des modes, et bien évidemment, du langage, issus du Saint-Empire.

780. Deux questions, au regard de l'introduction du vernaculaire royal, doivent être posées pour peser la politique linguistique en Alsace. Tout d'abord, lorsque le territoire entra dans l'obéissance du roi, comment, et dans quelle langue, fut-il administré ? Quelle fut, ensuite, l'incidence sur la politique linguistique de l'inapplicabilité de la règle *cujus regio ejus religio ?*

A - ADMINISTRATION ET LANGUE DU ROI

781. C'est avec beaucoup de prudence que le roi de France s'installa dans ce nouveau territoire. Le Traité de Munster de 1643 n'innova rien ou très peu dans l'administration intérieure du pays. Les agents du Roi non seulement ne furent pas de nouveaux fonctionnaires, mais ils conservèrent autant qu'il se pouvait, les titres et les attributions qui avaient été ceux des agents de l'Empereur[1486]. Ce n'est qu'en 1657, près de dix ans après le Traité de Westphalie, que Louis XIV osa un premier alignement du judiciaire ; il impose la souveraineté de sa justice mais sans en imposer l'unicité linguistique. Le texte de l'ordonnance créant le Conseil souverain d'Alsace, mérite à cet égard d'être rapporté :

1485 G. LIVET, *L'intendance d'Alsace*, ouvr. cité, p. 386 et s.

1486 G. LIVET, *L'intendance d'Alsace*, ouvr. cité, p. 89-90 ; B. JORDAN, « Le conseil souverain d'Alsace », dans *Les parlements de province. Pouvoirs, justice et société du XVe au XVIIIe siècles* (dir. : J. POUMARÈDE et J. THOMAS), ouvr. cité p. 216-217 ; L. BATTIFOL, « Les difficultés de Louis XIV avec les Alsaciens », dans *Revue de Paris*, 37e année, 1er avril 1930, t. II, p. 565-597.

« ...Considérant que, pour faire ressentir aux peuples les fruits de la paix .. il faut premièrement et avant toutes choses y faire régner la justice. Sur quoi ayant pris une connoissance bien particulière de toutes les choses faites par le passé, et une mûre délibération sur la forme et manière de l'administration de la justice audit pays... Nous avons reconnu qu'il étoit à propos et nécessaire d'y établir un Conseil souverain, composé d'un nombre d'officiers suffisant pour l'exercice de la justice et le maintien de nos droits, suivant, autant qu'il se pourra, l'exemple desdits Empereurs et Archiducs, et sans rien innover aux Loix, Constitutions et Coutumes gardées jusqu'à présent dans ledit pays... Lequel Conseil souverain, Nous voulons être composé d'un Président et Garde des sceaux en icelui qui sera originaire François, d'*un Abbé et d'un Gentilhomme originaires d'Alsace*, de deux de nos Conseillers en notre Cour de Parlement de Metz, lesquels Nous commettrons et choisirons pour servir audit Conseil pendant le temps qu'il Nous plaira et jusqu'à ce que Nous aions fait choix de deux autres François de nation que Nous pourvoierons de charges de Conseillers audit Conseil, *un Conseiller Docteur en Droit de nation allemande qui sera versé en la Langue françoise*, un Procureur général pour Nous, originaire François, qui aura voix délibérative, ès causes toutefois où il n'aura point donné ses conclusions, et *un Avocat Général Allemand qui sera versé dans la Langue françoise,* sans qu'il ait voix délibérative, un Greffier, six Secrétaires interprètes en langue latine, françoise et allemande, un premier Huissier, aux gages qui seront par Nous ordonnés à chacun d'eux ; et avons auxdits président et Conseillers donné et attribué donnons et attribuons le pouvoir de connoitre, décider et juger souverainement et en dernier ressort de toutes causes civiles et criminelles audit pays de la haute et basse Alsace, Sundgau, Préfecture des dix Villes, Brisach, et en tous les lieux y appartenans et dépendans, à Nous cédés suivant ledit Traité de Munster, pour y procéder en la même forme et manière que faisoit la Régence qui étoit établie audit pays et conformément aux Loix, Coutumes, Usages et Privilèges spéciaux et particuliers des lieux, sans aucune innovation. Si ce n'est en ce qu'*il sera loisible aux Parties, Avocats et Procureurs de plaider et écrire en latin, ou en françois, ou en allemans*, à condition toutefois qu'en plaidant ou en écrivant en l'une des langues françoise et allemande, il y sera joint une traduction ou du plaidoyer ou écriture en l'autre langue, sans que l'on soit obligé de faire de traduction pour tout ce qui sera dit ou écrit en latin. Voulons que tous les avis ou opinions soient donnés et exprimés par les Conseillers dudit Conseil en latin ou en françois, et que les Arrêts dudit Conseil soient prononcés et rédigés par écrit en latin ou en françois »[1487].

1487 F-H. de BOUG, *Recueil des Edits, Déclarations, Lettres-patentes, Arrêts du Conseil d'Etat et du Conseil Souverain d'Alsace, Ordonnances et Règlemens concernant cette province, avec des observations*, Colmar, J.-H. Decker, 1775, 2 vol., t. I, p. 2.

782. L'élaboration de ce texte complexe avait fait l'objet d'une longue maturation. La structure interne de ce nouveau « parlement », structure fondée sur des raisons politique et linguistique, avait été pesée minutieusement par Jean-Baptiste Colbert qui s'est longuement interrogé sur le point de « savoir de quelle nation seront pris les officiers » : ou les prendre « tous allemands d'Alsace, ou les prendre tous françois, ou enfin moitié allemand, moitié françois ? ». Les choisir tous « allemands d'Alsace » ? En faveur de cette solution, le ministre rappelle que les ecclésiastiques et les nobles du pays ne se sont soumis à la Maison d'Autriche « qu'à la charge que tous les fiefs et charges du pays soient donnés aux naturels, ce qui a esté fort ponctuellement observé par la dite maison, de laquelle le Roy a seulement les droits sans les pouvoir estendre ». D'autre part, « tous les tiltres et papiers de la Chancellerie sont en allemand, tous les peuples parlent allemand et n'entendent aucune autre langue ». Mais les raisons contraires sont aussi très fortes : les droits de protection cédés à la France ont besoin d'être soutenus vigoureusement. En effet :

> « Si les officiers de cette Chambre – gentilshommes, ecclésiastiques et docteurs – estoient naturels du pays, n'ayant pas la même affection pour le Roy qu'ils avoient pour la Maison d'Autriche... non seulement S. M. ne pourroit pas espérer que cette Chambre se serviroit des occasions favorables pour augmenter ses droits de souveraineté, ny mesme qu'elle la maintiendroit en possession de ceux qui pourroient avoir esté usurpé par la succession de temps par la maison d'Autriche, mais encore il y auroit grande raison de craindre qu'ils ne laissassent perdre à leur advantage une part des droits acquis à la dite maison », par suite de la soumission volontaire de ceux qui pensaient en tirer avantage.

783. Or, la langue allemande étant la seule connue des peuples, « il est certain, ajoute Colbert, qu'il faut introduire imperceptiblement le français dans le pays », qu'il faut instrumentaliser la langue du roi si l'on veut, un jour, intégrer les Alsaciens au sein du royaume unitaire. Pour le ministre d'État, une conclusion se dégage : « Ces raisons semblent assez fortes pour que l'on ne prenne tous officiers allemands pour composer cette Chambre ». Il n'est toutefois pas possible de nommer seulement des magistrats français, car cette mesure serait mal perçue par l'aristocratie locale et « pourroit même faire quelques mauvais effet en Allemagne ». Le ministre retient ainsi, par élimination successive, la troisième possibilité : un président français, un abbé et un gentilhomme d'Alsace, deux conseillers du parlement de Metz choisi par le roi, un docteur allemand qui entendrait le français, un procureur général français qui aurait voix délibérative « affin qu'il y eust quatre françois contre trois allemands », et un avocat général allemand « qui

entendroit le français et sans voix délibérative ». Et de conclure logiquement : « par ce moyen l'on remédieroit à tous les inconvénients cy-dessus remarqués, puisque les François surpasseroient les Allemands ... »[1488].

784. Cet édit de 1657, initié par J.B. Colbert et endossé par le gouvernement royal, « fruit d'une savante alchimie »[1489], est d'une redoutable habileté : une majorité de magistrats francophones est imposée. Et les germanophones ne sont certes pas écartés, mais ils sont tenus de connaître le français. L'allemand n'est évidemment pas supprimé mais cantonné aux plaidoiries et à la procédure écrite. Le français est, en revanche, imposé à tous les niveaux de la procédure, mais on lui associe un concurrent apparemment puissant, le latin, dont le rôle demeure important dans un pays de droit romain. Les arrêts seront rédigés dans l'une ou l'autre langue, mais le latin ne pourra jamais être traduit, ce qui permettra nécessairement, à terme, de le marginaliser et donc, le temps passant, d'en prohiber l'usage au profit de la langue du Roi, ce qui sera réalisé en moins de trente ans par l'arrêt du Conseil d'État du 30 janvier 1685. Les seules résistances semblent avoir été le fait du personnel judiciaire des tribunaux inférieurs ou des robins parajudiciaires qui, si l'on adhère à l'exposé des motifs de l'arrêt (qui sans doute se situe en deçà de la réalité), semble avoir manifesté quelques réticences. Ce texte cependant semble avoir cueilli un fruit déjà mûr. Il est impératif et impose l'emploi de la langue du Roi dans la rédaction des actes judiciaires et parajudiciaires. Sans équivoque, l'unicité linguistique est imposée dans l'exercice du pouvoir judiciaire :

> « ... Sur ce qui a été représenté au Roi en son Conseil que, quoique la province d'Alsace soit de sa domination depuis de longues années et que la plupart des Juges, Magistrat, Notaires et Greffiers sachent la langue françaîse de même que l'allemande, ils continuent néanmoins de mettre en allemand toutes les Sentences, Jugements, Actes, Contrats et Procédures qu'ils expédient au sujet des affaires et contestations que les Habitans de ladite Province ont les uns avec les autres à raison de leurs Biens et de leur Commerce, ce qui est directement contraire à l'affection que lesdits habitans d'Alsace témoignent avoir pour le service de Sa Majesté et à ce qui se doit pratiquer : A quoi étant nécessaire de pourvoir.
> Sa Majesté, étant en son Conseil, a ordonné et ordonne qu'à commencer du jour de la publication du présent arrêt toutes les Procédures faites devant les

1488 Cette correspondance de J.B. Colbert a été publiée par G. LIVET, *L'intendance d'Alsace*, ouvr. cité, p. 237-238.

1489 B. JORDAN, « Le conseil souverain d'Alsace », art. cité, p. 220.

Juges de la Province, soit supérieurs ou subalternes, les Actes, Contrats, et autres Expéditions, de quelque nature qu'elles puissent être, soit qu'elles soient faites par les Notaires ou Greffiers de ladite Province, en fait de Judicature ou autrement, seront écrites en Langue Française.
Fait deffences très expresses S.M. à tous Juges, Magistrat, Baillis, Notaires, Greffiers et à tous autres qu'il appartiendra, d'en recevoir aucunes en Langue allemande, à peine de nullité desdits Actes, Contrats et Procédures, et de 500 livres d'amende. Enjoint S.M. à l'Intendant de ladite province de tenir la main à l'exécution du présent Arrêt. Fait au Conseil d'Etat du Roi, Sa Majesté y étant, tenu à Versailles le 30 janvier 1685 »[1490].

785. Cet arrêt imposant le français dans les actes publics, plaçait réellement le Conseil Souverain d'Alsace dans la grande organisation judiciaire du Royaume et représentait, sans aucun doute, l'acte symbolique de l'union définitivement réalisée de l'Alsace tout entière à la France[1491]. Cette affirmation d'Henry Peyre semble d'autant plus pertinente que l'uniformité judiciaire recherchée, et pleinement réalisée par l'unicité linguistique imposée, donnait à la langue du Roi un rôle unitaire d'autant plus fondamental que l'exigence de la foi partagée (une foi, un Roi) ne sera pas formulée en Alsace. L'édit de Fontainebleau d'octobre 1685 n'y reçut pas la stricte application qu'on lui donna ailleurs[1492] et permit dans les domaines autres qu'administratif et judiciaire de favoriser un bilinguisme fondé sur la dualité de confessions subsistant officiellement en Alsace[1493].

786. Il y a donc en Alsace une période transitoire. Elle dure un demi-siècle. Elle débute en 1633, année de l'occupation de l'Alsace par les troupes françaises, et s'achève en 1685, année où l'unicité linguistique est imposée. Rodolphe Reuss a pu ainsi retracer l'évolution linguistique de l'Alsace au XVIIe siècle :

« ...Dans le premier tiers de ce siècle, en dehors de groupes de populations assez insignifiants, le français n'a été compris et surtout parlé dans la province que par de rares individus et dans une sphère sociale très restreinte

---

1490 F.-H. de BOUG, *Recueil des Edits...*, ouvr. cité, t. I, p. 74.

1491 H. PEYRE, *La royauté et les langues provinciales*, ouvr. cité, p. 194.

1492 R. REUSS, *L'Alsace au XVIIe siècle*, Paris, Bouillon, 1997-1998, 2 vol., t. II, p. 199.

1493 Pour G. LIVET, *L'intendance d'Alsace*, ouvr. cité, p. 710-711, cet arrêt doit aussi être perçu comme une manifestation d'auto-défense, devant l'envahissement de l'allemand, utilisé surtout dans les jugements subalternes. Ce texte du 30 janvier « s'affirme comme un coup de frein qui marque les limites qu'il ne faut pas dépasser ». Cet acte « marque la voie à suivre ».

de gentilshommes et de hauts fonctionnaires, auxquels s'ajoutent quelques savants et quelques commerçants des grandes villes ».
« ... Dans la seconde période qui s'étend depuis l'entrée des troupes françaises en Alsace (1632) jusqu'à la fin de la guerre de Hollande (1679) les progrès sont assez rapides dans les couches supérieures de la société alsacienne ; l'occupation de beaucoup de villes par les garnisons royales. . le contrôle direct ou indirect de l'autorité nouvelle et de ses représentants divers sur tous les territoires, favorisent l'extension de l'idiome d'outre-Vosges et l'imposent, par la force des choses – non point par autorité légale – à certaines catégories au moins de population ».
« ... Mais ce n'est pourtant que dans les vingt dernières années du siècle que le mouvement s'accentue après les arrêts de réunion de 1680. Une nouvelle génération déjà née sous la protection des lis de France, obéissant à l'impulsion générale de l'époque qui fait du français la langue universelle des couches sociales supérieures, se met sérieusement à cette étude, sans abandonner pour cela l'allemand comme langage du foyer domestique, des affaires et des devoirs religieux »[1494].

787. La seconde période visée par Reuss correspond à cette période transitoire où l'allemand demeure en Alsace langue officielle[1495] à côté du français. Cette période, toute de souplesse, était nécessaire au souverain pour imposer sa langue. Les idées de Colbert sont, à cet égard, clairement explicitées. Dans une lettre adressée à son frère, intendant d'Alsace, le 7 septembre 1659, il met l'accent sur l'obstacle que peut représenter, pour l'unité de l'État, la différence de langue :

« Vous savez qu'il n'y a point de nation quy prenne plaisir d'estre gouvernée par des gens quy ne scavent pas leur langue »[1496].

788. Dans une autre lettre adressée au même, le 12 mars 1666, il précisait sa pensée à cet égard :

« Comme il est de conséquence d'acoustumer les peuples des pays cédés au Roy par le traité de Munster à nos mœurs et à nos coutumes, il n'y a rien qui puisse y contribuer davantage qu'en faisant en sorte que les enfants apprennent la langue françoise, afin qu'elle y devienne aussy familière que l'allemande et que, par la suite du temps, elle puisse mesme, sinon abroger

1494 R. REUSS, *L'Alsace au XVIIe siècle*, ouvr. cité, t. II, p. 199.

1495 L. BATTIFOL, *Les difficultés de Louis XIV avec les alsaciens*, art. cité, p. 584, nous apprend que non seulement les habitants ne sont pas incités par l'autorité des gouvernants à abandonner l'usage de l'allemand ou du dialecte alsacien, mais l'administration elle-même use de l'allemand dans ses communications par affiches à la population.

1496 Correspondance citée par G. LIVET, *L'Intendance d'Alsace*, ouvr. cité p. 338.

l'usage de cette dernière, du moins avoir la préférence dans l'opinion des habitans du pays. »[1497].

789. Pendant cette période transitoire, et nonobstant la « raideur » de l'arrêt de 1685, l'objectif du gouvernement royal semble réalisé : l'introduction du français s'est faite progressivement « par la force des choses » et non point vraiment « par autorité légale ». Le rôle de l'intendance fut à cet égard fondamental. L'arrêt du Conseil du 30 janvier 1685 imposant la langue française dans l'exercice du pouvoir judiciaire « montre la volonté de la Cour de ne pas transformer l'intendance d'Alsace en intendance bilingue »[1498]. Ce texte est également « un texte décisif » pour l'imposition de la langue du roi dans l'exercice du pouvoir administratif, tout simplement parce que les ordonnances de l'intendant sont susceptibles d'appel au Conseil du roi, mais la règle exige qu'elles soient exécutées par provision[1499]. Les plus importantes d'entre elles sont rendues sous la forme de règlement d'administration, après avis du ministre consulté, et sont envoyées directement au Magistrat des villes lorsque des troubles y surviennent[1500]. Elles sont évidemment en français et constituent de ce fait un véritable paradoxe administratif : ces actes « législatifs » s'adressent à une population en grande partie incapable de les comprendre. L'intendance va donc improviser : la traduction en allemand de tous les actes n'est pas obligatoire et il n'y a pas de règle en la matière. L'intendant s'adapte aux circonstances et au public. L'arrêt du 30 janvier apparaît ainsi « comme une arme toujours prête à servir en cas de nécessité »[1501]. Les arrêts du Conseil d'État sont

1497 Correspondance citée par F. BRUNOT, *Histoire de la langue française des origines à nos jours*, ouvr cité, t. V, *Le français en France et hors de France au XVIIe siècle*, p. 112. Le cadet de Colbert, Charles, futur marquis de Croissy, intendant d'Alsace, avait imaginé que l'on pourrait inféoder des gentilshommes français sur des terres alsaciennes, pour créer une noblesse française par implantation directe : « ainsy on establiroit en Alsace, dix ou douze familles qui vraisemblablement seroient plus affectionnées au service de Sa Majesté que les Allemands... ». Cette noblesse française « contriburait à peupler le pays en même temps qu'à diffuser la langue et à répandre les mœurs et coutume du royaume » (Correspondance citée par G. LIVET, *L'Intendance d'Alsace*, ouvr. cité, p. 308).

1498 G. LIVET, *L'Intendance d'Alsace*, ouvr. cité p. 710.

1499 *Ibid.*, p. 710 et note 2.

1500 *Ibid.*, p. 710 et note 3.

1501 G. LIVET, *L'Intendance d'Alsace*, ouvr. cité, p. 710. Sur l'application de l'ordonnance de 1667 en Alsace, *cf.* R. GANGHOFER, « Les vicissitudes de la procédure civile en Alsace », dans *Mélanges en hommage à Jean Imbert*, Paris 1989, p. 227-237 ; également « L'ordonnance de Villers-Cotterêts et la législation linguistique en Alsace aux XVIIe et XVIIIe siècles », dans *Études offertes à Pierre* rarement traduits ; ils ont souvent besoin d'ordonnances d'application de l'intendance qui, elles, font l'objet d'une traduction. Dans les cas les plus importants celle-ci est mentionnée et suit immédiatement[1502].

790. Si l'objectif du gouvernement royal semble réalisé dans le landgraviat de Haute Alsace, il en va différemment, en revanche, pour la ville de Strasbourg dont l'évêque est prince et landgrave de Basse Alsace. À ce titre il a conservé des droits souverains sur la rive droite du Rhin, ce qui lui donne, même dans la « province d'Alsace », une position prééminente[1503]. Comme les autres villes alsacienne, Strasbourg est dirigé par son Magistrat, c'est-à-dire par sa municipalité, composée du sénat, du conseil et du préteur, ce dernier désigné par le souverain[1504].

791. Le Magistrat de Strasbourg va immédiatement réagir – et négativement – aux prescriptions posées par l'arrêt de 1685 et va ainsi adresser au prêteur royal un mémoire dans lequel il affirme l'impossibilité de mettre en œuvre la volonté du roi. Il ne s'agit pas d'une manifestation de mauvaise volonté des habitants de Strasbourg mais d'une impossibilité réelle d'apprendre la langue française dans des délais trop brefs. Ce texte est tout à fait fondamental, car les réponses d'Obrecht, préteur royal, réponses qui ne seront pas contredites par le gouvernement royal, traduisent, sans aucun doute, la volonté du roi d'instrumentaliser sa langue, marque de sa souveraineté, dans un but d'unification du royaume. Cette affirmation, manifestée avec force – on peut dire avec brutalité – traduit l'état d'esprit de la monarchie absolue à l'apogée du grand règne.

792. Le « Mémoire du Magistrat de Strasbourg contre l'introduction et l'usage de la langue française avec les réponses d'Obrecht, prêteur royal »[1505], se présente sous la forme de onze affirmations posées par le magistrat, suivies, point par point, des onze réponses objectées par le prêteur royal. Il importe donc de reproduire *in extenso* le dialogue

---

Jaubert. Liber Amicorum. Textes réunis part Gérard AUBIN, Bordeaux, P.U.B., 1992, p. 249-261.

1502 G. LIVET, *L'Intendance d'Alsace*, ouvr. cité, p. 711. Le maintien de la hiérarchie administrative, Régences, Magistrats et Baillis assure la transmission des ordres : il suffit d'un greffier qui sache les deux langues. *Ibid.*, p. 788.

1503 *Ibid.*, p. 742.

1504 E. LAVISSE, *Louis XIV*, ouvr. cité, t. II, p. 171.

1505 Ce texte est publié, notamment, par F. BRUNOT, *Histoire de la langue française des origines à nos jours*, ouvr. cité, t. V, *Le français en France et hors de France au XVIIe siècle*, p. 96-99 et par M. LÉVY, *Histoire linguistique d'Alsace et de Lorraine*, ouvr. cité, t. I, p. 295-298.

figuré entre le magistrat et le prêteur royal (I), pour mieux dégager en un second temps ce que pouvait être la doctrine absolutiste sur la langue (II).

I - Les onze points du mémoire

Affirmations du Magistrat	Réponses du préteur
1- « Le roi a promis, par la capitulation, à la ville de lui conserver tous ses privilèges, statuts et droits : l'usage de la langue est un droit ».	1- « Il est vrai que l'usage de la langue est un droit ; mais c'est un droit de souveraineté qui est réservé au Roi ».
2- « L'arrêt ne parle que de ceux qui sont depuis longtemps sous la domination et obéissance du roi et qui savent la langue française de même que l'allemande et par ainsi ont déjà appris la langue française, ce qui ne se trouve pas à l'égard de la ville de Strasbourg : ainsi cet arrêt n'y a point lieu ».	2- « Il y a déjà quatre ans que la ville de Strasbourg est sous la domination du Roi qui est un temps assez long pour se préparer à l'usage de la langue française. Comme en effet presque tous les officiers de la Chancellerie la savent, ce qui suffit pour établir un bureau français ».
3- « Il a été impossible aux habitants qui son âgés d'apprendre le français en si peu de temps »	3- « Les gens âgés se peuvent servir des clercs qui savent les deux langues à l'exemple des avocats et procureurs de Brisach ».
4- « La ville serait obligée de casser presque tous les notaires, procureurs, avocats et conseillers, comme aussi la plus grande partie des magistrats, ce qui ne pourrait s'exécuter sans grand préjudice et tort à des honnêtes gens ».	4- « Les honnêtes gens ne font pas de difficulté d'apprendre la langue de leur maître ; et, en attendant, ils peuvent se faire aider par des interprètes et clercs pour se maintenir dans leurs charges ».
5- « Il serait comme impossible de remplir toutes ces charges avec des gens capables ; vu qu'on n'a pas seulement à faire réflexion sur la langue française mais aussi sur la capacité des personnes ».	5- « Le même remède lève cette difficulté »
6- « D'ôter à des bourgeois et citoyens qui se sont mérités envers leur patrie par la fidélité avec laquelle ils ont exercé leurs charges et offices et d'y mettre des étrangers qui n'ont aucune connaissance du local, coutumes et droits de la ville, et même qui n'entendent pas bien la langue allemande, serait une réforme entière et contraire à l'article quatrième de la capitulation ».	6- « Le même ».
7- « Et si on voulait plaider en français et tenir les greffes dans la même langue, les bourgeois n'entendant pas ce langage s'en plaindraient et feraient beaucoup de lamentations en se croyant	7- « Les bourgeois qui ont des procès entendent aussi peu dans les procédures allemandes que dans les françaises ; néanmoins ils se fient à leurs avocats ».

trahis ».	
8- « On ne pourrait pas disposer surement de son bien, parce que le testament doit être mis en français, ainsi dans une langue étrangère au testateur, et qu'il n'entend pas ; il ne voudrait jamais signer quand on le lui aurait relu, ne sachant pas ce qu'il signe et de quoi il dispose ».	**8**- « Si les notaires veulent violer leurs serments et tromper ceux qui passent des contrats, ou qui font des testaments, ils le peuvent faire en allemand comme en français, surtout quand ils ont à faire à des gens qui ne savent pas lire. Du reste, il y a si peu d'honnêtes gens qui n'entendent le français que cette difficulté n'est qu'une chimère, et il ne faut que deux ou trois secrétaires interprètes pour la lever entièrement ».
9- « Cet arrêt est d'autant moins praticable dans cette ville, parce qu'elle est frontière, où l'on négocie la plus grande partie des affaires avec des gens de l'autre côté du Rhin, qui ne se mettent point en peine de savoir la langue française ; et, par conséquent, quand on veut faire réflexion sur le commerce, lequel on a jusques à présent tâché avec grandes peines et dépenses de faire fleurir parce qu'il est l'âme d'une ville, serait entièrement ruiné, ce qui est contre le service du Roi ».	**9**- « L'ordonnance n'empêche pas qu'on se serve de la langue allemande à l'égard des étrangers et pour le commerce ».
10- « La langue française ne se peut pas apprendre dans peu de temps, surtout d'y dresser des actes afin de n'y trouver à redire en justice et d'éviter les chicanes et procès, qui sont souvent la ruine des familles entières, et on observe presque plus présentement les formalités au Conseil souverain d'Alsace que le bon droit en justice ».	**10**- « On a de bons formulaires pour apprendre le style des notaires et des praticiens. Deux ou trois bons clercs dans un bureau montreront le chemin à tout le reste ».
11- « L'affection des sujets ne consiste pas seulement dans la langue du Prince, mais dans la fidélité et l'obéissance. Toutes fois, comme toutes deux subsistent fort bien ensemble, les bourgeois de Strasbourg apprennent autant qu'il leur est possible la langue de leur souverain et obligent leurs enfants à la même chose, en les envoyant à cette fin en France. Mais pour cela il faut du temps ; la ville a établi des écoles et sermons français ».	**11**- « Il n'y a qu'une ou deux écoles françaises et un seul sermon français. Il serait bon d'en augmenter le nombre et de mettre des maîtres d'école catholiques au lieu de calvinistes, qui exercent cette charge contre les ordonnances de la ville seulement par connivence des magistrats ».

II - La doctrine du gouvernement royal

793. Les réponses du préteur royal, Obrecht, sont fondamentales pour comprendre la doctrine officielle de la monarchie absolue au regard de l'utilisation de la langue du roi, en tant que marque de sa souveraineté et instrument d'unification de l'État.

794. La souveraineté est une et ne saurait être divisée. Le roi ne saurait transiger sur les marques de celle-ci. Or, la langue du roi est, selon l'aphorisme de J. Bodin, une marque de sa souveraineté. Dès lors, quand bien même, dans l'acte de capitulation, le roi se serait engagé à conserver « les privilèges, statuts et droits » de Strasbourg et que – le magistrat et le préteur s'accordent sur ce point – « l'usage de la langue est un droit », celui-ci – Obrecht l'affirme de façon on ne peut plus univoque – « est un droit de souveraineté qui est réservé au Roi » (1er point). Dès lors, ce droit étant, par essence même, hors de toute négociation, il appartient aux nouveaux régnicoles, exerçant une charge (ou désirant en être pourvu), d'apprendre le français, à tout le moins pour ceux qui sont en place, d'utiliser les services d'interprètes (2e, 4e, 5e ,6e), et aux justiciables de salarier des clercs bilingues (3e, 7e, 8e, 9e et 10e point). Le magistrat souligne enfin que « l'affection des sujets ne consiste pas seulement dans la langue du Prince, mais dans la fidélité et l'obéissance ». Que ces deux dernières qualités sont d'ores et déjà présentes à Strasbourg, mais que pour parler la langue du roi, « il faut du temps ». Le préteur lui rétorque avec brutalité que, pour y parvenir, il faut scolariser en français avec des « maîtres d'école catholiques » (11e point). Ainsi, « là où règne le roi sa langue doit être imposée », et c'est bien la norme rappelée par Pasquier qui est ici énoncée. Mais sa présentation par Obrecht est brutale. Ce dernier, en effet, n'hésite pas à la lier dans le 11e point à la conversion des protestants au catholicisme. Si cela correspondait au vœu le plus profond du gouvernement royal qui ne démentira jamais les propos de son préteur, la mise en œuvre des réponses apportées au « mémoire » du magistrat de Strasbourg fut dans les faits bien plus nuancée. La monarchie fixe le rôle qu'elle assigne à la langue du roi, en tant qu'instrument d'unité de l'État, mais *in situ*, compte tenu de la disparité religieuse, elle consent une minoration de ce rôle.

B - INCIDENCE SUR LA POLITIQUE LINGUISTIQUE DE L'INAPPLICABILITÉ DE LA RÈGLE *CUJUS REGIO EJUS RELIGIO*

795. La francisation de l'Alsace sera spécifique au regard de ce qui s'est pratiqué dans les autres provinces réunies au royaume pendant la même période. Le pays étant dominé par les luthériens, le gouvernement royal refusera, pour mieux conquérir pacifiquement, de concilier la politique religieuse et la politique linguistique. En effet, s'il n'est pas douteux que le gouvernement de Louis XIV souhaite favoriser le développement de la langue du roi – l'arrêt de 1685 est à cet égard significatif – il veut avec encore plus de force éviter l'extension de la Réforme en Alsace. Les mesures mises en œuvre dans le royaume primordial ne seraient pas de bonne politique dans cette province où il importe de faire accepter le nouveau maître, tout en évitant que les nouveaux régnicoles, atteints de luthérianisme ou de calvinisme, ne contaminent les sujets catholiques du roi. Louis XIV redoutait, en effet, la propagande des protestants. Ceux-ci, tant luthériens que calvinistes, étaient conscients du prestige dont bénéficiait le français. En conséquence, ils voulaient prêcher et enseigner dans cette langue pour gagner à eux une élite tentée par la francophonie et le catholicisme. Or la langue est le véhicule de cette contamination : il fallait donc faire de la différence de langue une barrière « sanitaire » entre le bon grain et l'ivraie. L'allemand va donc rester la langue des réformés, le français sera la langue des seuls catholiques de la province. La révocation de l'édit de Nantes qui va provoquer en France la soumission ou la fuite des réformés, va aggraver cette forme de communautarisme à la fois linguistique et religieux : en Alsace les protestants vont demeurer, mais seront isolés par leur langue.

796. La francisation tentée par le gouvernement prendra en compte ce contexte particulier. Quelques jalons permettent d'en saisir la spécificité : en 1685 des lettres de Louis XIV établissent un collège royal à Strasbourg uniquement destiné à « l'instruction de la jeunesse catholique »[1506]. Un arrêt du Conseil souverain d'Alsace du 28 septembre 1691 interdira aux catholiques d'envoyer leurs enfants dans les écoles luthériennes[1507]. Le prêteur royal, en 1716, s'opposera, en donnant une

1506 R. REUSS, *Histoire de Strasbourg depuis les origines jusqu'à nos jours*, Paris, Librairie Fischbacher, 1922 ; reéd. Marseille, Lafitte Reprint, 1981, p. 299.

1507 N. de BOUG, *Recueil des Édits, Déclarations, Lettres patentes...*, ouvr. cité, t. I, p. 200.

interprétation singulièrement extensive de ce texte, à l'ouverture d'une école luthérienne française[1508].

797. La même politique communautariste semble guider l'enseignement religieux. C'est ainsi qu'en 1686, l'intendant de La Grange met comme condition au maintien d'une paroisse réformée que le pasteur ne connaisse pas « la langue française ». Un suisse ignorant complètement le français sera, pour cette raison, recruté pour l'enseignement religieux des jeunes luthériens[1509]. En revanche, le gouvernement royal ne s'interdisait pas le prosélytisme inverse, celui qui consistait à tenter de ramener les réformés au sein de l'église romaine. À cette fin, toutefois, on préféra renoncer à la langue du roi pour privilégier l'allemand et, ce faisant, ne pas prendre le risque qu'un luthérien francophone n'utilise le français pour répandre sa doctrine[1510]. H. Peyre cite le cas d'un ouvrage luthérien rédigé en français : le livre fut saisi et l'on interdit expressément aux luthériens « de rien imprimer en français »[1511].

798. Le Gymnase, principal établissement de Strasbourg, resta allemand, malgré l'introduction au XVIIIe siècle de quelques cours de français. Quant à l'Université, on y enseignait en latin, hormis quelques cours en allemand. Et le Roi, par son prêteur royal, continua presque jusqu'à la Révolution à s'opposer à l'ouverture d'écoles ou de collèges en français, de sorte que cette langue n'était langue d'enseignement que dans les trois collèges et l'unique école fondée par les jésuites[1512]. Toutefois, de nombreux établissements comportaient dans leurs

---

1508 J. FLACH, *Les affinités françaises de l'Alsace avant Louis XIV*, Paris, E. Thorin, 1915, p. 147.

1509 P. LÉVY, *Histoire linguistique d'Alsace et de Lorraine*, ouvr. cité, t. I, p. 319.

1510 R. REUSS, *Histoire de Strasbourg*, ouvr. cité, p. 267.

1511 « Mémoire sur l'état de l'industrie en Alsace vers 1735 », dans *Revue d'Alsace*, 1867, t. XVIII, p. 342, cité par H. PEYRE, *La Royauté et les langues provinciales*, ouvr, cité, p. 200-201. « Le ministre luthérien du village de Rothau, rapporte un mémoire de Peloux, secrétaire de l'intendant en Alsace, ayant fait imprimer en françois un catéchisme de sa religion et la Cour en ayant été informée, M. d'Angervilliers écrivit à M. de Brou pour faire saisir et arrester, non seulement les exemplaires qui pouvoient rester entre les mains de l'imprimeur, mais encore tous ce qui avoit pu en estre distribué dans le public, et faire en mesme temps déffenses à tous les imprimeurs de la province de rien imprimer à l'avenir en françois de ce qui pourroit estre fait sur la religion luthérienne ; ceux qui la professent ne pouvant faire imprimer à cet égard aucuns livres autrement qu'en allemand ou en latin. On a fait suivre régulièrement les intentions de la Cour à ce sujet ».

1512 G. LIVET, *L'intendance d'Alsace*, ouvr. cité, p. 790-791.

programmes des cours en français, enseigné comme une langue étrangère, ce qu'il était d'ailleurs[1513].

799. C'est donc un véritable cloisonnement linguistique qu'imposa le gouvernement royal à l'Alsace en raison du pluralisme religieux. La Réforme, au regard de l'unité du royaume, est perçue comme un facteur de désunion ; il importe donc de la « cantonner », de la circonscrire en lui reconnaissant l'usage d'une langue qui n'est pas celle du roi, mais en lui imposant bien évidemment celle-ci dans l'exercice du pouvoir judiciaire, marque éminente de la souveraineté royale.

800. Pour éviter de donner des armes à la religion réformée majoritaire en Alsace, la monarchie avait favorisé la langue allemande. Cette politique explique sans doute pour partie les difficultés exceptionnelles rencontrées par les pouvoirs révolutionnaires pour la mise en œuvre de leur politique de francisation[1514].

801. Nonobstant ce cloisonnement quasi institutionnel, tout n'est cependant pas négatif. S'il est vrai qu'à la fin du XVIIe siècle le français n'est pas l'indice d'une nationalité dans la province d'Alsace, il est, à tout le moins, le signe d'une culture, dont l'emploi est lié au prestige de Versailles, et un véhicule utilitaire pour accéder aux emplois supérieurs de l'administration. Des facteurs favorables de diffusion linguistique se présentent : outre la nécessité et le goût de « faire carrière », l'installation de garnisons, l'intégration de la Franche-Comté et la reprise des relations avec la Lorraine sont favorables à la langue du roi[1515]. Les résultats sont cependant modestes ; au début du XVIIIe siècle, l'administration semble se soucier moins de faire parler le français que de le faire comprendre. Seuls comptent alors véritablement les notables qui servent d'intermédiaire entre le gouvernement et les administrés[1516].

1513 F. BRUNOT, *Histoire de la langue française*, ouvr. cité, t. VII, *La propagation du français en France jusqu'à la fin de l'Ancien Régime*, p. 278-284.

1514 M. de CERTEAU, D. JULIA, J. REVEL, *Une politique de la langue. La révolution française et les patois,* Paris, Gallimard, 1975, p. 45-47.

1515 G. LIVET, *L'intendance d'Alsace*, ouvr. cité, p. 788-789.

1516 *Ibid.,* p. 789.

CONCLUSION DE LA SECONDE PARTIE

802. La France, à la fin du XVe siècle, peut être perçue comme un Etat unitaire qui demeure, cependant, « constitutionnellement » féodal. L'assise de son unité est à la fois royale et religieuse : un seul roi dirige un royaume unifié sous une « souveraineté féodale », la suzeraineté suprême étant, selon Bodin, une marque, parmi d'autres, de souveraineté ; le roi est, en effet, parvenu à reconstituer son domaine en réduisant les prétentions des principaux féodaux ; il a certes intégré d'autres territoires en les unissant « réellement » à sa couronne, en quelque sorte en les domanialisant (Dauphiné, Provence). C'est le premier facteur d'unité : le domaine tend à s'identifier au royaume féodal. Mais ce roi « très chrétien » règne, par ailleurs, sur un royaume « très chrétien » ; il en est l'« évêque du dehors », personnage sacré d'une confession qu'il partage avec ses sujets, et cette harmonie religieuse est la seconde assise de son pouvoir ; elle est en soi suffisante pour unifier le royaume : *cujus regio ejus religio*. Point n'est besoin dans ce contexte de rechercher d'autres assises, et notamment de faire appel à une langue unique. Pour cette raison, l'État royal s'accommode parfaitement d'un pluralisme linguistique, traduit dans une diglossie complexe : deux langues hautes et une multitude de langues basses se partagent l'espace et les différents niveaux de la communication. À la langue du roi, l'expression du commandement et de la loi, au latin la maîtrise du judicaire, aux « maternels françois » les échanges privés.

803. Les choses vont changer au XVIe siècle avec la montée en puissance, à la fois, des justiciables et de l'absolutisme. Les justiciables vont revendiquer la substitution, dans l'espace judiciaire, de leur propre vulgaire à la langue latine ; et ils obtiendront gain de cause. Le roi va réformer le « style » de sa justice pour leur permettre d'accéder aux prétoires et de comprendre la portée des décisions judiciaires. En un premier temps, sur doléances des états du Languedoc, Louis XII en 1490 impose le français et/ou les langues d'oc dans les dépositions des témoins ; il étend en 1510 la prescription à l'ensemble de la procédure criminelle ; François Ier en 1533, sur remontrances des mêmes états, impose aux notaires d'instrumenter dans la langue des contractants ; en 1535 sur remontrances, cette fois, des états de Provence, il autorise l'usage du « vulgaire du pays » dans les procédures criminelles. Ces différents textes à portée régionale peuvent-ils être regardés comme les

prolégomènes de l'ordonnance donnée en 1539 à Villers-Cotterêts aux termes de laquelle l'usage du latin était interdit dans les tribunaux non seulement en terre d'oc pour lesquelles l'ordonnance n'à qu'une valeur de confirmation mais aussi et surtout en pays d'oïl. Le latin est désormais banni de tout l'espace judiciaire. Le texte à une portée générale ; il tend donc à l'unité, la loi devant être la même pour tous. Mais s'agit-il d'une unité linguistique ? Certes le latin est écarté, cela n'est pas douteux, mais l'est-il au bénéfice de la seule langue du roi ou des langues de France ? Nous avons rouvert le débat, mais il nous semble évident que Villers-Cotterêts était vraiment destiné aux seuls justiciables ; l'article 110 est à cet égard univoque : les arrêts doivent être « faits et écrits si clairement, qu'il n'y ait ni puisse avoir aucune ambiguïté ou incertitude, ne lieu à demander interprétation » ; seule la langue du justiciable, c'est-à-dire le vulgaire du pays était à même d'offrir ces garanties. L'ordonnance, à l'instar des textes antérieurs, n'est donc pas sous-tendue par le désir d'unifier le royaume en imposant la langue du roi. Et pourtant force est de constater que la langue du roi, à la suite du texte, sera partout substituée au latin. À cela une raison purement factuelle : la montée de l'absolutisme royal assure de façon incidente la promotion de la langue du pouvoir, celle du roi. Le règne de François Ier marque ainsi l'introduction du français dans l'usage de la classe cultivée de la nation, dans les parlements, dans les administrations provinciales du royaume. Cette introduction est manifestement acceptée. Elle n'est absolument pas imposée ; elle est dans la logique du gouvernement par l'écriture lié à l'absolutisme initié par les Valois-Orléans, mais le seul objectif poursuivi par le roi, en 1539, est de rendre la langue judiciaire accessible aux justiciables. Cela étant, il est vrai que les langues provinciales meurent administrativement et de leur belle mort, sans qu'il ait été nécessaire d'en prohiber l'usage. Les liens rattachant le roi à ses régnicoles sont en 1539 suffisamment forts pour ne pas impliquer l'imposition d'une unité linguistique officielle ; si celle-ci, à l'époque moderne, au moment où émerge l'absolutisme, est *de facto* réalisée dans l'expression des marques de la souveraineté royale, elle s'accommode, en revanche, des langues de France. Villers-Cotterêts concerne donc la seule exclusion du latin dans le royaume initial et dans le domaine spécifique du judiciaire et du parajudiciaire. L'unité linguistique était ainsi limitée à l'exercice exécutif, législatif et judiciaire du pouvoir royal : le roi fédérateur s'accommode du plurilinguisme pratiqué par les provinces dans les domaines où son pouvoir n'est pas en cause. Mais ce qui relevait de la logique historique, inhérente à la construction d'un État unitaire dont le roi est la tête et dont l'unité est strictement fondée sur une allégeance contractuelle garantie par la religion catholique, sera bientôt en inadéquation avec les ambitions territoriales des Bourbons. Les provinces rattachées au royaume aux XVIIe et XVIIIe siècles étaient « étrangères » en ce sens qu'il s'agissait de véritables États, partant sans aucun lien féodal avec le roi de France, dont ils ne partageaient pas toujours la langue ni la foi. Il était cependant nécessaire d'aligner ces nouvelles provinces sur le modèle administratif et judiciaire français. L'uniformité, au service de l'unité du royaume, impliquait dès lors logiquement l'unicité linguistique au plan administratif et judiciaire. La langue du roi est désormais officiellement sollicitée pour la mise en œuvre de cette dernière. C'est la différence fondamentale avec la norme posée en 1539 : l'alignement administratif et judiciaire, seul susceptible de favoriser l'intégration de provinces étrangères dans le royaume, et donc l'unité de ce dernier, ne pouvait se faire que par l'imposition d'une langue unique, le français. La langue du roi devient alors, selon l'aphorisme de Bodin, une marque incontournable de sa souveraineté. Elle va servir l'hégémonie du roi qui bientôt va prétendre non seulement que les pays s'exprimant en français doivent, pour cette raison, relever de sa souveraineté, parce que c'est la langue qui doit définir l'appartenance étatique , mais également que les territoires conquis et relevant d'autres vernaculaires, doivent désormais s'exprimer dans la langue de leur nouveau roi.

CONCLUSION GÉNÉRALE

804. Au terme de cette étude, il paraît nécessaire de dresser un rapide bilan de la recherche et de se demander si l'objectif que nous proposions en introduction a été quelque peu atteint. À la lumière de notre réflexion sur l'État monarchique, il est en effet possible d'affirmer que le principe d'unicité de langue de l'État s'est inscrit dès l'origine de la relation entre la langue française et État. Alors que nous nous demandions en introduction quels pouvaient être les enjeux d'une approche historique, nous avons tenté, en embrassant la longue histoire de l'État et celle de sa langue, à travers les événements et les concepts qui ont accompagné leur marche vers l'unité, de dégager un principe d'unicité de langue de l'État. Ce principe, fondateur de l'unicité d'expression de la souveraineté, en devient l'assise linguistique : au terme de l'évolution la souveraineté, une et indivisible, s'identifie à une langue unique et exclusive.

805. S'il importe donc de voir dans cette approche historique le fondement de l'identité linguistique unitaire de la République, on doit aussi s'interroger sur son devenir. On peut ainsi se demander quelle est son expression juridique actuelle. En effet, si cet « essai sur la construction historique d'un principe d'unicité de langue de l'État Royal » ne trouvait de prolongement dans le droit public positif, il suffirait alors de le terminer par une simple conclusion récapitulative. Or ce principe, qui s'enracine dans l'histoire de la construction étatique, trouve aujourd'hui une assise constitutionnelle qui en traduit la pérennité. On doit donc se demander si l'émergence historique d'un principe d'unicité de langue de l'État royal a contribué à l'unité de cet État. Au regard de ce principe d'unicité de langue de l'État, quel jugement porter sur l'expression historique de la relation entre unité étatique et unité linguistique ? (§ I - L'expression historique de la relation entre unité étatique et unité linguistique). Et au regard de la permanence de ce principe dans notre droit positif, quelle est la traduction contemporaine de cette relation ? (§ II - L'expression contemporaine de la relation entre unité linguistique et unité étatique).

§ I - L'EXPRESSION HISTORIQUE DE LA RELATION ENTRE UNITÉ POLITIQUE ET UNITÉ LINGUISTIQUE : L'ÉDIFICATION D'UN PRINCIPE D'UNICITÉ DE LANGUE DE L'ÉTAT

806. L'expression historique de cette relation s'est d'abord traduite dans la construction d'une relation dialectique entre l'unité politique et l'unité linguistique (A) ; Elle s'est ensuite cristallisée dans l'édification d'un principe d'unicité linguistique de l'État qui devient à terme un instrument juridique d'unité étatique (B).

A - LA CONSTRUCTION D'UNE RELATION DIALECTIQUE ENTRE UNITÉ POLITIQUE ET UNITÉ LINGUISTIQUE

807. La relation dialectique entre la langue et l'État s'inscrit dès l'origine sous la forme d'une instrumentalisation à des fins d'unité politique dans le choix d'une langue comme critère d'identité politique de l'État (I). Avec la conquête progressive de la langue française dans l'expression du pouvoir politique se constitue progressivement un principe d'unicité linguistique de l'expression de la souveraineté, qui unifie progressivement l'espace de cette souveraineté (II).

I - L' unité linguistique, fondement historique de l'identification de l'unité politique

808. La *Francia occidentalis* a été fondée en fonction d'un critère d'unité linguistique : tel est le point de départ de l'expression historique des relations entre langue unique et unité étatique en France. La première relation entre la recherche de l'unité étatique et l'instrumentalisation d'une langue unique en France se situe en effet dans l'événement des Serments de Strasbourg. Cet épisode de l'histoire carolingienne ne pouvait être pleinement compris sans restituer le contexte qui l'avait préparé tant les racines idéologiques et chrétiennes de cette relation en sont significatives. Le don des langues, en tant que source de recréation de l'unité de la communauté dans la Nouvelle Alliance, est de fait une figure symbolique majeure, voire « mythique » dans la mesure où il fait suite à la confusion des langues, présentée comme la source de la pluralité étatique. Sur le plan symbolique, la Nouvelle Alliance que fonde la Pentecôte n'est pas sans rappeler la nouvelle alliance que fonderont les Serments de Strasbourg en 842.

809. De surcroît, le rôle du facteur linguistique dans ce qui sera l'unité de la future France s'éclaire singulièrement par la connaissance de son histoire politique. De la Gaule indépendante à la Gaule franque, la construction de l'unité de la future France est le fruit d'une synergie de facteurs divers, au sein desquels l'élément linguistique, nous pensons l'avoir clairement montré, fut caractérisant. La prise en compte de cet élément comme instrument politique d'unification puise, en effet, dans l'histoire des deux expériences unitaires politiques de la Gaule, celtique puis latine, qui ont précédé la France carolingienne, où nous situons la première instrumentalisation consciente de la langue.

810. Cette époque voit apparaître la France et la langue française, sous leurs formes ancestrales, dans un cadre où lutte et conquêtes du pouvoir se mêlent à une recherche concomitante de stabilité. Plus concrètement, l'émergence d'une nouvelle langue comme critère d'unité d'un nouvel État résulte d'un point de vue événementiel de la remise en cause des fondements de l'unité du *regnum Francorum*. L'événement des Serments de Strasbourg, qui constitue l'acte fondateur de l'État sur la langue, préfigure l'instrumentalisation politique de cette dernière. Il faut encore dire un mot sur cette cérémonie sans précédent qui fut organisée le 14 février 842 dans une prairie de Strasbourg. Cette cérémonie contraste entièrement avec le rituel de l'hommage féodal alors en gestation. Tandis que l'hommage institue la supériorité du seigneur sur le vassal, les Serments de Strasbourg instituent l'alliance entre deux rois égaux ; et, contrairement à toute la tradition diplomatique, la formule du serment d'alliance est prononcée non pas en latin, langue universelle et sacrée, non pas en langage tudesque, celui de la famille de Charlemagne et des Francs vainqueurs en Europe, mais, selon l'expression de R. Balibar « en deux langues nouvelles fondées en vue de la nouvelle alliance »[1517]. Ces deux langues combinent l'écriture latine et les éléments représentatifs des langages localisés sur le territoire de chaque royaume. L'une, issue du langage des Francs, une fois officiellement écrite sous l'autorité des lettres latines, est instituée *lingua teudisca*, symbolique du royaume de Louis le Germanique, germe de la future « langue allemande ». L'autre, issue des langages de plusieurs parties de la Gaule, une fois officiellement écrite en latin, est instituée *lingua romana*, symbolique du royaume de Charles le Chauve, germe de la future langue française. Ainsi la *Francia orientalis* de Louis et la *Francia occidentalis* de Charles sont désignées en droit,

1517 R. BALIBAR, « La langue de la France exercée au pluriel », dans G. VERMES et J. BOUTET, (dir.) *France, pays multilingue*, t. I, *Les langues en France, un enjeu historique et social*, Paris, L'Harmattan, 1987, p. 9-20 (cit. p. 11).

signifiées aux populations, consacrées par Dieu, tout autrement que par les vicissitudes dynastiques et militaires. Chacun des rois de Strasbourg va d'abord, et en effet, s'adresser à ses sujets dans la langue qui les circonscrit et les enferme à l'intérieur du territoire. Ensuite, et c'est la partie la plus importante de la cérémonie, les rois prononcent leur Serment, et pour cela échangent leurs langues, traduisant l'un pour l'autre le texte du Serment. C'est Louis le Germanique qui prête serment dans la langue « romane » instituée pour représenter la *Francia occidentalis*, et c'est Charles le Chauve, roi de la France occidentale, qui prononce la formule dans la langue de la *Francia orientalis*. Chacun donne donc à l'autre la consécration et la garantie de la légitimité de son héritage, chacun reconnaît la souveraineté de l'autre.

811. L'épisode carolingien des Serments de Strasbourg s'analyse ainsi comme un acte fondateur parce qu'il constitue un nouvel État en fonction d'un critère d'unité linguistique. Son importance est à la fois historique et symbolique, car son analyse témoigne d'une manière presque visionnaire de ce que sera l'avenir, en France, de la relation ainsi posée entre l'unité de langue et l'unité politique. Cette institution d'un « critère d'unité » fondé sur la langue, tiré de la recherche d'un critère d'identité, a fait ainsi de la langue, et encore plus de l'unicité de langue, un « marqueur d'État ». Elle parcoura encore un long chemin avant de s'inscrire dans la réalité et devenir un instrument de cette unité. Concrètement, il faudra en effet franchir les siècles pour que le pouvoir utilise la langue française à des fins politiques d'unification. L'histoire de ce traité d'alliance nous informe sur l'origine de l'institution d'une relation juridique durable entre la langue et le pouvoir politique, entre l'instrumentalisation d'une langue unique et la quête de l'unité politique. Le choix fait du roman comme langue de la *Francia Occidentalis* annonçait la constitution et l'indépendance d'une entité nationale désignée par sa langue. Près de douze siècle après, la consécration par la France dans le texte de sa Constitution d'un article proclamant que « La langue de la République est le français », résonne comme un écho à cette institution première.

812. Pour le juriste, le lien entre cette plus ancienne trace écrite de notre langue, et la constitution délibérée du royaume de France est significatif, car la relation entre la langue et l'entité étatique qu'elle sert à fonder, est une relation juridique, signifiée par un acte diplomatique. Le nouveau royaume est désormais identifié par la langue de ses habitants retenue comme critère d'unité.

II - L'introduction progressive de la langue française comme langue d'expression de la souveraineté

813. Ce royaume issu des Serments de Strasbourg et du traité de Verdun va, avec le triomphe de la féodalité, bientôt se déliter, l'autorité du *rex francorum* s'estomper et les parlers romans se multiplier. Le royaume des derniers Carolingiens, des Robertiens et des premiers Capétiens est caractérisé, en effet, par une évolution singulière qui se traduit par l'absence d'unité linguistique associée à la dissémination du pouvoir. On peut juridiquement définir la féodalité comme le « morcellement de la souveraineté », manifesté dans la division du royaume en seigneuries dont l'orientation autarcique va favoriser la division des vernaculaires suscitant ainsi l'émergence des multiples parlers romans. La langue va suivre le chemin de la construction de la souveraineté vers son unité, et la relation dialectique qui existe entre l'unité de langue et l'unité politique celui de la reconstruction étatique. Au fur et à mesure que l'État se reconstruit, se centralise, au fur et à mesure que la souveraineté se resserre autour d'un pouvoir unique, l'unité de langue se précise autour de la langue française qui, à terme, devient la langue unique d'expression de la souveraineté royale.

814. Il est possible de schématiser ce long processus. Du XIIIe au XVe siècle, le roi capétien va réaffirmer sa souveraineté en reconstruisant l'indivisibilité de sa couronne et de son royaume. C'est la montée en puissance du roi qui va assurer la promotion de son vernaculaire dans l'espace juridique. L'analyse de l'évolution des pratiques linguistiques de la chancellerie au XIVe siècle permet, nous l'avons vu, de comprendre que les premiers agents du changement furent biens les rois de France. Sans aller jusqu'à parler de politique linguistique, il est cependant manifeste que seule la volonté royale a été à même de provoquer un changement dans ce que nous avons appelé « la guerre des langues ». Philippe VI impose le français en octobre 1330 ; son fils, Jean II « instrumentalise » le latin à partir de 1350 ; quant à son successeur, Charles V, il favorise le vernaculaire, sans pour autant renoncer au latin : sous sa régence, puis sous son règne, l'utilisation des deux langues est réalisée *ratione materiae*, en raison même du contenu des lettres royaux. Plusieurs raisons, qui nous semblent évidentes, permettent d'éclairer cette évolution. Le français est la langue du roi, sa langue maternelle, celle de sa nation ; il paraît dès lors logique de communiquer dans cette langue, et non plus dans la langue ancienne. L'attitude de Philippe VI, celle de son petit-fils Charles V peuvent

procéder de cette évidence. Cette attitude peut, sans aucun doute, avoir été renforcée non seulement par la culture personnelle du souverain : Philippe IV et Jean II sont manifestement latiniste, alors que Philippe VI et Charles V ignorent, où dominent mal, la langue ancienne. Mais l'attitude s'éclaire par l'analyse du contexte politique : l'usage du français est imposé par le roi lorsque son pouvoir est contesté ; il se rapproche du peuple en communiquant avec ce dernier dans sa langue. Ainsi en est-il de Philippe VI dont la légitimité est contestée par la prétention des Plantagenêt, et de Charles V, tenu de prendre en compte, lors de sa lieutenance puis de sa régence, les prétentions souveraines des bourgeois de Paris. En tout état de cause, l'usage de la langue va dans le sens de l'unité, c'est-à-dire de la prise en compte de la langue des bénéficiaires lorsque ceux-ci comptent politiquement. C'est ainsi que Philippe VI, grand féodal, parvenu au trône inopinément (nul ne pouvait prévoir le décès, sans héritier mâle, de quatre rois successifs) s'appuie, pour conforter son pouvoir, sur les grands barons, *illitterati* comme lui : il leur parle donc directement en français. Quant à Charles V, dominé un temps par les états de langue d'oïl, il ne pouvait – c'est une évidence – que s'adresser à eux dans ce vernaculaire. La réaction des *litterati* qui avait triomphé avec Jean II prenait bien évidemment en compte les paramètres du succès du vernaculaire : un roi cultivé dont le pouvoir n'est pas contesté tend à s'exprimer dans la véritable langue haute, le latin. Déléguant une partie de ses prérogatives à la chancellerie dont la langue identitaire est le latin, Jean II se coupe de son peuple qui exige le départ de son chancelier. L'équilibre, instauré par Charles V entre les deux langues du pouvoir, peut être perçu comme la synthèse des deux courants antagonistes : si l'unité du royaume impliquait l'instrumentalisation du vernaculaire royal, la majesté royale, quant à elle, ne pouvait renoncer à la valeur symbolique de la langue ancienne, le latin. Pour être empereur dans son royaume, le roi ne pouvait renoncer complètement au latin.

B - L'ÉDIFICATION D'UN PRINCIPE D'UNICITÉ DE LANGUE DE LA SOUVERAINETÉ COMME INSTRUMENT D'UNIFICATION

815. Avec la centralisation politique, la langue du souverain va devenir celle de la souveraineté. Cette évolution est marquée tant par l'intervention juridique sur la langue, objet même de la centralisation, que par l'instrumentalisation de cette langue à des fins d'unification de l'expression de la souveraineté royale (I). L'unicité linguistique de la souveraineté est alors mise au service d'une certaine unification du royaume à travers la politique d'intégration des conquêtes (II).

I - L'étatisation de la langue : de Villers-Cotterêts à l'Académie française

816. Cette évolution traduit la constitution d'un principe d'unicité de langue de l'État. Elle se cristallise dans la constitution d'une seule langue comme expression de la souveraineté, la langue devenant l'objet même d'une centralisation politique à travers la main-mise du pouvoir sur la langue. Cette dernière, unifiée et considérée comme langue unique de l'État, est alors mise au service de l'unification juridique du royaume à travers l'imposition de son utilisation, dans le domaine des actes publics et judicaires.

817. Au XVIe siècle, les lois du roi vont devenir le support d'une centralisation nouvelle qui aboutira à renforcer l'unité du royaume, par le biais d'une uniformisation administrative et judiciaire qui sera théorisée par Jean Bodin dans le concept de souveraineté absolue. Cette souveraineté est acquise en étroite osmose avec l'un de ses principaux instruments, la langue française, « vraye marque de souveraineté », et bientôt regardée comme un de ses symboles. Cette centralisation monarchique va bientôt s'étendre au champ culturel et s'appliquer à la langue elle-même, perçue dès lors comme un instrument au service du pouvoir royal. Initiée sous les Valois, à partir du règne de François Ier, cette centralisation culturelle sera accentuée au XVIIe siècle par les successeurs d'Henri IV. La bureaucratie bourbonienne n'hésite pas, en effet, à mettre la main sur la langue du roi pour la gouverner, la réguler et affronter, avec plus ou moins de succès, la langue scolaire, universitaire et scientifique, le latin. Le français devient ainsi une institution étatique avec l'Académie et finit même par être perçu comme un modèle pour l'Europe.

818. Au début du XVIe siècle, cependant, le contexte « constitutionnel » demeurant féodal, l'unification linguistique est étrangère à l'unité de l'État. Le fondement de cette unité s'inscrit dans l'unicité royale et l'unicité de religion. La règle *cujus egio ejus religio* demeure le ciment de l'obéissance au roi par le biais, initialement, du serment féodo-vassalique, base d'un contrat unissant les deux parties, le seigneur roi et le vassal. Et l'unité de l'État royal, ainsi réalisée par le roi, implique uniquement sur le plan linguistique la compréhension des échanges écrits ou verbaux. Pour cette raison, à l'aube des temps modernes, le roi et ses proches ne manifestent aucune hostilité à l'encontre des langues parlées dans le royaume, les échanges nécessaires entre le souverain et ses sujets étant, de surcroît, le plus souvent formalisés en latin, langue administrative initiale, comprise

seulement par une élite, mais qui n'était ni la langue du roi ni celle des populations. À partir du règne de François Ier, cependant, la royauté, initiant l'absolutisme et, par conséquent, s'efforçant de réaliser dans tout le royaume une unité de direction plus effective qu'au Moyen Âge, va se heurter à cette inadéquation majeure entre le latin, langue administrative, et le « langage maternel françois ». Il devint dès lors nécessaire de supprimer la part conservée par le latin dans les actes royaux. L'expression linguistique de la souveraineté royale va dès lors, pour cette raison, être instrumentalisée dans le domaine judiciaire ; tel est l'objet de l'ordonnance donnée à Villers-Cotterêts en 1539. L'interprétation du texte demeure, nous l'avons vu, problématique. Si tout le monde s'accorde sur l'exclusion du latin, le débat demeure persistant sur la place que cette prohibition laissait aux différents vernaculaires. Deux courants s'opposent irréductiblement. Le roi a-t-il entendu substituer au latin les langues compréhensibles, c'est-à-dire « les langages maternels françois » ? Cette interprétation, qui peut être dégagée de la lettre du texte, s'appuie essentiellement sur l'œuvre de Pierre Rebuffi, présentée par les tenants de ce courant comme étant, en son temps, le premier magistrat de France, un juriste dont l'opinion par conséquent ne saurait être facilement écartée. Or, nous avons pu démontrer, sans équivoque, que cette assertion est fondée sur une erreur : non seulement Rebuffi n'a jamais été premier président du parlement de Paris, mais de surcroît son opinion sur Villers-Cotterêts a été fluctuante. Ceci, bien évidemment, ne signifie pas qu'il faille rejeter l'interprétation qu'il donne ; elle est, nous l'avons vu, solidement argumentée. Mais elle est, pensons-nous, fragilisée, d'autant que les faits semblent donner raison à la seconde interprétation qui affirme, à la suite de Ferdinand Brunot, que Villers-Cotterêts a substitué, dans le domaine judiciaire, la langue du roi au latin. Il n'est pas douteux, en effet que le français soit devenu, après l'enregistrement du texte par les différents parlements, la langue du judiciaire, donc, selon l'aphorisme de Bodin, une marque de sa souveraineté. Du reste, dans les grandes compilations juridiques du XVIIIe siècle, tous les auteurs s'accordent pour attribuer cette évolution au texte de François Ier.

II - L'instrumentalisation de l'unicité linguistique d'expression de la souveraineté dans l'intégration des conquêtes

819. L'instrumentalisation de la langue française, pendant la période absolutiste, sera également mise en œuvre – cette fois sans débat – dans la gestion des conquêtes. L'expression linguistique de la souveraineté va faire ainsi l'objet d'une théorisation soit pour justifier la conquête,

soit pour en assurer l'intégration. À cela une raison : si l'unicité royale associée à un royaume indivisible, accepte la diversité linguistique des nations composant le royaume initial, celui qui relève du roi suzerain, il en va différemment lorsque la monarchie devenue absolue, intègre dans la mouvance du roi, désormais souverain, de nouveaux territoires. L'ancienne allégeance féodale est dès lors insuffisante pour rattacher au royaume de nouvelles provinces, voire des États anciennement souverains. La langue du roi devient dès lors un instrument nécessaire à l'intégration des conquêtes. Il n'est cependant pas possible de dégager un code de conduite à partir des processus d'intégration réalisés à l'époque moderne. Est-ce à dire que la monarchie française n'a pas eu de politique à l'égard des parlers ? Assurément non, car l'annexion des territoires par le roi s'est naturellement accompagnée d'un processus de francisation ; l'ordonnance de Villers-Cotterêts n'a, cependant, pas servi de cadre juridique à ces rattachements, car c'est au coup par coup que va procéder la monarchie pour imposer sa souveraineté aux nouvelles provinces, en usant de normes susceptibles de favoriser dans l'immédiat ses desseins. On peut donc parler de politique d'intégration par la langue, de politique d'unité par la francisation. Ces politiques, nous pensons l'avoir démontré, obéissent à deux mouvements que nous avons pu conceptualiser : l'unité linguistique peut d'abord être regardée comme principe fondateur de l'intégration politique ; l'intégration politique, ensuite, peut être appréhendée comme principe fondateur de l'unification linguistique.

§ II - L'EXPRESSION CONTEMPORAINE DE LA RELATION ENTRE UNITÉ POLITIQUE ET UNITÉ LINGUISTIQUE : LES DÉVELOPPEMENTS DU PRINCIPE D'UNICITÉ DE LANGUE DE L'ÉTAT

820. Le principe d'unicité linguistique de l'État s'est mué en principe d'action en devenant un instrument de l'unification de la nation (A - Les développements républicains du principe comme instrument de réalisation de l'unité de l'État-nation). Il a fini par s'inscrire au sommet de la hiérarchie juridique comme instrument de préservation de l'unité (B - La traduction constitutionnelle du principe comme élément de préservation de l'unité étatique).

A - LA TRADUCTION RÉPUBLICAINE DU PRINCIPE : L'UNICITÉ LINGUISTIQUE COMME INSTRUMENT DE RÉALISATION DE L'UNITÉ NATIONALE

821. L'expression contemporaine des relations entre l'unité politique et l'unité linguistique a trouvé dans le principe de l'unicité linguistique de l'État le moyen de parvenir à l'unité de la nation. Cette évolution est avant tout l'œuvre de la révolution de l'unité politique dans l'État, qui s'est cristallisée dans une quête d'unification où l'unicité linguistique apparaît comme une condition de réalisation de l'unité politique (I). Cette conceptualisation se mue alors en principe d'action où la diversité linguistique est dès lors perçue comme un obstacle à l'unification nationale (II).

I - La conceptualisation révolutionnaire de l'unité linguistique comme instrument de réalisation de l'unité nationale

822. La Révolution française constitue une étape fondamentale dans la traduction juridique contemporaine du principe d'unité linguistique qui déborde son simple avènement. L'idée que l'unicité linguistique doit contribuer à la réalisation concrète de l'unité nationale est la conséquence du bouleversement politique que produit la mutation du siège de la souveraineté dans l'État.

823. La quête fondamentale d'unité est consécutive à la substitution de la nation à la monarchie comme centre d'unité. En ce sens, la Révolution, qui est à la fois une revendication de démocratie et en même temps une révolution du centre de l'unité dans l'État doit passer par la réalisation matérielle de l'unification de la société. L'unité nationale devient une quête essentielle et fondamentale et la diversité linguistique fait figure d'obstacle majeur à sa réalisation.

824. En ce sens, l'émergence de l'idée que l'unité de langue de l'État doit s'étendre à la société est la conséquence de la mutation du siège de la souveraineté dans l'État : « L'objectif de la volonté royale était de façonner un corps politique homogène... La Révolution transpose le centre de cette unification, de la personne du roi à la nation »[1518]. L'utilisation politique de la langue française comme langue de l'unité de la Nation n'est d'ailleurs qu'un aspect de la mystique révolutionnaire

---

1518 P. FRAISSEIX, « La France, les langues régionales et la Charte européenne des langues régionales et minoritaires », *R.F.D.A.*, n°17, 2001, p. 62.

de l'unité, en tant qu'elle produit un ensemble de principes tendant à l'unité ; et cette mystique révolutionnaire de l'unité va concevoir la politique « de la langue unique » comme l'instrument nécessaire à sa réalisation. Ce faisant, elle ne fait que tirer les conséquences de la mutation du principe de l'unité dans l'État. La souveraineté est nationale et la langue de la souveraineté est le français. L'État est le verbe de la nation ; cette dernière érigée en souverain doit pouvoir pénétrer dans la sphère communicationnelle du pouvoir : le citoyen doit comprendre la langue du droit nouveau. Or comment pourrait-il participer à l'exercice du pouvoir s'il ne peut en comprendre les mots, et comment pourrait-il s'unir à ses frères s'il ne partage pas la langue même qui désormais, en tant que nouveau souverain, l'unit à son prochain ?

825. L'Ancien Régime avait patiemment construit une unité linguistique d'expression de la souveraineté étatique, qui ne commandait que la compréhension de son expression, et l'obligation de son utilisation dans les domaines où s'étendait la souveraineté. Le centre d'unité, la soumission à cette souveraineté n'impliquait dès lors pas l'unification générale des langages de la société. Il n'était point nécessaire d'obtenir des sujets qu'ils parlent la langue de la souveraineté tant que leur allégeance au souverain roi perdurait. Dès lors que la nation émerge, qu'elle devient souveraine, elle doit s'approprier la langue de la souveraineté. Là où les peuples pouvaient se contenter de comprendre le langage du pouvoir, à tout le moins de s'y assujettir, il faut désormais qu'ils y participent.

826. Le système philosophique, politique et juridique de la Révolution va s'inscrire tout entier dans la quête d'une nouvelle unité. L'idéologie unitariste de la Révolution est plus que connue. Toute l'histoire de la Révolution est marquée par le dogme de l'unité[1519], parfois même qualifié de fanatisme[1520]. L'émergence de la nation comme système de représentation politique implique ce dogme de l'unité :

> « Pour mener à bien leur grand dessein – l'unité de l'État – les révolutionnaires procèdent donc d'abord au rassemblement de cette nation dont ils entendent faire le moteur de l'État. En même temps, ils affirment hautement le principe selon lequel elle est seule titulaire de la souveraineté.

1519 *Cf.* sur ce point l'étude captivante de R. DEBBASCH, *Le principe révolutionnaire d'unité et d'indivisibilité de la République*, Économica, P.U.A.M., 1988, p.40.

1520 E. HINTZE, *Staatseinheit und Föderalismus im Alten Frankreich und in der Révolution*, Stuttgart, Berlin et Leipzig, 1928, p. 174. Cité par R. DEBBASCH, ouvr. cité, p. 40.

Puisqu'il n'existe qu'une souveraineté indivisible, elle ne peut en effet appartenir simultanément au roi et à la nation »[1521].

827. Dès lors, la langue de la souveraineté royale doit devenir celle de la souveraineté nationale. La conscience du pouvoir linguistique lié à la maîtrise de la langue de la souveraineté est omniprésente dans l'esprit des révolutionnaires. Lorsque les représentants de la nation prêtent le serment du Jeu de Paume, ils savent le pouvoir des mots prêtés par tous dans la même langue « de ne jamais se séparer, et de se rassembler partout où les circonstances l'exigeront, jusqu'à ce que la Constitution du royaume soit établie sur des fondements solides[1522] ». Pour Renée Balibar, « on ne peut comprendre en quoi consiste cette révolution si on ne comprend pas bien en quoi consistait le pouvoir linguistique possédé en commun par les députés révolutionnaires[1523] ».

828. Dès lors que la souveraineté passe de la tête du roi à celle de la nation, il faut que les anciens sujets qui deviennent officiellement des citoyens maîtrisent la langue d'expression de la souveraineté. L'unité linguistique de la nation pouvait continuer de faire défaut dans un système politique qui n'était pas fondé sur la participation des sujets à l'exercice du pouvoir politique. Les anciennes solidarités pouvaient unir les hommes d'un même royaume sans qu'il partagent, au delà de l'espace de leur lieu de vie, la même langue que celle qui identifiait le pouvoir politique. Désormais, le partage en commun du pouvoir politique imposait la communication commune, les citoyens devaient pouvoir investir le champ de l'expression linguistique de la souveraineté. La Révolution hérite sur ce point du principe d'unicité de langue de l'État ; et la mutation du principe d'unité dans l'État produit au plan des idées la mutation de l'expression de la langue de la souveraineté. La nation souveraine doit adopter le langage de son nouveau pouvoir :

> « L'aspect le plus radical de la Révolution française de 1789, c'est en effet que la souveraineté du peuple oblige les citoyens à communiquer entre eux. Pour remplir cette exigence, chaque individu doit s'approprier la maîtrise des

1521 R. DEBBASCH, ouvr. cité, p. 39.

1522 R. DEBBASCH, « La République indivisible, la langue française et la nation », *R.R.J.D.P.*, n°1, 2001, p. 114.

1523 R. BALIBAR, *L'institution du français*, P.U.F., 1985, p. 97.

règles de la langue de l'État afin d'exprimer ses propres intérêts à l'instance de la raison universelle »[1524].

829. De langue de la souveraineté, la langue française devient langue de l'unité nécessaire à la survie de la liberté. L'esprit de la Révolution doit révolutionner la langue : elle doit être démocratisée. Au reste, cette conséquence logique ne peut s'imposer dans les faits sans une politique active d'unification linguistique ; car si désormais le peuple est souverain, et qu'il doit être uni, force est de constater qu'il ne maîtrise pas la langue de la souveraineté. Il faut donc qu'il l'apprenne. Or l'entreprise est immense : il y a autant d'idiomes que de provinces à la fin de l'Ancien Régime. L'unité linguistique de la nation souveraine doit donc s'imposer dans les faits : l'unification du langage implique l'éradication des particularismes linguistique qui sont perçus comme les stigmates de l'Ancien Régime et l'obstacle linguistique à la réalisation de l'unité nationale.

II - La diversité linguistique corruptrice de l'unité nationale

830. L'idée même d'une « République une et indivisible », dont l'une des devises était « Liberté et Égalité pour tous », ne pouvait se concilier avec le morcellement linguistique et le particularisme des anciennes provinces. Les révolutionnaires y virent un obstacle à la propagation de leurs idées et déclarèrent la guerre aux patois, perçus comme corrupteurs de l'unité nationale.

831. La Révolution va dès lors concevoir l'unité politique par la langue comme une uniformité qui appelle l'éradication des différences linguistiques. Cette idée s'inscrira dans une politique linguistique proprement révolutionnaire, même si sa réalisation dans les faits ne sera pas l'œuvre de la Révolution. La pluralité d'idiomes devient un obstacle à la propagation des idées de la Révolution et la maîtrise de la langue française celle de la liberté. Le 20 septembre 1793, devant le Comité de l'Instruction publique, l'abbé Henri-Baptiste Grégoire, qui a lancé quatre ans auparavant une grande enquête sur le sujet, déclarera :

> « Nous n'avons plus de provinces, et nous avons encore trente patois qui en rappelle les noms... Ainsi avec trente patois différents, nous sommes encore, pour le langage, à la tour de Babel, tandis que pour la liberté, nous formons l'avant-garde des nations... On peut uniformiser le langage d'une

1524 R. BALIBAR, « La langue de la France exercée au pluriel », Préface de *France, pays multilingue*, t.I., *Les langues en France, un enjeu historique et social*, ouvr. cité, p.16.

grande nation, de manière que tous les citoyens qui la composent puissent sans obstacle se communiquer leur pensées. Cette entreprise... est digne du peuple français, qui centralise toutes les branches de l'organisation sociale, et qui doit être jaloux de consacrer au plus tôt, dans une République, une et indivisible, l'usage unique et invariable de la langue et de la liberté... Il faut donc que l'unité de langue entre les enfants de la même famille éteigne les restes des préventions résultantes des anciennes divisions provinciales, et resserre les liens d'amitié qui doivent unir des frères... Le régime républicain a opéré la suppression de toutes les castes parasites, le rapprochement des fortunes, le nivellement des conditions... Tout ce qu'on vient de lire appelle la conclusion, que pour extirper tous les préjugés, développer toutes les vérités, tous les talents, toutes les vertus, fondre tous les citoyens dans la masse nationale, simplifier le mécanisme et faciliter le jeu de la machine politique, il faut identité de langage »[1525].

832. Le décret du 8 pluviôse an II (27 janvier 1794) ordonne l'envoi d'un instituteur de langue française dans les départements non francophones. B. Barère, rapporteur de ce texte, déclare :

> « La monarchie avait des raisons de ressembler à la tour de Babel ; dans la démocratie, laisser les citoyens ignorants de la langue nationale, incapables de contrôler le pouvoir, c'est trahir la patrie... Chez un peuple libre, la langue doit être une et la même pour tous »[1526].

833. Le 2 thermidor an II (20 juillet 1794), la Convention prit un décret qui sanctionna la « terreur linguistique », « portant qu'à compter du jour de sa publication, nul acte public ne pourra, dans quelque partie que ce soit du territoire de la République, être écrit qu'en langue française »[1527]. En raison de la chute de Robespierre, le décret fut

---

1525 H-B. GRÉGOIRE, *Rapport sur la nécessité et les moyens d'anéantir les patois et d'universaliser l'usage de la langue française*, dans *L'abbé Grégoire, évêque des Lumières*, textes réunis et présentés par Franck Paul BOWMAN, édit. France-Empire 1988, p. 127 et s.

1526 B. BARRÈRE, A.P, t. 83, p. 716, cité par R. DEBBASCH « La République indivisible, la langue française et la nation », *R.R.J.D.P*, n°1, 2001, p. 117.

1527 Article 2 : Après le mois qui suivra la publication de la présente loi, il ne pourra être enregistré aucun acte, même sous seing privé, s'il n'est écrit en langue française. Article 3 :Tout fonctionnaire ou officier public, tout agent du Gouvernement qui, à dater du jour de la publication de la présente loi, dressera, écrira ou souscrira, dans l'exercice de ses fonctions, des procès-verbaux, jugements, contrats ou autres actes généralement quelconques conçus en idiomes ou langues autres que la française, sera traduit devant le tribunal de police correctionnelle de sa résidence, condamné à six mois d'emprisonnement, et destitué. Article 4 : La même peine aura lieu contre tout receveur du droit d'enregistrement qui, après le mois de la publication de la présente loi, enregistrera des actes, même sous seing privé, écrits en idiomes ou langues autres que le français.

suspendu quelques semaines plus tard, jusqu'à la diffusion d'un nouveau rapport sur cette matière par des « comités de législation et d'instruction publique ».

834. Ainsi, la Révolution opère d'abord un bouleversement du centre de l'unité ; elle y associe la langue française comme langue de la liberté et instrument de réalisation de l'unité nationale. Elle engage une politique d'éradication des vulgaires et d'universalisation de la langue française. Mais les mesures linguistiques qu'elle adopte restent sans effet : ce sera l'œuvre de la troisième République et de la politique scolaire de franciser les populations en poursuivant l'objectif d'éradication des patois. Mais l'idée de l'unicité linguistique comme ciment de l'unité nationale est conceptualisée :

> « Dans la nouvelle idéologie, l'idée de nation connut une métamorphose complète et la langue se vit chargée d'un rôle entièrement nouveau dans la société. Si jusqu'alors on avait réservé le mot nation à la désignation du groupe aux dimensions variables au sein duquel on était né, il désignait maintenant un groupe aux contours beaucoup plus vastes, uni par la raison, la volonté générale et le contrat social. Cette "nation en tant qu'association" exigeait que tous ses membres parlassent une seule et même langue. Et celle-ci devint le premier symbole de la nation »[1528].

835. Pendant deux siècles, le droit républicain a exprimé sa foi dans cette politique d'unification par la langue. Le lien entre la nationalité et la langue française sera clairement exprimé dans la politique linguistique des républiques, inscrivant même dans le droit de la nationalité la condition de maîtrise de la langue pour les naturalisations[1529].

836. Si l'unification linguistique du peuple français passera avant tout par le système scolaire de la IIIe République et l'article 14 de l'arrêté du 18 janvier 1887 qui disposera que « le français sera seul en usage à l'école », tout le droit républicain viendra conforter l'exclusivité du français dans la vie publique. Les juridictions ont largement contribué à l'édification de ce droit : elles ont, en l'absence de fondement constitutionnel de l'unicité linguistique, proclamé à plusieurs reprises l'obligation d'employer la langue française pour la rédaction des actes

---

1528 R.-A. LODGE, *Le français, histoire d'un dialecte devenu langue*, ouvr. cité, p.279.

1529 Le Code civil établit un lien entre l'acquisition de la nationalité et la maîtrise de la langue française : les articles 21-2, 21-20, 21-21 et 21-24 font de la connaissance de la langue française une condition de l'acquisition de la nationalité ou de la naturalisation.

publics, faisant encore référence si besoin était à l'ordonnance de Villers-Cotterêts[1530]. Tout le droit de la langue est là pour en témoigner : la loi est venue défendre la langue française, les juridictions ont progressivement contribué à l'établissement de son monopole.

837. C'est surtout l'expression constitutionnelle de la relation entre l'unité linguistique et l'unité politique qui traduit le mieux la pérennité du principe de l'unicité de langue de l'État. Langue officielle de l'État et langue nationale depuis la Révolution, la langue française devient un élément de préservation de l'unité politique, précisément au moment même où cette unité se transforme.

B - LA TRADUCTION CONSTITUTIONNELLE DU PRINCIPE : L'UNICITÉ LINGUISTIQUE COMME INSTRUMENT DE PRÉSERVATION DE L'UNITÉ ÉTATIQUE

838. La traduction la plus topique de cette relation est l'inscription dans la norme fondamentale de la langue française comme langue de la République : elle consacre la réification de l'unité linguistique comme principe préservateur de l'unité étatique (I). Cette évolution propre à l'expression dans le droit public positif de la relation entre unité linguistique et unité politique se traduit également dans le refus de reconnaissance de la diversité linguistique dans la sphère publique au nom des principes fondateurs de l'unité (II).

1530 Arrêts de la Cour de cassation rendus les 4 août 1859 (Giorgi c/Masaspino, *D.P.* 1859. I p. 453) et 15 janvier 1875 (Cass crim., Renucci, *D.P.* 1875. I, p. 240) : la nullité qui s'attache aux actes rédigés en langue étrangères « est un principe essentiel et de droit public qui importe, à un haut degré, à la bonne administration de la justice et garantit l'unité de la langue nationale ». Les actes produits devant la Cour de Cassation doivent être rédigés en langue française (Cass. civ, 17 février 1981), les pourvois (Cass. crim, 4 mars 1986, Turkson, *Bull*, p. 214) et les jugements doivent être motivés en français sous peine de nullité (Ass. Civ. 2e, 11 janv 1989, Soc. Composants et Produits Électroniques c. Soc. TRW Inc, *D.*, 1989, Somm. 181). Arrêts du C.E du 22 nov 1985 (Quillevère, précité) jugeant irrecevable une requête rédigée en breton ; *idem* pour les recours et pièces annexées présentés devant la commission des recours des réfugiés (C.E, 27 fév 1987, Callego Madrigal, *Rec. Lebon*, p. 734). Les personnes publiques doivent s'exprimer en français ainsi que les personnes privées dans leurs rapports avec les services publics (C.E, 10 juin 1991, Kerrain, *Rec. Lebon*, p. 1107 ; 15 avril 1992, Le Duigou, *D.*, 1992, p. 517 ; Section, 5 janvier 2000, Commune de Mâcot-la-Plagne, *D.* 2000, p. 179).

I - L'affirmation constitutionnelle de l'unicité linguistique de l'État : un rempart à la dilution de l'unité étatique

839. La promotion constitutionnelle de la langue française constitue pour l'appréhension juridique contemporaine de l'unité linguistique par l'État français un moment sans précédent dans l'histoire juridique des relations entre unité de l'État et unité de langue. À une époque où chacun sait que la Constitution est devenue l'élément clef du système juridique, cette promotion constitutionnelle consacre une évolution fondamentale : l'unicité linguistique est érigée en rempart constitutionnel à la dilution de l'unité étatique et nationale. Bien que la constitutionnalisation de la langue française en 1992 fût présentée comme la juste réparation d'une « lacune [1531] » de nos constitutions, « d'un oubli des constituants [1532] », l'acte de révision constitutionnelle qui a introduit la langue française au cœur du dispositif constitutionnel s'analyse comme une instrumentalisation de la langue française à des fins de préservation de l'unité de l'État. Le contexte politique dans lequel elle s'insère révèle en effet que cette consécration dans le droit constitutionnel est directement liée à la quête du maintien de l'unité de l'État. À l'évidence, il vient en compensation de « la perte d'unité » étatique et nationale inhérente à l'adoption du traité de Maastricht dans le contexte duquel cette constitutionnalisation se réalise.

840. Depuis la loi constitutionnelle du 25 juin 1992, la Constitution de la Vème République proclame donc que « La langue de la République est le français ». C'est en effet la formule retenue pour ouvrir l'article 2 de la Constitution, et la position qu'elle occupe dans le texte constitutionnel, sous le titre consacré à la souveraineté, témoigne de son caractère fondamental. Force est de constater que cette consécration constitutionnelle de la langue française comme langue officielle de la République n'est apparue chez aucun commentateur comme une réforme juridique, tant l'énoncé bénéficiait déjà de la force de l'évidence. L'on a en effet volontiers préféré parlé de « reconnaissance constitutionnelle » que de consécration. Pourtant, les circonstances de cette « reconnaissance constitutionnelle » de la langue française en disent long sur les enjeux de cette proclamation car elles restituent en effet toute sa dimension théorique et problématique à la question des rapports entre la langue et l'État en France. Alors que la France avait signé le Traité de Maastricht, qui garantissait pourtant le « respect de

1531 *Cf.* R. DEBBASCH, « La reconnaissance constitutionnelle de la langue française », *R.F.D.C.*, n°11, 1992, p. 458-468.

1532 Selon le mot de M. J. TOUBON, *Cf.* Ass. nat., Rapport n° 2684, p. 5.

l'identité des États membres »[1533], la procédure de ratification ne pouvait intervenir qu'à la suite d'une révision de la Constitution. En effet, le Conseil constitutionnel, l'institution « gardienne » de la Constitution, avait jugé de la nécessité de cette révision au motif notamment que ce traité portait atteinte « aux conditions essentielles d'exercice de la souveraineté nationale ». Or, ce traité, qui constituait indéniablement une avancée dans l'Union des États de l'Europe, autorisait des transferts de compétences jusqu'ici strictement réservées aux États dans l'exercice de leur pleine souveraineté. Pour résumer, car l'analyse de cette constitutionnalisation de la langue française n'est pas l'objet de ce présent travail, la ratification du traité de Maastricht impliquait la renonciation à des compétences relevant de la souveraineté étatique et nationale, et à ce titre s'analyse comme l'acceptation de la dilution du principe unitaire de l'État, lequel implique le monopole de l'exercice de la souveraineté. Paradoxalement, alors que l'objet principal de la révision constitutionnelle du 25 juin 1992 était d'autoriser des transferts de compétences jusqu'ici interdits parce qu'affectant l'unité de l'État, l'acte de révision constitutionnelle témoigne en même temps de la volonté d'encadrer cette autorisation de limites aux évolutions qu'elle consacre. La constitutionnalisation de la langue française est issue de ce mouvement, et devient à ce titre un acte explicite de préservation de l'unité étatique.

841. Cette constitutionnalisation de la langue française peut donc s'analyser comme une compensation aux transferts de compétences alors consentis : une compensation qui fait constitutionnellement de la langue française la langue unique de l'État français à l'heure de « l'érosion des souverainetés[1534] ». Cette constitutionnalisation, qui proclame que « le français est la langue de la République », ne résonne t-elle pas comme un écho à la proclamation par le droit royal, que « la langue du roi est le français » ? Elle traduit en tout cas la permanence des relations entre la langue française et l'État, et encore plus celle d'une langue unique comme élément de préservation de cet État, au moment même où son unité est confrontée à des défis contemporains qui heurte son unité. En érigeant la langue française au rang de norme constitutionnelle, l'acte constituant établit une double barrière à la dilution de l'unité de l'État. D'une part, il inscrit l'unicité linguistique

---

1533 L'art. 6, al. 3 du Traité de Maastricht décide que « l'Union respecte l'identité nationale de ses États membres ».

1534 Sur la conception relative de la souveraineté et son « érosion », Cf. M. DAVID, *La souveraineté du peuple*, ouvr. cité ; également F. CHALTIEL, *La souveraineté de l'État et l'Union européenne*, l'exemple français, ouvr. cité, p. 37 et s.

comme une compensation aux pertes de compétences qu'il consent dans la même révision, faisant ainsi de la compétence linguistique une limite constitutionnelle à la dilution de l'unité étatique. D'autre part, le statut constitutionnel attribué à la langue française renforce le principe de l'unicité linguistique qui se pose ainsi en barrière constitutionnelle à une désagrégation éventuelle de l'identité linguistique de la République.

842. Instrument désormais constitutionnel de préservation de la souveraineté linguistique de la France et de son unicité linguistique, le principe de l'unicité linguistique de l'État fait encore l'objet d'une interprétation conforme à la logique initiée par la Révolution en interdisant aux particularismes linguistiques de pénétrer dans la sphère publique. La langue française comme instrument d'unité de la nation s'inscrit en effet, au-delà même de la constitutionnalisation de la seule langue française, dans l'interprétation qui est délivrée des principes juridiques de l'unité. Désormais, le lien entre unité de langue et unité de l'État-nation, initié par la monarchie, développé par la Révolution, réalisé par la République, rejette comme potentiellement destructeur de l'unité l'accès des autres langues de France à la sphère du pouvoir et de la citoyenneté.

II - L'interprétation constitutionnelle de l'unité étatique : un instrument de refus de reconnaissance juridique de la diversité linguistique

843. Le lien entre l'unicité de langue de l'État-nation et l'unité nationale trouve dans les problématiques contemporaines une confirmation juridique éclatante, à travers l'interprétation constitutionnelle des principes aux fondements de l'unité. Les enjeux contemporains de la reconnaissance des spécificités linguistiques témoignent ainsi de la permanence de la relation entre langue unique et unité politique. Les débats relatifs à la reconnaissance des langues régionales et minoritaires illustrent particulièrement bien ces propos. Les principes fondateurs de l'unité, au rang desquels figurent l'indivisibilité de la République, l'égalité devant la loi et l'unicité du peuple français sont interprétés par les pouvoirs publics constitutionnels comme imposant l'unicité linguistique de l'espace public, celui où justement les citoyens participent à l'exercice du pouvoir. La décision de 1991, relative à la Corse, témoignait déjà de la fermeture de l'ordre juridique unitaire de la République à la reconnaissance de la possibilité de s'exprimer dans une autre langue que le français dans la sphère

publique[1535]. Mais c'est encore plus la décision du Conseil constitutionnel relative à la charte européenne des langues régionales ou minoritaires qui illustre cette affirmation. Elle exprime et condense à elle seule le rôle de l'unité linguistique dans la préservation de l'unité politique.

844. Alors que la France avait signé la Charte européenne des langues régionales ou minoritaires[1536], le Conseil constitutionnel était sollicité de donner son avis sur la compatibilité de l'instrument avec la Constitution[1537], et rendait, le 15 juin 1999, une décision d'inconstitutionnalité particulièrement ferme. Il considérait ainsi que la Charte européenne des langues régionales et minoritaires « porte atteinte aux principes constitutionnels d'indivisibilité de la République, d'égalité devant la loi et d'unicité du peuple français » et qu'elle est également contraire au premier alinéa de l'article 2 selon lequel « la langue de la République est le français »[1538]. Il est significatif que ce ne soit pas directement et par la seule référence à l'article 2 de la Constitution, qui énonce que la langue de la République est le français, que le juge constitutionnel se soit opposé à la reconnaissance de droits linguistiques spécifiques qui s'exprimeraient dans la vie publique.

845. Les réactions de la doctrine furent immédiates, et les prises de positions les plus vives n'ont pas manqué de nourrir un débat juridique passionné où les anathèmes étaient vite jetés. Pour les uns, la ratification de l'instrument international aurait conduit à la « balkanisation de l'unité linguistique et de l'unité politique »[1539]. Les personnalités représentant ce mouvement, qualifiées parfois par leurs opposants de « souverainistes archaïques », voyaient déjà dans la signature de la Charte « un nouvel abandon qui engage un peu plus la France dans une logique fédérale[1540] ». Ils dénonçaient « une arme

---

1535 Décision n° 91-290 DC du 9 mai 1991 relative au statut de la Corse,

1536 La France a signé la Charte européenne des langues régionales et minoritaires le 7 mai 1999 à Budapest.

1537 C'est sur le fondement de l'article 54 de la Constitution que le Conseil Constitutionnel a été saisi par le Président de la République aux fins de savoir « ...si la ratification de la Charte peut être autorisée sans une révision préalable de la Constitution ».

1538 Décision n° 99-412 DC, 15 juin 1999, *J.O.R.F.*, 18 juin 1999.

1539 Propos tenus par le député R.P.R Jacques MYARD le 23 juin 1999, *Cf. Le Monde*, du 24 juin 1999.

1540 Propos tenus par le ministre de l'Intérieur J.-P CHEVÈNEMENT le 23 juin 1999, *Le Monde* du 24 juin.

politique aux mains des mouvements autonomistes et régionalistes » destinée à « favoriser l'éclatement du cadre national et la création d'une Europe des régions[1541] ». De fait, les détracteurs de la charte saluaient la décision du Conseil constitutionnel, devenu à leur yeux et pour l'occasion, le gardien de la constitution et de la tradition universaliste française. Pour les autres, partisans d'une reconnaissance des langues régionales ou minoritaires, la décision du Conseil constitutionnel était « radicalement jacobine »[1542], voire « intégriste »[1543] et la haute instance elle-même « césaro-papiste »[1544]. De son côté, le Président de la République qui s'était pourtant prononcé explicitement en faveur d'une ratification de la charte européenne des langues régionales ou minoritaires, a refusé d'initier la révision constitutionnelle devenue impérative pour permettre cette ratification. Refusant de « prendre l'initiative d'une révision constitutionnelle qui porterait atteinte aux principes fondamentaux de la République », il estimait « que l'on peut parfaitement reconnaître aux langues régionales leur place dans notre patrimoine culturel sans qu'il soit nécessaire de modifier notre Constitution et sans remettre en cause l'unité de la nation[1545] ».

846. Les enjeux ainsi clairement posés de la reconnaissance des langues régionales dans l'espace public s'inscrivent aujourd'hui dans une problématique plus large, qui est celle du communautarisme. Ils mettent en cause l'hégémonie du français et la marginalisation concomitante des autres langues par l'État qui a inscrit l'unification linguistique comme une des conditions de réalisation d'une « République égalitaire offrant à chaque citoyen la possibilité de s'inscrire dans une progression sociale bâtie autour de l'usage du français et de l'instruction publique »[1546]. La question du pluralisme linguistique heurte donc de front l'ordre juridique de la République unitaire, à travers sa confrontation avec les principes fondamentaux d'indivisibilité, d'égalité et d'unicité du peuple français. La préservation d'une identité linguistique unitaire fait figure

1541 G. SARRE, *Libération* du 22 juin 1999.

1542 Propos du maire de Quimper, Bernard POIGNANT, auteur d'un rapport sur les langues régionales remis au Premier Ministre Lionel Jospin le 1er juillet 1998, *Ouest France* du 21 juin 1999.

1543 Le porte parole des socialistes bretons Jean-Yves LE DRIAN a estimé que le Conseil fait « preuve d'une conception très intégriste et très réductrice de la République », *Ouest France* du 21 juin 1999.

1544 B. ETIENNE, *Le Monde* du 19 juin 1999.

1545 P. FRAISSEIX, « La France, les langues régionales et la Charte européenne des langues régionales et minoritaires », *R.F.D.A.*, n°17, 2001, p. 60-61.

1546 *Ibid.*, p. 62.

de rempart aux transformations inéluctables de l'État-nation, comme en témoigne aussi bien l'impossibilité constitutionnelle de reconnaître « un droit imprescriptible à parler sa propre langue dans l'espace public »[1547], que la constitutionnalisation de la langue française. L'interprétation de ces principes à finalité unitaire et leur application à la matière linguistique traduit un durcissement de la conception stato-nationale française d'autant plus significatif qu'il se situe *a contrario* des mouvements « différencialistes » qui traversent le droit public[1548], et qui se traduisent par la multiplication des statuts particuliers au sein de la République. Au rebours de la reconnaissance de spécificités territoriales géographiques ou sociales, témoins d'une évolution du droit public de plus en plus prégnante, la position de la France en matière linguistique évolue *a contrario* vers une fermeture de plus en plus cloisonnée par le droit. Traduisant l'élargissement du socle constitutionnel de protection de l'unicité linguistique, et par là même la consolidation du principe, ce sont les principes fondateurs de l'unité de la République qui viennent en conforter l'assise par le contenu que la jurisprudence leur délivre. Le principe de l'unicité linguistique de l'État intègre ainsi une dimension négative, par le recours aux principes d'indivisibilité, d'égalité devant la loi, ou encore d'unicité du peuple français. Ce mouvement traduit donc une certaine « ethnicisation » de la conception de la nation[1549], qui fait de son unicité linguistique un élément objectif de son unité. Et la fermeture de l'ordre juridique à la prise en compte par le droit public des spécificités linguistiques, à l'instar de tout particularisme identitaire, tout en étant conforme à la tradition universaliste du droit public depuis la Révolution, ne manque cependant pas de signifier un durcissement de la position constitutionnelle française en matière linguistique.

847. Alors que l'histoire de la construction d'un principe d'unicité linguistique de l'État en France est également celle de l'unité de l'État, de l'émergence première d'un critère d'unité politique fondé sur l'ancêtre de la langue française à l'instrumentalisation de la langue française par le pouvoir monarchique, la tradition universaliste est issue

1547 Le préambule de la Charte européenne des langues régionales ou minoritaires, dont le Conseil constitutionnel a pesé la portée juridique, indique en son alinéa 4 que « le droit de pratiquer une langue régionale ou minoritaire dans la vie privée ou publique constitue un droit imprescriptible... ».

1548 Sur cette question spécifique, on peut renvoyer à l'ouvrage de O. BUI-XUAN, *Le droit public français entre universalisme et différencialisme,* coll. Corpus Essais, Économica, 2004.

1549 *Cf.* J.-M. WOEHRLING, « Le droit constitutionnel français à l'épreuve des langues régionales », *Droits et Société,* http://viventnoslangues.free.fr

de la rupture avec l'ordre ancien et constitué de ses ordres particuliers. Elle se manifeste dans le droit public par l'introduction de principes nouveaux ou renouvelés par leur interprétation, destinés à conforter de manière durable un nouvel ordre juridique et une quête d'unité indispensable à sa pérennisation. Si la Révolution, nous l'avons vu, a d'entrée compris l'enjeu linguistique comme un enjeu d'unité, le droit positif constitutionnel en restitue une image renforcée : elle fait constitutionnellement de l'unité linguistique de la nation un élément de préservation de l'unité politique.

848. Ainsi, s'il tombe sous le sens que les problématiques actuelles ne peuvent se saisir qu'à la lumière de la Révolution et des Lumières, la Révolution politique s'accompagnant à cet égard d'une véritable conceptualisation de l'instrumentalisation d'une langue unique, le jugement porté sur l'appréhension de la question linguistique par la monarchie doit être nuancé et précisé. Alors que la rupture avec l'ordre ancien a conduit à une révolution du droit et des institutions, le nouvel ordre juridique et politique n'a pas bouleversé les idées politiques sur la langue qui s'étaient jusque-là inscrites dans le droit royal et qui ont été appliquées par la monarchie. La Révolution est sur ce point conceptuelle, mais elle utilisera et potentialisera les ressorts d'un principe alors déjà fermement établi qui sera celui de l'unité de langue de l'État. Dès lors, la politique d'éradication des « vulgaires » – qui ne sera réellement mise en oeuvre qu'avec l'école de la République – mais qui se présentera pour les révolutionnaires comme « une nécessité » pour la construction d'une unité politique nouvelle et nationale, viendra compenser la disparition du fondement royal de l'unité étatique.

849. Ainsi, s'il faut relever que « l'unité dans la diversité » était peut-être la « formule idéale de l'Ancien Régime[1550] », il faut aussi considérer que c'est l'Ancien Régime qui a vu naître un principe d'unicité de langue comme instrument d'unité. L'État postérieur s'en emparera, et lui donnera une signification nouvelle en le déployant comme un instrument d'unification des populations jusqu'à l'inscrire aujourd'hui comme un élément de préservation de cette unité au cœur de sa constitution.

850. Alors que la devise de l'État royal était « une foi, une loi, un roi », celle de « l'État postrévolutionnaire devint : « République une, langue

---

1550 J.-M. CARBASSE, « Unité et diversité de l'ancienne France », dans *L'unité des principaux États européens à la veille de la Révolution*, (Dir. : J.-M. CARBASSE et P. VILLARD), Paris, Institut d'histoire du droit, 1992, p. 4.

une : la langue doit être une comme la République [1551] ». Mais l'idée révolutionnaire de cette politique puisera dans l'héritage d'une langue de la souveraineté, d'une langue d'État, déjà instituée dans la sphère du pouvoir. La conceptualisation de l'unité linguistique comme ferment de l'unité politique trouve donc ses assises dans l'expérience monarchique, où déjà le roi, au faîte de l'absolutisme, instrumentalise l'unité de langue comme vecteur de l'affirmation de sa souveraineté par l'uniformisation linguistique de son expression, ou fait application de cette idée dans sa gestion des conquêtes.

851. Le français était la langue du roi souverain ; devenu langue de la République, il est aujourd'hui la langue du peuple souverain. L'article 2 de la Constitution traduit donc explicitement l'existence d'une expression linguistique unicitaire de la souveraineté en affirmant que la langue de la République est le français. Mais cette unicité linguistique d'expression de la souveraineté, ainsi proclamée, ne se trouve-t-elle pas aujourd'hui en opposition avec l'évolution institutionnelle de l'Europe ? En effet, le droit conventionnel, dans ce domaine particulier, ne peut que bouleverser les fondements unitaires de cette expression. On ne peut en effet que s'interroger sur la portée, au regard d'une éventuelle ratification de la charte européenne des langues régionales et minoritaires, de la victoire obtenue par les chantres du régionalisme linguistique lors de la grande révision constitutionnelle du 23 juillet 2008 qui a introduit un nouvel article 75-1, aux termes duquel « les langues régionales appartiennent au patrimoine de la France ». Les soixante-quinze idiomes officiellement recensés[1552] ont ainsi intégré la loi fondamentale. Mais quelle est la portée de cette « promotion » ? Elle traduit en réalité le constat de son inefficience. En 1539, l'ordonnance de Villers-Cotterêts générait la mort adminisrative de ces langues, la loi de 2008 les patrimonialise, c'est-à-dire, selon l'heureuse expression de Christian Lavialle, les fait sortir « de la sphère de la communication sociale pour les muséifier »[1553]. Cette pseudo-victoire, surenchérit Gérard Marcou, n'est rien d'autre qu'un « fantasme qui accède à la dignité constitutionnelle »[1554], car cette reconnaissance ne remet pas en

---

1551 R.-A. LODGE, *Le français, histoire d'un dialecte devenu langue*, ouvr. cité, p.279.

1552 Chiffre établi par la commission dirigée par Bernard Cerquiglini, chargée par le gouvernement Jospin de dresser la liste des langues concernées, préalable nécessaire à l'éventuelle ratification de la charte. Cf. C. LAVIALLE, « Du nominalisme juridique. Le nouvel article 75-1 de la Constitution du 4 octobre 1958, *R.F.D.A.*, 2008, p. 1115.

1553 C. LAVIALLE, art. cité., p. 1116.

1554 G. MARCOU, « Les paradoxes de la région », *A.J.D.A.*, 2008, p. 1639.

cause le statut du français qui « reste la seule langue officielle, celle utilisée dans l'espace public pour informer, communiquer, prescrire, négocier ou éduquer ». Les soixante-quinze langues régionales « ne sont promues que sur le terrain historique ou culturel »[1555]. Elles sont seulement reconnues « comme composantes du patrimoine national »[1556]. Il est donc improbable qu'elle conduise le Conseil constitutionnel à remettre en cause son opposition à la ratification de la charte européenne[1557], car cette dernière entend encourager leur « usage oral ou écrit dans la vie publique et la vie privée », et notamment, comme le souligne C. Lavialle, « dans les procédures judiciaires, pénales ou civiles [1558]», ce qui irait directement à l'encontre du sens que l'histoire a donné à la prescription de François I.

852. Alors que nous nous demandions en introduction, quels pouvaient être les enjeux d'une approche historique de l'histoire des relations entre l'État et la langue française, nous avons tenté, en embrassant la longue histoire de l'État et celle de la langue, à travers les événements et les concepts qui ont accompagné leur marche vers l'unité, de dégager un principe d'unicité de langue de l'État. De cette histoire et de manière singulière, un principe émerge, fondateur de l'unité d'expression de la souveraineté. Il est la traduction de l'unité linguistique de la souveraineté et au terme de l'évolution, il est l'assise linguistique de cette souveraineté : elle-même une et indivisible, sa langue est unique et exclusive. L'unification linguistique par la langue se traduit donc essentiellement dans le domaine de la souveraineté : et comme toutes les marques de cette souveraineté sont comprises dans la puissance législative, la langue du souverain deviendra par la suite la langue de la loi et celle de la Constitution. L'approche historique de ce principe est significative de son émergence dans le droit : non seulement elle devient la langue unique du droit, mais aussi elle devient en même temps une langue d'unité ; elle informe à ce titre toutes les expressions linguistiques de la souveraineté. Il importe de voir dans cette approche historique le fondement de l'identité linguistique unitaire de la République, qui en potentialisera les ressorts pour le déployer comme un véritable instrument d'unité.

1555 C. LAVIALLE, art. cité, p. 1114

1556 *Ibid.*

1557 G. MARCOU, art. cité, p. 1639.

1558 C. LAVIALLE, art. cité, p. 1116.

ANNEXES

PIÈCE JUSTIFICATIVE I : TEXTE ET TRADUCTION DES GLOSES DE PIERRE REBUFFI

COMMENTARIA IN CONSTITVTIONES, SEV ORDINATIONES REGIAS.

In quibus omnium Reſcriptorum literarúmve Regiarum, Reſtitutionum, Reſciſſionum contractuum, Donationum, Inſinuationum, Præconiorum, vel aliarum rerum quæ ad praxim pertinent, quæve in Iudiciis quotidianæ ſunt, explicatio fit diligens, ad iúſque accommodata.

Authore D. PETRO REBVFFO MONTISPESSVLANO *iurium Doct. ac comite, iuriſq. Pontificij ord. profeſſ. Pariſ. & ibidem in ſupremo Senatu cauſarum Patrono.*

Tomus ſecundus.

Huius Tomi Tractatus pagina ſequens indicat.

LVGDVNI,
APVD HÆREDES GVLIELMI ROVILLII,
SVB SCVTO VENETO.
M. D. XCIX.

Cum Priuilegiis Cæſareæ Maieſt. & Henrici IIII. Galliæ & Nauarræ Regis Chriſtianiſs.

VT CONTRACTVS TESTAMENTA, SENTENTIÆ, ET ALII OMNES ACTVS GALLICIS CONCIPIANTUR VERBIS.

Que contracts, testaments, sentences, & tous autres actes seront faits en François.

François, Article III. des publices, 1559.

Articulus primus.

Et pource que incertitude, & ambiguité sont souuentesfois aduenues sur l'intelligence des motz Latins contenus es arrestz, & autres actes, nous voulons doresnauant.

GLOSSA PRIMA.

Ratio constitutionis. *De Tiberio Cæsare.*

1 QVEMADMODVM olim Apollo, vt poëtæ fingunt, Deus, Latinum recusabat oraculum. Et Tiberius Cæsar militem Græcè testimonium interrogatum, nisi Latinè respondere vetuit. Imò ipse quamquàm sermone Greco aliàs promptus & facilis: non tamen vsquequaque vsus est, abstinuitque maxime in Senatu, adeò quidem vt monopolium nominaturus, veniam prius postularet, quod sibi verbo peregrino vtendum esset: vt refert Sueto. in vita Tiberij, de peritia sermonis Græci. Sic & hic Rex propter ambiguitates, & obscuritates vitandas, quæ in sermone Latino erãt, tum quòd multis modis vnum, & idem verbum accipietur, tum etiam quòd Latinè loqui volentes, & eleganter, totam obtenebrabant sententiam, verbum alio tendens conscribentes. Adhæc quòd etiam quidam veterani iudices linguæ Latinæ obliti; vocabula iuxta Gallicum sermonem sibi confingebant. Et illa non intelligebantur, quòd non essent Græca, Latina, nec vulgaria: ideo super interpretatione istorum verborum diu litigabatur, ob id Rex hic statuit, vt deinceps verbis vulgaribus patriæ concipiantur tam contractus, processus, sententiæ, Aresta, quàm alia omnia: vt in text. scri-

Lingua vernacula & materna quæ sit.

2 bitur. † *En lãgage maternel.* & sic vernaculo & materno idiomate, vnde Galli Gallicis verbis debẽt conscribere instrumẽta, Occitani verbis vulgaribus, & idiomate cõmuni patriç, alioqui si Gallicis verbis ibidẽ instrumẽta cõcipi deberẽt, maior esset obscuritas. Quia Vascones multi, & alij rustici sub Senatu Burdegalen. degentes, & Tholosano, non intelligerent illud idioma Gallicum. Et si sic instrumenta concipi deberent, non tolleret hæc ordinatio ambiguitates, sed potius induceret. Igitur quç inducta sunt ad tollendum ambiguitates, eas inducerent contra l. legata. ff. de legat. 1. Vnde Rex statuit quòd vulgari sermone & patrio hæc conficiantur, ideo dicit, *Maternel François*, quia non Italo sermone, vel Hispano; nam mater communiter est nata, in Francia ideo maternum sermonem vocat, quo vtitur patria: sed dicit *Maternel François* non simpliciter, *François*, vt declaret nolle astringere quemcumque vti Gallico sermone, sed vulgari patriæ, prout ea regio Galliæ vtitur, in qua regione ista instrumenta, & alia fiunt, declaratur in rub. *des informations*. art. fi. ibi, *En vulgaire, & langage du pays*, & inferius dicam.

Linguarum varietas non nunquam vltio est diuina.

3 Deus enim aliquando in pœnam gentis induxit idioma diuersum, & confudit, vt in turri Babel patet Genes. 11. & Hierem. 5. scribitur, Adducam super vos gentem de longinquo, cuius ignorabitis linguam, nec intelligetis quid loquatur. Et Deutero. c. 28. Adducet dominus super te gentem de longinquo, cuius linguam intelligere non possis.

Nulli conferendum beneficium curatum nisi idioma intelligenti.

4 Ob id vt istud euitaret pontifex summus voluit, vt nulli cõferretur ecclesia parrochialis, qui non intelligeret idioma, & loqueretur, vt prędicare possit. c. si rector. 43. distinct. alioqui collatio non valebit. regu. Cancel. 19. quomodo enim is concionari, & populi confessiones audire poterit, vt ţenetur, qui idioma non intelligit, nec loquitur? capitu. inter. de offic. ordinar. eo enim ser-

De Albino.

5 mone vti debemus, qui notus est nobis: vt ait Cicero de offic. † Vnde Albinum à Catone deritum legimus, quòd cùm Latinus esset, & inter Latinos historiam conscriberet, Grçcè tamen scribere conatus fuisset, vt Plutarch. & alij referunt: & de Albutio idem quidam censent qui cùm à Scæuola proprio esset idiomate salutatus Athenis, Græcè tamen respondit. vt refert Cicero de finib. bonor & melor.

Proclamationes sermone patrio fieri debent & leges.

6 Itaque proclamationes, quæ apud vulgus fiũt, verbis debẽt fieri vulgaribus. l. sed & si. §. proscribere. ff. de institor. actio. Et clericus, quando agit contra laicum, vulgariter loqui debet. glo. in c. odi. 24. quçst. 1. & leges quæ dantur populis sub vsitato eiusdem populi idiomate dictari, & publicari debent, vt & magis intelligantur, placeant, & obseruentur. §. alienationis. in auth. de non alienand. rebus ecclesi. col. 2. ibi. propterea hãc proponimus legem, & protulimus, & non paterna voce, sed hac communi & Græca, vt omnibus sit nota propter facilem interpretationem. facit

§ bin in

§.fin.in authen.vt preponatur nomen Imperator.colla.5.& doct.in l.2.in fin.ff.de verb.obl.& Felin.rub.de constit.Bened.in repet.cap.Raynutius.in verbo.& vxorem.numer.230.de testamen. [Quamuis Vlpia.scribat l.fideicommissa.quocunque sermone relinqui posse,non solum Latino vel Græco,sed etiam Punico,vel Gallicano,vel alterius cuiusque gentis.ff.de lega.3.& Imperator ait iudices tam Latina, quàm Græca lingua sententias proferre posse, in l. iudices. C. de senten.& interlo.om.iud.]

Que tous Arrestz.

GLOSSA SECVNDA.

Arestũ quid sit, & vnde dicatur.

1 ARestum dicit Budæus esse placitum:vt scripsi in tract.de liter.ciuil.in prin.primi Tomi ordina.Regiar. sed diligẽtius intuens vix hoc sequendum arbitror:quia placitum non magis conuenit parlamentis,quàm curiis inferioribus: vnde etiam sententiæ inferiorũ iudicium Aresta,id est placita dici possent,nisi per Antonomasiam dicas,sed ita de omnibus rebus dici posset,quòd citatio,litis contestatio, & omnia quæ parlamentis & curiis conueniunt per antonomasiam de parlamentis intelligerentur.[Et quia curiæ supremæ debent secundũ ius commune & iura regni iudicare, & ita iurant se facturos. vt in tit. de sacramentis dictum fuit, ideo non possunt dici placita illorum iudicia,magis quàm aliorum iudicum, nec alteri conuenit,quàm principi.vnde Iuriscon.dixerunt principis placitum.l.1.ff.de constit.princip.non verò aliorum,vnde abutuntur,qui sic trahunt ad alios,& hoc vocabulo sic vtuntur,vt dixi in tit.ff.de verb.sig.nec placitum est arrestum quoad partẽ victã,vnde non videtur conuenire.]Quãobrem verius dici arbitror Arrestum esse Gallicum vocabulum,& dupliciter.conscribẽdum,quia postquàm prolatum est,ibi sistendum est.*là se faut arrester.*vel fortè à Græco ἄῤῥεστον, quod significat incorruptum,inuiolatum:quòd ex illis supremis curiis sententiæ incorruptæ exeant & inuiolatæ maneant,nec appellatione infirmari possint,cum sint supremæ sententiæ.l.1. ff. à quib. appel. non licet.ista ergo decreta senatus Gallico sermone scribi debent, ne quid incertitudinis, aut ambiguatis in illis remaneat,quamuis decreta à prætoribus Latinè olim interponi deberent.per l.decreta.ff.de re iudic.vbi gl.ait decreta inter Latinos debere Latinè proferri,& inter alios, eorum lingua,& hoc pro cuiusque fori consuetudine,dicit ibi Bart.& alij. Sed in Francia per hanc legem Regiam,omittitur in curiis supremis,& Seneschallorum ac bailliuorum fori Latinus ille

Ro. vsus quoad sermonem Latinum.

2 vsus primæuus. Et quælibet curia sermone Gallico pro virili vtitur per hunc text. † prædicta ratione incertitudinis vitandæ,non verò propagandæ linguæ gratia : sicut olim Romani, qui ne Græcis vnquam nisi Latinè responsa dabant,cùm etiam ipsa linguę volubilitate postquàm plurimum valent excussa,per interpretem loqui cogebant,non in vrbe tantùm, sed etiam in Græcia,& Asia.quo scilicet Latinæ vocis honos per omnes gentes venerabilior diffunderetur,testis est Valer.lib.2.de insti.antiq.c.145.

Sententia quibus verbis proferatur.

3 Et sic limitatur l.iudices.C.de senten.vbi iudices tam Latina quàm Græca lingua sentẽtias proferre possunt:quod est verum apud Græcos,& Latinos, sed in Francia vulgari sermone patriæ vel Gallico sententia proferetur,vt hîc.

Stipulatio quibus verbis concipiatur.

4 Stipulatio etiam fieri Græcè,Latinè,Hebraicè, & quibuscunque verbis potest : dummodo partes se intelligant per se,aut per interpretem.l.1.in fi.ff.de verb.oblig.in Francia tamen si conficiatur instrumentum à notariis Regiis,materna lingua conficietur,alioqui notarius puniri debet,quia facit contra hanc legem, quamuis olim omnia instrumenta notarij conficere solerent verbis Latinis,incultis & barbaris,quæ ne ipsi quidem intelligebãt,sed erant tanquam pica,psitachus,& gallus, qui loquuntur in palatiis dominorum, sine intellectu:vt dicit R. sing. 51. quid operatur.

Processus criminalis lingua patria fieri debet.

5 Item Ludouic.12.statuit processus criminales communi patriæ idiomate concipiendos esse, vt defensio relinquatur captis,& in carcere detentis,& accusatis, quam habere non possent, si non intelligerent:vt patet in rubr.*des informat.*art.vlt.nec per istum tex.corrigitur ille tex.in specie loquens.Imò declaratur per hunc tex.generaliter loquentem:vt doct.not.in c.1.de constit.in 6.& c.1.c.pastoralis.§.fin.de rescrip.scripsi in proœm.ordinatio.in 1.Tomo,in gl.5.num.128.

Attestationes sermone patrio concipi debent.

6 Etiam statuit idem Rex ibidem,vt omnes testificationes,testimonia,attestationes,tam in ciuilibus,quàm in criminalibus,verbis vulgaribus,& cõmuni idiomate patriæ fiant,vt testes possint intelligere,quæ deponũt,ne posteà falsi arguantur.l.cos.ff.de fals.& illa ordinatio vult,quòd aliter factæ nullius sint effectus,& roboris,hic tamen non annullat acta in contrarium, ideo dicerem testamentum,sententiam,arestum,vel alia acta non esse nulla,si aliàs quàm hic statuatur, scripta sint,sed illum puniendum,qui illa fecit,& seruabitur art.annullans in suis casibus tãtùm, videlicet in informationibus, & attestationibus, & processibus criminalibus. vide tamen super hoc Bar.in l.cùm lex.ff.de fideiussor.Bal.& Ias.in l.non dubium.C.de legib.

Libellus qua lingua concipi debeat.

7 Hic nihil dicitur de libello,quibus verbis debeat cõcipi,& offerri.vnde tex.ait, literis vtrum Græcis,an Latinis,& puto fieri secundum loci conditionem, ne quis excusari possit ignorantia literarum.l.sed & si pupillus.§.proscribere.ff.de institor.actio.Nam postquàm de seq.statuit, videlicet de arestis,& sentẽtia,igitur & antecedentia ita esse voluit.l.ad rem & l.ad legatum. ff. de procur.ideo cõsuetudo fori est inspiciẽda.l.3.in fi.ff.de testib.doct.in l.1.ff.de edẽdo.& in c.1. & 2.

C.C

de libel.oblatio Et quia inferius dicit,*toutes procedures*,ergo & in libello, *qui eſt de la procedure iudiciale*.& qui totum dicit nihil excipit.l.à procuratore.C.mand.vnde libellus vulgari ſermone patriæ.vel Gallico,inter Gallos concipi debet in parlamentis Gallicè,idem in curiis bailliuorum in aliis eo ſermone quo vtuntur.

Enſemble toutes autres procedures,ſoyent de noz cours ſouueraines,ou autres ſubalternes & inferieures.

GLOSSA TERTIA.

Processus quibus fiant verbis.

ADdit prædictis areſta non ſolùm concipienda verbis Gallicis,ſed etiam omnes proceſſus,ſiue fiant in parlamentis,ſiue in aliis curiis quibuſcunque , videlicet ſubalternis,à quibus immediatè appelletur ad curiam:ſiue etiã ſint aliæ inferiores: vt hîc probatur. Et hic nomine proceſſus veniunt omnes ſcripturæ,& actus tam partis, quam iudicis à citatione vſque ad ſententiam.Bal.in c.conſuluit.col.3.de offic.deleg.ſcripſi in tract.nominatio.q.vlt.& sic tam illæ ſcripturæ partium,quàm iudicis vulgari ſermone concipi debent , & cùm hic non loquatur *de noz cours ſubalternes,& inferieures*,in omnibus aliis iudicibus etiam dominorum procedet,niſi dicas illud verbum,*noz cours*,ſuperiùs adiectum repetendum. Sed de communi vſu curiarum ſecularium,baronum & aliorum dominorum eſt, vt etiam vulgari ſermone vtantur. Et ſic minimè mutanda ſunt,quæ certam interpretationem habuerunt,l.minimè.ff.de legib.

Processus nomine hic quid veniat.

Hac cõstitutio in foro ecclesiastico locum non habet.

Non tamen habebit locum in iudicibus eccleſiaſticis , quibus legem conditor hîc imponere nõ poteſt.vt no.doct.in c.eccleſia.de conſt.dixi in proœ.ſuprà in 1.Tomo.vnde omnes ſcripturæ coram illis Latinè conficiuntur,idem in curiis conſeruatoris apoſtolici, in quibus hæc ordinatio etiam non eſt recepta, nec inferior poteſt tollere legem Papæ ſuperioris. cle. ne Romani. de elect.ideo valebunt inſinuationes mandatorum & nominationum Latinis aut Gallicis cõceptæ verbis.vt etiam ſcripſi in tract.nominatio.q.14.nu.57.q.8.in fi. vidi in curiis eccleſiaſticis atteſtationes,quas inqueſtas dicunt vulgari ſermone fieri.& in hoc conſuetudo fori eſt inſpicienda.

In omnibus curijs habet locum hæc ordinatio.

Poteſt tamen dici habere locum non ſolùm in parlamentis, ſed etiam in omnibus aliis curiis ſupremis,per hoc verbum *ſouueraines*,de quibus ſcripſi in proœm.concordat.in verb.ſummas,& ſic habebit locum in conſilio Regis primo & intimo, & ſuo magno conſilio:ac in curiis generalium iuſtitiæ,computorum,& aliis ſupremis quæ normam parlamentorum ſequuntur.

Soyent de regiſtres enqueſtes.

GLOSSA QVARTA.

Regestum quid.

EXempla tradit eorum , quæ generaliter dixerat , videlicet vt omnis proceſſus debeat Gallicè confici,ſiue ſint Regeſta,& acta diurna curiæ.Eſt autem Regeſtũ liber, in quo acta publica conſcribuntur ad memoriam publicam,& perpetuã.& poſteritati oſtendendam,vt ait Budæus in annotatio.in Pandect.& hic liber qui in curiis fit, debet dictari Gallicè vt hîc.

Literæ [illegible] extractæ ex omnibus actis probãt.

Vnde ſi ſemel produxero literas tonſuræ,vel alias,& fuerint perditæ,poſteà potero eas habere ex Regeſto,& facient fidem,quia de actis proceſſus videntur,pro quo l.1.ff.ſi tabul. teſtamenti nullæ extab.l.publicati.C.de teſtament.& l.geſta.de re iudi.Bal.in l.fi.C.de edict. Diui Adriani tollend.refert & ſequitur Guido Papæ in ſtatuto.Si quis.in verbo.per literas.verſi.quæro obiter allegat Innoc.in c.1.de probatio.

Contractz.

GLOSSA QVINTA.

Contractus nomen quomodo hic capiatur.

Recitare debet notarius actum corã [illegible].

COntractum hîc generaliter accipimus non ſolùm pro actu vtro citroq; obligatorio , ſed etiam pro [quaſi contractu & diſtractu , vt tranſactiones etiam hîc comprehendantur per hæc verba,*& autres quelconques actes*,regulariter diſtractus,licet non veniant contractus nomine,vt ſcripſi in l.Labeo.§ contractus.ff.de verb ſig.per illum text. Item] notarij poſtquàm contractum conſcripſerint in ſcheda,ſiue protocollo , debent illum partibus recitare coram teſtibus,aliàs non valeret contractus nec actus per gloſſ.ſing.in l. fideicommiſſa. in prin.ff. de lega.3.vbi addidi.

Commiſſions.

GLOSSA SEXTA.

Delegationes & mandata iudicum comprehendũtur hac ordinatione.

ETiam delegationes & mandata iudicum vulgariter ſcribi debent , & ſub hoc verbo continentur:ſiue conſtituantur commiſſarij.ſeu conquiſitores pro audiẽdis teſtibus. vt in l.iudices.cum authen.ibi poſita. C.de fide inſtrum.ſiue vt audiant partes.ſiue in curia ſuprema,vel in aliis curiis inferioribus.de his ſcripſi in tract.de[Inquiſitoribus ſeu commiſſariis in 3.tomo commenta.conſti.reg.Gallicas.]

Sententi.

Sentences.

GLOSSA SEPTIMA.

QVamuis appellatione ſententiæ veniat definitiua per Antonomaſiam. l. quod iuſſit. ff. de re iudi.tamen hic comprehenditur etiam interlocutoria. Nam quãdo eſt eadem ratio,vel maior in interlocutoria,quæ in definitiua,tunc ſententiæ nomine comprehenditur etiam interlocutoria.gl.in l.1.in verb.noui iuris.ff.quod quiſque iuris. Panor. in c. cauſam matrimonij.de oſſi.deleg.& Iaſ.in rub.ff.de re iudi.ſcripſi in repet. l. quod iuſſit. in vlt. notab. & ibi ſuſtinui appellatione ſententiæ non venire definitiuam,nec interlocutoriam: quid ergo veniat ibidem videre licet,quia ibi triginta concluſiones conſcripſi,quas ſuſtinui publicè,dũ apud Biturig.do.Alciat & ego ad munus Regentiæ fuimus recepti:ipſe me preſente interpretatus fuit perdoctè, & acutiſſimè.l.quinque pedum.C.finium regundo.& in craſtinum itidem ego eo preſente,& alia innumeroſa multitudine illam.l.quod iuſſit,profeſſus ſum,& omnibus argumẽtari volentibus reſpondi,cámque interpretationem euulgaui anno 1531.

Appellatione ſententiæ quid hic veniat.

Teſtamens.

GLOSSA OCTAVA.

ET ſic teſtamenta vulgaribus confici debent vocabulis,vt ea teſtator intelligere poſſit,& hoc ideo expreſſit,quia appellatione contractus non venit teſtamentum.l.verba contraxerunt.ff.de verb.ſignific.vbi ſcripſi.& per hoc verbum intelligimus etiam codicillos,donationem cauſa mortis,& quamlibet aliam vltimam voluntatem , de qua in l.licet.per gloſſam.C. de pactis. quamuis teſtamentum iſta non comprehendat:ſed quia eadem ratio eſt in alia vltima voluntate:& ſi conditor interrogatus fuiſſet idem reſpondiſſet,ſic & nos.vt dicit text.in l.Titius.§.Lucius.ff.de liber.& poſthu.gl.in l.tale pactum. in fi.de pactis.ac ſatis apparet per verba ſequentia generalia,vt ſequitur.

Teſtamenta vulgari ſermone debent concipi.

Et autres quelſconques actes & exploitz de iuſtice.

GLOSSA NONA.

ACtus verbum generale eſt,ſiue verbis quid agatur,vt in ſtipulatione,ſiue re , vt in numeratione pecuniæ.l.Labeo.2.ff.de verborum ſignificatio.vbi abundè ſcripſi , ideo hic quicunque actus intelliguntur,adeò quod locationes,& omnes,tam iudiciales, quàm extraiudiciales actus ſic concipientur,vnde dicit Paul.in l.ſed & ſi.§.de quo.ff. de inſtito. actio. quod in curia Regis Franciæ omnia acta ſunt in vulgari ſermone,& verum dicit ſecundum hãc hodiernam conſtitutionem.

Actus nomine quid veniat.

Exploitz de iuſtice,dicuntur executiones,ab explendo,quæ etiam per apparitores, verbis conſcribi debent vulgaribus.de his ſcripſi in primo Tomo commenta.in conſti.reg.tract.de ſenten. executo.artic.7.Ideo quæcunque executiones,quæ fiunt ſiue à conſiliariis,ſiue à iudicibus , vel apparitoribus,ſic vulgariter dictari,& conſcribi,vt intelligantur,debent,[etiam ſi fiant à iudicibus præſidialibus,quos vocant,de quibus in ſuo loco ſcribam.

Exploits quid.

Ou qui dependent.

GLOSSA DECIMA.

NEgocium, vel actus dicitur dependens.quando aliquid habet acceſſorij , aut qualitatis ad alium actum.vt plenè declarat Signo.de homod.in conſil.ſuo.quòd trãſcribit Boer. poſt conſuet.Bituricen.Quia idem iudicium debet eſſe de rebus dependentibus , tangentibus,& connexis,quod de principali.per text.in cle.diſpendioſam.de iudic. Et quod in vno connexorum ſtatuitur,extenditur ad reliquum.c.tranſlato. vbi plenè iurium interpretes docẽt. de conſtit.Et ſic omnia connexa,& acceſſoria ad ſupradictos actus vulgariter conficiuntur:quia acceſſorium ſequi debet naturam principalis.l. cùm principalis.ff.de regu.iuris.& regu. acceſſorium in ſexto.

Actus dependens quid dicatur.

Soyent prononcez,enregiſtrez, & deliurez aux parties en langage maternel François,& non autrement.

GLOSSA VLTIMA.

VErbum,*prononcez*,refertur ad arreſta,& ſententias.l.pronunciatum.vbi ſcripſi.ff.de verb. ſigni.& in rubr.de ſenten.quæ pro eo quòd intereſt proferuntur,vbi etiam ſcripſi: ergo iſta & ſcribi & proferri vulgariter debent,& moris eſt vt arreſta ita proferantur à præſidibus, & ſententiæ à iudicibus.Si tamen inter media quædam fuerint verba Latina,non ob hoc contrauentum eſt huic ordinationi:quia ſufficit quòd plura ſint Gallica,quàm Latina.Et vt plurimùm Gallica.arg.c.ſignificatum.de præben.& in l.1. ff. de contrahen. emp. vbi Græca Latinis immiſcentur à iureconſulto,& alibi ſæpius.

Arreſta Gallicè proferenda.

Et ideo ponderaui tex in gl.vlt.dicta l.quod iuſſit.de re iudic.ff. in eo quod ſicut verbis vulgaribus ſententia debet proferri,vt hîc,ita contrario Imperio reuocari. Et ſic reuocatio etiam fieri debet vulgaribus verbis,quibus concepta eſt.vt ibi ſcripſi,& ita ſeruatur.

Verbum enregiſtrées ad quod referatur.

Item verbum *enregiſtrées* referri poteſt,tam ad ea quæ in iudicio fiunt , quàm quæ extra iudicium:omnia enim debent deſcribi in commentariis,ſeu regiſtris,Gallicè aut vulgaribus verbis, ſiue ſint teſtamenta,contractus,necnon etiam alia omnia acta,vt intelligantur facil ùs prout ſuperiùs eſt expreſſum.

Regula religioſis vulgariter exponenda.

Præterea etiam vult iſte text.quòd ſic concedantur partibus ibi.*deliurées*,videlicet vulgariter, tam ea quæ in iudicio fiunt,quàm quæ extra iudicium:ideo tam acta , quàm ſententiæ , & aliæ curiæ ſcripturæ,ita partibus expediri debent.Et idem in contractibus,& teſtamentis. Quod eſt notandum,etiam regula religioſis vulgariter exponi debet,vt ipſi eam intelligant.clemen. ne in agro.§.ſanè.1. de ſtatu monacho.Nam Cicero ait lib.5.Tuſcul.quæſt.in his linguis,quas non intelligimus,ſurdi profectò ſumus. ex quo dicunt doct. notarium non debere in inſtrumento referre præſentem illum,qui non intelligit.l.diem proferre.§.coram.ff.de arbitr.& ſcripſi in l.cori. de verb.ſignific.

An hæc conſtitutio ſit localis,quòd videtur per verba ordinationis dicentis , *en langage maternel François*,ergo vbi lingua materna eſt Gallicus ſermo,ibi locum habebit,& non alibi. Contrarium arbitror,vt generalis ſit:quia leges in dubio generales eſſe videntur.l.3.C.de legib.

Sermo Gallicus multiplex.

Nec refragatur hîc:quia cauſam declarationis expreſſit,nam multiplex eſt Gallicus ſermo,videlicet ſermo Gallicus Pariſ.inter curiales exactus, inter populares non ita,apud Pictones,Xantones,Normanos,& Picardos eſt Gallicus vſus,ſed aliquãtum rudis,ob id iſte text. elucidat ſufficere actum conceptum eſſe vulgaribus verbis.ſecundum ſermonem maternũ, & ſufficit quòd ſit maternus,licet non Gallicus.Sed tex. dicit *maternel François* , *non François* ſimpliciter, quia in tota Francia.Aruernia,Vaſconia,& lingua Occitana homines loquuntur, *François maternel*.*Ne Eſpagnol maternel*, *ne Anglois maternel*,vt ſuperius dixi.Et ita intelligetur hæc ordinatio.

Vltimò etiam mercatores volentes reuocare ſuos inſtitores , in Francia vulgaribus verbis vti debent,ſecundum loci conditionem.l. ſed & ſi. §. proſcribere.ff.de inſtito. actio. aliique omnes actus ſic fieri debent,& cùm his finem faciam,de his gratias Deo agens. Amen.

TRADUCTION

(Rebuffi a transcrit en italique les mots ou expressions conservés en français dans son commentaire en latin. Nous avons fait de même. Dans notre traduction, l'appareil critique de Rebuffi est également en italique).

Traité dont l'objet est de démontrer que *contracts, testaments, sentences, & tous autres actes seront faits en François*

François, Article 111 des publices, 1559

Et pour ce que incertitude, & ambiguité sont souventes fois advenues sur l'intelligence des mots Latins contenus es arrestz, & autres actes, nous voulons doresnavant

GLOSSA PRIMA

1. De même qu'autrefois le Dieu Apollon, selon le chant des poètes, refusait de répondre en latin, et que Tibère César interdisait à un soldat interrogé en grec de répondre si ce n'est en langue latine. Bien plus, lui-même, quoiqu'il parlât sans hésitation et facilement le grec, ne le fit pas partout, et il s'en abstint surtout au Sénat, au point que pour délivrer un privilège il s'excusait d'utiliser pour cela un mot d'origine étrangère, comme nous l'apprend Suètone dans sa vie de Tibère. De même le Roi pour éviter les ambiguïtés et obscurités qui se trouvent dans l'usage du latin, tant parce qu'un seul et même mot peut recevoir des sens différents, que parce que certains, voulant user du latin de manière élégante, obscurcissent totalement les sentences, les rédigeant avec des mots de sens différent. S'y ajoute en outre le fait que parfois certains juges âgés ont oublié leur latin, et inventent des mots à partir de la langue française. Et ceux-ci sont incompréhensibles, n'étant ni grecs, ni latins, ni d'une langue courante. En surviennent de longs litiges sur l'interprétation de ces mots, de sorte que le Roi a décidé que désormais tant les contrats, procédures, sentences, arrêts que tous les autres actes doivent être rédigés en langue vulgaire : comme il est écrit dans le texte

2. *en langage maternel*, c'est-à-dire dans l'idiome vernaculaire et maternel ; pour cette raison les Gaulois (Rebuffi veut parler des habitants des pays d'Oïl) doivent rédiger les actes en *gallicus* (c'est-à-dire en français) et les Occitans dans les mots et la langue vulgaire de leur région ; s'il en allait autrement, si les actes (des Occitans) devaient être rédigés en langue française, il en résulterait

une obscurité encore plus grande. Parce que les Vascons et de nombreux autres campagnards demeurant dans le ressort des Parlements de Bordeaux et de Toulouse ne comprendraient pas le langage français. Ainsi si les actes juridiques devaient être produits dans cette langue, cette ordonnance n'ôterait pas les ambiguïtés, mais bien plutôt les induirait. Pour cette raison, le Roi a décidé que les actes seront rédigés dans le langage vulgaire du pays et c'est pourquoi il a dit *Maternel François* parce que ce n'est pas un langage italien ni espagnol. Car on qualifie communément de "maternelle" la langue du lieu où l'on est né, c'est pourquoi il appelle pour la France, "langage maternel", celui qui est parlé dans le pays ; mais il dit *Maternel François*, et non pas simplement *François*, pour signifier qu'il n'entend pas obliger quiconque à se servir du langage français, mais du vulgaire du pays, tel qu'il est pratiqué dans les différentes régions de France où ces actes et autres procédures sont rédigés. Voir ci-dessous au chapitre *des informations*, l'expression *en vulgaire et langage du pays*.

3. Dieu, en effet, un jour, pour la punition des hommes, introduisit la diversité des langues et les multiplia abondamment, comme cela est écrit dans *Genes. 11* et *Hierem. 5*, à propos de la Tour de Babel ; il dispersa les hommes au loin et brouilla leur langue en sorte qu'ils ne pouvaient se comprendre entre eux. Et *Deutero. c. 28* le Seigneur dispersa les hommes et ils ne pouvaient plus se comprendre.

4. C'est pour éviter l'incompréhension due à la disparité de langage que le Souverain Pontife a voulu qu'on ne confère pas une église paroissiale à celui qui ne comprend et ne parle pas la langue afin qu'il soit en état de prêcher. Une telle collation serait nulle. Comment, en effet, pourrait-il prêcher et entendre les confessions du peuple, s'il ne comprend ni n'en parle la langue. C'est, en effet, par la langue que nous connaissons que nous devons reconnaître nos dettes, comme dit Cicéron dans le *de officiis*

5. Les écrits d'Albinus nous sont parvenus par Caton ; tous deux étaient romains et furent de ceux qui écrivirent l'histoire des Romains ; ils savaient toutefois écrire le grec, comme nous le rapporte Plutarque et d'autres auteurs ; de même un certain Albutius, évoquant Scævola, raconte que ce dernier, consulté dans sa propre langue par un prêtre d'Arthemis, répondit cependant en grec, comme le rapporte Ciceron.

6. C'est pourquoi les proclamations qui doivent être faites au peuple doivent l'être dans la langue du peuple ; de surcroît, lorsqu'un clerc agit en justice contre un laïc, il doit s'exprimer en vulgaire ; les lois qui sont données *au peuple et faites pour son usage* doivent être écrites et publiées dans la langue de ce peuple, pour qu'il les comprenne mieux, les assimile et les observe, ainsi

qu'il est dit au *§ alienationis in auth. de non ahenand rebus eccles. col. 2.* "Ici et à cause de cela, nous proposons une loi et la produisons, non par la voix des pères mais par celle de la communauté, en langue grecque, pour qu'elle soit un signe pour tous et soit, en outre, d'une interprétation facile", au *§ fin. In authen.,* "pour que soit indiqué le nom de l'empereur", *colla. 5. & doct. in l. 2 in fin. ff de verbo. obl. & Fel. in rub. de constit. Bened. in repet. cap. Raynutius in verbo & uxorem. numer. 230 de testamen.* (Il est vrai qu'Ulpien écrivait au livre des Fideicomis : on peut partout négliger l'usage d'une langue, non seulement pour le latin ou le grec, mais aussi pour le carthaginois ou le gaulois, ou pour une autre langue des nations, *ff. de lega* 3 et l'empereur dit que les juges, peuvent prononcer leurs jugements tant en latin qu'en grec, dans *l. iudices. C. de senten. & interlo. om. iud*).

Que tous Arrestz

GLOSSA SECUNDA

1. Un arrêt, dit Budée, étant une décision, comme il est écrit dans le *tract. de liter. civil ; in prin. primi tomi ordina. regiar.*, je pense que son contenu doit être suivi et respecté avec beaucoup d'attention : parce que cette décision convient tout autant aux parlements qu'aux tribunaux inférieurs : il s'ensuit encore que les sentences des juges inférieurs sont des décisions qui peuvent être perçues comme des arrêts du moins par antonomase[1559] ; et ainsi, toujours par le moyen de l'antonomase, on peut le dire de toutes paroles, liées au judiciaire, telle que la proclamation, l'ouverture d'un débat judiciaire, ou encore tout ce qui est décidé par les parlements et les tribunaux inférieurs ; tout doit être intelligible aux justiciables. (Et parce que les cours suprêmes doivent juger en suivant le droit commun et le droit royal, ainsi rendent-elles leurs décisions, comme il est dit au titre *de sacramentis* ; pour cette raison, les procès qu'elles tranchent ne peuvent déboucher sur une décision qui ne serait pas intelligible ; il en est de même de tous les autres jugements tenus de respecter cette règle que les jurisconsultes ont très tôt affirmé, *L. 1 ff. de constit. princip.*, et en vérité nulle autre ; il s'ensuit qu'ils ne doivent utiliser que les mots qui sont accessibles aux autres, comme il est dit dans le *tit. ff. de verb. sig.*, aucune décision ne peut être considérée comme un arrêt tant que la partie qui a succombé n'a pas accédé à sa compréhension). Pourquoi affirmer que les arrêts doivent être rendus en langue française, et peuvent être rédigés de plusieurs manières, parce que, après qu'ait été prononcée la phrase " ibi sistendum est ", *là se faut arrester*, soit en grec *αρραισεμ*, qui signifie ne peut plus être altéré et

1559 « Figure de rhétorique qui met un nom appellatif au lieu du nom propre » (*Le Dictionnaire de l'Académie Françoise*, ouvr. cité, t.I , p. 42)

doit être respecté, les décisions émises par les cours suprêmes sont devenues parfaites et demeurent inviolables, aucun appel ne peut les infirmer, ce sont des décisions définitives. *l. t. a quib. appel non licet* ; celles-ci donc doivent être écrites par la cour en langage français afin qu'aucune incertitude ou ambiguïté ne subsiste ; d'autant plus que les décisions rendues par les prêteurs romains devaient jadis être, selon *l. decreta ff. de re judic. ubi gl.* rendues en langue latine, si elles étaient prononcées entre romains, et dans la langue des plaideurs et en suivant les usages du lieu si les justiciables n'étaient pas romains, disent à ce sujet Bartole et d'autres auteurs. Mais en France, en vertu de cette loi royale on supprimera devant les cours suprêmes (les parlements) et devant les cours des sénéchaux et des baillis l'usage antique du latin.

2. Et, par le même texte, chaque juridiction se servira du langage français pour les motifs précités (en faciliter l'intelligence et l'obéissance) et pour éviter les incertitudes, mais non pas dans le but de diffuser la langue : de même, jadis, les Romains donnaient parfois des consultations aux Grecs et aux Latins dans la langue du pays ; mais après que beaucoup se fussent établis à l'extérieur, la langue latine, initialement comprise par le truchement d'un interprète, mais depuis bien étudiée, se répandit non seulement dans l'*urbs* mais aussi en Grèce et en Asie ; et on peut aisément se rendre compte que la langue latine, en grande considération et révérence, se répandit ainsi à travers toutes les nations, en témoigne *Valer. Lib. 2 de insti. antiq. C. 145.*

3. Il s'ensuit que conformément à *l. judices. C. de senten.*, les juges peuvent rendre des sentences aussi bien en langue latine qu'en langue grecque : mais ce qui est vrai pour les Grecs et les Romains, ne l'est pas en France où les décisions judiciaires doivent être prononcées dans le langage vulgaire du pays ou en français.

4. De même, la stipulation peut être faite en grec, en latin ou en hébreu et en utilisant n'importe quelle parole, pourvu que les parties se comprennent directement ou par le truchement d'un interprète. *l.I. in fi. De verb. Oblig.* En France, cependant, si un document est rédigé par un notaire royal, il le fera dans la langue maternelle ; s'il ne le fait pas, il pourra être sanctionné, parce qu'il aura agi contre cette langue, quoique jadis les notaires rédigeaient tous leurs actes en utilisant seulement le latin, mais un latin dégénéré et barbare qui, il est vrai, ne pouvait être compris et faisait songer au pic vert, au perroquet et au coq qui se seraient exprimés dans le palais du roi, sans discernement : comme il est dit dans *R. sing. 51.*

5. De même Louis 12 a ordonné que les procès criminels seraient instruits dans la langue commune du pays pour faciliter aux captifs, aux détenus et aux accusés la défense qui leur deviendrait impossible s'ils ne comprenaient pas la

langue judiciaire : dans. *rubr. des informat. art. ult.*, tel qu'il a été spécialement prévu pour la langue judiciaire. Voir surtout ce qui est déclaré dans ce texte, d'un point de vue général, sur la langue : dans *c.1. de constit. In 6 & C.I.C. pastoralis § fin. de rescrip.*, transcrit dans les Ordonnances royales, *Tomo I, n g. l.5. num. 128.*

6. Pareillement le même roi a ordonné que toutes les preuves, témoignages, attestations, tant en matières civiles que criminelles, se fassent en langue vulgaire et dans le parler commun du pays afin que les témoins puissent comprendre les dépositions et pour faire écarter les faux témoignages. *1 eos. ff. de fals.* Et cette ordonnance veut que toutes les choses faites autrement soient sans effet et sans force, cependant elle ne les annule pas expressément quant au fond ; c'est pourquoi je dirai que le testament, la sentence, l'arrêt et autres actes ne sont pas nuls s'ils sont rédigés autrement que l'ordonnance ne l'impose, mais je dirai que celui qui fait ces choses doit être puni, et que les actes ainsi transcrits doivent être annulés ; il va sans dire qu'il en est de même pour les informations, les attestations et les procès criminels. Voir cependant sur ce point Bartole dans *l. cum lex ff de fidejussor. Bal & Ias in I non dubium. C de legib.*

7. Rien n'est encore dit du libelle, de la langue dans laquelle il doit être conçu et présenté. Les textes nous disent que les véritables écritures tant pour les Grecs que les Romains doivent strictement s'exprimer selon la loi du lieu, afin qu'on ne puisse évoquer l'incompréhension de l'écrit. *l. sed & si pupillus. § proscribere ff de institor. Actio.* De fait, après avoir démontré ce que doit être la langue des arrêts et des sentences, il va sans dire que les libelles doivent obéir à la même règle. *I ad rem & I ad legatum. ff de procur.* C'est pourquoi la coutume du lieu doit être suivie. *l. 3 in fi. ff de testib. doct in l. 1 de edendo & dans C1 et 2 de libel. oblatio.* Et parce qu'il est dit plus bas *toutes procédures*, donc cela concerne également le libelle, *qui est de la procédure indiciale* et celui qui dit le tout n'en excepte rien, donc le libelle doit être rédigé en langue vulgaire du pays ou en français, s'il est produit entre Français dans les parlements de France, et de même dans les cours de bailliage et autres juridictions dans la langue qui y est en usage.

Ensemble toutes autres procédures, soyent de noz cours souveraines, ou autres subalternes & inférieures

GLOSSA TERTIA

Par ce qui est dit, ce ne sont pas seulement les arrêts qui doivent être rédigés en langue française, mais aussi tous les procès non seulement ceux qui sont portés devant les parlements et devant les cours subalternes, celles dont on fait appel des décisions immédiatement au parlement, mais également ceux qui sont portés devant les tribunaux inférieurs : et sous le qualificatif de procès, il faut comprendre tous les écrits et actes tant des parties que des juges depuis la citation jusqu'à la sentence. *Bal. In c. consuluit. col. 3 de offic. de leg scripti in tract. nominatio. q. ult.* et, pour cette raison, tous les écrits des parties et des juges doivent être rédigés en vulgaire et s'agissant *de noz cours subalternes et inférieures,* la règle doit être mise en œuvre par tous les juges, elle doit également s'appliquer aux juges seigneuriaux, car en utilisant l'expression, *noz cours* le texte vise tous les tribunaux susceptible d'être rattaché au souverain. Les cours séculières des barons et autres seigneurs sont, il est vrai, en usage, depuis plus d'un siècle, de s'exprimer en vulgaire. Et ainsi de bonnes décisions ne sauraient prêter à controverses, *I, minime ff. de legib.*

Cela ne concerne pas cependant les juges ecclésiastiques, auxquels le législateur ne peut pas imposer de lois. *Ut no. doct. in c. ecclesie de const. dixi in proce. supra in I tomo.* D'où il s'ensuit que tous les écrits présentés devant ces tribunaux doivent être rédigés en latin ; il en va de même devant les cours du conservateur apostolique, l'ordonnance (de Villers-Cotterêts) n'étant pas reçue par ces tribunaux qui étant inférieurs ne peuvent s'écarter de la loi du pape, leur supérieur. Mais il faut décider que les notifications, les mandats et les nominations peuvent être rédigées en latin ou en français, comme il est écrit dans le *tract nominatio, q. 14, nu. 57 q. 8 in si vidi in curiis ecclesiasticis,* les procès-verbaux des enquêtes cependant peuvent être rédigés en vulgaire, car en ce domaine il faut suivre la coutume du for.

On peut dire, cependant, que l'ordonnance concerne non seulement les parlements mais également toutes les cours suprêmes ; par ce qualificatif de *souveraines* (en français dans le texte de Rebuffi qui traduit *supremus*, "le plus au dessus", en tant que superlatif de *superus*, par souverain), sur le quel tout le monde s'accorde, *In verb. summas & sic habebit locum,* sont concernés le conseil premier et intime du roi, son grand conseil, les cours générales de justice, les cours des comptes et autres cours suprêmes qui sont alignées sur les parlements.

Soyent de registres enquestes

GLOSSA QUARTA

Un exemple permet d'illustrer très généralement ce propos : il est clair que tous les débats judiciaires doivent se dérouler en français, qu'il s'agisse des procès qui donnent lieu à enregistrement ou de la procédure orale et journalière. Il en est ainsi du livre registre dans lequel les documents publics sont transcrits, afin d'en conserver la mémoire officielle et perpétuelle pour la postérité, comme dit Budée dans son annotation des Pendectes. Et ce livre qui est conservé par la cour doit, à cette fin, être rédigé en français.

Il s'ensuit que si l'on devait, par exemple, produire des lettres de tonsure, ou d'autres lettres et que celles-ci soient perdues, il est possible d'en obtenir copie à partir du registre et elles feront foi ; pour cette raison, les actes des procès doivent pouvoir être consultés, *cf. l. 1. ff. fi. C. de edict. Divi Adriani.* et suivant Guy Pape dans ses statuts. Et ainsi les paroles doivent être transformées en écritures. C'est ce que prétend Innocent dans le *Cl de probatio.*

Contractz

GLOSSA QUINTA

Nous donnons généralement la qualification de contrat non seulement aux actes réciproquement obligatoires mais également (quasi-contrats, partages et transactions peuvent également être compris dans l'expression *& autres quelconques actes*, régulièrement passés, mais il n'est pas permis de leur donner le nom de contrat, comme il est écrit dans *Labéon § contractus ff. de verb fig. per illum text. Item*) aux contrats rédigés par les notaires sur une feuille, ce que l'on appelle un protocole d'accord ; il doivent le lire à haute voix aux parties ainsi qu'aux témoins, sans cela un tel acte ne saurait être considéré comme un contrat, selon la *gloss. sing. In 1 fideicommissa in prin. ff. de lega. 3, ubi addidi.*

Commissions

GLOSSA SEXTA

De même les délégations et les mandats judiciaires doivent être écrits en langue vulgaire, et sous cette appellation (de commissions) on doit comprendre les constitutions de commissaire (les juges commissaires) chargés de recueillir les témoignages en vue des les entendre, comme il est dit dans *l. judices cum authen. ibi posita. C. de fide instrum.*, soit pour auditionner les parties, soit devant la cour suprême, soit devant les cours inférieures, comme il est écrit au traité de *(Inquisitionibus seu commissariis in 3 tomo commenta. Consti. Reg. Gallicas).*

Sentences

GLOSSA SEPTIMA

Quoique les sentences deviennent définitives par l'appel, à travers l'antonomase[1560], on peut. *l. quod jussit. ff. de re judi.*, cependant et également comprendre dans le concept de sentence les interlocutoires (jugements avant dire droit). De fait quand la raison qui fonde la décision est la même ou est nettement plus marquée dans l'interlocutoire, il convient, en définitive, de donner à l'interlocutoire le nom de sentence, *gl. 1. t. in verb. novi iuris ff. quod quisque juris. Panor. In c. causam matrimonii de offi. De leg. & Ias. In rub. ff. de re judi. scripti in repet. l. quod jussit in ult. notab.*, et là on peut soutenir que la sentence n'est pas devenue définitive par l'appel mais que l'interlocutoire est devenu sentence par lui-même. Sur ce point, trente conclusions écrites furent soutenues publiquement, devant l'université de Bourges, par Alciat[1561] et moi-même, pour accéder à la fonction de (professeur)-régent où nous fumes reçus : je présentai personnellement une interprétation très savante et très persuasive pour défendre notre argumentation que j'invitai à faire adopter devant une foule innombrable, et je fus à même de répondre avec succès à tous ceux qui voulurent argumenter contre moi, et cette interprétation triompha en l'année 1531.

Testamens

GLOSSA OCTAVA

Et de même les testaments doivent être rédigés intégralement en langue vulgaire, pour que le testateur puisse comprendre la portée de son engagement ; c'est pour cette raison que la qualification de contrat ne convient pas au testament *l. verba contraxerunt ff. de verb. signific. ubi scripti*. Et sous ce vocable de testament, nous voulons également ranger les codicilles, les donations à cause de mort et tous les autres actes de dernière volonté, dont on parle dans *l licet. per glossam. C. de pactis*. On peut, en effet, autant qu'on le veut ne pas accepter un testament parce qu'il n'est que la manifestation d'une autre ultime volonté : et le dépositaire interrogé dispose de la même liberté, comme

1560 *Cf.* supra note 1. La sentence doit donc être prise ici dans son sens générique, celui de décision judiciaire.

1561 Ch. MORTET, « André ALCIAT », *G.E.*, ouvr. cité, t. II, p. 24-25. André Alciat fut notamment professeur à Bourges de 1529 à 1533.

il est dit dans le *text. In Titius § Lucius ff. de liber. & posthu. gl. in l. tale pactum in si de pactis ac fatis,* ceci est conforme à l'expression générale suivante (commentée dans la neuvième glose).

et autres quelconques actes et exploitz de iustice

GLOSSA NONA

D'un point de vue général, les actes se traduisent soit par des mots exprimés par la parole, comme dans la stipulation, soit par un fait, comme dans l'action de compter de l'argent. *Labeo. 2. ff. de verborum significatio.* Là où les écritures sont en abondance, et pour cette raison, l'acte, quel qu'il soit, doit être parfaitement compris dans ses tenants et ses aboutissants et par conséquent les actes, tant judiciaires qu'extra judiciaires doivent être ainsi conçus, c'est ce que dit Paul *in l. sed & fi. § de quo ff. de instito. actio* ; pour cette raison à la cour du roi de France tous les actes sont en langue vulgaire et, il faut le dire, par application de cette nouvelle ordonnance.

Dans les *Exploitz de iustice* que nous appelons des exécutions et qui se font par le ministère d'huissiers, les écrits doivent être en langue vulgaire ; au sujet de ces écritures on peut consulter le *primo Tomo commenta. In consti. Reg. Tract. de senten. executo. artic. 7.* Pour cette raison et pour quelque exécution que ce soit, qu'ils soient faits par un tribunal collégial ou par des juges ou par des huissiers, les exploits doivent être dictés et écrits en langue vulgaire, pour qu'on en comprenne le sens et la portée ; il en va de même s'ils sont faits par des juges présidiaux, lesquels doivent de surcroît convoquer dans leur prétoire un greffier pour l'écrire.

ou qui en dépendent

GLOSSA DECIMA

Une affaire est un acte qui est nécessairement associé à d'autres actes qui en dépendent. Soit qu'elle ait quelques accessoires, soit qu'elle soit reliée à un autre acte, et que cette association soit pleinement exprimée par un trait explicite. C'est sur ce type d'association qu'écrivit Bocr. à propos de la coutume des Bituriges (Berrichons), parce que du même jugement doit dépendre tout ce qui y est relié et connexe, quand bien même cette incidence du jugement principal serait dommageable à l'accessoire. Et ce qui est déterminé pour un doit être étendu, transféré au reste. Sur ce point, les interprètes du droit nous instruisent pleinement. Et ainsi tous les actes susdits, connexes et accessoires, doivent être rédigés en langue vulgaire parce que l'existence de l'accessoire est subordonnée à la vie du principal. *1. cum principalis. ff. de regu. Iuris & regu. accessorium in sextom.*

Soyent prononcez, enregistrez, & délivrez aux parties en langage maternel François

et non autrement

GLOSSA ULTIMA

Le mot *prononcez* se réfère aux arrêts et sentences prononcées, ce qui est écrit au *ff. de verb. signi. & in rubr. de senten.* où il est dit qu'ils sont prononcés pour celui qui y a intérêt : et donc ils doivent être prononcés et écrits en langue vulgaire, et il est de coutume que les arrêts soient prononcés par les présidents et les sentences par les juges. Cependant, s'il s'y trouve des expressions latines, il n'y a pas contravention à cette ordonnance : parce qu'il suffit qu'il y ait plus de français que de latin. Sur ce point, on peut consulter. *Arg. c. significatum de præben. & m l. 1. ff. de contrahen. emp. ubi Græca Latinis minuscentur a jure consulto, & alibi sæpius.*

On peut peser cet argument dans la *gl. ult. dicta l. quod jussit. de re judic. ff. in co,* où il est dit que les sentences doivent être prononcées en langue vulgaire, et que si cette prescription n'est pas respectée, l'autorité supérieure doit ordonner que soit prononcé un nouveau jugement. Et ce nouveau jugement doit être écrit en langue vulgaire. Et ce qui est écrit doit être observé.

De même, le mot *enregistrez* concerne tant les actes judiciaires qu'extrajudiciaires, car tous, en effet, doivent être transcrits dans les commentaires ou dans les registres en français ou en langue vulgaire ; il s'agit des testaments, contrats et de tous les autres actes, pour qu'ils soient compris plus facilement, comme il a été dit ci-dessus.

En outre, l'ordonnance exige que les actes soient *délivrés* aux parties en langue vulgaire, tant ceux relatifs au jugement que les actes extrajudiciaires. Il en va de même pour les contrats et les testaments. Il convient de noter que même la règle doit être exposée aux religieux en langue vulgaire, pour qu'ils puissent la comprendre. *Clemen. ne in agro. §. sane. 1. de statu monacho.* C'est que Cicéron dit dans le *lib. 5 Tuscul. quæst. in his linguis* : confronté aux langues que nous ne comprenons pas, nous sommes comme sourds, d'où le sentiment des docteurs que le notaire, dans son instrument, ne doit pas mentionner comme étant présent celui qui ne comprend pas. *1. diem proferre. §. coram. ff. de arbitr. & scripsi in l. cora de verb. signific.*

S'agit-il d'une constitution locale en raison de l'expression utilisée dans l'ordonnance, *en langage maternel françois* ; (locale) c'est-à-dire dans les lieux où la langue maternelle est communément le français (les provinces d'oïl) et donc en vigueur là et non ailleurs ? Je pense le contraire, à savoir que c'est une constitution générale, parce que dans le doute les lois sont censées avoir une portée générale. *1. 3. C. de legib* .

Ceci ne peut être contesté, la généralité du texte exprimant la cause même de la déclaration, car c'est un fait que la langue française est multiple : il y a la langue française parisienne utilisée par les personnes de la cour, mais qui n'est pas celle du peuple ; chez les Poitevins, les *Xantones* (?), les Normands et les Picards le français est en usage mais quelque peu grossier ; c'est pourquoi le texte décide qu'il suffit que les actes soient rédigés en langue vulgaire, selon le langage maternel, et il suffit qu'il soit maternel même s'il n'est pas français. Mais le texte précise *maternel françois*, non pas *françois* simplement, parce que dans toute la France, en Auvergne, en Gascogne ou dans tout autre pays de langue d'oc, les hommes parlent *François maternel* et non pas *Espagnol maternel ne Anglois maternel*, comme on l'a dit plus haut. Et c'est ainsi qu'il faut comprendre cette ordonnance

Ultime remarque, les marchands voulant révoquer leurs colporteurs doivent en France utiliser la langue vulgaire, en usage dans le lieu, et tous les actes doivent obéir à cette règle, et par cette remarque nous en avons fini et nous en rendons grâce à Dieu. Amen ».

PIÈCE JUSTIFICATIVE II
(A.D.-P.O. : 2 B 643, LIASSE)

1- Réquisition de l'avocat général Isidore de Prat du 14 janvier 1682

À Messieurs du conseil Souverain

Supplie le procureur général du Roy, que Sa Majesté continuant de répandre ses bontés dans cette province, non seulement dans l'establissement qu'elle a fait d'un séminaire à Narbonne, dans lequel tous ceux de cette province qui embrassent l'estat ecleziastique sont nourris et instruits aux depens de Sa Majesté mais encore par la nouvelle grâce qu'elle a faite pour faire ressentir en général et en particulier les effects de sa Royalle bienveillance par les ordres qu'elle a donné à Monsieur le président de Trobat, intendant de la justice, police et finances de cette province, d'enjoindre aux consuls de cette très fidèle ville de Perpignan et autres de cette province d'establir des escolles royalles en chacune desdites villes pour apprendre à la jeunesse la langue françoise, la doctrine chrestiennne, à lire et à escrire, et l'arithmétique, et les principes de la langue latine, sans que personne soit obligé de rien payer aux Régents desd. Escolles royalles, attendu que lesd. Villes et Communautez pourvoiront à la dépance desd. Escolles, en faisant fournir les maisons et logements nécessaires et payer les salaires desd. Régents, lesquelles escolles Royalles ont déjà esté establies dans cette ville par les soins dud. Sieur intendant qui continue à donner ses ordres pour un pareil establissement dans les autres villes de cette province, et comme il n'y a rien de sy important au public que l'instruction, et bonne éducation de la jeunesse, en la faisant eslever en la crainte de Dieu, l'obéissance au Roy, la soumission aux loix, le respect aux magistrats, l'amour envers les pères et mères, il n'est rien de plus utile, ny de plus avantageux au public que de suivre les pieuses intentions de Sa Majesté afin que ceux qui auront des enfans puissent profiter de l'establissement desd. Escolles.

A ces causes, le procureur général requiert pour le Roy qu'il plaise à la Cour d'ordonner à toutes sortes de personnes de quelque qualité et condition qu'elles soient, qui auront soing de l'éducation et instruction des enfans en cette ville de Perpignan, et autres de la province, de les envoyer et fere aller tous les jours auxd. Escolles Royalles, aux heures qui seront marquées pour y apprendre la langue françoise, la doctrine chrestiennne, à lire et à escrire, et l'arithmétique, et les principes de la langue latine, sans que chacun desd. Enfans soit obligé de rien payer aux régents des Escolles, attendu qu'ilz doibvent estre payez par les consuls des villes et lieux où ils sont establis, suivant l'intention de Sa Majesté.

Et à l'esgard des lieux où il n'y aura point d'Escolle royalle, ordonner aux habitans desd. lieux d'envoyer et fere aller leurs enfans à celle qui sera establie dans la ville plus proche ou à tout autres Escolle Royalle qui pourra estre plus à leur bienséance, et que les enfans desd. Villes et lieux de cette province ne puissent estre admis à la grammaire ny aus autres arts et maistrises qu'ils ne fassent aparoistre d'un certifficat signé de la main de l'un des régents desd. Escolles Royalles, d'avoir appris soubs eux la langue françoise et qu'à cette fin il soit enjoint à tous les Régents des Collèges et Universitez de n'admettre aucun Escollier sans led. Certifficat, et aux bailles et consuls des villes et lieux de cette province de tenir la main à ce que les enfans de chacque lieu soient envoyez auxd. Escolles Royalles et de ny souffrir aucunes autres escolles publiques un mois après que lesd. Escolles Royalles auront esté establies, et à l'esgard de la jeunesse qui estant en aage avancé ne pourra pas aller aux Escolles, leur ordonner très expressement de s'appliquer sy soigneusement d'apprendre la langue et les mœurs françoises, que dans six mois ils puissent estre capables de les savoir suffisemment, autrement lesd six mois passez qu'ils ne seront admis à aucunes charges publiques ni recus à aucun degrés honorifique ny maistrise, deffendant expressément aux régents des collèges et de l'université de la présante ville, à celuy des notaires et procureurs, à celuy des chirurgiens, apoticaires et autres, comme aussy à tous les corps de métiers de ne les recevoir dans tous les collèges et corps qu'ils n'ayent fait apparoitrre par des bons certifficats qu'ils parlent, entendent et escrivent suffizemment la langue françoise. Et, afin que personne n'en prétende cause d'ignorance, que l'arrest qui interviendra sur la présante requeste soit leu et publié à son de trompe par tous les lieux publics et accoutumez du présant ressort, et affiché ou bezoin sera et registré ez registres des cours des viguiers et bailles du présant ressort. Fait à Perpignan ce 14e janvier 1682.

Signe :I. Deprat, advocat général.

2. Arrêt de règlement du 19 janvier 1682 ordonnant la création des écoles royales dans toutes les villes du Roussillon

Ad maiorem Dei gloriam.

Lundi 19e janvier 1682. présents Messieurs de Trobat, président, de Copons, de Marti, de Queralt et de Villar, conseillers.

Sur la réquisition du Procureur général du Roy donnée ce jour contenant que Sa Majesté continuant de répandre ses bontés dans cette province, après avoir étably un séminaire à Narbonne, dans lequel tous ceux de cette province qui embrassent l'estat eclesiastique sont nourris et instruicts aux depens de Sa Majesté désirant faire ressentir en général et en particulier les effects de sa Royalle bienveillance a donné ordre à M. de Trobat, président en la cour et intendant de la justice, police, finances et fortifications de cette province, d'enjoindre aux consuls de cette très fidelle ville de Perpignan et autres de la province d'etablir des Ecolles Royalles en chacune desdites villes pour apprendre aux enfants la langue françoise, la doctrine chrestiennne, à lire et à escrire, et l'arithmétique, et les principes de la langue latine, sans que personne soit obligé à rien payer aux Régents desd. Escolles royalles, attendu que les Villes et Communautez pourvoiront à leur fournir les maisons, logements et salaires , que par le soins de mond. sieur de Trobat, lesd. Ecolles ont déjà esté establies en cette ville et qu'il continue à donner ses ordres pour un pareil établissement dans les autres villes de cette province, que n'y ayant rien de plus important au public que l'instruction et éducation de la jeunesse, en la faisant élever en la crainte de Dieu, l'obéissance au Roy, la soumission aux loix, le respect aux magistrats et l'amour envers leurs pères et mères ; il n'y a même rien de plus utile, ny de plus avantageux au public que de suivre les pieuses intentions de Sa Majesté afin que ses sujets de cette province qui ont des enfans puissent profiter de l'etablissement desd. Escolles, qu'à cette fin le procureur Général requéroit qu'il pleut à la Cour d'ordonner à toutes sortes de personnes ayant soin de l'instruction et éducation des enfants en cette ville et autres de la province, de les envoyer tous les jours aux dites Escolles, et à l'égard des lieux où il n'y en aura point de les envoyer à celle qui sera etablie dans la ville plus voisine ou autre qui sera plus à leur bienséance, Que les enfans ne puissent estre receus à la grammaire ny aux arts et maistrises qu'ils ne fassent aparoistre d'un certifficat signé de la main d'un des régents des dittes Ecolles, d'avoir appris soubs eux la langue françoise, enjoignant à tous les Régents des Collèges et Universitez de n'admettre aucun escollier sans le dit. Certifficat, et aux bayles et consuls de tenir la main à ce que les enfants soyent envoyez aux dites Escolles Royalles et de n'en souffrir d'autres un mois après l'etablissement d'icelles, et à l'égard de la jeunesse qui estant déjà en aâge avancé ne peut aller aux dites Escolles, leur ordonner de s'appliquer sy soigneusement à apprendre la langue et les mœurs françoises, que dans six mois ils puissent estre capables de les sçavoir suffisemment. Autrement les dits six mois passez, ils ne seront admis aux charges ni receus à aucun degrés d'honneur ny aux maistrises, deffendant aux recteurs de l'université de cette ville, des collèges des notaires, procureurs, chirurgiens, apoticaires et autres, comme aussy à tous les corps des autres arts et mestiers de ne les recevoir dans leurs collèges et corps qu'ils n'ayent fait apparoitrre par des bons certifficats qu'ils parlent, entendent et escrivent suffizemment la langue françoise. Veu la dite réquisition, et ouy le rapport dud. Conseiller de Vilar à ce commis, la Cour en conseil, ayant mis l'affaire en délibération a arresté que commendement soit faict à toutes sortes de personnes de quelque qualité et condition qu'elles soient, qui auront ayant soin de l'éducation et instruction des enfants en cette ville de Perpignan et autres de la province, de les envoyer et faire aller tous les jours aux Escolles Royalles aux heures qui seront marquées pour y apprendre la langue françoise, la doctrine chrestiennne, l'arismétique, et les principes de la langue latine, sans qu'aucun des dits enfants soit obligé de rien payer aux Régents, attendu qu'ils seront payez d'ailleurs suivant l'intention de Sa Majesté et à l'égard des lieux où il n'y aura point d'Escolle Royalle de les envoyer et fere aller à l'Escolle Royalle qui sera etablie à la ville plus prochaine ou à toute autre Escolle Royalle qui pourra plus estre à leur commodité. A ordonné et ordonne que les enfants des villes et lieux de cette Province, ne puissent estre admis aux classes de la grammaire ny aux arts et maistrises cy dessoubs mentionnéez qu'ils ne fassent aparoistre d'un certifficat signé de la main d'un des régents des dittes Escolles Royalles d'avoir appris soubs eux la langue françoise,

A faict et faict très expresses deffenses à tous les Régents de l'Universite, et Collèges de n'admettre aucun escollier sans le dit Certifficat, et enjoinct très expressément aux bayles et consuls des villes et lieux de cette province de tenir la main à ce que les enfants de chaque ville et lieu soient envoyez aux dites Escolles Royalles et de ny souffrir aucunes autres escolles publiques pour apprendre à lire et escrire un mois après que les dites Escolles Royalles auront esté establies, et à l'égard de la jeunesse qui estant déjà en aâge avancé, ne pourra pas aller aux dites Ecolles, la Cour a ordonné et ordonne très expressément de s'appliquer soigneusement à apprendre la langue françoise dans six mois, autrrement les dits six mois passez, ils ne seront admis aux charges publiques ni à aucun degrés honorifique. Deffend la cour très expressément aux recteurs, et régents des collèges de l'université de cette ville, aux recteurs, prieurs et autres chefs, et particuliers des collèges et corps des notaires, procureurs, chirurgiens, apotiquaires et marchands qui ont boutique de ne les recevoir dans leurs collèges et corps qu'ils n'ayent fait apparoitrre par des bons certifficats de quelqu'un des Régents des dites escolles Royalles qu'ils parlent, entendent et escrivent suffisamment la langue françoise, le tout soubs les peines à la Cour arbitraires. Et, affin que personne n'en prétende cause d'ignorance, ordonne que le présent Reiglement à la diligence du dit Procureur Général du Roy soit leu, publié à son de trompe par tous les lieux publics et accoustumez du ressort de la Cour, affiché ou besoin sera, et registré ez registres des cours des viguiers et bayles du dit ressort.
(Signé) : Trobat (et plus bas) : Vilar Reynalt.

3. Affiche du 14 février 1682

De part le Roy et par arrest de Messieurs de la Cour du Conseil Souverain de Roussillon, Conflent et Cerdaigne françoise, on fait à sçavoir à tous en général que sur la réquisition du Procureur général du Roÿ donée ce jour d'huÿ contenant que Sa Majesté continuant de répandre ses bontés dans cette province, après avoir établi un séminaire à Narbonne, dans lequel tous ceux de cette province qui ambrassent l'estat ecclesiastique sont nourris et instruicts aux depens de Sa Majesté désirant faire ressentir en général et en particulier les effets de sa Roÿalle bienveillance a donné ordre à M. de Trobat, président en la cour et intendant de la justice, police, finances et fortifications dans cette province, d'enjoindre aux consuls de cette très fidelle ville de Perpignan et autres de la province d'établir des Écolles Royales en chacune desdites villes pour apprendre aux enfans la langue françoise, la doctrine chrestienne, à lire et ecrire, et l'arithmétique, et les principes de la langue latine, sans que personne soit obligé à rien payer aux Régents, attendu que les Villes et Communautés pourvoiront à leur fournir des maisons, logemens et salaires, Que par le soins de mondit sieur de Trobat, lesdittes écoles ont desjà esté establies en cette ville et qu'il continue à donner ses ordres pour un pareil éstablissement dans les autres villes de cette province, Que n'ÿ ayant rien de plus important au publich que l'instruction et éducation de la jeunesse, en la faisant élever en la crainte de Dieu, l'obéissance au Roy, la soumission aux loix, le respect aux magistrats et l'amour envers leurs péres et mères ; il n'y a mesme rien de plus utile, ni de plus avantageux au public que de suivre les pieuses intentions de Sa Majesté affin que ses sujets de cette province qui ont des enfans puissent profiter de l'establissement des dittes écoles, qu'à cette fin le dit procureur Général requéroit qu'il pleut à la Cour d'ordoner à toute sorte de personnes aÿant soin de l'instruction et éducation des enfans en cette ville et autres de la province, de les envoÿer tous les jours aux dittes écoles, et à l'égard des lieux où il n'y en aura point de les envoyer à celle qui sera etablie dans la ville plus voisine ou autre qui sera plus à leur bienséance, Que les enfans ne puissent estre receux à la grammaire ny aux arts et maitrises qu'ils ne fassent apparoistre d'un certifficat signé de la main d'un des régents des dittes Écoles, d'avoir appris soubs eux la langue françoise, enjoignant à tous les Régents des Collèges et Universites de n'admettre aucun ecollier sans le dit certifficat, et aux Baÿles et consuls de tenir la main à ce que les enfans soient envoÿés aux dites Écoles Roÿales et de n'en souffrir d'autres un mois après l'établissement d'icelles. Et à l'égard de la jeunesse qui, estant desjà en aäge avancé, ne peut aller aux dites écoles, leur ordonner de s'appliquer si soigneusement à apprendre la langue et les moëurs françoises, que dans six mois ils puissent estre capables de les sçavoïr suffisemment : Autrrement les dits six mois passés, ils ne seront admis aux charges ni receux à aucun degrés d'honneur ni aux maitrises, deffendent aux recteurs de l'université de cette ville, des collèges des notaires, procureurs chirurgiens, apotiquaires et autres, comme aussy à tous les corps des autres arts et mestiers de ne les recevoir dans leurs collèges et corps qu'ils n'ayent faict apparoistre par des bons certificats qu'ils parlent, entendent et escrivent suffisamment la langue françoise. Veu la ditte réquisition, et ouÿ le rapport dud. Conseiller de Vilar à ce commis. La Cour, en conseil, aÿant mis l'affaire en délibération a arresté que commendement soit faict à toutes sortes de personnes de quelque qualité et condition quelles soient, qui auront soin de l'éducation et instruction des enfans en cette ville de Perpignan et autres de la province, de les envoÿer et faire aller tous les jours aux Écoles Roÿales aux heures qui seront marquées pour ÿ apprendre la langue françoise, la Doctrine chrestiennne, l'arithmétique, et les principes de la langue latine, sans qu'aucun des dits enfants soit obligé de rien paÿer aux Régents, attendu qu'ils seront paÿes d'ailleurs suivant l'intention de Sa Majesté et à l'esgard des lieux où il n'ÿ aura point d'École Roÿale de les envoÿer et fere aller à l'École Roÿale qui sera etablie à la ville plus prochaine ou à toute autre École Roÿale qui pourra plus estre à leur commodité. A ordonné et ordonne que les enfants des villes et lieux de cette Province, ne puissent estre admis aux classes de la grammaire ni aux arts et maistrises cy dessoubz mentionnées qu'ils ne fassent apparoistre d'un certifficat signé de la main de l'un des Régents des dittes Écoles Roÿales d'avoir appris soubs eux la langue françoise.

A faict et faict très expresses deffences à tous les Régents de l'Université, et Collèges de n'admettre aucun ecolier sans le dit Certifficat, et enjoinct très expressément aux Baÿles et consuls des villes et lieux de cette Province de tenir la main à ce que les enfans de chaque ville et lieu soient envoÿés aux dites Écoles Roÿales et de n'ÿ souffrir aucunes autres Écoles publiques pour apprendre à lire et écrire un mois après que les dites Écoles Roÿales auront esté etablies, Et à l'égard de la jeunesse qui, estant déjà en aäge avancé, ne pourra pas aller aux dites Écoles, la Cour a ordonné et ordonne très expressément de s'appliquer soigneusement à apprendre la langue françoise dans six mois, autrement les dits six mois passés, ils ne seront admis aux charges publiques ni à aucun degrés honorifique. Deffend la cour très expressément aux Recteurs, et Régents des Collèges de l'Université de cette ville, aux Recteurs, Prieurs et autres Chefs, et particuliers des collèges et corps des notaires, procureurs, chirurgiens, apotiquaires et marchands qui ont boutique de ne les recevoir dans leurs collèges et corps qu'ils n'aÿent fait apparoistre par des bons certifficats de quelqu'un des Régents des dites Écoles Roÿales qu'ils parlent, entendent et ecrivent suffisamment la langue françoise, le tout soubs les peines à la Cour arbitraires et, afinque personne n'en prétende cause d'ignorance, ordonne que le présent Reiglement à la diligence du dit Procureur Général du Roÿ soit leu et publié à son de trompe par tous les lieux publicqs et accoutumés du ressort de la Cour, affiché ou besoin sera, et registré ez registres des cours des viguiers et baÿles du dit ressort.

Fait en Conseil ce 19e janvier 1682.

Affiché sous cette forme le 14 février 1682 à Villefranche de Conflans

PIÈCE JUSTIFICATIVE III*
(A.D.-P.O. : 2 B 897, F° 85 R° ARRÊT N° 76)

Arrêt de règlement du 12 avril 1725 pour la dispute de la régence de l'école royale de la ville de Prades

Présents, Messieurs de Ponte d'Albaret, premier président, de Collares de Brodeau, de Bonet et Romanya, de Gispert, Darene, de Queralt et de Fulla, conseillers

Veu la requête à la Cour présentée par Antoine Phelip, natif du lieu de Sournia en Languedoc, Régent de la petite Ecole de la ville de Prades en Conflent, par laquelle il expose que les deux derniers Consuls de la ville de Prades, ayant mis des nouvelles affiches pour la dispute de la grande régence de la ditte ville, ledit supliant leur auroit fait signifier un acte d'oposition et de protestation le 30 aoust dernier ; que cette signification nonobstant il fut procédé à la dispute de la dite Régence à la quelle se présentèrent pour aspirants, sçavoir ledit Phelip supliant, Maître Ricard, médecin, et le nommé Gelcen, clerc de ce diocèze ; qu'après ladite dispute en la forme ordinaire on procéda aux suffrages et on trouva que le médecin Ricard en avoit dix neuf, ledit Phelip, supliant, seize et ledit Gelcen quatorze ; que ce fut la cabale qui seule régla ces suffrages, d'autant que ledit Maître Ricard ne sçait aucun mot de françois, lorsque suivant l'intention du Roy il faut toujours nommer un Régent qui soit capable non seulement d'enseigner à la jeunesse la latinité, mais encore la langue et les mœurs françois ; Surquoy il conclut à ce que disant droit sur les requêtes par luy précedemment présentée, il soit ordonné que ledit Maître Ricard et luy, suppliant, seront de nouveau examinés sur le latin et la langue françoise par tels examinateurs que la Cour nommera, et par devant un commissaire d'icelle, pour ensuite estre ladite Régence adjugée au plus digne et au plus capable ; au surplus régler l'ordre de la dispute et adjudication de la dite régence pour l'avenir, avec dépens, dommages et interests ; ordonnance de soit signifié à partie et communiqué au Procureur général du Roy, du 7 septembre 1724, et exploit de signification du 13 du même mois, duement controllé, signé : Garcin ; Autre requête présentée à la Cour par ledit Phelip ; ordonnance de soit communiqué au procureur général du Roy du 12 août 1724 ; conclusions du procureur général du Roy, et ordonnance rendue sur icelles par la Cour, le même jour, et l'exploit de signification du 14 du même mois duement controllé, signé : Garcin ; Requête présentée par les second et troisième consul de la ditte ville de Prades, le 23 dudit mois d'août ; Autre requête présentée par ledit Phelip, tendante à ce qu'il soit ordonné que l'ordonnance du 12 aoust 1724 sera exécutée suivant sa forme et teneur, qu'en conséquence il sera mis des nouvelles affiches pour la dispute de la grande Régence de la ville de Prades et ensuite à l'adjudication d'icelle en la forme qui sera prescrite par la Cour, condamner les second et troisième consuls à la peine de cent livres par eux encourues par leur refus d'obéir à l'ordonnance de la Cour du 12 dudit mois d'aoust, adjuger cette peine audit Phelip, exposant, pour luy tenir lieu de réparation de dommages et interests, laquelle sera payée par lesdits second et troisième consuls, solidairement avec dépens ; ordonnance de soit communiqué au Procureur général du Roy au bas de la dite requête dudit jour 23 aoust 1724 ; acte de sommation et de protestation signifié à la requête dudit Phelip, aux Consuls de la dite ville de Prades par l'exploit du 30 dudit mois d'aoust 1724, duement controllé, signé : Garcin ; Requête présentée à la Cour par ledit Phelip, tendante à ce qu'il luy plaise, sans avoir esgard à la dispute et à l'adjudication faite par les Consuls de Prades de la Régence de Grammaire à Maître Ricard, docteur en médecine, ordonner que celuy cy et le supliant seront de nouveau examinés sur le latin et la langue françoise par tels examinateurs qui seront à cet effet nommés par devant un conseiller commissaire pour ensuite adjuger au plus digne et au plus capable ladite Régence, au surplus régler pour l'avenir l'ordre de la dispute et adjudication des Régences de la ville de Prades, luy adjuger les fins et conclusions de ses précédentes requêtes avec dépens ; ordonnance de soit signifié à partie et communiqué au Procureur général du Roy, du 7 septembre 1724, et l'exploit de signification du 13 du même mois, duement controllé, signé : Garcin ; Requête présentée par maître Michel Ricard, docteur en médecine, par laquelle il conclut à ce qu'il plaise à la Cour ordonner que l'acte de l'adjudication de la Régence de la Grammaire de la ville de Prades qui luy a esté fait, sortira son plein et entier effet, en conséquence débouter ledit Phelip des fins et conclusions par luy prises dans ses précédentes requêtes avec dépens ; ordonnance de soit signifié à partie et communiqué au Procureur général du Roy, le 18 dudit mois de septembre 1724, avec l'exploit et signification du 20 dudit duement controllé et signé : Garcin ; certificat des consuls de Villefranche, joint à la dite requête, en date du 31 aoust 1724, duement controllé ; collationné des Lettres de doctorat en médecine conféré audit maître Michel Ricard à Toulouse, le 14 octobre 1719 ; Procès verbal de la dispute tenue le 31 dudit mois d'aoust pour l'adjudication de la dite Régence de Grammaire de la dite ville de Prades ; acte de l'adjudication et conduction de la dite Régence de Grammaire faite audit maître Michel Ricard par les Consuls de la dite ville de Prades, le premier septembre 1724 pardevant Vincent Phelip, notaire ; Requête présentée par les second et troisième consuls de la dite ville de Prades, par laquelle ils concluent à ce qu'il plaise à la Cour déclarer le concours et dispute de la dite Régence de grammaire, valablement fait, ordonner en conséquence que ledit maître Ricard demeurera Régent de grammaire conformément à l'acte de l'adjudication à luy fait, et au cas où la Cour trouvât à propos de casser ledit acte, ordonner qu'il sera mis des affiches pour estre procédé à une nouvelle dispute à laquelle toute sorte de personnes pourront se présenter ; ordonnance de soit signifié à partie et communiqué au Procureur général du Roy au bas de la dite requête du 9 dudit mois de septembre 1724, et l'exploit de signification du 20ème dudit même mois, duement controllé, signé : Garcin ; Autre requête présentée par ledit Phelip par laquelle il conclu à ce qu'il plaise à la Cour, sans avoir esgard à la dispute tenue et à l'acte de l'adjudication faite audit maître Ricard de la régence de Grammaire de la ville de Prades, qui sera déclaré nul et intempestif, condamner en outre les deux derniers consuls de Prades d'amende de cent livres portée par l'ordonance du 1er aoust 1724 au profit dudit supliant, ordonner que ledit maître Ricard, le nommé Gelceb et ledit Phelip, supliant, et tous autres qui se présenteront seront examinés par les personnes que la Cour nommera, en présence d'un commissaire, pour ensuite estre procédé à l'adjudication de la dite Régence, au surplus régler pour l'avenir l'ordre de la dispute et adjudication de la dite Régence, et adjuger audit supliant les fins de ses précédentes requêtes avec dépens ; ordonance de soit signifié à partie et communiqué au Procureur général du Roy du 21 octobre 1724 ; acte de remettre les pièces fait en conséquence et l'exploit de signification du 31 du même mois, duement controllé, signé Garcin ; Requête présentée par ledit Michel Ricard ; ordonnance au bas d'icelle du 18 novembre 1724, acte de sommation de remettre les pièces et exploit de signification du 23 dudit mois de novembre, duement controllé, signé : Garcin ; les certificats joints à la dite requête ; autre requête présentée par le second et troisième consuls de Prades ; ordonnance de soit signifié au bas de la dite requête, du même jour 18 novembre 1724 et l'exploit de signification du 30 du même mois duement controllé et signé : Garcin ; les certificats produits par lesdits consuls joints à la dite requête ; conclusions du Procureur général du Roy du 27 février dernier ; Veu tout ce qui étoit à voir, ouy le rapport du conseiller de Bonet et Romanya à ce commis, tout considéré.

La Cour, disant droit sur les requêtes des parties, sans s'arrester au verbal de la dispute tenue le 31 aoust 1724 pour la Regence de la Grammaire de la ville de Prades et à l'acte de Conduction fait en conséquence par les Consuls de la dite ville en faveur de Michel Ricard, le premier septembre de la même année, qu'elle a cassé et casse comme nul et nullement fait, a ordonné et ordonne auxdits Consuls de faire mettre dans trois jours après la signification du présent arrest de nouvelles affiches pour la dispute de la Régence, a ordonné et ordonne par manière de règlement qu'il ne sera receu à la dite dispute d'autre aspirant que ceux qui fairont conster par de bons certificats qu'ils ont étudié la Grammaire suivant la méthode françoise et qu'à l'avenir la dite Régence sera adjugée à celuy qui sera trouvé le plus digne et le plus capable par les sufrages de douze opinans seulement, lesquels seront pris du corps de la Communauté de prêtres résidents en l'Église de la dite ville, et des docteurs et bacheliers gradués domiciliés en la même ville, suivant l'extraction qui sera faite au sort, à laquelle ne concouront que ceux qui les trouveront présents en la maison de ville lorsqu'on devra procéder à la dite dispute, laquelle sera faite en présence des

Consuls, lesquels néanmoins ne pourront donner leur sufrage qu'au cas qu'ils seront gradués et auront été extraits en la forme susdite, a fait et fait très expresses inhibitions aux Consuls de Prades de recevoir à opiner sur ladite dispute aucun des parents de quelqu'un des aspirans ou aliés qui se trouveront au degré de l'ordonnance, a déchargé et décharge lesdits Consuls de l'amende contre eux demandée par ledit Phelip, dépens entre toutes les parties demeurant compensés, a ordonné et ordonne que le présent arrest sera enregistré aux registres de la maison de ville de Prades pour estre gardé et observé suivant sa forme et teneur, avec deffences d'y contrevenir à peine de nulité et cassation de tout ce qui sera fait au contraire et autres peines à la Cour arbitraires, si le cas y échoit.

Fait au Conseil le 12ème avril 1725.

(Signé) A.M. de Ponte d'Albaret (et plus bas) Bonet et Romanya.

* Cet important document nous a été aimablement communiqué par le professeur Caroline Perche, de la faculté de droit de Perpignan.

PIÈCE JUSTIFICATIVE IV
(A.D.-P.O : 2 B 736, DOSSIER N° 80)

1. Réquisition du procureur général Desprès du 7 juin 1738

A Messieurs du Conseil Souverain de Roussillon

Supplie le procureur général du Roi et dit que quoiqu'il soit porté par l'Édit du mois de février 1700, registré es registres de la Cour, qu'à comencer le 1er mai suivant toutes les procédures qui se feront dans le ressort, come aussi les délibérations des magistrats des villes et communautés, les actes des notaires et généralement tous autres actes publics qui se passeront aud. païs seront mis et couchés en langue françoise à peine de nullité. Cependant les curés et vicaires dud. païs continuent d'écrire en langue catalane les registres des baptemes, mariages et sépultures, aussi bien que les hôpitaux leurs registres de sépulture et bien des communautés laïques et eclésiastiques séculières et régulières en usent de même pour les actes de profession, enterremens et autres délibérations qu'elles prennent lorsqu'elles les font écrire par un de ceux qui les composent, ou par quelqu'autre particulier. Tout ce qui est contraire à l'autorité du Prince à l'honneur de la Nation et au bien public.

A ces causes, le procureur général requiert la Cour qu'il lui plaise ordonner que les curés et vicaires seront obligés d'écrire en langue françoise les registres de baptême, mariage et sépulture, les hopitaux les registres de sépulture et toutes les communautés laïques, ecclésiastiques séculières et régulières, les actes de profession, enterremens et autres délibérations qu'elles fairont écrire par quelque personne que ce soit, à peine de cinq cens livres d'amende et autres peines à la cour arbitraires.

Fait au parquet le 7ème juin 1738.

(Signé) : Desprès

2. Arrêt de règlement du 10 juin 1738

Présents Messieurs de Ponte d'Albaret, premier président, de Vilar, président, de Gispert, de Queralt, de Fulla, de Cappot, de Bonet, de Saleilles, conseillers.

Vu par la Cour la réquisition du Procureur Général du Roy du 7e du courant par laquelle il expose que quoyqu'il soit porté par l'Édit du mois de février 1700, registré ez registres de la Cour, qu'à commencer le premier may suivant toutes les procédures qui se fairont dans le ressort, comme aussi les délibérations des Magistrats des villes et Communautés, les actes des notaires et généralement tous autres actes publics qui se passeront audit Païs seront mis et couchés en langue françoise à peine de nullité. Cependant les curés et vicaires dudit Païs continuent d'écrire en langue catalane les registres des baptêmes, mariages et sépultures, aussi bien que les hôpitaux leurs registres de sépulture, et bien des communautés laïques et ecclésiastiques séculières et régulières en usent de même pour les actes de profession, enterremens et autres délibérations qu'elles prennent lorsqu'elles les font écrire par un de ceux qui les composent, ou par quelqu'autre particulier. Tout ce qui est contraire à l'autorité du Prince, à l'honneur de la Nation et au bien public. Requérant qu'il plaise à la Cour ordonner que les curés et vicaires seront obligés d'écrire en langue françoise les registres de baptême, mariage et sépulture, et toutes les communautés laïques, ecclésiastiques séculières et régulières, les actes de profession, enterremens et autres délibérations qu'elles fairont écrire par quelque personne que ce soit, à peine de cinq cent livres d'amende et autres peines à la cour arbitraires. Veu tout ce qui étoit à voir, ouï le rapport du conseiller de Gispert à ce commis, tout considéré,

La Cour, faisant droit sur la réquisition du Procureur Général du Roy, s'estant fait représenter la Déclaration du Roy du neuf avril 1736, a ordonné et ordonne que laditte Déclaration sera exécutée selon sa forme et teneur, ce faisant qu'à l'avenir dans le mois après la publication du présent arrêt, tous registres de mariage, baptême, sépultures, vetures, noviciat et profession seront écrits en langue françoise sous les peines portées par les édits et déclarations et autres à la cour arbitraires et que le présent arrêt sera lu, publié et affiché par tout où besoin sera à la diligence du Procureur Général du Roy, enjoint à ses substituts d'en certtiorer la Cour au mois. Fait au Conseil ce 10 juin 1738.

Signé : De Ponte d'Albarert
Et plus bas : Gispert.
Expédié en parchemin et remis à Mr le procureur général pour estre imprimé.

DOCUMENTATION

I - SOURCES

A - Sources manuscrites

Tous les manuscrits consultés sont déposés aux Archives départementales des Pyrénées-Orientales (n° 1 à 6), à l'exception du vol 1.746 des Archives du ministère des affaires étrangères (n° 7).

1 - Fonds de la chambre du domaine

a - Période de la première union personnelle : Louis XI et Charles VIII, comtes de Roussillon et de Cerdagne (1462-1493)

*1 B 295. Registre in folio, 116 feuillets, papier. 1458-1474 (actes en latin, catalan et français).

*1 B 409. *Manuale Curie, registre V.*
Registre in folio, 139 feuillets, papier. 1458-1474 (actes en latin, catalan et français).

b - Période de la seconde union personnelle : Louis XIII et Louis XIV, Comtes de Barcelone, Roussillon, Conflent et Cerdagne (1640-1659)

*1 B 388. *Registre XXXIX de la Procuracio real.* Registre in folio, 204 feuillets, papier. 1341-1641 (actes en latin, catalan et castillan).

*1 B 390. Liasse de 32 pièces, papier. 1639-1640 (actes en catalan et castillan).

*1 B 391. Cahier in folio de 32 feuillets, papier (actes en catalan et castillan).

*1 B 392. Liasse de 6 pièces, papier. 1640-1642 (actes en latin, catalan, castillan et français).

*1 B 393. Liasse de 14 pièces, papier. 1642-1650 (actes en latin et catalan).

*1 B 394. *Registre XL de la Procuracio real.* Registre in folio, 288 feuillets, papier. 1323-1659 (actes en latin, catalan, castillan et français).

*1 B 395. *Tatxa del batallo.* Liasse de 93 pièces, papier. 1642-1645 (actes en catalan).

*1 B 396. Liasse de 34 pièces, papier. 1642-1650 (actes en latin et catalan).

*1 B 397. Liasse de 17 pièces, papier. 1644-1651 (actes en latin et catalan).

*1 B 398. Liasse de 26 pièces, papier. 1652-1654 (actes en latin, catalan et français).

*1 B 399. Registre in folio, 168 feuillets, papier. 1654-1658 (actes en latin, catalan et français).

*1 B 400. Liasse de 14 pièces, papier. 1653-1659 (actes en latin, catalan et français).

*1 B 401. *Registre XLI de la Procuracio real*. Registre in folio, 350 feuillets, papier. 1654-1658 (actes en latin, catalan et français).

*1 B 402. *Registre XLII de la Procuracio real*. Registre in folio, 350 feuillets, papier. 1510-1713 (actes en latin, catalan et français).

*1 B 404. *Registre XLV de la Procuracio real*. Registre in folio, 350 feuillets, papier. 1502-1772 (actes en catalan et français).

*1 B 445. *Manuale Curie, registre XLII*. Registre in folio, 285 feuillets, papier. 1635-1641 (actes en latin, catalan et castillan).

*1 B 446. *Manuale Curie, registre XLIV*. Registre in folio, 290 feuillets, papier. 1635-1641 (actes en latin et catalan).

2 - Fonds du conseil souverain de roussillon

a - Enregistrements des lois, règlements, provisions et commissions

*2 B 25. *Registre 1er que conte lo edicte de la erectio del Consell sobera de Rossello y altres ordenances Reals concernents l'authoritat y jurisdictio de ladita cort y les provisions dels officials de aquella, 1660* (intitulé initial). *Registre A* (intitulé du XVIIIe siècle). Enregistrement de lettres royaux des années 1660-1771. Registre in folio, 294 feuillets, papier

*2 B 26. *Segon registre de edictes, déclaracions y altres ordres del Rey y de les provisions dels officials en los comptats de Rosello, Conflent y pais adjacent* (intitulé initial). *Registre B* (intitulé du XVIIIe siècle). Enregistrement de lettres royaux des années 1678-1699. Registre in folio, 377 feuillets, papier

*2 B 27. *Primer registre de edictio, declarations y ordens del Rey y des officials reals en los comptats de Rosello, Conflents y pais adjacent* (intitulé initial). *Registre C* (intitulé du XVIIIe siècle). Enregistrement de lettres royaux des années 1660-1680. Registre in folio, 260 feuillets, papier

**2 B 28. Registre troisiesme des édits et déclarations du Roy et des officiers pourveux par Sa Majesté des années 1690 à 1701, 1702 et 1703* (intitulé initial). *Registre D* (intitulé du XVIIIe siècle). Enregistrement de lettres royaux des années 1699-1706. Registre in folio, 308 feuillets, papier *b - Arrêts civil enregistrés*

*2 B 858. *Registre primer 1660* (intitulé initial). *Premier registre des arrests civils du Conseil souverain de Roussillon des années, 1660, 1661, 1662, 1663, 1664, 1665 et 1666 contenant trois cens neuf feuillets de la foliation faite en marge par nous, Bernard Darles, greffier en chef du Conseil* (intitulé du XVIIIe siècle). Registre in folio, 309 feuillets papier.

*2 B 859. *Registre del anys 1666* (intitulé initial). *Second registre des arrêts civils du Conseil souverain de Roussillon des années, 1666, 1667, 1668, 1669, 1670 et 1671 contenant trois cens vingt deux feuillets de la foliation faite en marge par nous, Bernard Darles, greffier en chef du Conseil* (intitulé du XVIIIe siècle). Registre in folio, 322 feuillets papier.

*2 B 860. *Registre des arrestos civils dels anys 1671 ad 1678* (intitulé initial). *Troisième registre des arrêts civils du Conseil souverain de Roussillon des années, 1671, 1672, 1673, 1674, 1675, 1676 et 1677 contenant deux cens soixante cinq feuillets écrits de la foliation faite en marge par nous, Bernard Darles, greffier en chef dud. Conseil* (intitulé du XVIIIe siècle). Registre in folio, 265 feuillets papier.

*2 B 861. *Registra des arrestos dend l'any 1678 al any 1682* (titre initial). *Quatrième registre des arrêts civils du Conseil souverain de Roussillon des années, 1678, 1679, 1680, 1681 et 1682 contenant trois cens trente feuillets écrits de la foliation escrite en marge par moi, Bernard Darles, greffier en chef dud. Conseil.* Registre in folio, 330 feuillets papier.

*2 B 862. *Cinquième registre des arrêts civils du Conseil Souverain de Roussillon des années 1682, 1683, 1684 et 1685 contenant six cens cinquante quatre feuillets écrits de la foliation escrite en marge par moi, Bernard Darles, greffier en chef du Conseil.* Registre in folio, 654 feuillets papier.

*2 B 863. *Sixième registre des arrêts civils du Conseil Souverain de Roussillon des années 1686 et 1687 contenant quatre cens soixante sept feuillets écrits de la foliation faite en marge par nous, Bernard Darles, greffier en chef dud. Conseil.* Registre in folio, 467 feuillets papier.

*2 B 864. *Septième registre des arrêts civils du Conseil Souverain de Roussillon de l'année 1688 contenant deus cens quatre vingts cinq feuillets écrits de la foliation faite en marge par nous, Bernard Darles, greffier en chef dud. Conseil.* Registre in folio, 285 feuillets papier.

*2 B 865. *Huitième registre des arrêts civils du Conseil Souverain de Roussillon de l'année 1689, contenant deux cent trente neuf feuillets écrits de la foliation faite en marge par nous, Bernard Darles, greffier en chef dud. Conseil.* Registre in folio, 239 feuillets papier.

*2 B 866. *Neufième registre des arrêts civils du Conseil Souverain de Roussillon de l'année 1690, contenant deux cent quatre vingts dix huit feuillets* *écrits de la foliation faite en marge par nous, Bernard Darles, greffier en chef dud. Conseil.* Registre in folio, 298 feuillets papier.

*2 B 867. *Dixième registre des arrêts civils du Conseil Souverain de Roussillon de l'année 1691, contenant deux cent soixante cinq feuillets, de la foliation faite en marge par nous, Bernard Darles, greffier en chef dudit Conseil.* Registre in folio, 265 feuillets papier.

*2 B 868. *Onzième registre des arrêts civils du Conseil Souverain de Roussillon de l'année 1692, contenant deux cent soixante dix sept feuillets, de la foliation faite en marge par nous, Bernard Darles, greffier en chef dudit Conseil.* Registre in folio, 277 feuillets papier.

*2 B 869. *Douzième registre des arrests civils du Conseil Souverain de Roussillon de l'année 1693, contenant deux cent soixante dix feuillets, de la foliation faite en marge par nous, Bernard Darles, greffier en chef dudit Conseil.* Registre in folio, 270 feuillets papier.

*2 B 870. *Treizième registre des arrests civils du Conseil Souverain de Roussillon de l'année 1694, contenant trois cent trente huit feuillets, de la foliation faite en marge par nous, Bernard Darles, greffier en chef dudit Conseil.* Registre in folio, 338 feuillets papier.

*2 B 871. *Quatorzième registre des arrests civils du Conseil Souverain de Roussillon de l'année 1695 et 1696, contenant sept cent quinze feuillets, de la foliation faite en marge par nous, Bernard Darles, greffier en chef dudit Conseil.* Registre in folio, 715 feuillets papier.

*2 B 872. *Quinzième registre des arrests civils du Conseil Souverain de Roussillon de l'année 1697, contenant deux cent quatre vingt trois feuillets, de la foliation faite en marge par nous, Bernard Darles, greffier en chef dudit Conseil.* Registre in folio, 283 feuillets papier.

*2 B 873. *Seizième registre des arrests civils du Conseil Souverain de Roussillon des années 1698, 1699 contenant quatre cent quatre vingt neuf feuillets, de la foliation faite en marge par nous, Bernard Darles, greffier en chef du dit Conseil.* Registre in folio, 489 feuillets papier.

*2 B 874. *Dixseptième registre des arrests civils du Conseil Souverain de Roussillon de l'année 170O contenant deux cent quatre vingt dix neuf feuillets, de la foliation faite en marge par nous, Bernard Darles, greffier en chef dud. Conseil.* Registre in folio, 299 feuillets papier.

*2 B 875. *Dixhuitième registre des arrests civils du Conseil Souverain de Roussillon de l'année 1701 contenant deux cent soixante six feuillets, de la foliation faite en marge par nous, Bernard Darles, greffier en chef dud. Conseil.* Registre in folio, 266 feuillets papier.

c - Arrêts criminels enregistrés

*2 B 1019. *Registre des arrests eo sentencias de la Cort del Consell Sobera* (titre de 1660) *Premier registre des arrests criminels du Conseil Souverain de Roussillon depuis le 9 Xbre 1660 jusques et inclus le 9e janvier 1682, contenant deux cent vingt deux folio de la foliotation faite en marge par Bernard Darles, greffier en chef du Conseil* (titre du XVIIIe siècle). Registre in folio, 222 feuillets papier.

*2 B 1020. *Registre des arrests pour le criminel a commencer depuis le 16 avril 1682* (titre de 1682). *Deuxième registre des arrests criminels du Conseil Souverain de Roussillon depuis le 16 avril 1682 jusques et inclus le 15 Xbre 1685, contenant cent quarante quatre feuilles de la foliation faite en marges par Bernard Darles, greffier en chef dud. Conseil* (titre du XVIIIe siècle). Registre in folio, 144 feuillets papier.

*2 B 1021. *Troisième registre des arrests criminels du Conseil Souverain de Roussillon depuis le 2 janvier 1686 jusques et inclus le 19 Xbre 1689, contenant cent quatre vingt neuf feuilles de la foliation faitte en marge par nous Bernard Darles, greffier en chef dud. Conseil.* Registre in folio, 289 feuillets papier.

*2 B 1022. *Registre criminel de l'année 1691.* Registre in folio, 47 feuillets papier.

*2 B 1023. *Registre criminel 1692, relié le 14e juillet 1705 par Vernada, commis* (intitulé initial). *Cinquième registre des arrêts criminels du Conseil souverain de Roussillon, depuis le 2e janvier 1692 jusques et inclus le 18 Xbre 1704 contenant quatre cent six feuillets de la foliation faite en marge par nous Bernard Darles, greffier en chef dud. Conseil* (intitulé du XVIIIe siècle). Registre in folio, 406 feuillets papier.

3- État civil

*2 E 2239, paroisse Notre dame de La Réal de Perpignan (Baptême, mariages, sépultures, années 1737-1740). Registre in folio, papier.

*2 E 2276, paroisse Saint-Jean de Perpignan (Baptêmes, mariages, sépultures, années 1737-1738). Registre in folio, papier

*2 E 2277, paroisse Saint-Jean de Perpignan (Baptêmes, mariages, sépultures, années 1739-1740). Registre in folio, papier

*2 E 1162, paroisse d'Estagel (Baptême, mariages, sépultures, années 1737-1742). Registre in folio, papier

4 - Archives municipales de perpignan

*112 EDT 67. *Llibre vulgarment intitulat de Totis en lo qual se continueran ab lo favor de Deu los actes fahents per lo present universitat. Essent consols los molt Illustres Señors Antoni Audibert, D. Francesco de Blanes y de Sagarriga, Pere Cezat, Honorat Chavariaye, Joan Lafila. 1693 à 1698.* Registre in folio, 194 feuillets papier.

*112 EDT 68. *Registre « Totis ». 1688 à 1707.* Registre in folio, 177 feuillets papier.

*112 EDT 93. Liasse de 27 pièces papier.

5 - Archives de l'intendance

*C 1357, Actes divers, liasse de neuf pièces papier.

*C 1358, Correspondances de Louvois, liasse de 23 pièces papier.

*C 1359, Correspondances de Le Tellier. Liasse de 40 pièces papier.

*C 1407, Discours de Trobat. Liasse de 22 pièces papier.

6 - Archives notariales des Pyrénées-Orientales

a - Avant le Traité de Péronne

1. Francesc-Joan COMA, notaire à Perpignan

*3 E 30/862 (1603-1632), Liasse, papier.

2. Ramon TEXIDOR, notaire à Perpignan

*3 E 19/1054 (1637), Registre in folio, papier.

b - Période de l'union personnelle (1640-1660)

1. Antoine Colom-Companyo, notaire à Perpignan

*3 E 1/3439 (1648-1652), Registre in folio, papier

*3 E 1/3445 (1653),Registre in folio, papier

*3 E 1/3448 (1654), Registre in folio, papier

*3 E 1/3449 (1655), Registre in folio, papier

*3 E 1 3452 (1657), Registre in folio, papier

2. Thomas FERRIOL, notaire à Perpignan

*3 E 1/4234 (1648-1652), Registre in folio, papier

*3 E 1/4246 (1651), Registre in folio, papier

*3 E 1/4259 (1655), Registre in folio, papier

3. Jean PONTICH, notaire à Perpignan,

*3 E 1/4274 (1657-1658), Registre in folio, papier

4. François VERNET, notaire à Perpignan

*3 E 1/3498 (1658), Registre in folio, papier

5. Joseph VILAROJA, notaire à Perpignan

*3 E 4/20 1654-1657), Registre in folio papier

6. Geronim GUARDIS, notaire à Arles-sur-Tech

*3 E 20/134 (1649), Registre in folio, papier

7. Pere JUANYES, notaire à Arles-sur-Tech

*3 E 20/206 (1641-1642), Registre in folio, papier

8. Ramon TEXIDOR, notaire à Prades

*3 E 21/281 (1653), Registre in folio, papier

9. Hyacinthe VILAR, notaire à Prades

*3 E 11/135 (1658), Registre in folio, papier

*3 E 11/136 (1659), Registre in folio, papier

10. Gaudérique ISOS, notaire à Prades

*E 11/1711 (1657-1658), Registre in folio, papier

11. Jean-Antoine VIGO, notaire à Olette

*3 E 24/11 (1654), Registre in folio, papier

12. Pierre-Jérome COLOMER, notaire à Olette

*3 E 19/893 (1641-1648), Registre in folio, papier

13. Marti PRATS, notaire à Villefranche-de-Conflent

*3 E 11/547 (1653), liasse, papier

14. Joseph FERRER, notaire à Céret

*3 E 40/243 (1651), liasse, papier

15. Joan COMPANYO, notaire à Céret

*3 E 40/311 (1651), Registre in folio, papier

16. Joseph TINXO, notaire à Vinça

*3 E 19/339 (1640), liasse, papier

*3 E 19/340 (1641-1642), liasse, papier

c - Du Traité des Pyrénées à l'édit de 1700

1. Joseph VILAROJA, notaire à Perpignan

*3 E 4/24 (1661), Registre in folio papier

2. François DIEGO, notaire à Perpignan

*3 E 22/58 (1661), Registre in folio papier

*3 E 22/88 (1696), Registre in folio papier

3. Honoré ALBAFULLA, notaire à Perpignan

*3 E 3/760 (1690), Registre in folio papier.

4. Joseph VILAROJA, notaire à Perpignan

*3 E 4/20 (1654-1657), Registre in folio papier

5. Gaspar LAPORTA, notaire à Perpignan

*3 E 4/880 (1687), Liasse, papier

*3 E 4/881 (1688), Liasse, papier

*3 E 4/882 (1690), Liasse, papier

6. Joseph CALMELA, notaire à Perpignan

*3 E 19/375 (1671), Registre in folio papier

*3 E 19/376 (1672), Registre in folio papier

7. Hyacinthe VILAR, notaire à Prades

*3 E 11/139 (1662), Registre in folio papier

*3 E 11/140 (1663), Registre in folio papier

*3 E 11/155 (1678), Registre in folio papier

8. Gaudérique ISOS, notaire à Prades

*3 E 11/175 (1667-1669), Registre in folio papier

9. Jean VILAR, notaire à Prades

*3 E 11/267 (1685-1686), Registre in folio papier

10. Joseph COSTA, notaire à Arles-sur-Tech

*3 E 20/236 (1698), Registre in folio papier

*3 E 20/239 (1701), Registre in folio papier

*3 E 20/240 (1702), Registre in folio papier

11. Emmanuel MALER, notaire à Arles-sur-Tech

*3 E 20/295 (1703-1707), Registre in folio papier

12. Joseph ROLLER, notaire à Îlle-sur-Têt

*E 19/842 (1667), liasse, papier

13. Dominique DORAN, notaire à Corneilla-de-Conflent

*3 E 3/58 (1661), Registre in folio papier

14. Pierre COROMINA, notaire à Villefranche-de-Conflent

*3 E 11/556 (1668), Registre in folio papier

*3 E 11/557 (1669), Registre in folio papier

*3 E 11/593 (1677), Registre in folio papier

15. Jean-Antoine VIGO, notaire à Olette

*3 E 19/963 (1684), Registre in folio, papier

16. Jacques BALLESSA, notaire à Olette

*3 E 19/981 (1690-1692), liasse, papier

17. Paul GIRONNE, notaire à Latour de France

*3 E 42/12 (1662-1663), Registre in folio, papier

18. Jean-Paul GIRONE, notaire à Latour de France

*3 E 42/42 (1693), Registre in folio, papier

*3 E 42/43 (1694), Registre in folio, papier

*3 E 42/45 (1695), Registre in folio, papier

*3 E 42/46 (1696), Registre in folio, papier

*3 E 42/47 (1697), Registre in folio, papier

*3 E 42/48 (1698), Registre in folio, papier

19. Joan COMPANYO, notaire à Céret

*3 E 40/321 (1668), Registre in folio, papier

20. Gabriel BALLESSA, notaire à Vinça

*3 E 15.569 (1692-1693), Liasse, papier

*3 E 15.570 (1694-1695), Liasse, papier

d - À partir de l'édit de 1700

1. Honoré ALBAFULLA, notaire à Perpignan

*3 E 3/772 (1702-1703), Registre in folio papier

2. Joseph ANGLE, notaire à Perpignan

*3 E 4/68 (1701), Registre in folio papier

3. Joseph JOFFRE, notaire à Perpignan

*3 E 4/141 (1701), Registre in folio papier

4. Joseph SUNYER, notaire à Prades

*3 E 11/246 (1705), Registre in folio papier

5. Jean-Michel BERTRAND, notaire à Prades

*3 E 11/304 (1710-1713), Registre in folio papier

6. Joseph GELCEN et FORNER, notaire à Prades

*3 E 11/328 (1704), Registre in folio papier

*3 E 11/329 (1705), Registre in folio papier

*3 E 11/339 (1715), Registre in folio papier

7. Joseph SUNYER, notaire à Prades

*3 E 11/246 (1705), Registre in folio papier

8. Vincent-Felip BALANDA, notaire à Prades

*3 E 21/284 (1702-1704), Registre in folio papier

*3 E 21/285 (1705-1708), Registre in folio papier

9. Antoine VIGO, notaire à Olette

*3 E 24 12 (1699-17 05), Registre in folio papier

10. Joseph SALA, notaire à Thuir

*3 E 26/54 (1700-1702), Registre in folio papier

11. Antoine VIGO, notaire à Olette

*3 E 24 12 (1699-17 05), Registre in folio papier

12. Jean-Paul GIRONE, notaire à Latour de France

*3 E 42/74 (1724), Registre in folio papier

*3 E 42/75 (1725), Registre in folio papier

*3 E 42/76 (1726), Registre in folio papier

*3 E 42/77 (1727), Registre in folio papier

*3 E 42/78 (1728), Registre in folio papier

*3 E 42/79 (1729), Registre in folio papier

*3 E 42/80 (1730), Registre in folio papier

13. Jacques XINTET, notaire à Collioures

*3 E 20/2 (1711), Registre in folio papier

14. Joan COMPANYO, notaire à Céret

*3 E 40/354 (17O5), Registre in folio papier

15. François DEPON, notaire à Prats de Mollo

*3 E 40/439 (1721-1722), Registre in folio papier

16. Philippe RIBES, notaire à Céret

*3 E 40/937 (1703-1707), Registre in folio papier

*3 E 40/938 (1708-1713), Registre in folio papier

17. Julien BALLESSA, notaire à Vinça

*3 E 19/596 (1708), liasse, papier

*3 E 19/585 (1710), Registre in folio papier

*3 E 19/586 (1711), Registre in folio papier

18. Gabriel BALLESSA, notaire à Vinça

*3 E 19/575 (1704-1705), liasse, papier

*3 E 19/576 (1706), liasse, papier

7 - Archives du ministère des affaires étrangères (A. M. A. E.)

*Registre 1.746, « *Mémoire sur la généralité du Roussillon par M. de, intendant en 1698* », 213 pages

B - Sources imprimées

BOUG François-Henri de, *Recueil des Edits, Déclarations, Lettres-patentes, Arrêts du Conseil d'Etat et du Conseil Souverain d'Alsace, Ordonnances et Règlemens concernant cette province, avec des observations*, Colmar, J.-H. Decker, 1775, 2 vol. (t. I, 1657-1725 ; t. II, 1726-1770).

Catalogue des actes de François Ier, t. I (1515-1530), Paris, Imprimerie Nationale, 1887.

Code corse ou Recueil des Édits, Déclarations, Lettres Patentes, Arrêts et Règlements publiés dans l'isle de Corse depuis sa soumission à l'obéissance du Roi, Paris, Imprimerie royale, 1778-1790, 9 vol. (avec traduction en italien au regard du texte français).

Déclaration du Roy, portant Establissement d'une Académie et collège Royal en la Ville de Richelieu, et les Privilèges attribuez à icelle. Ensemble les statuts et règlemens de ladite Académie. À Paris, chez Pierre Rocolet, Impr. Et Libraire du Roy, au palais, aux armes du Roy et de la Ville, MDCXLI.

ESTIENNE Robert, « imprimeur du Roy », *Edict et Ordonnance du Roy pour le bien et reiglement de la Justice, & police de son Royaume. Avec la Déclaration et ampliation dudict Seigneur sur aucuns articles d'iceluy Edict*, Paris, Robert Estienne, M.D.LXIIII. (Ordonnance de Paris de janvier 1563).

ISAMBERT, JOURDAN, DECRUSY, ARMET, TAILLANDIER, *Recueil général des anciennes lois françaises depuis l'an 420 jusqu'à la Révolution de 1789*, 28 vol, Paris, Belin-Leprieur et Verdière, 1824-1833.

Les grands traités de la guerre de Cent ans, (coll. de textes pour servir à l'étude et à l'enseignement de l'histoire), Paris, Picard, 1889 ; rééd. E. Quesnau, Paris 1995.

MOREAU de SAINT-MÉRY Médéric-Louis-Éli, *Lois et constitutions des colonies françaises de l'Amérique sous le Vent*, Paris, imprimerie royale, 1784-1785, 6 vol.

Ordonnances des rois de France de la troisième race, 22 vol., Paris, imprimerie royale, 1723-1849.

Eusèbe de LAURIÈRE, t. I, de 1187 à Philippe VI.
Eusèbe de LAURIÈRE, et **Denis-François SECOUSSE** t. II (en 2 vol.), Philippe VI et Jean II jusqu'à janvier 1355.
Denis-François SECOUSSE t. III : Jean II de 1355 jusqu'à sa mort, 8 avril 1364 ; t. IV : Suppléments pour le règne de Jean II et Charles V de 1364 à 1366 ; t. V : Charles V de 1367 à 1373 ; t. VI : Charles V de 1374 à 1368, Charles VI à 1368 à 1382 ; t. VII : Charles VI de 1383 à 1394 ; t. VIII : Charles VI de 1395 à 1403 ; t. IX : Charles VI de 1404 à 1411.
Louis-Guillaume de VILEVAULT et **Louis Georges Oudard FEUDRIX de BRÉQUIGNY**, t. X : Charles VI de 1411 à 1418 ; t. XI :

Charles VI de 1419 à 1422 ; t. XII : Supplément depuis 1187 jusqu'en 1422 ; t. XIII : Charles VII de 1422 à 1447 ; t. XIV : Charles VII, de 1447 à 1461.

Emmanuel, comte puis marquis de PASTORET, t. XV : Louis XI de 1461 à 1463 ; t. XVI : Louis XI, de 1463 à 1467 ; t. XVII : Louis XI de 1467 à 1473 ; t. XVIII : Louis XI, de 1474 à mars 1481 ; t. XIX : Louis XI de 1481 à 1483, Charles VIII de 1483 à 1486.

Jean-Marie PARDESSUS, t. XX : Charles VIII de 1486 à avril 1497 ; t. XXI : Charles VIII de mai 1497 à sa mort en avril 1498 , Louis XII d'avril 1498 à novembre 1514.

Ordonnance des rois de France, Règne de François I, publ. de l'Académie des sciences morales et politiques, t. IX, 3ème partie, mai-août 1539, Paris éd. CNRS, 1983.

PAYEN Thibault, *Ordonnances Royaulx sur le faict de la justice & abbreviation des proces par tout le Royaulme de France, faictes par le Roy nostre Sire, Et publiées en la court de Parlement de Paris, le sixiesme jour du moys de septembre lan Mil.D.XXXIX*, Lyon, Thibault Payen, 1539.

Recueil des Édits, Déclarations, Lettres patentes et ordonnances enregistrés au parlement de Flandres, des arrêts du Conseil d'État particuliers à son ressort ; ensemble des arrêts de règlemens rendus par cette cour depuis son érection en Conseil souverain de Tournay, Douay, Six et Plouvain, 1785-1788, 9 vol.

Recueil des Édits, Ordonnances, Déclarations et Réglemens du duc de Lorraine, Nancy, chez la veuve Cusson Lamort, 1733-1786, 14 vol.

VAST Henri, *Les grands traités du règne de Louis XIV*, Paris, A. Picard, 3 vol., 1893, 1898, 1899.

II - BIBLIOGRAPHIE

A - Ouvrages antérieurs à 1789

ALEMBERT Jean LE ROND d', *Discours préliminaire de l'Encyclopédie, publié intégralement d'après l'édition de 1763*, édit. par F. PICAVET, Paris, Vrin, 1984.

ALEMBERT Jean LE ROND d', « Collèges », dans *Encyclopédie ou Dictionnaire raisonné des scie nces, des arts et des métiers, par une société de gens de lettres*, Paris, Briasson et autres, 1751-1772, 17 vol., t. III, p. 632-638.

ARGENTRÉ Charles du PLESSIS d', *Collectio judiciorum de novis erroribus, qui ab initio duodecimi sæculi post incarnationem verbi usque an annum 1632 in ecclesia proscripti sunt & notati*, Paris, André Cailleau, 1728-1736, 3 vol .

ARNAULD Antoine et **LANCELOT Dom Claude**, Grammaire générale et raisonnée contenans les fondemens de l'art de parler et expliquer d'une manière claire et naturelle, et plusieurs remarques nouvelles sur la langue françoise, Paris, P. Le Petit, 1664

BAILLET Adrien, *La vie de Monsieur Des-Cartes*, Hildesheim, New York, Georg Olms, Verlag, 1972 (1ère édit., Paris, 1691).

BEAUMANOIR Philippe de, *Coutumes de Beauvaisis*, Texte critique publié avec une introduction, un glossaire et une table analytique par Amédée SALMON, Paris, Picard, 1970., 3 vol., réimpression de l'édition originale de 1899. Le troisième volume est un commentaire historique et juridique de Georges HUBRECHT.

BEAUZÉE Nicolas, « Langue », dans *Encyclopédie ou Dictionnaire raisonné des sciences, des arts et des métiers, par une société de gens de lettres,* t. IX, p. 249-269.

BELLAY Joachim du, *La défense et illustration de la langue française*, éd. Henri CHAMARD, Paris, Didier, 1948. (1ère édit., Paris, 1549)

BELOT Jean, *Apologie de la langue latine contre la préface de M. de la Chambre, en son livre « Des nouvelles conjectures de la digestion »,* adressée au chancelier Séguier (qui avait succédé à Mazarin comme protecteur officiel de l'Académie française), Paris, chez François Targa, 1637.

BIBLE. *Ancien Testament, Nouveau testament*. Traduction œcuménique de la Bible (T.O.B), édition intégrale, Paris, Société biblique française – Les éditions du Cerf, 1977.

BIBLE. *La Bible de Jérusalem. La Sainte Bible, traduite en français sous la direction de l'école biblique de Jérusalem*, Paris, Desclée de Brouwer, 1975.

BODIN Jean, *De instituenda in rep inventute oratio*, Tolosæ, 1559, *ex off.* P Putei (non consulté, référence utilisée à partir de F. BRUNOT, *Histoire de la langue française des origines à nos jours*, t. II, p. 11).

BODIN Jean, *Les six livres de la République*. Nous avons travaillé sur l'édition de Lyon de 1593, « par Gabriel Cartier », rééditée chez Fayard, en 1986 par Christiane FRÉMONT, Marie-Dominique COUZINET et Henri ROCHET pour le « Corpus des œuvres de philosophie en langue française », collection dirigée par Michel SERRES. (1ère éd., Paris, J. du Puys, 1576).

BODIN Jean, *Juris Universi Distributio*, Coloniæ Agripinæ, Apud Johannem Gymnicum, sub Monocerote, MDLXXX. Nous avons travaillé sur l'édition traduite, commentée et annotée, respectivement par Lucien JERPHANION, Simone GOYARD-FABRE et René-Marie RAMPELBERG, *Exposé du droit universel. Juris universi distributio*, Paris, P.U.F., 1985.

BORDENAVE (Nicolas de), *Histoire de Béarn et Navarre (1517 à 1572)*, Paris, Vve Renouard, 1873. **N.** de Bordenave était historiographe de la maison de Navarre ; son manuscrit, rédigé à la fin du XVIe siècle, a été publié par Paul RAYMOND.

BORNIER Philippe, *Procès-verbal des Conférences tenues par ordre du Roy pour l'examen des articles de l'Ordonnance civile du mois d'avril 1667 et de l'Ordonnance criminelle du mois d'avril 1670*, Paris, Les Associés, 1744, 2 vol.

BOSSUET Jacques Bénigne, *Politique tirée des propres Paroles de l'Écriture Sainte*, Paris, P. Cot, 1709. Ouvrage posthume publié par l'abbé J.B. BOSSUET.

BOUCHEL Laurent, *La Bibliothèque ou trésor du droit françois recueilli et mis en ordre par Laurent Bouchel, augmenté en cette nouvelle édition par Maistre Jean BECHEFER*, Paris et Lyon, J. Girin et B. Rivière, 1671, 3 vol., (1ère éd., Paris, D. Langlois, 1665, 2 vol).

BOUCHER d'ARGIS André Jean-Baptiste, *Ordonnance du Roi François Ier, donnée à Villers-Cotterêts au mois d'août 1539*, Paris, Clousier, 1786.

BOUHOURS Dominique, *Les entretiens d'Ariste et d'Eugène*, Paris, S. Mabre-Cramoisy, 1670. Nouvelle édition par R.-L. WAGNER, Bibliothèque de Cluny, Paris, Armand Colin, 1962.

BOURDIN Gilles (Aegidio BOURDINO), *Paraphrasis in constitutiones regias, recens edita, Parisiis*, apud G. a Prato, 1549.

BOURDIN Gilles, Paraphrase de M. Gilles Bourdin sur l'ordonnance de l'an mil cinq cens trente-neuf, traduicte en françois par A. FONTANON, Paris, J. Houzé, 1606.

BOUTARIC (François de), *Les Institutes de l'empereur Justinien conférés avec le droit français*, par noble François de Boutaric, Toulouse, G. Henault, 1740.

BOUVELLES Charles de, *Liber de differentia vulgarium linguarum et gallici sermonis varietate*, Paris, Robert Estienne, 1533.

BRILLON Pierre Jacques, *Dictionnaire des arrests ou jurisprudence universelle des Parlements de France et autres tribunaux*, Paris, G. Cavelier, 1711, 3 vol.

BRISSON Barnabé, *Code du Roy Henry III, roy de France et de Pologne*, Paris, F. Morel, 1587.

BRISSON Barnabé, *Le code du Roy Henry III, Roy de France et de Pologne, rédigé en ordre par Messire Barnabé Brisson, depuis augmenté des édits du Roy Henry IIII et Loys XIII, et illustré de très notables observations et annotations par L. CHARONDAS LE CARON*, Paris, N. Buon, 1615, 4ème édit.

BRUNET Pierre-Nicolas. *Abrégé chronologique des grands fiefs de la couronne de France avec la chronologie des princes et seigneurs qui les ont possédés jusqu'à leur réunion à la couronne*, Paris, Desaint et Saillant, 1759.

CALVIN Jean (**Joanne CALVINO** Noviodunensi autore), *Christianæ Religionis Institutio, totam fere pietatis summam et quidquid est in doctrina salutis cognitu necessarium complectens. Omnibus pietatis studiosis lectu dignissimum opus ad recens editum. Præfatio ad Christianissimum Regem Franciæ, qua hic ei liber pro confessione fidei offertur*, Basileæ, per Thomam Platterum et Balthaserum Lasium, mense martio, anno 1536.

CALVIN Jean, *Institution de la religion chrétienne en laquelle est comprinse une somme de piété, composée en latin par J. Calvin et translatée en françois par luy mesme. Avec la préface adressée au Très Chrestien Roy de France, François premier de ce nom : par laquelle ce présent livre luy est offert pour confession de Foy*, édition princeps, Genève, 1541, reéditée par Jacques PANNIER, Paris Les Belles Lettres, 1936-1939, 4 vol.

CÉSAR, *La guerre des Gaules*. Traduction de Gérard WALTER, *Historiens romains*, Paris, Gallimard, Bibliothèque de La Pléiade, 1968, 2 vol., t. II, *Historiens de la République (César)*.

CHOPPIN René, *Trois livres du domaine de la couronne de France*, Paris, Michel Sonnius, 1613.

COMMYNES Philippe de, *Mémoires*. Édition de J. CALMETTE et du chanoine DURVILLE, 3 vol. ; t. I *(1464-1474)*, t. II *(1474-1483)* ; t. III *(1484-1498)*, Paris, H. Champion, 1924-1925.

CONDREN Charles de, Supérieur général de l'Oratoire, *Œuvres complètes*, 4e édit., publiée sous la direction de l'abbé PIN, Paris, C. Guyot et Roidet, 1857-1858, 2 vol.

CONSTANTIN Jean, *Commentaria Joannis Constantini, advocati, in leges regias seu ordinationes, de libribus brevi decidendis, recenter edicta*, Parisius, apud A. et C. Les Angeliès, 1545.

COQUILLE Guy, sieur de Romenay, *Institution au droict des François*, 1ère édit., Paris, A. L'Angelier, 1607.

CORBIN Jacques, *Le Code Louis XIII, roy de France et de Navarre, contenant ses ordonnances et arrests de ses cours souveraines pour les droicts de sa couronne, police entre ses sujets, règlement de la justice, forme et abréviation des proces, recueillies, commentées et conférées avec celles des rois Henry le grand, son père, Henry III, Charles IX, François II, Henry II, François I et autres ses prédécesseurs*, Paris, J. Quenel, 1628.

COYER abbé Gabriel François, *Plan d'éducation publique*, Paris, Veuve Duchesne, 1770.

CUREAU de La CHAMBRE Marin, *Nouvelles conjectures sur la digestion*, Paris, Pierre Rocolet, 1636.

DANTE ALIGHIERI, *Œuvres complètes*, Paris, Callimard, Bibliothèque de la Pléiade, 1965. Traduction et commentaire d'André PÉZARD.

DENISART Jean-Baptiste, *Collection de décisions nouvelles et de notions relatives à la jurisprudence actuelle*, 6ème édit., revue et compétée par Me de VARICOURT, Paris, Desaint, 1768, 3 vol. (1ère éd., Paris, Savoye, 1754-1755, 6 vol.).

DESCARTES René, *Discours de la méthode*, dans *Œuvres et Lettres*, textes présentés par André BRIDOUX, Paris, n.r.f., 1937, Bibliothèque de La Pléiade, p. 91-145. (Édition originale, Leyde, Jan Maire, 1637, sans nom d'auteur ; traduction latine par Etienne de GOURCELLES, Amsterdam, Elzevier, 1644 .

DIDEROT Denis, *Œuvres politiques*, Edition établie par Pierre VERNIÈRE, Paris, Garnier, 1953.

DIDEROT Denis, *Plan d'une université pour le gouvernement de Russie ou d'une éducation publique dans toutes les sciences*, publication posthume, 1813-1814, dans *Œuvres*, t. 3, *Politique*. Édition établie par Laurent VERSINI, Paris, Robert Laffont, 1995.

DIDEROT Denis et **ALEMBERT Jean Le ROND d'** (Direction), *Encyclopédie ou Dictionnaire raisonné des sciences, des arts et des métiers, par une société de gens de lettres*, Paris, Briasson et autres, 1751-1772, 17 vol.

DOMAT Jean, *Les loix civiles dans leur ordre naturel; le droit public et le legum delectus*, Paris, Héricourt, Boucheret et Gosselin, 1735.

DUBOIS Jacques, *In linguam gallicam Isagoge una cum eiusdem Grammatica Latino Gallica, ex Hebraeis, Græcis et latinis authoribus*, Paris, Robert Estienne, 1531.

DUPUY Pierre, *Traité de la majorité de nos roys et des régences du royaume, avec les preuves tirées tant du Trésor des chartes du Roy que des registres du Parlement, ensemble un traité des prééminences du Parlement de Paris*, Paris, M. Dupuy, 1655.

EGINHARD, *Vie de Charlemagne*, publiée et traduite par Louis ALPHEN, Paris, H. Champion, 1923.

FERRIÈRE Claude-Joseph de, *Dictionnaire de droit et de pratique*, Paris, Brunet, 1740, 2ème édit.

FLEURY abbé Claude, *Catéchisme historique*, contenant en abrégé l'histoire sainte et la doctrine chrétienne, 2ème éd., Paris, P. Aubouyn, P. Emery et Vve G. Clouzier, 1686, 2 vol. (t. I : *Petit catéchisme* ; t. II : *Grand Catéchisme*).

FONTANON Antoine, *Les Edits et ordonnances des Roys de France, depuis S. Loys jusques à présent, avec les vérifications, modifications et déclarations sur icelles*, Paris, J. Du Puys, 1585, 4 t. en 2 vol.

GOSSELIN Charles Robert, *Plan d'éducation, en réponse aux Académies de Marseille et de Châlons, dont l'une a proposé pour sujet de prix, à distribuer dans le courant de cette année : Quel est le plan d'éducation publique le plus conforme à la situation d'une ville considérée comme marchande et maritime ? L'autre : Quels sont les vices de l'éducation actuelle, et les moyens de les corriger*, Amsterdam, (sans nom d'éditeur), 1785

GRASSAILLE Charles de, *Regalium Franciæ, libri duo, jura omnia et dignitates christianiss. Galliæ regum continentes, Carolo Degrassalio, Carcassonensi, authore*, Lugduni, apud hæredes S. Vincentii, 1538.

GUÉNOYS Pierre, *La Grande Conférence des ordonnances et Édits royaux, distribuée en XII livres, à l'imitation et selon l'ordre et disposition du Code de l'Empereur Justinian, avec plusieurs annotations et observations. Nouvelle édition, reveue et augmentée par Nicolas FREROT et Gabriel MICHEL*, Paris, N. Buon, 1607 (1ère éd., Paris, G. Chaudière, 1593).

GUYOT Pierre, *Répertoire universel et raisonné de jurisprudence civile, criminelle, canonique et bénéficiale*, Paris, Visse, édit. de 1785, 18 vol. 1ère éd., Paris, J. Dorez, 1775-1783).

HELGAUD, *Vie du roi Robert* (dans François GUIZOT, *Collection des mémoires relatifs à l'histoire de France, depuis la fondation de la monarchie française jusqu'au XIII*e *siècle avec une introduction, des suppléments et des notes,* Paris, J. L. L. Brière, 1823-1835, 30 vol. (la *Vie du roi Robert* est dans le t. VI., Paris, 1830).

HELVÉTIUS Claude Adrien, *De l'esprit*, Paris, Durand, 1759 ; rééd. M. GÉRARD, Verviers, 1973.

HOTMAN François, *Antitriboniam, ou Discours d'un grand et renommé jurisconsulte de nostre temps sur l'étude des loix*, Paris, J. Perier 1603. 1ère éd., Paris, Nivelet, 1567.

HOTMAN François, *Disputatio de controversia successionis regiæ inter patruum et fratris præmortui filium*, Francofurti, apud N. Panningerum, 1585. 1ère éd., Biturgis, apud J. Leporium, 1567.

HOTMAN François, *Mathagonis de Mathagonibus. Monitoriale adversus italogaliam sive antifranco–galliam*, s.l., Antonini Matharelli, 1575 (1ère éd.) ; Wiliorbani, Alvernoge, 1593, (2ème éd.).

LA CHALOTAIS Louis René de KARADEUC de, *Essai d'éducation nationale, ou Plan d'études pour la jeunesse,* s.l. ni éd., 1763 (rééd., Paris, L. Tenré, 1825).

LANCELOT Claude et **ARNAULD Antoine**, *Grammaire générale ou raisonnée* ou *Grammaire de Port-Royal*, éd. critique de H.E. BREKLE (fac-simile de la 3e édition, 1676), Stuttgart, Fr. Frommann Verlag, 1966.

LAUNAY François de, *Discours prononcé par François de Launay, pourvu par le Roy de la charge de professeur de droit françois, en la salle du Collège royal, le 28 décembre 1680*, Paris, G. Quinet, 1681

LEBRET Cardin, *De la souveraineté du roi*, Paris, J. Quesnel, 1632.

LE LABOUREUR Lois, *Avantages de la langue françoise sur la langue latine* Paris, F. Lambert, 1664.

LE FÈVRE d'ÉTAPLES Jacques, *Le Nouveau Testament de nostre Saulveur Jésus Christ translaté selon le vray texte en franchois*, Paris, apud S. Colinarum, 1524.

LE ROY Loys, *Deux oraisons françoises de Loys Le Roy prononcées par luy à Paris avant la lecture de Démosthène au mois de février 1575, l'une des langues doctes et vulgaires et de l'usage de l'éloquence, l'autre de l'estat de* *l'ancienne Grèce, depuis son commencement jusque à ce qu'elle fut asservie par les Macédoniens*, Paris, impr. de F. Morel, 1576,

L'HERMITE-SOULIERS Jean-Baptiste de et **BLANCHARD François**, *Les éloges de tous les premiers présidens du parlement de Paris depuis qu'il a esté rendu sédentaire jusques à présent, ensemble leurs généalogies, épitaphes, armes et blasons*, Paris, C. Besongne, 1645.

L'HOMMEAU Pierre de, *Maximes générales du droit françois par Pierre de L'Hommeau, sieur du Verger,* Rouen, C. Le Villain, 1614.

LINNÉ (Caroli LINNAEI), *Systema naturæ, sive Regna tria naturæ systematice proposita per classes, ordines genera et species*, Lugduni Batavorum, per J. Haak, 1735.

LIZET Pierre, *Adversum pseudoevangelicum haeresim libri seu commentarii IX,* Paris, Le Preux, 1551

LIZET Pierre, *Briève et succinte manière de procéder tant à l'institution et décision des causes criminelles que civiles*, Paris, L. Le Caron, 1555.

LOUIS XIV, *Mémoires*, Paris, éd. Charles Dreyss, 1860, 2 vol.

LOYSEL Antoine, *Institutes coutumières ou Manuel de plusieurs et diverses règles, sentences et proverbes, tant ancien que modernes du droit coutumier et plus ordinaire de la France, avec les notes d'Eusèbe de LAURIÈRE*, nouvelle édition par M. DUPIN et Edouard LABOULAYE, Paris, Durand et Videcoq, 1846.

LOYSEL Antoine, *Pasquier ou Dialogue des avocats du parlement de Paris, avec une introduction et des notes, la suite chronologique des plus notables avocats depuis l'an 1600, jusqu'à ce jour et des notices biographiques sur Pasquier, Loysel et les frères Pithou,* 5ème édit. par M. DUPIN, Paris, Videcoq, 1844.

MALEBRANCHE Nicolas, *De la Recherche de la vérité où l'on traite de la nature de l'esprit de l'homme et de l'usage qu'il en doit faire pour éviter l'erreur dans les sciences*, Paris, A. Pralard, 1674-1675, 2 vol.

MALHERBE François de, *Œuvres*, édition présentée, établie et annotée par Antoine ADAM , Paris, Gallimard, Bibliothèque de la Pléiade, 1971, p. 32-38.

MAROT Clément, *Trente pseaulmes de David mis en françoys*, Paris, E. Rosset, 1541.

MERSENNE Marin, *Correspondance du père Marin Mersenne, religieux minime, publiée et annotée par* Cornélis de WAARD et Armand BEAULIEU Paris, Édit. du C.N.R.S., 1932-1988, 16 vol. (le t. IV a été édité aux P.U.F,

Paris, 1955). Nous avons travaillé sur le t. XI (*Janvier 1642-27 décembre 1642*) publié par Cornélis de WAARD en 1970.

MONTAIGNE Michel de, *Essais*, dans *Œuvres complètes*, texte établi par Albert THIBAUDET et Maurice RAT. Introduction et notes par Maurice RAT, Paris, Gallimard, Bibliothèque de la Pléiade, 1962.

MORÉRI Louis, *Le grand dictionnaire historique ou le Mélange curieux de l'histoire sacrée et profane*, éd. de Bale, Jean-Louis Brandmuller, 1740, 6 vol.

NITHARD, *Histoire des fils de Louis le Pieux*, publiée et traduite par Ph. LAUER, Paris, H. Champion, 1926.

OLIVÉTAN Pierre-Robert, *La Bible qui est toute la saincte escripture en laquelle sont contenus le vieil Testament et le nouveau translatez en françoys. Le vieil de Lebrieu, et le nouveau du grec,* Genève, Pierre de Wingle, 1535, avec préface de Jean Calvin.

ORESME Nicole, *Maistre Nicole Oresme. Le livre de Éthiques d'Aristote*, Albert D. MENUT (éd.), New York, 1940.

ORESME Nicole, *Maistre Nicole Oresme. Le livre de Politiques d'Aristote*, Albert D. MENUT (éd.), Philadelphie, 1970.

PAJOT Charles, *Dictionnaire nouveau françois-latin*, Rouen, G. Griveau, 1644.

PAJOT Charles, *Dictionnarum novum latino-gallico-græcum*, Rouen, Flexier et G. Griveau, 1645.

PAJOT Charles, *Nouveau dictionnaire françois-latin*, Lyon, Flexier et G. Griveau, 1666.

PASCAL Blaise, *Œuvres complètes*, texte établi, présenté et annoté par Jean MESNARD, Paris, Desclée de Brouwer, 1970, 2 vol.

PASQUIER Estienne, *Les Recherches de la France*, Paris, Jean Longis, 1560, 1ère éd., suivie de sept autres éditions jusqu'en 1621. Pasquier achevait de mettre au point l'édition, parue *post mortem* en 1621, lorsqu'il mourut en 1615. Nous avons travaillé sur l'édition Champion, Paris 1996, dont le texte est celui de l'édition de 1665. L'édition Champion a été établie sous la direction de Marie-Madelaine FRAGONARD et François ROUDAUT ; elle reprend les variantes et ajouts des huit autres éditions.

PELLISON Paul et **OLIVET Pierre Joseph abbé d'**, *Histoire de l'Académie française,* éd. de Ch. L. LIVET, Paris, Didier, 1858.

PINAULT Mathieu, sieur des Jaunaux *Histoire du parlement de Tournai, contenant l'établissement et les progrès de ce tribunal avec un détail des Édits,*

Ordonnances, Règlemens concernants la justice y envoyez, Valenciennes, G. F. Henry, 1701.

PLUCHE abbé Antoine, *La mécanique des langues et l'art de les enseigner*, Paris, Vve Estienne et fils, 1751.

POLIGNAC Melchior, cardinal de, *Anti-Lucretius, sive de Deo et natura libri novem Eminentissimi S.R.E. cardinalis Melchioris de Polignac opus posthumum illustrissimi abbatis Caroli d'Orleans de Rothelin cura et studio editioni mandatum*, Parisii, apus H.L. et J. Guerin, 1747, 2 vol.

PRÉVOST de LA JANNÉS Michel, *Les principes de la jurisprudence françoise exposés suivant l'ordre des diverses espèces d'actions qui se poursuivent en justice*, Paris, Briasson, 1750, 2 vol.

PROYARD abbé Liévin Bonaventure, *De l'éducation publique et des moyens d'en réaliser la réforme projetée dans la dernière Assemblée générale du Clergé de France*, Paris, Vve Hérissant et C. Barrois, 1785.

RAMUS Pierre, *Gramere de Pierre de LA RAMÉE*, Paris, A. Wechel, 1562.

RAMUS Pierre, *Grammaire*, Paris A. Wechel, 1572.

RAMUS Pierre, *Grammaire de Pierre de La RAMÉE, lecteur du Roy en l'université de Paris, reveue et enrichie en plusieurs endroits*, Paris, D. du Val, 1587.

REBUFFI Jacobus, *Lectura super tribus ultimis libris Codicis, cum apostillis et additionibu, Celsi Ugonis Dissuti, ac materiarum singularium repertorio, nunc denuo impressa, summariis ad leges, quasque aucta et multis erroribus purgata*, Augustæ Taurinorum, apud haeredem N. Bevilaquae, 1591.

REBUFFI Petrus, *Praxis beneficiorum utilissima, acquirendi, conservandique illa, ac amittendi modos continens, usumque et stylum literarum curiæ romaæ, formas denique, signaturæ, bullæ simplicis ac novæ provisionis, dipensationisque, atque aliarum literarum gratiæ, clausularumque in eis contenttarum, ade hæc regularum cancellariæ explicationem, et aliorum, quæ ad hanc materiam spectant, et quæ in forensi versantur judicio, prout indicat sequens pagina*, Lugduni, apud Sennetonios fratres, 1553 ;

REBUFFI Petrus, *Concordata inter sanctissimum dominum nostrum papam Leonem X, et sedem apostolicam, ac christianissimum dominum nostrum regem Franciscum hujus nominis primum et regnum, cum interpretionibus*, Parisiis, J. Parvus et G. a Prato, 1536.

REBUFFI Petrus, *Commentarii in constitutionnes seu ordinationes regias, non solum juris studiosis verum etiam pragmaticis utilitissima, in quibus facilis ad praxim curarium Franciæ via, et jurium intellectus explicantur, authore D.*

Petro Rebuffo, Lugduni, apud hæredes G. Rovillii, 1599, 3 t. en 1 vol. (1ère éd., Lyon, 1554).

REBUFFI Pierre, *Ordonnances et edicts royaux de France, depuis le Roy S. Loys IX en l'An 1226. iusques au Roy Charles neufième à présent régnant 1565*, Lyon, À la Salamandre, rue Mercière, 1566, 2 t. en 1 vol.

RICHER, *Histoire de France (888-995)*, éditée et traduites par Robert LATOUCHE, Paris, H. Champion, 2 vol., 1930-1931.

ROLLIN Charles, *Traité des études. De la manière d'enseigner et d'étudier les belles lettres, par rapport à l'esprit et au cœur,* Paris, J. Estienne, 1726

ROME Gilles de, *Li livres du gouvernement des rois*, New York, éd. Samuel Paul Moleaner,1999.

RONSARD Pierre de, *Les quatre premier livre des odes de Pierre de Ronsard, Vandomois, ensemble son Bocage*, Paris, Guillaume Cavellart, 1550.

RONSARD Pierre de, *Œuvres complètes*, Paris, Librairie Alphonse Lemaire, 1914-1919, édition de Paul LAUMONIER en 8 vol.

SAINTE-MARTHE Louis et Gaucher de, *Gallia Christiana*, Lutetiae Parisiorum, 1654, 4 vol.

SALVINI Anton-Maria, « Sopra la lingua latina », dans *Discorsi academici sopra alcuni dubbi proposti nell'Academia degli Apatisti,* Firenze, Giuseppe Manni, 1695.

SANTEUIL Jean (Johanis Baptistæ SANTOLII), *Operum omnium, edito 2ª, in qua reliqua opera nundum conjunctim edita reperiuntur*, Parisiis, apud D. Thierry, 1698.

SAVARON Jehan, *Traité de la souveraineté du roi et que S.M. ne la peut souzmettre à qui que ce soit ny aliéner son domaine à perpétuité, avec es preuves et authoritez contre un autheur incongneu*, Paris, P. Metayer, 1620.

SCUDÉRY Georges de, *Observations sur le Cid*, Paris, « au dépens de l'auteur », 1637.

SERRES Claude, *Les institutions du droit françois, suivant l'ordre de celles de Justinien accomodées à la jurisprudence moderne, et aux nouvelles ordonnances,* 3ème éd., Paris, Vve Cavelier, 1771 (1ère édit. 1753).

SEYSSEL Claude de, *Les histoires universelles de Trogue Pompée, abbrégées par Justin Historien, translatées de Latin en François par Messire Claude de Seyssel, évesque de Marseille, et depuis archevesque de Thurin,* Paris, De l'imprimerie de Michel de Vascoisan, 1558.

SEYSSEL Claude de, *Thucydide. L'histoire de la guerre qui fut entre les Péloponésiens et les Athéniens*, préface J. COLLIN, Paris, Josse Bade, 1527.

SCHNERB-LIÈVRE Marion, *Le songe du vergier, édité d'après le manuscrit royal 19 C IV de la British Library*, Paris, CNRS, 1982, 2 vol.

SOREL Charles, *La Science universelle. De l'usage des idées, ou de l'origine des sciences et des arts et de leur enchaînement, du langage, de l'écriture et des chiffrres*, Paris, T. Girard, 1668, 4 vol.

SUGER, *Vie de Louis VI le Gros*, édition et traduction par Henri WAQUET, Paris, H. Champion, 1929.

TERREVERMEILLE Jean de (Johanes de Terra Rubia), *Tractatus de jure legitimi successoris in hereditate regni Galliæ*, 1419 (réédité dans F. HOTMAN, *Disputatio de controversia*, éd. de 1585. Voir ci-dessus).

TERREVERMEILLE, Jean de, *Joannes de Terra Rubea contra rebelles suorum regum*, Lugduni, J. Renaud de Sauset, 1526.

TESSEREAU Abraham, *Histoire chronologique de la chancellerie de France contenant son origine, l'état de ses officiers, un recueil exact de leurs noms depuis le commencement de la monarchie jusqu'à présent, leurs fonctions, privilèges, prérogatives, droits et réglemens ; ensemble l'établissement et les réglemens des chancelleries près les cours de parlement, autres cours et sièges présidiaux du Royaume, le tout tiré des chartes, édits et autres actes authentiques*, Paris, Le Petit, 1676.

TILLET Jean du, *Recueil des Rois de France ; leur couronne et leur maison, ensemble le rang des grands de France, par Jean du Tillet. Plus une chronique abrégée contenant tout ce qui est advenu, tant en fait de guerre, qu'autrement, entre les Roys et princes, Républiques et potentats étrangers par M. I. du Tillet, évesque de Meaux, frères. En outre les mémoires dudit sieur sur les privilèges de l'Église Gallicane, et plusieurs autres de la Cour de Parlement, concernant lesdits privilèges. En ceste dernière édition a esté ajouté les Inventaires sur chaque maison des rois et grands de France et la chronologie augmentée jusques à ce temps*, Paris, P. Mettayer & B. Macé, 1607

TITE LIVE, *Histoire romaine*. Traduction de Gérard WALTER, *Historiens romains*, Paris, Gallimard, Bibliothèque de La Pléiade, 1968, 2 vol., t. 1, *Historiens de la République (Tite-Live, Salluste)*.

TORY Geoffroy, *Champfleury auquel est contenu l'art et science de la deue et vraye proportion des lettres attiques qu'on dit autrement lettres antiques et vulgairement lettres romaines, proportionnées selon le corps et le visage humain, Paris*, G. Tory et Gilles Gourmont, 1529.

VAUGELAS Claude-Favre de PERORGES de, *Remarques sur la langue françoise utiles à ceux qui veulent bien parler et bien escrire*, Paris, Veuve Jean Camusat et Pierre Le Petit, 1647. Rééd. Genève, Droz, 1934, 2 vol.

VILLARET Michel, **VELLY abbé Paul-François**, **GARNIER Jean-Jacques**, *Histoire de France depuis l'établissement de la monarchie jusqu'au règne de Louis XIV*, par M. l'abbé Velly, continué par M. Villaret, (t. VIII à XVII) et J.-J. Garnier (t. XVIII à XX), Paris, Dessaint et Saillant, 1763-1769.

VOLTAIRE, *Lettres philosophiques*, éd. de Jacques VAN DEN HEUVEL, Paris, Gallimard, La Pléiade, 1961.

VOLTAIRE, *Dictionnaire philosophique ou la raison par l'alphabet*, éd., Flammarion, Paris, 1964.

VOLTAIRE, *Œuvres historiques*, éd. de R. POMEAU, Paris, Gallimard, La Pléiade, 1957.

B - Ouvrages postérieurs à 1789

ALBERT de LUYNES et de CHEVREUSE, duc de CHAULNES Paul, *L'expédition de Charles VIII en Italie, histoire diplomatique et militaire* (direction), Paris, Firmin Didot,1885.

ALLAND Denis et **RIALS Stéphane**, *Dictionnaire de la culture juridique* (direction), Paris, Quadrige / Lamy-PUF, 2003.

ALLEMAND-GAY Marie-Thérèse, « L'originalité du parlement de Nancy au lendemain du rattachement à la France » dans *Les parlements de province. Pouvoirs, justice et société du XVe au XVIIIe siècles* (Direction : J. POUMARÈDE et J. THOMAS), Toulouse, Framespa, 1996, p. 229-244.

ALPHEN Louis, publication et traduction de la *Vie de Charlemagne* d'EGINHARD, Paris, H. Champion, 1923.

AMBOISE Jean-Claude, *L'utilisation de la langue française en France face aux langues étrangères. Les garanties juridiques, Les normes* (vol. 1), *L'application des normes* (vol. 2), Thèse, Paris V, 1996, 546 p.

ANDRÉ Louis, *Michel Le Tellier et Louvois*, Paris, Armand Colin, 1942. (2e éd. chez Slatkine en 1974).

Anonyme, « Rebuffe Pierre », *G.E,* t. XXVIII, p. 212.

ANTOINE Gérald et **CERQUIGLINI Bernard**, *Histoire de la langue française. 1945-2000* (direction), Paris, CNRS Edition, 2000.

ARAGON Louis, *Les yeux d'Elsa*, Paris, Seghers, 1964.

ARBOIS de JUBAINVILLE Henry, *Histoire des ducs et des comtes de Champagne, depuis le VI*[e] *siècle jusqu'à la fin du XI*[e] *siècle*, Paris, A. Durand, 1859-1869, 7 t. en 8 vol. Seul a été consulté le t. V, *Catalogue des actes des comtes de Champagne depuis l'avènement de Thibaut III jusqu'à celui de Philippe le Bel*, Paris, A. Durand, 1865.

ARIÈS Philippe, « Problèmes de l'éducation. De la fin de l'empire romain à l'expulsion des Jésuites », dans *La France et les Français* (direction : Michel FRANCOIS), Encyclopédie de La Pléiade, Paris, Gallimard, 1972. p. 871-961.

ARNOULD Maurice-Aurélien, « Le plus ancien acte en langue d'oïl : la charte de Chièvres (1194) », *Hommage au professeur Paul Bonenfant (1899-1965), Études d'histoire médiévale dédiées à sa mémoire par les anciens élève de son séminaire à l'Université libre de Bruxelles*, Bruxelles, impr. Universa, 1965, p. 85-118.

ARRIGHI Paul et **POMPONI Francis**, *Histoire de la Corse*, Paris, PUF, 9ème édit., 2007.

ASSE Eugène, « Georges de Scudéry », *G.E.*, t. XXIX, p. 833-834.

AUBIN Gérard, *Études offertes à Pierre Jaubert. Liber Amicorum.* (Textes réunis par), Bordeaux, P.U.B., 1992.

AUSTIN John Langshaw, *Quand dire c'est faire*, Paris, Seuil, 1970.

AUTRAND Françoise (Direction) , *Prosopographie et genèse de l'État moderne, Actes de la table ronde organisée par le C.N.R.S. et l'École normale supérieure de jeunes filles (22-23 oc. 1984)*, Coll. École normale de jeunes filles, Paris, éd. rue d'Ulm, 1986.

AVRIL Pierre et **GICQUEL Jean**, *Lexique du droit constitutionnel*, 6ème édit., Paris, P.U.F., 1995.

AYATS Alain, « Les premières années de l'intendance du Roussillon (1660-1681) et l'ascension de Ramon Trobat », dans *Pedrales, Revista d'historia moderna*, Universitat de Barcelona, 13, 1993, p. 165-183.

AYATS Alain, *La défense des Pyrénées catalanes françaises (1659-1681). Frontière politique et frontières militaires*, thèse doctorat histoire, Montpellier III, 1990.

AYATS Alain, *Louis XIV et les Pyrénées catalanes de 1659 à 1681. Frontière politique et frontières militaires*, Canet, Éditions Trabucaire, 2002.

BALDWIN John, *Philippe Auguste et son gouvernement. Les fondations du pouvoir royal en France au Moyen Âge*, Paris, Fayard, 1991 (trad. de l'éd. américaine, Berkeley-Los Angeles, 1986).

BALIBAR Renée, *Essai sur le Colinguisme des Carolingiens à la République*, Paris, PUF, 1985.

BALIBAR Renée, *L'institution du français*, Paris, P.U.F., 1985

BALIBAR Renée, « La langue de la France exercée au pluriel » dans *France, pays multilingue*. t. I, *Les langues en France, un enjeu historique et social*, (Direction : Geneviève VERMES et Josiane BOUTET) Paris, L'Harmattan, 1987.

BARBEY Jean, « La montée de l'État monarchique (fin XIIIe — début XVIIe siècle), dans J.-L. HAROUEL, J. BARBEY, E. BOURNAZEL, J. THIBAUT-PAYEN, *Histoire des institutions de l'époque franque à la Révolution*, 7ème édit., Paris, P.U.F., 1996, p. 253-393.

BARBEY Jean, *La fonction royale. Essence et légitimité d'après les* Tractatus *de Jean de Terrevermeille*, Paris, NEL, 1983.

BARDOT Georges, *La question des dix villes impériales d'Alsace depuis la paix de Westphalie jusqu'aux arrêts de réunions du conseil souverain de Brisach (1648-1680)*, thèse lettres, Lyon, A. Rey, 1899.

BARRET-KRIEGEL Blandine, *L'État et les esclaves*, Paris, Petite Bibliothèque Payot, 1989.

BARTHÉLEMY Dominique, *La société dans le comté de Vendôme de l'an mil au XIVe siècle*, Paris, Fayard, 1993.

BATTIFOL Louis, « Les difficultés de Louis XIV avec les Alsaciens », dans *La Revue de Paris*, 37e année, mars-avril 1930, t. II, p. 565-597.

BAUTIER Robert-Henry, « Les registres des foires de Champagne. À propos d'un feuillet récemment découvert », dans *Bulletin philologique et historique (jusqu'à 1715) du Comité des travaux historiques et scientifiques*, années 1942 et 1943, Paris, 1945, XVII, p. 157-188.

BAUTIER Robert-Henry, « L'exercice de la juridiction gracieuse en Champagne du milieu du XIIIe siècle à la fin du XVe », dans *BÉC*, CXVI, 1958, p. 29-106.

BAUTIER Robert-Henry, « Recherches sur la chancellerie royale au temps de Philippe VI », *BÉC*, CXXII, 1964, p. 89-176, CXXIII, 1965, p. 311-459.

BAUTIER Robert-Henry, « Typologie diplomatique des actes royaux français (XIIIe-XVe siècle », dans José MARQUES (éd.), *Diplomatique royale du Moyen Âge, XIIIe-XIVe siècles. Actes du colloque*, Porto, 1966, p. 25-68.

BAUTIER Robert-Henry, *La France de Philippe Auguste. Le temps des mutations*, Paris, édit. C.N.R.S., 1982,

BAUTIER Robert-Henry, « Le personnel de la chancellerie royale sous les derniers Capétiens », dans *Prosopographie et genèse de l'État moderne* (direction : Françoise AUTRAND), Paris, 1986, p. 91-115.

BAUTIER Robert-Henry, « L'authentification des actes privés dans la France médiévale. Notariat privé et juridiction gracieuse », dans *Notariado publico y*

documento privado : de los origines al siglo XIV, Actas del VII Congresso internacional de diplomatica. Valencia, 1986, Valence, 1989, p. 701-771.

BAUX Jules, *Histoire de la réunion à la France des provinces de Bresse, Bugey et Gex*, Bourg, Millet-Bottier, 1852.

BEAUD Olivier, *État et souveraineté,* thèse Droit, Paris, 1989 (multigraphiée), 2 vol., 596 p. Ouvrage publié en 1994 sous le titre *La puissance de l'État*, Paris, PUF, coll. « Léviathan ».

BEAUJOUAN Guy, « La représentation de l'univers », dans *La France et les Français* (direction : Michel FRANCOIS), Encyclopédie de la Pléiade, Paris, Gallimard, 1972, p. 646-677.

BEAUNE Colette, *Naissance de la nation France*, Paris, Gallimard, 1985.

BELLOT-ANTONY Michel et **HADJADJ Dany**, « La querelle de l'enseignement des langues dans l'*Encyclopédie* », dans *Éclectisme et cohérence des Lumières. Mélanges offerts à Jean Ehrard,* Paris, Nizet, 1992, p. 37-52.

BELLOT-ANTONY Michel et **HADJAJ Dany**, « L'enseignement des langues à Riom et à Effiat », dans *Le collège de Riom et l'enseignement oratorien en France au XVIIIe siècle*. Textes réunis et présentés par Jean EHRARD, Paris, édit. C.N.R.S., 1993, p. 191-225

BELMON Jérôme et **VIEILLARD Françoise**, « Latin farci et occitan dans les actes du XIe siècle », dans *BÉC*, CLV, 1997, p. 149-183.

BÉLY Lucien, *Espions et ambassadeurs au temps de Louis XIV*, Paris, Fayard, 1990.

BERGER Emile, « Le titre de régent dans les actes de la chancellerie royale », dans *BÉC*, LXI, 1900, p. 413-425.

BERGER Philippe, « abbé Claude-Pierre Goujet », *G.E.*, t. XIX, p. 48

BERRIAT-SAINT-PRIX Jacques, *Coup d'œil sur l'emploi de la langue latine dans les Actes anciens et sur sa prohibition au 16e siècle*, Paris, Schmith, 1824, et également dans *Mémoires de la Société Royale des Antiquaires de France*, t. VI, 1824, p. 273-296.

BETTATI Mario et *al.*, *La souveraineté au XXe siècle*, A. Colin, 1971.

BEUGNOT Bernard, « Débats autour du latin dans la France classique », dans *Acta conventus neo-latini amstelodamensis. Proceedings of the Second International Congress of Neo-Latin Studies. Amsterdam, 19-24 August 1973.* Édité par P. TUYNMAN, G.C. KUIPER et E. KESBER, München, Wilhelm Fink Verlag, 1979, p. 93-106

BLAIR Anne, « La persistance du latin comme langue de science à la fin de la Renaissance », dans *Sciences et langues en Europe*, (direction : Roger CHARTRIER et Pietro CORSI) Paris, E.H.E.S.S., 1996, p. 33-39.

BLANC Agnès, « *La langue de la* Francia occidentalis *est le roman* ». *Recherche sur les origines historiques de la relation entre l'unité de langue et l'unité de l'État en France*, mémoire DEA histoire du droit, Perpignan, 2003, 92 p.

BLANC François-Paul, « L'anoblissement de François Fossa, dernier doyen de la faculté de droit de Perpignan », dans *L'université de Perpignan au XVIIIe siècle*, Perpignan, PUF, 1996, p. 225-268

BLANC François-Paul, « La notion de liberté locale à la veille de la Révolution française », *Revue juridique de l'Océan Indien*, 2003-2004, p. 159-168.

BLANC François-Pierre, *Les magistrats du Conseil souverain de Roussillon. 1660-1789 (Contribution à l'histoire d'une exception institutionnelle : la gratuité des offices à l'époque moderne,* thèse droit, Toulouse, 1999, multigraphiée, t. 1, 2 vol., 679 p ; t. 2 *Les lettres royaux de nomination au Conseil souverain de Roussillon (1660-1789). Étude diplomatique,* 770 p.

BLANCHET Philippe, « Langues et pouvoirs en France de 1780 à 1850 : un problème de définition (Éléments linguistiques pour une histoire de la décentralisation)», dans *Pouvoir local et Révolution, 1780- 1850, La frontière intérieure*, actes du Colloque international de Rennes, Rennes, P.U.R., 1995, p. 537 et s.

BLOCH Marc, « Sous Saint-Louis : le roi, ses seigneuries et ses champs », *Annales d'histoire économique et sociale, « Questions de fait et de méthode »*, 1937, XXV, p. 199-201.

BLOCH Marc, *La société féodale*, Paris Albin Michel, 1939 (7e édit., 1989).

BLUCHE François et **DURYE Pierre**, *L'anoblissement par charge avant 1789, Les cahiers nobles*, 23 et 24, Paris, 1962.

BLUCHE François, *Le despotisme éclairé*, Paris, Fayard, 1968.

BLUCHE François, *Louis XIV*, Paris, Fayard, 1986.

BOLTANSKI Luc et **BOURDIEU Pierre**, « Le Fétichisme de la langue », *Actes de la recherche en sciences sociales,* 4, 1975.

BOTS Hans et **WAQUET Françoise**, *La république des lettres*, Paris, Belin-De Boeck, 1997.

BOÜARD Alain de, *Études de diplomatique sur les actes des notaires du Châtelet de Paris*, Paris, Champion,1910.

BOULARD Gilles, « L'ordonnance de Villers-Cotterêts : le temps de la clarté et la stratégie du temps (1359-1992) », dans *Revue historique*, CCCI, 1999, p. 45-100.

BOULET-SAUTEL Marguerite, « Aperçu sur le système de preuves dans la France coutumière du Moye Âge », dans *Recueils de la Société Jean-Bodin* *pour l'histoire comparative des institutions*, t. XVII : *La preuve*, 2e partie : *Le Moyen Âge et les Temps modernes,* Bruxelles, Éditions de la Librairie Encyclopédique, 1965.

BOULET-SAUTEL Marguerite, « Le *princeps* de Guillaume Durand », dans *Études d'histoire du droit canonique offertes à Gabriel Le Bras,* 2 vol., Paris, Sirey, 1965, t. II, p. 803-813.

BOULET-SAUTEL Marguerite, Préface à l'ouvrage de Jean BARBEY, *La fonction royale. Essence et légitimité d'après les* Tractatus *de Jean de Terrevermeille,* Paris, NEL,1983.

BOURDIEU Pierre, *Ce que parler veut dire. L'économie des échanges linguistiques,* Paris, Fayard, 1982.

BOURDIEU Pierre, **SIMPSON John B.,** *Langage et pouvoir symbolique*, Paris, Seuil, 2001.

BOUREAU Alain, *Le simple corps du roi,* Paris, Les Éditions de Paris, 1988.

BOURNAZEL Éric, « Les temps féodaux (fin Xe-fin XIIIe siècle) », dans J.-L. HAROUEL, J. BARBEY, E. BOURNAZEL, J. THIBAUT-PAYEN, *Histoire des institutions de l'époque franque à la Révolution*, 7ème édit., Paris, P.U.F., 1996, p. 99-252.

BOUSSARD Jacques, « La France féodale », dans *La France et les Français* (direction : Michel FRANCOIS), *Encyclopédie de La Pléiade*, Paris Gallimard, 1972, p. 967-1021.

BOUTET Josiane, (direction) *France, pays multilingue,* t. I, *Les langues en France, un enjeu historique et social*, Paris, L'Harmattan, 1987 p. 9-20.

BOWMAN Franck-Paul, *L'abbé Grégoire, évêque des Lumières*, (textes réunis et présentés par), Paris, édit. France-Empire, 1988.

BRAUDEL Fernand, *L'identité de la France*, Arthaud, Paris, 1986.

BRAUNFELS Wolfgang (éd.), *Karl der Grosse*, t. IV, *Das Nachleben*, Düsseldorf, 1967, p. 77-99.

BRÉGI Jean-François, *Introduction historique au droit*, Paris, Ellipses Édition Marketing, 2005.

BRÉMOND Marcel et **GAUDEMET Jean**, *L'Empire chrétien et ses destinées en Occident, du XIe au XIIIe siècle. Essai sur les forces d'universalisme et de particularisme dans l'Europe du Moyen Âge* (Préface de Gabriel Le BRAS), Paris, L.G.D.J., 1944.

BRISSAUD Jacques, *Cours d'histoire générale du droit français public et privé*, Paris, A. Fontemoing, 2 vol.,1904.

BRUGUIÈRE Marie-Bernadette, GILLES Henri, SICARD Germain, *Introduction à l'histoire des institutions françaises*, Toulouse, Privat, 1983.

BRUN Auguste, *Parlers régionaux. France dialectale et unité française*, Paris-Toulouse, Didier, 1946, coll. « Connais ton pays ».

BRUN Auguste, « En langage maternel français », *Le Français moderne*, 1951, n° 54, p. 81-103.

BRUN Auguste, « La pénétration du français dans les provinces du midi du XVe au XIXe siècle », *Le français moderne*, n° 3, 1935, p. 149-161.

BRUN Auguste, « Le français en France du XIIIe siècle à 1500 », dans *Histoire de la langue française des origines à 1900*, t. I, *De l'époque latine à la Renaissance* (direction : F. BRUNOT), Paris, Armand Colin, 4ème édit. 1933, Chap. IX, p. 358-375.

BRUN Auguste, *Introduction de la langue française en Béarn et en Roussillon*, Paris, Champion, 1923.

BRUN Auguste, *Recherches historiques sur l'introduction du français dans les provinces du midi : Languedoc, Guyenne, Limousin, Provence,* Paris, Champion, 1923, réed. Genève, Slatkine, 1973.

BRUNEL Clovis, « La formation de l'unité linguistique de la France », *Revue internationale de l'enseignement*, 1927, 10, p. 34-45.

BRUNEL Clovis, *Les plus anciennes chartes en langue provençale. Recueil des pièces originales antérieures au XIIIe siècle*, t. I, Paris, Picard, 1926, et *Supplément,* t. II, Paris, Picard, 1952. Réed. Genève, Slatkine, 1973.

BRUNEL Clovis, *Recueil des actes des comtes de Ponthieu (1026-1279),* Paris, Clovis Brunel éditeur, 1930.

BRUNEL Ghislain, « Des paysans introuvables » ? Traces écrites et données démographiques en France septentrionale (XIe–XIIIe siècle) », dans *Paysage ruraux et société en France septentrionale. Enquêtes rurales,* n° 2, Caen, 1997, p. 7-36).

BRUNOT Ferdinand, « Un projet d' "enrichir, magnifier et publier" la langue française en 1509 », dans *Revue d'histoire littéraire de la France*, I, 1894, p. 27-37.

BRUNOT Ferdinand, *Histoire de la langue française des origines à nos jours*, 3ème édit., Paris, Armand Colin, 1939.

t. I, *De l'époque latine à la Renaissance.*

t. II, *Le seizième siècle.*

t. II, *La formation de la langue classique (1600-1660)*, 2 vol.

t. IV, *La langue classique (1660-1715),* 2 vol.

t. V, *Le français en France et hors de France au XVIIe siècle.*

t. VI, *Le XVIIIe siècle*, 2 vol. divisés chacun en deux fascicules.

t. VII, *La propagation du français en France jusqu'à la fin de l'Ancien Régime.*

t. VIII, *Le français hors de France au XVIIIe siècle*, 2 vol.

BRUNOT Ferdinand, *La doctrine de Malherbe d'après ses commentaires sur Desportes*, Paris, Masson, 1891.

BRUNOT Ferdinand,, « Notes sur l'histoire de la langue française », dans *Revue d'histoire littéraire de la France*, II, 1902, p. 413-445.

BUI-XUAN Olivia, *Le droit public français, entre universalisme et différencialisme*, coll. Corpus essais, Économica, 2004.

BURGUIÈRE André et **REVEL Jacques**, *Histoire de la France*. Paris, 2ème éd., Le Seuil, 2000, 4 vol. t. I. *L'espace français.*

CABANIS André, DEVAUX Olivier, *Histoire des institutions de la France (XVe –XVIIIe siècle)*, Lyon, L'Hermès, 1997.

CABOURDIN Guy, *Quand Stanislas régnait sur la Lorraine*, Paris, Fayard, 1980.

CALMETTE Joseph, *La société féodale*, Paris, Amand Collin, 4ème édit., 1938.

CALVET Louis-Jean, *La guerre des langues et les politiques linguistiques*, Paris, Hachette Littératures, 1999.

CALVET Louis-Jean, *Les langues véhiculaires,* Paris, PUF, « Que sais-je ? », 1981.

CALVET Louis-Jean, *Les politiques linguistiques*, Paris, P.U.F, « Que sais-je ? »,1996.

CAPUT Jean-Pol, « Naissance et évolution de la notion de norme en français », *Langue française*, n° 16, 1972, p. 53-73.

CAPUT, Jean-Pol, *La langue française. Histoire d'une institution,* t. I, *842-1715*, t. II, *1715-1974*, Paris, Larousse, 1972-1975.

CARBASSE Jean-Marie, « L'enseignement du droit français à l'université de Perpignan (1683-1791) », dans *L'Université de Perpignan au XVIIIe siècle* (direction : Jean SAGNES), Perpignan, P.U.P., 1996, p. 246-247.

CARBASSE Jean-Marie, « Langues de la nation et "idiomes grossiers" : le pluralisme linguistique sous le niveau jacobin », *Libertés, pluralisme et droit. Une approche historique,* Actes du colloque d'Anvers, mai 1993, Bruxelles, 1995, p. 158-173.

CARBASSE Jean-Marie, « Unité et diversité de l'ancienne France », dans *L'unité des principaux États européens à la veille de la Révolution*, (Dir. : J.-M. CARBASSE et P. VILLARD), Paris, Institut d'histoire du droit, 1992.

CARBASSE Jean-Marie, *Introduction historique au droit*, Paris, P.U.F., 1998.

CARBONNIER Jean, *Droit civil - Introduction*, Paris, P.U.F., 1991.

CAROLUS-BARRÉ Louis, « L'apparition de la langue française dans les actes de l'administration royale », dans *Académie des inscriptions et Belles Lettres. Comptes rendus des séances de l'année 1976*, Paris, 1976, p. 148-155.

CAROLUS-BARRÉ Louis, « L'organisation de la juridiction gracieuse à Paris, dans le dernier tiers du XIIIe siècle. L'Officialité et le Châtelet », *Le Moyen Âge*, LXIX, 1963, p. 417-435.

CARPENTIER Élisabeth et **Le MENÉ Michel**, *La France du XIe au XVe siècle. Population, société, économie*, Paris, P.U.F. 1996.

CARRÉ de MALBERG Raymond, *Contribution à la théorie générale de l'État. Spécialement d'après les données du droit constitutionnel français*, Paris, Dalloz, 2004, en un seul vol., présentation par Éric MAULIN (1ère éd., Paris, 1922, 2 vol .

CARRÈRE d'ENCAUSSE Hélène, « Le français identitaire et universel », *Le Monde* 23 octobre 2007.

CAZELLES Raymond, *La société politique et la crise de la royauté sous Philippe de Valois*, Paris, Librairie d'Argences, 1958 (Bibliothèque elzevirienne. Études et documents).

CÉLÉRIER Thibaut, « Survivance de l'Ancien Régime dans le contentieux administratif », *L.P.A*, n°91, 1993, p. 53. et s.

CERQUIGLINI Bernard, « Le français, religion d'État ? », *Le Monde*, 26 novembre 2003.

CERQUIGLINI Bernard, *La naissance du français*, Paris, PUF, 1993.

CERQUIGLINI Bernard, « La politique linguistique », dans *Histoire de la langue française. 1945-2000* (direction G. ANTOINE et B. CERQUIGLINI), Paris, CNRS Edition, 2000, p. 597-606.

CERQUIGLINI Bernard, *Une langue orpheline*, Paris, Les Editions de Minuit, 2007.

CERTEAU Michel de, **JULIA Dominique** et **REVEL Jacques**, *Une politique de la langue. La Révolution française et les patois*, Paris, Gallimard, 1975 (Bibliothèque des Histoires).

CESBRON Georges et **RICHER Laurence**, *La réception du latin du XIXe siècle à nos jours. Actes du colloque d'Angers des 23 et 24 septembre 1995* (Textes réunis par), Angers, Presses de l'Université, 1996.

CHABAS Monique, *Le duel judiciaire en France (XIIIe-XVIe siècle)*, Paris Jean Favard, 1978.

CHALTIEL Florence, *La souveraineté de l'État et l'Union européenne, l'exemple français. Recherches sur la souveraineté de l'État membre*, Paris, L.G.D.J., 2000.

CHAMARD Henri, « Géoffroy TAURY », dans *Dictionnaire des lettres françaises. XVIe siècle* (direction : G. GRENTE), Paris, Arthème Fayard, 1951, p. 666-667.

CHAMPION Pierre, *Procès de condamnation de Jeanne d'Arc. Texte, traduction et notes*, 2 vol., Paris, Champion, 1920-1921. Rééd., Slatkine, Genève, 1976.

CHAPELAIN Jean, *Ode à Monseigneur le cardinal duc de Richelieu*, Paris, J. Camusat, 1633.

CHARTIER Roger, **MARTIN Henri-Jean** (direction), *Histoire de l'édition française*, t. 1, *Le livre conquérant. Du Moyen Âge au milieu du XVIIe siècle*, Paris, Promodis, 1982 ; t. 2, *Le livre triomphant, 1660-1830*, Paris, Promodis, 1984 ; t. 3, *Le temps des éditeurs*, Paris, Promodis, 1987.

CHARTRIER Roger, CORSI Pietro (Direction), *Sciences et langues en Europe*, Paris, E.H.E.S.S., 1996.

CHAURAND Jacques, « Préhistoire, protohistoire et formation de l'ancien français », dans *Nouvelle histoire de la langue française* (Direction : J. CHAURAND), Paris, Seuil, 1999.

CHAURAND Jacques, *Histoire de la langue française*, Paris, PUF, « Que sais-je ? », 1969, rééd. 1996.

CHAURAND Jacques, *Nouvelle histoire de la langue française* (Direction), Paris, Seuil, 1999.

CHÊNE Christian, *L'enseignement du droit français en pays de droit écrit, 1669-1793*, Genève, Droz, 1982.

CHENON Emile, « De la transformation du domaine royal en domaine de la couronne », Communication Journées d'histoire du droit,1925, C.R., *R.H.D.*, 1925, p. 528.

CHERVEL André, « L'enseignement des langues dans les collèges de l'Oratoire », dans *Le collège de Riom et l'enseignement oratorien en France au XVIIIe siècle* (Direction : Jean EHRARD) Paris, édit. C.N.R.S., 1993, p. 232-253.

CHEVALLIER Jean-Jacques, « La naissance du nationalisme entre 1789 et 1848 », *L'évolution du droit public, Études offertes à A. MESTRE*, Paris, 1956.

CHOMARAT Jacques, « Les études néo-latines en France (et un peu hors de France), 1983-1993 », dans *Nouvelle revue du seizième siècle*, n° 12, 1994, p. 91-107.

CLERC Guy, *Recherches sur le Conseil souverain de Roussillon (1660-1790)*, mémoire D.E.S. Hist. du droit, Paris, 1973, 2 vol, ronéo, 280 et 304 p.

CLERICO Geneviève, « Le français au XVIème siècle », dans *Nouvelle histoire de la langue française* (direction : J. CHAURAND), Paris, 1999, p. 147-224.

COCHIN Henry, « Pétrarque et les rois de France », *Annuaire-Bulletin de la Société de l'histoire de France*, 1917, 22, p. 127-146.

COHEN Marcel, *Histoire d'une langue, le français (des lointaines origines à nos jours),* 4ème édit., Paris, édit. sociales, 1973.

COLETTI Vittorio, *L'éloquence de la chaire. Victoires et défaites du latin entre Moyen Âge et Renaissance*, Paris, édit. du cerf, coll. Histoire, 1987.

COLOMBANI José, *Aux origines de la Corse française*, Ajaccio, Imprimerie Grandval, 1978.

COLOMER Claude, *Histoire du Roussillon*, Paris, PUF, coll. Que sais-je ?, 1997.

COMBES Anacharsis, *Histoire de l'école de Sorèze*, Toulouse, L. Jougla, 1847.

COMPÈRE Marie-Madelaine et **PRALON-JULIA Dolorès**, *Performances scolaires de collégiens sous l'Ancien régime. Étude de six séries d'exercices latins rédigés au collège Louis-le-Grand vers 1720*, Paris, Institut National de la Recherche Pédagogique, Publications de la Sorbonne, 1992.

CONTAMINE, Philippe, « La mémoire de l'État : Les archives de la Chambre des comptes du roi de France, à Paris, au XVe siècle », dans *Mélanges K.-F. Werner,* Paris, Maulévrier, 1989, p. 85-100. Réimpression dans Philippe CONTAMINE, *Des pouvoirs en France, 1300-1500*, Paris, Presses de l'E.N.S. 1992, p. 237-250.

COPPOLANI Jean-Yves, « Le Code corse », dans *Recueil de mémoires et travaux publiés par la Société d'Histoire du Droit et des institutions des anciens pays de droit écrit*, XII, Montpellier, 1983, p. 35-57.

COPPOLANI Jean-Yves, « Le Conseil souverain de Bastia », dans *Les parlements de province. Pouvoirs, justice et société du XVe au XVIIIe siècles* (Direction : J. POUMARÈDE et J. THOMAS), Toulouse, Framespa, 1996, p. 257-268.

COQ Dominique, *Chartes en langue française antérieures à 1271, conservées dans le département de l'Aube*, Paris, édit. C.N.R.S., 1988.

CORNEVIN Agnès, « La Ratio studieuse du père Houbigant, témoignage de l'enseignement oratorien des humanités », dans *Le collège de Riom et l'enseignement oratorien en France au XVIIIe siècle*. Textes réunis et présentés par Jean EHRARD, Paris, édit. C.N.R.S., 1993, p. 133-139.

CORNU Gérard, *Linguistique juridique*, Paris, Montchrétien, 1990.

COSNEAU Émile, *Les grands traités de la Guerre de cent ans*, Paris, Picard, 1889.

COURTEL Anne-Lise, « La chancellerie et les actes d'Eudes, duc de Bourgogne (1315-1349) », dans *BÉC*, CXXXV, 1977, p. 255-311.

COVILLE Alfred, *Les Cabochiens et l'ordonnance de 1413*, Paris, Hachette, 1888.

CREST Amélie du, *Modèle familial et pouvoir monarchique (XVIe-XVIIIe siècle)*, Aix-en-Provence, P.U.A.M., 2002.

CREUTZER Jean, *Des intendants de Lorraine et de leur action sur l'instruction primaire dans cette province (État de l'instruction primaire en Lorraine aux XVIIe et XVIIIe siècles)*, Nancy, Veuve Ménager, 1881.

CURZON Alfred de, *L'enseignement du droit français dans les universités de France aux XVIIe et XVIIIe siècles*, Paris, Sirey, 1920. Cet ouvrage regroupe deux articles publiés dans la *R.H.D.*, 1919, p. 209-269 et 305-364.

DAVID Marcel, *La souveraineté du peuple*, Paris, PUF, coll. « Questions », 1996.

DAVID Marcel, *Le serment du sacre du IXe au XVe siècle. Contribution à l'étude des limites juridiques de la souveraineté*, Strasbourg, Palais de l'Université, 1951.

DEBBASCH Roland, *Le principe révolutionnaire d'unité et d'indivisibilité de la République*, Économica, Paris- Aix-en-Provence, P.U.A.M.,1988.

DEBBASCH Roland « La République indivisible, la langue française et la nation », *R.R.J.D.P*, n°1, 2001, p. 113-130.

DEBBASCH Roland « La reconnaissance constitutionnelle de la langue française », *R.F.D.C.*, n° 11, 1992, p. 458-468.

DECLAREUIL Joseph, *Les idées politiques de Guez de Balzac*, Paris, Giard et Brière, 1907.

DECLAREUIL Joseph, *Histoire générale du droit français, des origines à 1789*, Paris, Sirey, 1925.

DELABORDE comte Henri-François, *L'expédition de Charles VIII en Italie, histoire diplomatique et militaire*, Paris, Firmin Didot,1885 (Ouvrage publié sous la direction et avec le concours de M. Paul d'ALBERT de LUYNES et de CHEVREUSE, duc de CHAULNES).

DELACHENAL Roland, « Journal des états généraux réunis à Paris au mois d'octobre 1356 », *Nouvelle revue historique de droit français et étranger*, XXIV, juillet-août 1900, p. 415-465.

DELACHENAL Roland, *Histoire de Charles V*, 5 vol., Paris, A. Picard et fils, 1909-1931.

DELAUNAY Paul, « Jacques Dubois, dit *Sylvius* », dans G. GRENTE, *Dictionnaire des lettres françaises. XVIe siècle* (direction), Paris, Arthème Fayard, MCMLI, p. 666-667.

DELMAS Pierre, *Du parlement de Navarre et de ses origines*, Bordeaux, Yves Cadoret,1898.

DEMANTE Gabriel, *Observations sur la formule « car tel est notre plaisir » dans la chancellerie française*, Paris, A. Picard et fils, 1893 (Extrait de *B.E.C.*, LIV, 1893, p 96-109).

DEMONGEOT Marcel, *La théorie du régime mixte chez Saint-Thomas d'Aquin*, Paris, F. Alcan, 1927.

DEPREZ Eugène, *Les préliminaires de la guerre de Cent ans : la papauté, la France et l'Angleterre (1328-1342)*, Paris, A. Fontemoing, 1902.

DERODE Victor, *Histoire de Dunkerque*, Lille, E. Reboux, 1852.

DESCIMON Robert, « Les fonctions de la métaphore du mariage politique du Roi et de la République en France, XVe-XVIIIe siècles », dans *Annales E.S.C*, 47, 1992, p. 1127-1147.

DESPLAT Christian, « Parlement et pouvoirs locaux au XVIIIe siècle : le parlement de Navarre séant à Pau », dans *Les parlements de province. Pouvoirs, justice et société du XVe au XVIIIe siècles* (Direction : J. POUMARÈDE et J. THOMAS), Toulouse, Framespa, 1996, p. 491-507.

DEVAUX Olivier *Histoire des institutions de la France - 1er-XIVe siècle -*, Lyon, L'Hermès, 1993.

DEVIOSSE Jean, *Jean le Bon*, Paris, A. Fayard, 1985.

DIEVOLT G. van, GODDING Ph. et **AUWEELE D. van den** (éditeurs), *Langage et droit à travers l'histoire. Réalités et fictions,* Leuven-Paris, Peeters, 1989.

DION Roger, *Les frontières de la France,* Paris, 1947. Rééd., Paris, Gérard Montfort, 2002.

DOUCET Roger, *Les institutions de la France au XVIe siècle*, Paris, Picard, 1948, 2 vol.

DUBOIS Elfrieda T., « La polémique autour des "Lettres provinciales" : quelques réflexions concernant l'utilisation respective du latin et du français », dans *Acta conventus neo-latini turonensis, Tours, 6-10 septembre 1976. 3ème*

Congrès *international d'Études néo-latines*. Édité par Jean-Claude MARGOLIN, Paris, Vrin, 1980, t. I, p. 609-620.

DUBY Georges, *Qu'est-ce que la société féodale*, Paris, Flammarion, 2002.

DUBY Georges, « Les structures médiévales », dans *La France et les Français* (direction : Michel FRANCOIS), Encyclopédie de la Pléiade, Paris, Gallimard, 1972, p. 1199-1225.

DUBY Georges, *Féodalités*, Paris, Gallimard, 1996.

DUBY Georges, *Histoire de la France*, Paris, Larousse, 1970.

DUFAYARD Charles, *De Claudii Seisselii vita et operibus,* Facultati Parisiensi thesim proponebat Carolus Dufayard, apud Hachette, Paris 1892.

DUFOURCQ Albert, *Histoire ancienne de l'Église*. T. V, *Le christianisme et les Barbares, 395-1049*, Paris, Les petits-fils de Plon et Nourrit, 3ème édit., 1931.

DUGUIT Léon, *Traité de droit constitutionnel*, Paris, De Boccard, 1927.

DUHAMEL Georges, « Pierre de Ronsard », dans *Tableau de la littérature française de Rutebœuf à Descartes*, Paris, Gallimard, 1962, 305-326.

DUMAS Auguste, *Manuel d'Histoire du droit français*, Aix-en-Provence, La pensée universitaire, s.d. (1948).

DUPONT-FERRIER Gustave, *La formation de l'État français et l'unité française (des origines au milieu du XVIe siècle),* Paris, A. Colin, 1929.

DUPRONT Alphonse, « Du sentiment national », dans *La France et les Français* (dir. : Michel FRANCOIS), Encyclopédie de La Pléiade, Paris, Gallimard, 1972, p. 1423-1474.

DUVAL Frédéric, *Le Moyen Âge*, dans A. REY, F. DUVAL et G. SIOUFFY, *Mille ans de langue française. Histoire d'une passion*, Paris, Perrin, 2207.

DUVAL Paul-Marie, « De la préhistoire à la Gaule romaine », dans *La France et les Français* (dir. Michel FRANCOIS), Encyclopédie de la Pléiade, Paris, Gallimard, 1972, p. 27-49.

EGGER Carlo, *Quomodo lingua litteræque latinæ in Pontificio Instituto Altioris Latinatis traduntur,* dans *Quatrième Congrès international pour le latin vivant. Avignon du 1er avril au 3 avril 1969*, Avignon, Aubanel, 1970.

EHRARD Jean (Direction), *Le collège de Riom et les Oratoriens en France au XVIIIe siècle*, Paris, édit. du C.N.R.S., 1993.

ELLUL Jacques, *Histoire des institutions*, 1ère éd., Paris, P.U.F., 1962, 2 vol ; 1ère éd. « Quadrige », Paris, PUF, 1999, 4 vol.

ELOY Jean-Michel, *La constitution du picard : une approche de la notion de langue*, Louvain-la-Neuve-Amiens, Bibliothèque des Cahiers de l'Institut de Linguistique de Louvain, Centre d'Études Picardes, 1997.

ENCREVÉ Pierre, « La langue de la République », *Pouvoirs*, n°100, 2000, p. 112-126.

ESMEIN Adhemar, « L'inaliénabilité du domaine de la couronne devant les états généraux du XVIe siècle », dans *Festschrift Otto Gierke zum siebzigsten Gerburtstag von Schülern*, Freunden und Verehrern, Weimar, 1911, p. 361-381.

ESMEIN Adhemar, *Cours élémentaire d'Histoire du droit français*, 15ème édit. par R. GÉNESTAL, Paris, Sirey, 1930.

ESMEIN Adhemar, *Histoire de la procédure criminelle en France et spécialement de la procédure inquisitoire, depuis le XIIe siècle jusqu'à nos jours*, Paris, L. Larose et Forcel, 1882.

FALCH Jean, *Contribution à l'étude du statut des langues en Europe*, Presse de l'université de Laval, 1971.

FARET Nicolas, *L'honnête homme ou l'art de plaire à la cour*, éd. Magendie, Madrid-Maris, 1932.

FAVIER Jean, *Charlemagne*, Paris, Fayard, 1999.

FAVIER Jean, *Un conseiller de Philippe le Bel : Enguerran de Marigny*, Paris, P.U.F., 1963.

FEBVRE Lucien, « Politique royale ou civilisation française ? », *Revue de synthèse historique*, 1924, t. XXXVIII, p. 46-62.

FERGUSON Charles-A., « Diglossia », *Word*, 15, 1959, p. 37-75.

FIORELLI Piero, « Pour l'interprétation de l'ordonnance de Villers-Cotterêts », dans *Le Français moderne*, 18, 1950, p. 277-288.

FLACH Jacques, *Les affinités françaises de l'Alsace avant Louis XIV*, Paris, E. Thorin, 1915.

FOIGNET René, *Manuel élémentaire d'histoire du droit français*, Paris, Arthur Rousseau, 1921.

FOLZ Robert, « Aspects du culte liturgique de saint Charlemagne en France », dans Wolfgang BRAUNFELS (éd.), *Karl der Grosse*, t. IV, *Das Nachleben*, Düsseldorf, 1967, p. 77-99.

FOURNIER Paul, *Les officialités au Moyen Âge. Étude sur l'organisation, la compétence et la procédure des tribunaux ecclésiastiques ordinaires en France de 1180 à 1328*, Paris, Plon, 1880.

FOYER Jean, « L'ordonnance de Villers-Cotterêts », Communication à l'Académie des inscriptions et belles lettres, séance du 27 octobre 1989, dans www.asmp.fr/fiches_academiciens/foyer_alire.htm.

FRAISSEIX Patrick, « La France, les langues régionales et la Charte européennes des langues régionales et minoritaires », *R.F.D.A.*, n°17, 2001, p. 62.

FRANCE Peter, « La rhétorique chez les oratoriens au XVIIIe siècle, dans *Le collège de Riom et l'enseignement oratorien en France au XVIIIe siècle*. Textes réunis et présentés par Jean EHRARD, Paris, édit. C.N.R.S., 1993, p. 239-249.

FRANCOIS Michel, « Note sur les lettres de rémission transcrites dans les registres du Trésor des chartes », *BÉC*, CIII, 1942, p. 17-28.

FRANCOIS Michel, *La France et les Français* (direction), Encyclopédie de La Pléiade, Paris, Gallimard, 1972.

FRANK Barbara et **HARTMANN Jörg**, *Inventaire systématique des premiers documents des langues romanes*, Tübingen, Gunter Narr Verlag, 1997, 5 vol., Collection « Scriptoralia ».

FRANKLIN Alfred, *Les origines du palais de l'Institut d'après des documents entièrement inédits*, Paris, A. Aubry, 1862.

FRÉMONT Christiane, COUZINET Marie-Dominique, ROCHET Henri, Réédition de Jean BODIN, *Les six Livres de la République*, édition de Lyon de 1593, « par Gabriel Cartier », Paris, Fayard, 1986, pour le « Corpus des œuvres de philosophie en langue française », collection dirigée par Michel SERRES.

FUMAROLI Marc, *Quand l'Europe parlait français*, Paris, édit. de Fallois, 2001.

FUMAROLI Marc, LECOQ Anne-Marie, *La Querelle des Anciens et des Modernes*, Paris, Folio classique, 2001.

FUNCK-BRENTANO Frantz, « Louis XIV et le droit divin », dans *Revue hebdomadaire*, 2, 1899, p. 416-433.

FUSIL Charles-André, *L'Anti-Lucrèce du cardinal de Polignac. Contribution à l'étude de la pensée philosophique et scientifique dans le premier tiers du XVIIIe siècle*, Paris, Éditions scientifica, 1918.

GALIBERT Paul, *Le Conseil souverain de Roussillon*, thèse droit, Paris, 19 avril 1904, Perpignan, Imprimerie de l'Indépendant, 1904.

GANGHOFER Roland, « L'ordonnance de Villers-Cotterêts et la législation linguistique en Alsace aux XVIIe et XVIIIe siècles », dans *Études offertes à Pierre Jaubert. Liber Amicorum.* Textes réunis par Gérard AUBIN, Bordeaux, P.U.B., 1992, p. 249-261.

GANGHOFER Roland, « Les vicissitudes de la procédure civile en Alsace », dans *Mélanges en hommage à Jean Imbert*, Paris, P.U.F., 1989, p. 227-237.

GASCARD Carole, *L'enseignement du latin au XVIIe siècle à travers les textes théoriques et les grammaires*, thèse, École des Chartes, Paris, 1994, multigr. 2 vol.

GAUDEMET Jean, *La royauté capétienne et l'Église de France*, Cours d'histoire du droit public, Les Cours de droit, Paris, 1957.

GAUTIER Alfred, *Précis de l'histoire du droit français*, Paris, Larose et Forgel, 1887.

GAUTIER Jules, « Charles VIII », *G.E.*, t. X, p. 714.

GAUVARD Claude, « De grace spécial », dans *Crime, État et société en France à la fin du Moyen Âge*, 2 vol., Paris, Publications de la Sorbonne, 1991, t. I, p. 172-179.

GIESEY Ralph E., *Le roi ne meurt jamais*, trad. fr. de D. EBNÖTHER, Paris, Flammarion, Nouvelle Bibliothèque scientifique, 1987.

GIGOT Jean-Gabriel, *Chartes en langue française antérieures à 1271, conservées dans le département de la Haute-Marne*, Paris, édit. C.N.R.S., 1974

GILISSEN John, *La Coutume*, Turnhout, Brepols, 1982.

GIRY Arthur, *Manuel de diplomatique*, Paris, Hachette, 1894.

GLASSON Ernest, *Histoire du droit et des institutions de la France*, Paris, F. Pichon, 1887-1903, 8 vol.

GOBRY Ivan, *Louis Ier, fils de Charlemagne*, Paris, Flamarion, 2002.

GOBRY Ivan, *Louis VII, père de Philippe Auguste*, Paris, éd. Pygmalion, 2002.

GOBRY Ivan, *Philippe1^er^, père de Louis VI Le Gros*, Paris, Flamarion, 2003.

GOBRY Yvan, *Robert II, fils de Hugues Capet*, Paris,Flammarion, 2005.

GODARD Jean, *La langue française,* Lyon, N. Jullieran, 1620.

GONZALEZ RUGGERI Sophie, *La Catalogne de 1640 à 1659 : l'administration française d'une province placée sous la protection des rois de France*, thèse droit, Perpignan, 2 vol., 2006, multigraph., 644 p.

GRAFF Charles-Henri, *Essai sur la vie et les écrits de Lefèvre d'Étaples*, thèse théologie protestante, Strasbourg, impr. de G.-L. Schuller, 1842.

GRAU Richard, *Le statut juridique de la langue française en France, Une approche juridique contemporaine,* Publication du Conseil de la langue française, éditeur officiel du Québec, 1981.

GRAU Richard, *Les langues et les cultures minoritaires en France, Une approche juridique contemporaine*, Publication du Conseil de la langue française, Éditeur officiel du Québec, Québec, 1985.

GRÉGOIRE Henri-Baptiste, *Rapport sur la nécessité et les moyens d'anéantir les patois et d'universaliser l'usage de la langue française*, dans F.-P. BOWMAN, *L'abbé Grégoire, évêque des Lumières*, (textes réunis et présentés par), Paris, édit. France-Empire, 1988.

GRENTE Georges, *Dictionnaire des lettres françaises. XVIe siècle* (direction), Paris, Arthème Fayard, 1951.

GRESSET Maurice, « Mérite, naissance et fortune dans le recrutement des magistrats au Parlement de Franche-Comté (XVIIe-XVIIIe sècles) », dans *Les parlements de province. Pouvoirs, justice et société du XVe au XVIIIe siècle* (direction : J. POUMARÈDE et J. THOMAS), Toulouse, Framespa, 1996, p. 633-641.

GRESSET Maurice, *Le monde judiciaire à Besançon. De la conquête par Louis XIV à la Révolution française (1674-1789)*, Thèse lettres, Paris IV, 1974, Service des reproduction des thèses, Université de Lille III, 1975.

GUENÉE Bernard, « Les Limites. Le souvenir de Verdun IXe – XIIe siècle », Dans, *La France et les Français* (direction : Michel FRANCOIS), Encyclopédie de La Pléiade, Paris Gallimard, 1972. p. 50-69.

GUILHIERMOZ Paul, « Saint-Louis, les gages de bataille et la procédure civile », *BÉC*, XLVIII, 1887, p. 111-120.

GUILLOIS André, *Recherches sur les maîtres des requêtes de l'Hôtel des origines à 1350*, thèse droit Paris, Paris, L. Larose et L. Tenin, 1909,

GUILLOREL Hervé et **KOUBI Geneviève**, *Langues et Droits, Langues du droit, Droit des langues*, (Direction), 1999, Bruylant, Bruxelles.

GUILLOT Olivier, « Les origines de la France (de la fin du Ve siècle à la fin du Xe siècle », dans O. GUILLOT, A. RIGAUDIÈRE et Y. SASSIER, *Pouvoirs et institutions dans la France médiévale. Des origines à l'époque féodale*, 2ème édit., Paris, A. Colin, 1995, 2 vol.

GUILLOT Olivier, RIGAUDIÈRE Albert et SASSIER Yves, *Pouvoirs et institutions dans la France médiévale. Des origines à l'époque féodale*, 2ème édit., Paris, A. Colin, 2 vol.

GUIZOT François, *Collection des mémoires relatifs à l'histoire de France, depuis la fondation de la monarchie française jusqu'au XIIIe siècle avec une introduction, des suppléments et des notes*, Paris, J.-L. Brière, 1823-1835, 30 vol.

GUSDORF Georges, *Les sciences humaines et la pensée occidentale*, Paris, Payot, 1969, 2 vol. (Bibliothèque scientifique), t. II, *La révolution galiléenne*.

GUYOTJEANNIN Olivier, MORELLE Laurent et PARISSE Michel (éd.), *Les cartulaires*, Paris, École des chartes, Mémoires et documents, 1993.

GYSSELING Maurits, « Les plus anciens textes français non littéraires en Belgique et dans le nord de la France », *Scriptorium*, III, 1949, p. 190-210.

HAGEGE Claude, « Babel, du temps mythique au temps du langage », dans *Revue Philosophique*, 1978, 4, p. 465-490.

HAGÈGE Claude, *Le français, histoire d'un combat*, Paris, Editions Michel Hagège, 1996.

HALPHEN Louis, « L'idée d'État sous les Carolingiens », *R.H.*, 1939, 85, p. 59-75.

HAMEL Sébastien, « Informer les juges : les enquêtes judiciaires à Saint-Quentin » aux derniers siècles du Moyen Âge (XIII-XVe siècle) », dans *Informer : Institutions et communications (XIIIe-XVe siècle)*, Paris, Publications de la Sorbonne, 2006.

HANLEY Sarah, *Le lit de justice des rois de France*, Paris, Aubier, 1991.

HAROUEL Jean-Louis, « La monarchie administrative (XVIIe–XVIIIe siècles) », dans J.-L. HAROUEL, J. BARBEY, E. BOURNAZEL, J. THIBAUT-PAYEN, *Histoire des institutions de l'époque franque à la Révolution*, 7ème édit., Paris, P.U.F., 1996, p. 395-558.

HAROUEL Jean-Louis, BARBEY Jean, BOURNAZEL Éric, THIBAUT-PAYEN Jacqueline, *Histoire des institutions de l'époque franque à la Révolution*, 7ème édit., Paris, P.U.F., 1996.

HAUSSONVILLE Gabriel de CLÉRON, comte d', *Histoire de la réunion de la Lorraine à la France*, Paris, Michel Lévy frères, 1860, 4 vol.

HELGORSKY Françoise, DEPECKER Loïc, ANTOINE Gerald, « La langue française », dans *Histoire de France*, t. I *La formation de la France* Paris, Encyclopædia universalis, 2000, p. 49-93.

HUBERT Henri, *Les Celtes et l'expansion celtique*, Paris, Albin Michel, 1998.

HUBRECHT Georges, *Philippe de Beaumanoir. Coutume de Beauvaisis. Commentaire historique et juridique,* Paris, Picard, 1974.

IMBERT Jean, *Histoire du droit privé*, 1ère éd., Paris, P.U.F., 1950.

ISOART Paul, « Souveraineté étatique et relations internationales », dans Mario BETTATI et al., *La souveraineté au XXe siècle*, A. Colin, 1971, 127-161

JACOBI Joseph-Marie, *Histoire de la Corse*, Paris, A. Colvert, 1835, 2 vol.

JACQUART Jean, *François Ier*, Paris, Fayard, 1981.

JASTRAB de SAINT ROBERT Marie-Josée, *La politique de la France à l'égard de la langue Française -1960-1994-,* thèse, I.E.P. Paris, 1994.

JASTRAB de SAINT ROBERT Marie-Josée, *La politique de la langue française*, Paris, P.U.F, 2003, Collection « Que sais-je ?).

JEAN XXIII, *Veterum Sapientia. Du développement de l'étude du latin. Constitution apostolique du 22 février 1962,* Paris, Éditions de la Nouvelle Aurore, 1975.

JERPHANION Lucien, GOYARD–FABRE Simone et RAMPELBERG René-Marie, traduction, commentaire et annotation du *Juris universi distributio, Exposé du droit universel* de Jean BODIN (1580), Paris, P.U.F., 1985.

JONES Michael, « The Chancery of the Duchy of Britanny from Peter Mauclerc to Duchess Anne, 1213-1314 », dans Gabriel SILAGI (édit), *Landesherrliche Kanzlem im Spätmittelalter*, 2 vol., Munich,1984, t. II, p. 681-728

JORDAN Benoit, « Le conseil souverain d'Alsace », dans *Les parlements de province. Pouvoirs, justice et société du XVe au XVIIIe siècles* (Direction : J. POUMARÈDE et J. THOMAS), Toulouse, Framespa, 1996, p. 215-227.

JOUANNA Arlette, *La France du XVIe siècle. 1483-1598*, Paris, P.U.F., 1996.

JULIA Dominique, « Livres de classe et usages pédagogiques », dans *Histoire de l'édition française*, t. II, *Le livre triomphant*, 1660-1830, édité par Henri-Jean MARTIN et Roger CHARTIER, Paris, Promodis, 1984, p. 487-501.

JULIA Dominique, *Les trois couleurs du tableau noir. La Révolution*, Paris, Belin, 1981.

JULLIAN Camille, *Histoire de la Gaule*, 3ème édition, Paris, Hachette, 6 vol., 1914.

t. I, *Les invasions Gauloises et la colonisation grecque.*

t. II, *La Gaule indépendante.*

t. III, *La conquête romaine et les premières invasions germaniques.*

t. IV, *Le gouvernement de Rome.*

t. V, *La civilisation gallo-romaine. État matériel.*

t. VI, *La civilisation Gallo-Romaine, État moral.*

KANTOROWICZ Ernst H., *Les deux corps du roi*, trad. J. Ph. GENET et N. GENET, Paris, Gallimard, collect. Quarto, 2000.

KERALLAIN René de, « De la loi salique considérée comme loi de succession à la couronne de France », *R.H.*, 1886, t. 30, p. 158-173.

KERGOMARD Jean Gustave DUPLESSIS, « Philippe VI de Valois », *G. E.*, t. 26, p. 668-671.

KRYNEN Jacques, *L'empire du roi. Idées politiques et croyances politiques en France, XIIIe-XVe siècle*, Paris, nrf, Gallimard, 1993.

LACARNE Denis et **JUDT Tony**, *La politique de Babel, du monolinguisme d'État au plurilinguisme des peuples* (direction), Paris, Karthala, 2002.

LACHANCE Louis, *L'humanisme politique de Saint Thomas d'Aquin, individu et État,* Paris-Ottawa, Sirey et Éditions du Lévrier, 1965, 4 vol.

LAFONT Robert, *Décoloniser en France. Les régions face à l'Europe*, Paris, Gallimard, coll. Idées actuelles, 1971.

LAFONT Robert, *La révolution régionaliste*, Paris, Gallimard, 1973.

LAFONT Robert, *La Nation, l'État, les Régions,* Paris, Berg International, 1993.

LA HARPE Jean-François de, *Lycée ou Cours de littérature ancienne et moderne*, Paris, H. Agasse, an VII-an XIII, 16 t. en 19 vol. t. XV et XVI (an XIII), *Philosophie du dix-huitième siècle* ; L'« Extrait d'un plan sommaire d'éducation publique et d'un nouveau cours d'étude » est dans le t. XVI, p. 339-390. (Le « plan » avait été publié initialement en janvier 1791 dans le *Mercure de France).*

LAMBLING Herman, « Philippe Hecquet », dans *G.E.*, t. XIX, p. 989.

LA MURE Jean-Marie de, *Histoire des ducs de Bourgogne et comtes de Forez*, Lyon, éd. Chantemerle, 1860-1868, 3 vol.

LANGLOIS Charles-Victor, « Pierre de Cugnières », *G.E.*, ouvr. cité, t. XIII, p. 559-560.

LANGLOIS Charles-Victor, « Registres perdus des archives de la Chambre des comptes de Paris », *Notices et extraits des manuscrits de la Bibliothèque nationale et autres bibliothèques*, Paris, Imprimerie nationale, 1916, XL, p. 22-45.

LANGLOIS Charles-Victor, *Saint-Louis, Philippe le Bel, Les derniers Capétiens directs (1226-1328),* rééd. de la participation de l'auteur à l'*Histoire de France* dirigée par Ernest LAVISSE (1900-1910), Paris, J. Tallandier, 1978.

LANHER Jean, *Chartes en langue française antérieures à 1271, conservées dans le département des Vosges*, Paris, édit. C.N.R.S., 1975.

LAPACHERIE Jean-Gérard, *Derniers travaux sur l'Ordonnance de Villers-Cotterêts*, www.jeuneFrance/Langue %20francaise.langue19.htm.

LA PERRIÈRE Henri de, *Du droit de succession à la couronne de France dans la dynastie capétienne,* thèse droit Paris, Paris, H. Daragon,1909.

LAPIERRE Jean-William, *Le pouvoir politique et les langues*, Paris, P.U.F., 1988.

LATOUCHE Robert, édition et traduction de RICHER, *Histoire de France*, 2 vol, Paris, H. Champion, 1930-1931.

LATOURNERIE Dominique, « Le Droit de la langue française », *E.C.D.E*, 36, 1984/1985.

LAUER Philippe, *Histoire des fils de Louis le Pieux* (Traduction), Paris, H. Champion, 1926.

LAURENT Jean-Paul, « L'ordonnance de Villers-Cotterêts (1539) et la conversion des notaires à l'usage exclusif du français en Pays d'Oc », *Revue internationale d'histoire du Notariat. « Le Gnomon », n° 26*, 1982, p. 41-64.

LAVIALLE Christian, « Du nominalisme juridique. Le nouvel article 75-1 de la Constitution du 4 octobre 1958 », *R.F.D.A.*, 2008, p. 1110-121.

LAVISSE Ernest, *Louis XIV*, Paris, Tallandier, 2 vol., 1978, réed. de l'éd. de 1911, préface de Roland MOUSNIER.

LEBRUN François, *Le XVIIe siècle*, Paris, A. Colin, 1967.

LEBRUN François, VENARD Marc, QUÉNIARD Jean, *De Gutenberg aux Lumières*, t. II, de l'*Histoire générale de l'enseignement et de l'éducation en France*, Paris, Nouvelle Librairie Française, 1981, 4 vol.

LECA Antoine, *Institutions publiques françaises (avant 1789)*, 2e édit., Aix-en-Provence, Librairie de l'université et P.U.A.M., 1996.

LECA Antoine, *La République européenne. Introduction à l'histoire des institutions publiques et des droits communs d'Europe*, t. I, *L'unité perdue. 476-1806*, Aix-en-Provence, Librairie de l'Université et P.U.A.M., 2000.

LE GOFF Jacques, « Naissance d'une nation (Ve-XVe siècles) », dans *Histoire de France*, t. I, *La formation de la France*, Paris, Encyclopædia universalis, 2000, p. 133-155.

LE GOFF Jacques, *Saint Louis*, Paris, Gallimard, 1996.

LEHUGEUR Paul, *Histoire de Philippe le Long*, Paris, Hachette, 1897, 2 vol.

LE JAN Régine, *Histoire de France : Origine et premier essor*, Paris, Hachette, 1996.

LEMARIGNIER Jean-François, *La France médiévale, Institutions et société*, Paris, Armand Colin, 12e tirage, 1995.

LÉON Antoine, *Histoire de l'enseignement en France*, Paris, PUF, collection « Que sais-je ? », dernière éd., 2005.

LÉON Paul Léopoldovitch « L'évolution de l'idée de souveraineté avant Rousseau », *Archives de philosophie du droit et de sociologie juridique*, 7me année, 3-4, Paris, Sirey, 1937, p. 57-103.

LEPOINTE Gabriel, *Histoire des institutions et des faits sociaux*, Paris, Montchrestien, 1963.

LE POURHIET Anne-Marie, *Langue(s) et Constitution(s)* (direction), Actes du Colloque de Rennes des 7 et 8 décembre 2000, Association française des constitutionnalistes, Paris Economica, Collection droit public positif.

LE ROY LADURIE Emmanuel, « Histoire de la civilisation moderne », dans *Annuaire du Collège de France*, 1996-1997. *Résumé des cours et travaux*, 97 (1988), p. 903-914.

LE ROY LADURIE Emmanuel, *Histoire de France des régions. La périphérie française, des origines à nos jours,* Paris, édit. du Seuil, 2001.

LÉVY Paul, « Histoire linguistique de Thionville », *Revue des Études Historiques*, oct.-déc. 1923, t. V, p. 441-473.

LÉVY Paul, *Histoire linguistique d'Alsace et de Lorraine*, Paris, Les Belles Lettres, 1929, 2 vol.

LEYTE Guillaume, *Domaine et domanialité publique dans la France médiévale. XIIe-XVe siècles*, Strasbourg, P.U.S., 1996, p. 13.

LIVET Georges, *L'intendance d'Alsace. Du Saint Empire au Royaume de France. De la guerre de Trente Ans à la mort de Louis XIV*, Strasbourg, P.U.S., 1991.

LODGE R.-Anthony, « Vers une histoire du dialecte urbain de Paris », dans *Revue de linguistique romane*, 62, 1998, p. 95-128.

LODGE R.-Anthony, *Le français, histoire d'un dialecte devenu langue* (traduit de l'anglais par Cyril KELKEN), Paris, Fayard, 1997.

LÖFSTEDT Leena, *Gratiani Decretum. La traduction en ancien français du décret de Gratien,* Helsinski, Societas Scientiarum Fennica, 1992-1997, 4 vol.

LONGNON Auguste de, *La formation de l'unité française*. Leçon professée au Collège de France, le 14 décembre 1889, Paris, H. Champion, 1890.

LORGNIER Jacques, « La justice du roi soleil dans les anciens Pays-Bas. Organisation de la justice dans le ressort du Conseil souverain de Tournai », dans *Les juridictions supérieures* (direction : O. MORMAN van KAPPEN), Nimègue, G. Noodt Instituut, 1994, p. 19-52.

LORGNIER Jacques, « Cour souveraine et parlement de Tournai, pièces maîtresses de l'ordre judiciaire français dans les anciens Pays-Bas », dans *Les parlements de province. Pouvoirs, justice et société du XVe au XVIIIe siècles*, (Direction : J. POUMARÈDE et J. THOMAS), Toulouse, Framespa, 1996, p. 141-164.

LOSCHAK Danielle, « Le droit, discours de pouvoir », *Itinéraires, Études en l'honneur de Léo HAMON*, Paris, Economica, 1982, p. 429-449.

LOT Ferdinand et **FAWTIER Robert**, *Histoire de institutions françaises du Moyen Âge*, Paris, P.U.F., 1957-1962, 3 vol., t. II, *Institutions royales* (1960).

LOT Ferdinand, « Le dialecte roman des Serments de Strasbourg », *Romania*, 1939, 65, p. 145-163.

LOT Ferdinand, *La fin du monde antique et le début du Moyen Âge*, Paris, La Renaissance du Livre, 1927 et Albin Michel, 1968.

LOT Ferdinand, *Naissance de la France*, Paris, Arthême Fayard, 1948.

LUSIGNAN Serge, *Parler vulgairement. Les intellectuels et la langue française aux XIIIe et XIVe siècles*, Paris-Montréal, Vrin,1987.

LUSIGNAN Serge, « L'usage du latin et du français à la chancellerie de Philippe VI », *BÉC*, CLVII, 1999, p. 509-521.

LUSIGNAN Serge, *La langue des rois au Moyen Âge. Le français en France et en Angleterre*, Paris, PUF, 2004.

LYON Georges, « Jacques Berriat-Saint-Prix », dans *G.E.*, t. VI, p. 409.

MALCOLM Noël, *Thomas Hobbes, The Correspondence*, Oxford, Clarendon Press, 1994

MANTOU Reine, *Chartes en langue française antérieures à 1271, conservées dans la province de Flandre orientale et de Flandre occidentale*, Paris, édit. C.N.R.S., 1987.

MARCET Alice, « Le crépuscule catalan (1410-1516) », dans *Le Pays catalan (Capcir – Cerdagne – Conflent – Roussillon – Vallespir) et le Fenouillèdes*, (direction : Jean SAGNES), Pau, S.N.E.R.D., 1983, 2 vol, t. I, p. 425-462.

MARCET Alice, « Les malheurs de la guerre », dans *Le pays catalan (Capcir – Cerdagne – Conflent – Roussillon – Vallespir) et le Fenouillèdes* (direction : Jean SAGNES), Pau, S.N.E.R.D., 1983, 2 vol, t. I, p. 463-504.

MARCOU Gérard, « Les paradoxes de la région », *A.J.D.A.*, 2008, p. 1634-1641.

MARQUES José (éd.), *Diplomatique royale du Moyen Âge, XIIIe-XIVe siècles. Actes du Colloque*, (Comité international des sciences historiques. Commission internationale de diplomatique), Porto, Faculdade de Letras, 1996.

MARTEL Philippe, « Occitan, français et construction de l'État en France », dans *La politique de Babel, Du monolinguisme d'État au plurilinguisme des peuples* (Direction Denis LACORNE et Tony JUDT), Karthala, coll. Recherches internationales, Paris, 2002, p. 103-104.

MARTIN Henri-Jean, *Livres, pouvoirs et société à Paris au XVIIe siècle (1598-1701),* Genève, Droz, 1969.

MARTIN Henri-Jean, « Classements et conjonctures », dans *Histoire de l'édition française*, t. I, *Le livre conquérant. Du Moyen Âge au milieu du XVIIe siècle* (direct. R. CHARTIER et H.-J. MARTIN), Paris, Promodis, 1982.

MARTIN Henri-Jean, « Une croissance séculaire », dans *Histoire de l'édition française*, t. II, *Le livre triomphant, 1660-1830*, (direct. de R. CHARTIER et H.-J. MARTIN), Paris, Promodis, 1984.

MARTIN Henri-Jean et **MARTIN Odile**, « Le monde des éditeurs », dans *Histoire de l'édition française*, t. III, *Le temps des éditeurs*, (direction : R. CHARTIER et H.-J. MARTIN), Paris, Promodis, 1987.

MARTIN Xavier, « Langue française et droit coutumier en France à l'époque moderne », dans *Langage et droit à travers l'histoire. Réalités et fictions* (édité par G. van DIEVOLT, Ph. GODDING et D. van den AUWEELE), Leuven-Paris, Peeters, 1989, p. 135-145.

MAS-LATRIE, Louis de, « De la formule "car tel est notre plaisir" dans la chancellerie française », dans *B.É.C.*, XLII, 1881, p. 550-571.

MAUGIS Édouard, *Histoire du parlement de Paris de l'avènement des rois Valois à la mort d'Henri IV*, 1ère édit., Paris, 1916, 3 vol. 2ème édit., New-York, Burt Franklin, 1967. t. I, *Période des rois valois* ; t. II, *Période des guerres de religion, de la Ligue et de Henri IV* ; t. III, *Rôle de la cour par règnes, 1345-1610. Présidents, conseillers, gens du roi.*

MAULDE de La CLAVIÈRE René Alphonse Marie de, *Histoire de Louis XII* , Paris, E. Le Roux, 1889-1891, 3 vol.

MAY Gaston, *La lutte pour le français en Lorraine avant 1870*, Nancy et Paris, 1912, *Annales de l'Est*, 26e année, n° spécial, in 8° de 55 p.

MELLOT Jean-Dominique, *Dynamisme provincial et centralisme parisien : L'édition rouennaise et ses marchés (vers 1600-1730),* thèse histoire, Paris I, 1992, multigraph., 430 pages.

MELLOT Jean-Dominique, « Clés pour un essor provincial : le petit siècle d'or de l'édition rouennaise (vers 1600-1670) », dans *Annales de Normandie*, 1995, 45, p. 269-282.

MICHELET Jules, *Histoire de France*, 1833-1867, rééd. Robert Laffont, 1981.

MILLARD Éric, « Épurations, amnistie, amnésie : un bref éclairage sur le droit », dans *Épurations, amnisties, amnésie, M.I.R.E.H.C.*, n°3, 1999, p. 1-7.

MILLARD Éric, *Théorie générale du droit*, Paris, Dalloz, coll.connaissance du droit, 2006.

MINOIS Georges, *Charles VII, le crépuscule du Moyen Âge*, Paris, Librairie académique Perrin, 2005.

MOLINIER André, « Donezan », *G.E.*, t. V, p. 906

MOLLAT Michel, *Genèse médiévale de la France moderne. XIV-XVe siècles*, Paris, Arthaud, 1970.

MONFRIN Jacques, « Le mode de tradition des actes écrits et les études de dialectologie », dans Georges STRAKA (éd.), *Les dialectes en France au Moyen Âge et aujourd'hui, domaine d'oïl et domaine franco-provençal*, Paris, 1972, n° spécial de la *Revue de Linguistique Romane*, 1968, XXXII, p. 17-47.

MONFRIN Jacques, « Les parlers en France », dans *La France et les Français* (direction : Michel FRANCOIS), Encyclopédie de La Pléiade, Paris, Gallimard, 1972, p. 745-775.

MONFRIN Jacques, « L'emploi de la langue vulgaire dans les actes diplomatiques du temps de Philippe Auguste », dans *La France de Philippe Auguste. Le temps des mutations* (direction : R-H. BAUTIER), Paris, édit. C.N.R.S., 1982, p. 785-792.

MONFRIN Jacques, avec le concours de **Lucie FOSSIER**, *Documents linguistiques de la France* :

> t. I, par **Jean-Gabriel GIGOT**, *Chartes en langue française antérieures à 1271, conservées dans le département de la Haute-Marne*, Paris, édit. C.N.R.S., 1974 ;

> t. II, par **Jean LANHER**, *Chartes en langue française antérieures à 1271, conservées dans le département des Vosges,* Paris, édit. C.N.R.S., 1975 ;

t. III, par **Dominique COQ**, *Chartes en langue française antérieures à 1271, conservées dans le département de l'Aube*, Paris, édit. C.N.R.S., 1988.

MONFRIN Jacques, avec le concours de **Lucie FOSSIER**, *Documents linguistiques de la Belgique romane* :

t. I, par **Pierre RUELLE**, *Chartes en langue française antérieures à 1271, conservées dans la province de Hainaut*, Paris, édit. C.N.R.S., 1984 ;

t. II, par **Reine MANTOU**, Chartes en langue française antérieures à 1271, conservées dans la province de Flandre orientale et de Flandre occidentale, Paris, édit. C.N.R.S., 1987.

MONNEYRON Frédéric, *La nation aujourd'hui. Formes et mythes*, Paris, L'Harmattan, 2000.

MONNIER François, *Histoire institutionnelle, économique et financière : questions de méthode (XVIIe-XVIIIe siècles)*, Journée d'études tenue à Ségur le 7 février 2002, (Dir.: F. MONNIER), Comité pour l'histoire économique et financière de la France, Paris, 2004.

MONOD Gabriel, « Nithard », *G.E.*, t. XXIV, p. 1131.

MONTALANT-BOUGLEUX Louis-Auguste, *J.B. Santeul ou la poésie latine sous Louis XIV*, Paris, Dentu, 1855.

MOREL Henri, *L'idée gallicane au temps des guerres de religion*, Aix-en-Provence, PUAM, 2003.

MOREL Octave, *La grande chancellerie royale et l'expédition des lettres royaux de l'avènement de Philippe de Valois à la fin du XIVe siècle (1328-1400)*, Paris, A. Picard et fils, 1900.

MORTET Charles, « André ALCIAT », *G.E.*, ouvr. cité, t. II, p. 24-25.

MOUSNIER Roland, « L'unité monarchique », dans *La France et les Français* (direction : Michel FRANCOIS), *Encyclopédie de La Pléiade*, Paris Gallimard, 1972, p. 1022-1067.

MOUSNIER Roland, *Les institutions de la France sous la monarchie absolue, 1598-1789*, Paris, P.U.F., 1974.

MUSSET Lucien, « La conquête franque sous Clovis et ses fils », *Dossiers Histoire et Archéologie*, 1981, 56, p. 22-54.

OLIVIER-MARTIN Félix, *Étude sur les régences et la majorité des rois sous les Capétiens directs et les premiers Valois (1060-1375)*, thèse droit, Paris Sirey, 1931.

OLIVIER-MARTIN Félix, *Les institutes de Justinien en français. Traduction anonyme du XIIIe siècle* du ms fr. 1064 ; publication et introduction par Felix Olivier-Martin, Paris, Sirey, 1935.

OLIVIER-MARTIN François, *L'assemblée de Vincennes de 1329 et ses conséquences. Étude sur les conflits entre la juridiction laïque et la juridiction ecclésiastique au XIVe siècle*. Travaux juridiques et économiques de l'université de Rennes, Rennes, Bibliothèque universitaire, 1909.

OLIVIER-MARTIN François, *Précis d'histoire du droit français*, 3ème édit., Paris Dalloz, 1938.

OLIVIER-MARTIN François, « Les professeurs royaux de droit français et l'unification du droit civil en français », dans *Mélanges juridiques dédiés à M. le professeur Sugiyama*, Association japonaise des juristes de langue française, Maison franco-japonaise, Tokyo, 1940, p. 263-281.

OLIVIER-MARTIN François, *L'absolutisme français*, Paris, Les Cours de droit, 1950.

OLIVIER-MARTIN François, *Histoire du droit français, des origines à la Révolution*, Paris, Domat-Monchrestien, 1951, réédit. CNRS, 1984.

OLIVIER-MARTIN François, *Les lois du roi*, rééd., Paris, LGDJ, 1997.

OURLIAC Paul, « Coutume et mémoire : les coutumes françaises au XIIIe siècle », dans *Jeux de mémoire, aspects de la mnémotechnie médiévale*, éd. B. Roy et P. Zumthor, Montréal-Paris, Presses de l'Université de Montréal-Vrin, 1985, p. 111-122.

PARISOT Robert, *Histoire de Lorraine*, 2ème édit., 4 vol., Paris, A. Picard, 1922-1925.

PARISSE Michel, *Histoire de Lorraine* (direction), Toulouse, Privat, 1978.

PERNOUD Régine, *Les Gaulois*, Paris, Seuil, 1979.

PERRET Michèle, *Introduction à l'histoire de la langue française*, Paris, Armand Colin, 1998.

PETIT Eugène, *Traité élémentaire de droit romain, contenant le développement historique et l'exposé général des principes de la législation romaine, depuis l'origine de Rome jusqu'à l'empereur Justinien*, Paris, A. Rousseau, 1925.

PETIT Joseph, *Charles de Valois (1270-1325)*, Paris, A. Picard et fils, 1900,

PETIT-DUTAILLIS Charles, « L'établissement pour le commun profit au temps de Saint-Louis », *Annuario de historia del derecho español*, 1933, C.R., *R.H.*, 1934, t. 173, p. 197. Non consulté, utilisé à partir de A. DUMAS.

PEYRE Henry, *La Royauté et les langues provinciales*, Paris, Presses Modernes, 1933.

PÉZARD André, *Œuvres complètes* de DANTE (Traduction et commentaire), Paris, Gallimard, Bibliothèque de la Pléiade, 1965.

PICOCHE Jacqueline et **MARCHELLO-NIZIA Christiane**, *Histoire de la langue française,* coll. « Fac », série « Linguistique », Nathan, 5ème édition, 1998.

PIERRARD Pierre, *Histoire du Nord, Flandre, Artois, Hainaut, Picardie*, Paris, Hachette, 1978.

PIERRÉ-CAPS Stéphane, *Nations et peuples dans les constitutions modernes*, thèse droit, Nancy II, multigraph., 1986.

PILOT Georges-Marie-Lucien, *Histoire du parlement de Flandres*, Douai, Adam d'Aubers, 1849, 2 vol.

PIRENNE Henri, *Histoire de l'Europe*, Bruxelles, 1917. Rééd., Bruxelles, ULB, 1958.

PLESSIX-BUISSET Christiane, « Allocution d'ouverture » du Colloque de Rennes des 7 et 8 décembre 2000, Association française des constitutionnalistes, sur *Langue(s) et Constitution(s)* (direction : Anne-Marie LE POURHIET), Paris, Economica, Collection droit public positif, 2004, p. 9-10.

POGNON Edmond, *Hugues Capet, roi de France*, Paris, Albin Michel, 1966.

PONS Nicole, *L'honneur de la couronne de France : quatre libelles contre les Anglais (vers 1418-vers 1429,* Paris, Klincksieck, 1990.

POLY Jean-Pierre, « La corde au cou. Les Francs, la France et la loi salique », dans *Genèse de l'Etat moderne en Méditerannée*, Collection de l'Ecole française de Rome, n°168, 1993, p. 287-320.

PONSICH Pierre, « Des Wisigoths aux Arabes et aux Carolingiens », dans *Le Pays catalan* (Direction : Jean SAGNES), Pau, S.N.E.R.D., 1983, 2 vol., t. I, p. 139-176.

PONSICH Pierre, « La société féodale en Roussillon et Cerdagne », dans *Le Pays catalan* (Direction : Jean SAGNES), Pau, S.N.E.R.D., 1983, 2 vol., t. I, p. 243-288.

PONSICH Pierre, « La monarchie catalano-aragonaise », dans *Le Pays catalan* (Direction : Jean SAGNES), Pau, S.N.E.R.D., 1983, 2 vol., t. I, p. 289-448.

PONTAL Odette, *Les statuts synodaux français du XIIIe siècle, t. 1 : Les Statuts de Paris et le synodal de l'Ouest*, Paris, C.T.H.S., 1971,

PONTIER Jean-Marie, *Droit de la langue française*, Paris, Dalloz, Coll. Connaissance du droit, 1997.

POUMARÈDE Jacques, « La chaire et l'enseignement du droit français à la faculté des droits de Toulouse », *Rec. de l'Académie de Législation*, 1967, p. 41-131.

POUMARÈDE Jacques et **THOMAS Jack** (Direction), *Les parlements de province. Pouvoirs, justice et société du XVe au XVIIIe siècles*, Toulouse, Framespa, 1996.

PROSCHWITZ Gunnar von, *Gustave III par ses lettres*, Stockholm, Norstedts et Paris, Touzot, 1986

PROU Maurice, « Henri I », *G.E.*, t. XIX, p. 1107.

PROU Maurice, « Philippe I », *G. E.*, t. XXVI, p. 661.

PROU Maurice, « Robert II dit le Pieux », *G.E.*, t. XXVIII, p. 737-738.

RAYMOND Paul. Voir : **BORDENAVE Nicolas de**, *Histoire de Béarn et Navarre (1517 à 1572)*, Paris, Vve Renouard, 1873.

REGNAULT Henri, *Manuel d'histoire du droit français*, 2ème édit., Paris, Sirey, 1939.

REICHERT Winfried, « *In lingua Guallica sive Romana pro comoditate domini*, Beobachtungen zum Aufkommen volkssprachiger Urkunden in der Grafschaft Luxemburg », dans Kurt GÄRTNER et Günter HOLTUS (éd.), *Urkundensprachen im germanisch-romanischen Grenzgebiet*, Mayence, 1997, p. 324-362.

REUSS Rodolphe, *Histoire de Strasbourg depuis ses origines jusqu'à nos jours*, Paris, Librairie Fischbacher, 1922 (reéd. Marseille, Lafitte Reprint, 1981).

REUSS Rodolphe, *L'Alsace au XVIIe siècle*, Paris, Bouillon, 1897-1898, 2 vol.

REY Alain, DUVAL Frédéric, SIOUFFI Gilles, *Mille ans de langue française. Histoire d'une passion*, Paris, Perrin, 2007.

RICHARD Jean, « La chancellerie des ducs de Bourgogne de la fin du XIIe au début du XVe siècle », dans Gabriel SILAGI (édit), *Landesherrliche Kanzlem im Spätmittelalter*, 2 vol., Munich, Arbeo-Gesellschaft, 1984, t. I, p. 77-102.

RICHARD Jules-Marie, « Ordonnance inédite de Philippe le Bel concernant les métiers de Paris (7 juillet 1307) », *Mémoires de la Société d'histoire de Paris et de l'Île-de-France*, 1875, II, p. 20-38.

RICHÉ Pierre, *Les Carolingiens. Une famille qui fit l'Europe*, 2ème édit., Paris, Hachette, 1997.

RICKARD Peter, *La langue française au seizième siècle. Étude suivie de textes*, Cambridge, Aux Presses universitaires, 1968.

RIGAUDIÈRE Albert, « L'invention de la souveraineté », *Pouvoirs*, 67, 1993, p. 5-20.

RIGAUDIÈRE Albert, *Introduction historique au droit*, Paris, Les cours de droit, 1998.

RIGAUDIÈRE Albert, *Introduction historique à l'étude du droit et des institutions*, Paris, Economica, 2001.

RIGAUDIÈRE Albert, *Penser et construire l'État dans la France du Moyen Âge (XIIIe–XVe siècle)*, Paris, Comité pour l'histoire économique et financière de la France, Ministère de l'économie, des finances et de l'industrie, 2003.

RIGAUDIÈRE Albert, *Pouvoirs et institutions de la France médiévale. Des temps féodaux aux temps de l'État*, 2ème édit., Paris, A. Colin, 1998.

RIVAROL Antoine de, *De l'universalité de la langue française*, texte établi et commenté par Th. SURAN, Paris, Didier, 1930.

ROBIN Cécile, *La langue du procès*, Paris, L.G.D.J. 2000.

ROBIN Pierre, *La compagnie des secrétaires du roi (1351-1791)*, thèse droit, Toulouse, F. Boisseau et Paris, Librairie du Recueil Sirey, 1933.

ROCHE Émile, « Rebuffi ou Rebuffe (Pierre) », dans *Dictionnaire des lettres françaises. Le XVIe siècle* (Direction : G. GRENTE), Paris, Fayard, 1951.

ROSCHACH Ernest, *Ville de Toulouse. Inventaire des archives communales antérieures à 1790*, t. I, *Série AA, n° 1-60*, Toulouse, Archives municipales, Privat, 1891.

ROULAND Norbert, *Introduction historique au droit*, Paris, P.U.F., 1998.

ROULAND Norbert, *L'État français et le pluralisme. Histoire politique des institutions publiques de 476 à 1792*, Paris, Odile Jacob, 1995.

ROULAND Norbert, « Les politiques juridiques de la France dans le domaine linguistique », *Revue française de droit constitutionnel*, n°35, 1998, p. 517-562.

ROULAND Norbert, **PIERRE-CAPS Stéphane, POUMARÈDE Jacques**, *Droit des minorités et des peuples autochtones*, Paris, P.U.F., 1996.

ROUQUETTE Rémy, note *D.*1985-467 sous Trib. Adm. Rennes, 21 nov. 1984.

ROUQUETTE Rémy, *Le régime juridique des langues en France*, thèse doctorat droit, Paris X Nanterre, 1987, multigraph., 702 p.

ROUSSEAU de CHAMOY Louis, *L'idée du parfait ambassadeur*, Paris, A. Pedone, 1912.

ROYER Jean-Pierre, *Histoire de la justice en France*, Paris, P.U.F., 1995.

ROYER Jean-Pierre, *L'Église et le Royaume de France au XIVe siècle d'après le « Songe du vergier » et la jurisprudence du parlement*, Paris, Sirey, Bibl. de l'hist. du droit, t. XX, 1969.

RUELLE Pierre, *Chartes en langue française antérieures à 1271, conservées dans la province de Hainaut*, Paris, édit. C.N.R.S., 1984.

SACRÉ Dirk, « La poésie neo-latine en France au XIXe siècle », dans *La réception du latin du XIXe siècle à nos jours. Actes du colloque d'Angers des 23 et 24 septembre 1994*. Textes réunis par Georges CESBRON et Laurence RICHER, Angers, Presses de l'Université, 1996, p. 67-77.

SAGNES Jean, *Le pays catalan (Capcir – Cerdagne – Conflent – Roussillon – Vallespir) et le Fenouillèdes* (Direction), Pau, S.N.E.R.D., 1983, 2 vol.

SALA Raymond, *Dieu, le roi et les hommes. Perpignan et le Roussillon (1580-1830)*, Perpignan, Llibres del Trabucaire, 1996.

SAMUEL René, « Nicolas Faret », *G.E.*, t. XVII, p. 11.

SASSIER Yves, *Hugues Capet*, Fayard, 1987.

SASSIER Yves, *Louis VII*, Fayard, 1991.

SASSIER Yves, « De l'ordre seigneurial à l'ordre féodal (fin 10e-début XIIIe siècle) » dans O. GUILLOT, A. RIGAUDIÈRE et Y. SASSIER, *Pouvoirs et institutions dans la France médiévale. Des origines à l'époque féodale*, 2ème édit., Paris, A. Colin, 1995, 2 vol., t. I, p. 177-311.

SAUSSURE Ferdinand de, *Cours de linguistique générale*, 1916, p. 31, Paris, Payot, 1964.

SCHMIDT Hans-Günter, *Administrative Korrespondenz der französischen Könige um 1300. Édition des « Formelbuches » BNF ms. Lat. 4763 Verwaltung - Gerichsbarkeit - Kanzlei*, Göttingen, 1997.

SCHMIT Louis, « Marin Mersenne », *G. E*, t. XXIII, p. 730-731.

SCHNEIDER Jean, *La ville de Metz au XIIIe et XIVe siècle*, thèse doctorat histoire, Nancy, 1950, multigraph. 720 p.

SCHNERB-LIÈVRE Marion, *Le Songe du vergier, édité d'après le manuscrit royal 19 C IV du la British Library*, Paris, éd. du CNRS, 1982, 2 vol.

SEGUIN Jean-Pierre, *La langue française aux XVIIe et XVIIIe siècle*, Paris, Bordas, 1972.

SICARD Augustin, *Les études classiques avant la Révolution*, Paris, Librairie académique Didier, Perrin et Cie, 1887.

SILAGI Gabriel (édit), *Landesherrliche Kanzlem im Spätmittelalter,Kongress für Diplomatik, München, 1983*, Munich, Arbeo-Gesellschaft, 1984, 2 vol.

SOLEIL Sylvain, « L'ordonnance de Villers-Cotterêts, cadre juridique de la politique linguistique des rois de France ? »,. dans *Langue(s) et Constitution(s)* (dir. : Anne-Marie LE POURHIET), Colloque de Rennes, 7 et 8 décembre 2000, Association française des constitutionnalistes, Paris Economica, Collection droit public positif, 2004, p. 20-33.

SOLEIL Sylvain, « Langue française », dans *Dictionnaire de la culture juridique* (dir. : D. ALLAND et S. RIALS), Paris, Quadrige / Lamy-PUF, 2003.

SOULIER Gérard, « Union européenne et dépérissement de l'État », dans *L'Union européenne, droit, politique démocratie* (Dir. : G. DUPRAT), P.U.F., Paris, 1996.

SPIEGEL Gabrielle, *Romancing the Past. The Rise of Vernacular Prose Historiography in Thirteenth-Century France*, Berkeley – Los Angeles, University of California, Press, 1995,

STONE Howard, « The French Language in Renaissance Medicine », dans *Bibliothèque d'Humanisme et Renaissance*, 1953, XV, p. 321-332.

TEISSIER Georges, « L'enregistrement à la chancellerie royale française », *Le Moyen Âge*, LXII, 1956, p. 39-62.

TEISSIER Georges, *Diplomatique royale française*, Paris, A. et J. Picard, 1962.

TEISSIER Guillaume-Ferdinand, *Histoire de Thionville, suivie de divers mémoires sur l'origine et l'accroissement des fortifications, les établissements religieux et de charité, l'instruction publique, la topographie, la population, le commerce et l'industrie*, Metz, Verronais,1828.

TESTU François-Xavier, « Le statut juridique de la langue française », dans *Droit civil, procédure, linguistique juridique, Écrits en hommage à Gérard Cornu*, Paris, P.U.F., 1994.

THÉVENOT Emile, *Histoire des Gaulois*, Paris, PUF, 1972.

THEZARD Léopold, *De l'influence des travaux de Pothier et du chancelier d'Aguesseau sur le droit civil moderne*, Paris, A. Durand, 1866.

THIBAUT-PAYEN Jacqueline, « Une aventure d'un demi-millénaire : les Francs », dans J.-L. HAROUEL, J. BARBEY, E. BOURNAZEL, J. THIBAUT-PAYEN, *Histoire des institutions de l'époque franque à la Révolution*, 7ème édit., Paris, P.U.F., 1996, p. 13-98.

THUILLIER Georges, *La première école d'administration. L'académie politique de Louis XIV*, Genève, Droz, 1996.

TIMBAL Pierre-Clément, *Histoire des institutions et des faits sociaux*, Dalloz, coll. Précis, 3ème édit., 1966.

TIMBAL Pierre-Clément, *La coutume, source du droit privé français*, Cours de doctorat, Paris, Les cours de droit, 1958-1959.

TIMBAL Pierre-Clément et **CASTALDO André**, *Histoire des institutions publiques et des faits sociaux*, 10e édit, Paris Dalloz, 2000.

TISSET Pierre et **LANHERS Yvonne**, *Procès de condamnation de Jeanne d'Arc*, Paris, S.H.F. 1970-1971, 2 vol.

TISSET Pierre, **OURLIAC Paul**, *Manuel d'histoire du droit français*, Paris, L.G.D.J., 1949.

TOMMASI Camille, *L'administration de la Corse sous la domination génoise, 1300-1768*, thèse droit, Paris, impr. de Guesdon et Bablin, 1912.

TOREILLES Philippe, « Le collège de Perpignan depuis ses origines jusqu'à nos jours », dans *Bulletin de la Société agricole, scientifique et littéraire des Pyrénées Orientales*, 34, 1893, p. 31-42.

TOREILLES Philippe, « La diffusion du français à Perpignan après l'annexion (1660-1700) », dans *Bulletin de la Société agricole, scientifique et littéraire des Pyrénées Orientales*, 55, 1914, p. 374-382.

TOREILLES Philippe et **DESPLANQUES Émile**, « L'enseignement élémentaire en Roussillon, », dans », *Bulletin de la Société agricole, scientifique et littéraire des Pyrénées Orientales*, 36, 1895, p. 225-253.

TRITTER Jean Louis, *Histoire de la langue française*, Paris, Ellipses-Marketing, 1999.

TRUCHET Jacques, *Politique de Bossuet*, Paris, A. Colin, 1966.

TRUDEAU Danielle, « L'ordonnance de Villers-Cotterêts et la langue française : histoire ou interprétation », dans *Bibliothèque d'Humanisme et Renaissance*, t. XLV, 1983, p. 461-483.

TURI Joseph-G., « Le pourquoi et le comment du droit linguistique », *Langage et société*, n° 47, Ottawa, 1994.

VADMAN Albert, « Introduction », dans Geneviève VERMES (éd.), *Vingt-Cinq communautés linguistiques de la France*, Paris, l'Harmattan, 1988, 2 vol., t. 1, p.7-15.

VEDEL Georges, *Droit constitutionnel*, Paris, Sirey, 1949, 2e tirage 1984.

VERGER Jacques, *Histoire des universités en France*, Toulouse, Privat, 1985,

VERMES Geneviève, BOUTET Josiane, (dir.) *France, pays multilingue*, 2 *vol.*, t. I, *Les langues en France, un enjeu historique et social*, Paris, L'Harmattan, 1987.

VERMES Geneviève, *Vingt-Cinq communautés linguistiques de la France*, 2, *Langue régionales et langues non territorialisées*, t. II, *les langues immigrées*, Paris, l'Harmattan (Collection : Logiques sociales), 1988.

VERRIÈRE Jacques, *Genèse de la nation française*, Paris, Flammarion, 2000.

VIALA André, *Le Parlement de Toulouse et l'Administration Royale Laïque. 1420-1525 environ*, Albi, imprimerie reliure des orphelin apprentis, 1953, 2 vol.

VIALA André, *Société politique et institutions. Ancien Régime,* Aix-en-Provence, La pensée universitaire, 1978.

VIARD Jules, « Philippe VI de Valois. Débuts du règne : février-Juillet 1328 », *B.É.C.*, 1934, CII, p. 259-271.

VIARD Jules, « Philippe VI de Valois. La succession au trône », *Le Moyen Âge*, 1921, p. 218-293.

VIELLIARD Françoise, « Les langues vulgaires dans les cartulaires français du Moyen Âge », dans O. GUYOTJEANNIN, L. MORELLE et M. PARISSE (éd.), *Les cartulaires*, Paris, École des chartes, Mémoires et documents, 1993, p. 137-151.

VIGUERIE Jean de, « Les serments du sacre des rois de France à l'époque moderne, et plus spécialement le "serment du royaume" », dans *Le Sacre des Rois. Actes du colloque international d'histoire sur les sacres et couronnements royaux (Reims 1975)*, Paris, Les Belles Lettres, 1985, p. 205-215.

VILLAT Louis, *La Corse de 1768 à 1789*, Besançon, Millot frères, 1924, 2 vol.

VILLERS Robert, *Questions sur la justice dans notre ancienne France, Cours d'histoire des institutions politiques et administratives du Moyen Âge et des Temps Modernes*, Paris, Les cours de droit, 1963-1964.

VIOLET Paul, *Histoire des institutions publiques et administratives de la France*, 3 vol., Paris, Larose, 1890 ; un t. IV sous-intitulé *Le roi et ses ministres pendant les trois derniers siècles de la monarchie*, sera publié à Paris, chez

Larose en 1914. Réimpression, Darmstadt, Scientia Verlag Aalen, 1966, en 4 vol.

VIOLLET Paul, « Comment les femmes ont été exclues en France de la succession à la couronne », *Mémoires de l'Académie des inscriptions et Belles-Lettres*, 1893, 4, 2e partie, p. 432-463.

VIOLLET Paul, « Origine de l'immutabilité du droit successoral dans la maison de France », *Mémoires de* l'*Académie des Inscriptions et Belles-Lettres*, 1895, 6, 2ème partie, p. 408-428

VISSAC Abbé Onuphre, *De la poésie latine en France au siècle de Louis XIV*, Paris, Aug. Durand, 1862.

WAARD Cornélis de et **BEAULIEU Armand**, *Correspondance du père Marin Mersenne, religieux minime,* Paris, édit. du C.N.R.S., 1932-1988, 16 vol. (le t. IV a été édit. aux P.U.F, Paris, 1955). Nous avons travaillé sur le t. XI (*Janvier 1642-27 décembre 1642)* publié par Cornélis de WAARD en 1970.

WALTER Henriette, *Le français dans tous les sens*, Paris, Laffont, 1999.

WAQUET Françoise, « Les réimpressions des éditions patristiques française en Italie au XVIIIe siècle », dans *Les Pères de l'église au XVIIe siècle. Actes du colloque de Lyon, 2-5 octobre 1991*, Paris, I.R.H.T., Cerf, 1993, p. 481-491.

WAQUET Françoise, *Le latin ou l'empire d'un signe. XVI e-XXe siècle*, Paris, Albin Michel, 1998.

WAQUET Henri, édition et traduction de la *Vie de Louis VI le Gros* de SUGER, Paris, H. Champion, 1929.

WARTBURG Walther von, *Évolution et structure de la langue française*, 10e édit., Berne, Francke, 1971.

WEBER Eugen-J., *La fin des terroirs. La modernisation de la France rurale (1870-1914)*, Paris, Fayard, 1983.

WERNER Karl Ferdinand, « Les sources de la légitimité royale à l'avènement des Capétiens (Xe-XIe siècles », dans *Le Sacre des Rois. Actes du colloque international d'histoire sur les sacres et couronnements royaux (Reims 1975)*, Paris, Les Belles Lettres, 1985, p. 49-60.

WERNER Karl Ferdinand, *Des origines à la Gaule romaine*, Fayard, 1984.

WOEHRLING Jean-Marie, « Le droit constitutionnel français à l'épreuve des langues régionales », *Droits et sociétés*, http://viventnoslangues.free.fr.

ZELLER Gaston, *La réunion de Metz à la France, 1552-1648*, Paris, Les Belles lettres, 1926, 2 vol.

ZELLER Gaston, *Les institutions de la France au XVIe siècle*. Paris, P.U.F., 1948.

INDEX

Les Chiffres renvoient aux numéros des paragraphes. Seuls sont mentionnés dans l'index les auteurs cités dans le corps du texte.

TABLE DES MATIÈRES

L'HARMATTAN, ITALIA
Via Degli Artisti 15 ; 10124 Torino

L'HARMATTAN HONGRIE
Könyvesbolt ; Kossuth L. u. 14-16
1053 Budapest

L'HARMATTAN BURKINA FASO
Rue 15.167 Route du Pô Patte d'oie
12 BP 226 Ouagadougou 12
(00226) 76 59 79 86

ESPACE L'HARMATTAN KINSHASA
Faculté des Sciences Sociales,
Politiques et Administratives
BP243, KIN XI ; Université de Kinshasa

L'HARMATTAN GUINÉE
Almamya Rue KA 028 en face du restaurant le cèdre
OKB agency BP 3470 Conakry
(00224) 60 20 85 08
harmattanguinee@yahoo.fr

L'HARMATTAN CÔTE D'IVOIRE
M. Etien N'dah Ahmon
Résidence Karl / cité des arts
Abidjan-Cocody 03 BP 1588 Abidjan 03
(00225) 05 77 87 31

L'HARMATTAN MAURITANIE
Espace El Kettab du livre francophone
N° 472 avenue Palais des Congrès
BP 316 Nouakchott
(00222) 63 25 980

L'HARMATTAN CAMEROUN
Immeuble Olympia face à la Camair
BP 11486 Yaoundé
(00237) 99 76 61 66
harmattancam@yahoo.fr

L'HARMATTAN SÉNÉGAL
« Villa Rose », rue de Diourbel X G, Point E
BP 45034 Dakar FANN
(00221) 33 825 98 58 / 77 242 25 08
senharmattan@gmail.com